東洋古典譯註叢書 114

譯註 二程全書 2

著者 程顥·程頤
책임번역 崔錫起
공동번역 姜導顯

전통문화연구회

國譯委員

責任飜譯　崔錫起
共同飜譯　姜導顯
常任原文校閱　吳圭根
潤　　文　朴勝珠
校　　訂　金曉東 田炳秀
出　　版　金主賢 金曉東 李承俊
管　　理　咸明淑
普　　及　徐源英

東洋古典譯註叢書를 발간하면서

우리의 古典國譯事業은 민족문화 진흥의 기초사업으로 1960년대부터 政府 支援으로 古文獻 現代化 작업을 추진하여 많은 成果를 거두었다. 당시 이 사업 추진의 先行課題로 東洋古典이라 일컬어지는 중국의 基本古典을 먼저 飜譯하여야 한다는 學界의 주장이 있었음에도 불구하고 우리 고전이 아니라는 일부의 偏狹한 視角과 財政 事情 등으로 인하여 배제되어 왔다.

전통적으로 중국의 기본고전은 우리 歷史와 함께 숨쉬며 각종 교육기관의 教科書로 활용됨은 물론이고 지식인들의 必讀書가 되어 왔으며, 우리 文化의 基底에 자리잡고 거의 모든 방면의 體系와 根幹을 형성하여 왔다. 그래서 학문연구의 기본서 역할을 해 왔을 뿐만 아니라 오늘날에도 우리의 國學徒 및 東洋學 研究者들에게 같은 역할을 하고 있음은 주지의 사실이다. 그럼에도 불구하고 中國古典은 우리 것이 아니라 하여 專門機關의 飜譯對象에 포함하지 않음으로써, 대부분 原典에서의 직접 번역이 아닌 重譯이나 拔萃譯의 방식이 주를 이루면서 教養水準으로 出版되어 왔다.

오늘날 東洋 三國 중에서 우리의 東洋學 연구가 가장 부진한 이유는, 東洋基本古典에 대한 폭넓은 이해의 부족과 漢文古典 讀解力의 저하에 기인함을 우리는 솔직히 인정하여야 한다. 따라서 이들 중국고전에 대한 신뢰할 만한 國譯이 이루어지는 것이 한국학 연구를 촉진시키는 시급한 先行課題라 할 수 있다.

이에 韓國學 및 東洋學의 연구와 古典現代化의 基盤構築을 위해서는, 전문기관으로 하여금 동양고전을 단기간에 각 분야의 專門 研究者와 漢學者가 상호 협동하여 연구번역하여 飜譯의 傳統性과 效率性, 研究의 專門性을 높일 수 있도록 政策的 配慮가 있어야 한다.

이에 本會에서는 元老 및 中堅 漢學者와 斯界의 專攻者로 하여금 協同硏究飜譯하여 공부하는 사람들이 믿고 引用하거나 깊이 있는 註釋 등을 활용할 수 있게 하고, 知識人들의 敎養을 증진시켜 줄 수 있는 東洋古典의 國譯書 간행을 지속적으로 추진해 왔다. 근래에 다행히 이 사업에 대하여 각계 지도층의 폭넓은 이해와 지원에 힘입어 2001년도부터 國庫補助를 받아 東洋古典譯註叢書를 간행하게 되었다. 이를 계기로 우리 先學의 註釋과 見解를 반영하는 등 국역사업의 內實을 기하게 되었음을 이 자리를 빌어 衷心으로 감사드리며, 아울러 國譯에 參與하신 관계자 여러분의 勞苦에 깊은 謝意를 표한다.

끝으로 우리의 이러한 작업은 오랜 역사 위에 축적된 先賢들의 業績과 現代學問을 이어주는 튼튼한 架橋와 礎石이 되어 진정한 韓國學과 東洋學 발전에 기여할 것을 굳게 믿으며, 21세기를 우리 文化의 世紀로 열어 가는 밑거름이 되도록 우리의 力量을 本 事業에 경주하고자 한다. 江湖諸賢의 부단한 관심과 지원을 기대해 마지않는다.

社團法人 傳統文化硏究會 會長 李啓晃

凡 例

1. 본서는 ≪譯註 二程全書≫의 제2책이다.
2. 본서의 底本은 ≪二程全書≫(徐必達 校, 서울대 규장각 奎中 1470)이며, ≪二程全書≫(서울대 규장각 一簑古 181.1-j463i, 이하 '一簑古本'으로 약칭)와 ≪二程全書≫(국립중앙도서관 일산古3745-50, 이하 '國中本'으로 약칭)와 ≪二程集≫(王孝魚 點校, 中華書局, 1981, 이하 '中華書局本'으로 약칭) 등을 참고하였다.
3. 底本에서 校勘에 참고한 書目의 略稱은 初本·胡本·元本·陳本·時本·昭遠本·吳本·趙本·羅本으로, ≪遺書≫와 ≪外書≫의 目錄에 의하면 胡本은 胡安國(1074~1138)의 家本이고, 陳本은 陳淵(?~1145)의 기록이고, 時本은 時紫芝(?~?)의 기록이고, 羅本은 羅從彦(1072~1135)의 기록이며, 나머지는 자세하지 않다.
4. 본서는 원전의 傳統性과 번역의 現代性을 구현하기 위해 노력하였다.
5. 原文은 저본의 체제에 따라 단락을 구분하고, 각 단락마다 일련번호를 부여하였다.
6. 原文에는 우리나라 전통 방식으로 懸吐하고, 小註에는 標點하였다.
7. 번역은 原義에 충실하게 하되, 이해가 어려운 부분은 意譯 또는 補充譯을 하였다.
8. 번역문은 한글과 한자를 혼용하였으며, 맞춤법과 띄어쓰기는 한글 맞춤법과 표준어 규정을 따르는 것을 원칙으로 하였다.
9. 譯註는 인용문의 出典, 故事, 역사적 사건, 전문용어, 人物, 制度, 難解語, 校勘 등에 관한 사항을 밝혔다.
10. 校勘은 원문의 誤字, 脫字, 衍字, 倒文 등을 대상으로 하였으며, 校勘의 근거는 譯註에서 밝혔다.
11. 본서의 校勘에 사용된 符號는 다음과 같다.

(　)〔　〕: (저본의 誤字)〔교감한 正字〕

12. 본서에 사용된 주요 符號와 略號는 다음과 같다.

“　”: 引用, 對話

‘　’: “　” 안의 再引用, 對話, 强調

「　」: ‘　’ 안의 再引用, 對話, 强調

(　): 원문에서는 讀音이 특수한 글자나 僻字의 音
번역문에서는 간단한 譯註

〔　〕: 번역문과 뜻은 같으나 音이 다른 漢字 및 字句, 譯註에서 인용하여 번역한 原文

≪ ≫: 書名, 典據

〈　〉: 篇章名, 作品名, 補充譯

○ : 저본에 사용된 단락 구분 표시 遵用

13. 본서에 사용된 標點은 다음과 같다.

, : 한 문장 안에서 句나 節의 구분이 필요한 곳

. : 문장의 종결

· : 대등한 명사나 구절의 병렬

“　”: 1차 인용, 대화

‘　’: 2차 인용, 대화, 강조

「　」: 3차 인용, 대화, 강조

參考書目

◇ 底本 및 교감서

- ≪二程全書≫, 徐必達 校, 서울대 규장각(奎中 1470)
- ≪二程全書≫, 서울대 규장각(一簑古 181.1-j463i)
- ≪二程全書≫, 국립중앙도서관(일산古3745-50)
- ≪二程全書≫, 국립중앙도서관(古貴3745-22-1-15)
- ≪二程集≫, 王孝魚 點校, 中華書局, 1981.
- ≪二程集≫, 臺灣 漢京文化事業有限公司, 1983.

◇ 經部

- ≪論語注疏≫, 十三經注疏整理委員會 整理, 北京大學校出版社, 2000.
- ≪論語集註大全≫, 朱熹(宋) 集註, 胡廣(明) 等 編, 影印本, 成均館大學校出版部, 1998.
- ≪大學章句大全≫, 朱熹(宋) 集註, 胡廣(明) 等 編, 影印本, 成均館大學校出版部, 1998.
- ≪孟子精義≫, 朱熹(宋), 景印文淵閣四庫全書, 商務印書館, 1983~1986.
- ≪孟子注疏≫, 十三經注疏整理委員會 整理, 北京大學校出版社, 2000.
- ≪孟子集註大全≫, 朱熹(宋) 集註, 胡廣(明) 等 編, 影印本, 成均館大學校出版部, 1998.
- ≪毛詩正義≫, 十三經注疏整理委員會 整理, 北京大學校出版社, 2000.
- ≪尙書正義≫, 十三經注疏整理委員會 整理, 北京大學校出版社, 2000.
- ≪書傳大全≫, 蔡沈(宋) 集註, 胡廣(明) 等 編, 影印本, 學民文化社, 1990.
- ≪詩傳大全≫, 朱熹(宋) 集傳, 胡廣(明) 等 編, 影印本, 學民文化社, 1989.
- ≪禮記正義≫, 十三經注疏整理委員會 整理, 北京大學校出版社, 2000.

- ≪禮記集說大全≫, 陳澔(元) 集說, 胡廣(明) 等 編, 影印本, 學民文化社, 2000.
- ≪周禮注疏≫, 十三經注疏整理委員會 整理, 北京大學校出版社, 2000.
- ≪周易大全≫, 程頤(宋) 傳, 朱熹(宋) 本義, 胡廣(明) 等 撰, 影印本, 學民文化社, 2008.
- ≪中庸章句大全≫, 朱熹(宋) 集註, 胡廣(明) 等 編, 影印本, 成均館大學校出版部, 1998.
- ≪春秋尊王發微≫, 孫復(宋), 景印文淵閣四庫全書, 商務印書館, 1983~1986.
- ≪春秋左傳正義≫, 十三經注疏整理委員會 整理, 北京大學校出版社, 2000.
- ≪孝經注疏≫, 十三經注疏整理委員會 整理, 北京大學校出版社, 2000.

◇ 史部

- ≪史記≫ 司馬遷(漢), 中華書局, 1997.
- ≪漢書≫, 班固(後漢), 中華書局, 1997.
- ≪後漢書≫, 范曄(南朝 宋), 中華書局, 1997.
- ≪三國志≫, 陳壽(晉), 中華書局, 1997.
- ≪晉書≫, 姚思廉(唐), 中華書局, 1997.
- ≪舊唐書≫, 劉煦(後晉), 中華書局, 1997.
- ≪新唐書≫, 歐陽脩(宋), 中華書局, 1997.
- ≪資治通鑑≫, 司馬光(宋), 中華書局, 2010.

◇ 子部

- ≪古今事文類聚≫, 祝穆(宋), 景印文淵閣四庫全書, 商務印書館, 1983~1986.
- ≪孔子家語≫, 王肅(魏), 影印本, 學民文化社, 2001.
- ≪近思錄≫, 朱熹・呂祖謙(宋), 影印本, 學民文化社, 1995.
- ≪近思錄釋疑≫, 金長生(朝鮮), 木板本, 국립중앙도서관 소장본.
- ≪南華經≫, 莊周(戰國 宋), 影印本, 學民文化社, 1993.
- ≪老子道德經≫, 王弼(魏), 景印文淵閣四庫全書, 商務印書館, 1983~1986.
- ≪論衡≫, 王充(漢), 景印文淵閣四庫全書, 商務印書館, 1983~1986.
- ≪宋元學案≫, 黃宗羲(淸), 台灣商務印書館, 1968.

- ≪荀子≫, 荀況(周), 景印文淵閣四庫全書, 商務印書館, 1983~1986.
- ≪揚子法言≫, 揚雄(漢), 景印文淵閣四庫全書, 商務印書館, 1983~1986.
- ≪列子≫, 列禦寇(戰國), 景印文淵閣四庫全書, 商務印書館, 1983~1986.
- ≪雲笈七籤≫, 張君房(宋), 景印文淵閣四庫全書, 商務印書館, 1983~1986.
- ≪陰符經考異≫, 朱熹(宋), 景印文淵閣四庫全書, 商務印書館, 1983~1986.
- ≪張子全書≫, 張載(宋), 景印文淵閣四庫全書, 商務印書館, 1983~1986.
- ≪占察善惡業報經≫, 菩提燈(隋) 譯, 국립중앙도서관 웹정보자료.
- ≪程書分類≫, 宋時烈(朝鮮), 影印本, 學民文化社, 1994.
- ≪朱子語類≫, 黎靖德(宋) 等 編, 中華書局, 1986.
- ≪中說≫, 王通(隋), 景印文淵閣四庫全書, 商務印書館, 1983~1986.
- ≪化書≫, 譚峭(南唐), 景印文淵閣四庫全書, 商務印書館, 1983~1986.
- ≪皇極經世書≫, 邵雍(宋), 景印文淵閣四庫全書, 商務印書館, 1983~1986.
- ≪黃帝內經素問≫, 王冰(唐) 注, 景印文淵閣四庫全書, 商務印書館, 1983~1986.

◇ 集部

- ≪擊壤集≫, 邵雍(宋), 景印文淵閣四庫全書, 商務印書館, 1983~1986.
- ≪御定全唐詩≫, 景印文淵閣四庫全書, 商務印書館, 1983~1986.
- ≪五百家注昌黎文集≫, 魏仲擧(宋) 編, 景印文淵閣四庫全書, 商務印書館, 1983~1986.
- ≪集千家註杜工部詩集≫, 景印文淵閣四庫全書, 商務印書館, 1983~1986.

◇ 번역서 및 연구서

- 賈豊臻, ≪中國理學史≫, 臺灣商務印書館公司, 1987.
- 岡田武彦, ≪宋明哲學の本質≫, 木耳社, 1984.
- 岡田武彦, ≪中國思想における理想と現實≫, 木耳社, 1973.
- 今井宇三郎, ≪宋明易學の研究≫, 明治圖書出版株式會社, 1958.
- 楠本正繼, ≪宋明時代儒學思想の研究≫, 廣池學園事業部, 1962.
- 楠本正繼 著, 김병화 외 譯, ≪송명유학사상사≫, 예문서원, 2005.

- 勞思光, ≪中國哲學史≫, 三民書局, 1981.
- 勞思光 著, 鄭仁在 譯, ≪中國哲學史 - 宋明篇 -≫, 探求堂, 1987.
- 牟宗三, ≪心體與性體≫, 正中書局, 1968.
- 蒙培元, ≪理學範疇系統≫, 人民出版社, 1989.
- 潘富恩, 徐餘慶, ≪程顥程頤理學思想研究≫, 復旦大學出版社, 1988.
- 徐遠和, ≪洛學源流≫, 齊魯書社出版, 1987.
- 徐志鋭, ≪宋明易學概論≫, 遼寧古籍出版社, 1997.
- 石訓 外, ≪北宋哲學史≫, 河南人民出版社, 1987.
- 狩野直喜 著, 吳二煥 譯, ≪中國哲學史≫, 乙酉文化社, 1986.
- 市川安司, ≪程伊川哲學の研究≫, 東京大學出版會, 1978.
- 안은수, ≪程頤 : 중국 송대의 신유학자≫, 성균관대학교 출판부, 2002.
- 野口豊太, ≪二程遺書全譯≫, V2solution, 2016.
- 余敦康, ≪內聖外王的貫通 - 北宋易學的現代闡釋≫, 學林出版社, 1997.
- 이향준 외 譯, ≪이정유서 Ⅰ·Ⅱ·Ⅲ≫, 발해그래픽스, 2019.
- ＿＿＿＿＿＿, ≪이정외서≫, 발해그래픽스, 2019.
- 이현선, ≪장재와 이정형제의 철학 : 기철학과 리철학의 대립≫, 문사철, 2013.
- 張岱年, ≪中國哲學大綱≫, 中國社會科學出版社, 1982.
- 張德麟 著, 박상리 등 譯, ≪정명도의 철학≫, 예문서원, 2004.
- 張立文 主編, ≪中國學術通史 - 宋元明卷 -≫, 人民出版社, 2004.
- 張立文, ≪宋明理學研究≫, 人民大學出版社, 1985.
- 陳來, ≪宋明理學≫, 遼寧教育出版社, 1991.
- 陳來 著, 안재호 譯, ≪송명성리학≫, 예문서원, 1997.
- 蔡方鹿, ≪程顥程頤與中國文化≫, 貴州人文出版社, 1996.
- 蔡仁厚, ≪宋明理學 - 北宋篇 -≫, 臺灣學生書局, 1983.
- 土田健次郎 著, 성현창 譯, ≪북송도학사≫, 예문서원, 2006.
- 馮友蘭, ≪中國哲學史新編≫, 人民出版社, 1988.
- 韓鍾文, ≪中國儒學史 - 宋元卷 -≫, 廣東教育出版社, 1997.

- 侯外廬 主編, ≪中國思想通史≫, 人民出版社, 1957.
- A.C. 그레이엄 著, 이현선 譯, ≪정명도와 정이천의 철학≫, 심산, 2011.

◇ 해제 및 연구논문

- 김동민, 〈程伊川의 理學的 ≪春秋≫ 이해에 관한 연구〉, ≪유교사상문화연구≫ 60, 한국유교학회, 2015.
- 김문갑, 〈程明道의 天理에 관한 小考〉, ≪유학연구≫ 8, 충남대 유학연구소, 2000.
- 김연재, 〈義理學的 해석에서 본 程伊川의 道學 및 그 易學的 범주〉, ≪동양철학연구≫ 46, 동양철학연구회, 2006.
- 김필수, 〈程頤 철학의 位置와 易傳 出版의 意義〉, ≪역학연구≫ 5, 한국주역학회, 2000.
- 김홍수, 〈≪河南程氏遺書≫・≪河南程氏外書≫・≪河南程氏粹言≫의 作者不明語錄 鑑別〉, ≪동아인문학≫ 28, 동아인문학회, 2014.
- ______, 〈二程語錄考證及思想異同研究〉, 중국 南開大學 박사논문, 2005.
- ______, 〈二程思想 연구에 있어서 ≪程書分類≫의 자료적 가치와 유용성〉, ≪中國과 中國學≫ 3, 영남대학교 중국연구센터, 2005.
- ______, 〈≪程書分類≫와 그 철학적 의의〉, ≪東亞人文學≫ 29, 동아인문학회, 2014.
- 민병삼, 〈程伊川의 風水地理思想研究〉, ≪동양철학연구≫ 59, 동양철학연구회, 2009.
- 박길수, 〈程明道의 人性論과 儒學史的 意義〉, ≪공자학≫ 25, 한국공자학회, 2013.
- ______, 〈程明道의 仁說 연구〉, ≪양명학≫ 41, 한국양명학회, 2015.
- 박양자, 〈二程의 思想的 特性〉, ≪공자학≫ 1, 한국공자학회, 1995.
- 박호석, 〈程伊川의 생애와 문제의식〉, ≪동양예학≫ 11, 동양예학회, 2003.
- ______, 〈程伊川 '理'哲學의 이론적 체계에 관한 연구〉, 대구한의대학교 박사학위논문, 2015.
- 성백효, 〈≪程書分類≫ 解題〉, ≪程書分類≫, 학민문화사, 1994.
- 손영식, 〈程伊川 철학에 있어서의 理와 그 實踐〉, 서울대학교 석사학위논문, 1982.
- 송봉구, 〈程伊川의 心性・居敬窮理論 研究〉, ≪동양고전연구≫ 18, 한국고전학회, 2003.
- ______, 〈程伊川의 修養論 연구〉, ≪동양문화연구≫ 1, 영산대 동양문화연구원, 2007.

- 심의용, 〈程伊川 철학에서 행위 방식으로서의 義理의 특성〉, ≪동서철학연구≫ 31, 한국동서철학회, 2004.
- ______, 〈북송시대 사대부들의 변화와 程伊川 철학의 특성〉, ≪동서철학연구≫ 36, 한국동서철학회, 2005.
- 안동섭, 〈伊川 程頤의 窮理 연구〉, 연세대학교 석사학위논문, 2012.
- 양승무, 〈程明道의 哲學思想 硏究〉, ≪유교사상문화연구≫ 7, 한국유교학회, 1994.
- ______, 〈程伊川의 格物致知說 연구〉, ≪한중철학≫ 3, 한중철학회, 1997.
- ______, 〈程伊川의 철학사상 연구 - 理氣論·中和說을 중심으로〉, ≪공자학≫ 3, 한국공자학회, 1998.
- 엄연석, 〈程頤 易傳의 易學理論에 관한 연구〉, 서울대학교 박사학위논문, 1999.
- 오종일, 〈程明道의 心性說〉, ≪동양철학연구≫ 17, 동양철학연구회, 1997.
- 이선열, 〈程伊川 性卽理說 연구〉, 서울대학교 박사학위논문, 1998.
- 이승환, 〈論程明道思想中'價値'之根據與其實踐的問題〉, 대만대학교 석사학위논문, 1984.
- ______, 〈송명유학 수양론에서 未發說의 형성과 전개 - 程門의 미발설과 求中 공부〉, ≪철학연구≫ 38, 고려대 철학연구소, 2009.
- 이원태, 〈王弼과 伊川의 義理易 비교 연구〉, 연세대학교 박사학위논문, 1998.
- 이정환, 〈程學 전통에서의 格物, 致知, 窮理 - 二程 4대 初傳弟子들의 해석과 주자 재해석의 의의 -〉, ≪동양학≫ 60, 단국대 동양학연구원, 2015.
- 이천일, 〈程伊川 敎育論에 관한 고찰〉, ≪동방학≫ 21, 한서대 동양고전연구소, 2011.
- 인현정, 〈程伊川의 생의 원리와 感通의 문제〉, 이화여자대학교 석사학위논문, 2009.
- 장승구, 〈伊川 易學과 사대부의 윤리사상〉, ≪이천역학 국제학술대회 자료집≫, 한국주역학회, 1999.
- 정병련, 〈程明道의 '理有善惡' 眞詮〉, ≪유교사상문화연구≫ 8, 한국유교학회, 1996.
- 정병석, 〈≪易程傳≫을 통해 본 程伊川의 政治的 思惟〉, ≪주역연구≫ 5, 한국주역학회, 2000.
- ______, 〈≪伊川易傳≫에 보이는 程伊川의 國家論〉, ≪중국학보≫ 63, 한국중국학회, 2011.

- 정상봉, 〈程明道의 천리와 인성에 대한 이해〉, ≪한국철학논집≫ 40, 한국철학사연구회, 2014.
- 정종모, 〈정명도의 ≪주역≫ 해석과 그 경학사적 의미〉, ≪양명학≫ 45, 한국양명학회, 2016.
- 정종복, 〈程明道의 哲學思想 硏究〉, ≪청주대학교 논문집≫ 15, 청주대학교, 1982.
- 정해민, 〈易의 哲學體系에 관한 硏究－程伊川의 易學을 중심으로〉, 부산대학교 석사학위논문, 1987.
- 조장연, 〈程伊川 易學思想에 관한 硏究〉, 성균관대학교 석사학위논문, 1993.
- 주광호, 〈程伊川 太極觀 연구－太極에서 理로〉, ≪고려대학교 한자한문연구소 연구발표회≫, 2008.
- 천병돈, 〈程明道 ≪定性書≫에 대한 霞谷의 이해〉, ≪양명학≫ 15, 한국양명학회, 2005.
- ______, 〈程明道 易學思想〉, ≪동양철학연구≫ 58, 동양철학연구회, 2009.
- 최영성, 〈南冥 曺植의 程朱學 受容樣相－二程과 관련하여 ≪學記類編≫을 중심으로〉, ≪남명학연구≫ 24, 경상대 남명학연구소, 2007.
- 허벽, 〈程明道의 天理思想 형성에 관한 연구〉, ≪유교문화연구≫ 17, 성균관대 유교문화연구소, 2010.
- ____, 〈程明道의 天理思想 硏究〉, 성균관대학교 박사학위논문, 2011.
- 홍원식, 〈程伊川의 格物致知說〉, ≪철학연구≫ 13, 고려대 철학연구소, 1989.
- 황태현, 〈≪대학≫ 聽訟章의 이해－伊川과 朱子를 중심으로〉, ≪동양문화연구≫ 24, 영산대 동양문화연구원, 2016.

◇ 사전 및 공구서

- ≪道敎思想辭典≫, 金勝東 編著, 釜山大學校出版部, 2004.
- ≪佛敎·印度思想辭典≫, 金勝東 編著, 釜山大學校出版部, 2001.
- ≪宋元語言詞典≫, 龍潛庵, 上海辭書出版社, 1985.
- ≪語錄解三種校本合刊≫, 尹昭晶·潘牧天 編, 學古房, 2015.
- ≪註解語錄總覽≫, 白斗鏞·尹昌鉉, 太學社, 1978.

◇ 데이터베이스(DB) 자료

- 국립중앙도서관 디지털화 자료.
- 규장각 한국학연구원 (http://kyujanggak.snu.ac.kr)
- 동양고전종합DB (http://db.cyberseodang.or.kr)
- 성균관대 존경각 (http://east.skku.edu)
- 한국고전종합DB (http://db.itkc.or.kr)
- 電子版 文淵閣四庫全書, 上海古籍出版社.

目 次

〔附 錄〕

二程全書 卷12

遺書 明道先生語 一

明 後學 嘉興 徐必達 校正

스승의 가르침 師訓

劉絢[1] 質夫가 기록하다

劉絢質夫錄

1. "불경하지 말아서 깊이 사색하듯 자세를 엄숙하게 하며 말을 안정되게 하면 백성을 편안하게 할 수 있다."[2]라는 것은 임금의 德이다. 임금의 덕은 곧 하늘의 덕이다.

毋不敬하여 儼若思하며 安定辭하면 安民哉인저는 君德也라 君德은 卽天德也라

2. 생각에 사특함이 없다.[3]

思無邪라

3. 敬함으로써 내면을 바르게 하고 義함으로써 외면을 방정하게 하여 敬과 義가 확립되면 德이 외롭지 않다.[4]

---

1) 劉絢 : 1045~1087. 자는 質夫이며, 河南 사람이다. 음직으로 壽安縣主簿가 되어 長子縣令을 지냈고, 京兆府敎授·太學博士 등을 역임하였다. 二程에게 수학하였으며, 李籲와 함께 程子 문하에서 명망이 높았다.

2) 불경하지……있다 : ≪禮記≫ 〈曲禮 上〉에 보인다.

3) 생각에……없다 : ≪詩經≫ 〈魯頌 駉〉 및 ≪論語≫ 〈爲政〉에 보인다.

4) 敬함으로써……않다 : ≪周易≫ 坤卦 〈文言傳〉에 "君子가 敬함으로써 내면을 바르게 하고 義함으로써 외면을 방정하게 하여 敬과 義가 확립되면 德이 외롭지 않으니, '六二爻는 곧고 방정하고 위대한지

敬以直內하고 義以方外하여 敬義立而德不孤라①

① 德이 외롭지 않은 것은 만물과 함께하기 때문에 외롭지 않은 것이다.
德不孤, 與物同, 故不孤也.

4. 선생님의 道는 忠恕일 뿐이다.5)

夫子之道는 忠恕而已矣니라

5. 聖人이 이런 마음으로 재계하여 그 德을 신명하게 한 것이다.6)

聖人이 以此齋戒하여 以神明其德夫인저

6. 하늘이 명한 것을 性이라 하고, 性을 따르는 것을 道라 하고, 道를 닦은 분의 말씀을 敎라 한다.7)

天命之謂性이요 率性之謂道요 修道之謂教라

孟子

7. 孟子가 말하기를 "나는 나의 浩然之氣를 잘 기른다. 이 호연지기는 지극히 크고 지극히 강하니, 정직함으로써 잘 길러 해침이 없으면 天地 사이에 꽉 차게 된다. 이 호연

라 익히지 않아도 이롭지 않음이 없다.'라는 것은 그가 행하는 바를 의심하지 않는 것이다.〔君子敬以直內 義以方外 敬義立而德不孤 直方大 不習无不利 則不疑其所行也〕"라고 하였다.

5) 선생님의……뿐이다 : ≪論語≫ 〈里仁〉에 보인다.

6) 聖人이……것이다 : ≪周易≫ 〈繫辭傳 上〉에 "그러므로 聖人은 하늘의 道에 밝고 백성의 연고를 살펴서 이에 神物을 일으켜 백성들이 日用하는 것을 앞서 개발한다. 그러니 성인이 이런 마음으로써 재계하여 그 덕을 신명하게 한 것이다.〔是以明於天之道而察於民之故 是興神物 以前民用 聖人以此齋戒 以神明其德夫〕"라고 하였다.

7) 하늘이……한다 : ≪中庸≫에 보인다.

지기는 義와 道에 배합하니, 이것이 없으면 줄어들게 된다. 이 호연지기는 義를 축적하여 생겨나는 것이지 義가 엄습하여 호연지기를 취하는 것은 아니다."[8]라고 하였다.

孟子曰 我善養吾浩然之氣라 其爲氣也는 至大至剛하니 以直養而無害면 則塞乎天地之間이라 其爲氣也는 配義與道하니 無是면 餒也라 是集義所生者니 非義襲而取之也라

8. 하늘은 위에 자리하고, 땅은 아래에 자리하고, 사람은 그 가운데 자리한다. 사람이 없으면 天地를 볼 방법이 없다. ≪書經≫에 말하기를 "천지는 만물의 부모이고, 사람은 만물의 영장이다."[9]라고 하였고, ≪周易≫에 말하기를 "천지가 제자리를 잡으면 易이 그 가운데에서 행해진다."[10]라고 하였고, "乾·坤이 무너지면 易을 볼 방법이 없고, 易을 볼 수 없으면 乾·坤이 거의 종식될 것이다."[11]라고 하였다.

天位乎上하고 地位乎下하고 人位乎中이라 無人이면 則無以見天地라 書曰 惟天地는 萬物父母요 惟人은 萬物之靈이라하고 易曰 天地設位어든 而易行乎其中이라하고 乾坤毁면 則無以見易이요 易不可見이면 則乾坤이 或幾乎息矣라하니라

9. 道는 하나의 근본이다. 혹자[12]는 "心으로써 誠을 포괄하는 것은 誠으로써 心을 포괄하는 것만 못하고, 至誠으로써 天·地에 참여하는 것은 至誠으로써 人·物을 체찰하는 것만 못하다."라고 하였으니, 이는 근본을 둘로 한 것이다. 근본을 둘로 하지 않는다는 것을 알면 이것이 곧 '공경함을 돈독히 하여 천하가 태평해지는'[13] 道이다.

道는 一本也라 或謂以心包誠은 不若以誠包心하고 以至誠參天地는 不若以至誠體人物이라하니 是는 二本也라 知不二本이면 便是篤恭而天下平之道라

---

8) 나는……아니다 : ≪孟子≫ 〈公孫丑 上〉에 보인다.

9) 천지는……영장이다 : ≪書經≫ 〈周書 泰誓〉에 보인다.

10) 천지가……행해진다 : ≪周易≫ 〈繫辭傳 上〉에 보인다.

11) 乾·坤이……것이다 : 上同.

12) 혹자 : ≪朱子語類≫ 卷99 〈張子書〉에 의거하면 張載인 듯하다.

13) 공경히……태평해지는 : ≪中庸≫에 "≪詩經≫에 이르기를 '드러나지 않는 德을 여러 제후들이 본받는다.'라고 하니, 이 때문에 君子는 공경함을 돈독히 하여 천하가 태평해진다.〔詩曰 不顯惟德 百辟其刑之 是故君子篤恭而天下平〕"라고 하였다.

10. 形而上을 道라 하고 形而下를 器라 한다.14) 예컨대 혹자가 '淸虛一大'로써 天道를 삼은 것은 곧 器를 가지고 말한 것이지 道를 말한 것이 아니다.15)

形而上者를 謂之道요 形而下者를 謂之器라 若如或者以淸虛一大爲天道는 則①乃以器言而非道也라

① 〈則은〉 어떤 판본에는 '此'로 되어 있다.
一作此.

11. "〈聖人이〉 天地의 조화를 일정한 범위로 정하여 지나치지 않게 하였다."16)라는 것은 하나의 천지를 모범화해낸 것일 뿐이니, 천지의 밖에 있는 것이 아니다. 이와 같이 만물을 곡진히 이루니, 어찌 빠뜨림이 있겠는가.

範圍天地之化而不過者는 模範出一天地爾니 非在外也라 如此曲成萬物이니 豈有遺哉리오

12. "天地가 제자리를 잡으면 易이 그 가운데에서 행해진다."17)라고 하였으니, 어찌 사람이 그 가운데에서 행한다고 말하지 않았는가. 대개 사람도 生物이기 때문이다. 만약 神이 그 가운데에서 행한다고 말하면 사람은 단지 귀신의 측면에서 그 존재를 찾는 것일 뿐이다. 理를 말하고 誠을 말하는 것도 괜찮지만 특별히 易을 말한 것은 사람들로 하여금 묵묵히 이해하여 스스로 터득하게 하고자 한 것이다.

天地設位어든 而易行其中이라하니 何不言人行其中고 蓋人亦物也라 若言神行乎其中이면 則人

---

14) 形而上을……한다 : ≪周易≫ 〈繫辭傳 上〉에 "形而上을 道라 하고, 形而下를 器라 하고, 化하여 裁制함을 變이라 하고, 미루어 행함을 通이라 하고, 들어서 천하의 백성에게 둠을 事業이라 한다.〔形而上者 謂之道 形而下者 謂之器 化而裁之 謂之變 推而行之 謂之通 擧而措之天下之民 謂之事業〕"라고 하였다.

15) 혹자가……아니다 : 여기서 혹자는 張載이다. ≪粹言≫ 〈論道篇〉에서 程子는 "子厚(張載)는 淸虛一大로써 天道를 명명하였는데, 이는 器를 가지고 말한 것이지 形而上이 아니다.〔子厚以淸虛一大名天道 是以器言 非形而上者〕"라고 하였다.

16) 天地의……하였다 : ≪周易≫ 〈繫辭傳 上〉에 "天地의 조화를 일정한 범위로 정하여 지나치지 않게 하며, 만물을 곡진히 이루어 빠뜨리지 않으며, 晝夜의 道를 겸하여 안다. 그러므로 神은 일정한 방소가 없고 易은 일정한 體가 없는 것이다.〔範圍天地之化而不過 曲成萬物而不遺 通乎晝夜之道而知 故神无方而易无體〕"라고 하였다.

17) 天地가……행해진다 : ≪周易≫ 〈繫辭傳 上〉에 보인다.

只於鬼神上求矣라 若言理言誠도 亦可也나 而特言易者는 欲使人默識而自得之也라

13. ≪周易≫ 〈繫辭傳〉에 "形而上을 道라 하고 形而下를 器라 한다."라고 하였고, 또 "하늘의 道를 세운 것을 陰과 陽이라 하고, 땅의 道를 세운 것을 柔와 剛이라 하고, 사람의 道를 세운 것을 仁과 義라 한다."18)라고 하였고, 또 "한 차례 陰하고 한 차례 陽함을 道라고 한다."19)라고 하였다. 陰과 陽 또한 形而下인데 道라고 한 것은 이 말이 形而上과 形而下를 구별하는 데 가장 분명하기 때문이다. 원래 단지 이것이 道이니, 요점은 사람이 그 뜻을 묵묵히 마음에 새겨 기억하는 데 달려 있다.

繫辭曰 形而上者를 謂之道요 形而下者를 謂之器라하고 又曰 立天之道曰陰與陽이요 立地之道曰柔與剛이요 立人之道曰仁與義라하고 又曰 一陰一陽之謂道라하니라 陰陽은 亦形而下者也어늘 而曰道者는 惟此語截得上下最分明일새라 元來只此是道니 要在人默而識之也라

14. 하늘의 道를 세운 것을 陰과 陽이라 하고, 땅의 道를 세운 것을 柔와 剛이라 하고, 사람의 道를 세운 것을 仁과 義라 하니, 三才를 겸하여 그것을 두 차례 하였다.20)

立天之道曰陰與陽이요 立地之道曰柔與剛이요 立人之道曰仁與義니 兼三才①而兩之②라

① 그것(三才)을 하나로 여긴 것이다.
一之也.
② 두 차례 하지 않으면 소용이 없다.
不兩則無用.

15. "天地가 제자리를 잡으면 易이 그 가운데에서 행해진다."21)라는 것은 단지 敬일 뿐

---

18) 하늘의……한다 : ≪周易≫ 〈說卦傳〉에 "하늘의 道를 세운 것을 陰과 陽이라 하고, 땅의 道를 세운 것을 柔와 剛이라 하고, 사람의 道를 세운 것을 仁과 義라고 하니, 三才를 겸하여 두 차례 하였기 때문에 易이 여섯 획을 그어 卦를 이루었다.〔立天之道曰陰與陽 立地之道曰柔與剛 立人之道曰仁與義 兼三才而兩之 故易六畫而成卦〕"라고 하였다.

19) 한……한다 : ≪周易≫ 〈繫辭傳 上〉에 보인다.

20) 하늘의……하였다 : ≪周易≫ 〈說卦傳〉에 보인다.

21) 天地가……행해진다 : ≪周易≫ 〈繫辭傳 上〉에 보인다.

이다. 敬은 잠시도 끊어짐이 없다. 生物의 본체가 되어 빠버릴 수 없는 것[22]은 誠과 敬일 따름이니, 誠하지 않으면 그 생물은 없는 것이나 마찬가지이다. ≪詩經≫에 "하늘의 命이, 아! 심원하여 그치지 않으니, 아! 드러나지 않는가, 文王의 덕의 純一함이여."[23]라고 하였으니, 문왕의 덕이 순일하고 또 그치지 않은 것이다. 순일하면 잠시도 끊어짐이 없다.

天地設位어든 而易行乎其中이라함은 只是敬也라 敬則無間斷이라 體物而不可遺者는 誠敬而已矣니 不誠이면 則無物也라 詩曰 維天之命이 於(오)穆不已시니 於(오)乎不顯가 文王之德之純이여하니 純亦不已라 純則無間斷이라

16. "불경하지 말아서 깊이 사색하듯 자세를 엄숙하게 하며 말을 안정되게 하면 백성을 편안하게 할 수 있다."라는 것은 임금의 道이다. 임금의 도는 곧 하늘의 도이다. "문을 나서서는 큰 손님을 뵙는 듯이 하며, 백성을 부릴 적에는 큰 제사를 받드는 듯이 한다."[24]라고 한 것은 仲弓이 仁을 물어 仲尼가 그에게 일러준 것이니, 중궁이 이 말을 일삼을 수 있을 것이라 여기신 것이다. "雍은 南面하게 할 만하다."[25]라고 한 것은 그에게 임금의 德이 있었던 것이다. 불경하지 말면 上帝를 대할 수 있다.

毋不敬하여 儼若思하며 安定辭하면 安民哉라함은 君道也라 君道는 卽天道也라 出門如見大賓하며 使民如承大祭라함은 此仲弓之問仁而仲尼所以告之者니 以仲弓爲可以事斯語也라 雍也可使南面이라함은 有君之德也라 毋不敬이면 可以對越上帝라

17. 제사를 지낼 적에는 선조가 계신 듯이 하며, 神을 제사 지낼 적에는 그 神이 계신

---

22) 生物의……것 : ≪中庸≫에 "귀신이 덕됨, 그것은 성대하구나! 귀신의 모습은 보아도 보이지 않고, 귀신의 소리는 들어도 들리지 않지만 생물의 본체가 되어 빠버릴 수 없다.〔鬼神之爲德 其盛矣乎 視之而弗見 聽之而弗聞 體物而不可遺〕"라고 하였다.

23) 하늘의……純一함이여 : ≪詩經≫ 〈周頌 維天之命〉이다.

24) 문을……한다 : ≪論語≫ 〈顔淵〉에서 仲弓이 仁을 묻자, 孔子가 "문을 나서서는 큰 손님을 뵙는 듯이 하며, 백성을 부릴 적에는 큰 제사를 받드는 듯이 하며, 자신이 원하지 않는 것을 남에게 베풀지 말아야 하니, 〈이렇게 하면〉 나라에 있어도 원망함이 없으며, 집안에 있어도 원망함이 없을 것이다.〔出門如見大賓 使民如承大祭 己所不欲 勿施於人 在邦無怨 在家無怨〕"라고 하였다.

25) 雍은……만하다 : ≪論語≫ 〈雍也〉에 보인다.

듯이 한다.26)

祭如在하며 祭神如神在라

18. "敬함으로써 내면을 바르게 하고 義함으로써 외면을 방정하게 한다."27)라는 것은 內外를 합하는 道이다.

敬以直內하고 義以方外라함은 合內外之道也라①

① 釋氏는 內外의 道가 갖추어지지 않은 자이다.
釋氏, 內外之道不備者也.

19. 능히 작은 행실을 부지런히 힘쓰는 것28)이 가장 어렵다.

克勤小物이 最難이라

20. 아래로 人事를 배워 상등의 경지에 도달한 자는 급박한 상황에서도 이 仁을 기필하며, 위급한 때에도 이 仁을 기필한다.29)

自下而達上者는 惟造次必於是하고 顚沛必於是라

21. "〈天地의 道는〉 만물을 고무시키되 聖人과 동일하게 근심하지 않는다."30)라고 하였

---

26) 제사를……한다 : ≪論語≫ 〈八佾〉에 보인다.

27) 敬함으로써……한다 : ≪周易≫ 坤卦 〈文言傳〉에 보인다.

28) 능히……것 : ≪書經≫ 〈畢命〉에서 康王이 畢公의 덕을 찬탄하기를 "공이 성대한 덕으로 능히 작은 행실을 부지런히 힘써 4대를 보필하고 밝혀서, 얼굴빛을 바르게 하고 아랫사람들을 거느리자, 太師의 말을 공경하지 않음이 없어 아름다운 공적이 선왕의 세대보다 많으니, 나 소자는 衣裳을 드리우고 손을 마주잡고서 이루어지기만을 바라노라.〔惟公懋德 克勤小物 弼亮四世 正色率下 罔不祗師言 嘉績多于先王 予小子垂拱仰成〕"라고 한 데서 나왔다.

29) 급박한……기필한다 : ≪論語≫ 〈里仁〉에 孔子가 말하기를 "君子가 仁을 떠나면 어찌 이름을 이룰 수 있겠는가. 군자는 밥을 먹는 동안에도 仁을 떠남이 없으니, 급박한 상황에서도 이 仁을 기필하며 위급한 때에도 이 仁을 기필한다.〔君子去仁 惡乎成名 君子無終食之間違仁 造次必於是 顚沛必於是〕"라고 하였다.

30) 만물을……않는다 : ≪周易≫ 〈繫辭傳 上〉에 "〈天地의 道는〉 仁에 드러나며 用에 감추어져 만물을

으니, 성인은 사람이다. 그러므로 근심이 없을 수 없다. 그러나 하늘은 堯를 위해서 존재하지도 않고 桀 때문에 없어지지도 않는다.31)

鼓萬物而不與聖人同憂라하니 聖人은 人也라 故로 不能無憂라 天은 則不爲堯存하고 不爲桀亡者也라

22. 咸卦와 恒卦는 體와 用32)이나, 體와 用은 선후가 없다.

咸恒은 體用也로되 體用은 無先後라

23. 易은 궁하면 변하고, 변하면 통하고, 통하면 오래간다.33)

易은 窮則變하고 變則通하고 通則久라

24. 하늘은 말하지 않아도 信實하며, 神은 성내지 않고도 위엄이 있다.34)

天은 則不言而信하며 神은 則不怒而威라

曾子

25. 顔子는 묵묵히 마음에 새겨 기억하였고 曾子는 독실하게 믿었으니, 聖人의 道를 얻은 자는 이 두 사람이다.

고무시키되 聖人과 동일하게 근심하지 않으니, 盛德과 大業이 지극하다.〔顯諸仁 藏諸用 鼓萬物 而不與聖人同憂 盛德大業 至矣哉〕"라고 하였다.

31) 하늘은……않는다 : ≪荀子≫ 〈天論篇〉에 "하늘의 운행은 常道가 있으니, 堯를 위해서 존재하지도 않고 桀 때문에 없어지지도 않는다. 그 도에 상응하여 다스리면 길하고, 그 도에 상응하여 어지럽히면 흉하다.〔天行有常 不爲堯存 不爲桀亡 應之以治則吉 應之以亂則凶〕"라고 하였다.

32) 咸卦와……用 : ≪周易≫ 下經의 처음에 나오는 澤山 咸卦와 그다음에 나오는 雷風 恒卦는 咸卦가 體이고 恒卦가 用이라는 말이다. 咸卦를 거꾸로 보면 恒卦가 된다.

33) 易은……오래간다 : ≪周易≫ 〈繫辭傳 下〉에 보인다.

34) 하늘은……있다 : ≪禮記≫ 〈樂記〉에 보인다.

顔子默識(지)하고 曾子篤信하니 得聖人之道者는 二人也라①

① 증자가 말하기를 "나는 正道를 얻어 죽으면 그것으로 됐다."[35]라고 하였다.
曾子曰 "吾得正而斃焉, 斯已矣."

26. 天地의 바른 기운은 공손함이 엄정함을 낳으니,[36] 엄정함은 곧 화목함이다.

天地之正氣는 恭作肅하니 肅은 便雍也라

27. 이치는 高明하게 하기를 지극히 하나, 그것을 행하는 것은 中庸일 뿐이다.[37]

理는 則極高明이나 行之는 只是中庸也라

28. ≪中庸≫에서 誠을 말한 것은 곧 神이다.[38]

中庸言誠은 便是神이라

---

35) 나는……됐다 : 曾參이 임종할 때 季孫氏에게서 받은 대자리 위에 누워 있었는데, 그것이 자신의 분수에 맞지 않는다고 여겨 대자리를 바꾸게 하고는 "나는 正道를 얻어 죽으면 그것으로 됐다.〔吾得正而斃焉 斯已矣〕"라고 하였다.(≪禮記≫ 〈檀弓 上〉) 이는 숨을 거둘 적에 바른 도리를 잃지 않는 것을 상징하는 말로, 스승의 죽음을 의미하기도 한다.

36) 공손함이……낳으니 : ≪書經≫ 〈洪範〉에 "두 번째 五事는, 첫 번째는 貌, 두 번째는 言, 세 번째는 視, 네 번째는 聽, 다섯 번째는 思라고 하는 것이다. 貌는 공손함〔恭〕을 말하고, 言은 순종함〔從〕을 말하고, 視는 밝게 봄〔明〕을 말하고, 聽은 밝게 들음〔聰〕을 말하고, 思는 지혜〔睿〕를 말한다. 공손함은 엄정함을 낳고, 순종함은 조리를 낳고, 밝게 봄은 명철함을 낳고, 밝게 들음은 헤아림을 낳고, 지혜는 성스러움을 낳는다.〔二五事 一曰貌 二曰言 三曰視 四曰聽 五曰思 貌曰恭 言曰從 視曰明 聽曰聰 思曰睿 恭作肅 從作乂 明作哲 聰作謀 睿作聖〕"라고 한 데서 나왔다.

37) 이치는……뿐이다 : ≪中庸≫에 "그러므로 君子는 德性을 드높이면서 問學을 말미암는다. 그러니 덕성을 광대하게 하기를 극진히 하고서 지식은 정미하게 하기를 극진히 하며, 덕성은 고명하게 하기를 지극히 하고서 지식은 中庸을 말미암으며, 이미 알고 있는 것을 익숙히 하고서 새로운 지식을 알아나가며, 이미 능히 할 수 있는 것을 돈독히 하고서 아직까지 제대로 삼가지 못한 예를 숭상해 나간다.〔故君子尊德性而道問學 致廣大而盡精微 極高明而道中庸 溫故而知新 敦厚以崇禮〕"라고 한 데서 나왔다.

38) 中庸에서……神이다 : ≪中庸≫에서 至誠의 道를 가진 이는 어떤 일이 닥치기 전에 미리 알 수 있으므로 至誠은 神과 같다고 하였다.

29. 하늘과 사람은 잠시의 끊어짐도 없다.

天人은 無間斷이라

30. 눈과 귀로 보고 들을 수는 있지만 그것이 멀리까지 미칠 수 없는 것은, 氣에 한계가 있기 때문이다. 마음은 멀고 가까움의 제약이 없다.

耳目이 能視聽而不能遠者는 氣有限耳라 心은 則無遠近也라

31. 배움은 진실로 알고 진실로 기르는 데 달려 있다.

學은 在誠知誠養이라

32. 배움은 신실하고 익숙하게 해야 한다.

學은 要信與熟이라

33. 자기를 바르게 하여 남이 바르게 되는 것은 大人의 일이니,[39] 배움은 반드시 이와 같아야 한다.

正己而物正은 大人之事니 學須如此라

34. 敬은 온갖 사특함을 이긴다.

敬勝百邪라

35. 만물이 모두 나에게 갖추어져 있으니, 나의 몸에 돌이켜보아 진실하면 즐거움이 이보다 더 큰 것이 없다.[40]

---

39) 자기를……일이니 : ≪孟子≫ 〈盡心 上〉에 "大人인 자가 있으니, 자기를 바르게 하여 남이 바르게 되는 자이다.〔有大人者 正己而物正者也〕"라고 하였다.

40) 만물이……없다 : ≪孟子≫ 〈盡心 上〉에 보인다.

萬物이 皆備於我矣니 反身而誠이면 樂莫大焉이라

36. 큰 임무를 맡고자 한다면 모름지기 독실해야 한다.

欲當大任이면 須是篤實이라

37. 大人은 天地와 그 德이 합하며, 日月과 그 밝음이 합하니,41) 외부에 있는 것이 아니다.

大人者는 與天地合其德하며 與日月合其明이니 非在外也라

38. 털끝만큼이라도 잘못되면 천 리나 어긋나게 되니, 깊이 경계하고 삼갈 만하다.

失之毫釐면 繆以千里니 深可戒愼이라

39. 공평하고 편안한 이는 정직하다.42)

平康은 正直이라

40. 자신이 서고자 하면 남을 서게 하며, 자신이 도달하고자 하면 남을 도달하게 한다. 가까운 데에서 취해서 비유할 수 있는 것은 仁을 행하는 방법이라고 말할 수 있다.43) 널리 은혜를 베풀어 많은 사람을 구제할 수 있으면 참으로 仁하지만, 仁으로는 그것을 다 표현할 수 없다. 그러므로 "반드시 聖人일 것이다."라고 한 것이다.44)

---

41) 大人은……합하니 : ≪周易≫ 乾卦 〈文言傳〉에 보인다.

42) 공평하고……정직하다 : ≪書經≫ 〈洪範〉에 "여섯 번째 三德은, 첫째는 정직함이요, 둘째는 강함으로 다스리는 것이요, 셋째는 유순함으로 다스리는 것이니, 공평하고 편안한 이는 정직한 자이고, 강하여 순하지 않은 자는 강함으로 다스리고, 온화하여 순한 자는 유순함으로 다스리고, 침잠한 이는 강함으로 다스리고, 고명한 이는 유순함으로 다스린다.〔六三德 一曰正直 二曰剛克 三曰柔克 平康正直 彊弗友剛克 燮友柔克 沈潛剛克 高明柔克〕"라고 한 데서 나왔다.

43) 자신이……있다 : ≪論語≫ 〈雍也〉에서 子貢이 仁에 대해 묻자 孔子가 대답한 말이다.

44) 널리……것이다 : 子貢이 백성에게 은혜를 널리 베풀어 많은 사람을 구제하는 것을 仁하다고 할 수

己欲立而立人하며 己欲達而達人이라 能近取譬者는 可謂仁之方也已라 博施而能濟衆은 固仁也나 而仁不足以盡之라 故日必也聖乎인저

41. 孟子가 말하기를 "仁이란 사람의 본성이니, 본성과 사람을 합하여 말하면 道이다."45) 라고 하였으니, ≪中庸≫에서 "性을 따르는 것을 道라고 한다."라고 한 것이 이것이다. 仁은 여기에서 사람답게 하는 것이다. 敬함으로써 내면을 바르게 하고 義함으로써 외면을 방정하게 하는 것46)이 仁이다. 만약 敬을 가지고서 내면을 바르게 한다면 곧 바르지 않으니, 仁義를 행하더라도 어찌 바름이 있겠는가. 반드시 그 일에 종사함이 있되 기필하지 않으면47) 바르게 된다. 능히 敬함으로써 내면을 바르게 하고 義함으로써 외면을 방정하게 하는 것은 남과 함께하는 것이다. 그러므로 "敬과 義가 확립되면 德이 외롭지 않다."48)라고 한 것이다. 이러한 까닭에 仁者는 대적할 이가 없어 東海에 이르러도 표준이 되고, 西海에 이르러도 표준이 되고, 南海에 이르러도 표준이 되고, 北海에 이르러도 표준이 된다.49) 醫家에서 "四體가 不仁하다."라고 말한 것이 仁의 명칭을 가장 잘 체득한 것이다.

孟子曰 仁也者는 人也니 合而言之면 道也라하니 中庸에 所謂率性之謂道가 是也라 仁者는 人此者也라 敬以直內하고 義以方外가 仁也라 若以敬直內면 則便不直矣니 行仁義나 豈有直乎아 必有事焉而勿正이면 則直也라 夫能敬以直內하고 義以方外는 則與物同矣라 故曰 敬義立而德不孤라

있는지 묻자, 孔子가 仁을 일삼는 데 그칠 뿐만이 아니라 반드시 聖人일 것이라고 말하였다.(≪論語≫ 〈雍也〉)

45) 仁이란……道이다 : ≪孟子≫ 〈盡心 下〉에 보인다.

46) 敬함으로써……것 : ≪周易≫ 坤卦 〈文言傳〉에 보인다.

47) 반드시……않으면 : ≪孟子≫ 〈公孫丑 上〉에서 浩然之氣를 기르는 것에 대해 "반드시 그 일에 종사함이 있되 기필하지 말아서 마음에 잊지도 말며 억지로 조장하지도 말라.〔必有事焉而勿正 心勿忘 勿助長也〕"라고 한 데서 나왔다.

48) 敬과……않다 : ≪周易≫ 坤卦 〈文言傳〉에 보인다.

49) 東海에……된다 : ≪禮記≫ 〈祭義〉에 曾子가 말하기를 "대저 효의 덕은 세우면 하늘과 땅에 가득 차고, 펼치면 사방의 바다에 퍼지고, 후세에 전하면 아침저녁이 없게 될 것이다. 이것을 미루어 동해에 이르게 하면 동해와 水準이 같아지고, 이것을 미루어 서해에 이르게 하면 서해와 水準이 같아지고, 이것을 미루어 남해에 이르게 하면 남해와 水準이 같아지고, 이것을 미루어 북해에 이르게 하면 북해와 水準이 같아질 것이다.〔夫孝 置之而塞乎天地 溥之而橫乎四海 施諸後世而無朝夕 推而放諸東海而準 推而放諸西海而準 推而放諸南海而準 推而放諸北海而準〕"라고 하였다.

是以로 仁者無對하여 放之東海而準하고 放之西海而準하고 放之南海而準하고 放之北海而準이라 醫家言四體不仁이 最能體仁之名也라①

① 어떤 판본에는 '醫'자 이하를 별도로 한 章으로 삼았다.
一本, 醫字下, 別爲一章.

42. "天地의 큰 덕을 生이라 한다."50)라고 하였고, "천지의 기운이 얽히고설켜 만물이 化하여 엉긴다."51)라고 하였고, "生의 본능을 性이라고 한다."52)라고 하였으니, 이를 통해 만물의 生意를 잘 살펴볼 수 있다. 이는 "元은 善의 으뜸이다."53)라는 것이니, 이것이 이른바 仁이다. 사람과 천지는 一物인데, 사람이 유독 스스로를 작게 여기는 것은 어째서인가?

天地之大德曰生이요 天地絪縕에 萬物化醇이요 生之謂性①이니 萬物之生意를 最可觀이라 此元者善之長也니 斯所謂仁也라 人與天地는 一物也로되 而人特自小之는 何耶오

① 告子의 이 말은 옳으나, 개의 性이 소의 性과 같고 소의 性이 사람의 性과 같다고 한 것은 옳지 않다.
告子此言是, 而謂犬之性猶牛之性, 牛之性猶人之性, 則非也.

43. 사람의 賢·不肖와 국가의 治·亂은 天命이라고 말할 수 없다.

人賢不肖와 國家治亂은 不可以言命이라

44. 지극히 誠한 이가 天地의 化育을 도울 수 있는 것54)은 造化를 회복할 수 있기 때문

---

50) 天地의……한다 : ≪周易≫ 〈繫辭傳 下〉에 보인다.
51) 천지의……엉긴다 : 上同.
52) 生의……한다 : ≪孟子≫ 〈告子 上〉에 보인다.
53) 元은……으뜸이다 : ≪周易≫ 乾卦 〈文言傳〉에 "元은 善의 으뜸이요, 亨은 아름다움의 모임이요, 利는 義에 화합함이요, 貞은 일의 근간이다.〔元者 善之長也 亨者 嘉之會也 利者 義之和也 貞者 事之幹也〕"라고 하였다.
54) 지극히……것 : ≪中庸≫에 "오직 천하에 지극히 誠한 분이어야 능히 자기의 본성을 극진히 할 수 있으니, 자기의 본성을 극진히 하면 능히 남의 본성을 극진히 할 수 있으며, 능히 사람의 본성을 극진히 하면 능히 다른 생물의 본성을 극진히 할 수 있으며, 능히 다른 생물의 본성을 극진히 하면

이다.

至誠이 可以贊化育者는 可以回造化일새라

45. "신묘하기 때문에 빨리 하지 않아도 신속하며, 행하지 않아도 목적지에 이른다."[55] 라고 하였는데, 신묘함은 신속함이 없고, 또한 이르는 것도 없다. 그런데도 굳이 이렇게 말한 것은 이와 같이 말하지 않으면 신묘함을 형용할 수 없기 때문이다.

惟神也라 故로 不疾而速하며 不行而至라 神無速하고 亦無至라 須如此言者는 不如是면 不足以形容故也라

46. 천지 만물의 이치는 독립된 것이 없어서 반드시 상대가 있으니, 모두 자연히 그러한 것이요, 안배한 것이 아니다. 매일 한밤중에 이 점을 생각하면 나도 모르게 손으로 춤을 추고 발로 뛰게 된다.

天地萬物之理는 無獨하여 必有對하니 皆自然而然이요 非有安排也라 每中夜以思하면 不知手之舞之하고 足之蹈之也라

47. 老子의 말은 天地의 조화[56]를 희롱한 것이다.

老子之言은 竊弄闔闢者也라

48. 겨울에 춥고 여름에 더운 것은 陰陽의 작용이다. 운동하고 변화하는 것은 신묘함이다. 신묘함은 일정한 方所가 없기 때문에 易은 일정한 體가 없다. 예컨대 혹자[57]가 별

하늘과 땅의 化育을 도울 수 있으며, 하늘과 땅의 화육을 도울 수 있으면 天地와 더불어 참여할 수 있다.〔唯天下至誠 爲能盡其誠 能盡其誠 則能盡人之性 能盡人之性 則能盡物之性 能盡物之性 則可以贊天地之化育 可以贊天地之化育 則可以與天地參矣〕"라고 하였다.

55) 신묘하기……이른다 : ≪周易≫ 〈繫辭傳 上〉에 보인다.

56) 天地의 조화 : 闔闢은 天地의 조화를 말하는 것으로, ≪周易≫ 〈繫辭傳 上〉에 "문을 닫음을 坤이라 이르고, 문을 엶을 乾이라 이르며, 한 번 닫고 한 번 엶을 變이라 이르고, 왕래하여 다하지 않음을 通이라 이른다.〔闔戶謂之坤 闢戶謂之乾 一闔一闢謂之變 往來不窮謂之通〕"라고 하였다.

도로 하나의 하늘을 세우고서 '사람은 하늘을 포괄할 수 없다.'고 말한 것은 방소가 있는 것이니, 이는 근본을 둘로 한 것이다.

冬寒夏暑는 陰陽也라 所以運動變化者는 神也라 神無方이라 故로 易無體라 若如或者別立一天하여 謂人不可以包天은 則有方矣니 是二本也라

49. "神을 궁구하여 조화를 안다."[58]라고 하였으니, 조화의 신묘함이 神이다.

窮神知化라하니 化之妙者가 神也라

50. 이치를 궁구하고 性을 극진히 하여 命에 이르는 것[59]은 한 가지 일이다.

窮理盡性하여 以至於命은 一物也라

51. 天地는 제자리를 잡을 뿐이니 易이 그 가운데에서 행해지는 것[60]이 신묘함이다.

天地只是設位니 易行乎其中者가 神也라

52. 氣의 밖에 神이 없고, 神의 밖에 氣가 없다. 혹자[61]는 맑은 것을 神이라고 여기니, 탁한 것은 神이 아니란 말인가.

氣外無神하고 神外無氣라 或者謂淸者神하니 則濁者非神乎아

---

57) 혹자 : ≪朱子語類≫ 卷99 〈張子書 二〉에 의거해보면 張載인 듯하다.

58) 神을……안다 : ≪周易≫ 〈繫辭傳 下〉에 "神을 궁구하여 조화를 앎이 德의 성대함이다.〔窮神知化 德之盛也〕"라고 하였다.

59) 이치를……것 : ≪周易≫ 〈說卦傳〉에 "옛날 聖人이 易을 지을 적에 그윽이 神明을 도와 蓍草를 내었고, 하늘에서 셋을 취하고 땅에서 둘을 취하여 이에 의거하여 數를 일으키고, 陰陽이 변하는 것을 보아 卦를 세우고, 剛柔를 발휘하여 爻를 낳으니, 道德에 화순하고 義에 맞게 하며, 이치를 궁구하고 性을 극진히 하여 命에 이른다.〔昔者聖人之作易也 幽贊於神明而生蓍 參天兩地而倚數 觀變於陰陽而立卦 發揮於剛柔而生爻 和順於道德而理於義 窮理盡性 以至於命〕"라고 하였다.

60) 天地는……것 : ≪周易≫ 〈繫辭傳 上〉에 보인다.

61) 혹자 : 張載이다. 아래의 언급은 ≪正蒙≫ 주에 보인다.

53. 대저 학문은 말하지 않고 스스로 터득하는 것이 곧 自得이니, 안배하고 배치함이 있는 것은 모두 自得이 아니다.

大抵學은 不言而自得者가 乃自得也니 有安排布置者는 皆非自得也라

54. '無가 있다.〔有無〕'라고 말하면 '有'자가 더 붙은 것이고, '無가 없다.〔無無〕'라고 말하면 '無'자가 더 붙은 것이다. 有無는 動靜과 마찬가지이다. 예컨대 冬至 전에 天地가 닫힐 때를 靜이라고 말할 수 있다. 그러나 日月星辰은 또한 스스로 운행하여 그치지 않으니, 그것을 動이 없다고 말하는 것이 옳겠는가. 단지 사람이 有無와 動靜을 알지 못할 뿐이다.

言有無면 則多有字하고 言無無면 則多無字라 有無는 與動靜으로 同이라 如冬至之前에 天地閉를 可謂靜矣나 而日月星辰은 亦自運行而不息하니 謂之無動이 可乎아 但人不識有無動靜爾라

55. 명분을 바로잡는 일은 명분과 실상이 서로 배합해야 하니, 한 가지 일이 구차하면 그 나머지도 모두 구차해진다.

正名은① 名實相須니 一事苟면 則其餘皆苟矣라

① 聲氣가 名理이며, 形이 名理이다.
聲氣名理, 形名理.

56. 忠信은 사람의 일을 가지고 그 뜻을 말하지만, 요약하면 실제의 이치이다.

忠信者는 以人言之나 要之하면 則實理也라

57. "하늘 아래에 우레가 행하여 생물마다 无妄을 부여한다."라는 것은 하늘 아래에 우레가 행하여 无妄을 부여한다는 것이니, 天性에 어찌 妄이 있겠는가. '聖人이 이 의미로써 天時에 성대하게 합하여 만물을 길러주었다는 것'은 각각 그들의 性을 얻게 한 것이다.[62] 无妄은 털끝만큼이라도 더할 수 없으니, 어찌 옮겨갈 수 있겠는가. 옮겨간다면 妄이다. 无妄은 震이 아래에 있고 乾이 위에 있으니, 動하기를 天으로써 하면 어찌 妄이

있겠는가. 動하기를 人으로써 하면 妄이 있게 된다.

天下雷行하여 物與无妄이라함은 天下雷行하여 付與无妄이니 天性에 豈有妄哉리오 聖人이 以하여 茂對時育萬物은 各使得其性也라 無妄은 則一毫不可加니 安可往也리오 往則妄矣라 無妄은 震下乾上이니 動以天이면 安有妄乎아 動以人이면 則有妄矣라

58. "남이 침범해도 따지지 않았다."63)라고 하였으니, 따지는 것은 사사로운 것이지, 天理를 즐기는 것이 아니다.

犯而不校라하니 校則私요 非樂天者也라①

① 남이 침범하였을 때 응당 갚아야 할 것이 있으면 이때는 이치대로 할 뿐이다.
犯有當報者, 則是循理而已.

59. '意'는 마음대로 생각하는 것이고, '必'은 행하기를 기필하는 것이고, '固'는 굳게 집착하는 것이고, '我'는 '나'라고 하는 사사로운 의식이다.64)

意者는 任意요 必者는 必行이요 固者는 固執이요 我者는 私己라

60. "편안히 살게 해주면 백성들이 이에 모여들고, 백성들을 고무시키면 백성들이 이에 〈자신의 기질을 변화시켜〉 조화롭게 된다."65)라는 것은 聖人의 신묘한 교화가 上下에

---

62) 하늘……것이다 : ≪周易≫ 无妄卦 〈象傳〉에 "하늘 아래에 우레가 행하여 생물마다 无妄을 주니, 先王이 이 의미로써 天時에 성대하게 합하여 만물을 길렀다.〔天下雷行 物與无妄 先王以 茂對時 育萬物〕"라고 하였다.

63) 남이……않았다 : ≪論語≫ 〈泰伯〉에 曾子가 말하기를 "능하면서 능하지 못한 이에게 물으며, 학식이 많으면서 적은 이에게 물으며, 있어도 없는 것처럼 여기고, 가득 차도 텅 빈 것처럼 여기며, 남이 침범해도 따지지 않는 것을 옛날 내 벗이 일찍이 이런 일에 종사하였다.〔以能問於不能 以多問於寡 有若無 實若虛 犯而不校 昔者 吾友嘗從事於斯矣〕"라고 하였는데, 여기서 말하는 '벗'은 顔回를 가리킨다.

64) 意는……의식이다 : ≪論語≫ 〈子罕〉에 "孔子는 네 가지의 마음이 전혀 없었으니, 사사로운 생각이 없었고, 기필하는 마음이 없었고, 집착하는 마음이 없었고, '나'라고 하는 사사로운 의식이 없었다.〔子絶四 毋意 毋必 毋固 毋我〕"라고 한 데서 나왔다.

65) 편안히……된다 : 陳子禽이 子貢을 孔子보다 훌륭하다고 칭찬하자, 자공이 그를 꾸짖으며 "夫子에게 미칠 수 없는 것은 마치 하늘을 사다리로 오르지 못하는 것과 같다. 만일 夫子께서 나라를 얻으신다면 이른바 '세워주면 이에 그들이 자립하고, 인도하면 이에 그들이 따르고, 편안하게 해주면 이

서 天地와 더불어 유행하는 것이다.

綏之斯來하며 動之斯和라함은 聖人之神化가 上下與天地同流者也라

61. ≪禮記≫에 "후세에 비록 聖君이 나오더라도 虞帝에는 미칠 수 없을 것이다."66)라고 하였으니, 봉황이 와서 춤을 추고 온갖 짐승들이 따라서 춤을 추는 것67)과 같은 일은 三代 이래로 이러한 일이 없었다.

禮에 云호대 後世에 雖有作者라도 虞帝는 弗可及已라하니 如鳳凰來儀와 百獸率舞之事는 三代以降으로 無此也라

62. ≪書經≫의 〈泰誓〉와 〈武成〉에 '1월'이라고 일컬은 것68)은 商나라의 정월이 이미 끊어지고 周나라의 정월이 아직 세워지지 않았기 때문에 단지 '1월'이라 말한 것이다.

泰誓武成에 稱一月者는 商正已絶하고 周正未建이라 故로 只言一月이라

63. 中의 이치가 지극하니, 陰만으로는 생겨나지 않고 陽만으로도 생겨나지 않는다. 치우치면 禽獸가 되고 夷狄이 되며, 중도에 맞으면 사람이 된다. 중도에 맞으면 치우치지 않고, 늘 그러하면 바뀌지 않는다. 오직 中만으로는 그것을 다할 수 없기 때문에 '中庸'이라고 한 것이다.

中之理가 至矣니 獨陰不生하고 獨陽不生이라 偏則爲禽獸하고 爲夷狄하며 中則爲人이라 中則不

에 그들이 모여들고, 고무시키면 이에 그들이 화순하여, 그가 살아계시면 영광스럽게 여기고, 돌아가시면 슬퍼한다.'라는 것이니, 어떻게 따라갈 수 있겠는가."라고 하였다.(≪論語≫ 〈子張〉)

66) 후세에……것이다 : ≪禮記≫ 〈表記〉에 보인다.

67) 봉황이……것 : ≪書經≫ 〈益稷〉에 夔가 말하기를 "순임금의 음악인 簫韶 아홉 장이 연주되자 봉황이 와서 춤을 춥니다.〔簫韶九成 鳳凰來儀〕"라고 하였고, 또 "아! 제가 石磬을 치고 석경을 어루만지자 온갖 짐승들이 따라서 춤을 추며 庶尹이 진실로 화합합니다.〔於予擊石拊石 百獸率舞 庶尹允諧〕"라고 하였다.

68) 書經의……것 : ≪書經≫ 〈泰誓〉 序에 "11년 武王이 殷나라를 정벌하였다. 1월 무오일에 군대가 孟津을 건너 〈泰誓〉 세 편을 지었다.〔惟十有一年 武王伐殷 一月戊午 師渡孟津 作泰誓三篇〕"라고 하였고, 〈武成〉에 "1월 임진일 旁死魄 다음날인 계사일에 왕이 아침에 周로부터 행하여 가서 商나라를 정벌하였다.〔惟一月壬辰旁死魄越翼日癸巳 王朝步自周 于征伐商〕"라고 하였다.

偏하고 常則不易이라 惟中不足以盡之라 故로 曰中庸이라

64. 陰陽은 가득 차고 줄어듦이 일정하지 않아 차이가 없을 수 없다. 그러므로 曆家에 歲差法[69])이 있는 것이다.

陰陽은 盈縮不齊하여 不能無差라 故로 曆家有歲差法이라

65. 日蝕과 月蝕이 일어났다가 다시 회복되는 것은 그 변함없는 이치를 빼앗을 수 없기 때문이다.

日月薄蝕而旋復者는 不能奪其常也일새라

66. 옛날과 오늘날이 마땅함의 기준을 달리하는 것은 사람에게 불편한 바가 있을 뿐만 아니라, 風氣도 절로 구별되기 때문이다.

古今異宜는 不惟人有所不便이요 至於風氣도 亦自別也라①

① 日月星辰 모두 氣이므로 모두 절로 구별된다.
日月星辰皆氣也, 皆自別.

67. 시대는 聖人도 어길 수 없다. 그러나 사람의 智·愚, 세상의 治·亂은 성인이 반드시 바꿀 수 있는 방도를 보여주었으니, 어찌 한갓 가르침 때문이겠는가. 대개 또한 그러한 이치가 있기 때문이다.

時者는 聖人所不能違라 然이나 人之智愚와 世之治亂은 聖人이 必示可易之道하니 豈徒爲教哉리오 蓋亦有其理故也라

68. 학문은 자득하는 데 요점이 있다. 옛사람이 사람들을 가르칠 때 오직 그 잘못을 지

---

69) 歲差法 : 지구의 자전축의 방향이 해마다 조금씩 이동하여 春分點과 秋分點이 조금씩 앞당겨지는 현상을 歲差라고 하는데, 이 수치를 계산하는 방법을 가리킨다.

적하였다. 그러므로 "한 모서리를 들어 보여주었는데 이를 통해 나머지 세 모서리를 반증하지 못하면 다시 가르쳐주지 않는다."[70]라고 한 것이다. 세 모서리를 말한 것은 그가 일상에서 가까이 접할 수 있는 것을 거론한 것이다. 예컨대 "지나간 일을 말해주자 다가올 일을 아는구나."[71]라고 한 것은 그 앎이 이미 심원한 것이다.

學은 要在自得이라 古人敎人할새 唯指其非라 故曰 擧一隅에 不以三隅反이어든 則不復也라 言三隅는 擧其近이라 若夫告諸往而知來者는 則其知가 已遠矣라①

① 佛氏가 印證이라 말한 것이 어찌 自得이겠는가. 自得한 것은 누가 말하더라도 동요하지 않는다. 남의 말을 듣고서야 옳다고 여긴다면 어찌 自得이 있는 것이겠는가.
佛氏言印證者, 豈自得也. 其自得者, 雖甚人言, 亦不動. 待人之言爲是, 何自得之有.

69. "夏나라의 책력을 행하며, 殷나라의 수레를 타며, 周나라의 면류관을 쓸 것이다."[72]라는 것은 "나는 周나라의 문화를 따르겠다."[73]라는 말과 어긋나지 않는다. "나는 선배를 따르겠다."[74]라는 말은 당시의 폐해 때문에 말한 것이니, 저 말들에는 각각 마땅함이 있다.

行夏之時하며 乘殷之輅하며 服周之冕이라함은 與從周之文과 不悖라 從先進은 則爲時之弊言之니 彼各有當也라

70) 한……않는다 : ≪論語≫ 〈述而〉에 孔子가 말하기를 "발분하지 않으면 열어주지 않으며, 답답해하지 않으면 말해주지 않는다. 한 모서리를 들어주었는데 이것을 가지고 나머지 세 모서리를 반증하지 못하면 다시 가르쳐주지 않는다.〔不憤不啓 不悱不發 擧一隅 不以三隅反 則不復也〕"라고 하였다.

71) 지나간……아는구나 : ≪論語≫ 〈學而〉에 孔子가 子貢과 문답한 뒤에 "賜는 비로소 더불어 詩를 말할 만하구나. 지나간 일을 말해주자 다가올 일을 아는구나.〔賜也 始可與言詩已矣 告諸往而知來者〕"라고 하였다.

72) 夏나라의……것이다 : ≪論語≫ 〈衛靈公〉에 顔淵이 나라를 다스리는 것을 묻자, 孔子가 대답한 말이다.

73) 나는……따르겠다 : ≪論語≫ 〈八佾〉에 孔子가 말하기를 "周나라는 夏·殷 二代를 거울로 삼았으니, 그 문화가 찬란하다. 나는 주나라의 문화를 따르겠다.〔周監於二代 郁郁乎文哉 吾從周〕"라고 하였다.

74) 나는……따르겠다 : ≪論語≫ 〈先進〉에 孔子가 말하기를 "선배들이 禮樂에 대하여 한 것을 野人이라고 하고, 후배들이 禮樂에 대하여 한 것을 君子라고 한다. 만약 禮樂을 쓴다면 나는 선배를 따르겠다.〔先進 於禮樂 野人也 後進 於禮樂 君子也 如用之則吾從先進〕"라고 하였다.

70. 臧武仲의 지혜와 公綽의 욕심을 내지 않음과 卞莊子의 용기와 冉求의 才藝, 이 몇 가지를 갖추고서 禮樂으로 문채를 더하면 또한 완성된 사람이 될 수 있을 것이다.[75] 또한 "오늘날의 완성된 사람은 어찌 굳이 그러하겠는가. 이익 앞에서 의로움을 생각하며, 나라가 위태로울 때 목숨을 바치며, 오래된 약속에 대해 평소 그 말을 잊지 않으면 또한 완성된 사람이 될 수 있을 것이다."[76]라고 한 것은 단지 忠信을 말한 것일 뿐이다. 忠信은 內實이고, 禮樂은 文彩이다. 완성된 사람이란 명칭을 말한다면 聖人이 아니면 누가 능히 그에 해당하겠는가. 孟子가 말하기를 "오직 聖人인 뒤에야 형체와 용모대로 실천할 수 있다."[77]라고 하였으니, 이와 같이 해야 바야흐로 완성된 사람이란 명칭에 걸맞을 수 있다.

臧武仲之知와 公綽之不欲과 卞莊子之勇과 冉求之藝에 備此數者하여 而文之以禮樂이면 亦可以爲成人矣라 又曰 今之成人者는 何必然이리오 見利思義하며 見危授命하며 久要에 不忘平生之言이면 亦可以爲成人矣者는 只是言忠信也라 忠信者는 實也요 禮樂者는 文也라 語成人之名인댄 自非聖人이면 誰能當之리오 孟子曰 唯聖人然後에 可以踐形이라하니 如此라야 方足以稱成人之名이라

71. ≪詩經≫에 "하늘이 뭇사람을 내시니, 사물이 있으면 법칙이 있게 마련이다. 사람들은 떳떳한 본성을 가지고 있는지라, 이 아름다운 덕을 좋아한다."라고 하였다. 그러므로 사물이 있으면 반드시 법칙이 있으니, 사람들은 떳떳한 본성을 가지고 있는지라 이 아름다운 덕을 좋아한다.[78] 만물은 모두 이치가 있으니, 그것을 따르면 쉽고 그것

---

75) 臧武仲의……것이다 : ≪論語≫ 〈憲問〉에 子路가 완성된 사람[成人]에 대해 묻자, 孔子가 말하기를 "만약 臧武仲의 지혜와 公綽의 욕심을 내지 않음과 卞莊子의 용기와 冉求의 재예에 禮樂으로써 문채를 내면 또한 완성된 사람이 될 수 있을 것이다.[若臧武仲之知 公綽之不欲 卞莊子之勇 冉求之藝 文之以禮樂 亦可以爲成人矣]"라고 하였다.

76) 오늘날의……것이다 : 上同. 孔子가 子路에게 成人에 대해 말하고, 다시 말한 것이다.

77) 오직……있다 : ≪孟子≫ 〈盡心 上〉에 孟子가 말하기를 "형체와 용모는 타고난 天性이니, 오직 聖人인 뒤에야 형체와 용모대로 실천할 수 있다.[形色 天性也 惟聖人然後 可以踐形]"라고 하였다.

78) 詩經에……좋아한다 : ≪孟子≫ 〈告子 上〉에 "≪詩經≫에 이르기를 '하늘이 뭇사람을 내시니, 사물이 있으면 법칙이 있게 마련이다. 사람들은 떳떳한 본성을 가지고 있는지라, 이 아름다운 덕을 좋아한다.'라고 하였는데, 孔子가 말하기를 '이 시를 지은 자는 그 道를 아는구나. 그러므로 사물이 있으면 반드시 법칙이 있으니, 사람들이 떳떳한 본성을 가지고 있는지라 이 아름다운 덕을 좋아한다.'라고 하였다."라고 한 데서 나왔다.

을 거스르면 어렵다. 각자 그 이치를 따르면 어찌 자기의 힘을 수고롭게 하겠는가.

詩曰 天生蒸民하니 有物有則(칙)이로다 民之秉彝라 好是懿德이라 故로 有物이면 必有則이니 民之秉彝也라 故로 好是懿德이라 萬物皆有理하니 順之則易(이)요 逆之則難이라 各循其理면 何勞於己力哉리오

72. 사람의 마음은 이치를 앎이 있지 않음이 없으나, 오직 人欲에 가려지면 天德을 잃게 된다.

人心은 莫不有知나 惟蔽於人欲이면 則忘天德①也라

① 〈德은〉 어떤 판본에는 '理'로 되어 있다.
一作理.

73. 모두 실제의 이치이지만 사람이 그것을 알아서 믿는 것이 어렵다. 孔子가 말하기를 "아침에 道를 들으면 저녁에 죽어도 괜찮다."79)라고 하였다. 죽고 사는 것 또한 중대한 것이니, 참으로 道를 알지 못했다면 어찌 저녁에 죽는 것을 괜찮다고 하겠는가.

皆實理也나 人知而信者가 爲難이라 孔子曰 朝聞道면 夕死라도 可矣라하니라 死生亦大矣니 非誠知道면 則豈以夕死爲可乎아

74. 만물은 상대가 있지 않음이 없으니, 하나의 陰과 하나의 陽, 하나의 善과 하나의 惡이 상대가 된다. 陽이 자라면 陰이 사라지고 善이 늘어나면 惡이 줄어든다. 이것이 이치이니, 이 점을 미루어보면 그것이 어찌 멀리 있겠는가. 사람은 단지 이것을 알아야 한다.

萬物은 莫不有對니 一陰一陽과 一善一惡이라 陽長則陰消하고 善增則惡減이라 斯理也니 推之면 其遠乎아 人只要知此耳라

79) 아침에……괜찮다 : ≪論語≫ 〈里仁〉에 보인다.

75. "말은 허물을 적게 하고 행실은 후회를 적게 하면 祿이 그 가운데 있을 것이다."[80]라고 하였으니, 이는 孔子가 子張에게 가르쳐준 것이다. 顔淵과 閔子騫 같은 사람은 이런 질문이 없었을 것이며, 공자가 그들을 가르친 것도 이와 같지 않았을 것이다. 혹자는 이와 같이 하고도 祿을 얻지 못하는 자가 있을 것을 의심하니, 공자가 대개 "농사를 지어도 굶주림이 그 가운데 있다."[81]라고 한 것이다. 오직 이치상 할 만한 것을 행할 따름이다.

言寡尤하며 行寡悔면 祿在其中矣라하니 此孔子所以告子張者也라 若顔閔은 則無此問이며 孔子告之도 亦不如此라 或疑如此라도 亦有不得祿者하니 孔子蓋曰 耕也에 餒在其中矣라하니라 唯理可爲者를 爲之而已矣라

仲由

76. 孔子가 衛나라에 난[82]이 일어났다는 소식을 듣고 말하기를 "高柴는 돌아올 것이나, 仲由는 죽겠구나."라고 하였다. 두 사람은 모두 의리에 맞게 처신하였다. 孔

80) 말은……것이다 : 子張이 祿을 구하는 방법을 묻자, 孔子가 말하기를 "많이 듣고 의심스러운 것을 빼놓고 그 나머지를 삼가서 말하면 허물이 적을 것이며, 많이 보고서 위태로운 것을 빼놓고 그 나머지를 삼가서 행하면 후회하는 일이 적을 것이니, 말은 허물을 적게 하고 행실은 후회를 적게 하면 祿이 그 가운데 있을 것이다.〔多聞闕疑 愼言其餘則寡尤 多見闕殆 愼行其餘則寡悔 言寡尤 行寡悔 祿在其中矣〕"라고 하였다.(≪論語≫ 〈里仁〉)

81) 농사를……있다 : ≪論語≫ 〈衛靈公〉에 孔子가 말하기를 "군자는 道를 도모하고 먹을 것을 도모하지 않는다. 농사를 지어도 굶주림이 그 가운데 있고, 학문을 해도 祿이 그 가운데 있으니, 군자는 道를 걱정하고 가난함을 걱정하지 않는다.〔君子謀道 不謀食 耕也 餒在其中矣 學也 祿在其中矣 君子憂道 不憂貧〕"라고 하였다.

82) 난 : 衛나라의 왕위 다툼으로 인한 난이다. 위나라 靈公의 태자 蒯聵가 영공의 부인 南子를 미워하여 살해하려다가 실패하여 晉나라로 달아났다. 그 사이 영공이 죽고 작은 아들 郢을 세우려 하였는데 영이 사양하여 괴외의 아들 輒을 세웠다. 괴외의 누이 伯姬는 위나라 대부 孔文子와 혼인하여 아들 孔悝를 두었는데, 이때 괴외가 백희와 공모하여 위나라로 돌아와 공회를 협박해서 반란을 일으켰다. 당시 孔氏의 邑宰였던 子路(仲由)가 소식을 듣고 달려왔는데, 子羔(高柴)가 그를 만류하였다. 그러나 자로는 의리상 피할 수 없다고 하며 공회를 구하러 달려갔다. 여러 차례 괴외를 설득하였으나 듣지 않자, 자로는 그가 있는 누대를 불태우려 하였다. 겁에 질린 괴외는 두 신하를 보내 자로를 죽였고, 이후 공회는 괴외를 옹립하게 되었다.(≪史記≫ 卷37 〈衛康叔世家〉)

悝가 衛 靈公의 명을 받들어 輒을 세웠으니, 만약 蒯聵를 받아들이면 직분을 잃은 것이고, 첩과 함께 그의 부친을 막으면 의롭지 못한 것이다. 만약 첩이 왕위를 피하였다면 이들은 괴외를 막는 것이 옳고, 만약 첩이 부친을 막았다면 이들은 몸을 보전해 물러나는 것이 옳다. 그러므로 子路는 공회에게 이 일에 관여하지 말고 맡은 일에 충성하기를 권하고자 하였으나, 공회는 이미 협박을 당한 상태였다. 이것이 바로 자로가 죽지 않을 수 없었던 이유이다. 그러나 누대를 불태우려 한 일은 지나치게 용맹하고 사나운 것이었다. 公子 郢은 의지가 가상하다. 그러나 마땅히 왕위에 올라야 했는데도 오르지 않아 衛나라의 난을 초래했으니, 또한 聖人이 마땅히 벌할 대상이다. 그러나 ≪春秋≫에 기록하지 않았으니, 그 일이 의심스럽다.

孔子가 聞衛亂하고 曰 柴也는 其來乎나 由也는 其死矣리라하니라 二者는 蓋皆適於義라 孔悝가 受命立輒하니 若納蒯聵면 則失職하고 與輒拒父면 則不義라 如輒避位면 則拒蒯聵가 可也요 如輒拒父면 則奉身而退가 可也라 故로 子路는 欲勸孔悝無與於此하고 忠於所事也나 而孔悝既被脅矣라 此子路不得不死耳라 然이나 燔臺之事는 則過於勇暴也라 公子郢은 志可嘉이라 然이나 當立而不立하여 以致衛亂하니 亦聖人所當罪也나 而春秋不書하니 事可疑耳라

77. "임금을 섬길 적에 자주 간언하면 욕을 당하고, 벗에게 자주 충고하면 소원해진다."83)라고 하였는데, '數'은 '번거롭게 자주한다.'라는 의미이다.

事君數(삭)이면 斯辱矣요 朋友數이면 斯疏矣라한대 數者는 煩數也라

78. 자기의 마음으로써 남에게 미치는 것은 仁이고, 자기의 마음을 미루어 남에게 미치는 것은 恕이다. 忠恕는 하나로써 모든 것을 꿰뚫는다. 忠은 天理이고 恕는 人道이며, 忠은 망령됨이 없는 것이고 恕는 忠을 행하는 것이다. 忠은 體이고 恕는 用이니, 大本과 達道이다. 이것이 "〈忠恕는〉 道와의 거리가 멀지 않다."84)라는 말과 다른 것은 天으로써 動하기 때문이다.

---

83) 임금을……소원해진다 : ≪論語≫ 〈里仁〉에 보인다.

84) 道와의……않다 : ≪中庸≫에 "忠恕는 道와의 거리가 멀지 않으니, 자기에게 베풀어서 원하지 않는 것을 나 또한 남에게 베풀지 말라는 것이다.〔忠恕違道不遠 施諸己而不願 亦勿施於人〕"라고 하였다.

以己及物은 仁也요 推己及物은 恕也라① 忠恕는 一以貫之라 忠者는 天理요 恕者는 人道며 忠者는 無妄이요 恕者는 所以行乎忠也라 忠者는 體요 恕者는 用이니 大本達道也라 此與違道不遠異者는 動以天爾일새라

① "〈忠恕는〉 道와의 거리가 멀지 않다."라는 것이 이것이다.
違道不遠, 是也.

79. "반드시 그 일에 종사함이 있되 기필하지 말아서 마음에 잊지도 말며 억지로 조장하지도 말라."85)라고 하였으니, 氣를 기르는 방법은 이와 같아야 한다.

必有事焉而勿正①하여 心勿忘하며 勿助長이라하니 養氣之道는 當如此라

① '事'자는 일에 종사한다는 뜻의 '事'이다.
事者, 事事之事.

80. 志가 氣를 움직이는 것이 열에 아홉이고, 氣가 志를 움직이는 것이 열에 하나이다.

志動氣者가 十九요 氣動志者가 十一이라

81. "祖考가 와서 이른다."86)라는 것은 至誠은 감응함이 있어 반드시 통한다는 말이다.

祖考來格者는 惟至誠은 爲有感必通이라

82. "움직이고 주선함이 禮에 맞다."87)라는 것은 盛德이 지극한 것이고, "君子는 法을

85) 반드시……말라 : ≪孟子≫ 〈公孫丑 上〉에 보인다.

86) 祖考가……이른다 : ≪書經≫ 〈虞書 益稷〉에 夔가 말하기를 "鳴球를 치며 거문고와 비파를 어루만지며 노래를 읊으니, 祖考가 와서 이르시며 虞賓이 자리에 있으면서 여러 제후들과 德으로 사양합니다.〔戛擊鳴球 搏拊琴瑟 以詠 祖考來格 虞賓在位 群后德讓〕"라고 하였다.

87) 움직이고……맞다 : ≪孟子≫ 〈盡心 下〉에 "움직이고 주선함이 禮에 맞는 것은 盛德이 지극한 것이니, 죽은 자를 곡하여 슬퍼함이 산 자를 위해서가 아니요, 떳떳한 德을 지키고 간사하지 않음이 祿을 구해서가 아니며, 말을 반드시 미덥게 하는 것이 행실을 일부러 바르게 하려고 해서가 아니다. 君子는 法을 행하여 命을 기다릴 뿐이다.〔動容周旋中禮者 盛德之至也 哭死而哀 非爲生者也 經德不回 非以干祿也 言語必信 非以正行也 君子行法 以俟命而已矣〕"라고 하였다.

행하여 命을 기다린다."라는 것은 "아침에 道를 들으면 저녁에 죽어도 괜찮다."88)라는 뜻이다.

動容周旋中禮者는 盛德之至요 君子行法以俟命은 朝聞道夕死之意也라

83. 대개 義에서 벗어나면 利로 들어가고, 利에서 벗어나면 義로 들어간다. 천하의 일은 오직 義와 利일 뿐이다.

大凡出義則入利하고 出利則入義라 天下之事는 惟義利而已라

84. 湯임금과 武王은 본성을 회복하여 몸소 실천하신 분이니,89) 배워서 본성을 회복하신 분이다.

湯武는 反之身之者니 學而復(복)者也라

湯

武王

---

88) 아침에……괜찮다 : ≪論語≫ 〈里仁〉에 보인다.

89) 湯임금과……분이니 : ≪孟子≫ 〈盡心 下〉에 "堯·舜은 본성대로 하셨고, 湯·武는 본성을 회복하셨다.〔堯舜 性者也 湯武 反之也〕"라고 하였고, 〈盡心 上〉에 "堯·舜은 본성대로 하셨고, 湯·武는 본성을 몸소 실천하셨다.〔堯舜 性之也 湯武 身之也〕"라고 하였다.

85. 그가 하는 행위를 보며, 그런 행위를 하는 이유를 살피며, 그의 마음이 편안히 여기는 바를 살펴본다.90)

視其所以①하며 觀其所由②하며 察其所安③이라

① '以'는 '用'의 뜻이니, 하는 바이다.
以, 用也, 所爲也.
② '由'는 따르는 바의 道이다.
由, 所從之道也.
③ 志意가 편안히 여기는 바이니, 마음속에 보존한 것이다.
志意所安也, 所存也.

86. 北宮黝는 반드시 실행하는 것으로써 不動心을 추구하였고, 孟施舍는 두려워하지 않는 것으로써 부동심을 미루어나갔다. 그러므로 북궁유가 부동심하는 방법은 맹시사의 지킴이 요약된 것만 못하다.91) 子夏는 孔子의 道를 믿었고, 曾子는 그 이치를 밝혔다. 그러므로 북궁유와 맹시사 두 사람은 각각 그들과 닮은 점이 있다.

北宮黝는 要之以必爲하고 孟施舍는 推之以不懼라① 故로 黝는 不如施舍之守約也라 子夏는 信道하고 曾子는 明理라 故로 二子는 各有所似라

① 北宮黝는 간혹 두려움이 없을 수 없었다.
北宮黝, 或未能無懼.

87. 公孫丑가 말하기를 "선생님이 齊나라의 卿相에 올라 道를 행할 수 있게 된다면, 이런 경우라도 두려워하여 마음을 동요함이 없을 수 있겠습니까?"라고 하였다. 그러므로 孟子가 말하기를 "마음을 동요하지 않을 것이다. 나는 40세에 마음을 동요하지 않았

---

90) 그가……살펴본다 : ≪論語≫ 〈爲政〉에 孔子가 말하기를 "그가 하는 행위를 보며, 그런 행위를 하는 이유를 살피며, 그의 마음이 편안히 여기는 바를 살펴보면 사람들이 어찌 자신을 숨길 수 있겠는가! 사람들이 어찌 자신을 숨길 수 있겠는가!〔視其所以 觀其所由 察其所安 人焉廋哉 人焉廋哉〕"라고 하였다.

91) 北宮黝는……못하다 : ≪孟子≫ 〈公孫丑 上〉에 孟子가 "맹시사는 증자와 유사하고 북궁유는 자하와 유사하니, 이 두 사람의 勇은 누가 더 나은지 알지 못하겠다. 그러나 맹시사는 마음을 지킴이 요약되었다.〔孟施舍似曾子 北宮黝似子夏 夫二子之勇 未知其孰賢 然而孟施舍守約也〕"라고 하였다.

다."라고 하였다.92)

公孫丑가 謂호대 夫子加齊之卿相하사 得行道焉하시면 如此라도 則能無畏懼而動心乎잇가 故로 孟子曰 否라 我는 四十에 不動心호라

88. 人心은 매인 바가 있을 수 없다.

人心은 不得有所繫라

89. 剛은 강하여 굽히지 않는 것이고, 毅는 드러내는 바가 있는 것이고, 木은 질박함이고, 訥은 더디고 둔함이다.93)

剛者는 强而不屈이요 毅者는 有所發이요 木者는 質朴이요 訥者는 遲鈍이라

90. 禮는 理이고 文이다. 理는 실질이고 근본이며, 文은 화려함이고 말단이다. 理는 一物이고, 文도 一物이다. 文이 지나치면 사치스럽고, 實이 지나치면 검소하다. 사치함은 文으로부터 생긴 것이고, 검소함은 實로부터 나온 것이다. 그러므로 林放이 禮의 근본을 묻자 孔子가 "禮는 사치하기보다는 차라리 검소한 편이 낫다."라고 하였으니,94) 검소함이 근본에 가깝다는 말이다.

禮者는 理也요 文也라 理者는 實也요 本也라 文者는 華也요 末也라 理是一物이요 文是一物이라 文過則奢하고 實過則儉이라 奢自文所生하고 儉自實所出이라 故로 林放이 問禮之本하니 子曰 禮는 與其奢也론 寧儉이라하니 言儉近本也라①

---

92) 公孫丑가……하였다 : ≪孟子≫ 〈公孫丑 上〉에 公孫丑가 묻기를 "선생님께서 齊나라의 卿相에 올라 道를 행할 수 있게 되신다면 이를 말미암아 霸道와 王道를 행하더라도 이상할 것이 없습니다. 이와 같다면 마음을 동요하시겠습니까? 동요하지 않으시겠습니까?〔夫子加齊之卿相 得行道焉 雖由此霸王 不異矣 如此則動心 否乎〕"라고 하자, 孟子가 말하기를 "마음을 동요하지 않을 것이다. 나는 40세에 마음을 동요하지 않았다.〔否 我四十不動心〕"라고 하였다.

93) 剛은……둔함이다 : ≪論語≫ 〈子路〉에 孔子가 말하기를 "강하고 굳세고 질박하고 어눌함이 仁에 가깝다.〔剛毅木訥 近仁〕"라고 한 데서 나왔다.

94) 林放이……하였으니 : ≪論語≫ 〈八佾〉에 林放이 禮의 근본을 묻자, 孔子가 말하기를 "훌륭하구나, 질문이여! 禮는 사치하기보다는 차라리 검소한 편이 낫고, 喪은 형식적으로 잘 치르기보다는 차라리 슬퍼하는 것이 낫다.〔大哉問 禮 與其奢也寧儉 喪 與其易也寧戚〕"라고 하였다.

① 이는 형체·그림자와 유사하다. 이 이치를 미루어나가면 어찌 일삼을 것이 있겠는가.
此與形影類矣. 推此理, 則甚有事也.

91. 物로써 物을 대하고 나로써 物을 대하지 않으면 '나'라는 사사로운 의식이 없다. "聖人은 행실을 제정할 적에 자기가 잘하는 것으로 하지 않는다."[95]라고 하였으니, 말은 맞지만 이치상으로 이 말은 미진한 듯하다. 대저 하늘이 物을 만들어 낸 데에는 긴 것도 있고 짧은 것도 있으며, 큰 것도 있고 작은 것도 있다. 君子는 그 큰 것을 얻었으니, 어찌 작은 것으로 하여금 크게 할 수 있겠는가. 天理가 이와 같으니, 어찌 거스를 수 있겠는가. 광대한 천하와 수많은 만물에 대해 한마음으로 대처하여 반드시 그 요체를 얻는 것이 옳다. 그렇다면 옛사람이 일을 처리한 것이 어찌 훌륭하지 않겠는가.

以物待物하고 不以己待物이면 則無我也라 聖人은 制行不以己하니 言則是矣나 而理似未盡於此言이라 夫天之生物也에 有長有短하고 有大有小라 君子는 得其大矣①니 安可使小者亦大乎아 天理如此니 豈可逆哉리오 以天下之大와 萬物之多로 用一心而處之하여 必得其要가 斯可矣라 然則古人處事가 豈不優乎아

① 〈矣는〉 어떤 판본에는 '者'로 되어 있다.
一作者.

92. 志는 氣를 이겨도 괜찮지만 氣가 〈志를〉 이기면 마음이 어지럽게 된다. 요즘 사람들은 두려움으로써 氣를 이기는 자가 많고, 의리로써 氣를 이기는 자는 적다.

志는 可克氣나 氣勝①이면 則憒亂矣라 今之人은 以恐懼而勝氣者가 多矣요 而以義理勝氣者는 鮮也라

① 어떤 판본에는 '志'자가 있다.
一有志字.

93. "天理를 즐거워하고 天命을 안다."[96]라는 것은 上下를 관통하는 말이다. 聖人은 天

---

95) 聖人은……않는다 : ≪禮記≫ 〈表記〉에 "聖人之制行也 不制以己"라고 하였다.
96) 天理를……안다 : ≪周易≫ 〈繫辭傳 上〉에 "天地와 더불어 서로 같기 때문에 어기지 않는다. 지혜가

理를 즐거워하니, 天命을 안다고 말할 필요가 없다. 天命을 아는 것은 命이 있다는 것을 알고 믿는 것일 뿐이니, "天命을 알지 못하면 君子가 될 수 없다."[97]라는 것이 이것이다. 天命은 義를 돕는 것이니, 한결같이 義를 따른다면 무엇 때문에 天命으로써 결단하겠는가. 이를테면 聖人이 '天命을 알았다.'는 것[98]은 이와는 다르다.

樂天知命은 通上下之言也라 聖人樂天이니 則不須言知命이라 知命者는 知有命而信之者爾니 不知命이면 無以爲君子가 是矣라 命者는 所以輔義니 一循於義면 則何庸斷之以命哉리오 若夫聖人之知天命은 則異於此라

94. "仁者는 근심하지 않는다."[99]라는 것은 天理를 즐거워하는 것이다.

仁者不憂는 樂天者也라

95. "孝悌라는 것은 仁을 행하는 근본이다."[100]라고 하였으니, 이는 仁을 행하는 근본을 말한 것이지, 仁의 근본을 말한 것이 아니다.

孝弟也者는 其爲仁之本與인저하니 言爲仁之本이요 非仁之本也라

만물에 두루 미치고 道가 천하를 구제하기 때문에 지나치지 않는다. 사방으로 행하되 흐르지 아니하여 天理를 즐거워하고 天命을 알기 때문에 근심하지 않는다. 자리에 편안하여 仁을 돈독히 하기 때문에 사랑할 수 있다.〔與天地相似 故不違 知周乎萬物而道濟天下 故不過 旁行而不流 樂天知命 故不憂 安土 敦乎仁 故能愛〕"라고 하였는데, 이는 聖人이 性을 다하는 일을 말한 것이다.

97) 天命을……없다 : ≪論語≫ 〈堯曰〉에 孔子가 말하기를 "天命을 알지 못하면 君子가 될 수 없으며, 禮를 알지 못하면 자신을 확립할 길이 없으며, 말을 알지 못하면 남을 알 방법이 없다.〔不知命 無以爲君子也 不知禮 無以立也 不知言 無以知人也〕"라고 하였다.

98) 聖人이……것 : ≪論語≫ 〈爲政〉에 孔子가 "50세에 天命을 알았다.〔五十而知天命〕"라고 한 것을 말한다.

99) 仁者는……않는다 : ≪論語≫ 〈子罕〉에 孔子가 말하기를 "지혜로운 자는 의혹되지 않고, 仁者는 근심하지 않고, 용맹한 자는 두려워하지 않는다.〔知者不惑 仁者不憂 勇者不懼〕'라고 하였고, 〈憲問〉에 孔子가 말하기를 "君子의 道가 세 가지인데, 나는 능한 것이 없다. 仁者는 근심하지 않고, 지혜로운 자는 의혹되지 않고, 용맹한 자는 두려워하지 않는다.〔君子道者三 我無能焉 仁者不憂 知者不惑 勇者不懼〕"라고 하였다.

100) 孝悌라는……근본이다 : ≪論語≫ 〈學而〉에 有子가 말하기를 "君子는 근본을 힘쓰니, 근본이 확립되면 道가 생겨난다. 孝悌라는 것은 仁을 행하는 근본이다.〔君子務本 本立而道生 孝弟也者 其爲仁之本與〕"라고 하였다.

96. "仁者는 근심하지 않고, 지혜로운 자는 의혹되지 않고, 용맹한 자는 두려워하지 않는다."라는 것은 德의 순서이고, "지혜로운 자는 의혹되지 않고, 仁者는 근심하지 않고, 용맹한 자는 두려워하지 않는다."라는 것은 배움의 순서이니, 지혜로써 그것을 알고, 仁으로써 그것을 지키고, 용맹함으로써 그것을 행하는 것이다.

仁者不憂하고 知者不惑하고 勇者不懼라함은 德之序也요 知者不惑하고 仁者不憂하고 勇者不懼라함은 學之序也니 知以知之요 仁以守之요 勇以行之라

97. 하늘이 저절로 그러한 점을 말하면 '天道'라 하고, 하늘이 만물에게 부여한 점을 말하면 '天命'이라 한다.

言天之自然者면 謂之天道요 言天之付與萬物者면 謂之天命이라

98. 德性은 性의 귀하게 여길 만한 점을 말한 것이니, 性善을 말한 것과 실제로는 한가지이다. 性의 德은 性이 가지고 있는 바를 말한 것이니, 卦의 德은 곧 卦가 간직한 뜻이라고 하는 것과 같다.

德性者는 言性之可貴니 與言性善과 其實一也라 性之德者는 言性之所有니 如卦之德은 乃卦之韞也라

99. "간절하고 지극하구나, 그 仁이여."[101]라는 것은 대개 두터움을 말한 것이다.

肫肫(준준)其仁은 蓋言厚也라

100. '善을 밝히는 것을 말미암아 誠해지는 것'[102]은 비록 '한 부분을 극진히 하는 것〔致曲〕'[103]을 말미암는 경우가 많으나, 또한 大體 속에서 誠해지는 경우도 있다. 비록

---

101) 간절하고……仁이여 : ≪中庸≫에서 至誠의 道를 찬양하여 "간절하고 지극하구나, 그 仁이여. 고요하고 깊구나, 그 연못 같은 마음이여. 넓고도 크구나, 그 하늘같은 마음이여.〔肫肫其仁 淵淵其淵 浩浩其天〕"라고 하였다.

102) 善을……것 : ≪中庸≫에 "自明誠"이라 한 것을 가리킨다.

103) 한……것 : ≪中庸≫에 "其次致曲"이라 한 것을 가리킨다.

그것 또한 '善을 밝히는 것을 말미암아 誠해지는 것'이지만 그것을 '한 부분을 극진히 하는 것'이라고 말해서는 안 된다.

自明而誠은 雖多由致曲이나 然亦有自大體中便誠者라 雖亦是自明而誠이나 謂之致曲은 則不可라

101. "여러 신하를 체찰한다."[104]라는 것은 몸소 살피는 것이다. 마음이 진실로 그것을 구하면 살피지 않는 것이 없을 것이니, 忠厚함이 지극한 것이다. 그러므로 "충성과 신의로 대하고 녹봉을 많이 주는 것은 하급 관리를 권면하는 방법이다."[105]라고 하였으니, 자신의 忠信을 다하여 그들의 祿食을 후하게 해주면 이것이 하급 관리를 권면하는 방법이라는 것을 말한다.

體群臣者는 體察也라 心誠求之면 則無不察矣니 忠厚之至也라 故曰 忠信重祿은 所以勸士라하니 言盡其忠信而厚其祿食이면 此所以勸士也라

102. "귀신을 공경하되 멀리한다."라는 것은 귀신을 가까이 하지 않는 것이니, 智의 일이다. "어려운 일을 먼저 하고 얻는 것을 뒤로 한다."라는 것은 일을 먼저 하고 얻는 것을 나중으로 한다는 뜻이니, 仁의 일이다.[106] 예컨대 "지혜로운 자는 仁을 이롭게 여긴다."[107]라는 것이 곧 얻는 것을 먼저 하고 일을 나중에 한다는 뜻이다.

敬鬼神而遠之는 所以不黷(독)也니 知之事也라 先難後獲은 先事後得之義也니 仁之事也라 若

---

104) 여러……체찰한다 : '體群臣'은 천하와 국가를 다스리는 근본 원칙인 九經 중 하나이다.(≪中庸≫)

105) 충성과……방법이다 : ≪中庸≫에서 九經의 구체적인 일을 거론하였는데, 體群臣에 대해서는 "官屬을 성대하게 설치하고 그들을 부리는 권한을 전적으로 그에게 맡기는 것은 대신을 권면하는 방법이요, 충성과 신의로 대하고 녹봉을 많이 주는 것은 하급 관원을 권면하는 방법이다.〔官盛任使 所以勸大臣也 忠信重祿 所以勸士也〕"라고 하였다.

106) 귀신을……일이다 : 樊遲가 智에 대해 묻자, 孔子가 말하기를 "사람이 지켜야 할 도리를 힘쓰고 귀신을 공경하되 멀리한다면 智라 말할 수 있다.〔務民之義 敬鬼神而遠之 可謂知矣〕"라고 하였다. 다시 仁에 대해 묻자, "仁者는 어려운 일을 먼저 하고 얻는 것을 뒤에 하니, 이렇게 한다면 仁이라고 말할 수 있다.〔仁者先難而後獲 可謂仁矣〕"라고 하였다.(≪論語≫ 〈雍也〉)

107) 지혜로운……여긴다 : ≪論語≫ 〈里仁〉에 孔子가 말하기를 "仁하지 못한 자는 오랫동안 곤궁한 데 처할 수 없으며, 장구하게 즐거움에 처할 수 없으니, 仁者는 仁을 편안히 여기고 智者는 仁을 이롭게 여긴다.〔不仁者不可以久處約 不可以長處樂 仁者安仁 知者利仁〕"라고 하였다.

智者利仁이 乃先得後事之義也라

103. "人心은 오직 위태롭다."라는 것은 人欲이고, "道心은 오직 은미하다."라는 것은 天理이다. "오직 정밀하게 하고 오직 전일하게 한다."라는 것은 中庸에 이르는 방법이고, "진실로 그 中道를 잡는다."라는 것은 중용을 행하는 방법이다.108)

人心惟危는 人欲也요 道心惟微는 天理也라 惟精惟一은 所以至之요 允執厥中은 所以行之①라

① 用이다.
用也.

104. "仁者는 그 말하는 것이 신중하다."109)라는 것은 말하기를 어려워하는 것이다.

仁者는 其言也訒이라함은 難其出也라

105. 治道는 지향을 세우고 임무를 맡기고 어진 이를 구하는 데 달려 있다.

治道는 在於立志責任求賢이라

106. 智·仁·勇 세 가지는 천하에 두루 통용되는 德이니,110) 학문의 요점이다.

知仁勇三者는 天下之達德이니 學之要也라

107. 잡고 지키는 것은 敬이다.

---

108) 人心은……방법이다 : ≪書經≫ 〈虞書 大禹謨〉에 "人心은 오직 위태롭고 道心은 오직 은미하니, 오직 정밀하게 하고 오직 전일하게 하여야 진실로 그 中道를 잡을 수 있다.〔人心惟危 道心惟微 惟精惟一 允執厥中〕"라고 하였다.

109) 仁者는……신중하다 : 司馬牛가 仁을 묻자, 孔子가 "仁者는 그 말하는 것이 신중하다.〔仁者 其言也訒〕"라고 하였다. 사마우가 "그 말하는 것이 신중하면 이것을 仁이라 말할 수 있습니까?〔其言也訒 斯謂之仁矣乎〕"라고 하자, 공자가 "이것을 행하기가 어려우니, 말을 신중하게 하지 않을 수 있겠는가.〔爲之難 言之得無訒乎〕"라고 하였다.(≪論語≫ 〈顔淵〉)

110) 智·仁·勇……德이니 : ≪中庸≫에 보이는 三達德이다.

操約者는 敬而已矣라

108. 顔子는 聲氣를 움직이지 않았고, 孟子는 聲氣를 움직였다.

顔子는 不動聲氣하고 孟子는 則動聲氣矣라

109. 无妄卦는 震이 아래에 있고 乾이 위에 있다. 聖人은 天道로써 動하고 賢人은 人道로써 動한다. 만약 顔子에게 불선함이 있었더라도 어찌 뭇사람과 같았겠는가. 오직 이 차이[111]에 달려 있을 뿐이니, 오히려 그에게는 '나'라는 인식이 있었던 것이다. 無我의 경지에 이르면 聖人이다. 안자는 성인에 가까웠으나 아주 조금 미치지 못했을 뿐이다. 노여움을 남에게 옮기지 않고 같은 잘못을 반복하지 않으며,[112] 잘하는 것을 자랑함이 없고 공로를 과시함이 없고자 하였으며,[113] 3개월 동안 仁을 어기지 않은 것[114]이 이러한 의미이다.

无妄은 震下乾上이라 聖人之動以天하고 賢人之動以人이라 若顔子之有不善이라도 豈如衆人哉리오 惟只在於此間爾니 蓋猶有己焉이라 至於無我면 則聖人也라 顔子는 切於聖人이나 未達一息爾라 不遷怒하고 不貳過하며 無伐善하고 無施勞하며 三月不違仁者가 此意也라

---

111) 이 차이 : 天道로써 動하느냐, 人道로써 動하느냐를 가리킨다.

112) 노여움을……않으며 : 哀公이 孔子에게 제자 가운데 누가 학문을 좋아하느냐고 묻자, 공자가 "顔回라는 자가 학문을 좋아하여 노여움을 남에게 옮기지 않으며, 같은 잘못을 반복하지 않았는데, 불행히도 명이 짧아 죽었습니다. 지금은 그런 사람이 없으니, 학문을 좋아한다는 자를 아직 듣지 못했습니다.〔有顔回者好學 不遷怒 不貳過 不幸短命死矣 今也則亡 未聞好學者也〕"라고 하였다. (≪論語≫ 〈雍也〉)

113) 잘하는……하였으며 : 孔子가 子路와 顔淵에게 지향을 물어보자, 자로는 "수레와 말, 가벼운 좋은 갖옷을 벗과 함께 쓰다가 해지더라도 유감이 없고자 합니다.〔願車馬衣輕裘 與朋友共 敝之而無憾〕"라고 하였고, 안연은 "잘하는 것을 자랑함이 없으며, 공로를 과시함이 없고자 합니다.〔願無伐善 無施勞〕"라고 하였다. 자로가 공자의 지향에 대해 듣기를 청하자 "늙은이를 편안하게 해주고, 벗들에게 미덥게 하고, 젊은이를 감싸주고자 한다.〔老者安之 朋友信之 少者懷之〕"라고 하였다.(≪論語≫ 〈公冶長〉)

114) 3개월……것 : ≪論語≫ 〈雍也〉에 孔子가 말하기를 "顔回는 그 마음이 3개월 동안 仁을 떠나지 않았고, 그 나머지 사람들은 하루에 한 번, 한 달에 한 번 仁에 이를 뿐이다.〔回也 其心三月不違仁 其餘則日月至焉而已矣〕"라고 하였다.

110. 孔子가 말하기를 "道를 말해주면 게을리하지 않고 실천하는 자는 顔回로구나."115) 라고 하였으니, 顔子가 게을리하지 않은 것은 敬이다.

子曰 語之而不惰者는 其回也與인저하니 顔子之不惰者는 敬也라

111. 誠은 하늘의 道이고, 敬은 人事의 근본이다. 敬하면 誠하게 된다.

誠者는 天之道요 敬者는 人事之本①이라 敬則誠이라

① 敬은 用이다.
敬者, 用也.

112. 敬함으로써 내면을 바르게 하면 義함으로써 외면을 방정하게 해야 한다. 義로써 바탕을 삼으면 禮로써 그것을 행하며, 겸손함으로써 그것을 표출하며, 信으로써 그것을 완성해야 한다.116) 겸손함[孫]이란 따르는 것이니, 말하는 데서 그치는 것이 아니다.

敬以直內하면 則義以方外라 義以爲質하면 則禮以行之하며 孫以出之하며 信以成之라 孫은 順也니 不止於言이라

113. 聖人이 忠信을 말한 곳이 많으니, 人道는 단지 忠信에 달려 있을 뿐이다. 誠하지 않으면 그 生物은 없는 것과 같다.117) 또 나가고 들어옴에 일정한 때가 없으며 그 방향을 알 수 없는 것은 人心이다.118) 그러니 만약 忠信이 없다면 어찌 다시 생물이 있겠는가.

聖人言忠信者가 多矣니 人道는 只在忠信이라 不誠이면 則無物이라 且出入無時하며 莫知其鄉

115) 道를……顔回로구나 : ≪論語≫ 〈子罕〉에 보인다.

116) 義로써……한다 : ≪論語≫ 〈衛靈公〉에 孔子가 말하기를 "君子는 義로써 바탕을 삼고, 禮로써 그것을 행하며, 겸손함으로써 그것을 표출하며, 信으로써 그것을 완성하니, 이것이 君子이다.[君子 義以爲質 禮以行之 孫以出之 信以成之 君子哉]"라고 하였다.

117) 誠하지……같다 : ≪中庸≫에 보인다.

118) 나가고……人心이다 : ≪孟子≫ 〈告子 上〉에 "孔子가 말하였다. '잡으면 보존되고 놓으면 잃어서, 나가고 들어옴에 일정한 때가 없으며, 그 방향을 알 수 없는 것은 오직 사람의 마음을 두고 말한 것이다.'[孔子曰 操則存 舍則亡 出入無時 莫知其鄉 惟心之謂與]"라고 하였다.

者는 人心也라 若無忠信이면 豈復有物乎아

114. 道德에 화순하고 義에 맞게 하는 것119)이 體用이다.

和順於道德而理於義者가 體用也라

115. 배우는 자는 모름지기 聖人과 賢人의 본체를 알아야 한다. 성인은 자연스럽게 이루는 솜씨이고, 賢人은 인위적인 솜씨이다.

學者는 須識聖賢之體라 聖人은 化工也요 賢人은 巧也라

116. 말에는 德이 있는 말이 있고, 道에 나아가는 말이 있다. 孟子가 자기의 지향을 말한 것은 덕이 있는 말이고, 聖人의 일을 말한 것은 도에 나아가는 말이다.

有有德之言이요 有造道之言이라 孟子言己志者는 有德之言也요 言聖人之事는 造道之言也라

117. 배움은 즐거움에 이르면 완성된다. 독실하게 믿고 배움을 좋아하는 것은 스스로 터득하는 것이 즐거움이 되는 줄 아직 알지 못하는 것이다. 道를 좋아하는 것은 다른 사람의 동산에서 노니는 것과 같고, 도를 즐거워하는 것은 자기의 물건이 된 것이다.120) 그러나 사람이 능히 도를 믿는 것만 해도 또한 사람이 능하기 어려운 일이다.

學은 至於樂이면 則成矣라 篤信好學은 未知自得之爲樂①이라 好之者는 如游他人園囿하고 樂之者는 則已物爾라 然이나 人只能信道도 亦是人之難能也라

① 道에 나아가는 것이다.

---

119) 道德에……것 : ≪周易≫ 〈說卦傳〉에 "옛날 聖人이 易을 지을 적에 그윽이 神明을 도와 蓍草를 내었고, 하늘에서 셋을 취하고 땅에서 둘을 취하여 이에 의거하여 數를 일으키고, 陰陽이 변하는 것을 보아 卦를 세우고, 剛柔를 발휘하여 爻를 낳으니, 道德에 화순하고 義에 맞게 하며, 이치를 궁구하고 性을 극진히 하여 命에 이른다.〔昔者聖人之作易也 幽贊於神明而生蓍 參天兩地而倚數 觀變於陰陽而立卦 發揮於剛柔而生爻 和順於道德而理於義 窮理盡性 以至於命〕"라고 하였다.

120) 道를……것이다 : ≪論語≫ 〈雍也〉에 "道를 아는 것은 도를 좋아하는 것만 못하고, 도를 좋아하는 것은 도를 즐거워하는 것만 못하다.〔知之者不如好之者 好之者不如樂之者〕"라고 하였다.

造道者也.

118. 三代의 정치는 이치에 순응하는 것이지만, 兩漢 이후의 정치는 모두 천하를 장악하는 것이다.

三代之治는 順理者也나 兩漢以下는 皆把持天下者也라

119. 소를 부리고 말을 타는 것은 모두 그들의 본성을 따라 그렇게 하는 것이다. 어찌 소를 타고 말을 부리지 않는가. 그것은 이치가 불가하기 때문이다.

服牛乘馬는 皆因其性而爲之라 胡不乘牛而服馬乎아 理之所不可일새라

120. 제사는 정성을 다하는 것이다. 혹자는 禮를 한가지 일로 여기니, 사람의 그릇이 귀신의 그릇[121]과 같아지면 정성을 다한 것이 아니라 그 근본을 잃은 것이다.

祭者는 所以盡誠이라 或者는 以禮爲一事하니 人器與鬼器等이면 則非所以盡誠而失其本矣라

121. 禮는 人情을 따른 것이니, 인정의 마땅한 바는 의리이다. 삼년복을 입는 것은 예를 지극히 하고 의리를 다하는 것이다.

禮者는 因人情者也니 人情之所宜는 則義也라 三年之服은 禮之至요 義之盡也라

122. 앎을 극진히 해서 氣를 기른다.

致知하여 養氣라

123. 자기의 사욕을 극복하는 것이 가장 어려우니, ≪中庸≫에 "천하와 국가를 균평하

---

121) 귀신의 그릇 : 죽은 이를 위한 그릇으로, 죽은 이가 생전에 사용하던 물건을 본떠 만들어 무덤에 함께 묻는다. ≪禮記≫ 〈檀弓 上〉에 曾子가 말하기를 "明器는 귀신의 그릇이고, 祭器는 사람의 그릇이다.〔夫明器 鬼器也 祭器 人器也〕"라고 하였다.

게 다스릴 수 있으며, 벼슬과 녹봉을 사양할 수 있으며, 시퍼런 칼날을 밟을 수 있지만 中庸은 능히 행할 수 없다."라고 하였다.

克己가 最難이니 中庸曰 天下國家를 可均也며 爵祿을 可辭也며 白刃을 可蹈也로되 中庸은 不可能也라

124. 낳고 낳음을 易이라 하니,[122] 낳고 낳는 작용은 神이다.

生生之謂易이니 生生之用은 則神也라

125. 子貢의 지혜는 顏子에 버금가지만, 이를 곳을 알면서도 거기에 이르지 못하였다.

子貢之知는 亞於顏子나 知至而未至之也라

126. 甲으로부터 3일을 먼저 하는 것[123]은 그것이 그러한 까닭을 궁구하여 그 일을 조처하는 것이고, 甲으로부터 3일을 뒤로 하는 것은 그것이 장차 그러할 것을 궁구하여 그 방비를 하는 것이다. 甲은 일의 시작이고, 庚[124]은 개혁할 바가 있는 것이다. 甲·乙로부터 戊·己에 이르기까지 봄과 여름에 만물을 생육하는 氣가 이미 갖추어진다. 庚은 가을과 겨울에 만물을 이룩하는 氣이다. 그러므로 개혁할 바가 있는 것이다.

先甲三日은 以窮其所以然而處其事요 後甲三日은 以究其將然而爲之防이라 甲者는 事之始也요 庚者는 有所革也라 自甲乙로 至於戊己히 春夏生物之氣가 已備라 庚者는 秋冬成物之氣也라 故로 有所革이라①

① 일반의 氣와는 구별된다.
別一般氣.

---

122) 낳고……하니 : ≪周易≫ 〈繫辭傳 上〉에 보인다.

123) 甲으로부터……것 : ≪周易≫ 蠱卦 卦辭에 "甲으로부터 3일을 먼저 하고 甲으로부터 3일을 뒤로 한다.[先甲三日 後甲三日]"라고 하고, 〈彖傳〉에 "'先甲三日後甲三日'은 마치면 시작이 있는 것이 天行이다.[先甲三日後甲三日 終則有始 天行也]"라고 하였는데, 朱熹는 이를 해석하여 '先甲三日'은 辛이고 '後甲三日'은 丁이라고 하였다.

124) 庚 : ≪周易≫ 巽卦 九五爻辭에 "庚으로부터 3일을 먼저 하고 庚으로부터 3일을 뒤로 하면 吉하리라.[先庚三日 後庚三日 吉]"라고 한 데서 나왔다.

127. 隨卦의 上六爻는 재질과 지위가 모두 陰이니, 유순함으로써 隨卦의 極에 위치한 것이다. 그러므로 그 爻辭에 "붙잡아 묶어놓고 또 따라서 동여매니, 옛날의 太王이 이 道를 써서 岐山에서 王業을 형통하게 하였다."125)라고 한 것이다. 오직 太王의 일은 민심이 굳게 단결하여 와해될 수 없는 것이었고, 그 외는 모두 이와 같이 굳셀 수 없다.

隨之上六은 才與位가 皆陰이니 柔隨之極也라 故曰 拘繫之요 乃從維之①니 王用亨于岐山이로다 唯太王之事는 民心固結而不可解者也요 其他는 皆不可如是之固也라

① 또한 따라서 동여매는 것이다.
又從而維之.

128. 학문을 흥기시키는 것은 詩보다 더 나은 것이 없다. 시에는 찬미와 풍자가 있어 그것을 노래하여 善惡·治亂·廢興을 알게 한다. 禮는 자신을 확립하는 것이니, 예를 배우지 않으면 자신을 확립할 수 없다.126) 음악은 德을 이룩하는 것이다. 음악을 즐기면 덕이 생기니, 덕이 생기면 어찌 그만둘 수 있겠는가. '어찌 그만둘 수 있겠는가.'라는 경지에 이르면 자기도 모르게 손으로 춤을 추고 발로 뛰게 될 것이다.127) 이를테면 "즐거우면 편안하고, 편안하면 오래가고, 오래가면 하늘과 하나가 되고, 하늘과 하나가 되면 신묘해진다. 하늘은 말하지 않아도 믿게 되고, 신은 성내지 않아도 위엄이 있게 된다."128)라는 것은 이와 같은 경지에 이르면 또한 손으로 춤을 추고 발로 뛰는 정도의

---

125) 붙잡아……하였다 : ≪周易≫ 隨卦 上六爻辭에는 "拘係之 乃從維之 王用亨于西山"으로 되어 있다.

126) 예를……없다 : ≪論語≫ 〈堯曰〉에 孔子가 말하기를 "命을 알지 못하면 君子가 될 수 없으며, 禮를 알지 못하면 자신을 확립할 길이 없으며, 말을 알지 못하면 남을 알 방법이 없다.〔不知命 無以爲君子也 不知禮 無以立也 不知言 無以知人也〕"라고 하였다.

127) 음악을……것이다 : ≪孟子≫ 〈離婁 上〉에 "仁의 실제는 어버이를 섬기는 것이요, 義의 실제는 형에게 순종하는 것이다. 智의 실제는 이 두 가지를 알아서 버리지 않는 것이요, 禮의 실제는 이 두 가지를 절도에 맞게 하고 문채 나게 하는 것이요, 樂의 실제는 이 두 가지를 즐거워하는 것이다. 즐거워하면 그런 마음이 생겨나니, 그런 마음이 생겨나면 어찌 그만둘 수 있겠는가. '어찌 그만둘 수 있겠는가.'라는 경지에 이르면 자기도 모르게 발로 뛰고 손으로 춤을 추게 될 것이다.〔仁之實 事親是也 義之實 從兄是也 智之實 知斯二者 弗去是也 禮之實 節文斯二者是也 樂之實 樂斯二者 樂則生矣 生則惡可已也 惡可已 則不知足之蹈之手之舞之〕"라고 한 데서 나왔다.

128) 즐거우면……된다 : ≪禮記≫ 〈樂記〉에 "禮와 樂은 잠깐이라도 몸을 떠나서는 안 된다. 樂으로 마음을 다스리면 평이하며 정직하며 자애하며 신실한 마음이 자연히 솟아난다. 평이하며 정직하며 자애하며 신실한 마음이 솟아나면 즐겁고, 즐거우면 편안하고, 편안하면 오래가고, 오래가면 하늘과 하나가 되고, 하늘과 하나가 되면 신묘해진다. 하늘은 말하지 않아도 믿게 되며, 신은 성내지 않아

일이 아니게 된다.

學之興起는 莫先於詩라 詩有美刺하여 歌誦之以知善惡治亂廢興이라 禮者는 所以立也니 不學禮면 無以立이라 樂者는 所以成德이라 樂則生矣니 生則惡(오)可已也리오 惡可已면 則不知手之舞之足之蹈之也라 若夫樂則安하고 安則久하고 久則天하고 天則神이라 天則不言而信하고 神則不怒而威라함은 至於如此면 則又非手舞足蹈之事也라

129. ≪詩經≫ 〈綠衣〉는 衛나라 莊姜이 자기가 덕이 없어 그런 일을 초래한 것을 상심한 것이다. 어떤 일을 행하고서 잘 되지 않는 경우가 있으면 자기에게 돌이켜 그 원인을 찾을 따름이다.[129] 그러므로 "녹색 실이여, 네가 다스리는 바로다. 나는 옛사람을 생각하여, 허물이 없게 하노라. 거친 갈포와 고운 갈포여, 싸늘하게 바람이 불어오도다. 나는 옛사람을 생각하니, 실로 내 마음을 아셨도다."[130]라고 하였다. 실이 녹색인 것은 네가 실을 물들인 것을 말미암아 그런 것이니, 말미암은 바가 있는 것을 말한다. 고운 갈포와 거친 갈포는 바람이 파고드는 옷이다.

綠衣는 衛莊姜이 傷己無德以致之라 行有不得者어든 反求諸己而已矣라 故曰 綠兮絲兮여 女所治兮로다 我思古人하여 俾無訧兮로다 絺兮綌兮여 凄其以風이로다 我思古人호니 實獲我心이로다 絲之綠은 由女之染治以成이니 言有所自也라 絺綌은 所以來風也라

130. ≪詩經≫ 〈螽斯〉는 투기하지 않음을 말한 것이다.[131] 〈芣苢〉와 같은 시는 더욱

도 위엄이 있으니, 樂을 극진히 하여 마음을 다스린 것이다. 禮를 극진히 하여 몸을 다스리면 엄숙하고 공경하며, 엄숙하고 공경하면 위엄이 있게 된다. 마음이 잠깐이라도 온화하지 않고 즐겁지 않으면 비루하고 간사한 마음이 거기에 들어오고, 외모가 잠깐이라도 엄숙하지 않고 공경하지 않으면 소홀하고 태만한 마음이 거기에 들어올 것이다.〔禮樂不可斯須去身 致樂以治心 則易直子諒之心油然生矣 易直子諒之心生則樂 樂則安 安則久 久則天 天則神 天則不言而信 神則不怒而威 致樂以治心者也 致禮以治躬則莊敬 莊敬則嚴威 心中斯須不和不樂 而鄙詐之心入之矣 外貌斯須不莊不敬 而易慢之心入之矣〕"라고 하였다.

129) 어떤……따름이다 : ≪孟子≫ 〈離婁 上〉에 "남을 사랑해도 친해지지 않거든 나의 仁을 돌이켜보고, 남을 다스려도 다스려지지 않거든 나의 지혜를 돌이켜보고, 남에게 예우를 해도 답례하지 않거든 나의 敬을 돌이켜보아야 한다. 어떤 일을 행하고도 잘 되지 못함이 있거든 모두 자기에게 돌이켜 찾아야 하니, 자신이 바르게 되면 천하가 돌아올 것이다.〔愛人不親 反其仁 治人不治 反其智 禮人不答 反其敬 行有不得者 皆反求諸己 其身正而天下歸之〕"라고 하였다.

130) 녹색……아셨도다 : ≪詩經≫ 〈邶風 綠衣〉에 보인다.

131) 螽斯는……것이다 : ≪詩經≫ 〈周南 螽斯〉의 小序에 "〈螽斯〉는 后妃의 자손이 많은 것을 읊은 것이

화평하여 부인이 자식을 둔 것을 즐거워한 것이니, 첩들이 모두 두려워하는 바가 없이 자식 둔 것을 즐거워함을 말한 것이다.132)

螽斯(종사)는 惟言不妬忌라 若芣苢(부이)는 則更和平하여 婦人樂有子니 謂妾御皆無所恐懼而樂有子矣라

131. 仁에 마음을 두고 義를 말미암으며, 禮를 지키고 욕심을 적게 하라.

居仁由義하며 守禮寡欲하라

132. 君子는 위로 天理에 통달하고, 小人은 아래로 人事에 통달한다.133) 아래로 인사를 배우고 위로 천리에 통달한다는 것134)은 의미가 言外에 있다.

君子는 上達하고 小人은 下達이라 下學而上達은 意在言表也라

133. 실상이 있으면 명분이 있으니, 명분과 실상은 하나의 사물이다. 이를테면 명분을 좋아하는 자는 명예를 좇아 허위를 행한다. 예컨대 "君子는 죽을 때까지 이름이 일컬어지지 않는 것을 싫어한다."135)라는 것은 일컬을 만한 善이 없는 것을 말하는 것일 뿐이니, 명예를 좇는 것이 아니다.

有實則有名이니 名實은 一物也라 若夫好名者는 則徇名爲虛矣라 如君子疾沒世而名不稱은 謂無善可稱耳니 非徇名也라

니, 메뚜기와 같이 투기하지 않으면 자손이 많음을 말한 것이다.〔螽斯 后妃子孫衆多也 言若螽斯不妬忌則子孫衆多也〕"라고 하였다.

132) 芣苢와……것이다 : ≪詩經≫ 〈周南 芣苢〉의 小序에 "〈芣苢〉는 后妃의 아름다움을 읊은 것이니, 화평하면 부인이 자식을 둔 것을 즐거워하게 된다.〔芣苢 后妃之美也 和平則婦人樂有子矣〕"라고 하였다.

133) 君子는……통달한다 : ≪論語≫ 〈憲問〉에 보인다.

134) 아래로……것 : 孔子가 "나를 알아주는 이가 없구나!〔莫我知也夫〕"라고 하자, 子貢이 "어찌하여 선생님을 알아주는 이가 없다 하십니까?"라고 하였다. 공자가 말하기를 "하늘을 원망하지 않으며 남을 탓하지 않고, 아래로 인간의 일을 배우고 위로 하늘의 이치를 통달하니, 나를 알아주는 이는 하늘일 것이다.〔不怨天 不尤人 下學而上達 知我者 其天乎〕"라고 하였다.(≪論語≫ 〈憲問〉)

135) 君子는……싫어한다 : ≪論語≫ 〈衛靈公〉에 보인다.

134. 만물의 이치가 모두 나에게 갖추어져 있으니, 나의 몸에 돌이켜보아 진실하면 즐거움이 이보다 더 큰 것이 없다.[136] 그러나 진실하지 않으면 외물과 어긋나 順하지 않게 된다.

萬物이 皆備於我矣니 反身而誠이면 樂莫大焉라 不誠이면 則逆於物而不順也라

135. 乾은 陽이나, 動하지 않으면 剛하지 않다. 乾은 그 靜함이 전일하고 그 動함이 곧은지라, 乾이 전일하지 않으면 곧게 이루어질 수 없다. 坤은 陰이나, 靜하지 않으면 유연하지 않다. 坤은 그 靜함이 합하고 그 動함이 열리는지라, 坤이 합하여 모이지 않으면 발산할 수 없다.[137]

乾은 陽①也나 不動則不剛이라 其靜也專②하고 其動也直③이라 不專一이면 則不能直遂라 坤은 陰④也나 不靜則不柔⑤라 其靜也翕⑥하고 其動也闢⑦이라 不翕聚면 則不能發散이라

① 어떤 판본에는 '物'자가 있다.
一有物字.
② 〈專은〉 전일함이다.
專一.
③ 〈直은〉 곧바로 이룸이다.
直遂.
④ 어떤 판본에는 '物'자가 있다.
一有物字.
⑤ 不柔는 어떤 판본에는 '歸'로 되어 있다.
不柔, 一作歸.
⑥ 〈翕은〉 합하여 모음이다.
翕聚.
⑦ 〈闢은〉 발산함이다.
發散.

---

136) 만물의……없다 : ≪孟子≫ 〈盡心 上〉에 보인다.

137) 乾은……없다 : ≪周易≫ 〈繫辭傳 上〉의 "乾은 그 靜함이 전일하고 그 動함이 곧기 때문에 大가 거기서 생긴다. 坤은 그 靜함이 합하고 그 動함이 열리기 때문에 廣이 거기서 생긴다.〔夫乾 其靜也專 其動也直 是以大生焉 夫坤 其靜也翕 其動也闢 是以廣生焉〕"라는 것에 대해 말한 것이다.

136. "앎을 극진히 하는 것은 사물에 이르는 데 달려 있다.〔致知在格物〕"[138]라고 하였는데, 여기서 '格'은 '이르다〔至〕'라는 뜻이다. '格'을 '사물에 이르러 그치는 것'으로 보았는데, 이는 근본을 둘로 하는 것이다.

致知는 在格物이라한대 格은 至也라 或以格爲止物한대 是는 二本矣라

137. 사람은 스스로 만족하는 도리를 모름지기 알아야 한다.

人은 須知自慊之道라

138. 乾과 元은 시작하여 형통한 것이고, 利와 貞은 性情이다.[139] 性情은 資質과 體段을 말하는 것과 같다. 亭毒[140]과 化育은 모두 利이다. 그 功을 소유하지 않고 늘 오래 유지하여 그치지 않는 것이 貞이다. ≪詩經≫에 "하늘의 命이, 아! 심원하여 그치지 않네."[141]라고 한 것이 貞이다.

乾元者는 始而亨者也요 利貞者는 性情也라 性情은 猶言資質體段이라 亭毒化育은 皆利也라 不有其功하고 常久而不已者가 貞也라 詩曰 維天之命이 於(오)穆不已者가 貞也라

139. 하늘과 땅과 해와 달은 모두 같다. 달은 햇빛을 받지만 해는 그 때문에 이지러지지 않는다. 그러나 달빛은 곧 햇빛이다. 땅의 기운이 상승하지 않으면 하늘의 기운이 하강하지 않는다. 하늘의 기운이 하강하여 땅에 이르니, 땅에서 만물이 생겨나는 것은 모두 하늘의 기운이다. 이루어주는 것은 없지만 대신하여 끝맺음이 있는 것이 땅의 道이다.[142]

---

138) 앎을……있다 : ≪大學≫에 보인다.

139) 乾과……性情이다 : ≪周易≫ 乾卦 〈文言傳〉에 보인다.

140) 亭毒 : 亭毒은 '成熟'의 뜻으로, ≪道德經≫의 "道가 만물을 낳고 德이 만물을 기르니, 자라게 하고 길러주며, 이루어주고 익게 하며, 먹여주고 덮어준다.〔道生之 德畜之 長之育之 亭之毒之 養之覆之〕"라는 말에서 나왔다.

141) 하늘의……않네 : ≪詩經≫ 〈周頌 維天之命〉에 보인다.

142) 이루어주는……道이다 : ≪周易≫ 坤卦 〈文言傳〉에 "땅의 道는 이루어주는 것은 없지만 대신하여 끝맺음이 있다.〔地道 无成而代有終也〕"라고 하였다.

天地日月은 一般이라 月受日光이나 而日不爲之虧라 然이나 月之光은 乃日之光也라 地氣不上騰이면 則天氣不下降이라 天氣降而至於地하니 地中生物者는 皆天氣也라 惟無成而代有終者는 地之道也라

140. 變을 알고 化를 아는 것은 어려운 일이다. 古今의 風氣가 같지 않으므로 器用 또한 마땅함을 달리 한다. 이 때문에 聖人이 그 變에 통달하여 백성으로 하여금 게으르지 않게 하여143) 각자 그 時宜를 따랐을 따름이다. 후세에 비록 聖君이 태어나더라도 虞帝에는 미칠 수 없을 것이다.144) 대개 이때에 風氣가 아직 열리지 않았는데, 虞帝의 덕이 또한 이와 같았다. 그러므로 후세의 성군이 미칠 수 없는 것이다. 三代와 같은 정치는 후세에도 분명 회복할 수 있으니, 三代의 정치로써 다스리지 않는 것은 끝내 道를 구차하게 여기기 때문이다.

識變知化는 爲難이라 古今風氣不同하니 故로 器用도 亦異宜라 是以로 聖人이 通其變하여 使民不倦하여 各隨其時而已矣라 後世에 雖有作者라도 虞帝는 爲不可及已라 蓋當是時하여 風氣未開한대 而虞帝之德이 又如此라 故로 後世莫可及也라 若三代之治는 後世에 決可復(복)이니 不以三代爲治者는 終苟道也일새라

141. 혈기에 동요되는 자는 그 노여움이 반드시 남에게 옮겨간다. 예컨대 거울이 사물을 비추는 것은 美·醜가 저기에 있어 거울은 사물을 따라 비출 뿐이다. 노여움이 여기에 없다면 어찌 옮김이 있겠는가.

動乎血氣者는 其怒必遷이라 若鑑之照物은 姸媸在彼하여 隨物以應之라 怒不在此면 何遷之有리오

---

143) 聖人이……하여 : : ≪周易≫ 〈繫辭傳 下〉에 "神農氏가 별세하자, 黃帝와 堯·舜이 나와 그 變에 통달하여 백성으로 하여금 게으르지 않게 하며 신묘하게 化하여 백성으로 하여금 마땅하게 하였으니, 易은 窮하면 變하고, 變하면 通하고, 通하면 오래간다.〔神農氏沒 黃帝堯舜氏作 通其變 使民不倦 神而化之 使民宜之 易窮則變 變則通 通則久〕"라고 하였다.

144) 후세에……것이다 : ≪禮記≫ 〈表記〉에 보인다. 虞帝는 舜임금이다.

142. 聖人의 말씀은 부드럽게 조화하는 기상이니, 上下의 이치를 꿰뚫는다.

聖人之言은 沖①和之氣也니 貫徹上下라

① 〈沖은〉 어떤 판본에는 '中'으로 되어 있다.
一作中.

143. 사람은 모름지기 顔子를 배워야 한다. 안자의 덕이 있으면 孟子의 공적도 저절로 있게 된다. 맹자의 공적은 禹·稷의 공적이다.

人須學顔子라 有顔子之德이면 則孟子之事功이 自有①라 孟子者는 禹稷之事功也라

① 〈有는〉 어떤 판본에는 '立'으로 되어 있다.
一作立.

144. ≪中庸≫의 말은 풀어놓으면 천지 사방에 가득 차고, 거두어들이면 물러나 은밀한 데 간직된다.

中庸之言은 放之하면 則彌六合하고 卷之하면 則退藏於密이라

145. 孔子가 顔淵에게 이르기를 "등용되면 道를 행하고 버려지면 도를 간직하는 것은 오직 나와 너만이 그렇게 할 수 있다."145)라고 하였다. 君子가 본성으로 한 것은 비록 도를 크게 행하더라도 보태지지 않으며, 비록 곤궁하게 살더라도 줄어들지 않으며,146) 堯를 위해서 존재하지도 않고 桀 때문에 없어지지도 않는다.147) 등용되면 도를 행하고 버려지면 도를 간직하는 것은 모두 나에게 관계된 것이 아니다.

孔子謂顔淵曰 用之則行하고 舍之則藏을 惟我與爾有是夫인저 君子所性은 雖大行이나 不加

---

145) 등용되면……있다 : ≪論語≫ 〈述而〉에 보인다.

146) 君子가……않으며 : ≪孟子≫ 〈盡心 上〉에 "君子가 본성으로 한 것은 비록 크게 행하더라도 보태지지 않으며, 비록 곤궁하게 살더라도 줄어들지 않으니, 分數가 정해져 있기 때문이다.〔君子所性 雖大行不加焉 雖窮居不損焉 分定故也〕"라고 하였다.

147) 堯를……않는다 : ≪荀子≫ 〈天論篇〉에 "하늘의 운행은 常道가 있으니, 堯를 위해서 존재하지도 않고 桀 때문에 없어지지도 않는다. 그 도에 상응하여 다스리면 길하고, 그 도에 상응하여 어지럽히면 흉하다.〔天行有常 不爲堯存 不爲桀亡 應之以治則吉 應之以亂則凶〕"라고 하였다.

焉이며 雖窮居나 不損焉이며 不爲堯存하고 不爲桀亡者也라 用之則行하고 舍之則藏은 皆不累於己爾라

146. "顔回는 나를 돕는 자가 아니로구나. 나의 말에 대해 기뻐하지 않는 바가 없구나."148)라고 하였으니, 이는 聖人과 마음을 같이한 것이다.

回也는 非助我者也로다 於吾言에 無所不說(열)이온여하니 與聖人同爾라

147. 사람은 모름지기 스스로 만족하는 道를 알아야 한다. 스스로 자기에게 만족하는 것은 부족함이 없는 것이다. 만약 부족한 바가 있으면 그것은 張子厚(張載)가 말한 "밖이 있는 마음은 天心과 합치될 수 없다."149)라는 것이다.

人는 須知自慊之道라 自慊者는 無不足也라 若有所不足이면 則張子厚所謂有外之心은 不足以合天心者也라

148. "文王의 오르내리심이, 上帝의 좌우에 계시니라."150)라고 하였으며, "사사로운 지식을 쓰지 아니하여, 上帝의 법을 따르네."151)라고 하였다.

文王陟降이 在帝左右라하고 不識不知하여 順帝之則(칙)①이라하니라

① 자신의 총명함을 쓰지 않고 天理를 따른 것이다.
不作聰明, 順天理也.

---

148) 顔回는……없구나 : ≪論語≫ 〈先進〉에 보이는 것으로, 孔子의 말이다.

149) 밖이……없다 : ≪正蒙≫ 〈大心〉에 "마음을 크게 하면 天下의 사물을 체인할 수 있으니, 사물을 체인하지 못함이 있으면 마음이 밖이 있는 것이 된다. 세상 사람들의 마음은 보고 듣는 편협함에 머물지만 聖人은 性을 극진히 하여 보고 듣는 것으로써 마음을 속박하지 않아, 天下를 볼 때에 한 사물도 자신이 아님이 없다. 孟子가 '마음을 극진히 하면 性을 알고 하늘을 안다.'라고 한 것은 이 때문이다. 하늘은 커서 밖이 없으므로 밖이 있는 마음은 天心과 합치될 수 없다.〔大其心 則能體天下之物 物有未體 則心爲有外 世人之心 止於聞見之狹 聖人盡性 不以見聞梏其心 其視天下 無一物非我 孟子謂盡心則知性知天 以此 天大無外 故有外之心 不足以合天心〕"라고 하였다.

150) 文王의……계시니라 : ≪詩經≫ 〈大雅 文王〉에 보인다.

151) 사사로운……따르네 : ≪詩經≫ 〈大雅 皇矣〉에 보인다.

149. "이리가 앞으로 나아가면 턱살이 밟히고, 뒤로 물러나면 꼬리가 밟히도다. 公이 크고 아름다움을 겸양하시니, 신으신 붉은 신이 편안하고 장중하구나."152)라고 하였으니, 이리를 취하여 興을 삼은 것이다. 이리가 앞뒤로 멈춘 것은 周公의 德이 처음부터 끝까지 한결같음을 일으킨 것이다. '공이 겸양하였다.'고 일컬은 것은 주공이 덕을 쌓은 것이 두터움을 말한 것이고, '신으신 붉은 신이 편안하고 장중하다'는 것은 성대한 덕을 형용한 것이다.

狼跋其胡요 載疐其尾로다 公孫碩膚하시니 赤舃几几샷다하니 取狼爲興者라 狼前後停은 興周公之德終始一也라 稱公孫云者는 言其積德之厚요 赤舃几几는 盛德之容也라

150. 詩는 心志가 움직인 것이다. 마음속에 있으면 志라 하고, 말로 나타내면 詩라 한다. 情이 마음속에서 움직이면 말에 나타나고, 말로는 부족하기 때문에 감탄하고, 감탄으로는 부족하기 때문에 읊조리고 노래하며, 읊조리고 노래하는 것이 부족하면 자기도 모르게 손으로 춤을 추고 발로 뛴다.153) 절도가 있기 때문에 여운이 있으니, 禮義에 이르러 그치는 것이 절도이다.

詩者는 志之所之也라 在心爲志요 發言爲詩라 情動於中而形於言하고 言之不足이라 故로 嗟歎之하고 嗟歎之不足이라 故로 咏歌之하고 咏歌之不足이면 不知手之舞之足之蹈之也라 有節이라 故로 有餘하니 止乎禮義者가 節也라

151. 달이 햇빛을 받지 않기 때문에 月蝕이 생긴다. 햇빛을 받지 않는 것은 달이 해와 정확히 서로 마주할 때 陰이 성하여 陽에 맞서기 때문이다. 북을 치는 것은 陽을 돕는 것이다. 그렇다면 日月의 재앙이 생겼을 때에는 모두 북을 칠 수 있다.

月不受日光이라 故로 食이라 不受日光者는 月正相當에 陰盛亢陽也일새라 鼓者는 所以助陽이라 然則日月之眚(생)엔 皆可鼓也라①

① 달이 해보다 아래로 내려가지 않고 해와 정확하게 상대가 되므로 월식이 생긴다.

---

152) 이리가……장중하구나 : ≪詩經≫ 〈豳風 狼跋〉에 보인다. 이 시는 周公이 비방을 받을 적에 일상적인 처신을 변치 않고 편안하고 장중하게 처신한 것을 칭송한 시이다.

153) 詩는……뛴다 : ≪詩經≫ 大序에 보인다.

月不下日, 與日正相對, 故食.

152. 季冬에 봄의 政令을 내리는 것을 일러 逆行이라고 한 것154)은 자식이 어머니를 이기는 격이기 때문이다.

季冬에 行春令을 命之曰逆者는 子剋母也일새라

153. ≪太玄經≫155) 中首 중에 "陽氣가 은밀히 黃宮에서 싹트니, 信이 그 속에 있지 않음이 없다."라고 하였고, 養首 初一에 "마음을 연못에 간직하니, 그 靈根이 아름답다."라고 하였고, 그 測에 "마음을 연못에 간직하니, 神이 그 안에서 벗어나지 않는다."라고 하였으니, 楊子雲(楊雄)의 학문이 일찍이 이러한 경지에 이르렀다.

太玄中首中에 陽氣潛萌於黃宮하니 信無不在乎中이라하고 養首一에 藏心於淵하니 美厥靈根이라하고 測曰 藏心於淵하니 神不外也라하니 楊子雲之學이 蓋嘗至此地位也라

154. 顔子가 단명한 것과 같은 경우는 한 사람의 입장으로 말하면 불행하다고 할 수 있다. 그러나 큰 관점으로 보면, 天地 사이에는 損益도 없고 進退도 없다. 한 집안의 일로 비유하자면, 다섯 명의 자식이 있는데 3명은 부귀하고 2명은 빈천한 경우에, 빈천한 두 사람의 입장으로 말하면 부족하지만 부모의 한 집안으로 말하면 넉넉한 것이다. 만약 지극한 덕을 지닌 孔子가 또 성대한 지위에 처했다면 이는 조물주의 조화가 완전한 것이다. 孔子·顔子의 경우로 말하자면 한 사람의 입장에서는 부족한 바가 있지만, 堯·舜·禹·湯·文·武·周公 등 여러 聖人들의 입장으로 말하면 천지 사이에 또한 풍부하여 넉넉한 것이다.

顔子短命之類는 以一人으로 言之어든 謂之不幸이 可也라 以大目으로 觀之어든 天地之間에 無損

---

154) 季冬에……것 : ≪禮記≫ 〈月令〉에 "〈季冬에〉 봄의 政令을 내리면 태아나 어린아이가 죽거나 다치는 일이 많고 나라에는 고질병이 많이 도니, 그것을 일러 역행이라고 한다.〔行春令 則胎夭多傷 國多固疾 命之曰逆〕"라고 하였다.

155) 太玄經 : 楊雄이 ≪周易≫을 모방하여 만든 책으로, 모두 10권이다. 그 篇名을 ≪주역≫과 비교해 보면, 卦를 家라 하고, 彖을 玄首라 하고, 爻를 玄贊이라 하고, 象을 玄測이라 하고, 文言을 玄文이라 하고, 繫辭를 五辭라 하고, 說卦를 玄數라 하고, 序卦를 玄衡이라 하고, 雜卦를 玄錯이라 하였다.

益이요 無進退라 譬如一家之事컨대 有子五人焉에 三人富貴而二人貧賤이어든 以二人으로 言之면 則不足이나 以父母一家로 言之면 則有餘矣라 若孔子之至德으로 又處盛位면 則是化工之全爾라 以孔顔으로 言之어든 於一人에 有所不足이나 以堯舜禹湯文武周公群聖人으로 言之면 則天地之間에 亦富有餘①也라②

① 〈亦富有餘는〉 어떤 판본에는 '亦云富有(또한 부유하다고 말할 것이다.)'라고 되어 있다.
一作亦云富有.

② "道를 따르면 길하고, 逆을 따르면 흉하다."156)라고 하였으니, 영원히 행할 이치이다.
惠迪吉, 從逆凶, 常行之理也.

155. 보고 듣고 생각하고 움직이는 것은 모두 하늘이 부여한 것이다. 사람은 단지 그 속에서 진실함과 망령됨을 알아야 할 뿐이다.

視聽思慮動作은 皆天也라 人但於其中에 要識得眞與妄爾라

156. 東周의 혼란은 君臣 上下의 구분이 없었기 때문이다. 그러므로 孔子가 "만약 나를 등용하는 자가 있다면 나는 동쪽의 周나라를 만들 것이다."157)라고 하였으니, 이는 東周와 같은 나라를 만들지 않겠다고 말한 것이다.

東周之亂은 無君臣上下일새라 故로 孔子曰 如有用我者면 吾其爲東周乎라하니 言不爲東周也라

157. 素履158)는 평소의 본분대로 행하는 것이다. 履卦 初九爻는 剛陽이니, 평소의 행동이 이미 정해져 단지 그 지향을 실천할 뿐이다. 그러므로 "오직 마음이 원하는 바를 행한다."159)라고 한 것이다.

---

156) 道를……흉하다 : ≪書經≫ 〈大禹謨〉에 禹가 말하기를 "道를 따르면 길하고 逆을 따르면 흉하니, 이는 그림자와 메아리 같습니다.〔惠迪 吉 從逆 凶 惟影響〕"라고 하였다.

157) 만약……것이다 : 費邑을 근거로 하여 반란을 일으킨 公山弗擾가 孔子를 부르자, 공자가 그에게 가려 하였다. 이에 子路가 기뻐하지 않으면서 하필 公山氏에게 가시느냐고 묻자, 공자가 "나를 부르는 자가 어찌 그냥 부르겠는가. 나를 써주는 자가 있다면 나는 동쪽의 周나라를 만들 것이다.〔夫召我者 而豈徒哉 如有用我者 吾其爲東周乎〕"라고 하였다.(≪論語≫ 〈陽貨〉)

158) 素履 : ≪周易≫ 履卦 初九爻辭의 "평소의 본분대로 해나가면 허물이 없을 것이다.〔素履 往无咎〕"라고 한 데서 나온 것이다.

素履者는 雅素之履也라 初九는 剛陽이니 素履已定하여 但行其志爾라 故로 曰 獨行願也라

158. "행한 것을 보아 길흉을 상고한다."160)라고 한 것은 履卦의 마지막 爻辭에 있는 말이니, 길흉의 조짐을 돌이켜 살펴보아 주선함이 지극하면 선하고 길한 것이다. 그러므로 "그 주선함이 완벽하면 크게 길하리라."라고 한 것이다.

視履考祥은 居履之終하니 反觀吉凶之祥하여 周至면 則善吉也라 故로 曰 其旋元吉이리라

159. "친애하여 도움에 시작이 없는 것이니, 흉하다."161)라고 하였으니, 친애하여 도와주는 처음이 불선하면 흉하다는 뜻이다.

比之無首니 凶이라하니 比之始不善이면 則凶이라

160. "멧돼지를 거세하여 이빨을 쓰지 못하게 함이니, 길하다."162)라는 것은 그 이빨을 제거한 것이 아니라 거세를 한 것이니, 저절로 선해진 것이다. 백성을 다스리는 자가 그들의 다툼을 그치게 하는 것이 아니라 그들에게 사양하는 법을 가르치는 유형이 이것이다.

豶(분)豕之牙니 吉이라함은 不去其牙而豶其勢니 則自善矣라 治民者不止其爭而教之讓之類가 是也라

161. "절개가 돌과 같다."163)라는 것은 이치가 본디 정해진 것이다. 이치가 본디 정해

---

159) 오직……행한다 : ≪周易≫ 履卦 初九 〈象傳〉에 "평소의 본분을 편안히 행하여 감은 오직 마음이 원하는 바를 행하는 것이다.〔素履之往 獨行願也〕"라고 하였다.

160) 행한……상고한다 : ≪周易≫ 履卦 上九爻辭에 "행한 것을 보아 길흉을 상고하되 그 주선함이 완벽하면 크게 길하리라.〔視履考祥 其旋元吉〕"라고 하였다.

161) 친애하여……흉하다 : ≪周易≫ 比卦 上六爻辭이다.

162) 멧돼지를……길하다 : ≪周易≫ 大畜卦 六五爻辭이다.

163) 절개가……같다 : ≪周易≫ 豫卦 六二爻辭에 "절개가 돌과 같아 하루를 마치지 않고 떠나가니, 貞하고 吉하다.〔介于石 不終日 貞吉〕"라고 하였다.

졌기 때문에 기미를 보고 일어나니, 어찌 하루가 다 가기를 기다리겠는가.

介于石은 理素定也라 理素定이라 故로 見幾而作하니 何俟終日哉리오

162. 豫卦는 미리 대비함이요, 편안하고 즐거워함이다. 일을 미리 대비하기 때문에 편안하고 즐거우니, 그 뜻은 하나이다.

豫者는 備豫也며 逸豫也라 事豫라 故로 逸樂하니 其義는 一也라

163. 謙卦는 가득 찬 것을 다스리는 도이다. 그러므로 "많은 데에서 덜어 적은 데에 더해주어 사물을 저울질하여 베풂을 공평하게 한다.[164]"라고 한 것이다.

謙者는 治盈之道라 故로 日 裒(부)多益寡하여 稱物平施라

164. 무릇 남을 위해 말하는 것은 이치가 우세하면 일이 분명해지고, 말하는 기색이 노여우면 반발을 불러온다.

凡爲人言者는 理勝이면 則事明하고 氣忿이면 則招怫이라

165. 감개하여 자신을 죽이는 것은 쉬우나, 조용히 의리를 위해 죽는 것은 어려운 일이다.

感慨殺身者는 易(이)나 從容就義者는 爲難이라

166. "이루어진 性을 잘 보존하는 것이 道義의 문이다."[165]라고 하였는데, 道는 體가

---

164) 많은……한다 : ≪周易≫ 謙卦 〈象傳〉에 "땅 가운데 산이 있는 것이 謙이니, 군자가 이로써 많은 데에서 덜어 적은 데에 더해주어 사물을 저울질하여 베풂을 공평하게 한다.〔地中有山 謙 君子以 裒多益寡 稱物平施〕"라고 하였다.

165) 이루어진……문이다 : ≪周易≫ 〈繫辭傳 上〉에 "天地가 제자리를 잡으면 易이 그 가운데 행해지니, 이루어진 性을 잘 보존하는 것이 道義의 문이다.〔天地設位 而易行乎其中矣 成性存存 道義之門〕"라고 하였다.

없고, 義는 方所가 있다.

成性存存이 道義之門이라한대 道는 無體요 義는 有方也라

167. "中은 천하의 큰 근본이다."[166]라고 하였으니, 天地 사이에 정정당당하여 上下에 일관된 바른 이치이다. 그것을 벗어나면 옳지 않으니, 오직 공경하여 잃지 않는 것이 가장 극진하다.

中者는 天下之大本이라하니 天地之間에 亭亭當當하여 直上直下之正理라 出則不是니 唯敬而無失이 最盡이라

168. 孟子가 말하기를 "반드시 그 일에 종사함이 있되 기필하지 말아서 마음에 잊지도 말며 억지로 조장하지도 말라."[167]라고 하였는데, 바로 이것이 생각을 붙이는 것이니, 그 생각을 잊으면 그 사물은 없는 것이나 마찬가지이다.

孟子가 謂호되 必有事焉而勿正하여 心勿忘하며 勿助長이라한대 正是著意니 忘則無物이라

169. 天은 理이고, 神은 만물을 신묘하게 하는 점에서 말한 것이다.[168] 帝는 일을 주재하는 것으로써 이름 붙인 것이다.

天者는 理也요 神者는 妙萬物而爲言者也라 帝者는 以主宰事而名이라

170. 易은 음미하고 사색해야 하니, 재계하여 그 덕을 신명하게 하는 것이다.[169]

---

166) 中은……근본이다 : ≪中庸≫에 "喜怒哀樂이 아직 발하지 않은 것을 中이라 하고, 희로애락이 발하여 모두 절도에 맞은 것을 和라고 한다. 中이라는 것은 천하의 큰 근본이고, 和라는 것은 천하의 두루 통하는 도이다.〔喜怒哀樂之未發 謂之中 發而皆中節 謂之和 中也者 天下之大本也 和也者 天下之達道也〕"라고 하였다.

167) 반드시……말라 : ≪孟子≫ 〈公孫丑 上〉에서 浩然之氣를 기르는 방법에 대해 말한 것이다.

168) 神은……것이다 : ≪周易≫ 〈說卦傳〉에 보인다.

169) 재계하여……것이다 : ≪周易≫ 〈繫辭傳 上〉에 "그러므로 聖人은 하늘의 道에 밝고 백성의 연고를 살펴서 이에 神物을 일으켜 백성들이 日用하는 것을 앞서 개발한다. 그러니 성인이 이런 마음으로써 재계하여 그 덕을 신명하게 한 것이다.〔是以明於天之道而察於民之故 是興神物 以前民用 聖人以此齋戒

易은 要玩索이니 齋戒以神明其德夫인저

171. 학문은 자신을 면려하고 자신의 내면에 가깝게 하여 자기에게 밀접하게 해야 한다. 그러므로 절실하게 묻고 가까운 데에서 생각하면 仁이 그 가운데 있을 것이다.170) 말이 진실하고 미더우며 행동이 독실하고 공경스러우면 오랑캐의 나라에서도 그 道를 행할 수 있지만, 말이 진실하고 미덥지 못하며 행실이 독실하고 공경스럽지 못하면 자신이 사는 州里라고 할지라도 그 도를 행할 수 있겠는가. 일어섰을 적에는 도가 앞에 참여한 것을 보고, 수레를 탔을 적에는 도가 멍에에 의지해 있는 것을 보아야 하니, 그런 뒤에야 도를 행할 수 있다.171) 바로 이것이 학문이다. 자질이 아름다운 사람은 밝히기를 극진히 하여 찌꺼기가 곧 완전히 변화하여 天地와 한 몸이 된다. 그다음의 사람은 오직 장엄하고 공경한 마음가짐으로 붙잡고 기르니, 그 지극함에 이르러서는 똑같다.

學은 只要鞭辟①近裏하여 著己而已라 故로 切問而近思하면 則仁在其中矣라 言忠信하며 行篤敬이면 雖蠻貊之邦이라도 行矣어니와 言不忠信하며 行不篤敬이면 雖州里나 行乎哉아 立則見其參於前이요 在輿則見其倚於衡이니 夫然後行이라 只此是學이라 質美者는 明得盡하여 查滓便渾化하여 却與天地同體라 其次는 惟莊敬持養이니 及其至則一也라

① 〈辟은〉 어떤 판본에는 '約'으로 되어 있다.
一作約.

172. 사람이 가장 두려워할 만한 것은 바로 실천하는 것이니, 요점은 이치를 밝히는 데 있다.

人最可畏者는 是便做니 要在燭理라①

以神明其德夫]"라고 하였다.

170) 절실하게……것이다 : ≪論語≫ 〈子張〉에 子夏가 말하기를 "배우기를 널리 하고 의지를 독실하게 하며, 절실하게 묻고 가까운 일상에서 생각하면 仁이 그 가운데 있을 것이다.〔博學而篤志 切問而近思 仁在其中矣〕"라고 하였다.

171) 말이……있다 : ≪論語≫ 〈衛靈公〉에 子張이 행함〔行〕에 대해 묻자, 孔子가 대답한 말이다.

① 어떤 판본에는 이 아래에 "子路는 좋은 말을 듣고 아직 실행하지 못했으면 또다시 좋은 말을 들을까 두려워하였다."172)라고 하였다.
一本, 以下云 "子路有聞, 未之能行, 唯恐有聞."

宰予

173. 宰予가 낮잠을 잔 것은 그의 기질이 나쁘기 때문이니, 이 점 때문에 孔子가 그렇게 말한 것이다.173)

宰予晝寢은 以其質惡이니 因是而言이라

174. 顔子는 식량이 자주 떨어졌으나, 마음을 비우고 道를 받아들였다. 子貢은 天命을 받지 않고서도 재화를 늘렸으나 억측하면 자주 적중하였으니, 총명함과 억측에 힘을 써서 안 것이다.174) 이는 자공이 처음 배울 때의 일이니, "선생님께서 性과 天道를 말씀하시는 것은 들을 수 없었다."175)라고 말하게 된 것은 곧 그 뒤의 일이다. 그 말이 이와 같다면, 반드시 천명을 받지 않고서도 재화를 늘리는 데에는 이르지 않았을 것이다.

顔子는 屢空이나 空中①受道라 子貢은 不受天命而貨殖이나 億則屢中하니 役②聰明億度(탁)而

---

172) 子路는……두려워하였다 : ≪論語≫ 〈公冶長〉에 보인다.

173) 宰予가……것이다 : 宰予가 낮잠을 자자, 孔子가 말하기를 "썩은 나무는 조각할 수 없고, 썩은 흙담은 흙손질할 수 없다. 내 재여에 대해 무엇을 꾸짖겠느냐.〔朽木 不可雕也 糞土之墻 不可杇也 於予與何誅〕"라고 하고, 또 "내가 처음에는 남에 대하여 그의 말을 듣고 그의 행실을 믿었는데, 이제 나는 남에 대하여 그의 말을 듣고 다시 그의 행실을 살펴보게 되었다. 나는 재여로 인해 이러한 태도를 고치게 되었다.〔始吾於人也 聽其言而信其行 今吾於人也 聽其言而觀其行 於予與 改是〕"라고 하였다.(≪論語≫ 〈公冶長〉)

174) 顔子는……것이다 : ≪論語≫ 〈先進〉에 孔子가 말하기를 "顔回는 道에 거의 가까웠는데, 식량이 자주 떨어졌다. 賜는 命을 받지 않고서도 재화를 늘렸으나, 억측하면 자주 적중하였다.〔回也 其庶乎 屢空 賜 不受命而貨殖焉 億則屢中〕"라고 하였다.

175) 선생님께서……없었다 : ≪論語≫ 〈公冶長〉에 子貢이 말하기를 "선생님의 文章은 들을 수 있으나, 선생님께서 性과 天道를 말씀하시는 것은 들을 수 없었다.〔夫子之文章 可得而聞也 夫子之言性與天道 不可得而聞也〕"라고 하였다.

知라 此는 子貢始時事니 至於言夫子之言性與天道는 不可得而聞은 乃後來事라 其言如此면 則必不至於不受命而貨殖也라

① 〈中은〉 어떤 판본에는 '心'으로 되어 있다.
一作心.
② 〈役은〉 어떤 판본에는 '億'으로 되어 있다.
一作億.

175. "하늘이 나에게 德을 주었다."176)라고 하고, "文王이 이미 돌아가셨으니, 文이 이 몸에 있지 않겠는가."177)라고 하였으니, 이는 聖人이 극단적으로 이치로써 자신을 수립한 것이다.

天生德於予라하고 及文王旣沒하시니 文不在玆乎아하니 此聖人極斷置以理라

176. "文이 이 몸에 있지 않겠는가."라는 것은 文은 아직 없어지지 않았다는 말이다. 道를 창도함이 孔子에게 달려 있었으니, 聖人(孔子)이 그것을 자신의 임무로 삼은 것이다.

文不在玆는 言文未嘗亡이라 唱道在孔子하니 聖人以爲己任이라

177. "〈孔子가 평소 말씀한 것은〉 ≪詩經≫과 ≪書經≫과 禮를 지키는 것이었으니, 이것이 모두 평소 하신 말씀이었다."178)라고 하였으니, 이런 것들이 孔子가 평소에 말씀

176) 하늘이……주었다 : 宋나라 桓魋가 孔子를 해치려 하자, 공자가 말하기를 "하늘이 나에게 德을 주었으니, 桓魋가 나를 어찌하겠는가.〔天生德於予 桓魋其如予何〕"라고 하였다.(≪論語≫ 〈述而〉)

177) 文王이……않겠는가 : 孔子가 匡 땅에서 陽虎로 오인되어 어려움에 처했을 적에 말하기를 "文王이 이미 돌아가셨으니, 文이 이 몸에 있지 않겠는가. 하늘이 장차 이 文을 없애려 하셨다면 뒤에 죽는 내가 이 文에 참여하지 못했을 것이지만, 하늘이 이 文을 없애려 하지 않으시니 匡 땅의 사람들이 나를 어찌하겠는가.〔文王旣沒 文不在玆乎 天之將喪斯文也 後死者不得與於斯文也 天之未喪斯文也 匡人 其如予何〕"라고 하였다.(≪論語≫ 〈子罕〉)

178) 詩經과……말씀이었다 : ≪論語≫ 〈述而〉에 "孔子가 평소 하시는 말씀은 ≪詩經≫과 ≪書經≫과 禮를 지키는 것이었으니, 이것이 모두 평소 하시는 말씀이었다.〔子所雅言 詩書執禮 皆雅言也〕"라고 하였다.

한 것이다. 性과 天道는 子貢도 들을 수 없었으니, 대개 그 요점은 묵묵히 마음에 새겨 기억하는 데 달려 있다.

詩書執禮니 皆雅言이라하니 雅素所言也라 至於性與天道하얀 則子貢도 亦不可得而聞하니 蓋要在默而識之也라

178. "君子의 마음은 평탄하여 넓고 넓다."179)라는 것은 마음의 덕이 넓어져서 신체가 외적으로 넉넉해진 것이다.180)

君子坦蕩蕩은 心廣體胖이라

179. 자기의 마음을 극진히 하는 것을 忠이라 하고, 그런 마음으로 가득 채우는 것을 信이라 한다. 자기의 마음을 발하여 스스로 극진히 하는 것을 忠이라 하고, 남을 따라 어김이 없는 것을 信이라 한다. 이 두 가지는 表裏의 뜻이다.

盡己之謂忠이요 以實之謂信이라 發己自盡爲忠이요 循物無違謂信이라 表裏之義也라

180. 理와 義는 體와 用이다.

理義는 體用也라①

① 理와 義가 내 마음을 기쁘게 한다.181)
理義之說(열)我心.

181. 마음가짐은 正으로써 하고, 실천은 和로써 한다.

---

179) 君子의……넓다 : ≪論語≫ 〈述而〉에 孔子가 말하기를 "君子의 마음은 평탄하여 넓고 넓으며, 小人의 마음은 늘 걱정스러워한다.〔君子坦蕩蕩 小人長戚戚〕"라고 하였다.

180) 마음의……것이다 : ≪大學≫에 "富는 집안을 윤택하게 하고, 德은 자신을 윤택하게 한다. 마음의 덕이 넓어져서 신체가 넉넉해진다. 그러므로 군자는 반드시 마음속에서 싹트는 자기의 생각을 善으로 가득 채운다.〔富潤屋 德潤身 心廣體胖 故君子必誠其意〕"라고 하였다.

181) 理와……한다 : ≪孟子≫ 〈告子 上〉에 "理와 義가 내 마음을 기쁘게 하는 것은 고기가 우리 입을 즐겁게 하는 것과 같다.〔理義之悅我心 猶芻豢之悅我口〕"라고 하였다.

居之以正이요 行之以和라

182. "그 그칠 곳에 그치는 것은 제자리에 그치기 때문이다."182)라는 것은 각자 제자리에 그치는 것이니, 父子는 恩에 그치고 君臣은 義에 그치는 것을 말한다. "그 등에 그친다."183)라는 것은 보이지 않는 곳에 그치는 것이다.

艮其止는 止其所也일새라함은 各止其所니 父子止於恩하고 君臣止於義之謂라 艮其背는 止於所不見也라

183. 지극히 誠한 분은 天地의 化育을 도울 수 있으니, 천지와 더불어 그런 일에 참여할 수 있다.184) 贊은 참여하여 돕는다는 뜻이다. 이는 "하늘보다 먼저 하여도 하늘이 어기지 않으며, 하늘보다 뒤에 하여도 天時를 받든다."185)라는 것을 말하는 것이지, 돕는 것을 말하는 것이 아니다. 천지의 화육에는 단지 하나의 誠이 있을 뿐이니, 무슨 도울 것이 있겠는가.

至誠은 可以贊天地之化育이니 則可以與天地參이라 贊者는 參贊之義라 先天而天弗違하며 後天而奉天時之謂也요 非謂贊助라 只有一箇誠이니 何助之有리오

---

182) 그……때문이다 : ≪周易≫ 艮卦 〈彖傳〉에 보인다.

183) 그……그친다 : ≪周易≫ 艮卦 卦辭에 "그 등에 그치면 몸을 보지 못하며 뜰에 가면서도 사람을 보지 못하여 허물이 없으리라.〔艮其背 不獲其身 行其庭 不見其人 无咎〕"라고 하였다.

184) 지극히……있다 : ≪中庸≫에 "오직 천하에 지극히 誠한 분이어야 능히 자기의 본성을 극진히 할 수 있으니, 자기의 본성을 극진히 하면 능히 남의 본성을 극진히 할 수 있으며, 능히 사람의 본성을 극진히 하면 능히 다른 생물의 본성을 극진히 할 수 있으며, 능히 다른 생물의 본성을 극진히 하면 하늘과 땅의 化育을 도울 수 있으며, 하늘과 땅의 화육을 도울 수 있으면 天地와 더불어 그런 일에 참여할 수 있다.〔唯天下至誠 爲能盡其誠 能盡其誠 則能盡人之性 能盡人之性 則能盡物之性 能盡物之性 則可以贊天地之化育 可以贊天地之化育 則可以與天地參矣〕"라고 하였다.

185) 하늘보다……받든다 : ≪周易≫ 乾卦 〈文言傳〉에 "무릇 大人이란 天地와 그 덕이 합하며, 日月과 그 밝음이 합하며, 四時와 그 질서가 합하며, 鬼神과 그 길흉이 합하여 하늘보다 먼저 하여도 하늘이 어기지 않으며, 하늘보다 뒤에 하여도 天時를 받드니, 하늘도 어기지 않는데 하물며 사람에게 있어서며, 귀신에게 있어서랴.〔夫大人者 與天地合其德 與日月合其明 與四時合其序 與鬼神合其吉凶 先天而天弗違 後天而奉天時 天且弗違 而況於人乎 況於鬼神乎〕"라고 하였다.

184. 앎이 지극해지면 곧 생각이 진실해지니, 예컨대 앎이 있으나 진실하지 않은 경우는 모두 앎이 아직 지극하지 않은 것이다. 이를 곳을 알아 그곳에 이르는 것186)은 이를 바를 알아 가서 그곳에 이르는 것이니, 곧 吉함이 먼저 나타난 것187)이다. 그러므로 "더불어 기미를 알 수 있다."라고 한 것이다. 마칠 바를 알아 마치면 더불어 義를 보존할 수 있다.

知至면 則便意誠하니 若有知而不誠者는 皆知未至爾라 知至而至之者는 知至而往至之니 乃吉之先見(현)이라 故로 曰 可與幾也라 知終而終之면 則可與存義也라①

① 이를 바를 알아 그곳에 이르는 것은 앎을 主로 한 것이고, 마칠 바를 알아 그것을 마치는 것은 마침을 主로 한 것이다.
知至至之, 主知, 知終終之, 主終.

185. "忠信은 德을 진전시키는 방법이요, 言辭를 닦아서 誠을 세우는 것은 학업을 닦는 데 처하는 방법이다."188)라는 것은 乾의 道이고, "敬함으로써 내면을 바르게 하고 義함으로써 외면을 방정하게 한다."189)라는 것은 坤의 道이다.

忠信은 所以進德이요 修辭立其誠은 所以居業者는 乾道也요 敬以直內하고 義以方外者는 坤道也라

186. "言辭를 닦아서 誠을 세운다."라는 것은 문채와 바탕이 조화롭다는 의미이다.

修辭立其誠은 文質之義라

---

186) 이를……것 : ≪周易≫ 乾卦 〈文言傳〉 九三爻에 "이를 바를 알아 이르므로 더불어 기미를 알 수 있고, 마칠 바를 알아 마치므로 더불어 義를 보존할 수 있다.〔知至至之 可與幾也 知終終之 可與存義也〕"라고 하였다.

187) 吉함이……것 : ≪周易≫ 〈繫辭傳 下〉에 "기미는 動이 은미한 것이니, 吉함이 먼저 나타난 것이다.〔幾者 動之微 吉之先見者也〕"라고 하였다.

188) 忠信은……방법이다 : ≪周易≫ 乾卦 〈文言傳〉에 "九三爻에 말하기를 '군자가 종일토록 힘쓰고 힘써 저녁까지도 두려워하면 위태로우나 허물이 없다.〔君子終日乾乾 夕惕若 厲 无咎〕'라는 것은 무슨 말인가? 孔子가 말하였다. '君子는 德을 진전시키고 業을 닦나니, 忠信은 德을 진전시키는 방법이요, 言辭를 닦아서 誠을 세우는 것은 학업을 닦는 데 처하는 방법이다.〔君子進德修業 忠信 所以進德也 修辭立其誠 所以居業也〕'"라고 하였다.

189) 敬함으로써……한다 : ≪周易≫ 坤卦 〈文言傳〉에 보인다.

187. "천하 사람들이 모두 근심하니, 나만 홀로 근심하지 않을 수 있겠는가. 천하 사람들이 모두 의심하니, 나만 홀로 의심하지 않을 수 있겠는가."라고 한 것과 "天道를 즐거워하고 天命을 아니 내 어찌 근심하겠으며, 이치를 궁구하고 본성을 극진히 하니 내 어찌 의심하겠는가."라고 한 것은 모두 마음에 관계된 일이다. 마음과 행적을 나눈 아래의 한 단락은 모두 옳지 않다.[190]

天下皆憂하니 吾獨得不憂며 天下皆疑하니 吾獨得不疑리오함과 與樂天知命하니 吾何憂며 窮理盡性하니 吾何疑리오함은 皆心也라 自分心迹以下一段은 皆非라

188. 息[191]의 訓이 生이 되는 것은 대개 그치면 생겨나기 때문이다. 한 가지 일이 그치면 한 가지 일이 생겨나니, 중간에 끊어짐이 없다. 큰 과일은 먹히지 않으니,[192] 곧 復卦가 된다.[193] 추위가 가면 더위가 오고 더위가 가면 추위가 오니, 추위와 더위가 서로 미루어 한 해가 이루어진다.[194]

息訓爲生者는 蓋息則生矣라 一事息이면 則一事生이니 中無間斷이라 碩果不食이니 則便爲復也라 寒往則暑來하고 暑往則寒來하니 寒暑相推而歲成焉이라

189. 날마다 새로워지는 것을 盛德이라 하고, 낳고 낳음을 易이라 하고, 陰하고 陽하여

190) 천하……않다 : 魏徵이 "聖人도 근심함이 있는가?"라고 묻자, 文中子가 말하기를 "천하 사람들이 모두 근심하니, 나만 홀로 근심하지 않을 수 있겠는가.〔天下皆憂 吾獨得不憂乎〕"라고 하였다. 의심함에 대해 묻자, "천하 사람들이 모두 의심하니, 나만 홀로 의심하지 않을 수 있겠는가.〔天下皆疑 吾獨得不疑乎〕"라고 하였다. 위징이 물러간 뒤 문중자가 董常에게 말하기를 "天道를 즐거워하고 天命을 아니 내 어찌 근심하겠으며, 이치를 궁구하고 본성을 극진히 하니 내 어찌 의심하겠는가.〔樂天知命 吾何憂 窮理盡性 吾何疑〕"라고 하였다. 동상이 "위징에게 말씀한 것과 다르니, 선생은 또한 두 말씀을 한 것입니까?〔非告徵也 子亦二言乎〕"라고 하자, 문중자가 "위징이 질문한 것은 행적이고, 내가 너에게 알려준 것은 마음이다. 마음과 행적이 나누어진 지가 오래되었다.〔徵所問者 迹也 吾告汝者 心也 心迹之判 久矣〕"라고 하였다.(≪中說≫ 〈問易篇〉)

191) 息 : ≪周易≫ 剝卦 〈彖傳〉에 "君子尙消息盈虛 天行也"라고 한 구절의 '息'자를 가리킨다.

192) 큰……않으니 : ≪周易≫ 剝卦 上九爻辭에 "큰 과일이 먹히지 않는 것이니, 君子는 수레를 얻고 小人은 집을 허물리라.〔碩果不食 君子得輿 小人剝廬〕"라고 하였다.

193) 復卦가 된다 : 山地 剝卦의 上九爻가 변하여 陰이 되면 初九爻가 변하여 陽이 되어 地雷 復卦가 된다.

194) 추위가……이루어진다 : ≪周易≫ 〈繫辭傳 下〉에 보인다.

헤아릴 수 없음을 神이라 하니,[195] 사색하여 그 의미를 터득해야 한다.

日新之謂盛德이요 生生之謂易이요 陰陽不測之謂神이니 要思而得之라

190. 정사를 할 적에는 모름지기 紀綱과 文章이 있어야 한다. 실무자에게 먼저 일을 맡기는 것, 지방의 관리가 백성들에게 법조문을 읽어주는 것, 물가를 안정시키고 도량형을 신중히 정하는 것을 모두 빠뜨릴 수 없다. 사람은 각자 자신의 어버이를 친애한 뒤에야 자신의 어버이만을 친애하지 않을 수 있다. 仲弓이 말하기를 "어찌 어진 자와 재주 있는 자를 알아서 등용합니까?"라고 하자, 孔子가 말하기를 "네가 아는 인재를 등용하면 네가 알지 못하는 인재를 사람들이 내버려두겠느냐."라고 하였으니,[196] 중궁과 聖人이 마음을 쓰는 크기를 볼 수 있다. 이 뜻을 미루어나가면 한 마음이 나라를 망하게 할 수 있고 한 마음이 나라를 일으킬 수 있는 것이 公과 私의 사이에 달려 있을 따름이다.

爲政엔 須要有綱紀文章이라 先有司와 鄕官讀法과 平價謹權量을 皆不可闕也라 人各親其親然後에 能不獨親其親이라 仲弓曰 焉知賢才而擧之오한대 子曰 擧爾所知면 爾所不知를 人其舍諸아하니 便見仲弓與聖人用心之大小라 推此義면 則一心可以喪邦과 一心可以興邦이 只在公私之間爾라

191. 子夏가 정사를 묻자, 孔子가 말하기를 "빨리 이루려 하지 말고, 작은 이익을 보려 하지 말라."라고 하였으니,[197] 자하의 병통은 항상 천근하고 소소한 데 있었다. 子張이 정사를 묻자 공자가 말하기를 "마음가짐을 게을리하지 말고, 忠으로써 정사를 행하라."라고 하였으니,[198] 자장은 항상 지나치게 높아 仁하지 못하였다. 그러므로 그 자신에게 절실한 일로써 대답한 것이다.

子夏問政한대 子曰 無欲速하며 無見小利라하니 子夏之病은 常在近小라 子張問政한대 子曰 居

---

195) 날마다……하니 : ≪周易≫ 〈繫辭傳 上〉에 보인다.
196) 仲弓이……하였으니 : ≪論語≫ 〈子路〉에 보인다.
197) 子夏가……하였으니 : ≪論語≫ 〈子路〉에 보인다.
198) 子張이……하였으니 : ≪論語≫ 〈顔淵〉에 보인다.

之無倦이요 行之以忠이라하니 子張常過高而未仁이라 故로 以切己之事로 答之라

192. "그 氣는 義와 道에 배합한다."199)라고 하였으니, 道는 고요하고 적막한 기상이 있다.

其爲氣也는 配義與道라하니 道有沖漠之氣象이라

193. 聖人은 이로써 마음을 깨끗이 씻어 은밀한 데로 물러나 간직하며, 성인은 이런 마음으로써 재계하여 그 德을 신명하게 한다.200)

聖人은 以此洗心하여 退藏於密하며 聖人은 以此齋戒하여 以神明其德夫인저

---

199) 그……배합한다 : ≪孟子≫ 〈公孫丑 上〉에서 浩然之氣에 대해 말한 것이다.

200) 聖人은……한다 : ≪周易≫ 〈繫辭傳 上〉에 "易은 사물을 열어주고 일을 이루어 천하의 道를 포괄하니, 이와 같을 뿐이다. 이런 까닭에 聖人이 이로써 천하의 뜻을 通하며 천하의 業을 정하며 천하의 의심을 결단한 것이다. 그러므로 蓍草의 덕은 둥글어 신묘하고, 卦의 덕은 네모져 지혜로우며, 六爻의 뜻은 變易하여 길흉을 알려준다. 聖人이 이로써 마음을 깨끗이 씻어 은밀한 데 물러나 간직하며, 吉凶 간에 백성과 더불어 근심을 함께하여 神으로써 다가올 일을 알고 지혜로써 지나간 일을 간직하니, 그 누가 이에 참여하겠는가. 옛날의 총명하고 지혜로우며 신묘한 武勇을 지니고 죽이지 않는 자일 것이다. 그러므로 聖人은 하늘의 道에 밝고 백성의 연고를 살펴서 이에 神物을 일으켜 백성들이 日用하는 것을 앞서 개발한다. 그러니 성인이 이런 마음으로써 재계하여 그 덕을 신명하게 한다.〔夫易開物成務 冒天下之道 如斯而已者也 是故聖人以通天下之志 以定天下之業 以斷天下之疑 是故蓍之德圓而神 卦之德方以知 六爻之義易以貢 聖人以此洗心 退藏於密 吉凶與民同患 神以知來 知以藏往 其孰能與於此哉 古之聰明叡知神武而不殺者夫 是以明於天之道而察於民之故 是興神物以前民用 聖人以此齋戒 以神明其德夫〕"라고 한 데서 나왔다.

二程全書 卷13

遺書 明道先生語 二

明 後學 嘉興 徐必達 校正

壬戌年(1082) 겨울 洛陽에서 伯淳先生을 만나 뵙고 들은 말씀 戌冬見伯淳先生洛中所聞

劉絢 質夫가 기록하다
劉絢質夫錄

1. "순일하고 또 그치지 않는다."[1]라는 것은 天德이다. "급박한 상황에서도 이 仁을 기필하며, 위급한 때에도 이 仁을 기필한다."[2]라는 것은 3개월 동안 仁을 어기지 않는 기상이다. 또한 그다음은 하루에 한 번, 한 달에 한 번 仁에 이르는 것이다.[3]

純亦不已는 天德也라 造次에 必於是하며 顚沛에 必於是라함은 三月不違仁之氣象也라 又其次는 則日月至焉者矣라

---

1) 순일하고……않는다 : ≪中庸≫에 "≪詩經≫의 시에 '하늘의 命은, 아! 심원하여 그치지 않네.'라고 하였으니, 이는 대개 하늘이 하늘 된 이유를 말한 것이요, '아! 드러나지 않는가, 文王의 덕의 純一함이여.'라고 하였으니, 이는 대개 문왕이 文이라는 시호를 받게 된 이유가 天道에 순일하고 또 그치지 않았기 때문임을 말한 것이다.〔詩云 維天之命 於穆不已 蓋曰天之所以爲天也 於乎不顯 文王之德之純 蓋曰文王之所以爲文也 純亦不已〕"라고 하였다.

2) 급박한……기필한다 : ≪論語≫ 〈里仁〉에 孔子가 말하기를 "君子가 仁을 떠나면 어찌 이름을 이룰 수 있겠는가. 군자는 밥을 먹는 동안에도 仁을 떠남이 없으니, 급박한 상황에서도 이 仁을 기필하며 위급한 때에도 이 仁을 기필한다.〔君子去仁 惡乎成名 君子無終食之間違仁 造次必於是 顚沛必於是〕"라고 하였다.

3) 3개월……것이다 : ≪論語≫ 〈雍也〉에 孔子가 말하기를 "顔回는 그 마음이 3개월 동안 仁을 어기지 않았고, 그 나머지 사람들은 하루에 한 번, 한 달에 한 번 仁에 이를 뿐이다.〔回也 其心三月不違仁 其餘則日月至焉而已矣〕"라고 하였다.

2. "한 차례 陰하고 한 차례 陽함을 道라고 한다."[4]라는 것은 자연의 道이다. "道를 계승하는 것이 善이다."라는 것은 道를 드러내면 用이 있으니, 元이 善의 으뜸이라는 뜻이다.[5] "道를 이룩한 것이 性이다."라는 것은 각각 性命을 바르게 하는[6] 것이다. 그러므로 "仁者는 도를 보고서 仁이라 하고, 智者는 도를 보고서 智라 하며, 백성들은 날마다 쓰면서도 알지 못한다. 그러므로 君子의 道가 드문 것이다."라고 한 것이다. 이와 같으면 또한 시작도 없고 끝도 없으며, 무엇을 인하여 있는 것도 없고 무엇을 인하여 없는 것도 없으며, 有處가 있는 것도 없고 無處가 없는 것도 없다.

一陰一陽之謂道는 自然之道也라 繼之者善也는 出道則有用이니 元者는 善之長也라 成之者는 却只是性이라함은 各正性命者也라 故로 曰 仁者見之에 謂之仁하고 知者見之에 謂之知요 百姓은 日用而不知라 故로 君子之道가 鮮矣라하니라 如此면 則亦無始요 亦無終이며 亦無因甚有요 亦無因甚無하며 亦無有處有요 亦無無處無라

3. "사람이 天地의 中을 받아서 태어난다."[7]라는 것은 "하늘이 명한 것을 일러 性이라고 한다."[8]라는 것이다. "사람이 살아가는 이치는 정직하다."[9]라는 것의 의미 또한 이와

---

4) 한……한다 : ≪周易≫ 〈繫辭傳 上〉에 "한 차례 陰하고 한 차례 陽함을 道라고 하니, 그 도를 계승하는 것이 善이요, 그 도를 이룩한 것이 性이다. 仁者는 이를 보고 仁이라 이르고, 智者는 이를 보고 智라 이르며, 백성들은 날마다 쓰면서도 알지 못한다. 그러므로 君子의 道가 드문 것이다.〔一陰一陽之謂道 繼之者善也 成之者性也 仁者見之 謂之仁 知者見之 謂之知 百姓日用而不知 故君子之道 鮮矣〕"라고 하였다.

5) 元이……뜻이다 : ≪周易≫ 乾卦 〈文言傳〉에 "元은 善의 으뜸이요, 亨은 아름다움의 모임이요, 利는 義에 화합함이요, 貞은 일의 근간이다.〔元者 善之長也 亨者 嘉之會也 利者 義之和也 貞者 事之幹也〕"라고 하였다.

6) 각각……하는 : ≪周易≫ 乾卦 〈彖傳〉에 "乾道가 變하여 化함에 각각 性命을 바르게 한다.〔乾道變化 各正性命〕"라고 하였다.

7) 사람이……태어난다 : ≪春秋左氏傳≫ 成公 13년 조에 秦나라를 토벌하러 출병하기 전에 社에서 祭肉을 받는데 成肅公이 공손하지 않으니, 劉康公이 말하기를 "사람은 天地의 中을 받아서 태어나니, 이것이 이른바 命이다. 그러므로 動作·禮義·威儀의 법칙이 있어 그것으로 命을 안정시킨다. 잘하는 자는 수양하여 복을 받고, 잘하지 못하는 자는 패하여 화를 받는다.〔民受天地之中以生 所謂命也 是以有動作禮義威儀之則 以定命也 能者養之以福 不能者敗以取禍〕"라고 하였다.

8) 하늘이……한다 : ≪中庸≫에 보인다.

9) 사람이……정직하다 : ≪論語≫ 〈雍也〉에 孔子가 말하기를 "사람이 살아가는 이치는 정직하니, 정직하지 않으면서도 살아있는 것은 요행히 죽음을 면한 것이다.〔人之生也直 罔之生也 幸而免〕"라고 하였다.

같다.

民受天地之中以生은 天命之謂性也라 人之生也直은 意亦如此라①

① 만약 生을 生養의 生으로 본다면 도리어 "道를 닦은 분의 말씀을 일러 敎라고 한다."[10]라는 것이 된다. 아래의 글에 이르러 비로소 "잘하지 못하는 자는 패하여 화를 받는다."[11]라고 한 것은 곧 敎이다.
若以生爲生養之生, 却是修道之謂敎也. 至下文始自云"不能者敗以取禍", 則乃是敎也.

4. 장차 中을 말할 적에 만약 四方의 중심이라는 의미로 中을 정의한다면 四邊에는 中이 없는가? 만약 中外의 中이라는 의미로 中을 정의한다면 외면에는 中이 없는가? 이는 "낳고 낳음을 易이라 한다."라고 한 것, "天地가 제자리를 잡으면 易이 그 가운데에서 행해진다."라고 한 것[12]과 같으니, 어찌 오늘날의 易書만 가지고 易이라 할 수 있겠는가? 中은 또한 中이라 하지만 하나의 中을 가지고서 中이라고 할 수는 없다.

且喚做中할새 若以四方之中으로 爲中이면 則四邊엔 無中乎아 若以中外之中으로 爲中이면 則外面엔 無中乎아 如生生之謂易과 天地設位而易行乎其中이니 豈可只以今之易書로 爲易乎아 中者는 且謂之中이나 不可捉一箇中來爲中이라

5. 顔子의 "누추한 마을에 사는 것을 남들은 그 근심을 견디지 못하는데, 顔回는 그의 즐거움을 고치지 않았다."[13]라는 것은 한 대그릇의 밥과 한 표주박의 물로 누추한 마을에 사는 것이 즐거워할 만한 것이 아니라, 대개 스스로 그의 즐거움이 있기 때문이다. '其'자를 완미해야 하니, 절로 깊은 뜻이 있다.

顔子의 在陋巷을 人不堪其憂어늘 回也不改其樂이라함은 簞瓢陋巷이 非可樂이요 蓋自有其樂耳라 其字를 當玩味니 自有深意라

10) 道를……한다 : ≪中庸≫에 보인다.
11) 잘하지……받는다 : 79쪽 각주 7번 참조.
12) 낳고……것 : ≪周易≫ 〈繫辭傳 上〉을 인용한 것이다.
13) 누추한……않았다 : ≪論語≫ 〈雍也〉에 보인다.

6. ≪大學≫의 道가 "明德을 밝히는 데 있다."라는 것은 이 이치를 밝히는 것이고, "至善에 이르러 머무는 데 있다."라는 것은 자신에게 돌이켜 지킴이 요약된 것이 이것이다.

大學之道가 在明明德은 明此理也요 在止於至善은 反己守約이 是也라

7. 楊子[14]의 출처는 남들로 하여금 말하게 하기가 어려우니, 孟子는 분명 양자의 일을 하려 하지 않았다.

楊子出處는 使人難說이니 孟子는 必不肯爲楊子事라

8. 孔子가 曾點을 허여한 것[15]은 대개 聖人의 지향과 같았기 때문이니, 곧 堯·舜의 기상이다. 진실로 세 사람(子路·冉有·公西華)이 갖추어 말한 지향과는 달랐으나, 다만 행동이 그의 말을 실천하지 못함이 있었으니, 참으로 이른바 狂者라는 것이다. 子路 등은 소견이 작았다. 자로는 다만 "나라를 다스림은 禮로써 해야 한다."라는 도리를 통달하지 못했으니, 이 때문에 공자가 웃은 것이다.[16] 만약 "나라를 다스림은 예로써 해

曾點

14) 楊子 : 극단의 爲我說을 주장한 楊朱를 가리킨다.

15) 孔子가……것 : 孔子가 제자들에게 각자의 포부를 물었을 때 子路가 경솔하게 "千乘의 제후국이 대국 사이에서 속박을 받아 전란이 일어나고 기근이 들었을 경우에 제가 그 나라를 다스리면 3년 만에 백성들을 용맹하게 할 수 있고, 의리로 향하게 할 수 있습니다."라고 하자, 공자가 웃었다. 冉有는 "사방 6~70리, 혹은 5~60리쯤 되는 나라를 제가 다스리면, 3년 만에 백성들을 풍족하게 할 수 있으며 그 禮樂은 君子를 기다리겠습니다."라고 하였다. 公西華는 "제가 능하다는 말이 아니라 배우기를 원합니다. 종묘의 일과 제후들이 회합할 때에 玄端服을 입고 章甫冠을 쓰고 작은 집례자가 되기를 원합니다."라고 하였다. 曾點은 "늦은 봄에 봄옷이 완성되면 冠을 쓴 어른 5~6명과 童子 6~7명과 함께 沂水에서 목욕하고 舞雩에서 바람 쐬고 노래하면서 돌아오고자 합니다."라고 하였다. 이에 공자가 감탄하며 "나는 點의 지향을 허여한다."라고 하였다.(≪論語≫ 〈先進〉)

16) 자로는……것이다 : 曾點이 자로의 말에 공자가 웃은 까닭을 묻자, 공자가 말하기를 "나라를 다스

야 한다."라는 도리를 안다면 바로 요·순의 기상이다.

孔子與點은 蓋與聖人之志로 同이니 便是堯舜氣象也라 誠異三子者之撰이나 特行有不掩焉者니 眞所謂狂矣라 子路等은 所見者小라 子路는 只爲不達爲國以禮道理니 所以爲夫子笑라 若知爲國以禮之道면 便却是這氣象也라

9. 사람이 배울 적에는 마땅히 大人[17]으로 목표를 삼아야 한다. 그러나 상등의 경지에는 다시 변화가 있으니, 사람은 마땅히 顔子의 학문을 배워야 한다.

人之學에 當以大人으로 爲標垜(타)라 然上面에 更有化爾니 人當學顔子之學①이라

① 〈學은〉 어떤 판본에는 '事'로 되어 있다.
一作事.

10. "이치를 궁구하고 性을 극진히 한다."라고 하고서 "命에 이른다."라고 하였으니,[18] 이는 힘을 쓸 곳이 전혀 없다. 예컨대 "樂에서 덕성을 완성한다."[19]라고 한 것과 "즐거워하면 이런 마음이 생겨난다."[20]라고 한 뜻과 동일하다.

림은 禮로써 해야 하는데, 그의 말이 겸손하지 않았다. 그러므로 웃은 것이다."라고 하였다.

17) 大人 : ≪孟子≫ 〈盡心 上〉에서 말한 大人으로, 자기를 바르게 하여 남이 바르게 되는 자〔正己而物正者〕를 가리키는 듯하다.

18) 이치를……하였으니 : ≪周易≫ 〈說卦傳〉에 "옛날 聖人이 易을 지을 적에 그윽이 神明을 도와 蓍草를 내었고, 하늘에서 셋을 취하고 땅에서 둘을 취하여 이에 의거하여 數를 일으키고, 陰陽이 변하는 것을 보아 卦를 세우고, 剛柔를 발휘하여 爻를 낳으니, 道德에 화순하고 義에 맞게 하며, 이치를 궁구하고 性을 극진히 하여 命에 이른다.〔昔者聖人之作易也 幽贊於神明而生蓍 參天兩地而倚數 觀變於陰陽而立卦 發揮於剛柔而生爻 和順於道德而理於義 窮理盡性 以至於命〕"라고 하였다.

19) 樂에서……완성한다 : ≪論語≫ 〈泰伯〉에 孔子가 말하기를 "詩에서 마음을 흥기하며, 禮에서 자세를 확립하며, 樂에서 덕성을 완성한다.〔興於詩 立於禮 成於樂〕"라고 하였다.

20) 즐거워하면……생겨난다 : ≪孟子≫ 〈離婁 上〉에 "仁의 실제는 어버이를 섬기는 것이요, 義의 실제는 형에게 순종하는 것이다. 智의 실제는 이 두 가지를 알아서 버리지 않는 것이요, 禮의 실제는 이 두 가지를 節文하는 것이요, 樂의 실제는 이 두 가지를 즐거워하는 것이다. 즐거워하면 이런 마음이 생겨날 것이니, 생겨난다면 어찌 그만둘 수 있겠는가. '어찌 그만둘 수 있겠는가.'라는 경지에 이르면 자기도 모르게 발로 뛰고 손으로 춤추게 될 것이다.〔仁之實 事親是也 義之實 從兄是也 智之實 知斯二者 弗去是也 禮之實 節文斯二者是也 樂之實 樂斯二者 樂則生矣 生則惡可已也 惡可已 則不知足之蹈之手之舞之〕"라고 하였다.

窮理盡性矣라하고 曰以至於命이라하니 則全無著力處라 如成於樂과 樂則生矣之意와 同이라

子貢

11. 子貢이 말하기를 "선생님의 文章은 들을 수 있으나, 선생님께서 性과 天道를 말씀하시는 것은 들을 수 없었다."[21] 라고 하였으니, 자공은 여기에서 비로소 터득한 바가 있어서 이렇게 탄식한 것이다. 자공처럼 재주 있는 사람으로서 孔子를 따른 것이 이와 같이 오래되었는데도 "性과 天道를 말씀하시는 것을 들을 수 없었다."라고 바야흐로 탄식하였으니, 또한 그를 둔하다고 이를 만하다. 공자가 세상을 떠난 후 그가 묘소 곁에 여막을 짓고 6년 동안 시묘살이 한 뒤에 돌아간 것을 보면 자공의 지향을 또한 알 수 있다. 다른 사람이 자공 같은 재주가 있었다면 6년 동안 많은 일을 하기를 기대했을 것이니, 어찌 이와 같이 하려 했겠는가.

子貢曰 夫子之文章은 可得而聞也어니와 夫子之言性與天道는 不可得而聞也라하니 子貢은 蓋於是始有所得而歎之라 以子貢之才로 從夫子가 如此之久한대 方歎不可得而聞하니 亦可謂之鈍矣라 觀其孔子沒에 築室於場하여 六年然後歸면 則子貢之志를 亦可見矣라 他人如子貢之才면 六年中待作多少事니 豈肯如此리오

12. "낳고 낳음을 易이라 한다."라고 하고, "天地가 제자리를 잡으면 易이 그 가운데에서 행해진다."라고 하고, "乾·坤이 무너지면 易을 볼 방법이 없고, 易을 볼 수 없으면 乾·坤이 거의 없어질 것이다."라고 하였으니,[22] 易은 결국 무엇인가? 또한 易을 가리

---

21) 선생님의……없었다 : ≪論語≫ 〈公冶長〉에 보인다.
22) 낳고……하였으니 : ≪周易≫ 〈繫辭傳 上〉을 인용한 것이다.

켜 말하기를 "聖人이 이것으로써 마음을 깨끗이 씻어 은밀한 데 물러나 간직한다."23)라고 하였으니, 성인이 사람들에게 보여준 뜻이 여기에 이르러 심오하고 명백하나 끝내 이해하는 사람이 없었다. '易'이라고 한 것, '이것〔此〕'이라고 한 것, '은밀한 데〔密〕'라고 한 것은 무엇인가? 사람들이 능히 여기에 이르러 깊이 생각하면 마땅히 자득할 것이다.

生生之謂易이라하고 天地設位어든 而易行乎其中이라하고 乾坤毁면 則無以見易이요 易不可見이면 乾坤이 或幾乎息矣라하니 易은 畢竟是甚고 又指而言曰 聖人이 以此洗心하여 退藏於密이라하니 聖人示人之意가 至此에 深且明矣나 終無人理會라 易也此也密也는 是甚物고 人能至此深思면 當自得之라

13. "喜怒哀樂이 아직 발하지 않은 것을 中이라 하고, 희로애락이 발하여 모두 절도에 맞은 것을 和라고 한다. 그러니 中이라는 것은 천하의 큰 근본이고, 和라는 것은 천하의 두루 통용하는 도이다. 中和를 극진히 하면 하늘과 땅이 제자리를 잡고 만물이 길러진다."24)라고 하였는데, '致'자와 '位'자는 聖人이 아니면 말할 수 없는 것이니, 子思는 다만 그것을 전했을 뿐이다.

喜怒哀樂之未發을 謂之中이요 發而皆中節을 謂之和라 中也者는 天下之大本也요 和也者는 天下之達道也라 致中和면 天地位焉하며 萬物育焉이라하니 致與位字는 非聖人이면 不能言이니 子思는 蓋特傳之耳라

顔子

14. 顔子가 말하기를 "〈선생님의 道는〉 우러러볼수록 더욱 높으며, 뚫고 들어갈수록 더욱 견고하다."25)라고 하였으니, 이는 道

23) 聖人이……간직한다 : ≪周易≫ 〈繫辭傳 上〉에 보인다.

24) 喜怒哀樂이……길러진다 : ≪中庸≫에 보인다.

25) 우러러볼수록……견고하다 : ≪論語≫ 〈子罕〉에 顔淵이 孔子의 道에 대해 탄식하며 "우러러볼수록 더욱 높고, 뚫고 들어갈수록 더욱 견고하며, 바라보면 앞에 있다가 홀연히 뒤에 있다.〔仰之彌高 鑽之彌堅 瞻之在前 忽焉在後〕"라고 하였다.

가 무궁함을 깊이 안 것이다. "바라보면 앞에 있다가 홀연히 뒤에 있다."라고 하였으니, 다른 사람이 孔子를 보면 매우 멀리 있지만, 안자가 공자를 바라보면 단지 앞이나 뒤에 있는데 아직 그 중간에 있지 않을 뿐이다. 공자의 경우는 바로 그 가운데 있는 것이니, 이는 안자가 아직 한 칸을 이르지 못한 것이다.

顔子曰 仰之彌高하며 鑽之彌堅이라하니 則是深知道之無窮也라 瞻之在前이러니 忽焉在後라하니 他人見孔子어든 甚遠이나 顔子瞻之어든 只在前後한대 但只未在中間耳라 若孔子는 乃在其中焉이니 此未達一間也라

15. 이루어진 性을 잘 보존하는 것이 곧 道義의 문이다.26)

成性存存이 便是道義之門이라

16. 무릇 사람이 배우기 시작할 적에는 모름지기 힘을 쏟을 곳을 알아야 하며, 배우고 나서는 모름지기 힘을 얻는 곳을 알아야 한다.

凡人才學엔 便須知着力處하며 旣學엔 便須知得力處라

26) 이루어진……문이다 : ≪周易≫ 〈繫辭傳 上〉에 "天地가 제자리를 잡으면 易이 그 가운데에서 행해지니, 이루어진 性을 잘 보존하는 것이 道義의 문이다.〔天地設位 而易行乎其中矣 成性存存 道義之門〕"라고 하였다.

二程全書 卷14

遺書 明道先生語 三

明 後學 嘉興 徐必達 校正

癸亥年(1083) 8월 洛陽에서 선생을 만나 뵙고 들은 말씀　亥八月見先生于洛所聞

劉絢 質夫가 기록하다
劉絢質夫錄

1. "公族이 죽을 죄를 지으면 甸人에게 맡겨 목매어 죽인다. 그 친족의 상처럼 하되 상복은 입지 않는다."[1]라고 하였으니, 죄가 없음이 밝혀진 자에 대해서는 상복을 입는다.

公族有罪어든 罄于甸人이라 如其倫之喪하되 無服이라하니 明無罪者는 有服也라

2. 楊朱와 墨翟[2]의 폐해는 申不害와 韓非子[3]보다 심하며, 佛氏와 老子의 폐해는 양주와 묵적보다 심하다. 양주는 자신을 위하니 仁처럼 보이고, 묵적은 겸하여 사랑하니 義처럼 보인다.[4] 신불해와 한비자는 천박하고 비루하여 알기 쉽다. 그러므로 孟子는 양주와 묵적만을 물리쳤으니, 그들이 세상을 미혹시키는 것이 심하였기 때문이다. 불씨와

---

1) 公族이……않는다 : ≪禮記≫ 〈文王世子〉에 보인다.

2) 楊朱와 墨翟 : 전국시대 학자로, 楊朱는 극단의 爲我說을 주장하였고, 墨翟은 극단의 兼愛說을 주장하였다.

3) 申不害와 韓非子 : 전국시대 학자로, 仁義의 정치를 반대하고 刑法으로 다스릴 것을 주장하였다.

4) 양주는……보인다 : 이 부분은 ≪近思錄≫ 〈辨異端〉에 실려 있는데, 金長生은 이 문장의 '仁'자와 '義'자의 위치를 바꾸어야 한다고 하였다.(≪近思錄釋疑≫) 뒤의 185쪽 188번과 378쪽 199번을 보아도 양주와 묵적을 각각 義와 仁으로 설명하였다. 따라서 이 부분은 기록한 자의 오류인 듯하다.

노자는 그 말이 이치에 가까워서 또한 양주와 묵적에 비할 바가 아니니, 이것이 폐해가 더욱 심한 까닭이다. 양주와 묵적의 폐해에 대해서는 이미 맹자가 배척해서 환하게 드러났다.5)

楊墨之害는 甚於申韓하며 佛老①之害는 甚於楊墨이라 楊氏는 爲我하니 疑於仁이요 墨氏는 兼愛하니 疑於義라 申韓은 則淺陋하여 易見이라 故로 孟子只闢楊墨하니 爲其惑世之甚也일새라 佛老②는 其言이 近理하여 又非楊墨之比니 此所以害尤甚이라 楊墨之害는 亦經孟子闢之하니 所以廓如也라

① 어떤 판본에는 '老'자가 없다.
一無老字.
② 〈老는〉 어떤 판본에는 '氏'자로 되어 있다.
一作氏字.

墨翟

3. ≪禮記≫에 이르기를 "오직 天地와 社稷의 신에 대한 제사를 지낼 적에는 상여 줄을 넘어가 제사를 지낸다."6)라고 하였으니, 참으로 너무 일찍 지내는 듯하다. 비록 낮은 예 때문에 존귀한 예를 폐하지 않는다 하더라도 부모의 장례를 치르고 난 뒤에 천지와 사직에 제사를 행한다면 의당 옳을 것이다. 대체로 아직 부모의 장례를 치르지 않았을 적에는 슬픔이 한창 지극하니 사람들이 천지와 사직에 제사를 지낼 수 없는 점이 있다.

禮에 云호되 惟祭天地社稷은 爲越紼而行事라하니 似亦太早이라 雖不以卑廢尊이라도 若旣葬而

---

5) 양주와……드러났다 : 楊雄이 말하기를 "옛날에 楊朱와 墨翟이 正道를 막았는데, 맹자가 말씀하여 배척해서 환하게 하였다.〔古者 楊墨塞路 孟子辭而闢之廓如也〕"라고 하였다.(≪法言≫ 〈吾子〉)

6) 오직……지낸다 : ≪禮記≫ 〈王制〉에 "喪中에는 3년 동안 제사를 지내지 않는데, 오직 天地와 社稷의 신에 대한 제사를 지낼 적에는 상여 줄을 넘어가 제사를 지낸다.〔喪三年不祭 唯祭天地社稷 爲越紼而行事〕"라고 하였다. 천지와 사직의 신에 대한 제사는 존귀하기 때문에 삼년상을 마치지 않았더라도 반드시 지내야 함을 말한 것이다.

行之어든 宜亦可也라 蓋未葬時에 哀戚方甚하니 人有所不能祭爾라

4. "그 그칠 곳에 그치는 것은 제자리에 그치기 때문이다."[7]라고 하였는데, 八元[8]은 善이 있어 그들을 등용하고 四凶[9]은 죄가 있어 그들을 주벌한 것은 각각 제자리에 그친 것이다. 釋氏는 그치는 것만을 말하니,[10] 어찌 그칠 바를 알겠는가.

艮其止는 止其所也일새라한대 八元은 有善而擧之하고 四凶은 有罪而誅之는 各止其所也라 釋氏는 只曰止하니 安知止乎아①

① 吳本에는 '罪'가 '惡'으로 되어 있고, '誅'가 '去'로 되어 있다.
吳本罪作惡, 誅作去.

5. 釋氏는 실상이 없다.

釋氏는 無實이라

6. 釋氏가 道를 말한 것은 비유하자면 대롱으로 하늘을 보는 것과 같다. 곧장 위로 올라가는 것만 힘쓰니 오직 한쪽만 보고 사방은 보지 못한다. 그러므로 모두 일을 조처할 수 없다. 聖人의 道는 평야 가운데 있는 것과 같아서 사방을 보지 못함이 없다.

釋氏說道는 譬之以管窺天이라 只務直上去니 惟見一偏하고 不見四旁이라 故로 皆不能處事라 聖人之道는 則如在平野之中하여 四方莫不見也라

7. 釋氏은 본디 死生을 두려워하여 이로움만 추구하였으니, 어찌 공정한 道이겠는가.

---

7) 그……때문이다 : ≪周易≫ 艮卦 〈彖傳〉에 보인다.

8) 八元 : 高辛氏의 아들인 伯奮·仲堪·叔獻·季仲·伯虎·仲熊·叔豹·季貍로, 뛰어난 재주가 있어 舜임금이 재상으로 등용하였다.

9) 四凶 : 舜임금 때의 네 惡人으로, 共工·驩兜·三苗·鯀이다.

10) 釋氏는……말하니 : 불교의 중요한 실천덕목 중 하나인 止觀을 가리킨다. 止는 정신을 집중하여 마음이 고요해진 상태이며, 觀은 있는 그대로의 진리인 實相을 관찰하는 것을 의미한다. 止와 觀은 서로 불가분리의 관계이다.

오직 위로 이치를 통달하는 데만 힘쓰고 아래로 인간의 일을 배움이 없다. 그렇다면 그들이 위로 통달하는 지점에 어찌 옳음이 있겠는가. 원래 서로 연속되지 않고 중단됨이 있을 뿐이니, 이는 道가 아니다. 孟子가 말하기를 "그 마음을 극진히 하는 자는 그의 性을 안다."11)라고 하였으니, 저들이 이른바 "본심을 알아 본성을 본다."라는 것이 이것이다. 그러나 저들에게는 "마음을 보존하여 性을 기른다."12)라는 한 단락의 일과 같은 것은 없다. 저들은 고집스럽게 말하기를 "출가하여 홀로 자기 몸을 선하게 한다."라고 하니, 곧 道體에 절로 부족하다.

혹자가 말하였다.

"釋氏의 지옥과 같은 유형은 모두 根機가 낮은 사람을 위해 이런 두려움을 만들어 善을 행하게 한 것입니다."

선생이 말하였다.

"至誠이 天地를 꿰뚫어도 사람들 중에는 오히려 교화되지 않는 자가 있으니, 어찌 거짓된 가르침을 세워서 사람들이 교화될 수 있는 경우가 있겠는가."

釋氏는 本怖死生하여 爲利하니 豈是公道리오 唯務上達而無下學이라 然則其上達處에 豈有是也리오 元不相連屬하고 但有間斷하니 非道也라 孟子曰 盡其心者는 知其性也라하니 彼所謂識心見性이 是也라 若存心養性一段事는 則無矣라 彼固曰出家獨善이라하니 便於道體에 自不足①이라 或曰 釋氏地獄之類는 皆是爲下根之人하여 設此怖하여 令爲善이라 先生曰 至誠이 貫天地라도 人尙有不化하니 豈有立僞敎而人可化乎아

① 〈自不足은〉 어떤 판본에는 "已非矣(이미 옳지 않다.)"라고 되어 있다.
一作已非矣.

8. 曾子가 대자리를 바꾼13) 의미는 心이 곧 理이고 理가 곧 心이며, 聲이 律이 되고 身

11) 그……안다 : ≪孟子≫ 〈盡心 上〉에 孟子가 말하기를 "그 마음을 극진히 하는 자는 그의 性을 아니, 그의 性을 알면 하늘을 알게 된다. 그 마음을 보존하여 그의 性을 기름은 하늘을 섬기는 것이요, 요절하거나 장수함에 의심하지 않아 몸을 닦고 天命을 기다림은 命을 세우는 것이다.〔盡其心者 知其性也 知其性 則知天矣 存其心 養其性 所以事天也 殀壽不貳 修身以俟之 所以立命也〕"라고 하였다.

12) 마음을……기른다 : ≪孟子≫ 〈盡心 上〉의 "存其心 養其性"을 말한다.

13) 曾子가……바꾼 : 曾參이 임종할 때 季孫氏에게서 받은 대자리 위에 누워 있었는데, 그것이 자신의 분수에 맞지 않는다고 여겨 대자리를 바꾸게 하고는 "나는 正道를 얻어 죽으면 그것으로 됐다.〔吾得正而斃焉 斯已矣〕"라고 하였다.(≪禮記≫ 〈檀弓 上〉)

이 度가 된 것이다.

曾子易簀之意는 心是理요 理是心이며 聲爲律이요 身爲度也라

9. 물 뿌리고 비질하고 응대하고 대답하는 것이 곧 形而上인 것은, 理에는 중대하고 사소한 차이가 없기 때문이다. 그러므로 君子는 자기 혼자만 알고 있는 생각을 삼가는 데 달려 있을 뿐이다.

灑掃應對가 便是形而上者는 理無大小故也라 故로 君子는 只在愼獨이라

10. 지혜가 밝고 信義가 독실하고 행동이 과감한 것이 智·仁·勇이다. 孔子가 말한 완성된 사람〔成人〕도 이 세 가지에서 벗어나지 않는다. 臧武仲은 지혜로웠고, 孟公綽은 仁하였고, 卞莊子는 용맹하였다.14)

知之明이요 信之篤이요 行之果는 知仁勇也라 若孔子所謂成人은 亦不出此三者라 臧武仲은 知也요 孟公綽은 仁也요 卞莊子는 勇也라

---

14) 孔子가……용맹하였다 : 子路가 완성된 사람〔成人〕에 대해 묻자, 孔子가 말하기를 "만약 臧武仲의 지혜와 公綽의 욕심을 내지 않음과 卞莊子의 용기와 冉求의 재예에다 禮樂으로써 문채를 내면 또한 成人이 될 수 있을 것이다.〔若臧武仲之知 公綽之不欲 卞莊子之勇 冉求之藝 文之以禮樂 亦可以爲成人矣〕"라고 하였다.(≪論語≫ 〈憲問〉)

二程全書 卷15

遺書 明道先生語 四

明 後學 嘉興 徐必達 校正

癸亥年(1083) 9월 汝州[1]에 들러서 들은 말씀
亥九月過汝所聞

劉絢 質夫가 기록하다
劉絢質夫錄

1. 劉絢이 물었다.
"선생과 작별을 하니, 가르침을 구합니다."
선생이 말하였다.
"서로 사랑하는 사람은 서로에게 경계하되, 반드시 '모든 일은 잘 처리해야 한다.'라고 할 것이다. 그러나 그것은 忠信에 의지하는 데 달려 있으니, 忠信하지 못하면 곧 잘 처리하는 것이 아니다."

絢이 問호되 先生相別하니 求所以教하노이다 日 人之相愛者는 相告戒호되 必日 凡事當善處라하니라 然이나 只在仗忠信이니 只不忠信이면 便是不善處也라

2. 어떤 사람이 채소밭을 가꾸면서 지혜와 힘을 쓰는 것이 매우 수고롭자, 선생이 말하였다.
"≪周易≫ 蠱卦 〈象傳〉에 '君子가 이로써 백성들을 구제하며 德을 기른다.'라고 하였으니, 군자의 일은 오직 이 두 가지가 있을 뿐이고, 그 외에 달리 할 일은 없다. 이 두 가

1) 汝州 : 지금의 河南省 汝州市로, 당시 程顥가 汝州의 酒稅를 감독하고 있었다.

지는 자기를 위하고 남을 위하는 방도이다."

有人治園圃하여 役知力甚勞어늘 先生이 曰 蠱之象에 君子以振民育德이라하니 君子之事는 惟有此二者요 餘無他爲라 二者는 爲己爲人之道也라①

① '爲己爲人'은 吳本에는 '治己治人'으로 되어 있다.
爲己爲人, 吳本作治己治人.

3. 배우기를 널리 하고 의지를 독실하게 하며, 절실하게 묻고 가까운 일상에서 생각하는 것을 어찌하여 仁이 그 가운데 있을 것이라고 말하였는가.[2] 배우는 자는 그 점을 잘 생각하여 터득해야 하니, 이것을 아는 것이 곧 위로도 통하고 아래로도 통하는 道이다.

博學而篤志하고 切問而近思함을 何以言仁在其中矣오 學者는 要思得之니 了此가 便是徹上徹下之道라

4. 曾子가 "士는 도량이 넓고 의지가 굳세지 않으면 안 되니, 책임이 무겁고 갈 길이 멀기 때문이다."[3]라고 하였는데, 이에 대해 선생이 말하였다.

"도량이 넓으나 의지가 굳세지 않으면 자립하기가 어렵고, 의지가 굳세나 도량이 넓지 않으면 〈仁에〉 마음을 둘 방법이 없다."

曾子曰 士는 不可以不弘毅니 任重而道遠이라 先生曰 弘而不毅면 則難立하고 毅而不弘이면 則無以居之라①

① 〈西銘〉은 도량을 넓히는 道를 말하였다.
西銘, 言弘之道.

5. 독서는 깊이 음미해야 한다.

讀書는 要玩味라

---

2) 배우기를……말하였는가 : ≪論語≫ 〈子張〉에 子夏가 말하기를 "배우기를 널리 하고 의지를 독실하게 하며, 절실하게 묻고 가까운 일상에서 생각하면 仁이 그 가운데 있을 것이다.〔博學而篤志 切問而近思 仁在其中矣〕"라고 하였다.

3) 士는……때문이다 : ≪論語≫ 〈泰伯〉에 보인다.

6. ≪中庸≫은 처음에는 하나의 이치를 말하고, 중간에는 흩어져 온갖 일이 되고, 마지막에는 다시 합하여 하나의 이치가 된다.

中庸은 **始言一理**하고 **中散爲萬事**하고 **末復合爲一理**라

7. ≪中庸≫에 "위대하다, 聖人의 道여! 성대하게 만물을 발육하여 그 높음이 하늘까지 닿았도다. 넉넉하고 위대하구나. 禮儀가 3백 가지요, 威儀가 3천 가지로다. 〈성인의 도는〉 그것을 행할 만한 사람을 기다린 뒤에 행해진다. 그러므로 '진실로 지극한 덕을 가진 이가 아니면 지극한 도는 응집되지 않는다.'라고 말하는 것이다."라고 하였으니, 모두 하나의 이치로 꿰뚫은 것이다.

中庸曰 大哉라 **聖人之道**여 **洋洋乎發育萬物**하여 **峻極于天**이로다 **優優大哉**라 **禮儀三百**이요 **威儀三千**이니라 **待其人而後行**이니라 **故**로 **曰 苟不至德**이면 **至道不凝焉**이라하니 **皆是一貫**이라

8. 韓持國(韓維)[4]이 말하였다.

"만약 환히 터득한 사람이 있다면, 伯淳은 그것을 믿겠습니까?"

선생이 말하였다.

"만약 그런 사람이 있다면 어찌 믿지 않겠습니까. 반드시 태어나면서 아는 사람[5]이 있을 것이나, 내 아직 그런 사람을 보지 못하였습니다. 무릇 학문을 한다고 하는 자들은 모두 이 이하의 논의를 합니다. 孟子가 말하기를 '그 마음을 극진히 하는 자는 그 性을 아니, 그 性을 알면 하늘을 알게 된다. 그 마음을 보존하여 그 性을 기르는 것은 하늘을 섬기는 것이다.'[6]라고 하였으니, 지극한 말씀입니다."

持國曰 若有人便明得了者면 **伯淳**은 **信乎**아 **曰 若有人**이면 **則豈不信**이리오 **蓋必有生知者**나 **然**

---

4) 韓持國 : 韓維(1017~1098)이다. 持國은 그의 자이며, 호는 南陽으로, 雍丘 사람이다. 재상의 천거로 벼슬길에 나아가 門下侍郎·太子少傅 등을 지냈으며, 南陽郡公에 봉해졌다.

5) 태어나면서……사람 : ≪論語≫ 〈季氏〉에 孔子가 말하기를 "태어나면서 아는 자가 上等이고, 배워서 아는 자가 그다음이고, 곤궁하여 배우는 자가 또 그다음이니, 곤궁한데도 배우지 않으면 그런 사람은 이에 下等이 된다.〔生而知之者 上也 學而知之者 次也 困而學之 又其次也 困而不學 民斯爲下矣〕"라고 한 데서 나왔다.

6) 그……것이다 : ≪孟子≫ 〈盡心 上〉에 보인다.

未之見也라 凡云爲學者는 皆爲此以下論이라 孟子曰 盡其心者는 知其性也니 知性이면 則知天矣라 存其心하여 養其性은 所以事天이라하니 便是至言이라

9. 佛氏는 陰陽・晝夜・死生・古今을 알지 못하니, 어찌 形而上의 영역에서 聖人과 같다고 말할 수 있겠는가.

佛氏는 不識陰陽晝夜死生古今하니 安得謂形而上者與聖人同乎아

10. 佛家에서 말하는 '과거와 미래에 대한 사유가 끊어졌다.〔前後際斷〕'[7]라는 것은 우리 儒家의 "순일하고 또 그치지 않는다."[8]라는 것이 이것이니, 저들이 어찌 이 이치를 알겠는가. 孔子가 시냇가에 계시면서 말하기를 "흘러가는 것이 이와 같구나. 밤낮으로 그치지 않는구나."라고 하였는데,[9] 漢나라 이래의 儒者들은 모두 이 뜻을 알지 못했다. 이는 聖人의 마음이 순일하고 또 그치지 않음을 드러낸 것이다. ≪詩經≫에 이르기를 "하늘의 命이, 아! 심원하여 그치지 않는다."라고 하였으니 이는 대개 하늘이 하늘이 된 이유를 말한 것이요, "아! 드러나지 않는가, 文王의 덕의 純一함이여."라고 하였으니 이는 대개 문왕이 文이라는 시호를 받게 된 이유가 순일하고 또 그치지 않았기 때문임을 말한 것이다. 이는 곧 天德이다. 天德이 있어야 곧 王道를 말할 수 있으니, 그 요점은 愼獨에 달려 있을 따름이다.

佛言前後際斷은 純亦不已가 是也니 彼安知此哉리오 子在川上曰 逝者如斯夫인저 不舍晝夜로다한대 自漢以來儒者는 皆不識此義라 此는 見(현)聖人之心純亦不已也라 詩曰 維天之命이 於(오)穆不已라하니 蓋曰天之所以爲天也요 於(오)乎不顯가 文王之德之純이여하니 蓋曰文王之所以爲文也가 純亦不已라 此는 乃天德也라 有天德이라야 便可語王道니 其要는 只在愼獨이라

---

7) 과거와……끊어졌다 : 이 문구는 남송 말의 禪師인 高峯原妙가 지은 ≪禪要≫에 보인다. 한 생각도 일어나지 않아 과거와 미래에 대한 일체의 사유가 끊어진 무심의 경지를 말한다.

8) 순일하고……않는다 : ≪中庸≫에 "≪詩經≫의 시에 '하늘의 命은, 아! 심원하여 그치지 않네.'라고 하였으니, 이는 대개 하늘이 하늘 된 이유를 말한 것이요, '아! 드러나지 않는가, 文王의 덕의 純一함이여.'라고 하였으니, 이는 대개 문왕이 文이라는 시호를 받게 된 이유가 순일하고 또 그치지 않았기 때문임을 말한 것이다.〔詩云 維天之命 於穆不已 蓋曰天之所以爲天也 於乎不顯 文王之德之純 蓋曰文王之所以爲文也 純亦不已〕"라고 하였다.

9) 孔子가……하였는데 : ≪論語≫ 〈子罕〉에 보인다.

11. 학문의 요점은 敬과 誠에 달려 있다. 그 가운데에 바로 仁이 있으니, "배우기를 널리 하고 의지를 독실하게 하며, 절실하게 묻고 가까운 일상에서 생각하면 仁이 그 가운데 있을 것이다."[10]라는 뜻이다.

學要在敬也誠也라 中間에 便①有箇仁하니 博學而篤志하고 切問而近思하면 仁在其中矣之意라②

① 〈便은〉 어떤 판본에는 '更'으로 되어 있다.
一作更.
② 敬은 일을 위주로 한다.
敬主事.

12. 사람의 배움이 진보하지 않는 것은 용감하지 않기 때문이다.

人之學不進은 只是不勇일새라

13. 혹자가 물었다.

"≪周易≫ 〈繫辭傳〉은 天道로부터 말했고 ≪中庸≫은 人事로부터 말했으니, 같지 않은 듯합니다."

선생이 말하였다.

"동일하다. 〈계사전〉에는 비록 처음에는 天地・陰陽・鬼神으로부터 말했으나, 마지막에 '묵묵히 그 도를 이루며 말하지 않아도 믿음은 德行에 보존된다.'[11]라고 하였으며, ≪중용≫에도 '귀신의 덕됨, 그것은 성대하구나! 귀신의 모습은 보아도 보이지 않고, 귀신의 소리는 들어도 들리지 않지만 生物의 본체가 되어 빠버릴 수 없다. 〈귀신은〉 천하 사람들로 하여금 재계하고 마음을 밝게 하고 祭服을 성대하게 갖추어 입고서 제사를 받들게 하고, 성대하게 제사 지내는 자리에 강림하여 살아 있는 것처럼 여기게 하고, 제사 지내는 사람들의 좌우에 살아 있는 것처럼 여기게 한다. ≪詩經≫에 이르기를 「신이 이르러 오는 것을 헤아릴 수 없는데, 하물며 싫어할 수 있겠는가.」라고 하였으니, 은미한 것은 드러나게 마련이니 誠을 덮어버릴 수 없음이 이와 같다.'라고 하였으니, 이것이

10) 배우기를……것이다 : 子夏의 말로, ≪論語≫ 〈子張〉에 보인다.
11) 묵묵히……보존된다 : ≪周易≫ 〈繫辭傳 上〉에 보인다.

어찌 같지 않겠는가."

或問 繫辭는 自天道言하고 中庸은 自人事言하니 似不同이라 曰 同하다 繫辭엔 雖始從天地陰陽鬼神言之나 然卒曰 默而成之하며 不言而信은 存乎德行이라하고 中庸엔 亦曰 鬼神之爲德이 其盛矣乎인저 視之而不見하며 聽之而不聞이로되 體物而不可遺라 使天下之人으로 齋明盛服하여 以承祭祀하고 洋洋乎如在其上하며 如在其左右라 詩曰 神之格思를 不可度(탁)思온 矧可射(역)思아하니 夫微之顯이니 誠之不可揜이 如此夫인저하니 是豈不同이리오

14. 사람들은 마음을 광박하게 한 것이 넓고 크다고 많이들 말한다. 그러나 그런 사람은 아직 보지 못하였다.

人多言廣心浩大라 然이나 未見其人也라

15. "즐거우면 그 도를 행하고, 근심스러우면 그곳을 피한다."12)라고 하였는데, 이 즐거움과 근심스러움은 모두 道이지, 자기의 사사로운 감정이 아니다.

樂則行之하고 憂則違之라한대 樂與憂는 皆道也요 非己之私也라

16. 聖人은 공정함을 극진히 하여, 그 마음이 천지 만물의 이치를 다하여 각각 그 분수에 마땅하게 한다. 佛氏는 오로지 일신의 사사로움을 위하니, 이것이 어찌 성인과 같을 수 있겠는가. 성인은 이치를 따르므로 공평하고 정직하여 행하기가 쉽다. 異端은 인위적으로 하여 대단히 힘을 허비하니, 자연스러운 것이 아니다. 그러므로 잘못이 매우 크다.

聖人은 致公하여 心盡天地萬物之理하여 各當其分이라 佛氏는 總爲一已之私하니 是安得同乎아 聖人은 循理라 故로 平直而易(이)行이라 異端은 造作하여 大小大費力하니 非自然也라 故로 失之

---

12) 즐거우면……피한다 : ≪周易≫ 乾卦 〈文言傳〉에 "'初九는 숨은 龍이니 쓰지 말아야 한다.〔初九 潛龍勿用〕'라는 것은 무슨 말인가. 孔子가 말하였다. '용의 덕을 지니고 숨은 자이니, 세상에 따라 변하지 않으며, 명성을 이루지 않아서, 세상을 피해 숨어 살되 걱정함이 없으며, 남이 인정하지 않아도 걱정함이 없어, 즐거우면 그 도를 행하고 근심스러우면 그곳을 피하여, 확고하여 그의 뜻을 흔들 수 없는 것이 숨은 용이다.〔龍德而隱者也 不易乎世 不成乎名 遯世無悶 不見是而無悶 樂則行之 憂則違之 確乎其不可拔 潛龍也〕'"라고 한 데서 나왔다.

遠이라

17. ≪周易≫에서는 反復・往來・上下를 말했을 뿐이다.

易中엔 只是言反復往來上下라

伊尹

18. 伊尹이 말하기를 "하늘이 이 사람을 낳은 것은 먼저 안 사람으로 하여금 뒤에 아는 사람을 깨우치게 하며, 먼저 깨달은 사람으로 하여금 뒤늦게 깨닫는 사람을 깨우치게 한 것이다. 나는 하늘이 낸 사람 중에 먼저 깨달은 자이니, 내 장차 이 道로써 이 사람들을 깨우칠 것이다."13)라고 하였다. 釋氏가 말하는 깨달음은 무엇이 이 道를 깨닫는 것이며, 무엇이 이 사람들을 깨우치는 것인가.

伊尹曰 天之生斯民也는 使先知로 覺後知하며 使先覺으로 覺後覺이라 予는 天民之先覺者也니 予將以斯道로 覺斯民也라 釋氏之云覺은 甚底是覺斯道아 甚底是覺斯民아

13) 하늘이……것이다 : ≪孟子≫ 〈萬章 上〉, 〈萬章 下〉에 보인다.

二程全書 卷16

遺書 伊川先生語 一

明 後學 嘉興 徐必達 校正

關中에 들어갔을 때의 어록 入關語錄

* 혹자는 明道先生의 말씀이라고 한다.
或云 明道先生語라

1. "志는 氣의 장수이다."[1]라고 하였으니, 이 말을 사소하게 보아서는 안 된다.

志는 氣之帥라하니 不可小觀이라

2. 지혜는 아는 것이고, 仁은 지키는 것이고, 용기는 결단하는 것이다.[2]

知는 知요 仁은 守요 勇은 決이라

3. 나의 전일한 마음을 함양한다.

涵養吾一이라

4. 한 마음을 주로 하여 다른 데로 흩어짐이 없고, 敬함으로써 내면을 바르게 하면 곧

---

1) 志는……장수이다 : ≪孟子≫ 〈公孫丑 上〉에 "志는 氣의 장수요, 氣는 몸에 가득 차 있는 것이니, 志가 지극한 것이고, 氣가 그다음이다.〔夫志 氣之帥也 氣 體之充也 夫志至焉 氣次焉〕"라고 하였다.

2) 지혜는……것이다 : 여기서 말하는 智·仁·勇은 ≪中庸≫의 三達德을 가리킨다.

浩然之氣가 있게 된다. 호연지기는 그것이 강하고 크고 곧음을 실제로 알아야 하니, 익히지 않더라도 이롭지 않음이 없다.[3)]

主一無適하고 敬以直內하면 便有浩然之氣라 浩然은 須要實識得他剛大直이니 不習이라도 無不利라

5. 敬하면 곧 이것이 禮이니, 극복할 사욕이 없는 상태이다.

敬하면 卽便是禮니 無己可克이라

6. 大하면서 자연스럽게 자신을 변화시키면[4)] 나와 이치가 하나가 되니, 하나가 되면 나라고 하는 인식이 없게 된다.

大而化하면 則己與理一하니 一則無己라

7. 앎을 극진히 하면 지혜가 있게 되니, 지혜가 있게 되면 능히 中庸을 택할 수 있다.

致知하면 則有知하니 則能擇이라

8. 易을 알고 난 뒤에 은밀한 데 물러나 간직함[5)]을 알지 못함이 어찌 있겠는가.

---

3) 익히지……없다 : ≪周易≫ 坤卦 六二爻辭에 "곧고 방정하고 위대하다. 익히지 않더라도 이롭지 않음이 없다.〔直方大 不習 无不利〕"라고 하였다.

4) 大하면서……변화시키면 : 浩生不害가 樂正子는 어떤 사람인지 묻자, 孟子가 善人이며 信人이라고 하였다. 다시 善과 信에 대해 묻자, 맹자가 말하기를 "누구나 하고자 하는 것을 善이라 하고, 善을 자기 몸에 소유하는 것을 信이라 하고, 善을 행하여 가득 채우는 것을 美라 하고, 美가 가득 차서 그 빛이 드러난 것을 大라 하고, 大하면서 자연스럽게 자신을 변화시키는 것을 聖이라 하고, 聖하여 남들이 알 수 없는 것을 神이라 한다. 악정자는 두 가지(善·信)의 중간이요, 네 가지(神·聖·大·美)의 아래이다.〔可欲之謂善 有諸己之謂信 充實之謂美 充實而有光輝之謂大 大而化之之謂聖 聖而不可知之之謂神 樂正子 二之中 四之下也〕"라고 한 데서 나왔다.(≪孟子≫ 〈盡心 下〉)

5) 은밀한……간직함 : ≪周易≫ 〈繫辭傳 上〉에 "蓍草의 덕은 둥글어 신묘하고, 卦의 덕은 네모져 지혜로우며, 六爻의 뜻은 變易하여 길흉을 알려준다. 聖人이 이로써 마음을 깨끗이 씻어 은밀한 데 물러나 간직하며, 吉凶 간에 백성과 더불어 근심을 함께하여 神으로써 다가올 일을 알고 지혜로써 지나간 일을 간직하니, 그 누가 이에 참여하겠는가.〔蓍之德 圓而神 卦之德 方以知 六爻之義 易以貢 聖人以此洗心 退藏於密 吉凶 與民同患 神以知來 知以藏往 其孰能與於此哉〕"라고 한 데서 나왔다.

安有識得易後에 不知退藏於密①이리오

① 密은 무엇인가?
密是甚.

9. 六經의 말은 함축된 가운데 묵묵히 이해하고 마음으로 통하는 데 달려 있다.

六經之言은 在涵畜中默識心通이라①

① 뜻을 정밀하게 하는 것이 근본이 된다.
精義爲本.

10. 道에는 精粗가 없고, 말에는 高下가 없다.

道無精粗요 言無高下라

11. 物은 곧 일이니, 모든 일에 그 이치를 끝까지 궁구하면 통하지 않음이 없다.

物則①事也니 凡事上에 窮極其理면 則無不通이라

① 〈則은〉 어떤 판본에는 '卽'으로 되어 있다.
一作卽.

12. 마음을 주재함이 있으면 텅 비고, 마음을 주재함이 없으면 가득 차서 반드시 일삼는 바가 있게 된다.

有主則虛하고 無主則實하여 必有所事라

13. 지혜는 지나간 일을 간직하는 데에 전념하는 것이 아니다. ≪周易≫에서 다가올 일을 알고 지나간 일을 간직한다고 말한 것[6]은 蓍草의 덕과 卦의 덕을 위주로 말한 것이다.

---

6) 周易에서……것 : ≪周易≫ 〈繫辭傳 上〉에 보인다.

知不專爲藏往이라 易言知來藏往은 主蓍卦而言이라

14. 물체의 형태는 大小와 精粗가 있으나, 神은 精粗가 없다. 신은 신묘하니, 작용을 말할 필요가 없다. 30개의 바퀴살이 하나의 바퀴통을 공유하면 수레가 된다.[7] 만약 바퀴통과 바퀴살이 없으면 무엇으로써 수레가 움직이는 것을 보겠는가.

物形은 便有大小精粗나 神則無精粗라 神則是神이니 不必言作用이라 三十輻(복)이 共一轂(곡)이면 則爲車라 若無轂輻이면 何以見車之用이리오

15. 사람은 근심스러운 일이 얽어매어 사려가 어둡고 고루해지니, 이는 단지 그 요령을 터득하지 못해서이다. 요령은 善을 밝히는 데 있으니, 선을 밝히는 것은 사물에 이르러 이치를 궁구하는 데 달려 있다. 사물의 이치에 끝까지 이르면 점점 오래된 뒤에는 천하의 사물을 모두 궁구할 수 있을 것이니, 그러면 단지 하나의 이치일 뿐이다.

人은 患事繫累하여 思慮蔽固하니 只是不得其要라 要在明善하니 明善在乎格物窮理라 窮至於物理면 則漸久後엔 天下之物을 皆能窮이니 只是一理라

16. 사람이 사려함이 많아서 스스로 편안하지 못한 것은 단지 그 마음의 주재가 정해지지 않아서이다. 마음의 주재가 정해지기를 바란다면 오직 일삼는 데에 그쳐 머물러야 하니 '임금이 되어서는 仁에 그쳐 머문다.'[8]는 유형이다. 예컨대 舜임금이 四凶을 주벌한 것은 四凶이 이미 악행을 저질러 순임금이 그로 인하여 그들을 주벌한 것이니, 순임금이 어찌 그 일에 관여했겠는가. 사람이 일삼는 데에 그쳐 머물지 못하는 것은 그 일삼음을 잡고 있어서 사물을 사물에 각각 맡겨두지 못해서이다. 사물을 사물에 각각 맡겨두면 이는 사물을 부리는 것이고, 사물에 부림을 당하는 바가 되면 이는 사물에 사역을 당하는 것이다. 사물이 있으면 반드시 법칙이 있으니, 모름지기 일삼는 데에 그쳐 머물러야 한다.

---

7) 30개의……된다 : ≪道德經≫에 "30개의 바퀴살이 하나의 바퀴통을 공유하지만, 그 빈 곳에 수레의 쓰임이 있다.〔三十輻共一轂 當其無 有車之用〕"라고 하였다.

8) 임금이……머문다 : ≪大學≫에 보인다.

人多思慮하여 不能自寧은 只是做他心主不定이라 要作得心主定인댄 惟是止於事니 爲人君止於仁之類라 如舜之誅四凶은 四凶已①作惡하여 舜從而誅之하니 舜何與焉이리오 人不止於事는 只是攬他事하여 不能使物各付物이라 物各付物이면 則是役物이요 爲物所役이면 則是役於物이라 有物必有則(칙)이니 須是止於事라

① 〈已는〉 어떤 판본에는 '他'로 되어 있다.
一作他.

17. 보고 듣고 말하고 행동하는 것을 이치에 맞지 않으면 하지 않는 것이 곧 禮이니, 禮는 곧 理이다. 天理가 아니면 바로 私欲이다. 사람이 비록 善을 행하는 데 의사가 있더라도 이것이 禮는 아니다. 人欲이 없으면 모두 天理이다.

視聽言動을 非理不爲가 卽是禮니 禮는 卽是理也라 不是天理면 便是私欲이라 人雖有意於爲善이라도 亦是非禮라 無人欲이면 卽皆天理라

18. 공정하면 하나가 되고, 사사로우면 만 가지로 달라진다. 지극히 당연한 것은 하나로 귀결되고, 정밀한 뜻에는 두 가지가 없다. 사람의 마음이 같지 않은 것은 마치 얼굴이 서로 같지 않은 것과 같으니,[9] 이는 사사로운 마음일 뿐이다.

公則一이요 私則萬殊라 至當歸一이요 精義無二라 人心不同如面은 只是私心이라

19. 사람이 사려를 없애지 못하는 것은 다만 인색해서이니, 인색하기 때문에 浩然之氣가 없다.

人不能袪思慮는 只是吝이니 吝故로 無浩然之氣라

---

9) 사람의……같으니 : ≪春秋左氏傳≫ 襄公 31년 조에 子皮가 尹何를 자기의 邑宰로 삼으려 하자, 子產이 그에게 충고하며 "사람의 마음이 같지 않은 것은 마치 얼굴이 서로 같지 않은 것과 같으니, 내 어찌 감히 그대의 얼굴이 내 얼굴과 같다고 하겠습니까. 그러나 마음에 위험하다고 여겨지는 일이 있으면 말씀드리겠습니다."라고 하였다.

20. "聖人이 지나가는 곳은 교화된다."라는 것은 몸이 지나가는 곳이고, "마음이 머무는 곳은 교화가 신묘해진다."라는 것은 마음이 보존되어 주재하는 곳은 바로 교화가 신묘해진다는 것이다.10) 예컨대 "그들을 세워주면 이에 그들이 자립하고, 그들을 인도하면 이에 그들이 따르고, 그들을 편안하게 해주면 이에 그들이 모여들고, 그들을 고무시키면 이에 그들이 화순해진다."11)라는 것은 참으로 작은 도움이 아니다. 覇道는 작은 도움이 될 뿐이다.

所過者化는 身之所經歷處요 所存者神은 存主處便是神이라 如立之斯立하며 道之斯行하며 綏之斯來하며 動之斯和라함은 固非小補라 伯(패)者는 是小補而已라

21. 孔子는 남을 가르칠 적에 항상 자신을 낮추어 나아갔으니, 자신을 낮추어 나아가지 않으면 門人들이 가깝게 여기지 않았기 때문이다. 孟子는 남을 가르칠 적에 항상 고상한 風致로써 하였으니, 고상한 풍치로써 가르치지 않으면 문인들이 존숭하지 않았기 때문이다.

孔子教人할새 常俯就하니 不俯就면 則門人不親일새라 孟子教人할새 常高致하니 不高致면 則門人①不尊일새라

① 〈門人은〉 어떤 판본에는 '道'로 되어 있다.
一作道.

22. 옛날의 배우는 자들은 오랜 시간 깊이 완미하여 先後의 순서가 있었는데, 오늘날의 배우는 자들은 단지 한 바탕 이야기만 하여 고원함을 힘쓸 뿐이다. 나는 늘 杜元凱(杜

---

10) 聖人이……것이다 : ≪孟子≫ 〈盡心 上〉에 "군자는 지나가는 곳은 교화가 되며, 마음이 머무는 곳은 교화가 신묘해진다. 그러므로 上下가 천지와 더불어 함께 흐르니, 어찌 조금 보탬이 있다고 하겠는가.〔夫君子所過者化 所存者神 上下與天地同流 豈曰小補之哉〕"라고 한 데서 나왔다.

11) 그들을……화순해진다 : 陳子禽이 子貢을 孔子보다 훌륭하다고 칭찬하자, 자공이 그를 꾸짖으며 "夫子의 경지에 미칠 수 없음은 마치 하늘에 사다리를 놓아도 오르지 못하는 것과 같다. 만일 夫子께서 나라를 얻으신다면 이른바 '세워주면 이에 그들이 자립하고, 인도하면 이에 그들이 따르고, 편안하게 해주면 이에 그들이 모여들고, 고무시키면 이에 그들이 화순하여, 聖人이 살아계시면 영광스럽게 여기고, 돌아가시면 슬퍼한다.'라는 것이니, 어떻게 내가 따라갈 수 있겠는가?"라고 하였다.(≪論語≫ 〈子張〉)

預)의 "강과 바다가 대지를 적시고 이슬과 비가 만물을 윤택하게 하듯이 하니, 얼음이 녹듯 의문이 풀리고 자연스럽게 이치가 순해진 뒤에 터득하게 한다."12)라는 말을 좋아하였다.

오늘날의 배우는 자들은 종종 子游와 子夏를 하찮게 여겨 배우기에 부족하다고 여긴다. 그러나 자유와 자하의 한 마디 말과 한 가지 일은 모두 진실한 것이다. 예컨대 子路와 公西赤이 지향을 말한 것13)이 이와 같았고, 聖人이 그것을 허여하기를 또한 이로써 하였으니, 자연히 실제의 일이다. 후세의 배우는 자들은 고원한 것을 좋아하여 마치 사람이 마음은 천 리 밖에서 노닐지만 자기 몸은 도리어 여기에 있는 것과 같다.

古之學者는 優柔厭飫하여 有先後次序러니 今之學者는 却只做一場話說하여 務高而已라 常愛杜元凱語의 若江海之浸하고 膏澤之潤하여 渙然氷釋하고 怡然理順하여 然後爲得也라 今之學者는 往往以游夏爲小하여 不足學이라 然이나 游夏一言一事는 却總是實이라 如子路公西赤言志如此하고 聖人許之를 亦以此하니 自是實事라 後之學者는 好高하여 如人游心於千里之外나 然自身은 却只在此라

23. 사람들은 모두 柳下惠를 일컬어 聖人이라 하는데, 이는 前人의 말14)을 그대로 따른 것이지, 자신의 견해가 아니다. 가령 사람들이 孔子를 성인이라고 말하더라도 성인다운 점을 자기가 실제로 보고 나서야 믿을 수 있다.

人皆稱柳下惠爲聖人한대 只是因循前人之語요 非自見이라 假如人言孔子爲聖人이라도 也須直待己實見聖處라야 方可信이라

---

12) 강과……한다 : 杜預의 〈春秋左氏傳序〉에 "左丘明의 글은 완곡하고, 그 뜻은 심원하다. 배우는 자로 하여금 사건의 시초를 헤아려 결과를 알게 하고, 지엽을 찾아서 궁극을 알게 한다. 넉넉하게 기록해 편안하게 하여 스스로 뜻을 찾게 하고, 精髓를 기록해 만족하게 하여 스스로 나아가게 한다. 강과 바다가 대지를 적셔 주고 이슬과 비가 만물을 윤택하게 하듯, 얼음이 녹듯 의문이 풀리고 자연스럽게 이치가 순해진 뒤에 터득하게 한다.〔其文緩 其旨遠 將令學者原始要終 尋其枝葉 究其所窮 優而柔之 使自求之 饜而飫之 使自趨之 若江海之浸 膏澤之潤 渙然冰釋 怡然理順 然後爲得也〕"라고 하였다.

13) 子路와……것 : 孔子가 제자들에게 각자의 포부를 물었을 때 子路와 公西赤이 각자의 지향을 말한 일이 ≪論語≫ 〈先進〉에 보인다.

14) 前人의 말 : 孟子는 "柳下惠는 聖人 중에서 조화로운 분이다.〔聖之和者也〕"라고 하였다.(≪孟子≫ 〈萬章 下〉) 柳下惠를 聖人이라고 규정하는 것에 대한 회의적 시각은 ≪遺書≫ 〈二先生語 六〉에도 보이는데, 여기서는 "伯夷와 柳下惠가 聖人이라는 것은 기록을 전한 자의 오류이다.〔夷惠聖人 傳者之誤〕"라고 하였다.

24. 양쪽을 합하여 그 말을 들으면 聖人이니, 공정하면 저절로 같아진다. 만약 私心이 있으면 같지 않으니, 같으면 곧 天心이다.

合而聽之則聖이니 公則自同이라 若有私心이면 便不同이니 同卽是天心이라

25. 曾子는 聖人의 학문을 전하였다. 그의 德을 후세 사람들은 헤아릴 수가 없으니, 그가 성인의 경지에 이르지 않았음을 어찌 알겠는가. 예컨대 "나는 正道를 얻어 죽는다."15)라고 말하였는데, 또한 문자를 이해하려 하지 말고 그의 氣象이 지극히 좋은 것을 보아야 하니, 그가 본 것이 크기 때문이다. 후세 사람들은 비록 좋은 말이 있더라도 기상이 낮아서 끝내 道와 같아지지 못한다.

曾子는 傳聖人學이라 其德을 後來不可測이니 安知其不至聖人이리오 如言吾得正而斃라한대 且休理會文字하고 只看他氣象極好니 被他所見處大라 後人은 雖有好言語라도 只被氣象卑하여 終不類道라

26. 그것을 들으면 알게 되고, 그것을 터득하면 소유하게 된다.

聞之하면 知之하고 得之하면 有之라①

① 귀로 듣고 마음으로 헤아린다.
耳剽臆度(탁).

27. "마음을 기르는 것은 욕심을 적게 하는 것보다 더 좋은 것이 없다."16)라고 하였으니, 욕심내지 않으면 미혹되지 않는다. 욕심내는 것은 반드시 거기에 빠지는 것만이 아니라, 단지 그곳으로 향하는 바가 있으면 바로 욕심이다.

養心은 莫善於寡欲이라하니 不欲이면 則不惑이라 所欲은 不必沈溺이요 只有所向이면 便是欲이라

---

15) 나는……죽는다 : 曾參이 임종할 때 季孫氏에게서 받은 대자리 위에 누워 있었는데, 그것이 자신의 분수에 맞지 않는다고 여겨 대자리를 바꾸게 하고는 "나는 正道를 얻어 죽으면 그것으로 됐다.〔吾得正而斃焉 斯已矣〕"라고 하였다.(≪禮記≫ 〈檀弓 上〉)

16) 마음을……없다 : ≪孟子≫ 〈盡心 下〉에 보인다.

28. 사람들은 일이 많은 것을 싫어하여 어떤 사람은 그것을 근심한다. 세상일이 비록 많지만 모두 사람의 일이니, 사람의 일을 사람이 하게 하지 않으면 다시 누구에게 책임 지우겠는가.

人惡多事하여 或人憫①之라 世事雖多나 盡是人事니 人事를 不敎人做면 更責誰何리오

① 〈憫은〉 어떤 판본에는 '欲簡'으로 되어 있다.
一作欲簡.

29. 사려를 억지로 그치고자 하면 사려를 그치지 못한다.

要息思慮면 便是不息思慮라

30. 聖人은 道를 극진히 하여 자신이 행하는 바로써 천하 사람들을 인도하니, 이는 천하 사람들이 모두 성인의 경지에 이르기를 바라는 것이다. 佛氏는 자기가 천하게 여기는 바로써 천하 사람들을 가르치니, 이는 천하 사람들을 그르치는 것이다. 재주 있고 명석한 사람일수록 종종 불교에 더 깊이 빠져든다.

聖人盡道하여 以其身所行으로 率天下하니 是는 欲天下皆至於聖人이라 佛은 以其所賤者로 敎天下하니 是는 誤天下也라 人愈才明이어든 往往所陷溺愈深이라

31. "덕을 작게 미칠 경우에는 냇물처럼 갈라져 흐르며, 덕을 크게 미칠 경우에는 교화를 두텁게 한다."[17]라고 하였으니, 이는 孔子를 말한 것이다. '냇물처럼 흐른다.'는 것은 日用하는 곳이고, '덕을 크게 미친다.'는 것은 보존하여 주재하는 곳이다. '敦'은 속어의 '禮義를 돈독하게 하고 근본을 돈독하게 한다.'라는 뜻과 같다.

小德은 川流요 大德은 敦化라하니 只是言孔子라 川流는 是日用處요 大德은 是存主處라 敦은 如俗言敦禮義敦本之意라

17) 덕을……한다 : ≪中庸≫에 보인다.

32. 혹자가 말하였다.

“正叔이 婚儀를 정한 것에 사위가 가서 사례하는 禮가 다시 있으니, 무엇을 말하는 것입니까?”

선생이 말하였다.

“이와 같이 하여야 바로 그 때〔時〕의 사정과 알맞게 된다. 오늘날 하나의 古鼎과 古敦를 사용하는 것은 본래 人情에 맞지 않으며, 아울러 天地의 風氣와도 마땅하지 않다. 禮는 그 때에 알맞게 하는 것이 중대하니,[18] 모름지기 줄이거나 보태는 것을 마땅하게 해야 한다. 夏나라, 商나라, 周나라는 앞 시대의 禮를 인하여 줄이거나 보탠 것을 알 수 있으니, 능히 주나라를 계승한 나라도 반드시 줄이거나 보탠 바가 있을 것이다.[19]

예컨대 ‘하나라의 책력을 행하며, 은나라의 수레를 타며, 주나라의 면류관을 쓰며, 음악은 韶舞를 쓸 것이다.’[20]라고 하였으니, 이는 하나라의 책력과 같은 유형을 따를 만하여 따르는 것이다. 대개 옛사람과 오늘날의 사람은 수명의 길고 짧음, 외형의 크고 작음이 같지 않다. 의관을 갖추어 입은 고인은 우뚝하게 크고 질박하여 기상이 저절로 구별되었다. 만약 오늘날의 사람으로 하여금 옛 冠冕을 따르게 한다면 情性이 저절로 맞지 않을 것이다.

본래 氣에는 순후함과 경박함이 있다. 마치 봄기운이 왕성할 때에는 이런저런 생물을 낳고, 봄기운이 쇠퇴할 때에는 생물을 낳아, 필연적으로 구별되는 것과 같다. 지금 황폐한 땅을 처음으로 개간할 적에 첫해에는 파종하면 몇 배의 수확을 거둘 수 있지만 오랜 세월이 지나면 한 해 한 해 수확량이 적어지니, 이것이 정상적인 이치이다.

三代의 시절을 보면 여러 명의 聖人이 태어났지만, 후세로는 오늘날까지 무슨 까닭으로 적막하여 성인이 태어났다는 말을 듣지 못하는가. 대개 氣에는 왕성함이 있으면 반

---

18) 禮는……중대하니 : ≪禮記≫ 〈禮器〉에 “禮는 때가 중대하고, 順함이 그다음이고, 體가 그다음이고, 마땅함이 그다음이고, 알맞음이 그다음이다.〔禮 時爲大 順次之 體次之 宜次之 稱次之〕”라고 하였다.

19) 夏나라……것이다 : 子張이 “十世 뒤의 일을 알 수 있습니까?”라고 묻자, 孔子가 말하기를 “殷나라는 夏나라의 禮를 따랐으니 줄이고 보탠 바를 알 수 있고, 周나라는 은나라의 예를 따랐으니 줄이고 보탠 바를 알 수 있다. 그러니 혹시라도 주나라를 계승한 자가 있다면 百世 이후의 일이라도 알 수 있다.〔殷因於夏禮 所損益 可知也 周因於殷禮 所損益 可知也 其或繼周者 雖百世 可知也〕”라고 하였다.(≪論語≫ 〈爲政〉)

20) 하나라의……것이다 : ≪論語≫ 〈衛靈公〉에 顔淵이 나라를 다스리는 것을 묻자, 孔子가 대답한 말이다.

드시 쇠퇴함이 있고, 쇠퇴하면 끝에는 반드시 다시 왕성해진다. 만약 겨울이 봄이 되지 않고, 밤이 낮이 되지 않으면 氣의 변화가 그칠 것이다. 성인이 변화를 주관하는 것은 禹임금이 물을 다스린 것과 같으니, 순응할 경우에는 순응해야 하고 다스릴 경우에는 다스려야 한다.

옛날의 伏羲는 어찌 衣裳을 드리우고 가만히 앉아 천하를 다스리는 일을 능히 하지 못하고, 굳이 堯·舜을 기다린 뒤 衣裳을 드리우고 가만히 앉아 천하를 다스리게 되었는가?[21] 이와 같은 일에 의거하면 한 성인이 문물을 모두 만들더라도 반드시 여러 대를 기다린 뒤에 완성되니, 또한 그때의 사정을 따를 따름이다. 이른바 '넓고 광활하며 깊고 근본이 있어서 그때그때 그 도를 드러낸다.'[22]라는 것은 반드시 먼저 넓고 광활하며 깊고 근본이 있어야 비로소 그때그때 도를 드러낼 수 있다는 말이다. 넓고 광활하며 깊고 근본이 있지 않다면 어찌 그때그때 도를 드러낼 수 있겠는가. 대저 氣의 변화는 하늘에서나 사람에게서나 같다. 성인은 그 가운데에서 단지 功用이 있을 뿐이다.

放勳이 말하기를 '수고로운 자를 위로하고 오려는 자를 오게 하며, 사특한 이를 바로잡아주고 굽은 자를 곧게 해주며, 도와서 세워주고 도와서 행하게 한다.'라고 하였으니,[23] 바로 이와 같아야 한다. 시속을 따르는 것은 그때의 사정을 따르는 것이 아니며, 일을 알아야 바르게 할 수 있고, 엄격하고 굳세어야 홀로 자립할 수 있으니, 이것이 곧 그때의 사정을 따르는 것이다. 禮文을 거행하는 것은 도리어 한때의 일일 뿐이니, 보충할 바가 커서 후세에 풍화를 끼칠 수 있기를 구하는 것은 도를 밝히는 일뿐이다. 孟子가 '5백 년에 반드시 王者가 나오니, 그 사이에 반드시 세상에 이름난 자가 있다.'라고 말한 것[24]은 대략적인 햇수로 보자면 옳은 말이지만, 그렇다고 재촉할 필요는 없다."

或曰 正叔所定婚儀에 復有婿往謝之禮하니 何謂也잇가 曰 如此라야 乃是與時稱이라 今將一古鼎古敦(대)①用之는 自是人情不稱하며 兼亦與天地風氣로 不宜라 禮는 時爲大니 須當損益이라 夏商周는 所因損益을 可知하니 則能繼周者도 亦必有所損益이라 如云行夏之時하며 乘殷之輅하며 服

---

21) 옛날의……되었는가 : 衣裳을 드리우고 있다는 것은 아무 하는 일 없이 가만히 있어도 천하가 잘 다스려진다는 말로, ≪周易≫ 〈繫辭傳 下〉에 "黃帝와 堯·舜이 衣裳을 드리우고 있으나 천하가 잘 다스려졌다.〔黃帝堯舜垂衣裳而天下治〕"라고 하였다.

22) 넓고……드러낸다 : ≪中庸≫에 보이는 말로, 至誠의 道를 말하는 것이다.

23) 放勳이……하였으니 : ≪孟子≫ 〈滕文公 上〉에 보이는 말로, 堯임금이 契에게 명령한 말씀이다. 放勳은 요임금의 별칭이다.

24) 孟子가……것 : ≪孟子≫ 〈公孫丑 下〉에 보인다.

周之冕하며 樂則韶舞라하니 是는 夏時之類를 可從而從之라 蓋古人今人은 自是年之壽夭와 形之大小가 不同이라 古之被衣冠者는 魁偉質厚하여 氣象自別이라 若使今人으로 依古冠冕하면 情性이 自不相稱이라 蓋自是氣有淳漓라 正如春氣盛時에 生得物如何하며 春氣衰時에 生得物如何하여 必然別이라 今之始開荒田할새 初歲種之면 可得數倍나 及其久하면 則一歲薄於一歲하니 此乃常理라 觀三代之時면 生多少聖人이나 後世至今은 何故寂寥未聞고 蓋氣自是有盛則必有衰하고 衰則終必復盛이라 若冬不春하고 夜不晝면 則氣化息矣라 聖人主化는 如禹之治水하니 順則當順之하고 治則須治之라 古之伏羲는 豈不能垂衣裳하고 必待堯舜然後垂衣裳이리오 據如此事하면 只是一箇聖人都做得了나 然必須數世然後成이니 亦因時而已라 所謂溥博淵泉而時出之也는 須是先有溥博淵泉也라야 方始能時出이라 自無溥博淵泉이면 豈能時出之리오 大抵氣化는 在天在人이 一般이라 聖人은 其中에 只有功用이라 放勳曰 勞之來之하며 匡之直之하며 輔之翼之라하니 正須如此라 徇流俗은 非隨時요 知事可正하고 嚴毅獨立이니 乃是隨時也라 擧禮文은 却只是一時事니 要所補大하여 可以風後世는 却只是明道라 孟子가 言호되 五百年에 必有王者興하나니 其間에 必有名世者라함은 大數則是나 然不消催促他라

① 음이 ‘대(隊)’이다.
音隊.

33. 冠禮가 폐지되면 천하에 成人이 없게 될 것이다. 어떤 사람은 魯 襄公이 12세에 관례를 치른 것[25]처럼 하고자 하는데, 이는 옳지 않다. 관례는 성인임을 책임지우는 것이니, 12세는 책임질 수 있는 나이가 아니다. 관례를 치렀지만 또한 성인의 일을 책임지울 수 없으면 그가 죽을 때까지 성인으로서 그를 바라볼 수 없을 것이니, 이런 예절의 형식만을 행하는 것이 무슨 도움이 되겠는가. 비록 천자나 제후라도 반드시 20세에 관례를 치러야 한다.

冠禮廢면 則天下無成人이라 或人은 欲如魯公十二而冠한대 此는 不可라 冠은 所以責成人이니 十二年은 非可責之時라 既冠矣나 且不責以成人事면 則終其身不以成人望他也니 徒行此節文이 何益이리오 雖天子諸侯라도 亦必二十而冠이라

25) 魯……것 : ≪春秋左氏傳≫ 襄公 9년 조에 보인다.

34. "신임을 얻은 뒤에 간언한다."[26]라고 하였으니, 능히 신임을 얻으면 곧 사람의 心志를 드러낼 수 있다.

信而後諫이라하니 唯能信이면 便發得人志라

35. 龍女의 의관은 정할 수 없다. 龍은 짐승이고 의관은 사람이 입는 것이니, 어찌 금수가 사람의 의관을 입을 수 있겠는가. 만약 한 마리의 용이라면 수십 개의 사당을 세우는 것이 마땅하지 않고, 수십 마리의 용이라면 동일하게 善濟夫人으로 삼는 것이 마땅하지 않다. 대저 막힌 물을 트는 것은 모두 天地의 도움과 社稷의 복록과 謀臣의 공로와 兵卒의 힘에 의한 것이다. 이런 것이 여기에 달려 있음을 알지 못하니, 저 용이 어찌 이런 일을 할 수 있겠는가.[27]

龍女衣冠은 不可定이라 龍은 獸也요 衣冠은 人所被니 豈有禽獸可以被人衣冠이리오 若以爲一龍이면 不當立數十廟요 若以爲數十龍이면 不當同爲善濟夫人也라 大抵決塞은 莫非天地之祐와 社稷之福과 謀臣之功과 兵卒之力이라 不知在此하니 彼龍何能爲리오

36. 사람들이 만약 "아침에 道를 들으면 저녁에 죽어도 괜찮다."[28]라는 지향을 가진다면 하루도 편안하지 않은 바에 안주하려 하지 않을 것이다. 어찌 하루뿐이겠는가. 잠시도 안주할 수 없을 것이다. 曾子가 임종할 적에 대자리를 바꾼 일[29]은 반드시 이와 같이 해야 편안한 것이다. 사람들이 이와 같이 하지 못하는 것은 단지 실제의 이치를 보지 못하기 때문이다. 실제의 이치란 실제로 보아 옳다고 여기고 실제로 보아 그르다고 여기는 것이다. 무릇 실제의 이치를 마음속으로 터득하면 저절로 달라진다. 귀로 듣고 입으로 말하는 것은 마음이 실제로 보지 못한 것이니, 만약 실제로 보았다면 반드시 편

---

26) 신임을……간언한다 : ≪論語≫ 〈子張〉에 "君子는 신임을 얻은 뒤에 그 백성을 부리니, 신임을 얻지 못하고 부리면 자기를 괴롭힌다고 여긴다. 신임을 얻은 뒤에 간언하니, 신임을 얻지 못하고 간언하면 자기를 비방한다고 여긴다.〔君子信而後勞其民 未信則以爲厲己也 信而後諫 未信則以爲謗己也〕"라고 하였다.

27) 龍女의……있겠는가 : 張載가 禮院을 맡았을 적에 龍女를 善濟夫人에 봉하였는데, 伊川은 이를 온당치 않다고 여겼다.(≪遺書≫ 〈伊川先生語 四〉, 〈伊川先生語 七上〉)

28) 아침에……괜찮다 : ≪論語≫ 〈里仁〉에 보인다.

29) 曾子가……일 : ≪禮記≫ 〈檀弓 上〉에 보인다.

안하지 않은 바에 안주하려 하지 않을 것이다.

사람의 한 몸은 참으로 하려 하지 않는 바가 있지만, 다른 일에는 또 그렇지 않기도 한다. 예컨대 士는 그에게 벽을 뚫고 담을 넘는 도둑질[30]을 시키더라도 반드시 하지 않겠지만, 다른 일에는 꼭 그렇지는 않다. 글을 읽는 자라면 禮義를 말할 줄 모르는 자가 없고, 또 王公과 大人이라면 모두 높은 벼슬이 外物이라고 능히 말하지만, 그들은 이해관계에 임해서는 義理로 나아갈 줄을 모르고 도리어 부귀로 나아간다. 이와 같은 자들은 말만 하고 실제로 그 이치를 보지 못한 것이다.

물과 불을 밟는 일이라면 사람들이 모두 그것을 피하니, 이는 실제로 본 것이다. 모름지기 不善을 보거든 끓는 물을 만지듯 하는[31] 마음이 있으면 저절로 다르니, 옛날에 호랑이에게 부상을 당한 자와 같다. 다른 사람이 호랑이를 말하면 삼척동자라도 모두 호랑이가 두려운 줄은 알지만, 호랑이에게 부상을 당해본 사람은 정신과 안색이 겁에 질려 至誠으로 호랑이를 두려워하는 것과는 끝내 같지 않으니, 이것이 실제로 본 것이다.

마음으로 터득하는 것을 일러 '德이 있다.'라고 하니, 애써 노력하지 않아도 된다. 그러나 배우는 자는 모름지기 애써 노력해야 한다. 옛사람 중에 몸을 버리고 목숨을 바친 자가 있으니, 만약 실제로 보아 터득하지 않았다면 어찌 이와 같이 할 수 있겠는가. 모름지기 삶이 義보다 중요하지 않고 삶이 죽음보다 편안하지 않음을 실제로 보았기 때문이다. 그러므로 자신의 몸을 희생해 仁을 이루는 자가 있는 것이니, 단지 하나의 옳음을 성취할 따름이다.

人苟有朝聞道夕死可矣之志면 則不肯一日安於所不安也라 何止一日이리오 須臾不能이라 如曾子易簀은 須要如此乃安이라 人不能若此者는 只爲不見實理라 實理者는 實見得是하고 實見得非라 凡實理를 得之於心이면 自別이라 若耳聞口道者는 心實不見이니 若見得이면 必不肯安於所不

30) 벽을……도둑질 : 원문의 '穿窬'는 穿壁踰墻의 줄임말로, ≪論語≫ 〈陽貨〉에 "얼굴빛은 위엄이 있으나 마음이 유약한 것을 소인에게 비유하면 벽을 뚫고 담을 넘는 도둑과 같을 것이다.〔色厲而內荏 譬諸小人 其猶穿窬之盜也與〕"라고 한 데서 나왔다.

31) 不善을……하는 : ≪論語≫ 〈季氏〉에 孔子가 말하기를 "善함을 보거든 미치지 못한 듯이 하며 不善을 보거든 끓는 물을 만지는 것처럼 하는 사람, 나는 그러한 사람을 보았고 그러한 말을 들었다. 은거하면서 자신의 지향을 추구하며 義를 행하여 자신의 道를 달성하는 사람, 나는 그러한 말만 들었지 그러한 사람은 보지 못하였다.〔見善如不及 見不善如探湯 吾見其人矣 吾聞其語矣 隱居以求其志 行義以達其道 吾聞其語矣 未見其人也〕"라고 한 데서 나왔다.

安이라 人之一身은 儘有所不肯爲나 及至他事하얀 又不然이라 若士者는 雖(殺)〔教〕①[32]之使爲穿窬라도 必不爲나 其他事엔 未必然이라 至如執卷者하얀 莫不知說禮義요 又如王公大人은 皆能言軒冕外物이나 及其臨利害하얀 則不知就義理하고 却就富貴라 如此者는 只是說得이요 不實見이라 及其蹈水火하얀 則人皆避之하니 是實見得이라 須是有見不善如探湯之心이면 則自然別이니 昔若經傷於虎者라 他人語虎면 則雖三尺童子라도 皆知虎之可畏나 終不似曾經傷者는 神色懾懼하여 至誠畏之하니 是實見得也라 得之於心을 是謂有德이니 不待勉强이라 然이나 學者는 則須勉强이라 古人有捐軀隕命者하니 若不實見得이면 則烏能如此리오 須是實見得生不重於義②하고 生不安於死也라 故로 有殺身成仁者니 只是成就一箇是而已라

① 〈殺은〉 어떤 판본에는 '教'로 되어 있다.
一作教.
② 〈生不重於義는〉 어떤 판본에는 '義重於生(義가 삶보다 중요하다.)'이라고 되어 있다.
一作義重於生.

37. 배우는 자들은 마음과 생각이 어지러워서 편안하고 고요할 수 없음을 근심하니, 이는 천하 사람들의 공통된 병통이다. 배우는 자는 단지 마음을 세워야 하니, 이 위에 진실로 헤아릴 것이 있다.

學者는 患心慮紛亂하여 不能寧靜하니 此는 則天下公病이라 學者는 只要立箇心이니 此上頭에 儘有商量이라

38. 마음속으로 터득한 것을 일러 '德이 있다.'라고 한다. 자연히 얼굴에 환히 드러나며 등에 가득하며 四體(四肢)에 베풀어져서 四體가 말하지 않아도 아니,[33] 어찌 억지로 힘쓸 필요가 있겠는가.

得之於心을 謂之有德이라 自然睟然見(현)於面하며 盎於背하며 施於四體하여 四體不言而喩하니

---

32) (殺)〔教〕: 저본에는 '殺'로 되어 있으나, 문맥에 맞지 않아 徐必達의 注에 의거하여 '教'로 바로잡았다.

33) 얼굴에……아니 : ≪孟子≫ 〈盡心 上〉에 "君子의 本性은 仁義禮智가 마음속에 근본을 하여 그것이 겉으로 드러날 적에 환하게 얼굴에 드러나며 등에 흘러넘치며 四體에 베풀어져서 四體가 말하지 않아도 저절로 깨닫는다."라고 하였다.

豈待勉强也리오

39. 장례 때의 매장에 고려할 것은 물과 벌레이다. 晉나라 郭文擧가 王導에게 초빙되었는데, 병이 들자 산으로 돌아가기를 청하여 돌을 베고 죽고자 하였다. 貴人이 그를 만류하며 말하였다.

"깊은 산에서 호랑이와 이리의 밥이 되는 것은 가혹하지 않습니까."

곽문거가 말하였다.

"내가 깊은 산에서 호랑이와 이리의 밥이 되는 것이나 귀인께서 땅강아지와 개미의 밥이 되는 것이나 매한가지입니다."

참으로 매장한 시신은 벌레의 해를 입지 않는 경우가 드물다. 매우 깊게 묻더라도 土蟲이 있다. 그러므로 관목이 썩지 않기를 생각하는 자는 측백나무 木心을 얻어 오래가게 하였다. 그 이후에 송진으로 틈새를 막자 더욱 오래가는 것을 발견하였다. 그래서 송진으로 관을 칠한 것이다.

葬埋所慮者는 水與蟲耳라 晉郭文이 爲王導所致한대 及其病하야 乞還山하여 欲枕石而死라 貴人留之曰 深山爲虎狼食은 不其酷哉아 曰 深山爲虎狼食과 貴人爲螻蟻食이 一也라 故葬者鮮不被蟲者라 雖極深이라도 亦有土蟲이라 故로 思木之不壞者는 得栢心爲久하고 後又見松脂錮之하여 又益久라 故로 用松脂塗棺이라

40. 말이 고상하면 뜻이 심원해지고, 말이 간략하면 뜻이 은미해진다.[34] 대개 六經의 말은 함축되어 精粗가 없다. 精微함을 말하고자 하더라도 말이 많으면 더욱 거칠어진다.

語高則旨遠하고 言約則義微라 大率六經之言涵蓄하여 無有精粗라 欲言精微라도 言多則愈粗라

41. 무릇 사물에는 本末이 있지만, 本末을 나누어 두 가지 일로 삼아서는 안 된다. 물 뿌리고 비질하고 응대하고 대답하는 것도 그러하니, 거기에도 반드시 그러한 까닭이 있다.

---

34) 말이……은미해진다 : 杜預의 〈春秋左氏傳序〉에 보인다.

凡物有本末이로되 不可分本末爲兩段事라 灑掃應對도 是其然하니 必有所以然이라

42. 浩然之氣는 氣라고 말했으니, 이미 대체적으로 형체가 있는 물건이다. 만약 志라고 말했다면 무슨 자취가 있겠는가. 그러나 또한 참으로 형상이 있다. 호연지기는 義를 축적하여 생겨나는 것이다. 이 氣가 생겨난 뒤에 그 體를 말하면 道와 합치되고 그 用을 말하면 義 아닌 것이 없다. 쇠로 그릇을 만드는 것에 비유하자면, 그 그릇이 완성되어야 바야흐로 이것을 쇠 그릇이라고 이름 붙이는 격이다.

浩然之氣는 既言氣니 則已是大段有形體之物이라 如言志면 有甚迹이리오 然이나 亦儘有形象이라 浩然之氣는 是集義所生者라 既生得此氣에 語其體면 則與道合하고 語其用이면 則莫不是義라 譬之以金爲器어든 及其器成하여 方命得此是金器라

43. 만약 이미 되돌아온 氣는 다시 바야흐로 펴지는 氣가 되어 반드시 이 氣에 의지한다고 한다면 전혀 天地의 조화와 같지 않다. 천지의 조화는 자연히 낳고 낳아 끝이 없으니, 어찌 이미 죽어 없어진 형체와 이미 되돌아온 氣에 다시 의지하여 조화를 하겠는가. 가까이 자신에게서 취해보자면, 열리고 닫히고 가고 오는 것을 코로 숨 쉬는 것에서 볼 수 있다. 그러나 굳이 일부러 숨을 다시 들이마시고 내쉬어야 하는 것이 아니다. 氣는 자연히 생겨난다. 사람의 氣는 眞元에서 생겨나고 생겨나며, 하늘의 氣는 또한 자연히 낳고 낳아 끝이 없다. 바닷물의 경우는 陽이 왕성해지면 마르고 陰이 왕성해지면 생겨나니, 또한 이미 마른 氣가 물을 생겨나게 하는 것이 아니다. 자연스럽게 생겨나서 가고 오고 굽히고 펼쳐지는 것이 이치이다. 왕성하면 곧 쇠퇴함이 있고, 낮이 되면 곧 밤이 있고, 지나가면 곧 다가옴이 있다. 천지의 안은 큰 용광로와 같으니, 어떤 물체인들 녹지 않겠는가.

若謂既返之氣는 復將爲方伸之氣하여 必資於此하면 則殊與天地之化로 不相似라 天地之化는 自然生生不窮하니 更何復資於既斃之形既返之氣하여 以爲造化리오 近取諸身이면 其開闔往來를 見之鼻息이라 然이나 不必須①假吸復入以爲呼라 氣는 則自然生이라 人氣之生生②於眞元하며 天之氣는 亦自然生生不窮이라 至如海水하얀 因陽盛而涸하고 及陰盛而生하니 亦不是將③已涸之氣却生水라 自然能生하여 往來屈伸이 只是理也라 盛則便有衰하고 晝則便有夜하고 往則便有來라 天地中은 如洪鑪하니 何物不銷鑠了리오

① 어떤 판본에는 이 네 글자(然不必順)가 없고, '豈'자가 있다.
一本, 無此四字, 有豈字.
② 〈人氣之生은〉 어떤 판본에는 '人之氣生'이라고 되어 있다.
一作人之氣生.
③ 〈是將은〉 어떤 판본에는 '必是'로 되어 있다.
一作必是.

44. "〈聖人이〉 天地의 조화를 일정한 범위로 정하였다."[35]라고 하였는데, 하늘은 본래 환히 넓어서 끝이 없다. 다만 사람이 시력이 미치는 바로써 寒暑의 차례와 日月의 운행을 보고 이 규모를 세워 그것을 엿보아 헤아린 것이다. 천지의 조화는 천지가 그 본체를 조화할 적에 城郭과 같은 것이 있어서 그 氣를 모두 성대하게 하는 것이 아니다. 가령 해가 3만 리 안에서 오르내린다고 말하더라도 3만 리 밖에 다시 물체가 없다고 말할 수는 없다. 또한 예컨대 천지가 8만 리 안에서 오르내린다고 말하더라도 8만 리 밖에서는 천지가 다한다고 말할 수는 없다. 배우는 자는 천지의 조화를 묵묵히 체득해야 한다. 이와 같이 말한다면 매우 천지와 더불어 서로 같지 않아 결국에는 반드시 막힘이 있을 것이다. 어떤 사람이 西海가 없다고 말하면 사람들로 하여금 서해를 없는 것으로 여기게 할 수는 있겠지만 또한 반드시 산이 있을 것이다.

範圍天地之化라한대 天은 本廓然無窮이라 但人以目力所及으로 見其寒暑之序와 日月之行하고 立此規模하여 以窺測他라 天地之化는 不是天地之化其體有如城郭之類하여 都盛其氣라 假使言日升降於三萬里나 不可道三萬里外更無物이라 又如言天地升降於八萬里中이나 不可道八萬里外天地盡이라 學者는 要默體天地之化라 如此言之면 甚與天地不相似하여 其卒必有窒礙라 有人言無西海하면 便使無西海나 亦須是有山이라①

① 陰陽이 없는 곳은 日月이 없다.
無陰陽處, 便無日月.

---

35) 天地의……정하였다 : ≪周易≫ 〈繫辭傳 上〉에 "天地의 조화를 일정한 범위로 정하여 지나치지 않게 하며, 만물을 곡진히 이루어 빠뜨리지 않으며, 晝夜의 道를 겸하여 안다. 그러므로 神은 일정한 방소가 없고 易은 일정한 體가 없는 것이다.〔範圍天地之化而不過 曲成萬物而不遺 通乎晝夜之道而知 故神无方而易无體〕"라고 하였다.

45. 사특함을 막으면 誠이 저절로 보존되니,36) 외면에서 이 誠을 잡아 가지고 와서 보존하는 것이 아니다. 요즘 사람들은 외면으로 不善한 일을 늘상 하면서 불선한 가운데서 이 善을 찾아와서 보존하려 하니, 이와 같이 하면 어찌 善으로 들어가는 이치가 있겠는가. 단지 사특함을 막으면 誠이 저절로 보존된다. 그러므로 孟子가 性善을 말한 것이 모두 내면으로부터 나온 것이다. 誠하게 되면 곧 보존되니, 사특함을 막는 데에 다시 무슨 공부를 하겠는가. 다만 용모를 바르게 움직이고 사려를 정돈하면 자연히 敬이 생겨난다. 敬은 한 생각을 주로 하는 것이다. 한 생각을 주로 하면 동쪽으로도 가지 않고 또 서쪽으로도 가지 않으니, 이와 같이 하면 中道를 유지하게 된다. 이미 이쪽으로도 가지 않고 또 저쪽으로도 가지 않으니, 이와 같이 하면 내면을 지키게 된다. 이 마음을 보존하면 자연히 天理가 밝아진다. 배우는 자는 모름지기 敬함으로써 내면을 바르게 하여 이 마음을 함양해야 하니, 내면을 바르게 하는 것이 근본이다.

閑邪則誠自存이니 不是外面에 捉一箇誠하여 將來存著이라 今人은 外面役役於不善하며 於不善中에 尋箇善來存著하니 如此則豈有入善之理리오 只是閑邪則誠自存이라 故로 孟子言性善이 皆由內出이라 只爲誠이면 便存하니 閑邪에 更着甚工夫리오 但惟是動容貌整思①慮면 則自然生敬이라 敬은 只是主一也라 主一이면 則既不之東하고 又不之西하니 如是면 則只是中이라 既不之此하고 又不之彼하니 如是면 則只是內라 存此면 則自然天理明이라 學者는 須是將②敬以直內하여 涵養此意니 直內是本이라

① 〈思는〉 어떤 판본에는 '心'으로 되어 있다.
一作心.
② 어떤 판본에는 이 글자(將)가 없다.
一本, 無此字.

46. 天地의 조화는 비록 환히 넓어서 끝이 없지만 陰陽의 도수와 日月・寒暑・晝夜의 변화는 모두 일정함이 있다. 이것이 道가 中庸이 되는 까닭이다.

天地之化는 雖廓然無窮이나 然而陰陽之度와 日月寒暑晝夜之變은 莫不有常이라 此道之所以爲中庸이라

---

36) 사특함을……보존되니 : ≪周易≫ 乾卦 〈文言傳〉의 "사특함을 막고 그 誠을 보존한다.〔閑邪存其誠〕"라는 말에서 나왔다.

47. 道는 자연히 만물을 낳는다. 지금 한차례 봄에 낳고 여름에 기르는 일은 모두 道가 낳는 것이다. 그 뒤에 생장하는 것은 이미 생겨난 氣를 가지고 그 뒤에 생장하게 하는 것이라고 말해서는 안 된다. 도는 자연히 낳고 낳아 그치지 않는다.

道則自然生萬物이라 今夫春生夏長了一番은 皆是道之生이라 後來生長은 不可道却將旣生之氣로 後來却要生長이라 道則自然生生不息이라

48. 釋氏의 학문은 다시 聖人의 학문에 상대하여 비교할 필요가 없다. 요컨대 분명 같지 않으므로 곧 내버려두는 것이 좋다. 지금 그 설을 궁구할 적에 그것을 끝까지 궁구할 필요는 없다. 끝까지 궁구하게 되면 자신이 이미 동화되어 석씨의 무리가 될 것이니, 지금은 다만 석씨의 행적에서 살펴보면 된다.

부처는 아버지에게서 달아나 출가하여 곧 인륜을 끊고 단지 자신만을 위하여 山林에 홀로 처했으니, 사람이 사는 고을에 이런 자가 있는 것을 어찌 용납하겠는가. 부처는 대개 천한 것과 경박한 것으로써 사람들에게 베풀었으니, 이는 성인의 마음이 아닐 뿐만 아니라, 또한 군자의 마음이 될 수도 없다. 석씨는 스스로 君臣·父子·夫婦 간의 도리를 행하지 않으면서 다른 사람들은 이와 같이 하지 않아야 한다고 말한다. 남들이 하는 것을 용인하면서도 자기는 하지 않고 따로 한 등급의 사람이 되었으니, 만약 이로써 사람들을 인솔하면 이는 人類를 끊어버리는 것이다. 그가 理性을 말하는 것은 또한 死生을 위할 뿐이다. 그 마음은 본래 죽음을 두려워하고 삶을 사랑하니, 이는 이기적인 것이다.

釋氏之學은 更不消對聖人之學比較라 要之必不同이니 便可置之라 今窮其說할새 未必能窮得他라 比至窮得이면 自家已化而爲釋氏矣니 今且以迹上觀之라 佛은 逃父出家하여 便絶人倫하고 只爲自家獨處於山林하니 人鄕裏에 豈容有此物이리오 大率以所賤所輕으로 施於人하니 此不惟非聖人之心이요 亦不可爲君子之心이라 釋氏는 自己不爲君臣父子夫婦之道하고 而謂他人不能如是라 容人爲之而己不爲하고 別做一等人하니 若以此率人이면 是絶類也라 至如言理性하얀 亦只是爲死生이라 其情本怖死愛生하니 是利也라

49. "敬함으로써 내면을 바르게 한다."[37]라고 하였으니, 내면에 주재함이 있으면 마음이 텅 비어서 자연히 그르고 편벽된 마음이 없게 된다. 이와 같다면 어찌 마음이 텅 비

지 않을 수 있겠는가. "반드시 일삼음이 있다."[38]라고 하였으니, 모름지기 敬을 가지고서 하나하나의 일을 해야 한다. 이 방법이 가장 간략하고 가장 쉬우며 또한 공부를 줄이는 것이다. 이와 같은 말은 비록 평범한 사람의 주장 같지만 그런 공부를 지속하면 반드시 달라질 것이다.

敬以直內라하니 有主於內則虛하여 自然無非僻之心이라 如是면 則安得不虛리오 必有事焉이라하니 須把敬來做件事著이라 此道는 最是簡하고 最是易(이)하며 又省(생)工夫라 爲此語는 雖近似常人所論이나 然持之①必別이라

① 어떤 판본에는 '久'자가 있다.
一本, 有久字.

50. 天子의 七廟[39]는 아마도 하루 동안 禮를 행한 듯하다. 옛일을 살펴보면 戊辰日에 文王과 武王을 함께 제사 지냈으며,[40] 오늘날의 일을 살펴보아도 종묘의 제사는 또한 하루 동안 지낸다.

天子七廟는 亦恐只是一日行禮라 考之古하면 則戊辰에 同祀文武하며 考之今하면 則宗廟之祀는 亦是一日이라

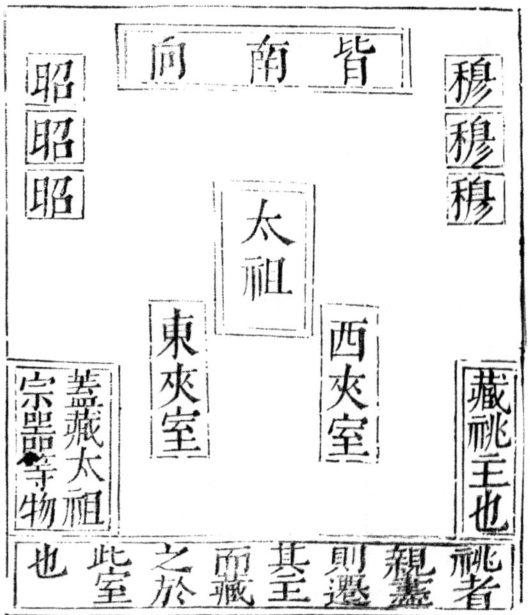

天子七廟圖

51. 제사에는 크고 작음이 없으니, 神明과 교감하고 귀신과 접하는 의미는 하나이다.

---

37) 敬함으로써……한다 : ≪周易≫ 坤卦 〈文言傳〉에 보인다.

38) 반드시……있다 : ≪孟子≫ 〈公孫丑 上〉에서 浩然之氣를 기르는 것에 대해 "반드시 일삼음이 있되 기필하지 말아서 마음에 잊지도 말며 억지로 조장하지도 말라.〔必有事焉而勿正 心勿忘 勿助長也〕"라고 한 데서 나왔다.

39) 七廟 : 天子의 종묘는 太祖, 三昭, 三穆으로 七廟가 된다.

40) 옛일을……지냈으며 : ≪書經≫ 〈周書 洛誥〉에 "戊辰日에 왕이 새 도읍에 계시면서 烝祭를 올리시니, 해마다 올리는 제사였다. 文王에게는 붉은 소 한 마리를 쓰고, 武王에게도 붉은 소 한 마리를 썼다.〔戊辰 王在新邑 烝祭 歲 文王 騂牛一 武王 騂牛一〕"라고 하였다.

제사에는 반드시 재계해야 하니, 재계하지 않으면 어떻게 신명과 교감하겠는가.

祭無大小하니 其所以交於神明接鬼神之義는 一也라 必齋니 不齋면 則何以交神明이리오

52. 曆象의 법은 대체로 해〔日〕를 위주로 하니, 해의 한 가지 일이 바르면 그 밖의 일은 모두 추측할 수 있다. 洛下閎41)이 책력을 만들면서 "수백 년 후에 마땅히 하루가 어긋날 것이니, 그 오차는 이치가 반드시 그러하다."라고 하였다. 何承天42)은 그 오차를 계산하여 드디어 歲差法을 정립하였다. 그 법은 오차의 分數를 가지고 책력의 햇수에 펼쳐서 한 해의 오차가 몇 分이나 되는지를 보는 것인데, 그 차이는 후세에도 확정하지 못했다. 오직 邵堯夫(邵雍)가 差法을 만들어 古今에 으뜸이 되었으니, 日月이 교감하는 즈음에 陰陽의 盈虧를 가지고 구하여 드디어 어긋나지 않았다. 대저 陰은 항상 이지러지고 陽은 항상 가득하기 때문에 그 속에서 어긋나는 것이다. 그는 曆法에서 이처럼 이치를 통하여 통달한 바가 많았다.

邵雍

堯夫의 학문은 대체로 楊雄과 비슷하나 모두 같지는 않다. 그는 맛에 2만 8천 6백 가지가 있는 것을 궁구하였으니, 이는 사람이 조합한 것이 아니라 자연적으로 그러한 것이다. 색깔에도 2만 8천 6백 가지가 있는데, 사람이 물들이거나 그린 것이 아니라 자연적으로 그러한 것이다. 오직 소리의 數는 절반의 수를 셀 수 없으니, 대개 소리는 陽이기 때문이다. 해가 땅 위로 떠오르는 데에서 수를 얻고 해가 땅 아래로 들어가면 드디어 수를 셀 수

41) 洛下閎 : 前漢 때 巴郡 사람으로, 자는 長公이다. 천문과 지리에 밝았고, 曆數에 능했다. 武帝 때 待詔太史가 되어 鄧平 등과 함께 顓頊曆을 개정하고 太初曆을 만들었다.

42) 何承天 : 370~447. 南朝 宋나라 때 山東 郯城 사람이다. 文帝 때 御史中丞이 되었고, 著作佐郎이 되어 국사를 편찬하는 일을 맡았다가 나중에 御史大夫에 올랐다. 算學과 易學에 뛰어났으며, 元嘉曆을 만들어 후세에 큰 영향을 미쳤다.

없으니, 이는 모두 이치가 있는 것이다. 비유컨대 형태가 있는 것은 그림자가 있지만, 오늘의 해 그림자를 거두어 내일의 그림자로 삼아서는 안 되는 격이다.

曆象之法은 大抵主於日하니 日一事正이면 則其他는 皆可推라 洛下閎이 作曆하고 言數百年後에 當差一日하니 其差는 理必然이라하니라 何承天은 以其差로 遂立歲差法이라 其法은 以所差分數로 攤在所曆之年하여 看一歲差著幾分한대 其差는 後亦不定이라 獨邵堯夫가 立差法하여 冠絶古今하니 却於日月交感之際에 以陰陽虧盈으로 求之하여 遂不差라 大抵陰常虧요 陽常盈이라 故로 只於這① 裏差了라 曆上에 若是通理하여 所通爲多라 堯夫之學은 大抵似楊雄이나 然亦不盡如之라 常窮味有二萬八千六百이니 此非人所合和요 是自然也라 色有二萬八千六百하니 又非人所染畫得이요 亦是自然也라 獨聲之數는 只得一半數不行이니 蓋聲陽也라 只是於日出地上數得하고 到日入地下하얀 遂數不行하니 此皆有理라 譬之컨대 有形斯有影이나 不可謂今日之影을 却收以爲來日之影이라②

① 〈這는〉 어떤 판본에는 '張'으로 되어 있다.
一作張.

② ≪皇極經世≫에 의거하면 색깔과 맛은 모두 1만 7천 24가지이니, 이는 기록한 자의 오류인 듯하다.
據皇極經世, 色味皆一萬七千二十四, 疑此記者之誤.

53. 君子는 복을 얻는 것이 마땅하다. 그러나 가난하고 병들어 단명하거나 요절하여 후사가 없는 지경에 이르는 자가 있으니, 하늘의 뜻을 어찌하랴. 氣가 어진 자에게 모이는 것은 참으로 두루 통하지 않는 바가 있다.

君子宜獲祐라 然而有貧悴短夭하여 以至無繼者하니 天意를 如何리오 氣鍾於賢者는 固有所不周也라

54. 사특함을 막으면 참으로 마음이 전일하게 된다. 그러나 마음이 하나를 주로 하면 사특함을 막는 것을 말할 필요가 없다. 하나를 주로 하는 것을 알기 어렵다고 여겨 공부를 하지 못하는 경우가 있으니, 어째서인가? 하나를 주로 하는 것은 다른 것이 없다. 단지 정제하고 엄숙하면 마음이 전일해지고, 마음이 전일해지면 저절로 그르고 편벽된 간사한 생각이 없어진다. 이렇게 함양하기를 오랫동안 하면 天理가 자연히 밝아

질 것이다.

閑邪則固①一矣라 然②主一이면 則不消言閑邪라 有以一爲難見하여 不可下工夫하니 如何③오 一者는 無他라 只是整齊④嚴肅이면 則心便一하고 一則自是無非僻之奸이라 此意를 但涵養久之하면 則天理自然明이라

① 어떤 판본에는 '主'자가 있다.
一有主字.
② 〈然은〉 어떤 판본에는 '能'으로 되어 있다.
一作能.
③ 〈如何는〉 어떤 판본에는 '行'으로 되어 있다.
一作行.
④ 〈整齊는〉 어떤 판본에는 '莊整'으로 되어 있다.
一作莊整.

55. "반드시 일삼음이 있다."43)라는 것은 여기에 일삼음이 있는 것이다. "기필하지 말라."라는 것은 예컨대 이것을 생각하여 좋다고 한 뒤에 행하는 것이 바로 기필하는 것이다. "잊지 말라."라는 것은 반드시 일삼음이 있다는 것이다. "조장하지 말라."라는 것은 기필하지 말라는 것이다. 뒤의 말이 점점 무거워지니, 묵묵히 마음으로 기억하여 하나를 주로 하는 생각을 취하여야 한다.

必有事焉은 有事於此①也라 勿正者는 若思此而曰善하고 然後爲之가 是正也라 勿忘은 則是必有事也라 勿助長은 則是勿正也라 後言之漸重하니 須默識取主一之意라

① 〈此는〉 어떤 판본에는 '敬'으로 되어 있다.
一作敬.

56. 修養이 수명을 연장하는 것과 國祚가 하늘에 영원한 命을 기원하는 것44)과 보통

43) 반드시……있다 : ≪孟子≫ 〈公孫丑 上〉에서 浩然之氣를 기르는 것에 대해 "반드시 일삼음이 있되 기필하지 말아서 마음에 잊지도 말며 억지로 조장하지도 말라.〔必有事焉而勿正 心勿忘 勿助長也〕"라고 하였다.

44) 하늘에……것 : ≪書經≫ 〈召誥〉에 "왕께서 그 덕을 쓰심이 하늘에 永命을 기원하는 것입니다.〔王其德之用 祈天永命〕"라고 하였다.

사람이 聖賢에 이르는 것은 모두 공부가 이 내면에 이르면 이런 감응이 있다.

修養之所以引年과 國祚之所以祈天永命과 常人之至於聖賢은 皆工夫到這裏면 則有此應이라

57. 宗子法이 무너지니 사람들은 자신이 나온 곳을 알지 못하여 사방으로 떠돌아다니면서 종종 친족 관계가 아직 끊어지지 않았는데 서로 알아보지 못하는 지경에 이르렀다. 지금 시험 삼아 한두 巨公의 집안에 그 법을 시행하려 하니, 그 방법은 굳게 지켜 이 법을 따르게 해야 할 것이다. 우선 唐나라 때 廟院을 세운 것처럼 하여 선대의 유업을 분할할 수 없게 하고, 한 사람이 그것을 주관하게 해야 한다.

宗子法壞하니 則人不自知來處하여 以至流轉四方하여 往往親未絶이나 不相識이라 今且試以一二巨公之家로 行之하니 其術은 要得拘守得須是라 且如唐時에 立廟院하여 仍不得分割了祖業하고 使一人主之라

58. 佛家의 명망 있는 노승은 깨달았다고 스스로 말하지만 道를 통달한 뒤에 또 印證을 필요로 하니, 이는 아직 도를 알지 못한 것이다. 다른 사람이 옳다고 말해주는 것을 들은 뒤에야 의심이 없다면 이는 남의 말을 믿는 것이지, 스스로 도를 믿는 것이라 말할 수 없다. 과연 스스로 도를 믿는다면 비록 어떤 사람이 말하더라도 받아들이지 않을 것이다.

釋氏尊宿者는 自言覺悟나 是既已達道하고 又却須要印證하니 則是未知也라 得他人道是하고 然後無疑면 則是信人言語요 不可言自信이라 若果自信이면 則雖甚人言語라도 亦不聽이라

59. 학자의 부류 중에 굳이 禪을 담론하는 자는 실제로 잡을 것이 없게 된다. 그러므로 모름지기 이 儒學으로 들어와야 한다.

學者之流에 必談禪者는 只是爲無處撈摸라 故로 須入此라

60. “덕을 크게 미칠 경우에는 교화를 두텁게 한다.”[45]라는 것은 化育하는 곳에서 근

45) 덕을……한다 : ≪中庸≫에 보인다.

본을 두텁게 하는 것이고, "덕을 작게 미칠 경우에는 냇물처럼 갈라져 흐른다."46)라는 것은 일상생활을 하는 것이다. 이는 仲尼가 天地와 더불어 덕을 같이하였음을 말한 것이다.

大德敦化는 於化育處敦本也요 小德川流는 日用處也라 此는 言仲尼與天地同德이라

61. 혹자가 말하였다.

"아직 감응하지 않았을 때에는 어떻게 마음 붙일 곳을 압니까?"

선생이 말하였다.

"마음은 붙잡으면 보존되고 놓아두면 달아나서, 나가고 들어옴에 일정한 때가 없으며 그 방향을 알 수 없으니,47) 어찌 마음을 붙여둘 곳을 찾겠는가. 단지 붙잡음이 있을 따름이다. 그것을 붙잡는 방법은 敬함으로써 내면을 바르게 하는 것이다."

有言호되 未感時에 知如何所寓아 曰 操則存하고 舍則亡하여 出入無時하며 莫知其鄕하니 更怎生尋所寓리오 只是有操而已라 操之之道는 敬以直內也라

62. 강하고 굳세고 질박하고 어눌함48)을 무슨 이유로 仁에 가깝다고 말하였는가? 단지 경솔하고 부박하고 교묘하고 날카로움이 仁과 매우 멀기 때문에 강하고 굳세고 질박하고 어눌함을 仁에 가깝다고 한 것이다. 이는 바로 "말을 듣기 좋게 하고 얼굴빛을 잘 꾸민다."49)라는 것과 상반된다.

剛毅木訥은 何求而曰①近仁고 只爲輕浮巧利는 於仁甚遠이라 故로 以此爲近仁이라 此는 正與巧言令色으로 相反이라

---

46) 덕을……흐른다 : 上同.

47) 붙잡으면……없으니 : ≪孟子≫ 〈告子 上〉에 "孔子께서 말씀하시기를 '붙잡으면 보존되고 놓아두면 달아나서, 나가고 들어옴에 일정한 때가 없으며, 그 방향을 알 수 없는 것은 오직 사람의 마음을 두고 한 말이다.'라고 하였다.〔孔子曰 操則存 舍則亡 出入無時 莫知其鄕 惟心之謂與〕"라고 하였다.

48) 강하고……어눌함 : ≪論語≫ 〈子路〉에 "강하고 굳세고 질박하고 어눌함이 仁에 가깝다.〔剛毅木訥近仁〕"라고 한 데서 나왔다.

49) 말을……꾸민다 : ≪論語≫ 〈學而〉에 "말을 듣기 좋게 하고 얼굴빛을 잘 꾸미는 사람치고 仁한 이가 드물다.〔巧言令色 鮮矣仁〕"라고 하였다.

① 〈曰은〉 어떤 판본에는 '以'로 되어 있다.
一作以.

63. 땅이 있으면 땅을 갈아 곡식을 심어 사람을 기르는 것이 마땅하다. 오늘날에는 과실수를 심어 과일을 길러 먹어버리고, 찰벼를 심어 그것으로 술을 만들어 마신다. 이는 모두 농사를 제대로 짓지 못한 것이고 온당하지도 않다.

有土地어든 要之耕而種粟以養人이 乃宜라 今以種果實하여 只做果子喫了하고 種糯(나)하여 使之化爲水飮之라 皆不濟事요 不穩當이라

64. 顔子와 孟子는 聖人(孔子)과 비교하여 그 앎의 深淺이 동일하다. 다만 안자가 더욱 온화하고 도탑고 깊고 아름다워 道에 대해 터득한 것이 더 깊고 순수하여 성인의 기상에 가까웠을 뿐이다.

顔孟之於聖人에 其知之深淺이 同이라 只是顔子尤溫淳淵懿하여 於道에 得之更淵①粹하여 近聖人氣象이라

① 〈淵은〉 어떤 판본에는 '深'으로 되어 있다.
一作深.

65. 氣를 거느리는 것은 志에 달려 있고, 志를 기르는 것은 내면을 바르게 하는 것에 달려 있다.

率氣者는 在志요 養志者는 在直內라

66. "性을 따르는 것을 道라 한다."[50]라고 하였으니, 率은 따르는 것이다. 만약 道를 말할 적에 名義를 먼저 세워둘 필요가 없다면 아득하여 어디에서 착수하며, 어디에 마음을 두겠는가.

率性之謂道라하니 率은 循也라 若言道에 不消先立下名義면 則茫茫地何處下手며 何處著心이리오

50) 性을……한다 : ≪中庸≫에 보인다.

67. 글을 읽는 데에 겨를이 없으면 끝내 사색 공부가 부족해진다. 그러나 思慮는 완전히 없어지지 않는다. 외부의 일에 바쁘더라도 사려는 도리어 지속된다.

文字上①無閒暇어든 終是②少工夫라 然이나 思慮는 則儘不廢라 於外事에 雖奔迫이라도 然思慮儘悠悠라

① 어떤 판본에는 '雖'자가 있다.
一有雖字.
② 어떤 판본에는 이 두 글자(終是)가 없다.
一無二字.

68. 釋氏의 학문은 그들이 道를 모른다고 말할 수는 없으나, 또한 온전히 고상하고 심원한 것만을 극도로 한다. 그러나 요약하면 끝내 자신의 사욕과 자신의 이익을 추구하는 범주에 귀결된다. 무엇으로써 그렇게 말하는가? 天地 사이에는 삶이 있으면 곧 죽음이 있고, 즐거움이 있으면 곧 슬픔이 있다. 석씨가 있는 곳에서는 바로 유약하고 간사한 자가 허탈한 말을 하는 곳을 찾아 삶과 죽음에서 벗어나고 번뇌를 다스린다고 말하지만, 끝내 자신의 사욕으로 귀결된다. 老氏의 학문은 더욱 권모술수를 부리니, 예컨대 줄 적에는 마음이 그것을 취하는 데 있고, 펼칠 적에는 마음이 그것을 거두는 데 있다고 말한다.[51] 또한 그들의 큰 의도는 사람들을 어리석게 하여 자신이 지혜로워지는 데 있다. 그렇다면 秦나라가 백성들을 어리석게 한 것은 그 방법이 대개 이런 데에서 나온 것이리라.

釋氏之學은 又不可道他不知나 亦儘極①乎高深이라 然이나 要之컨대 卒歸乎自私自利之規模라 何以言之오 天地之間엔 有生이면 便有死하고 有樂이면 便有哀라 釋氏所在는 便須覓一箇纖姦打訛處하여 言免死生하고 齊煩惱나 卒歸乎自私라 老氏之學은 更挾些權詐하여 若言與之는 乃意在取之하고 張之는 乃意在翕之라 又大意는 在愚其民而自智라 然則秦之愚黔首는 其術이 蓋亦出於此라

---

51) 줄……말한다 : ≪道德經≫에 "거두려면 반드시 펼쳐야 하고, 약하게 하려면 반드시 강하게 해야 하고, 폐하게 하려면 반드시 흥하게 하여야 하고, 빼앗으려면 반드시 주어야 하니, 이를 일러 微明이라 한다.〔將欲歙之 必固張之 將欲弱之 必固强之 將欲廢之 必固興之 將欲奪之 必固與之 是謂微明〕"라고 한 것을 가리킨다.

① 〈極은〉 어떤 판본에는 '及'으로 되어 있다.
一作及.

69. 天地 사이에는 단지 하나의 感과 應이 있을 따름이니, 다시 무슨 일이 있으리오.

天地之間엔 只有一箇感與應而已니 更有甚事리오

70. ≪老子≫는 말이 매우 번잡하지만 ≪陰符經≫과 같은 것은 번잡하지 않다. 그러나 두 책 모두 天道를 살펴보고 헤아린 것이 극진하지 못하다.

老子는 言甚雜이나 如陰符經은 却不雜이라 然이나 皆窺測天道之未盡者也라

71. 사람이 天地 사이에서 모두 막힌 곳이 없다면 대단히 쾌활할 것이다.

人於天地間에 竝無窒礙處면 大小大快活이라

72. 태어나면서부터 아는 자는 태어나면서부터 義理를 알아 배우지 않고서도 아는 것일 뿐이다. 비록 孔子는 태어나면서부터 알았지만 학문을 하는 것에 무슨 해가 되었는가. 예컨대 공자가 老聃에게 禮를 묻고 郯子를 찾아가 官名을 물은 것[52]이 공자에게 무슨 해가 되었겠는가. 공자가 禮文과 官名을 물은 것은 옛 문물을 알고자 한 것이다. 이런 것들은 또한 허공을 뚫어 만들어낼 수 없으니, 먼저 안 사람에게 물어야만 알 수 있다.

生知者는 只是他自生知義理하여 不待學而知라 縱使孔子是生知라도 亦何害於學이리오 如問禮於老聃하고 訪官名於郯子가 何害於孔子리오 禮文官名은 旣欲知舊物이라 又不可鑿空撰得出이니 須是問他先知者라야 始得이라

---

52) 공자가……것 : 孔子가 南宮敬叔과 함께 周나라로 가서 禮에 관해 물었을 때 그곳에서 老子를 만났다.(≪史記≫ 卷47 〈孔子世家〉) 郯子가 魯나라에 朝見할 때 공자가 그를 찾아가 官制를 배웠다.(≪春秋左氏傳≫ 昭公 17년)

73. 蕭何가 궁실을 크게 지은 것[53]은 그의 마음이 좋아한 것이 아니고, 원망을 거두어 스스로 편안하고자 한 것이다. 謝安이 궁실을 지은 것[54]은 時宜를 따른 것이다. 그는 東晉이 쇠미하였을 때 江南에 우거하였는데, 그 국운이 가물가물 다하려 하자 장차 인심을 위로하여 편안하게 하려 한 것이다.

蕭何大營宮室은 其心이 便不好요 只是要得斂怨自安이라 謝安之營宮室은 却是隨時之宜라 以東晉之微로 寓於江表한대 其氣가 奄奄欲盡하여 且以慰安人心이라

蕭何

74. 漢 高祖는 그 형세상 關中을 지켜 項王을 들어오게 하지 않을 수 있었다.[55] 그러나 그를 관중에 들인 데에는 세 가지 이유가 있다. 첫째는 項羽에게 매장[56]되지 않은

---

53) 蕭何가……것 : 漢나라 2년(B.C. 205) 漢王과 제후들은 楚나라를 격파하러 갔고, 蕭何는 關中을 지키면서 태자를 모시고 櫟陽을 다스렸다. 이때 그는 법령과 규약을 만들었고, 宗廟・社稷・宮室・縣邑을 세웠다.(≪史記≫ 卷53 〈蕭相國世家〉)

54) 謝安이……것 : 謝安이 "궁실이 장엄하지 않으면 후세 사람들이 무능하다 할 것이다."라고 하며 궁실을 지으려 하였다. 이때 상서령 王彪之가 외적의 우환이 있으니, 백성들을 수고롭게 할 수 없다고 반대하여 왕표지 생전에 실행할 수 없었다. 그러나 太元 3년(378) 마침내 대규모 공사를 일으켜 새 궁실을 완성하였다.(≪晉書≫ 卷76 〈王彪之列傳〉, ≪資治通鑑≫ 卷104 〈晉紀 烈宗孝武皇帝〉)

55) 漢……있었다 : 秦 二世皇帝 3년(B.C. 207) 楚 懷王이 제일 먼저 函谷關에 들어가 關中을 평정하는 사람을 關中王으로 삼겠다고 장수들과 약속하였다. 그러나 진나라의 병력이 강하여 먼저 함곡관에 들어가는 것을 이롭게 여기는 이가 없었다. 오직 항우만이 진나라가 項梁의 군대를 격파한 것을 원통해하며 劉邦과 함께 함곡관으로 가기를 원했다. 그러나 회왕은 성급하고 사나운 성격의 항우보다는 관대한 성격의 유방을 보내는 것이 낫다고 판단하여 유방을 보냈고, 마침내 유방이 秦王의 항복을 받아 관중을 평정하였다. 항우는 유방이 관중을 평정했다는 것을 듣고 크게 노하여 유방을 공격하려 하였고, 항우의 병력에 대항할 수 없었던 유방은 항우에게 사죄하고 관중에서 물러났다.(≪史記≫ 卷7 〈項羽本紀〉, ≪史記≫ 卷8 〈高祖本紀〉)

56) 項羽에게 매장 : 項羽의 군대가 新安에 이르렀을 때, 투항해온 秦나라 병졸들이 진심으로 복종하지 않아 후환이 될 것을 염려하였다. 이에 밤에 秦軍을 습격하여 병졸 20여만 명을 신안성 남쪽에 생매장하였다.(≪史記≫ 卷7 〈項羽本紀〉)

20만 명의 秦나라 자제들이 관중 밖에 있어 관중에서 父兄들이 변란을 일으킬까 염려했기 때문이고, 둘째는 漢王의 부모와 처자식이 楚나라에 있었기 때문이고, 셋째는 楚懷王이 있었기 때문이다.

高祖는 其勢可以守關하여 不放入項王이라 然而須放他入來者엔 有三事라 一是有未坑二十萬秦子弟在外하여 恐內有父兄爲變이요 二是漢王父母妻子在楚요 三是有懷王이라

75. 聖人의 道는 精粗가 없으니, 물 뿌리고 비질하고 응대하고 대답하는 일부터 의리를 정밀하게 깨닫고 神의 경지에 들어가는 데에 이르기까지 관통하면 단지 하나의 이치일 뿐이다. 비록 물 뿌리고 비질하고 응대하고 대답하는 일이라도 그것이 그러한 까닭이 어떠한가를 보아야 한다.

聖人之道는 更無精粗니 從灑掃應對로 至精義入神히 通貫只一理라 雖灑掃應對라도 只看所以然者如何라

76. 절실하고 중요한 道는 敬함으로써 내면을 바르게 하는 일만 한 것이 없다.

切要之道는 無如敬以直內라

77. 남을 세워주고 남을 도달하게 하는 것이 仁을 행하는 방법이며,[57] 恕를 힘써 행하면 仁을 구하는 방법이 이보다 가까운 것이 없으니,[58] 그 일을 달성하지는 못하더라도 확실히 仁에 가까운 곳을 실제로 보았다고 말할 수 있다. 그 이치는 진실로 공평함에서 벗어나지 않는다. 공평함이 본디 있더라도 마음을 쓰는 것에 다시 깊고 얕음이 있으니, 단지 스스로 각자 體認해야 한다.

---

57) 남을……방법이며 : ≪論語≫ 〈雍也〉에 子貢이 仁에 대해 묻자 孔子가 "仁者는 자신이 서고자 하면 남을 서게 하며, 자신이 도달하고자 하면 남을 도달하게 한다. 능히 가까운 데에서 취해서 비유할 수 있으면 仁을 행하는 방법이라고 말할 수 있다.〔夫仁者 己欲立而立人 己欲達而達人 能近取譬 可謂仁之方也已〕"라고 하였다.

58) 恕를……없으니 : ≪孟子≫ 〈盡心 上〉에 孟子가 말하기를 "만물이 모두 나에게 갖추어져 있으니, 나의 몸에 돌이켜보아 진실하면 즐거움이 이보다 더 클 수 없고, 恕를 힘써 행하면 仁을 구함이 이보다 가까울 수 없다.〔萬物皆備於我矣 反身而誠 樂莫大焉 强恕而行 求仁莫近焉〕"라고 하였다.

立人達人이 爲仁之方이며 强恕하면 求仁莫近하니 言得不濟事라도 亦須實見得近處라 其理는 固不出乎公平이라 公平固在나 用意更有淺深이니 只要自家各自體認得이라

78. 지극히 고요하여 아무 조짐이 없을 때에도 온갖 형상이 빽빽하게 이미 갖추어져 있으니, 아직 감응하지 않았을 때가 먼저가 아니고 이미 감응했을 때가 뒤가 아니다. 마치 백 척 높이의 나무가 뿌리로부터 지엽에 이르기까지 모두 하나로 관통한 것과 같다. 上面의 한 가지 일이 형태도 없고 조짐도 없다가 사람이 안배하여 끌어들이기를 기다려서 궤도로 들어오게 한다고 말해서는 안 된다. 이미 궤도는 단지 하나의 궤도일 뿐이다.

沖漠無朕에 萬象이 森然已具하니 未應이 不是先이요 已應이 不是後라 如百尺之木이 自根本으로 至枝葉히 皆是一貫이라 不可道上面一段事가 無形無兆라가 却待人旋安排引入來하여 教入塗轍이라 既是塗轍은 却只是一箇塗轍이라

79. "편안한 바를 편안히 여긴다."[59]라고 하였는데, 뒤의 '安'자에 뜻이 있다. 安은 그가 편하게 여기는 바이니, 편안한 바를 편하게 여긴다는 것이 이 뜻이다.

安安이라한대 下字爲義라 安은 其所安也니 安安이 是義也라

80. "시작을 근원하여 끝을 돌이켜 구한다. 그러므로 死生의 설을 안다."[60]라고 하였다. 다만 궁구하여 터득하면 저절로 死生의 설을 알게 되지만, 死生을 하나의 도리로 보고 구해서는 안 된다.

---

59) 편안한……여긴다 : ≪禮記≫ 〈曲禮 上〉에 "어진 이는 친하게 지내면서도 그를 공경하며, 두려워하면서도 그를 사랑하며, 사랑하면서도 그의 악함을 알며, 미워하면서도 그의 선함을 알며, 재물을 모으면서도 흩어서 베풀며, 편안한 바를 편안히 여기면서도 능히 옮겨간다.〔賢者 狎而敬之 畏而愛之 愛而知其惡 憎而知其善 積而能散 安安而能遷〕"라고 하였다.

60) 시작을……안다 : ≪周易≫ 〈繫辭傳 上〉에 "易은 天地와 같다. 그러므로 天地의 道를 두루 경륜할 수 있다. 우러러보아 天文을 관찰하고 굽어보아 地理를 살핀다. 이 때문에 幽明의 까닭을 안다. 시작을 근원하여 끝을 돌이켜 구한다. 그러므로 死生의 설을 안다. 精과 氣가 物이 되고 游魂이 變이 된다. 그러므로 鬼神의 情狀을 안다.〔易與天地準 故能彌綸天地之道 仰以觀於天文 俯以察於地理 是故知幽明之故 原始反終 故知死生之說 精氣爲物 游魂爲變 是故知鬼神之情狀〕"라고 하였다.

原始反終이라 故로 知死生之說이라 但窮得이면 則自知死生之說이나 不須將死生便做一箇道理求라

81. "길은 두 갈래이니, 仁과 不仁일 뿐이다."[61]라고 하였으니, 자연히 이치는 이와 같다. 道는 짝이 없는 것이 없으니, 陰이 있으면 陽이 있고, 善이 있으면 惡이 있고, 옳음이 있으면 그름이 있다. 하나인 경우도 없고, 셋인 경우도 없다. 그러므로 ≪周易≫에 "세 사람이 갈 때에는 한 사람을 덜고, 한 사람이 갈 때에는 그 벗을 얻는다."[62]라고 하였으니, 단지 둘일 뿐이다.

道二니 仁與不仁而已라하니 自然理如此라 道無無對하니 有陰則有陽이요 有善則有惡이요 有是則有非라 無一亦無三이라 故로 易曰 三人行엔 則損一人하고 一人行엔 則得其友라하니 只是二也라

82. 曾子는 "선생님의 道는 忠恕일 따름이다."[63]라고 말하였으니, 과연 하나로써 모든 것을 꿰뚫을 수 있다. 만약 다른 사람이 그것을 말했다면 신뢰할 수 없거나 혹은 忠恕의 道를 극진히 하지 못했을 것이다. 증자가 그것을 말한 것이 확실히 극진하면서 옳다. 또 ≪中庸≫에서 이 忠恕의 뜻을 특별히 거론하여 "忠恕는 道와의 거리가 멀지 않다."[64]라고 하였으니, 사람들이 깨우치지 못할까 염려하였기 때문에 가까운 일에서 가리켜 보여주어 사람들을 깨우치려 한 것이다. 또 예컨대 "禘제사와 嘗제사의 뜻에 밝으면 나라를 다스림은 마치 손바닥 위에 올려놓고 보는 것처럼 쉬울 것이다."[65]라고 한 것은 ≪中庸≫에서 또 가까운 일에서 가리켜 보여준 것이다. 이 모두 사람들이 깨우치

61) 길은……뿐이다 : 孔子의 말로, ≪孟子≫ 〈離婁 上〉에 보인다.

62) 세……얻는다 : ≪周易≫ 損卦 六三爻辭이다.

63) 선생님의……따름이다 : ≪論語≫ 〈里仁〉에 孔子가 "參아, 나의 도는 하나로써 모든 것을 꿰뚫는다.〔吾道 一以貫之〕"라고 하자, 증자가 "예, 알겠습니다."라고 하였다. 공자가 밖으로 나가자, 문인들이 증자에게 "무슨 말씀입니까?"라고 하자, 증자가 말하기를 "선생님의 도는 忠恕일 따름이다.〔夫子之道 忠恕而已矣〕"라고 하였다.

64) 忠恕는……않다 : ≪中庸≫에 "忠恕는 道와의 거리가 멀지 않으니 자기에게 베풀어서 원치 않는 것을 또한 남에게 베풀지 말라는 것이다.〔忠恕違道不遠 施諸己而不願 亦勿施於人〕"라고 하였다.

65) 禘제사와……것이다 : ≪中庸≫에 "郊제사와 社제사의 禮 및 禘제사와 嘗제사의 뜻에 밝으면 나라를 다스림은 손바닥 위에 올려놓고 보는 것처럼 쉬울 것이다."라고 하였다.

지 못할까 염려한 것이므로 특별히 말한 것이 상세하다. 그렇다면 ≪중용≫이라는 책은 결코 聖人의 학문을 전한 것이 잡되지 않다. 子思는 성인이 전수한 도가 점점 없어질까 염려하였기 때문에 이 한 권의 책을 지은 것이다.

曾子言夫子之道忠恕니 果可以一貫이라 若使他人言之면 便未足信하고 或未盡忠恕之道라 曾子言之가 必是盡仍是①라 又於中庸에 特擧此二義하여 言忠恕違道不遠이라하니 恐人不喩라 故로 指而示之近하여 欲以喩人이라 又如禘嘗之義는 如視諸掌은 中庸亦指而示之近이라 皆是恐人不喩라 故로 特語之詳이라 然則中庸之書는 決是傳聖人之學不雜이라 子思恐傳授漸失이라 故로 著此一卷書라

① 〈是는〉 어떤 판본에는 '得'으로 되어 있다.
一作得也.

83. 忠恕는 공평하게 하는 방법이니, 德에 나가는 것은 忠恕로부터 시작하고, 그것이 지극해지면 공평해진다.

忠恕는 所以公平이니 造德則自忠恕요 其致則公平이라

84. 仁의 道는 요컨대 하나의 '公'자로 말할 수 있다. 公은 단지 仁의 이치이니, 公을 가지고 바로 仁이라고 말해서는 안 된다. 공평하면서 사람으로 그것의 본체로 삼기 때문에 仁이 되는 것이다. 다만 公을 행할 적에는 남과 나를 겸하여 비춘다. 그러므로 仁은 능히 남의 마음을 헤아리는〔恕〕 까닭이고, 능히 남을 사랑하는 까닭이다. 남의 마음을 헤아리는 것은 仁의 베풂이고, 남을 사랑하는 것은 仁의 작용이다.

仁之道는 要之컨대 只消道一公字라 公은 只是仁之理니 不可將公便喚做仁이라 ①公而以人體之라 故로 爲仁이라 只爲公엔 則物我兼照라 故로 仁은 所以能恕요 所以能愛라 恕則仁之施요 愛則仁之用也라

① 어떤 판본에는 '將'자가 있다.
一本, 有將字.

85. "문을 나서서는 큰 손님을 뵙는 듯이 하며, 백성을 부릴 적에는 큰 제사를 받드는

듯이 한다."[66]라고 하였으니, 이것이 敬이다. 敬은 사사로이 하지 않는다는 말이다. 敬하지 않으면 곧 온갖 私欲이 일어나 仁을 해친다.

出門如見大賓하고 使民如承大祭라하니 只是敬也라 敬은 則是不私之說也라 才不敬이어든 便私欲萬端害於仁이라

86. 聖人의 말씀은 本分에 의거하여 지극히 크고 지극히 신묘한 일을 평범한 일처럼 말하니, 이것이 바로 그 의미가 오래가는 이유이다. 釋氏의 설은 들으면 바로 驚天動地할 정도로 놀랍지만 이야기가 허황된 데로 달아나 도리어 그 의미가 오래가지 못한다. 그 설은 일시적인 견해이기 때문에 성인의 완숙한 식견과 같지 않다. 예컨대 ≪中庸≫에서 道를 말한 것은 "소리도 없고 냄새도 없다.〔無聲無臭〕"라는 네 글자를 말할 뿐인데, 허다한 석씨의 말을 총괄하면, 黃色도 아니고 白色도 아니며 짠맛도 아니고 쓴맛도 아니니[67] 허다한 말을 허비한다.

聖人之言은 依本分하여 至大至妙事를 語之若尋常하니 此所以味長일새라 釋氏之說은 纔見得些에 便驚天動地나 言語走作하여 却是味短이라 只爲乍見이라 不似聖人見慣이라 如中庸言道는 只消道無聲無臭四字한대 總括了多少釋氏言하면 非黃非白이요 非鹹非苦니 費多少言語라

87. "寂然히 動하지 않는다."라고 하였으니, 萬物이 빽빽하게 이미 갖추어져 있는 것이다. "감응하여 마침내 통한다."라고 하였으니, 감응은 안으로부터 감응하는 것이지, 외면에서 한 물건을 가져와 여기에서 감응하는 것이 아니다.[68]

寂然不動이라하니 萬物森然已具在라 感而遂通이라하니 感은 則只是自內感이요 不是外面將一件物來感於此也라

---

66) 문을……한다 : ≪論語≫ 〈顔淵〉에서 仲弓이 仁을 묻자, 孔子가 대답한 말이다.

67) 黃色도……아니니 : ≪占察善惡業報經≫에 "이른바 識, 受, 想, 行, 憶念, 緣慮, 覺知 등 法의 온갖 心數는 靑도 아니고 黃도 아니며, 赤도 아니고 白도 아니며, 또한 雜色도 아니며, 長短과 方圓과 大小도 있지 아니하다.〔所謂識受想行憶念緣慮覺知等法 種種心數 非靑非黃 非赤非白 亦非雜色 無有長短方圓大小〕"라고 하였는데, 地藏菩薩의 말이다.

68) 寂然히……아니다 : ≪周易≫ 〈繫辭傳 上〉에 "易은 생각이 없고 作爲함이 없어 寂然히 動하지 않다가 감응하여 마침내 천하의 일에 통하니, 천하의 지극히 신묘한 자가 아니면 그 누가 여기에 참여하겠는가.〔易 无思也 无爲也 寂然不動 感而遂通天下之故 非天下之至神 其孰能與於此〕"라고 하였다.

88. 다른 사람이 곁에서 일을 하지만 나는 그를 보지 못하고 그의 선한 말만 듣는 것은 나의 마음을 공경히 하였기 때문이다. 그러므로 보아도 보이지 않고 들어도 들리지 않으니, 한 마음을 주로 하기 때문이다. 내면에서 주재하면 외물이 들어오지 않으니, 공경하면 마음이 텅 비기 때문이다. 반드시 공경에 일삼음을 두되 잊지 않아야 하니, 시행을 중하게 하려 하지 않는 것은 곧 좋지 않다. 그 마음을 공경하게 하여야 보아도 보이지 않고 들어도 들리지 않는 데에 이르니, 이것이 배우는 자의 일이다. 처음 배울 적에 어찌 이로부터 해나가지 않을 수 있겠는가. 聖人의 경지에 이르면 저절로 마음이 하고자 하는 바를 따라도 법도에서 벗어나지 않게 된다.[69]

有人旁邊作事나 已不見하고 而只聞人說善言者는 爲敬其心也라 故視而不見하고 聽而不聞하니 主於一也라 主於內면 則外不入하니 敬하면 便心虛故也라 必有事焉호되 不忘이니 不要施之重은 便不好라 敬其心이라야 乃至不接視聽하니 此學者之事也라 始學할새 豈可不自此去리오 至聖人하면 則自是從心所欲不踰矩라

89. 孔子는 15세부터 70세에 이르기까지 德으로 나아가는 데에 여러 절차가 있었다.[70] 聖人이 꼭 그렇게 하지는 않았겠지만 또한 배우는 자를 위해 하나의 본보기를 세운 것이다. 물은 웅덩이를 가득 채운 뒤에 나아가니,[71] 모름지기 도덕이 내면에 가득 차서 겉으로 드러나야 이에 통달하게 된다.[72]

孔子는 自十五로 至七十히 進德에 直有許多節次라 聖人未必然이라 然이나 亦是①爲學者하여 立下一法이라 盈科而後進하니 須是成章이라야 乃達이라

---

69) 聖人의……된다 : ≪論語≫ 〈爲政〉에 孔子가 말하기를 "나는 15세에 학문에 뜻을 두었고, 30세에 禮에 맞게 나의 가치관을 세웠고, 40세에 의혹되지 않았고, 50세에 天命을 알았고, 60세에 남의 말을 듣고서 귀가 순해졌고, 70세에 마음이 하고자 하는 바를 따라도 법도에서 벗어나지 않았다."라고 하였다.

70) 孔子는……있었다 : 上同.

71) 물은……나아가니 : 徐子가 孟子에게 孔子가 자주 물을 찬미한 까닭을 묻자, 맹자가 말하기를 "근원이 있는 물은 끊임없이 솟아나서 밤낮을 그치지 않고 흘러 구덩이를 가득 채운 뒤에 나아가 四海에 이른다. 근본이 있는 것은 이와 같으니, 이 점을 취하신 것이다.〔原泉混混 不舍晝夜 盈科而後進 放乎四海 有本者如是 是之取爾〕"라고 하였다.(≪孟子≫ 〈離婁 下〉)

72) 모름지기……된다 : ≪孟子≫ 〈盡心 上〉에 "흐르는 물의 속성은 웅덩이를 채우지 않으면 흘러가지 않는다. 君子가 道에 지향을 둔 경우도 내면에 가득 차 겉으로 드러나 文章을 이루지 않으면 통달하지 못한다.〔流水之爲物也 不盈科不行 君子之志於道也 不成章不達〕"라고 하였다.

① 〈亦是는〉 어떤 판본에는 '且'로 되어 있다.
一作且.

90. 예로부터 '仁'자의 뜻을 이해하는 사람이 없었다. 모름지기 道 가운데서 仁을 五常에서 분별해내야 하나, 만약 仁이 본체를 겸하면 四端이 있게 된다. 한 몸에 비유하면 仁은 머리이고, 그 나머지 四端은 손과 발이다. ≪周易≫에서도 비록 "元은 善의 으뜸이다."[73)]라고 하였으나, 또한 四德을 통틀어 그 덕을 말해야 한다. 八卦의 경우에도 ≪주역≫의 大義가 여기에 있으나, 또한 일찍이 이해한 사람이 없다.

自古로 元不曾有人解仁字之義라 須於道中에 與他分別出五常이나 若只是兼體면 却只有四也라 且譬一身컨대 仁은 頭也요 其他四端은 手足也라 至如易하야도 雖言元者善之長이나 然亦須通四德以言之라 至如八卦하야도 易之大義가 在乎此나 亦無人曾解來①라

① 乾은 강건하고 坤은 유순하다는 경우도 과연 體認한 사람이 없다.
乾健坤順之類, 亦不曾果然體認得.

91. 孔子가 太山에 올라 천하를 작게 여겼다고 한 것〔登山〕과 聖人의 문하에서 배운 자에게는 훌륭한 말이 되기 어렵다고 한 것〔難爲言〕[74)]은 이런 비유로써 성인의 道가 크다는 점을 말한 것이다. 물을 보는 방법은 여울을 보고, 빛을 용납하는 곳은 반드시 비춘다는 것〔觀瀾必照〕은 그것을 인하여 그 道의 무궁함을 또한 말한 것이다. 여울은 물이 움직이는 곳이다. 진실로 근원에서 무궁하게 솟아나지 않으면 여울을 이룰 수 없고, 日月의 무궁한 밝음이 아니면 빛을 용납하여 반드시 비출 수 없다. 그 아래에 또 성인이

---

73) 元은……으뜸이다 : ≪周易≫ 乾卦 〈文言傳〉에 "元은 善의 으뜸이요, 亨은 아름다움의 모임이요, 利는 義에 화합함이요, 貞은 일의 근간이다.〔元者 善之長也 亨者 嘉之會也 利者 義之和也 貞者 事之幹也〕"라고 하였다.

74) 孔子가……것 : ≪孟子≫ 〈盡心 上〉에 孟子가 말하기를 "孔子께서 東山에 올라 魯나라를 작게 여겼고, 太山에 올라 천하를 작게 여기셨다. 그러므로 바다를 본 자에게는 큰물이 되기가 어렵고, 聖人의 문하에서 배운 자에게는 훌륭한 말이 되기가 어렵다. 물을 보는 데에는 방법이 있으니, 반드시 그 여울을 보아야 한다. 해와 달은 밝은 빛이 있으니, 빛을 용납하는 곳은 반드시 비춘다. 흐르는 물의 속성은 웅덩이를 채우지 않으면 흘러가지 않는다. 君子가 道에 지향을 둔 경우도 내면에 덕이 가득 차 겉으로 드러나 文章을 이루지 않으면 통달하지 못한다.〔孔子登東山而小魯 登太山而小天下 故觀於海者 難爲水 遊於聖人之門者 難爲言 觀水有術 必觀其瀾 日月有明 容光必照焉 流水之爲物也 不盈科不行 君子之志於道也 不成章不達〕"라고 하였다.

독실하게 하여 光輝가 있음을 말하였다.75) 文章을 이루는 것은 독실하게 하여 광휘가 있는 것이다. 지금 기와를 쌓는다면 비록 산처럼 높이 쌓더라도 광휘가 있을 수 없으나 만약 구슬과 옥을 쌓는다면 작게 쌓으면 작은 광휘가 있고, 크게 쌓으면 큰 광휘가 있을 것이다.

登山과 難爲言은 以言聖人之道大라 觀瀾必照는 因又言其道之無窮이라 瀾은 水之動處라 苟非源之無窮이면 則無以爲瀾이요 非日月之明無窮이면 則無以容光必照라 其下에 又言其篤實而有光輝也라① 成章者는 篤實而有光輝也라 今以瓦礫積之면 雖如山嶽이라도 亦無由有光輝나 若使積珠玉이어든 小積이면 則有小光輝하고 大積이면 則有大光輝라

① 〈篤實而有光輝는〉 어떤 판본에는 '篤實而不窮(독실하여 끝이 없다.)'이라고 되어 있다.
一作篤實而不窮.

92. "천하 사람들이 性을 말함은 이미 그러한 자취일 뿐이다.〔天下之言性 則故而已矣〕"라고 하였는데, '則'은 어조사이고, '故'는 본래 이와 같다는 말이다. 지금 천하 만물의 性을 말할 적에 반드시 그 자취를 찾는 것은 순응하여 그것을 해치지 않고자 해서이다. 그러므로 "순리로써 근본을 삼는다."라고 하였으니, 본디 그것을 이롭게 하고자 하는 것이다. 이 章은 모두 지혜를 위해 말한 것이다. 그 일삼을 바가 없는 것을 행하면 이는 천착하지 않는 것이다. "日至를 앉아서도 알 수 있다."라고 하였으니, 이 또한 천착하지 않는 것이다.76)

天下之言性은 則故而已矣라한대 則은 語助也요 故者는 本如是者也라 今言天下萬物之性에 必

---

75) 그……말하였다 : ≪孟子≫ 〈盡心 上〉에 "군자가 도에 지향을 둔 경우도 내면에 덕이 가득 차 겉으로 드러나 문장을 이루지 않으면 통달하지 못한다."라고 한 것을 가리킨다.

76) 천하……것이다 : ≪孟子≫ 〈離婁 下〉에 맹자가 말하기를 "천하 사람들이 性을 말하는 것은 이미 그러한 자취일 뿐이니, 이미 그러한 자취는 순리로써 근본을 삼는다. 사사로이 지혜로운 자를 미워하는 까닭은 그가 천착하기 때문이니, 만일 지혜로운 자가 禹임금이 물을 흘러가게 한 것처럼 한다면 지혜를 미워할 까닭이 없다. 우임금이 물을 흘러가게 한 것은 그 일삼을 바가 없는 것을 행한 것이니, 만일 지혜로운 자가 또한 일삼을 바가 없는 것을 행한다면 지혜가 또한 클 것이다. 하늘이 높이 있으며 별이 멀리 있으나, 만약 그 이미 지난 자취를 찾는다면 천 년 동안의 日至를 앉아서도 알 수 있다.〔天下之言性也 則故而已矣 故者以利爲本 所惡於智者 爲其鑿也 如智者若禹之行水也 則無惡於智矣 禹之行水也 行其所無事也 如智者亦行其所無事 則智亦大矣 天之高也 星辰之遠也 苟求其故 千歲之日至 可坐而致也〕"라고 하였다.

求其故者는 只是欲順而不害之也라 故曰 以利爲本이라하니 本欲利之也라 此章은 皆爲知而發이라 行其所無事하면 是不鑿也라 日至를 可坐而致라하니 亦只是不鑿也라

93. 땅에 앉지 않고 의자와 탁자를 쓰며 손으로 밥을 먹지 않고 수저를 쓰니, 이것은 聖人이 반드시 時宜를 따른 것이다. 만약 마땅하지 않은 것이 있으면 장차 그에 맞도록 할 것이다.

不席地而倚卓하며 不手飯而匕筯(비저)하니 此는 聖人必隨時라 若未有當이면 且作之矣라

94. 예전에는 異敎에 있는 사람 중에도 道에 통달한 자가 있는데 혹 그가 의귀처가 없어서 異敎에 안주한 것이라고 생각하였다. 그러나 다시 생각해보니 그들은 끝내 통달하지 못한 자이다. 만약 도에 통달하였다면 그가 예전에 처했던 곳에 하루라도 있을 수 없었을 것이다. 曾子가 임종할 적에 대자리를 바꾸게 한[77] 의미를 보면 바로 그들이 도에 통달하지 못했음을 알 수 있다. "아침에 道를 들으면 저녁에 죽어도 괜찮다."[78]라고 하였으니, 어찌 편안하지 못한 곳을 편안하게 여길 수 있겠는가. 예컨대 사람의 형상을 훼손하고 사람의 관계를 끊고 君臣・父子 간의 도리를 무시하는 것에 대해서는 그들이 만약 도에 통달하였다면 편안하지 않았을 것이다. 오랑캐의 말을 하거나 옷깃을 왼쪽으로 여미는 것은 그래도 그 나라의 풍속을 따르는 것이라고 말할 수 있으나, 人道와 같은 것은 어찌 다름이 있음을 용납하겠는가.

昔謂異敎中疑有達者한대 或是無歸하여 且安於此라 再嘗考之컨대 卒不達이라 若達이면 則於其前日所處에 不能一朝居也라 觀曾子臨死易簀之意면 便知其不達이라 朝聞道면 夕死라도 可矣라하니 豈能安其所未安이리오 如毁其人形하고 絶其倫類하고 無君臣父子之道는 若達則不安也라 只夷言左衽은 尙可言隨其國俗이나 至若人道하얀 豈容有異리오

95. "大祥 때 쓴 고기를 받고 거문고를 탔다."[79]라는 것은 聖人의 행동이 아닌 듯하다.

---

77) 曾子가……한 : ≪禮記≫ 〈檀弓 上〉에 보인다.

78) 아침에……괜찮다 : ≪論語≫ 〈里仁〉에 보인다.

79) 大祥……탔다 : ≪禮記≫ 〈檀弓 上〉에 "顔淵의 상에 大祥 때 쓴 고기를 보내니, 孔子가 나가서 받고

가령 顔回를 잃은 슬픔을 아직 잊지 않았다면 孔子는 이날 곡을 하면 노래를 부르지 않으며,80) 술을 마시지 않고 고기도 먹지 않아서 슬픔을 온전히 하였을 것인데, 하물며 대상 때 거문고를 타는 일이 있었겠는가? 만일 그 슬픔을 이미 잊었다면 하필 거문고를 탔겠는가?

受祥肉彈琴은 恐不是聖人擧動이라 使其哀未忘이면 則子於是日에 哭則不歌하고 不飮酒食肉하여 以全哀어늘 況彈琴可乎아 使其哀已忘이면 則何必彈琴이리오

96. 배우는 자가 기질에 패배하고 습관에 의지를 빼앗기면 心志를 책망할 만하다.

學者가 爲氣所勝하고 習所奪하면 只可責志라

97. 釋氏의 설은 만약 그 설을 궁구하여 버리거나 취하려 하면 그 설을 궁구하기도 전에 이미 감화되어 佛者가 될 것이니, 우선 행적에서 그 설을 고찰해야 한다. 그들이 가르침을 베푸는 것이 이와 같다면 그 마음은 과연 어떠한가. 참으로 그 마음은 취하고 그 행적은 취하지 않는 것이 어려우니, 이 마음이 있으면 이 행적이 있게 된다. 王通은 마음과 행적이 나누어진 것을 말하였는데,81) 이는 어지러운 설이다. 그러니 그것은 행적에서 살펴 聖人과 부합하지 않음을 단정하는 것만 못하다. 그들의 말이 성인과 부합하는 부분은 우리 道에 본디 있는 것이고, 부합하지 않음이 있는 것은 참으로 취하지 않아야 할 것이니, 이와 같이 心志를 세워 안정하면 힘이 덜어지고 쉬워진다.

들어가 거문고를 탄 뒤에 그것을 먹었다.〔顔淵之喪 饋祥肉 孔子出受之 入彈琴而後食之〕"라고 하였다.

80) 孔子는……않으며 : ≪論語≫ 〈述而〉에 "孔子는 喪事가 있는 자의 곁에서 음식을 먹을 적에 일찍이 배부르게 먹은 적이 없었다. 공자는 이날 곡을 하면 노래를 부르지 않으셨다.〔子食於有喪者之側 未嘗飽也 子於是日 哭則不歌〕"라고 하였다.

81) 王通은……말하였는데 : 魏徵이 "聖人도 근심함이 있는가?"라고 묻자, 文中子가 말하기를 "천하 사람들이 모두 근심하니, 나만 홀로 근심하지 않을 수 있겠는가?〔天下皆憂 吾獨得不憂乎〕"라고 하였다. 의심함에 대해 묻자, "천하 사람들이 모두 의심하니, 나만 홀로 의심하지 않을 수 있겠는가?〔天下皆疑 吾獨得不疑乎〕"라고 하였다. 위징이 물러간 뒤 문중자가 董常에게 말하기를 "天道를 즐거워하고 天命을 아니 내 어찌 근심하겠으며, 이치를 궁구하고 본성을 극진히 하니 내 어찌 의심하겠는가?〔樂天知命 吾何憂 窮理盡性 吾何疑〕"라고 하였다. 동상이 "위징에게 말씀한 것과 다르니, 선생은 또한 두 말씀을 한 것입니까?〔非告徵也 子亦二言乎〕"라고 하자, 문중자가 "위징이 질문한 것은 행적이고, 내가 너에게 알려준 것은 마음이다. 마음과 행적이 나누어진 지가 오래되었다.〔徵所問者 迹也 吾告汝者 心也 心迹之判 久矣〕"라고 하였다.(≪中說≫ 〈問易篇〉)

釋氏之說은 若欲窮其說而去取之면 則其說未能窮에 固已化而爲佛矣니 只且於迹上考之라 其設教如是면 則其心果如何오 固難爲取其心이요 不取其迹이니 有是心則有是迹이라 王通은 言心迹之判하니 便是亂說이라 不若且於迹上에 斷定不與聖人合이라 其言이 有合處는 則吾道固已有요 有不合者는 固所不取니 如是立定이면 却省易(생이)①라

① 〈易는〉 어떤 판본에는 '力'으로 되어 있다.
一作力.

98. 儒者가 끝내 異教로 들어가는 것은 그의 의지가 원한 것이 아니라 그 형세가 자연히 이와 같은 것이다. 대개 지혜가 다하고 힘이 쇠하여 쉬고자 하나 또한 앎이 아직 안온하지 않아서 쉴 수 없다. 그러므로 남에게 한 가지 도리가 있는 것을 보면 그 형세가 그것을 따르게 된다. 비유하자면 하나의 큰 길을 가는데 평탄하여 막힘이 없으면 다시 지름길을 말미암지 않으나, 앞길에 산을 만나거나 물을 만나서 가지 못하고 막힘이 있으면 하나의 잘못된 지름길을 보고서 기뻐하며 그 길을 따르는 것과 같다.

유자가 반드시 막힘이 있는 까닭은 어째서인가? 앎을 극진하게 하지 않기 때문이다. 이를 바를 알아서 거기에 이르면[82] 저절로 빼앗을 수 있는 일이 없다. 지금 어떤 사람이 낯선 고을에 있다면 원래 편안한 곳이 없으니, 어느 곳은 편안하고 어느 곳은 편안하지 않다고 말해주면 반드시 편안한 곳으로 나아갈 것이다. 만약 자기에게 집이 있으면 남들이 다른 사람의 집이 편안하다고 말해주어도 자기는 반드시 그곳으로 가려 하지 않을 것이다. 그러므로 유자로서 끝내 異教에 귀의하는 자는 자기의 道에서 실제로 터득한 바가 없기 때문이다. 그가 비록 '도를 들었다.'고 말하더라도 끝내 실제로 도를 들은 적이 없다.

儒者가 其卒必①入異教는 其志非願也요 其勢自然如此라 蓋智窮力屈하여 欲休來나 又知得未安穩하여 休不得이라 故로 見人有一道理어든 其勢須從之라 譬之컨대 行〔一大〕[83]道에 坦然無阻면 則更不由徑이나 只爲前面逢著山하고 逢著水하여 行不得하고 有窒礙면 則見一邪徑하고 欣然從

---

82) 이를……이르면 : 《周易》 乾卦 〈文言傳〉 九三에 "이를 바를 알아 그곳에 이르므로 더불어 기미를 알 수 있고, 마칠 바를 알아 그것을 마치므로 더불어 義를 보존할 수 있다.〔知至至之 可與幾也 知終終之 可與存義也〕"라고 하였다.

83) 〔一大〕 : 底本에는 '一大'가 없으나, 一蓑古本에 의거하여 보충하였다.

之라 儒者之所以必有窒礙者는 何也오 只爲不致知라 知至하여 至之면 則自無事可奪이라 今夫有人處於異鄉이어든 元無安處하니 則言某處安하고 某處不安하면 須就安處라 若己有家면 人言他人家爲安이라도 己必不肯就彼라 故로 儒者而卒歸異教者는 只爲於己道實無所得일새라 雖曰聞道라도 終不曾實有之라

① 〈必은〉 어떤 판본에는 '多'로 되어 있다.
一作多.

99. 佛氏와 莊子의 설은 대저 道의 본체를 대략 보았으나, 언뜻 보아 聖人이 익숙하게 본 것과 같지 않다. 그러므로 그 설이 허황한 데로 달아난 것이다.

佛莊之說은 大抵略見道體나 乍見하여 不似聖人慣見이라 故로 其說走作이라

100. 때〔時〕에 古今·風氣·人物의 다름이 있는 까닭은 무엇인가? 氣에 순후함과 경박함이 있는 것은 자연스러운 이치이다. 왕성함이 있으면 반드시 쇠퇴함이 있고, 끝이 있으면 반드시 시작이 있고, 낮이 있으면 반드시 밤이 있다. 한 조각의 땅에 비유하자면 황폐한 땅을 처음 개간하면 거둔 곡식이 몇 배가 되지만 세월이 오래 지나면 한 해 한 해 수확량이 적어지는 것과 같으니, 氣 또한 왕성하고 쇠퇴하기 때문이다.

東漢과 西漢 같은 경우에는 人才와 文章이 이미 모두 달라져서 숭상하는 바가 달랐다. 숭상하는 바가 다른 까닭은 또한 마음이 지향하는 바를 따르기 때문이다. 마음이 그러한 까닭은 태어나면서 얻은 것이 이와 같기 때문이다. 봄·여름·가을·겨울에 태어나는 생물이 각각 다르니, 심고 기르고 물을 주는 마땅함 또한 각각 제때에 맞게 하여 한가지로 해서는 안 되고 時宜를 따라야 한다. 똑같이 봄에 태어나는 생물이지만 초봄에 태어나는 것이 또 다르고, 봄이 한창일 때 태어나는 것이 또 다르고, 봄이 끝나갈 때 태어나는 것이 또 다르다. 禮를 그때그때에 마땅하게 조처하는 것은 바로 그때의 일에 마땅하게 하는 것이다. 이른바 그때에 맞게 한다는 것은 반드시 道를 밝혀 후세 사람에게 전해주는 것이다.

時所以有古今風氣人物之異者는 何也오 氣有淳漓는 自然之理라 有盛則必有衰요 有終則必有始요 有晝則必有夜라 譬之一片地컨대 始開荒田이면 則其收穀倍나 及其久也엔 一歲薄於一歲하니 氣亦盛衰故也라 至如東西漢하얀 人才文章已來皆別하여 所尙異也라 尙所以異는 亦由心

所爲라 心所以然者는 只爲生得來如此라 至如春夏秋冬하얀 所生之物各異하니 其栽培澆灌之宜는 亦須各以其時하여 不可一也요 須隨時라 只如均是春生之物이나 春初生得이 又別하고 春中이 又別하고 春盡時所生이 又別이라 禮之隨時處宜는 只是正得當時事라 所謂時者는 必明道以貽後人이라

101. 애써 배우느라 마음을 잃게 되었다고 말하는 자가 있는데, 학문은 본래 마음을 다스리는 것이니 어찌 도리어 마음에 해가 되겠는가? 내가 氣가 본래 성대하지 않은데도 병에 걸리지 않고 게으름이 없는 것은 섭생을 신중히 하고 생각을 함부로 하지 않기 때문이니, 외부의 일에 대해서는 사려가 참으로 여유롭다.

有謂因苦學而至失心者한대 學은 本是治心이니 豈有反爲心害리오 某氣本不盛이나 然而能不病無倦怠者는 只是一箇愼生不恣意니 其於外事엔 思慮儘悠悠라

102. "합하여 말하면 道이다."84)라고 하였으니, 仁은 본디 道이고, 道는 전체를 일컫는 명칭이다.

合而言之하면 道也라하니 仁은 固是道요 道는 却是總名이라

103. "大하면서 자연스럽게 자신을 변화시킨다."85)라는 것은 이치와 내가 하나가 된 것을 말한다. 아직 자연스럽게 자신을 변화시키지 못하는 자는 자〔尺度〕를 잡고 물건을 재는 것과 같아서 그 일을 할 때 여전히 어긋남이 있음을 면치 못하지만, 자연스럽게 자신을 변화시키는 데에 이른 자는 자신이 곧 자이고, 자가 곧 자신이다. 顔子가 바로

---

84) 합하여……道이다 : ≪孟子≫ 〈盡心 下〉에 孟子가 말하기를 "仁이란 사람의 본성이니, 본성과 사람을 합하여 말하면 道이다.〔仁也者 人也 合而言之 道也〕"라고 하였다.

85) 大하면서……변화시킨다 : 浩生不害가 樂正子는 어떤 사람인지 묻자, 孟子가 善人이며 信人이라고 하였다. 다시 善과 信에 대해 묻자, 맹자가 말하기를 "누구나 하고자 하는 것을 善이라 하고, 善을 자기 몸에 소유하는 것을 信이라 하고, 善을 행하여 가득 채우는 것을 美라 하고, 美가 가득 차서 그 빛이 드러난 것을 大라 하고, 大하면서 자연스럽게 자신을 변화시키는 것을 聖이라 하고, 聖하여 남들이 알 수 없는 것을 神이라 한다. 악정자는 두 가지(善·信)의 중간이요, 네 가지(神·聖·大·美)의 아래이다.〔可欲之謂善 有諸己之謂信 充實之謂美 充實而有光輝之謂大 大而化之之謂聖 聖而不可知之之謂神 樂正子 二之中 四之下也〕"라고 한 데서 나왔다.(≪孟子≫ 〈盡心 下〉)

이러한 경지에 있었으니, 자연스럽게 자신을 변화시켰다면 바로 仲尼와 같은 경지이다. "앞에 있다."라는 것은 거기에 미치지 못한 것이고, "뒤에 있다."라는 것은 지나친 것이다. 이 過·不及은 매우 미묘하여 오직 안자만이 스스로 알았고, 다른 사람들은 그 경지에 이르지 못하였다. "우뚝하다."라는 것은 聖人이 서 있는 곳이니, 안자는 그곳을 보았으나 단지 거기까지 이르지 못했을 뿐이다.86)

大而化之는 只是謂理與己一이라 其未化者는 如人操尺度(도)量物하여 用之에 尙不免有差나 若至於化者는 則己便是尺度요 尺度便是己라 顔子正在此하니 若化則便是仲尼也라 在前은 是不及이요 在後는 是過之라 此過不及甚微하여 惟顔子自知하고 他人不與라 卓爾는 是聖人立處니 顔子見之나 但未至爾라

104. 사물에 이르러 이치를 궁구하는 것은 천하의 사물을 모두 궁구하려는 것이 아니라 단지 한 가지 일에서 끝까지 궁구하는 것이니, 그 나머지는 유형에 따라 미루어나갈 수 있다. 孝를 말할 경우에는 효를 행하는 원리가 무엇인가를 궁리하는 것이다. 만약 한 가지 일에서 궁구할 수 없으면 또 다른 한 가지 일을 궁구하되, 쉬운 것을 먼저 하기도 하고, 어려운 것을 먼저 하기도 하여 각자 사람에 따라 深淺을 달리한다. 예컨대 천 갈래 만 갈래 길이 모두 수도로 갈 수 있지만 한 길을 얻어서 들어가면 되는 것이다. 이치를 궁구할 수 있는 것은 만물이 모두 한 가지 이치이기 때문이니, 하나의 물건과 하나의 일은 비록 사소하더라도 모두 이 이치가 있다.

格物窮理는 非是要盡窮天下之物이요 但於一事上窮盡이니 其他可以類推라 至如言孝하얀 其所以爲孝者如何를 窮理①라 如一事上窮不得이어든 且別窮一事호되 或先其易(이)者하고 或先其難者하여 各隨人深淺이라 如千蹊萬徑이 皆可適國이나 但得一道入得便可라 所以能窮者는 只爲萬物皆是一理니 至如一物一事는 雖小라도 皆有是理라

86) 앞에……뿐이다 : ≪論語≫ 〈子罕〉에 "顔淵이 탄식하며 말하였다. '〈夫子의 道〉는 우러러볼수록 더욱 높고, 뚫고 들어갈수록 더욱 견고하며, 바라보면 앞에 있다가 홀연히 뒤에 있다. 夫子께서는 차근차근 사람을 잘 인도하여 文으로써 나의 지식을 넓혀주고 禮로써 나의 행동을 단속해주셨다. 〈공부를〉 그만두고자 해도 그만둘 수 없어 이미 나의 재주를 다하였더니, 서 있는 바가 우뚝함이 있는 듯하였다. 그래서 그곳으로 가고자 하였지만 말미암을 길이 없었다.〔仰之彌高 鑽之彌堅 瞻之在前 忽焉在後 夫子循循然善誘人 博我以文 約我以禮 欲罷不能 旣竭吾才 如有所立卓爾 雖欲從之 末由也已〕'"라고 한 데서 나왔다.

① 어떤 판본에는 이 두 글자(窮理)가 없다.
一無此二字.

105. 敬은 본래 텅 비고 고요하지만, 텅 비고 고요한 것을 가지고 敬이라고 부를 수는 없다. 敬에 마음을 두면 자연히 간략함을 행하니, 만약 간략함에 마음을 두고서 간략함을 행한다면[87] 이는 간략함이 아니라 단지 마음을 둔 것이 하나의 '簡'자에 너무 치중한 것이다.

敬則自虛靜이나 不可把虛靜喚做敬이라 居敬則自然行簡이니 若居簡而行簡이면 却是不簡이요 只是所居者已剩一簡字라

106. "은밀한 데 물러나 간직한다."[88]라고 하였는데, '密'은 用의 근원이며 聖人의 신묘한 곳이다.

退藏於密이라한대 密은 是用之源이요 聖人之妙處라

107. 聖人의 道는 河圖와 洛書 같은 경우 처음에는 단지 획 위에서 의미를 드러냈는데, 후세 사람은 重卦[89]를 만들고 또 풀이하는 말을 달아놓았으나, 그 의미를 구하여 반드시 그 이치를 터득하지는 못하였다. ≪春秋≫에 대해서는 옳은 것을 옳다고 하고 그른 것을 그르다고 한 사람이 당시에도 몇 명에 불과할 따름이었다. 배우는 자는 다른 책을 보지 말고 단지 ≪춘추≫를 보아야 道를 극진히 할 수 있다.

聖人之道는 如河圖洛書는 其始엔 止於畫上便出義한대 後之人은 既重卦하고 又繫辭나 求之에 未必得其理라 至如春秋하야 是其所是하고 非其所非가 不過只是當年數人而已라 學者는 不觀他

---

87) 敬에……행한다면 : 孔子가 "雍(仲弓)은 南面하게 할 만하다."라고 하였다. 중궁이 子桑伯子에 대해 물으니, 공자가 "그가 남면할 수 있는 것은 간략하기 때문이다.〔可也簡〕"라고 하였다. 중궁이 "敬에 마음을 두고서 간략함을 행하여 백성에 임한다면 괜찮지 않겠습니까? 그러나 간략함에 마음을 두고서 간략함을 행하면 너무 간략한 것이 아니겠습니까?〔居敬而行簡 以臨其民 不亦可乎 居簡而行簡 無乃大簡乎〕"라고 하자, 공자가 "雍의 말이 옳다."라고 하였다.(≪論語≫ 〈雍也〉)

88) 은밀한……간직한다 : ≪周易≫ 〈繫辭傳 上〉에 보인다.

89) 重卦 : 三爻로 이루어진 小成卦를 중첩하여 六爻로 이루어진 大成卦로, 六十四卦를 말한다.

書하고 只觀春秋라야 亦可盡道라

108. 사물의 이치는 반드시 궁구해야 하니, 하늘이 높고 땅이 깊은 이유와 귀신이 숨었다 나타나는 이유를 말하는 것과 같다. 만약 하늘은 높고 땅은 깊다고만 말하고서 말을 마치면 다시 무슨 의미가 있겠는가.

物理는 須是要窮하니 若言天地之所以高深과 鬼神之所以幽顯이라 若只言天只是高와 地只是深하고 只是已辭면 更有甚이리오

109. 敬하면 극복할 사욕이 없으나, 처음 공부할 적에는 네 가지를 끊어야 한다.90)

敬則無己可克이나 ①始則須絶四②라

① 어떤 판본에는 '學者之'자가 있다.
一有學者之字.
② 어떤 판본에는 '去'자가 있다.
一有去字.

110. 사람의 몸에 형체가 있지만 반드시 그 형체의 주인이 될 수 있는 것은 아니다. 예컨대 어떤 사람이 사로잡혀 끌려가게 되면 그가 처하는 바를 따르게 되어 자신은 관여할 수 없는 점이 있다. 그러나 마음만은 三軍의 군중일지라도 빼앗을 수 없다. 만약 마음을 전일하게 하여 주인이 될 수 없으면 다시 무엇이 있겠는가.

人之身有形體나 未必能爲主라 若有人爲繫虜將去하면 隨其所處하여 已有不得與也라 唯心은 則三軍之衆不可奪也라 若幷心做主不得이면 則更有甚이리오

111. 伯夷와 柳下惠의 행실91)이 반드시 孟子가 말한 것과 같지는 않았을 것이다. 또한

90) 네……한다 : ≪論語≫ 〈子罕〉에 "孔子는 네 가지의 마음이 전혀 없었으니, 사사로운 생각이 없었고, 기필하는 마음이 없었고, 집착하는 마음이 없었고, '나'라고 하는 사사로운 의식이 없었다.〔子絶四 毋意 毋必 毋固 毋我〕"라고 하였다.

91) 伯夷와……행실 : ≪孟子≫ 〈萬章 下〉에 "伯夷는 눈으로 나쁜 빛을 보지 않으며, 귀로 나쁜 소리를

孔子가 "〈백이와 숙제는〉 남이 옛날에 저지른 잘못을 염두에 두지 않았다. 이 때문에 원망하는 사람이 드물었다."92)라고 한 것에서 백이의 도량을 알 수 있다. 가령 백이의 청렴함이 이미 이와 같은데, 또한 남이 옛날에 저지른 잘못을 염두에 두었다면 결국에는 돌을 끌어안고 강물에 빠졌을 것이다. 맹자가 말한 것은 단지 미루어 말한 것이니, 반드시 이와 같은 데 이르지는 않았을 것이다.

柳下惠

그러나 聖人이 道에 있어 그 시초를 방비하는 것은 이와 같이 엄격하지 않을 수 없다. 이와 같이 방비하여도 오히려 지나친 데로 흘러간 자들이 있었다. 백이와 유하혜의 행동이 〈정도를 벗어남이〉 그치지 않는다면 그 귀결은 반드시 맹자가 논한 바에 이를 것이다. 백이는 성인의 매우 청렴한 부분이고, 유하혜는 성인의 매우 조화로운 부분이며,93) 성인은 그것을 겸하여 그때그때 드러냈다. 청렴과 조화가 어찌 치우친 데에만 그치는가. 백이와 유하혜의 유파는

듣지 않고, 제대로 된 임금이 아니면 섬기지 않으며, 제대로 된 백성이 아니면 부리지 않아서, 세상이 다스려지면 벼슬에 나아가고 혼란하면 물러나, 잘못된 정사가 나오는 곳과 잘못된 백성이 사는 곳에는 차마 거처하지 못하며, 鄕人과 함께 거처하는 것을 생각하되, 마치 朝服을 입고 朝冠을 쓰고서 塗炭에 앉은 듯이 여겼다. 紂의 시대를 만나자, 北海의 바닷가에 살면서 천하가 맑아지기를 기다렸다. 그러므로 백이의 풍도를 들은 자들은 완악한 자가 청렴해지고 나약한 자가 의지를 세우게 되었다. …… 柳下惠는 더러운 임금을 섬기는 것을 부끄러워하지 않으며, 작은 벼슬을 사양하지 않으며, 벼슬에 나아가면 어짊을 숨기지 않아 반드시 그 도리로써 하며, 벼슬길에서 버림을 받아도 원망하지 않으며, 곤궁을 당해도 근심하지 않으며, 鄕人과 함께 거처하여도 유유하게 차마 떠나지 못하여, 말하기를 '너는 너이고, 나는 나이니, 네가 비록 내 옆에서 웃통을 벗거나 벌거벗더라도 어찌 나를 더럽힐 수 있겠느냐.'라고 하였다. 그러므로 유하혜의 풍도를 들은 자들은 비루한 이가 너그러워지고 야박한 자가 돈후해졌다."라고 하였다.

92) 남이……드물었다 : 孔子가 말하기를 "伯夷와 叔齊는 남이 옛날에 저지른 잘못을 염두에 두지 않았다. 이 때문에 원망하는 사람이 드물었다.〔伯夷叔齊 不念舊惡 怨是用希〕"라고 하였다.(≪論語≫〈公冶長〉)

93) 백이는……부분이며 : ≪孟子≫ 〈萬章 下〉에 "伯夷는 聖人 중에서 청렴한 분이요, 伊尹은 聖人 중에서 道를 自任한 분이요, 柳下惠는 聖人 중에서 조화를 실천한 분이요, 孔子는 聖人 중에서 그때에 맞게 하신 분이다.〔伯夷 聖之淸者也 伊尹 聖之任者也 柳下惠 聖之和者也 孔子 聖之時者也〕"라고 하였다.

반드시 폐해가 있다. 墨子의 道에 비록 尙同[94]과 兼愛의 설이 있으나, 그 책을 보면 또한 이웃의 자식을 형의 자식처럼 여기는 데 이르지는 않았다. 그러나 그 유파는 반드시 이런 지경에 이르렀을 것이다. 伊尹을 말할 적에는 처음에 밭이랑 사이에서 농사를 짓다가 다섯 번 湯임금에게 나아가고 다섯 번 桀에게 나아갔으며,[95] 세 번 초빙하자 뜻을 바꾸어 탕임금을 따랐다고 하였으니,[96] 어찌 그때그때 알맞게 한 것이 아니겠는가. 그런 뒤에 세상에 나와 보고 천하 사람들을 깨우치는 것으로 자기의 임무를 삼은 것이다.[97] 그러므로 성인 중에서 도를 자임한 인물로 여긴 것이다.

夷惠之行이 未必如此라 且如孔子言不念舊惡怨是用希는 則伯夷之度量을 可知라 若使伯夷之淸旣如此한대 又使念舊惡이면 則除是抱石沈河라 孟子所言은 只是推而言之니 未必至如此라 然聖人於道에 防其始는 不得不如是之嚴이라 如此而防이라도 猶有流者라 夷惠之行이 不已어든 其流는 必至於孟子所論이라 夷는 是聖人極淸處요 惠는 聖人極和處요 聖人은 則兼之而時出之라 淸和가 何止於偏이리오 其流는 則必有害라 墨子之道에 雖有尙同兼愛之說이나 然觀其書컨대 亦不至於視隣之子猶兄之子하니 蓋其流는 必至於此라 至如言伊尹하얀 始在畎畝라가 五就湯하고 五就桀하며 三聘에 幡然而從하니 豈不是時리오 然後來見其以天下自任이라 故로 以爲聖人之任이라

112. 소리에 數가 있다.

聲數라

113. 經書를 통해 이치를 궁구한다.

---

94) 尙同 : 천하가 어지러운 이유는 사람들의 의견이 서로 다르기 때문이니, 이를 하나로 통일해야 한다는 주장이다. ≪墨子≫의 편명이기도 하다.

95) 다섯……나아갔으며 : ≪孟子≫ 〈告子 下〉에 보인다.

96) 세……하였으니 : ≪孟子≫ 〈萬章 上〉에 보인다.

97) 그런……것이다 : ≪孟子≫ 〈萬章 下〉에 "伊尹이 말하기를 '누구를 섬긴들 임금이 아니며, 누구를 부린들 백성이 아니겠는가?'라고 하여, 세상이 다스려져도 벼슬에 나아가고 혼란하여도 벼슬에 나아가서 말하기를 '하늘이 이 사람을 낳은 것은 먼저 안 사람으로 하여금 뒤에 아는 사람을 깨우치게 하며, 먼저 깨달은 사람으로 하여금 뒤늦게 깨닫는 사람을 깨우치게 한 것이다. 나는 하늘이 낸 사람 중에 먼저 깨달은 자이니, 내 장차 이 道로써 이 사람들을 깨우치게 할 것이다.'라고 하였다. 천하의 백성 중에 匹夫·匹婦라도 堯舜의 은택을 받지 못한 사람이 있으면 마치 자기가 구렁텅이로 밀어 넣은 것처럼 생각하였으니, 그는 천하의 중책을 자임하였던 것이다."라고 하였다.

由經窮理라

114. “인위적으로 힘쓰지 않아도 道에 맞으며, 억지로 생각하지 않아도 자득한다.”98) 라는 것은 인위적으로 힘써서 도에 맞으며 억지로 생각하여 터득하는 것과 어찌 차등만 있을 뿐이겠는가. 서로 간의 거리가 현격하다. 인위적으로 힘쓰지 않아도 도에 맞는 것은 항상 도에 맞는 것이고, 억지로 생각하지 않아도 자득하는 것은 항상 자득하는 것이다. 이른바 “자연스럽게 道에 맞는다.”라는 것은 다른 사람의 관점에서 말한 것이다. 인위적으로 힘쓰지 않고 억지로 생각하지 않는 자는 道에서 행하니, 어찌 도에 맞고 맞지 않음을 말할 필요가 있겠는가.

인위적으로 힘쓰지 않고 억지로 생각하지 않는 것에는 또한 大小와 深淺이 있다. 작은 才藝에도 인위적으로 힘쓰지 않고 억지로 생각하지 않는 경우가 있다. 이른바 “하루에 한 번이나 한 달에 한 번 仁에 이르는 것”99)과 오랫동안 지속하여 그치지 않는 것은 보이는 면모는 대략 비슷하나 그 의미와 기상은 매우 다르다. 침잠하여 묵묵히 이해하며 완색하기를 오래하면 거의 자득할 수 있을 것이다. 배우는 자가 聖人을 배우지 않는다면 모르겠지만, 성인을 배우려고 한다면 모름지기 성인의 기상을 익숙하게 완미해야지, 명분상에서만 이해해서는 안 된다. 이와 같다면 단지 문자만을 강론하는 것이다.

不勉而中하며 不思而得은 與勉而中하며 思而得과 何止有差等이리오 直是相去懸絶이라 不勉而中은 卽常中이요 不思而得은 卽常得이라 所謂從容中道者는 指他人所見而言之라 若不勉不思者는 自在道上行하니 又何必言中不中이리오 不勉不思엔 亦有大小深淺이라 至於曲藝하야도 亦有不勉不思者라 所謂日月至焉과 與久而不息者는 所見規模가 雖略相似나 其意味氣象은 逈別이라 須潛心默識하며 玩索久之면 庶幾自得이라 學者不學聖人則已어니와 欲學之어든 須熟玩味①聖人之②氣象이요 不可只於名上理會라 如此어든 只是講論文字라

---

98) 인위적으로……자득한다 : ≪中庸≫에 “誠은 하늘의 道이고, 자신을 誠하게 하는 것은 사람의 도이다. 誠은 인위적으로 힘쓰지 않아도 저절로 도에 적중하며, 억지로 생각하지 않아도 도를 자득하여 자연스럽게 도에 들어맞는 것이니 聖人의 경지이고, 자신을 誠하게 하는 것은 善을 택하여 그것을 굳게 잡는 것이다.〔誠者 天之道也 誠之者 人之道也 誠者 不勉而中 不思而得 從容中道 聖人也 誠之者 擇善而固執之者也〕”라고 하였다.

99) 하루에……것 : ≪論語≫ 〈雍也〉에 “孔子가 말하기를 ‘顔回는 그 마음이 3개월 동안 仁을 어기지 않았고, 그 나머지 사람들은 하루에 한 번, 한 달에 한 번 仁에 이를 뿐이다.’라고 하였다.”라고 하였다.

① 어떤 판본에는 '味'자가 없다.
一無味字.
② 어떤 판본에는 '之'자가 없다.
一無之字.

115. "하늘과 땅의 化育을 돕는다."[100]라는 것은 사람의 입장에서 말한 것이다. 자기의 性을 극진히 하는 것으로부터 남의 性을 극진히 하는 것에 이른 뒤에 하늘과 땅의 화육을 도울 수 있고, 天地와 더불어 그런 데에 참여할 수 있으니, 사람이 性을 극진히 하여 나아간 경지가 이와 같음을 말한 것이다. 만약 至誠일 뿐이면 다시 논할 필요가 없다. 이른바 "사람의 마음이 天地의 마음이다."[101]라는 것과 "하늘이 듣고 보는 것이 우리 백성이 듣고 보는 것으로부터 한다."[102]라는 것은 단지 하나의 이치일 뿐이라고 말하지만, 하늘과 사람이 하는 바는 각각 절로 분수가 있다.

贊天地之化育은 **自人而言之**라 **從盡其性**으로 **至盡物之性**하고 **然後可以贊天地之化育**하고 **可以與天地參矣**니 **言人盡性所造如此**라 **若只是至誠**이면 **更不須論**이라 **所謂人者天地之心**과 **及天聰明自我民聰明**은 **止謂只是一理**나 **而天人所爲**는 **各自有分**이라

116. 浩然之氣는 그것을 기르는 일에 각각 점진적인 순서가 있으니, 호연지기가 天地에 꽉 차는 데 이르는 것은 반드시 義를 축적한 뒤에 그 지경에 이른다. 어떤 일을 행하고서 마음에 만족스럽지 않은 것은 단지 우환을 방비하는 방술일 뿐이니, 모름지기 義를 축적하여야 호연지기가 능히 생겨난다.

浩然之氣는 **所養各有漸**이니 **所以至於充塞天地**는 **必積而後至**라 **行不慊於心**은 **止是防患之術**이니 **須是集義**라야 **乃能生**이라

---

100) 하늘과……돕는다 : ≪中庸≫에 "오직 천하에 지극히 誠한 분이어야 능히 자기의 본성을 극진히 할 수 있으니, 자기의 본성을 극진히 하면 능히 남의 본성을 극진히 할 수 있으며, 능히 사람의 본성을 극진히 하면 능히 다른 생물의 본성을 극진히 할 수 있으며, 능히 다른 생물의 본성을 극진히 하면 하늘과 땅의 化育을 도울 수 있으며, 하늘과 땅의 화육을 도울 수 있으면 天地와 더불어 참여할 수 있다.〔唯天下至誠 爲能盡其誠 能盡其誠 則能盡人之性 能盡人之性 則能盡物之性 能盡物之性 則可以贊天地之化育 可以贊天地之化育 則可以與天地參矣〕"라는 데서 나왔다.

101) 사람의……마음이다 : ≪禮記≫ 〈禮運〉에 보인다.

102) 하늘이……한다 : ≪書經≫ 〈虞書 皐陶謨〉에 보인다.

117. "〈그에게 천하를 주더라도〉 하루아침도 차지할 수 없다."[103]라는 것은 孟子 시대에 큰 인륜이 어지러워져 임금이 신하의 말을 듣고 아버지가 아들의 말을 들어 걸핏하면 임금을 시해하고 아버지를 시해하여 변란이 일어나니, 이 점이 하루아침도 그 자리를 차지할 수 없는 것이다. 그러나 魯나라에 三桓[104]이 있어 齊나라와 다를 바가 없었는데, 어찌하여 노나라가 한 번 변화하면 道에 이른다고 하였는가?[105] 노나라는 周公의 법을 따르지 않았을 뿐이지만, 제나라는 太公의 법이 이미 무너져 후대에 법을 만든 것이 이미 구차하였고, 그 말세에 이르러서는 그 법마저도 무너져 어지러움이 노나라보다 심하였다. 그러므로 임금을 시해한 것이 또한 노나라보다 앞섰다.

孔子가 노나라에서 벼슬살이한 것은 〈道를 행하는〉 조짐을 보여주기 위해서였으니,[106] 道를 행할 만한 곳을 얻어서 도를 행한 것이다. 예컨대 陳恒이 자기 임금을 시해하자 공자가 토벌하기를 청한 것[107]은 한 가지 일이 바르게 되면 온갖 일은 자연히 그만둘 수 없기 때문이다. ≪春秋左氏傳≫에 "魯나라의 군대를 〈진항을 따르지 않는〉 齊나라 백성의 절반에 보탠다."[108]라고 하였는데, 이는 공자가 토벌을 청한 계책이 아니다. 이와 같다면 공자는 단지 힘을 다툴 바를 기다린 것이다. 설령 그의 말이 행해지더라도 또한 위에는 天子가 있고 아래에는 方伯이 있으니, 모름지기 함께 모의한 뒤에 행해야 한다.

---

103) 하루아침도……없다 : ≪孟子≫ 〈告子 下〉에 "지금의 道를 말미암아 지금의 풍속을 바꿈이 없다면 비록 그에게 천하를 주더라도 하루아침도 차지할 수 없을 것이다.〔由今之道 無變今之俗 雖與之天下 不能一朝居也〕"라고 하였다.

104) 三桓 : 춘추시대 魯나라 大夫인 孟孫氏·叔孫氏·季孫氏로, 桓公의 자손이므로 三桓이라 일컬었다.

105) 노나라가……하였는가 : ≪論語≫ 〈雍也〉에 "齊나라가 한 번 변화하면 魯나라의 경지에 이르고, 노나라가 한 번 변화하면 道에 이를 것이다.〔齊一變 至於魯 魯一變 至於道〕"라고 하였다.

106) 孔子가……위해서였으니 : ≪孟子≫ 〈萬章 下〉에 萬章이 "공자는 어째서 魯나라를 떠나지 않으셨습니까?"라고 묻자, 孟子가 말하기를 "〈道를 행하는〉 조짐을 보여주기 위해서였으니, 조짐이 도를 족히 행할 수 있는데도 도가 행해지지 않은 뒤에야 떠나셨다.〔爲之兆也 兆足以行矣 而不行而後去〕"라고 하였다.

107) 陳恒이……것 : B.C. 481년 齊나라 大夫인 陳恒이 제나라 임금인 簡公을 시해하자, 孔子가 魯나라 哀公에게 그를 토벌할 것을 청하였다.(≪論語≫ 〈憲問〉, ≪春秋左氏傳≫ 哀公 14年)

108) 魯나라의……보탠다 : ≪春秋左氏傳≫ 哀公 14년 조에 齊나라 大夫인 陳恒이 제나라 임금인 簡公을 시해하자, 孔子가 魯나라 哀公에게 그를 토벌할 것을 청하였다. 애공이 그 방법을 묻자, 공자가 말하기를 "진항이 그 임금을 시해하였으니, 백성 중에 그와 함께하지 않는 자가 절반이 됩니다. 魯나라 군대를 제나라 백성의 절반에 보태면 승리할 수 있습니다."라고 하였다.

不可一朝居者는 孟子之時에 大倫亂하여 若君聽於臣하고 父聽於子하여 動則弑君弑父하여 須著變하니 是不可一朝居也라 然이나 魯有三桓하여 無以異齊나 何以魯一變至於道아 魯는 只是不修周公之法이나 齊는 旣壞太公之法하여 後來立法이 已是苟且요 及其末世하얀 幷其法又壞하여 亂甚於魯라 故로 其弑亦先於魯라 孔子之仕於魯는 所①以爲之兆니 得可爲處便爲라 如陳恒弑其君하여 孔子請討는 一事正이면 則百事自已不得이라 傳言以魯之衆加齊之半이라한대 此非孔子請討之計②라 如此면 則孔子只待去角力이라 借使言行이라도 亦上有天子하고 下有方伯하니 須謀而後行이라

① 〈所는〉 어떤 판본에는 '欲'으로 되어 있다.
一作欲.
② 〈計는〉 어떤 판본에는 '意'로 되어 있다.
一作意.

118. ≪禮記≫에 "나(孔子)는 싸우면 이기고, 제사 지내면 복을 받으니, 대개 그 道를 얻었기 때문이다."109)라고 하였으니, 이 말은 지극히 평범하고 얕은 말이다. 孔子는 참으로 이와 같을 수 있었겠지만 다만 그 기상을 보건대 聖人의 말씀답지 않다.

禮에 我는 戰則克하고 祭則受福하니 蓋得其道라하니 此語는 至常淺이라 孔子固能如此나 但觀其氣象컨대 不似聖人之言이라

119. 일찍이 三代 이후의 역사를 살펴보건대, 本朝에는 古今을 초월한 다섯 가지 일이 있다. 백 년 동안 내란이 없었고, 네 분의 聖君110)이 백 년 동안 다스렸고, 天命을 받은 날 시장에서는 진열한 물건을 바꾸지 않았고, 백 년 동안 대신을 주살한 적이 없었고, 至誠으로 오랑캐를 대하였다. 이는 모두 충후함과 염치로써 기강을 삼았기 때문이니, 그러므로 능히 이와 같을 수 있었다. 대개 밝은 임금이 기틀을 열어서 규모가 저절로 다른 것이다.

嘗觀自三代而後컨대 本朝有超越古今者五事라 如百年無內亂하고 四聖百年하고 受命之日에

109) 나는……때문이다 : ≪禮記≫ 〈禮器〉에 孔子가 한 말로 나온다.
110) 네……聖君 : 960년부터 1062년까지 재위했던 宋나라 太祖, 太宗, 眞宗, 仁宗을 가리킨다.

市不易肆하고 百年未嘗誅殺大臣하고 至誠以待夷狄이라 此皆大抵以忠厚廉恥로 爲之綱紀니 故로 能如此라 蓋睿主開基하여 規模自別이라

120. 大綱이 바르지 않으면 온갖 조목이 곧 문란해진다. 唐나라의 治道는 尙書省111)에 맡겨두었는데, 六官과 비슷하나 다만 법이 갖추어지지 않았다. 후세에는 宇文氏의 周나라112)만 한 나라가 없으니, 그 官名과 法度는 조금 볼 만한 점이 있다. 隋 文帝의 법은 비록 조금 잘된 점이 있으나, 모두 臆斷에서 나온 것이다. 오직 이와 같았기 때문에 나라를 유지한 것이 수십 년일 뿐이었다.

大綱不正이면 萬目卽紊이라 唐之治道는 付之尙書省한대 近似六官이나 但法不具也라 後世無如宇文周하니 其官名法度는 小有可觀이라 隋文之法은 雖小有善處라도 然皆出於臆斷이라 惟能如是라 故로 維持得數十年이라

121. "宋나라에 운석을 떨어뜨렸다."라는 것은 허공에서 응결하여 떨어진 것이고, "여섯 마리의 바닷새가 바람에 밀려 뒤로 날아갔다."라는 것은 거꾸로 날아간 것이다.113) 거꾸로 날아간 것은 반드시 어떤 기운이 그것을 몰아간 것이다. 이와 같은 일은 모두 기이한 일이다. 그러므로 기록한 것이다. 대저 ≪春秋≫에 災異를 기록한 것은 모두 하늘과 사람이 響應한 것이니, 그것을 불러오는 방도가 있다. 예컨대 운석이 송나라에 떨어졌는데 "운석을 떨어뜨렸다.〔隕石〕"라고 말하였고, 夷伯의 사당이 벼락을 맞았는데 "이백의 사당에 벼락을 내렸다.〔震夷伯之廟〕"114)라고 말하였으니, 이는 하늘이 그들에게 향응한 것이다. 다만 사람이 얕고 좁은 견해를 가지고 향응이 없다고 여기지만 실제로

---

111) 尙書省 : 唐나라의 官制는 三省六部 체제로, 中書省·門下省·尙書省과 吏·戶·禮·兵·刑·工의 六部로 이루어졌다. 행정실무를 담당하는 상서성 아래에 6부가 있고, 상서성의 左·右僕射가 각 부를 총괄하였다.

112) 宇文氏의 周나라 : 남북조시대 宇文覺이 西魏를 대신해 세운 北周를 가리킨다.

113) 宋나라에……것이다 : ≪春秋左氏傳≫ 僖公 16년 조에 "정월 초하루 戊申日 宋나라에 운석을 떨어뜨린 것이 다섯 개였다. 이 달에 여섯 마리의 바닷새가 바람에 밀려 뒤로 날아 송나라 도성을 지나갔다.〔正月戊申朔 隕石于宋五 是月 六鷁退飛 過宋都〕"라고 하였다.

114) 이백의……내렸다 : ≪春秋左氏傳≫ 僖公 15년 조에 "그믐 己卯日에 夷伯의 사당에 벼락을 내렸다.〔己卯晦 震夷伯之廟〕"라고 하였다. 夷伯은 魯나라 대부 展氏의 조부이다.

는 모두 향응한 것이다. 그러나 漢나라 儒者들이 災異를 말한 것은 모두 억지로 끌어다 붙여 믿을 것이 못 된다. 유자는 이를 보고서 모두 폐기하였다.

隕石於宋은 自空凝結而隕이요 六鷁退飛는 倒逆飛也라 倒逆飛는 必有氣驅之也라 如此等은 皆是異事也라 故書之라 大抵春秋所書災異는 皆天人響應이니 有致之之道라 如石隕於宋而言隕石하고 夷伯之廟震而言震夷伯之廟하니 此天應之也라 但人以淺狹之見으로 以爲無應하나 其實은 皆應之라 然이나 漢儒言災異는 皆牽合不足信이니 儒者見此하여 因盡廢之라

122. 기린은 和氣가 불러오는 것이다. 그러나 춘추시대에 기린이 나타남이 있었던 것은 어찌 하늘의 氣에 감응한 것이겠는가. 이와 같은 것을 어찌 구별할 수 있겠는가. 聖人이 태어난 것 또한 天地가 교감하여 五行의 빼어난 기운이 성인을 낳은 것이다. 전국시대로 넘어가는 시기에 孔子를 낳은 것이 어찌 괴이하겠는가. 그런데 하물며 기린을 낳은 것이야 말할 나위가 있겠는가. 성인은 기린이 출현한 것이 제때가 아니었기 때문에 느끼는 바가 있었으니, 성인이 태어난 것이 때를 얻지 못한 것과 같다.

麟은 乃和氣所致라 然이나 春秋之時有者는 何以爲應天之氣리오 豈可如此間別이리오 如聖人之生도 亦天地交感하여 五行之秀가 乃生聖人이라 當戰國之際하여 生孔子가 何足怪리오 況生麟아 聖人爲其出非其時라 故有感이니 如聖人生不得時라

123. 孔子는 기린을 보고 느끼는 바가 있어 ≪春秋≫를 지었다. 그런데 혹자는 그렇지 않다고 여기니, 어째서인가? ≪춘추≫는 기린을 보고 느끼는 바가 있어 지어졌다고 해도 무방하다. 그러나 기린이 나타나지 않았더라도 어찌 ≪춘추≫를 짓지 않았겠는가. 공자의 생각은 대개 평소에 있었던 것인데, 이 한 가지 일을 인하여 지은 것이다. 그러므로 ≪춘추≫를 완성하였을 적에 다시 이 일로써 끝을 맺은 것이다. 대저 발단처가 있어야 하니, 예컨대 八卦를 그린 것은 河圖와 洛書을 본 것을 인한 것이지만 과연 하도와 낙서가 없었더라도 八卦는 또한 만들어졌을 것이다.

孔子는 感麟而作春秋라 或謂不然하니 如何오 曰 春秋는 不害感麟而作이라 然이나 麟不出이나 春秋를 豈不作이리오 孔子之意는 蓋亦有素한대 因此一事하여 乃作이라 故로 其書之成에 復以此終이라 大抵須有發端處하니 如畫八卦는 因見河圖洛書나 果無河圖洛書라도 八卦亦須作이라

西狩獲麟

124. "한 차례 陰하고 한 차례 陽함을 道라고 한다."[115]라고 하였으니, 이 이치는 참으로 깊어서 말하려 하면 말할 수가 없다. 한 차례 陰하고 한 차례 陽하는 까닭이 道이니, 이미 氣라고 말하면 곧 둘이 된다. 열리고 닫힘을 말하면 이미 감응한 것이니, 둘이 되면 곧 감응함이 있다. 열리고 닫히는 까닭은 道이고, 열리고 닫힘은 곧 陰陽이다. 老氏가 "텅 비어 氣를 낳는다."[116]라고 말한 것은 옳지 않다. 陰陽과 열리고 닫힘은 본디 先後가 없으니, 오늘 陰이 있고 내일 陽이 있다고 말할 수 없다. 마치 사람에게 형체와 그림자가 있는 것과 같으니, 대개 형체와 그림자는 동시에 움직인다. 오늘 형체가 있고 내일 그림자가 있다고 말할 수 없으니, 있으면 다 같이 있는 것이다.

一陰一陽之謂道라하니 此理固深하여 說則無可說이라 所以陰陽者가 道이니 既曰氣면 則便是① 二라 言開闔이면 已②是感이니 既二면 則便有感이라 所以開闔者는 道요 開闔은 便是陰陽이라 老氏言虛而生氣는 非也라 陰陽開闔은 本無先後하니 不可道今日有陰하고 明日有陽이라 如人有

---

115) 한……한다 : ≪周易≫ 〈繫辭傳 上〉에 "한 차례 陰하고 한 차례 陽함을 道라고 하니, 그 도를 계승하는 것이 善이요, 그 도를 이룩한 것이 性이다.〔一陰一陽之謂道 繼之者善也 成之者性也〕"라고 하였다.

116) 텅……낳는다 : 이 구절은 ≪道德經≫에 보이지 않는다. 아마도 ≪도덕경≫에 "천하의 만물은 有에서 생겨나고, 有는 無에서 생겨난다.〔天下萬物生於有 有生於無〕"라고 한 것을 말하는 듯하다.

形影하니 蓋形影一時라 不可言今日有形하고 明日有影이니 有便齊有라

① 〈是는〉 어떤 판본에는 '有'로 되어 있다.
一作有.

② 〈已는〉 어떤 판본에는 '便'으로 되어 있다.
一作便.

125. "寂然히 動하지 않다가 감응하여 마침내 〈천하의 일에〉 통한다."117)라고 하였으니, 이는 이미 사람의 분수 위의 일을 말한 것이다. 만약 道를 논한다면 온갖 이치가 모두 갖추어져 있으니, 감응하고 감응하지 않음을 다시 말하지 않는다.

寂然不動이라가 感而遂通이라하니 此已言人分上事라 若論道면 則萬理皆具하니 更不說感與未感이라

126. 中和는 사람의 분수 위에서 말한다면 喜怒哀樂이 아직 발하지 않은 것과 이미 발한 것을 말한다.118) 만약 中和를 극진히 하면 天理에 통달하여 곧 하늘은 높고 땅은 낮은 것119)과 만물이 化育되는 道를 볼 수 있으니,120) 이것이 앎을 극진히 하는 것〔致知〕121)이다.

中和는 若只於人分上言之면 則喜怒哀樂未發既發之謂也라 若致中和면 則是達天理하여 便見得天尊地卑와 萬物化育之道하니 只是致知也라

---

117) 寂然히……통한다 : ≪周易≫ 〈繫辭傳 上〉에 "易은 생각이 없고 作爲함이 없어 寂然히 動하지 않다가 감응하여 마침내 천하의 일에 통하니, 천하의 지극히 신묘한 자가 아니면 그 누가 여기에 참여하겠는가.〔易 无思也 无爲也 寂然不動 感而遂通天下之故 非天下之至神 其孰能與於此〕"라고 하였다.

118) 中和는……말한다 : ≪中庸≫에 "喜怒哀樂이 아직 발하지 않은 것을 中이라 하고, 희로애락이 발하여 절도에 맞은 것을 和라고 한다. 中이라는 것은 천하의 큰 근본이고, 和라는 것은 천하의 두루 통하는 도이다.〔喜怒哀樂之未發 謂之中 發而皆中節 謂之和 中也者 天下之大本也 和也者 天下之達道也〕"라고 하였다.

119) 하늘은……것 : ≪周易≫ 〈繫辭傳 上〉에 "하늘은 높고 땅은 낮으니 건괘와 곤괘가 정해지고, 낮고 높은 것이 베풀어지니 귀하고 천한 것이 자리를 잡게 된다.〔天尊地卑 乾坤定矣 卑高以陳 貴賤位矣〕"라고 하였다

120) 中和를……있으니 : ≪中庸≫에 "中和를 극진히 하면 하늘과 땅이 제자리를 잡고 만물이 길러진다.〔致中和 天地位焉 萬物育焉〕"라고 하였다.

121) 앎을……것 : ≪大學≫에 보인다.

127. 은밀한 것을 찾고 괴이한 것을 행하는 것은 지나친 것이고, 중도에 그만두는 것은 미치지 못하는 것이고, 알아주지 않아도 후회하지 않는 것은 中이다.[122]

素隱行怪는 是過者也요 半塗而廢는 是不及也요 不見知不悔는 是中者也라

128. 中은 치우치지 않은 것이니, 치우치면 中이 아니다. 庸은 늘 그러한 것이다. 이는 中은 大中이고 庸은 定理라고 말하는 것과 같다. 定理는 천하의 변치 않는 이치이니, 이는 經이다. 孟子는 "떳떳한 道를 회복한다.〔反經〕"[123]라고 말했을 뿐이지만, 中이 그 사이에 있다.

中者는 只是不偏이니 偏則不是中이라 庸은 只是常이라 猶言中者是大中也요 庸者是定理也라 定理者는 天下不易之理也니 是經也라 孟子只言反經이나 中在其間이라

129. ≪中庸≫이라는 책은 孔門에서 전수하여 子思와 孟子에게서 이루어진 것이다. 그 책은 비록 잡다하게 기록하였으나, 다시 精粗를 구분하지 않고서 한결같이 말하였다. 오늘날 道를 말할 적에는 대부분 고상한 것을 말하면 곧 비속한 것을 빠뜨리고, 근본을 말하면 곧 말단을 빠뜨린다.

中庸之書는 是孔門傳授하여 成於子思孟子라 其書雖是雜記나 更不分精粗하여 一衮說了라 今之語道에 多說高면 便遺却卑하고 說本이면 便遺却末이라

130. "小人이 中庸을 하는 것은 소인으로서 거리낌이 없는 것이다."[124]라고 하였는데,

---

122) 은밀한……中이다 : ≪中庸≫에 "孔子가 말하였다. '은밀한 것을 찾고 괴이한 것을 행하는 짓을 후세에 일컫는 사람이 있으니, 나는 그런 짓을 하지 않는다. 君子가 道를 따라 행하다가 중도에 그만두니, 나는 그만둘 수가 없다. 군자는 中庸에 의지해 세상에 숨어서 알려지지 않더라도 후회하지 않으니, 오직 성스러운 분만 능히 그것을 한다.'〔子曰 素隱行怪 後世有述焉 吾弗爲之矣 君子遵道而行 半塗而廢 吾弗能已矣 君子依乎中庸 遯世不見知而不悔 唯聖者能之〕"라고 한 데서 나왔다.

123) 떳떳한……회복한다 : ≪孟子≫ 〈盡心 下〉에 "君子는 떳떳한 道를 회복할 뿐이니, 떳떳한 도가 바르게 되면 많은 사람이 善에 흥기하고, 많은 사람이 선에 흥기하면 사특한 무리가 없어질 것이다.〔君子反經而已矣 經正 則庶民興 庶民興 斯無邪慝矣〕"라고 한 데서 나왔다.

124) 小人이……것이다 : ≪中庸≫에 "君子가 中庸을 행하는 것은 군자로서 그때그때 중도에 맞게 하는 것이며, 小人이 중용을 하는 것은 소인으로서 거리낌이 없는 것이다.〔君子之中庸也 君子而時中 小人之

小人에게 다시 무슨 중용이 있겠는가. '反'자 하나가 빠진 것이다. 소인은 義理를 주로 하지 않으니 거리낌이 없다. 거리낌이 없는 것은 중용에 반대로 하는 것이다. 또한 그 마음이 두렵고 삼가면서도 중도에 맞지 않는 경우도 있으니, 이 또한 중용에 반대로 하는 것이다. 惡에 淺深이 있다고 말하는 것은 괜찮으나, 그것을 中庸이라고 하는 것은 불가하다.

小人之中庸은 小人而無忌憚也라한대 小人更有甚中庸이리오 脫一反字라 小人不主於義理니 則無忌憚이라 無忌憚은 所以反中庸也라 亦有其心畏謹而不中하니 亦是反中庸이라 語惡有淺深則可커니와 謂之中庸則不可라

131. "天命을 알았다."[125]라는 것은 天理에 통달한 것이다. "반드시 天命을 받는다."[126]라는 것은 그 報應을 얻은 것이다. 命은 하늘이 부여하는 것이니, 命令의 命과 같다. 하늘의 보응은 모두 그림자와 메아리 같아서 그 보답을 얻는 것이 한결같은 이치이고, 그 보답을 얻지 못하는 것은 한결같은 이치가 아니다. 그러나 세밀하게 미루어 나가면 모름지기 보응이 있는데, 단지 사람이 좁고 얕은 견해로 그것을 구하고서 바로 어긋난다고 말한다. 天命은 바꿀 수 없다. 그러나 바꿀 수 있는 것이 있으니, 오직 덕이 있는 자라야 능히 할 수 있다. 예컨대 修養이 수명을 연장하는 것과 대대로 복을 누리는 사람이 하늘에 영원한 命을 기원하는 것과 보통 사람이 聖賢에 이르는 것이 모두 이 방법이다.

知天命은 是達天理也라 必受命은 是得其應也라 命者는 是天之所賦與니 如命令之命이라 天之報應은 皆如影響하여 得其報者가 是常理也요 不得其報者는 非常理也라 然而細推之면 則須有報應이나 但人以狹淺之見으로 求之하고 便謂差且라 天命은 不可易也라 然이나 有可易者하니 惟有德者라야 能之라 如修養之引年과 世祚之祈天永命과 常人之至於聖賢이 皆此道也라

中庸也 小人而無忌憚也〕"라고 하였다.

125) 天命을 알았다 : ≪論語≫ 〈爲政〉에 孔子가 "50세에 天命을 알았다.〔五十而知天命〕"라고 한 것을 말한다.

126) 반드시……받는다 : ≪中庸≫에 "그러므로 큰 덕을 가진 분은 반드시 天命을 받는다.〔故大德者必受命〕"라고 하였다.

132. 傅說을 꿈에서 본 일[127]은 부열이 高宗에 감응하고 고종이 부열에 감응한 것이다. 고종은 聖賢을 얻기만을 생각하였으니, 반드시 성현이어야 그의 감응에 응할 수 있었다. 만약 부열이 성현이 아니었다면 서로 감응하지 않았을 것이다. 마치 요즘 사람들이 점을 칠 적에 蓍草는 손에 있고, 일은 미래에 있고, 吉凶은 서책에 있는데, 마지막에는 세 가지가 반드시 합치되는 것과 같다. 가령 서책의 말이 이치에 맞지 않으면 저절로 징험하지 않는다.

夢說(열)之事는 是傅說之感高宗하고 高宗感傅說이라 高宗은 只思得聖賢之人하니 須是聖賢之人이라야 方始應其感이라 若傅說非聖賢이면 自不相感이라 如今人卜筮할새 蓍在手하고 事在未來하고 吉凶在書策한대 其卒에 三者가 必合矣라 使書策之言이 不合於理면 則自不驗이라

133. 隕石은 種子가 없으니, 氣를 종자로 삼는다. 기린도 종자가 없으니, 또한 氣가 변화한 것이다. 맨 처음 사람을 낳은 것도 이와 같다. 바닷가의 드러난 모래톱과 같은 데에는 온갖 벌레, 날짐승과 길짐승, 풀과 나무가 종자가 없이도 생겨나니, 이는 오히려 사람이 볼 수 있는 것이다. 바다 가운데 섬이 점차 커져서 사람이 미칠 수 없는 곳에서도 종자가 없는 사람이 그 사이에서 태어나지 않으리라는 것을 어찌 알겠는가. 그러나 이미 人類가 있다면 氣化한 사람은 반드시 없는 것이다.

隕石은 無種이니 種於氣라 麟亦無種이니 亦氣化라 厥初生民도 亦如是라 至如海濱露出沙灘하야 便有百蟲禽獸草木이 無種而生하니 此猶是人所見이라 若海中島嶼稍大하여 人不及者에도 安知其無種之人이 不生於其間이리오 若已有人類면 則必無氣化之人이라

134. 匹夫의 至誠이 天地에 감응하는 것은 참으로 이러한 이치가 있다. 그러나 鄒衍의 설[128]과 같은 것은 너무 심하다. 한여름에도 감응하여 한기를 느끼며 떠는 일은 있으나, 이치를 벗어난 일은 없다. 여름이 겨울로 바뀌어 눈과 서리를 내리게 하는 것과 같

127) 傅說을……일 : 武丁이 꿈에서 聖人을 만났는데, 이름이 說이라고 하였다. 이에 傅險에서 노역 중이던 열을 찾아내어 만나보자 과연 성인이었다. 그를 재상으로 삼으니 殷나라가 크게 다스려졌다. 부험이라는 지명을 따서 姓을 삼아 傅說이라고 불렀다.(≪史記≫ 卷3 〈殷本紀〉)

128) 鄒衍의 설 : ≪論衡≫ 〈感虛〉에 "鄒衍이 아무런 죄가 없이 燕나라에 구금되었는데, 여름 5월에 하늘을 우러러 탄식하자 하늘에서 서리가 내렸다.〔鄒衍無罪 見拘於燕 當夏五月 仰天而歎 天爲隕霜〕"라고 하였다.

은 일은 이러한 이치가 없다.

匹夫至誠이 感天地는 固有此理라 如鄒衍之說은 太甚이라 只是盛夏感而寒慄則有之나 理外之事則無라 如變夏爲冬降雪霜은 則無此理라

135. "〈浩然之氣는〉 義와 道에 배합한다."129)라는 것은 곧 體와 用이니, 道는 體이고 義는 用이다. 배합한다는 것은 합하는 것이니, 氣는 참으로 형체가 있는 것이므로 합한다고 말한 것이다. 氣는 義를 축적하여 생겨나는 것인데 도리어 義에 배합한다고 말하였으니, 예컨대 쇠로 그릇을 만드는데 그릇이 완성되면 쇠그릇이라고 지목해도 괜찮은 것과 같다.

配義與道는 卽是體用이니 道是體요 義是用이라 配者는 合也니 氣儘是有形體라 故言合이라 氣者는 是積義所生者인대 却言配義하니 如以金爲器한대 旣成이면 則目爲金器라도 可也라

136. 天地 사이에는 모두 상대가 있으니, 陰이 있으면 陽이 있고, 善이 있으면 惡이 있다. 君子와 小人의 氣는 항상 정체되어 모두 군자로 태어나는 것은 불가하다. 단지 천하의 六分이 군자면 천하가 다스려지고, 六分이 소인이면 천하가 어지러우며, 七分이 군자면 천하가 크게 다스려지고, 七分이 소인이면 천하가 크게 어지럽다. 이와 같으니 堯·舜의 세상이라도 소인이 없을 수 없다. 대개 요·순의 시대에는 예악과 법도로써 사람들을 인도해 善으로 나아가게 하였으니, 그 道를 극진히 하였을 따름이다. 그러나 "집집마다 봉할 만한 인재가 있었다."130)라고 말한 것은 요·순의 교화가 있어서 비록 악을 행하고자 하여도 그 악을 이룰 수 없었기 때문이다. 비록 요·순의 시대라도 그 집안에는 어그러진 기운이 또한 朱와 均131)을 낳았고, 조정에는 四凶132)이 있어 오래

---

129) 義와……배합한다 : ≪孟子≫ 〈公孫丑 上〉에서 浩然之氣에 대해 말하며 "이 浩然之氣는 義와 道에 배합하니, 이것이 없으면 줄어든다.〔其爲氣也 配義與道 無是 餒也〕"라고 하였다.

130) 집집마다……있었다 : 교화가 널리 미쳐 집집마다 봉할 수 있을 만큼 인재가 많다는 뜻으로, ≪漢書≫ 〈王莽傳〉에 "요순 시대에는 집집마다 봉할 만한 인재가 있었다.〔唐虞之時 可比屋而封〕"라고 하였고, ≪論衡≫ 〈率性傳〉에는 "요·순의 백성은 집집마다 봉할 만하였고, 桀·紂의 백성은 집집마다 죽일 만하였다.〔堯舜之民 可比屋而封 桀紂之民 可比屋而誅〕"라고 하였다.

131) 朱와 均 : 堯임금의 아들인 丹朱와 舜임금의 아들인 商均을 가리킨다.

132) 四凶 : 舜임금 때의 네 惡人으로, 共工·驩兜·三苗·鯀이다.

도록 제거하지 못했다.

天地之間엔 皆有對하니 有陰則有陽하고 有善則有惡이라 君子小人之氣는 常停하여 不可都生君子라 但六分君子則治하고 六分小人則亂하며 七分君子則大治하고 七分小人則大亂이라 如是하니 則①堯舜之世라도 不能無小人이라 蓋堯舜之世는 只是以禮樂法度로 驅而之善하니 盡其道而已라 然이나 言比屋可封者는 以其有教하여 雖欲爲惡이라도 不能成其惡이라 雖堯舜之世라도 然於其家엔 乖戾之氣가 亦生朱均하고 在朝엔 則有四凶하여 久而不去라

① 어떤 판본에는 이 세 글자(如是則)가 없고 '雖'자로 되어 있다.
一無此三字, 作雖字.

137. 陰陽을 떠나서는 다시 道가 없으니, 陰하고 陽하는 까닭이 바로 道이다. 陰陽은 氣이다. 氣는 形而下이고, 道는 形而上이다. 形而上은 은밀하다.

離了陰陽하얀 更無道하니 所以陰陽者가 是道也라 陰陽은 氣也라 氣는 是形而下者요 道는 是形而上者라 形而上者는 則是密也라

138. 얽히고설키는 것은 陰陽의 감응이다.

絪縕은 陰陽之感이라

139. 志는 氣의 장수이다. 만약 浩然之氣를 논한다면 무엇이 志가 되겠는가? 志가 그 주인이 되어야 능히 호연지기를 생겨나게 한다. 志는 지극한 것이고, 氣가 그다음이니, 절로 先後가 있다.133)

志는 氣之帥라 若論浩然之氣면 則何者爲志아 志爲之主라야 乃能生浩然之氣라 志至焉이요 氣次焉이니 自有先後라

140. 의사가 이치에 이르지 못하면 처방하고 약을 논할 적에 그 성질을 극진히 하지 못

133) 志는……있다 : ≪孟子≫ 〈公孫丑 上〉에 "志는 氣의 장수요, 氣는 몸에 가득 차 있는 것이니, 志가 지극한 것이고, 氣가 그다음이다.〔夫志 氣之帥也 氣 體之充也 夫志至焉 氣次焉〕"라고 하였다.

하여 단지 약물에 따라 치료할 줄만 알고, 약재를 조합한 뒤에 그 성질이 또한 어찌될지를 알지 못한다. 가령 訶子134)는 황색이고 白礬135)은 백색인데, 그것을 합하면 흑색이 된다. 흑색이 되면 황색과 백색은 모두 없어진다. 예컨대 一과 二가 합하면 三이 되는데, 三이 되면 一과 二가 없어지며, 분리하여 一과 二로 나뉘면 三이 없어진다. 이미 三이 되었는데 또 一과 二를 구하고, 흑색이 되었는데 또 황색과 백색을 구한다면 이는 물건의 성질을 알지 못한 것이다. 옛사람이 사물의 이치를 끝까지 궁구할 적에는 맛을 보고 냄새를 맡고 색을 분별하여 무엇을 무엇에 합하면 어떤 성질이 되는지를 알았다. 하늘에는 五氣136)가 있다. 그러므로 모든 생물은 五性을 갖추지 않음이 없으니, 그중 한 가지에 처하여도 나머지 네 가지를 가지고 있다. 草木의 경우 누런 것은 土의 성질을 얻은 것이 많고, 흰 것은 金의 성질을 얻은 것이 많다.

醫者가 不詣理면 則處方論藥에 不盡其性하여 只知逐物所治하고 不知合和之後에 其性又如何라 假如訶(가)子黃하고 白礬(반)白한대 合之而成黑이라 黑見이면 則黃白皆亡이라 又如一二合而爲三한대 三見이면 則一二亡하고 離而爲一二면 則三亡이라 既成三한대 又求一與二하고 既成黑한대 又求黃與白이면 則是不知物性①이라 古之人이 窮盡物理엔 則食其味하고 嗅其臭하고 辨其色하여 知其某物合某면 則成何性이라 天有五氣라 故로 凡生物은 莫不具有五性하니 居其一而有其四라 至如草木也하얀 其黃者는 得土之性多요 其白者는 得金之性多라

① 〈性은〉 어떤 판본에는 '理'로 되어 있다.
一作理.

141. 宗子法이 없어졌어도 후세의 譜牒에는 아직 遺風이 남아 있었는데, 보첩도 없어지고 나자 사람들은 자신이 유래한 곳을 알지 못하여 백 년 된 집안이 없어지고 골육은 계통이 없어졌으니, 비록 至親이라도 은혜가 박해졌다.

宗子法廢라도 後世譜牒엔 尚有遺風한대 譜牒又廢하여 人家不知來處하여 無百年之家하고 骨肉無統하니 雖至親이라도 恩亦薄이라

---

134) 訶子 : 訶梨勒의 열매로, 성질이 따뜻하여 설사·이질·곽란 등에 쓴다.
135) 白礬 : 明礬石을 가공하여 만든 결정으로, 약재로 쓴다. 성질이 차고 독성이 있다.
136) 五氣 : 五行의 氣인 金·木·水·火·土를 말한다.

142. 옛사람이 학문을 하는 것은 쉬웠다. 8세부터 小學에 들어가고 15세에 太學에 들어가며, 勺舞를 추고 象舞를 추며,[137] 絃歌[138]가 있어서 그의 귀를 기르고, 干羽[139]를 추어 그의 氣血을 기르고, 禮義가 있어서 그의 마음을 길렀다. 또한 급박할 때에는 부드러운 가죽을 차고 느긋할 때는 활시위를 차며, 閭巷을 드나들 적에 귀로 듣고 눈으로 보는 것은 政事를 베푸는 데 미쳤다. 이와 같이 하면 그르고 편벽된 마음이 말미암아 들어올 바가 없다. 오늘날의 배우는 자들은 단지 義理로써 그의 마음을 기를 뿐이다.

古人爲學은 易(이)라 自八歲로 入小學하고 十五에 入大學하며 舞勺舞象하며 有絃歌以養其耳하고 舞干羽以養其氣血하고 有禮義以養其心이라 又且急則佩韋하고 緩則佩絃하며 出入閭巷에 耳目視聽은 及政事之施라 如是면 則非僻之心이 無自而入이라 今之學者는 只有義理以養其心이라

143. 河北에서는 鯤의 제방만 보일 뿐, 禹의 제방은 없다. 곤은 홍수의 물길을 막았기 때문에 功이 없다.[140] 우는 물길을 인도하였을 뿐이다.

河北엔 只見鯀隄요 無禹隄라 鯀堙(인)洪水라 故無功이라 禹는 則導之而已라

144. 五祀[141]는 先王의 법전이 아니고, 모두 후세 무당의 말인 듯하니, 보답은 그 중요한 점을 빠뜨린 것이다. 井은 사람들이 중요하게 여기는 것이고, 行은 宁廊이니, 그 공이 얼마나 되겠는가.

五祀는 恐非先王之典이요 皆後世巫祝之①言이니 報則遺其重者라 井은 人所重이요 行은 宁廊

---

137) 勺舞를……추며 : ≪禮記≫ 〈內則〉에 "13세에 樂을 배우고, 詩를 외우고, 勺舞를 추며, 成童이 되면 象舞를 추고 활쏘기와 말 몰기를 배운다.〔十有三年 學樂誦詩舞勺 成童 舞象學射御〕"라고 하였다. 勺舞는 文舞이고, 象舞는 武舞이다.

138) 絃歌 : 거문고와 비파 등을 연주하며 詩歌를 읊는 것이다.

139) 干羽 : 干戚舞와 羽旄舞를 말한다. 간척무는 방패와 도끼를 손에 쥐고 추는 춤으로 武舞이고, 우모무는 꿩 깃과 쇠꼬리를 손에 쥐고 추는 춤으로 文舞이다.(≪周禮≫ 〈春官 樂師〉)

140) 곤은……없다 : ≪書經≫ 〈洪範〉에 "옛날 鯤이 홍수의 물길을 막아 그 오행을 어지럽혔다.〔在昔鯀陻洪水 汨陳其五行〕"라고 하였다.

141) 五祀 : 五祀는 첫째 ≪禮記≫ 〈祭法〉에서 말한 司命・中溜・國門・國行・公厲가 있고, 둘째 ≪禮記≫ 〈曲禮 下〉에서 말한 사계절 제사인 戶・竈・中霤・門・行이 있고, 셋째 민간에서 전해지는 戶・竈・中霤・門・井이 있는데, 뒤에 井과 行을 언급한 것으로 보아 둘째와 셋째를 가리키는 듯하다.

也니 其功이 幾何리오

① 〈巫祝은〉 어떤 판본에는 '誣祀'로 되어 있고, '之'자가 없다. '誣'는 '淫'으로도 되어 있다.
一作誣祀, 無之字. 誣又作淫.

145. 비록 庶人이라도 반드시 제사는 高祖까지 지낸다. 天子와 諸侯에 비교하면 자주 지내고 드물게 지내는 차이가 있을 뿐이다.

雖庶人이라도 必祭及高祖라 比至天子諸侯하면 止有疏數(삭)耳라

146. 무릇 물체가 흩어지는 것은 그 氣가 드디어 다하는 것이니, 다시 본원으로 돌아가는 이치는 없다. 天地 사이는 큰 용광로와 같아서 비록 살아있는 것이라도 녹아서 또한 다하는데, 하물며 이미 흩어진 氣가 어찌 다시 존재함이 있겠는가. 천지의 조화가 또한 어찌 이 이미 흩어진 氣를 쓰겠는가. 그 조화는 스스로 氣를 생겨나게 하는 것이다. 예컨대 바다의 潮水는 해가 뜨면 물이 마르니, 이는 조수가 밀려가는 것이다. 바닷물이 마른 것은 이미 없어진 것이다. 달이 뜨면 조수가 생겨나지만, 이는 이미 말라버린 물이 장차 조수가 되는 것이 아니다. 이것이 氣의 終始이다. 開闔은 곧 ≪周易≫의 "한 차례 닫고 한 차례 여는 것을 變이라고 한다."142)라는 것이다.

凡物之散은 其氣遂盡이니 無復歸本原之理라 天地間은 如洪鑪하여 雖生物이라도 銷鑠亦盡이온 況旣散之氣가 豈有復在리오 天地造化가 又焉用此旣散之氣리오 其造化者는 自是生氣라 至如海水潮하얀 日出則水涸하니 是潮退也라 其涸者는 已無也라 月出則潮水生也나 非却是將已涸之水爲潮라 此是氣之終始라 開闔은 便是易一闔一闢謂之變이라

147. 전해진 기록의 말은 그 말을 터득해도 그 마음을 터득하지 못하면 반드시 해로움이 있다. 비록 孔子의 문하생일지라도 이러한 근심이 있었다. 공자가 "昭公은 禮를 알았

---

142) 한……한다 : ≪周易≫ 〈繫辭傳 上〉에 "문을 닫는 것을 坤이라 하고, 문을 여는 것을 乾이라 하고, 한 차례 닫고 한 차례 여는 것을 變이라 하고, 끝없이 왕래하는 것을 通이라 하고, 드러나는 것을 象이라 하고, 형체를 이루는 것을 器라 하고, 만들어 쓰는 것을 法이라 하고, 드나드는 데 이롭게 하여 백성들이 모두 사용하는 것을 神이라 한다.〔闔戶謂之坤 闢戶謂之乾 一闔一闢謂之變 往來不窮謂之通 見乃謂之象 形乃謂之器 制而用之謂之法 利用出入 民咸用之謂之神〕"라고 하였다.

다."라고 말하자, 巫馬期가 〈陳나라 司敗의 말을〉 공자에게 고한 경우143)와 같다. 당시 공자는 진나라 사패의 질문에 답하지 않을 수 있었지만, 굳이 말을 한 것은 무마기가 돌아와 아뢰고자 하는 생각을 갖추어 놓은 것이니, 공자가 바야흐로 "만일 잘못이 있으면 남들이 반드시 아는구나."라고 한 것이다. 대개 공자가 진나라 사패에게 대답한 의도를 무마기도 알았고 진나라 사패도 알았을 것이다.

또 예컨대 "伯夷와 柳下惠 모두 옛날의 聖人이다."144)라고 한 경우, 만약 聖之淸과 聖之和를 말하지 않고 바로 백이와 유하혜를 성인이라고 하였다면 어찌 해로움이 있지 않겠는가. 또 예컨대 孟子가 '放勳曰'145)이라고 한 경우, 마땅히 '堯曰'이라고 해야 하지만 기록을 전한 자가 放勳으로 추숭해 堯의 號로 삼아 이에 '放勳曰'이라고 일컬은 것이다. 또 예컨대 "들으면 곧 실천해야 합니까?"146)라고 한 경우, 만약 公西赤이 질문하여 仲由와 冉有에게 답한 말과 비교함을 인하지 않고 바로 이 한 구절만을 믿었다면 어찌 해로움이 있지 않겠는가.

---

143) 공자가……경우 : 陳나라 司敗가 "〈魯나라〉 昭公은 禮를 아는 분입니까?"라고 묻자, 孔子가 "예를 아는 분입니다."라고 하였다. 공자가 물러가자, 사패가 巫馬期에게 "군자는 偏黨을 하지 않는다고 들었는데, 군자도 편당을 하는가? 노나라 임금이 吳나라에 장가들었으니, 同姓이 된다. 〈그 사실을 숨기기 위해〉 부인을 吳孟子라고 부르니, 노나라 임금이 예를 안다면 누가 예를 알지 못하겠는가."라고 하였다. 무마기가 이것을 공자에게 고하자, 공자가 "나는 다행이구나. 만일 잘못이 있으면 남들이 반드시 그것을 아는구나."라고 하였다.(≪論語≫ 〈述而〉)

144) 伯夷와……聖人이다 : ≪孟子≫ 〈公孫丑 上〉에서 公孫丑가 伯夷·伊尹에 대해 묻자, 孟子가 "道가 같지 않으니, 섬길 만한 군주가 아니면 섬기지 않으며 부릴 만한 백성이 아니면 부리지 않아서 세상이 다스려지면 나아가고 어지러워지면 물러간 이는 伯夷였다. '어느 분을 섬긴들 나의 군주가 아니며, 누구를 부린들 나의 백성이 아니겠는가.' 하며 세상이 잘 다스려져도 나아가고 어지러워져도 나아간 이는 伊尹이었다. 벼슬할 만하면 벼슬하고, 그만둘 만하면 그만두며, 오래 머물 만하면 오래 머물고, 빨리 떠나갈 만하면 빨리 떠나간 이는 孔子이니, 모두 옛 聖人이다."라고 하였고, 〈萬章 下〉에서는 "伯夷는 聖人 중에서 청렴한 분이요, 伊尹은 聖人 중에서 道를 自任한 분이요, 柳下惠는 聖人 중에서 和를 실천한 분이요, 孔子는 聖人 중에서 그때에 맞게 하신 분이다."라고 하였다.

145) 放勳曰 : ≪孟子≫ 〈滕文公 上〉에 "放勳이 말씀하시기를 '노고하는 자는 위로하고, 오려 하는 자는 오게 하고, 사특한 자를 바로잡아주고 굽은 자를 곧게 해주며 도와서 세워주고 도와서 행하게 하여 스스로 本性을 터득하게 하고, 또 이어 진작시켜 은혜를 베풀어라.'라고 하셨다.〔放勳曰 勞之來之 匡之直之 輔之翼之 使自得之 又從而振德之〕"라는 구절의 '放勳曰'을 가리킨다.

146) 들으면……합니까 : 子路가 "〈옳은 것을〉 들으면 곧 실천해야 합니까?〔聞斯行諸〕"라고 묻자, 孔子가 "父兄이 계시니, 어찌 들으면 곧 실천할 수 있겠느냐."라고 하였다. 冉有가 "들으면 곧 실천해야 합니까?"라고 묻자, 공자가 "들으면 곧 실천해야 한다."라고 하였다. 公西華가 자로와 염유에게 답한 것이 다른 이유를 공자에게 묻자, 공자가 "求(冉有)는 물러서기 때문에 나아가게 한 것이고, 由(子路)는 남보다 뛰어나기 때문에 물러나게 한 것이다."라고 하였다.(≪論語≫ 〈先進〉)

또 예컨대 ≪맹자≫에 齊나라 왕이 "萬鍾의 녹봉으로 제자를 기르게 하여, 이 일을 나라 사람들이 공경하고 본받게 하려 한다."라고 한 경우,147) 맹자가 어찌 머무를 수 없었겠는가. 다만 時子가 이로움으로써 맹자를 회유하니, 맹자는 그 때문에 "가령 내가 부유하고자 하였다면 十萬鍾을 사양하고 萬鍾을 받는 것, 이것이 부유하고자 하는 것이겠는가."라고 한 것이다. 그 문장을 보면 맹자가 제나라 사람들이 공경하고 본받는 바가 되는 것을 기꺼워하지 않는 듯하나, 모름지기 이로움으로써 회유할 수 없다는 뜻을 알아야 한다.

舜이 부모에게 아뢰지 않고 장가든 것은 모름지기 순의 진의를 알아야 한다. 가령 순이 부모에게 아뢰지 않고 장가들었다면 참으로 그 부친의 완악함 때문에 때를 놓쳐 장가들지 않아서는 불가하기 때문이다. 堯임금이 가서 그것을 다스렸으니, 요임금이 瞽叟에게 명하여 순으로 하여금 장가들게 하였다. 순이 비록 부모에게 아뢰지 않았지만, 요임금이 참으로 고수에게 고한 것이다. 요임금이 고수에게 고한 것은 임금으로써 그것을 다스린 것일 따름이다. 오늘날의 官府에서도 사람들의 사사로운 일을 다스리는 경우가 또한 많다. 그런데 象이 순을 죽이는 것으로 일을 삼으려 한 것은 요임금이 어찌하여 다스리지 않았는가? 대개 상이 순을 죽이려 한 것은 볼 수 있는 자취가 없었으니, 남들이 숨긴 것을 드러내어 다스리는 것은 요임금이 할 일이 아니다.

傳錄言語는 得其言이나 未得其心이면 必有害라 雖孔門이라도 亦有是患이라 如言昭公知禮하고 巫馬期가 告라 時孔子正可①不答其問이나 必更有語言은 具巫馬期欲反命之意니 孔子方言호대 苟有過어든 人必知之라 蓋孔子答을 巫馬期亦知之하고 陳司敗亦知之矣라 又如言伯夷柳下惠皆古聖人也는 若不言淸和하고 便以夷惠爲聖人이면 豈不有害리오 又如孟子言放勳曰은 只當言堯曰이나 傳者가 乘放勳爲堯號하여 乃稱放勳曰이라 又如言聞斯行之는 若不因公西赤有問하여 及仲由爲比하고 便信此一句면 豈不有害리오 又如孟子에 齊王이 欲養弟子以萬鐘하여 此事를 欲國人矜式은 孟子何不可處리오 但時子以利誘孟子하니 孟子故曰 如使予欲富인댄 辭十萬而受萬이 是爲欲富乎아하니라 若觀其文이면 只似孟子不肯爲國人矜式이나 須知不可以利誘之意라 舜不告而

---

147) 맹자에……경우 : 맹자가 벼슬을 내놓고 齊나라를 떠나려 하자, 제나라 왕이 만류하였다. 훗날에 왕이 時子에게 "내가 國中에 孟子의 집을 지어주고 제자들을 萬鍾의 祿으로 길러 여러 大夫들과 나라사람들로 하여금 모두 공경하고 본받게 하고자 하니, 그대는 어찌 나를 위해 말해주지 않는가?"라고 하였다. 시자가 맹자의 제자인 陳子를 통해 그 말을 전하자, 맹자가 "그렇다. 저 시자가 어찌 그것이 불가함을 알겠는가. 가령 내가 부유하고자 하였다면 十萬鍾의 녹을 사양하고 萬鍾의 녹을 받는 것, 이것이 부유하고자 하는 것이겠는가."라고 하였다.(≪孟子≫ 〈公孫丑 下〉)

娶는 須識得舜意라 若使舜便不告而娶면 固不可以其父頑으로 過時不爲娶라 堯去治之하니 堯命瞽使舜娶라 舜雖不告나 堯固告之矣라 堯之告之也는 以君治之而已라 今之(宮)〔官〕148)府에 治人之私亦多라 然而象欲以殺舜爲事는 堯奚爲不治아 蓋象之殺舜은 無可見之迹이니 發人隱慝而治之는 非堯也라

① 〈可는〉 어떤 판본에는 '合'으로 되어 있다.
一作合.

148. ≪春秋≫를 배우는 것은 또한 좋다. 한 구절이 한 가지 일이며, 옳고 그름이 곧 여기에서 드러나니, 이것은 또한 이치를 궁구하는 요점이다. 그러나 다른 經書도 어찌 궁구할 수 없겠는가. 다만 다른 경서는 그 뜻을 논했지만, ≪춘추≫는 그 行事를 인하여 옳고 그름이 비교되어 드러나므로 이치를 궁구하는 데에 요점이 된다. 일찍이 배우는 자들에게 말하기를 "≪論語≫와 ≪孟子≫를 먼저 읽고, 다시 한 경서를 읽은 뒤에 ≪춘추≫를 보아라. 먼저 義理를 알아야 바야흐로 ≪춘추≫를 볼 수 있다."라고 하였다.

≪춘추≫는 무엇으로 기준을 삼는가? ≪中庸≫만 한 것이 없다. ≪중용≫을 알고자 한다면 權道만 한 것이 없으니, 모름지기 그때그때에 맞게 하여야 中이 된다. 만약 손발에 굳은살이 박이도록 돌아다니는 것149)과 문을 닫고 밖으로 나가지 않는 것, 이 두 가지 사이에서 中을 취한다면 그것은 中이 아니다. 만약 손발에 굳은살이 박이도록 돌아다니는 경우라면 그 안에서 中을 행하고, 문을 닫고 밖으로 나가지 않는 경우라면 그 안에서 中을 행해야 한다. '權'이라는 말은 '저울추'라는 뜻이다. 무슨 물건으로 저울추를 삼는가? 義이다. 그러나 단지 義를 말할 뿐이고, 義 이상은 말하기 어려우니, 사람들이 스스로 보는 것을 어떻게 하는가에 달려 있다.

學春秋는 亦善이라 一句是一事요 是非가 便見(현)於此하니 此亦窮理之要라 然他經도 豈不可以窮이리오 但他經은 論其義나 春秋는 因其行事하여 是非較著하니 故窮理爲要라 嘗語學者호되 且先讀論語孟子하고 更讀一經하고 然後에 看春秋라 先識得箇義理라야 方可看春秋라하니라 春秋以

---

148) (宮)〔官〕: 底本에는 '宮'으로 되어 있으나, 一簑古本 및 ≪孟子集註≫ 〈萬章 上〉에서 程子의 말을 인용한 것에 의거하여 '官'으로 바로잡았다.

149) 손발에……것 : ≪列子≫ 〈楊朱〉에 "禹는 자기 집 문 앞을 지나면서도 집에 들어가지 않았다. 신체는 온통 말라 있었고, 손과 발에는 굳은살이 박여 있었다.〔過門不入 身體偏枯 手足胼胝〕"라고 하였다.

何爲準고 無如中庸이라 欲知中庸인댄 無如權이니 須是時而爲中이라 若以手足胼胝(변지)와 閉戶不出로 二者之間에 取中이면 便不是中이라 若當手足胼胝면 則於此爲中하고 當閉戶不出이면 則於此爲中이라 權之爲言은 秤錘之義也라 何物爲權고 義也라 然也只是說得到義요 義以上은 更難說이라 在人自看如何라

149. 사물에 이르는 것〔格物〕은 또한 모름지기 涵養을 축적해야 한다. 예컨대 처음 詩를 배우는 자가 처음에는 반드시 잘하지 못하나, 오래되면 조금씩 정밀해진다. 사람은 예전 그 사람이지만, 그의 식견은 전과 구별된다.

格物은 亦須積累涵養이라 如始學詩者가 其始엔 未必善이나 到悠久하얀 須差精이라 人則只是舊人이나 其見則別이라

150. 이를 바를 알면 마땅히 그곳에 이르고, 마칠 바를 알면 마땅히 그것을 마치는 것150)은 모름지기 앎을 근본으로 삼는다. 앎이 깊어지면 실천이 반드시 지극해지니, 그것을 알면서도 능히 실천할 수 없는 경우는 없다. 알면서도 실천할 수 없는 것은 단지 안 것이 얕기 때문이다. 굶주려도 烏喙151)를 먹지 않고, 사람들이 물과 불을 밟지 않는 것은 그것이 불가함을 알기 때문이다. 사람이 불선한 짓을 하는 것은 알지 못하기 때문이다. 이를 바를 알아 그곳에 이르는 것은 기미를 아는 일이다. 그러므로 더불어 기미를 알 수 있다. 마칠 바를 알아 그것을 마치므로 더불어 義를 보존할 수 있다. 이를 바를 아는 것은 앎을 극진히 하는 것이다. 널리 배우고, 명확히 분변하고, 자세히 질문하고, 신중히 생각하는 것은 모두 앎을 극진히 하는 것이니, 이를 바를 아는 일이다. 독실하게 실천하는 것은 곧 그것을 마치는 것이다.152) 이는 條理를 시작하고 조리를 마

150) 이를……것 : ≪周易≫ 乾卦 〈文言傳〉 九三爻에 "이를 바를 알아 그곳에 이르므로 더불어 기미를 알 수 있고, 마칠 바를 알아 그것을 마치므로 더불어 義를 보존할 수 있다.〔知至至之 可與幾也 知終終之 可與存義也〕"라고 하였다.

151) 烏喙 : 독성이 매우 강한 약재로, 烏頭·附子라고도 한다.

152) 널리……것이다 : ≪中庸≫에 "誠은 하늘의 道이고, 자신을 誠하게 하는 것은 사람의 도이다. 誠은 인위적으로 힘쓰지 않아도 저절로 도에 적중하며, 억지로 생각하지 않아도 도를 자득하여 자연스럽게 도에 들어맞는 것이니 聖人의 경지이고, 자신을 誠하게 하는 것은 善을 택하여 그것을 굳게 잡는 것이다. 〈자신을 誠하게 하는 방법은〉 그것을 널리 배우며, 그것을 자세히 질문하며, 그것을 신중히 사유하며, 그것을 명확히 분변하며, 그것을 독실하게 실천하는 것이다.〔誠者 天之道也 誠之者

치는 것[153]과 같으니, 조리를 시작하는 것을 인하기 때문에 조리를 마칠 수 있는 것이니, 이를 바를 알아 곧 그것을 마칠 수 있는 것과 같다.

知至면 則當至之하고 知終이면 則當遂①終之는 須以知爲本이라 知之深이면 則行之必至니 無有知之而不能行者라 知而不能行은 只是知得淺일새라 饑而不食烏喙(훼)하고 人不蹈水火는 只是知일새라 人爲不善은 只爲不知일새라 知至而至之는 知幾之事라 故로 可與幾라 知終而終之라 故로 可與存義라 知至는 是致知라 博學과 明辨과 審問과 愼思는 皆致知니 知至之事라 篤行은 便是終之라 如始條理終條理하니 因其始條理하여 故能終條理하니 猶知至卽能終之라

① 어떤 판본에는 '遂'자가 없다.
一無遂字.

151. ≪春秋≫는 傳文은 按說이 되고, 經文은 단정하는 말이 된다.

春秋는 傳爲案하고 經爲斷이라

152. 옛날의 학자들은 먼저 經書를 말미암아 義理를 알았으니, 대개 처음 배울 적에 모두 전수받았기 때문이다. 후세의 학자들은 먼저 의리를 알고 비로소 경서를 본다. 예컨대 ≪周易≫의 〈繫辭傳〉은 ≪주역≫을 풀이한 것인데, 요즘 사람들은 ≪주역≫을 보려 할 적에 처음부터 〈계사전〉을 본다.

古之學者는 先由經以識義理하니 蓋始學時에 盡是傳授라 後之學者는 却先須識義理하고 方始看得經이라 如易繫辭는 所以解易인대 今人은 須看了易에 方始看得繫辭라①

① 어떤 판본에는 "옛날 사람들은 스승이 전해준 것을 얻었기 때문에 경서를 인하여 道를 밝혔다. 후세 사람들은 스승이 전해준 것을 잃었기 때문에 道를 밝히지 않으면 경서를 알

人之道也 誠者 不勉而中 不思而得 從容中道 聖人也 誠之者 擇善而固執之者也 博學之 審問之 愼思之 明辨之 篤行之]"라고 한 데서 나왔다.

153) 條理를……것 : ≪孟子≫ 〈萬章 下〉에 "孔子를 集大成이라 하니, 집대성이란 金으로 소리를 울리고 玉으로 거두는 것이다. 金으로 소리를 울린다는 것은 條理를 시작함이요, 玉으로 거둔다는 것은 條理를 마침이니, 條理를 시작하는 것은 智의 일이요, 條理를 마치는 것은 聖의 일이다.[孔子之謂集大成 集大成也者 金聲而玉振之也 金聲也者 始條理也 玉振之也者 終條理也 始條理者 智之事也 終條理者 聖之事也]"라고 한 데서 나왔다.

수 없다."라고 하였다.

一本云 "古之人得其師傳, 故因經以明道. 後世失其師傳, 故非明道, 不能以知經."

153. "〈浩然之氣는〉 지극히 크고 지극히 강하여 정직하다."라고 하고 '지극히 정직하다.〔至直〕'라고 말하지 않았으니, 이는 文勢가 그런 것이다.154) 예컨대 "治世의 음악은 편안하여 즐겁다.", "〈亂世의 음악은〉 원망하여 분노한다."155), "〈분노한 마음이 감응한 소리는〉 거칠어서 사납다.", "〈슬픈 마음이 감응한 소리는〉 애절하여 힘이 없다."156)라는 것이 모두 이러한 유형이다.

至大至剛以直이라하고 不言至直하니 此是文勢라 如治世之音安以樂과 怨以怒와 粗以厲와 噍以殺(쇄)가 皆此類라

154. 義理를 이해하는 것을 만약 한결같이 서책에만 의지한다면 어떻게 마음가짐이 편안하고 힘입는 것이 깊어질 수 있겠는가. 그러면 자신을 잃을 뿐만 아니라 아울러 남도 그르치게 된다.

解義理를 若一向靠書冊이면 何由得居之安資之深이리오 不惟自失이요 兼亦誤人이라

155. 治道는 또한 근본을 따라 말한 것이 있고, 또한 일을 따라 말한 것이 있다. 근본을 따라 말한다면 오직 임금의 그릇된 마음을 바로잡아 임금의 마음을 바르게 하여 조정을 바르게 하고, 조정을 바르게 하여 백관을 바르게 하는 것이다. 일을 따라 말한다면 구제하지 않으면 그만이지만, 만약 구제해야 한다면 반드시 변화시켜야 하니, 크게 변화시키면 크게 이롭고, 작게 변화시키면 작게 이롭다.

---

154) 지극히……것이다 : ≪孟子≫ 〈公孫丑 上〉에 보인다. 程子는 "至大至剛以直"을 한 句로 보았고, 朱子는 "至大至剛"까지를 한 句로 보고, '以直'을 뒤에 붙여 해석하였다.

155) 治世의……분노한다 : ≪禮記≫ 〈樂記〉에 "治世의 음악은 편안하여 즐거우니, 그 정사가 화평하기 때문이고, 亂世의 음악이 원망하여 분노하니, 그 정사가 어그러졌기 때문이다.〔治世之音 安以樂 其政和 亂世之音 怨以怒 其政乖〕"라고 하였다.

156) 거칠어서……없다 : ≪禮記≫ 〈樂記〉에 "슬픈 마음이 감응한 것은 그 소리가 애절하여 힘이 없고,……그 분노한 마음이 감응한 것은 그 소리가 거칠어서 사납다.〔其哀心感者 其聲噍以殺……其怒心感者 其聲粗以厲〕"라고 하였다.

治道는 亦有從本而言하고 亦有從事而言이라 從本而言인댄 惟從格君心之非하여 正心以正朝廷하고 正朝廷以正百官이라 若從事而言인댄 不救則已어니와 若須救之면 必須變이니 大變則大益이요 小變則小益이라

156. 배우는 자가 말이 고상한 것을 좋아하는 것은 마치 가난한 사람이 금을 설명할 적에 누런 색깔을 말하고 단단하면서도 부드러운 성질을 말하는 것과 같다. 그의 말이 옳지 않다고 말하는 것은 또한 불가하지만, 이는 우스울 따름이다. 부유한 사람이 이렇게 금을 설명하는 것은 일찍이 보지 못하였다.

學者好語高는 正如貧人說金할새 說黃色하고 說堅軟이라 道他不是又不可하니 只是好笑라 不曾見富人說金如此라

157. 仲尼는 ≪論語≫에서 '神'자를 말한 적이 없다. 단지 ≪周易≫에서 부득이하여 몇 군데에서 말했을 뿐이다.

仲尼는 於論語中에 未嘗說神字하니 只於易中에 不得已言數處而已라

158. 마음을 주재함이 있으면 텅 비고, 마음을 주재함이 없으면 가득 차서 반드시 일삼는 바가 있게 된다.

有主則虛하고 無主則實하여 必有所事라

159. 物의 이치로 物을 대하고, 나의 생각으로 物을 대해서는 안 된다.

以物待物하고 不可以己待物이라

160. 옛날에 이른바 "支子는 제사를 지내지 않는다."[157]라고 한 것은 오직 宗子로 하여금 사당을 세워 제사를 주관하게 하였기 때문이다. 支子는 비록 제사를 지낼 수 없지

157) 支子는……않는다 : ≪禮記≫ 〈王制〉에 보인다.

만, 재계하여 그 성의를 지극히 하는 점에서는 제사를 주관하는 자와 다를 것이 없다. 제사에 참여할 수 있으면 몸소 일을 집행하고, 제사에 참여할 수 없으면 물건으로 돕는다. 다만 따로 사당을 세우고 신위를 만들어 제사를 지내지 않을 뿐이다. 후세에 宗子를 세우려 하면 마땅히 이러한 의리를 따라야 하니, 비록 제사를 지내지 않더라도 심정이 또한 편안할 수 있다. 만약 宗子를 세우지 않고 제사를 없애려고만 한다면 단지 게으른 심지를 키우는 것이니, 支子로 하여금 제사를 지내게 하는 것이 제사를 지내지 않는 것보다는 낫다.

古所謂支子不祭者는 惟使宗子立廟하여 主之而已라 支子는 雖不得祭나 至於齋戒하여 致其誠意하얀 則與主祭者로 不異라 可與면 則以身執事하고 不可與면 則以物助라 但不別立廟爲位行事而已라 後世如欲立宗子면 當從此義니 雖不祭라도 情亦可安이라 若不立宗子하고 徒欲廢祭면 適是長惰慢之志니 不若使之祭가 猶愈於已也라

161. 眞元의 氣는 氣가 말미암아 생겨나는 것이다. 外氣와 서로 섞이지 않고, 단지 外氣로써 함양할 따름이다. 이는 마치 물고기가 물에 있는 것과 같으니, 물고기의 性命은 물이 만드는 것이 아니라 단지 물로써 함양해야만 물고기가 이에 살아갈 수 있는 것이다. 사람이 天地의 氣 속에 있는 것은 물고기가 물속에 있는 것과 다름이 없다. 음식으로 사람을 기르는 것은 모두 外氣가 함양하는 道이다. 들어오고 나가는 숨결은 열렸다 닫히는 기미일 따름이다. 나가는 숨결은 들어오는 氣가 아니다. 다만 眞元은 스스로 氣를 생겨나게 하니, 들어오는 氣는 단지 숨이 닫힐 때가 되어 따라서 들어오는 것이지, 이 氣를 빌려서 眞元을 돕는 것은 아니다.

眞元之氣는 氣之所由生이라 不與外氣로 相雜이요 但以外氣로 涵養而已라 若魚在水하니 魚之性命은 非是水爲之요 但必以水涵養하여 魚乃得生爾라 人居天地氣中은 與魚在水로 無異라 至於飮食之養하얀 皆是外氣涵養之道라 出入之息者는 闔闢之機而已라 所出之息은 非所入之氣라 但眞元은 自能生氣하니 所入之氣는 止當闔時하여 隨之而入이요 非假此氣以助眞元也라

162. 옛날에는 8세에 小學에 들어가고 15세에 太學에 들어갔는데, 그 재주를 가려 가르칠 만한 자는 모으고, 불초한 자는 농촌으로 돌려보냈다. 대개 士와 農은 業을 바꾸지 않았으니, 이미 태학에 들어가면 농사를 짓지 않았다. 그러한 뒤에 士와 農이 나뉘

었다. 士가 재학할 때의 給養은 士大夫의 자식이라면 급양이 없는 것을 염려하지 않았고, 庶人의 자식이라도 학교에 들어가면 또한 반드시 급양이 있었다. 옛날의 士는 15세에 입학하여 40세에 이르러 비로소 벼슬하였으니, 중간에 자연히 25년의 배움이 있었다. 또한 추구할 만한 이익이 없었으니, 지향한 바를 알 수 있었다. 모름지기 善으로 나아가 곧 이로부터 德을 이루었다. 후세 사람들은 어린 시절부터 이미 급급하게 이익을 추구하는 생각이 있으니, 어떻게 善으로 향할 수 있겠는가. 그러므로 옛사람은 반드시 40세에 벼슬하게 하였으니, 그러한 뒤에야 지향이 정해지기 때문이다. 衣食을 경영하는 것만으로는 해로움이 없지만, 오직 利祿의 유혹이 사람에게 가장 해롭다.

古者엔 八歲에 入小學하고 十五에 入大學한대 擇其才하여 可敎者는 聚之하고 不肖者는 復之田畝라 蓋士農不易業하니 旣入學이면 則不治農이라 然後에 士農判이라 在學之養은 若士大夫之子면 則不慮無養하고 雖庶人之子라도 旣入學이면 則亦必有養이라 古之士者는 自十五入學하여 至四十方仕하니 中間自有二十五年學이라 又無利可趨하니 則所志를 可知라 須去趨善하여 便自此成德이라 後之人은 自童稚間으로 已有汲汲趨利之意하니 何由得向善이리오 故古人은 必使四十而仕하니 然後志定이라 只營衣食却無害어니와 惟利祿之誘最害人이라①

① 사람은 給養이 있어야 비로소 배움에 지향을 정한다.
人有養, 便方定志於學.

163. 벼슬살이는 사람의 지향을 빼앗는다.

做官은 奪人志라

164. 星辰이 만약 日月의 차례로 辰을 삼는 것이라면 辰 위에는 아마도 二十八舍[158]를 용납할 수 없을 것이다. 星辰이 만약 五星[159]을 말하는 것이라면 辰이라 일컬을 수 없다. 혹자는 星辰이 북극성〔北辰〕을 말하는 것 같다고 한다. 모두 별인데 어찌 북극성을 귀하게 여기는가? 북극성은 스스로 움직이지 않는다. 움직이지 않으면 곧 氣의 主가 된다. 그러므로 별 중에 가장 높은 것이 된다.

---

158) 二十八舍 : 二十八宿와 같다. 舍는 별자리〔星次〕를 말한다.
159) 五星 : 金星 · 木星 · 水星 · 火星 · 土星을 말한다.

星辰이 若以日月之次爲辰이면 則辰上恐不容二十八舍라 若謂五星이면 則不可稱辰이라 或恐只是言北辰하니 皆星也어늘 何貴乎北辰고 北辰은 自是不動이라 只不動이면 便是爲氣之主라 故로 爲星之最尊者라①

① '尊'은 어떤 판본에는 '宗'으로 되어 있다.
尊, 一作宗.

165. 先王의 음악은 반드시 律로써 그 소리를 고찰했다. 오늘날에는 律을 이미 구할 수 없고, 사람의 귀 또한 온전히 믿을 수 없으니, 바로 이 점이 어려운 일이다. 中聲을 구하려면 반드시 律을 얻어야 한다. 律을 얻지 못하면 中聲을 볼 길이 없다. 律은 自然의 數이다. 오늘날의 度量·權衡과 같은 것도 바른 것이 아니다. 오늘날의 법은 또한 그것을 기준으로 삼는 것은 괜찮지만 옛날의 법과는 같지 않다. 이러한 것들은 비록 자연에서 나오지만, 또한 사람이 만드는 것이다. 다만 옛사람이 만든 것은 그 자연스러움은 얻었으니, 規矩와 같은 것은 천하의 方圓을 극도로 다한 것이다.

先王之樂은 必須律以考其聲이라 今律旣不可求요 人耳又不可全信하니 正惟此爲難이라 求中聲인댄 須得律이라 律不得이면 則中聲無由見이라 律者는 自然之數라 至如今之度量權衡도 亦非正也라 今之法은 且以爲準則可나 非如古法也라 此等物은 雖出於自然①이나 亦須人爲之라 但古人爲之는 得其自然하니 至於②規矩하얀 則極盡天下之方圓이라

① 어떤 판본에는 '之數'자가 있다.
一有之數字.
② 〈至於는〉 어떤 판본에는 '如'로 되어 있다.
一作如.

166. 律·曆의 법은 오늘날에도 대략 남아 있지만, 사람들이 사용하는 것은 적다. 오늘날 남아 있는 律은 三命160)과 같은 것이 이것이다. 그 법은 단지 五行·支幹161)·納

160) 三命 : 三命은 生命, 性命, 壽命을 가리키는 듯하다. 또 ≪朱子語類≫ 卷92 〈樂〉에 "樂의 六十聲은 곧 六十甲子와 같다. 五聲으로써 十二律에 합하여 六十聲이 이루어지고, 十干으로써 十二支에 합하여 六十甲子가 이루어진다. 서로 속하지 않은 듯하지만 실제로는 서로 用이 된다. ≪二程遺書≫에서 '三命은 律이고, 星辰은 曆이다.'라고 한 것은 바로 이것을 말한 것이다.〔樂之六十聲 便如六十甲子 以五

音[162] 등을 사용한다. 오늘날 남아 있는 曆은 星算・人生의 曆數이다. 그러나 모두 이러한 이치가 있으니, 만일 이러한 이치가 없다면 미루어 행할 수 없다.

律曆之法은 今亦麤存이로되 但人用之小耳라 律之遺는 則如三命이 是也라 其法은 只用五行支幹納音之類라 曆之遺는 則是星算人生數①라 然皆有此理하니 苟無此理인댄 却推不行이라

① 〈數는〉 어떤 판본에는 '處'로 되어 있다.
一作處.

167. ≪黃帝內經素問≫이라는 책은 필시 전국시대 말기에 나왔으니, 그 기상을 보면 알 수 있다. 하늘의 氣運은 이와 같을 뿐이지만 다만 어떻게 보느냐에 달려 있다. 설령 四方을 정하고 五行을 나누어 각각 一方에 분배한다면, 이는 한결같이 한 모서리에 얽매여 보게 된다. 또한 한결같이 나누어서 24방위로 삼으니, 또 한결같이 규모가 크면 크게 되고, 규모가 작으면 작게 된다. 그러나 이 책에는 善言이 또한 많으니, 예컨대 "하늘을 잘 말하는 자는 반드시 사람에게서 징험함이 있고, 옛것을 잘 말하는 자는 반드시 오늘날에서 징험함이 있고, 남의 단점을 잘 보는 자는 반드시 자기에게서 그런 점을 발견함이 있다."[163]라고 말한 것이다.

素問之書는 必出於戰國之末하니 觀其氣象知之라 天之氣運은 只如此나 但繫看者如何라 設如定四方하고 分五行하여 各配與一方이면 是一般絡角而看之라 又一般分而爲二十四하니 又一般規模大則大요 規模小則小라 然善言亦多하니 如言善言天者는 必有驗於人하고 善言古者는 必有驗於今하고 善觀人者는 必有見於已라

聲合十二律 而成六十聲 以十干合十二支 而成六十甲子 若不相屬而實相爲用 遺書云 三命是律 五星是歷 卽此說也〕"라고 하였다.

161) 支幹 : 干支를 가리킨다.

162) 納音 : 六十甲子를 十二律로 구분하고, 각각을 五音에 배정하여 五行으로 나타낸 것이다.

163) 하늘을……있다 : ≪黃帝內經素問≫ 〈擧痛論〉에 이와 유사한 내용이 보인다. "黃帝가 물었다. '내가 듣자 하니, 하늘을 잘 말하는 자는 반드시 사람에게서 징험함이 있고, 옛것을 잘 말하는 자는 반드시 오늘날에 합치됨이 있고, 남을 잘 말하는 자는 반드시 자기에게 만족함이 있다. 이와 같으면 道가 의혹되지 않아 運數를 아는 것이 극에 달할 것이니, 이른바 明이다.〔黃帝問曰 余聞善言天者必有驗於人 善言古者必有合於今 善言人者必有厭於己 如此則道不惑而要數極 所謂明也〕"라고 하였다.

168. 가까이 사람에게서 취해 보면 온갖 이치가 모두 갖추어져 있다. 굽히고 펴지고 가고 오는 의리를 단지 코로 숨 쉬는 사이에서도 볼 수 있다. 굽히고 펴지고 가고 오는 것은 단지 이치이니, 이미 굽힌 氣를 가지고 다시 바야흐로 펴는 氣를 삼을 필요는 없다. 낳고 낳는 이치는 자연스러워 그치지 않는다. ≪周易≫ 復卦에 "7일 만에 와서 회복한다."164)라고 말한 것과 같으니, 그 사이는 원래 끊어지거나 이어지지 않아서 陽이 이미 다시 생겨난 것이다. 物이 極에 이르면 반드시 돌아오니, 그 이치는 모름지기 이와 같다. 삶이 있으면 곧 죽음이 있고, 시작이 있으면 곧 마침이 있다.

近取諸人이면 百理皆具라 屈伸往來之義를 只於鼻息之間에 見之라 屈伸往來는 只是理니 不必將旣屈之氣로 復爲方伸之氣라 生生之理는 自然不息이라 如復言七日來復하니 其間은 元不斷續하여 陽已復生이라 物極必返하니 其理須如此라 有生이면 便有死하고 有始면 便有終이라

169. "자신의 몸을 지키는 것은 큰일이다."165)라고 하였으니, 그 일은 참으로 큰 점이 있다. 바로 질병을 요양하는 것 또한 몸을 지키는 것 중의 하나이다. 재계와 전쟁과 질병은 聖人이 조심한 것이다.166)

守身爲大라하니 其事는 固有大者라 正惟養疾도 亦是守身之一이라 齊戰疾은 聖人之所愼이라

170. 天子로부터 庶人에 이르기까지 五服167)은 일찍이 다름이 없어 모두 高祖까지 입었다. 상복이 이미 이와 같으니, 제사 또한 모름지기 이와 같아야 한다. 제사를 드물게 지내고 자주 지내는 절도는 고찰할 만한 것이 없으나, 그 이치는 반드시 이와 같다. 七廟·五廟를 두어도 제사는 고조까지 지낸다. 大夫와 士는 혹 三廟·二廟·一廟를 두거나 혹 寢廟에서 제사 지내니, 비록 다르다 하더라도 고조까지 제사 지내는 것에는 무방

---

164) 7일……회복한다 : ≪周易≫ 復卦 卦辭에 "그 道를 반복하여 7일 만에 와서 회복하니, 가는 바를 두어야 이롭다.〔反復其道 七日來復 利有攸往〕"라고 하였다.

165) 자신의……큰일이다 : ≪孟子≫ 〈離婁 上〉에 孟子가 말하기를 "섬기는 일 중에 무엇이 가장 큰가? 어버이를 섬기는 것이 가장 크다. 지키는 일 중에 무엇이 가장 큰가? 자신을 지키는 것이 가장 크다.〔事孰爲大 事親爲大 守孰爲大 守身爲大〕"라고 하였다.

166) 재계와……것이다 : ≪論語≫ 〈述而〉에 "孔子께서 삼가신 것은 재계와 전쟁과 질병이었다.〔子之所愼 齊戰疾〕"라고 하였다.

167) 五服 : 다섯 종류의 喪服으로, 斬衰·齊衰·大功·小功·緦麻이다.

하다. 만약 아버지까지만 제사 지낸다면 단지 어머니만 알고 아버지는 모르는 것이니, 금수의 도리이다. 아버지를 제사 지내면서 조부를 제사 지내지 않는 것은 사람의 도리가 아니다.

自天子로 至於庶人히 五服은 未嘗有異하여 皆至高祖라 服既如是하니 祭祀도 亦須如是라 其疏數(삭)之節은 未有可考나 但其理는 必如此라 七廟五廟도 亦只是祭及高祖라 大夫士는 雖或三廟二廟一廟하고 或祭寢廟하니 則雖異라도 亦不害祭及高祖라 若止祭禰면 只爲知母而不知父니 禽獸道也라 祭禰而不及①祖는 非人道也라

① 어떤 판본에는 '高'자가 있다.
一有高字.

171. 天子의 제사를 禘라 하고, 諸侯의 제사를 祫이라 하지만, 그 이치는 모두 합하여 제사 지내는 의미이다. '禘'자는 帝를 따르니, 禘는 그 태조가 말미암아 나온 바의 帝이다. 태조가 나온 바의 帝를 동쪽의 尊位로 삼고, 그 나머지 신위는 그 앞에서 합하여 제사 지내니, 이것이 禘이다. 제후는 말미암아 나온 帝가 없어 단지 太祖廟에서 여러 사당의 신주를 합하여 제사 지내니, 이것이 祫이다. 魯나라에 禘가 있었던 까닭은 천자의 禮樂을 얻어 썼기 때문이다. 그러므로 ≪春秋≫에는 祫을 말한 것이 보이지 않고, 단지 禘만을 말하였다. '大事'라고 말한 것은 곧 祫이다. "太廟에서 큰 제사를 지내고 僖公의 신주를 〈閔公의 신주 위로〉 올렸다."[168]라고 말한 것은 곧 閔公과 僖公, 두 임금을 합하여 제사 지냈다는 뜻이다. 時祭와 같은 것은 마땅히 '有事'라고 말해야 한다. "莊公에게 吉禘를 지냈다."[169]라고 한 것은 禘제사를 말하니, '吉'을 말한 것은 그 제사를 지낸 것이 너무 빨랐기 때문이다. 四時의 제사에 禘의 이름이 있는 것은 단지 禮文이 뒤섞인 것이다.

天子曰禘(체)요 諸侯曰祫(협)이라하나 其理는 皆是合祭之義라 禘는 從帝하니 禘는 其祖之所自出之帝라 以所出之帝로 爲東向之尊하고 其餘는 合食於其前하니 是爲禘也라 諸侯는 無所出之帝하여

---

168) 太廟에서……올렸다 : ≪春秋左氏傳≫ 文公 2년 조에 "8월 丁卯日에 太廟에서 큰 제사를 지내고 僖公의 신주를 〈閔公의 신주 위로〉 올렸다.〔八月丁卯 大事于太廟 躋僖公〕"라고 하였다.

169) 莊公에게……지냈다 : ≪春秋左氏傳≫ 閔公 2년 조에 "여름 5월 乙酉日에 莊公에게 吉禘를 지냈다.〔夏五月乙酉 吉禘于莊公〕"라고 하였다.

只是於太祖廟에 ①群廟之主를 合食하니 是爲祫이라 魯所以有禘者는 只爲得用天子禮樂이라 故로 於春秋之中에 不見言祫이요 只言禘라 言大事者는 卽是祫이라 言大事於太廟하고 躋僖公이라함은 卽是合食閔僖二公之義라 若時祭는 ②當言有事라 吉禘於莊公은 只是禘祭니 言吉者는 以其行之太早也라 四時之祭에 有禘之名은 只是禮文交錯이라

① 어떤 판본에는 '以'자가 있다.
一有以字.
② 어떤 판본에는 '卽'자가 있다.
一有卽字.

172. 郊祀[170]는 하늘〔天〕에 배합하고 宗祀[171]는 上帝에 배합하니, 하늘과 상제는 하나이다. 郊祀에 있어 하늘을 말하는 것은 冬至가 생물을 낳는 시작이기 때문이다. 그러므로 圜丘[172]에서 제사 지내면서 조부를 배향하며, 陶匏[173]과 稿秸[174]을 사용하고 땅을 쓸어 제사 지낸다. 宗祀에서 上帝를 말하는 것은 季秋가 생물을 완성하는 때이기 때문이다. 그러므로 明堂에서 제사 지내면서 아버지를 배향한다. 그 禮는 반드시 宗廟의 예로서 제향한다. 이러한 의리는 매우 명백하다. 다만 ≪孝經≫의 글[175]은 의심할 만한 점이 있다. 周公이 제사 지낼 때는 마땅히 成王을 추대해 主人으로 삼아야 하니, 마땅히 武王을 추존해 상제에 배향해야지, 文王을 배향한다고 말해서는 안 된다. 만약 문왕을 배향한다면 주공이 스스로 제사를 주관하는 것이다. 주공은 반드시 이와 같이 하지 않았을 것이다.

郊祀配天하고 宗祀配上帝하니 天與上帝는 一也라 在郊言天은 以其冬至生物之始라 故로 祭於圜丘하여 而配以祖하며 陶匏稿秸하고 掃地而祭라 宗祀言上帝는 以季秋成物之時라 故로 祭於明

170) 郊祀 : 제왕이 郊外에서 天地의 신에게 지내던 제사로, 冬至에는 남쪽 교외에서 하늘의 신에게 제사 지내고, 夏至에는 북쪽 교외에서 땅의 신에게 제사 지냈다.

171) 宗祀 : 祖宗에 지내는 제사이다.

172) 圜丘 : 天子가 하늘에 제사 지내던 둥근 祭壇이다.

173) 陶匏 : 질그릇과 바가지로, 질박함을 상징한다.

174) 稿秸 : 볏짚으로, 나라의 제사에는 볏짚으로 만든 자리를 깔았다.

175) 孝經의 글 : ≪孝經≫ 〈聖治〉에 "옛날 周公이 郊祀를 지낼 적에 后稷을 하늘에 배향하였고, 宗祀를 지낼 적에 文王을 明堂에서 上帝에 배향하였다.〔昔者 周公郊祀後稷以配天 宗祀文王於明堂 以配上帝〕"라고 하였다.

堂하고 而配以父라 其禮는 必以宗廟之禮로 享之라 此義는 甚彰灼이라 (俱)〔但〕176)孝經之文은 有可疑處라 周公이 祭祀할새 當推成王爲主人하니 則當推武王以配上帝요 不當言文王配라 若文王配면 則周公自當祭祀矣라 周公은 必不如此라

173. 仁·義·禮·智·信은 性에 있어서는 이 다섯 가지를 말해야 하나, 모름지기 분별해내어야 한다. 仁과 같은 것은 진실로 하나이니, 하나는 仁이 되는 까닭이다. 惻隱之心은 사랑에 속하니, 곧 情이고 性이 아니다. 恕는 仁으로 들어가는 문이지만, 恕는 仁이 아니다. 惻隱之心을 통해 仁이 있다는 것을 안다. 생각건대 仁·義·禮·智 네 가지는 단서가 있지만 信은 단서가 없다. 不信이 있으면, 다시 信이 없다. 東·西·南·北에 이미 정해진 형체가 있는 것과 같아서 다시 信을 말할 수 없다. 만약 東으로 西를 삼고, 南으로 北을 삼는다면 이는 不信이 있는 것이다. 만약 東은 곧 東이고, 西는 곧 西라면 不信이 없는 것이다.

仁義禮智信은 於性上엔 要言此五事나 須要分別出이라 若仁은 則固一이니 一은 所以爲仁이라 惻隱은 則屬愛하니 乃情也요 非性也라 恕者는 入仁之門이나 而恕非仁也라 因其惻隱之心하여 知其有仁이라 惟四者有端이나 而信無端이라 只有不信이면 更無①信이라 如東西南北에 已有定體하여 更不可言信이라 若以東爲西하고 以南爲北이면 則是有不信이라 如東卽東이요 西卽西면 則無〔不〕②177)信이라

① 〈更無는〉 어떤 판본에는 '更有'로 되어 있다.
一作更有.
② 어떤 판본에는 '不'자가 있다.
一有不字.

174. 글을 해설하는 것은 반드시 고인의 의도가 아니니, 그것은 도리어 사람을 경박하게 한다. 배우는 자는 모름지기 침잠하고 생각을 쌓아서 넉넉하게 함양하여 글의 뜻을 자득하게 해야 한다. 지금은 하루 만에 다 해설하니, 경박하게 할 뿐이다. 漢나라 때 휘장을 내리고 講誦했다고 하는 것178)도 오히려 반드시 글을 해설

176) (俱)〔但〕: 底本에는 '俱'로 되어 있으나, 中華書局本에 의거하여 '但'으로 바로잡았다.
177) 〔不〕: 底本에는 '不'이 없으나, 문맥에 맞지 않아 徐必達의 注에 의거하여 보충하였다.

한 것은 아니다.

說書는 必非古意니 轉使人薄이라 學者는 須是潛心積慮하여 優游涵養하여 使之自得이라 今은 一日說盡하니 只是教得薄이라 至如漢時說下帷講誦도 猶未必說書라

175. 聖과 狂[179]에서 聖이 반드시 지혜롭고 성스러운 것은 아니고, 狂이 반드시 지향만 크거나 하지 않는 것만이 있는 것이 아니다. 단지 지혜가 통달한 것을 곧 聖이라 말한다면, 聖·義·忠·和 같은 것이 어찌 반드시 聖人의 경지가 아니겠는가.

聖狂에 聖不必是睿聖이요 狂不必是狂狷이라 只是智通者를 便言聖이면 如聖義忠和가 豈必是聖人이리오

176. 尸童은 配位할 적에 남자는 남자 시동으로, 여자는 여자 시동으로 한다. 제사를 지내는 일은 엄숙함을 위주로 하는지라 비록 때를 같이 하고 방을 함께 해도 혐의가 없으니, 喪祭에는 집사를 꺼리지 않는다는 것과 같은 의미이다. 집사도 그러한데 하물며 오늘날 제사를 지내는 경우야 말할 것이 있겠는가. 그러나 나라의 先君과 夫人 같은 경우에는 만약 合祭를 지낼 때는 考妣가 각각 자리를 달리 해야 한다. 대개 人情으로 보아도 시아버지와 며느리가 자리를 함께하는 禮는 없다. 특별히 그 사당에서 제사 지낼 때와 같은 경우에는 夫婦를 함께 제사 지내도 무방하다.

尸는 如配位時에 男男尸하고 女女尸라 祭事는 主嚴이라 雖同時共室이라도 亦無嫌하니 與喪祭執事不嫌으로 同義라 執事且爾이온 況今日事之리오 便如國之先君與夫人은 如合祭之時엔 考妣當各異位라 蓋人情도 亦無舅婦同坐之禮라 如特祭其廟之時는 則不害夫婦竝祭라

177. 배우는 자가 먼저 힘써야 할 것은 진실로 心志에 있다. "듣고 보고 알고 생각하는

---

178) 漢나라……것 : ≪漢書≫ 卷56 〈董仲舒傳〉에 "〈董仲舒는〉 휘장을 내리고 講誦하였으니, 제자들이 전수할 적에 연차가 오래된 순서로 수업하여 혹은 그 얼굴을 보지 못하였다.〔下帷講誦 弟子傳以久次相授業 或莫見其面〕"라고 하였다.

179) 聖과 狂 : ≪書經≫ 〈周書 多方〉에 "聖人이라도 생각하지 않으면 狂人이 되고, 狂人이라도 능히 생각하면 聖人이 된다.〔惟聖 罔念 作狂 惟狂 克念 作聖〕"라고 하였다.

것을 물리치려 하면 聖을 끊고 智를 버려야180) 하고, 사려를 물리치고자 하더라도 사려가 어지러운 것을 근심함이 있으면 坐禪하고 入定해야 한다."라고 말하는 사람이 있다. 그러나 예컨대 밝은 거울이 여기에 있어 만물이 모두 비치는 것이 거울의 常道이니, 거울로 하여금 비추지 않게 하기가 어렵다. 사람의 마음은 만물과 교감하지 않을 수 없으니, 또한 마음으로 하여금 사려하지 않게 하기가 어렵다.

만약 이것을 면하고자 한다면 오직 마음에 主宰가 있어야 하니, 어떻게 하여야 주재가 되는가? 敬할 따름이다. 마음을 주재함이 있으면 마음이 텅 비니, 마음이 텅 빈다는 것은 사특한 생각이 들어올 수 없음을 말한다. 마음을 주재함이 없으면 사려가 가득 차니, 사려가 가득 찬다는 것은 외물이 들어와서 빼앗음을 말한다. 지금 저 항아리는 물이 안을 가득 채우면 강이나 바다에 담그더라도 물이 그 안으로 들어갈 수가 없으니, 어찌 텅 비지 않겠는가. 항아리 안에 물이 없으면 고여 있는 물일지라도 다 따를 수 없으니, 어찌 가득 차지 않겠는가.

대개 사람의 마음은 두 가지로 쓸 수 없으니, 한 가지 일에 마음을 쓰면 다른 일이 다시 들어오지 못하는 것은 일이 마음의 주재가 되었기 때문이다. 일이 주재가 되더라도 오히려 사려가 어지러운 근심이 없으니, 만약 敬을 주재로 삼는다면 또한 어찌 이러한 근심이 있겠는가. 이른바 敬이란 한 마음을 주로 하는 것을 敬이라고 한다. 이른바 한 마음이란 다른 데로 흩어짐이 없는 것을 한 마음이라고 한다. 장차 한 마음을 주로 하는 뜻을 涵泳해야 하니, 한 마음이 되면 두 갈래 세 갈래의 마음이 없어진다. 敬을 말한 것으로는 聖人의 말씀만 한 것이 없다. ≪周易≫에 "敬함으로써 내면을 바르게 하고 義함으로써 외면을 방정하게 한다."181)라는 것은 모름지기 내면을 바르게 해야 이에 한 마음을 주로 한다는 의미이다. 감히 속이지 않으며 감히 태만하지 않고 방 귀퉁이 깊숙한 곳에서도 부끄러운 짓을 하지 않는 데에 이르는 것이 모두 敬의 일이다. 단지 이 마음을 보존하고 함양하여 오랫동안 하면 자연히 天理가 밝아질 것이다.

學者先務는 固在心志라 有謂欲屛去聞見知思면 則是絶聖棄智요 有欲屛去思慮라도 患其紛亂이면 則是須坐禪入定이라 如明鑑在此하여 萬物畢照가 是鑑之常이니 難爲使之不照라 人心不能

---

180) 聖을……버려야 : ≪道德經≫에 "聖을 끊고 智를 버리면 백성들의 이익이 백배가 될 것이다.〔絶聖棄智 民利百倍〕"라고 하였고, ≪莊子≫ 〈胠篋〉에 "聖을 끊고 智를 버리면 큰 도적이 이에 그칠 것이다.〔絶聖棄知 大盜乃止〕"라고 하였다.

181) 敬함으로써……한다 : ≪周易≫ 坤卦 〈文言傳〉에 보인다.

不交感萬物이니 亦難爲使之不思慮라 若欲免此①인댄 唯是心②有主니 如何爲主오 敬而已矣라 有主則虛니 虛는 謂邪不能入이라 無主則實이니 實은 謂物來奪之라 今夫甁甖은 有水實內면 則雖江海之浸이라도 無所能入하니 安得不虛리오 無水於內면 則停注之水라도 不可勝注니 安得不實이리오 大凡人心은 不可二用이니 用於一事면 則他事更不能入者는 事爲之主也라 事爲之主라도 尙無思慮紛擾之患하니 若主於敬이면 又焉有此患乎리오 所謂敬者는 主一之謂敬이라 所謂一者는 無適之謂一이라 且欲涵泳主一之義니 一則無二三矣③라 言敬은 無如聖人之言④이라 易所謂敬以直內하고 義以方外는 須是直內라야 乃是主一之義라 至於不敢欺하고 不敢慢하고 尙不愧於屋漏가 皆是敬之事也라 但存此涵養하여 久之면 自然天理明이라

① 어떤 판본에는 이 네 글자(若欲免此)가 없다.
一本, 無此四字.
② 〈是心은〉 어떤 판본에는 '在人'으로 되어 있다.
一作在人.
③ 〈一則無二三矣는〉 어떤 판본에는 '不一則二三矣'로 되어 있다.
一作不一則二三矣.
④ 어떤 판본에는 '聖人之言' 네 글자가 없다.
一無聖人之言四字.

178. "사특함을 막고 誠을 보존한다."182)라고 하였으니, 사특함을 막으면 誠이 저절로 보존된다. 사람이 방에 있을 적에 담장을 수리하지 않으면 도둑을 막을 수 없는 것과 같다. 도둑이 동쪽에서 들어와 그를 쫓아내면 다시 서쪽에서 들어오고, 한 사람을 쫓아내면 또 한 사람이 다시 오니, 그 담장을 수리하면 도둑이 절로 이르지 않는 것만 못하다. 그러므로 사특함을 막고자 하는 것이다.

閑邪存誠이라하니 閑邪면 則誠自存이라 如人有室할새 垣牆不修어든 不能防寇라 寇從東來하여 逐之면 則復有自西入하고 逐得一人이어든 一人復至하니 不如修其垣牆이면 則寇自不至라 故로 欲閑邪也라

182) 사특함을……보존한다 : ≪周易≫ 乾卦 〈文言傳〉에 "〈大人은〉 사특함을 막고 誠을 보존한다.〔閑邪存其誠〕"라고 하였다.

179. 禪學을 배운 자는 천하에 바쁜 자로는 市井의 사람만 한 자가 없다고 항상 말하지만, 나는 시정의 사람은 날마다 이익을 도모하지만 오히려 쉬는 때가 있다고 답한다. 이 세상에 지극히 바쁜 자는 禪客만 한 이가 없다. 무슨 이유로 그렇게 말하는가? 禪學을 하는 자의 모든 행동거지는 道에 있지 않음이 없다. 道에 있지 않음이 없는 마음을 보존하고 있으니, 이것이 곧 항상 바쁜 까닭이다.

學禪者는 常謂天下之忙者는 無如市井之人이나 答以市井之人은 雖日營利나 然猶有休息之時라 至忙者는 無如禪客이라 何以言之오 禪者之行住坐臥는 無不在道라 存無不在道之心하니 此便是常忙이라

180. ≪論語≫의 "堯·舜도 오히려 부족하게 여기셨다."라는 것과 "널리 은혜를 베풀어 많은 사람을 구제한다."라고 한 두 곳의 말씀183)이 어찌 聖人이 하고자 한 바가 아니겠는가. 그러나 "50세가 되어야 비단옷을 입고, 70세가 되어야 육고기를 먹는다."184)라고 하였으니, 성인의 마음이 젊은 사람도 비단옷을 입고 고기를 먹게 하려 하지 않은 것은 아니나, 길러주는 것에 넉넉하지 못한 점이 있었다. 그러니 이는 그 베풂이 널리 미치지 못함을 부족하게 여긴 것이다.

성인이 다스리는 곳은 九州·四海에 지나지 않는다. 그러나 九州·四海의 밖을 성인이 또한 아울러 구제하고자 하지 않은 것은 아니나, 다스리는 바에 미치지 못하는 점이 있었다. 그러니 이는 많은 사람을 구제하지 못한 것을 부족하게 여긴 것이다. 이를 미루어 "자신을 닦아서 백성을 편안하게 한다."라는 뜻을 구하면 부족하게 여기는 바를 알 수 있다. 만일 나의 다스림은 이미 충분하다고 여긴다면 곧 성인이 아니다.

---

183) 論語의……말씀 : 子貢이 "백성에게 은혜를 널리 베풀어 많은 사람을 구제할 수 있으면 어떠합니까? 仁하다고 할 수 있습니까?"라고 묻자, 孔子가 "어찌 仁을 일삼는 데 그치겠는가. 반드시 聖人일 것이다. 堯·舜도 오히려 부족하게 여기셨다.〔何事於仁 必也聖乎 堯舜其猶病諸〕"라고 하였다.(≪論語≫ 〈雍也〉) 子路가 君子에 대해 묻자, 孔子가 "군자는 敬으로써 자신을 닦는 사람이다.〔修己以敬〕"라고 하였다. 자로가 "이와 같을 뿐입니까?"라고 하자, "자신을 닦아서 남을 편안하게 한다.〔修己以安人〕"라고 하였다. 다시 "이와 같을 뿐입니까?"라고 하자, "자신을 닦아서 백성을 편안하게 함은 堯·舜도 오히려 부족하게 여기셨다.〔修己以安百姓 堯舜其猶病諸〕"라고 하였다.(≪論語≫ 〈憲問〉)

184) 50세가……먹는다 : ≪孟子≫ 〈公孫丑 上〉에 "5畝의 집터에 뽕나무를 심으면 50세가 된 이들이 비단옷을 입을 수 있고, 닭·돼지·개·큰 돼지를 기르면서 새끼 칠 때를 놓치지 않으면 70세가 된 이들이 고기를 먹을 수 있다.〔五畝之宅 樹之以桑 五十者可以衣帛矣 鷄豚狗彘之畜 無失其時 七十者可以食肉矣〕"라고 하였다.

論語有二處堯舜其猶病諸와 博施濟衆이 豈非聖人之所欲이리오 然五十乃衣帛하고 七十乃食肉이라하니 聖人之心이 非不欲少者亦衣帛食肉이나 然所養有所不贍이라 此는 病其施之不博也라 聖人所治는 不過九州四海라 然이나 九州四海之外를 聖人亦非不欲兼濟나 然所治有所不及이라 此는 病不能濟衆也라 推此以求修己以安百姓이면 則爲病可知라 苟以爲吾治已足이면 則便不是聖人이라①

① "자신을 닦아서 백성을 편안하게 한다."라고 하였으니, 모름지기 베풀어서 행하는 바가 있어야 이에 남을 편안하게 할 수 있다. 이는 나로부터 생겨나는 것으로, 배움이 堯·舜에 이르면 저절로 요·순의 일이 있다. 孝를 말하는 자는 반드시 曾子를 말하는데, 증자의 효가 너무 대단하다고 말해서는 안 된다.
修己以安百姓, 須有所施爲, 乃能安人. 此則自我所生, 學至堯舜, 則自有堯舜之事. 言孝者, 必言曾子, 不可謂曾子之孝已甚.

181. "〈浩然之氣는〉 義를 축적하여 생겨나는 것인지라, 義가 갑자기 엄습하여 취해지는 것이 아니다."185)라고 하였으니, '集義'는 義를 축적하는 것이고, '所生'은 集大成과 같다. 만약 흙을 쌓아 산을 만든다면 모름지기 흙을 쌓아야 이에 산이 완성되니, 산이 형체를 이룬 뒤에야 산186)이라고 이름을 붙이는 것이 아니다.

浩然之氣는 인식하기가 어려우니, 모름지기 그 의미를 體認하여 터득해야 한다. 어떤 일을 행하면서 마음에 불만족스럽지 않을 때에 자연히 이러한 기상이 있게 된다. 그러나 또한 미진하니 '至大'·'至剛'·'以直'의 세 가지 德187)을 보아야 비로소 호연지기를 보게 된다. 만약 호연지기를 보고자 한다면 우선 地道를 보고서 취해야 한다. 坤卦 六二爻에 "곧고 방정하고 위대하다. 익히지 않더라도 이롭지 않음이 없다.〔直方大 不習 無不利〕"라고 하였으니, 方은 곧 剛이고, 大는 곧 大이고, 直은 곧 直이다. 坤卦에서 剛이

185) 義를……아니다 : ≪孟子≫ 〈公孫丑 上〉에 "이 浩然之氣는 義를 축적하여 생기는 것이다. 義가 엄습하여 취해지는 것이 아니니, 어떤 일을 행하고서 마음에 부족하게 여기는 바가 있으면 호연지기가 줄어들게 된다.〔是集義所生者 非義襲而取之也 行有不慊於心 則餒矣〕"라고 하였다.

186) 산 : 원문에는 '義'로 되어 있으나 원주에 '山' 또는 '土'로 되어 있는 판본도 있다고 하였으며, '산'으로 해석하는 것이 문세에 타당하므로 '산'으로 번역하였다.

187) 至大……德 : ≪孟子≫ 〈公孫丑 上〉에 "浩然之氣는 그 氣됨이 지극히 크고 지극히 강하여 정직하다. 잘 길러 해침이 없으면 天地 사이에 꽉 차게 된다.〔其爲氣也 至大至剛以直 養而無害 則塞于天地之間〕"라고 한 데서 나왔다.

라 하지 않고 方이라 한 것은 剛이라고 하면 地道에 해가 되기 때문이다. 그러므로 아래에 다시 "지극히 유순하되 動함이 강하다."188)라고 하여 먼저 유순함을 말하고 뒤에 강함을 말했으니, 해로움이 없다. 大는 小에 상대하여 大를 말한 것이고, 剛은 柔에 상대하여 剛을 말한 것이고, 直은 曲에 상대하여 直을 말한 것이다. 이와 같으면 자연히 익히지 않더라도 이롭지 않음이 없을 것이다. 坤卦 六二爻는 이미 地道가 되고, 또 二爻와 六爻는 地道의 정미하고 순수한 것이다. 六五爻의 경우는 같지 않다. 배움을 얻고자 한다면 우선 地道를 보아서 취해야 한다. 坤卦는 비록 배우는 자의 일이지만 또한 聖人의 道가 있다. 성현의 도는 발하는 것이 두 가지가 아니다. 다만 거기에 深淺과 大小가 있을 따름이다.

集義所生이라 非義襲而取之也라하니 集義는 是積義요 所生은 如集大成이라 若累土爲山인댄 須是積土라야 乃成山이니 非是山已成形하여 乃名爲義①라 浩然之氣難識하니 須要認得이라 當行不慊於心之時에 自然有此氣象이라 然亦未盡하니 須是見至大至剛以直之三德이라야 方始見浩然之氣라 若要見時어든 且看取地道라 坤六二에 直方大라 不習이라도 無不利라하니 方은 便是剛이요 大는 便是大요 直은 便是直이라 於坤에 不言剛而言方者는 言剛이면 則害於地道라 故로 下②復云至柔而動也剛이라하여 以其先言柔而後云剛하니 無害라 大는 只是對小而言是大也요 剛은 只是對柔而言是剛也요 直은 只是對曲而言是直也라 如此면 自然不習無不利라 坤之六二는 只爲已是地道요 又是二又是六은 地道之精純者라 至如六五는 便不同이라 欲得學이어든 且只看取地道라 坤은 雖是學者之事나 然亦有聖人之道라③ 聖賢之道는 其發이 無二라 但至④有深淺大小라

① 〈義는〉 어떤 판본에는 '山'으로 되어 있고, 어떤 판본에는 '土'로 되어 있다.
一作山, 一作土.
② 〈下는〉 어떤 판본에는 '不'로 되어 있다.
一作不.
③ 乾卦 九二爻는 聖人의 일이고, 坤卦 六二爻는 배우는 자의 일이다.
乾九二是聖人之事, 坤六二是學者之事.
④ 〈至는〉 어떤 판본에는 '只'로 되어 있다.
一作只.

188) 지극히……강하다 : ≪周易≫ 坤卦 〈文言傳〉에 보인다.

182. 엄숙하고 威重하며 莊嚴하고 공경하는 것은 敬하는 방도가 아니지만, 敬에 이르는 길은 모름지기 이런 태도로부터 들어가야 한다.

嚴威嚴恪은 非敬之道나 但致敬은 須自此入이라

183. "지극한 善에 머문다."[189]라고 하고 "善을 밝히지 않으면"[190]이라고 하였으니, 여기에서 말한 善은 의리가 정미하여 이름을 붙일 수 없어서, 우선 至善으로써 지목한 것이다. "그것을 계승하는 것이 善이다."[191]라고 하였으니, 여기에서 말한 善은 가볍게 말한 것이니, 단지 이 道를 계승하는 것은 善 아닌 것이 없으니 惡이라고 말해서는 안 됨을 말한 것이다.

止於至善이라하고 不明乎善이라하니 此言善者는 義理之精微하여 無可得名하여 且以至善으로 目之라 繼之者善이라하니 此言善은 却言得輕이니 但謂繼斯道者莫非善也니 不可謂惡이라

184. "舜이 부지런히 善을 행하였다."[192]라고 하였으니, 아직 외물과 접촉하지 않았을 때에는 어떻게 善을 행하는가? 단지 敬을 주로 삼으면 곧 이것이 善을 행하는 것이다. 이로써 살펴보건대 聖人의 道는 묵묵히 말이 없을 뿐만은 아니다.

舜이 孳孳爲善이라하니 若未接物엔 如何爲善고 只是主於敬이면 便是爲善也라 以此觀之컨대 聖人之道는 不是但嘿然無言①이라

① 〈言은〉 어떤 판본에는 '爲'로 되어 있다.
一作爲.

---

189) 지극한……머문다 : ≪大學≫에 "大學의 道는 明德을 밝히는 데 있으며, 백성을 새롭게 하는 데 있으며, 至善에 이르러 머무는 데에 있다.〔大學之道 在明明德 在親民 在止於至善〕"라고 하였다.

190) 善을……않으면 : ≪中庸≫에 "자신을 誠하게 하는 데에 방도가 있으니, 善을 밝히지 않으면 자신을 성하게 할 수 없다.〔誠身有道 不明乎善 不誠乎身矣〕"라고 하였다.

191) 그것을……善이다 : ≪周易≫ 〈繫辭傳 上〉에 "한 차례 陰하고 한 차례 陽함을 道라고 하니, 그 도를 계승하는 것이 善이요, 그 도를 이룩한 것이 性이다.〔一陰一陽之謂道 繼之者善也 成之者性也〕"라고 하였다.

192) 舜이……행하였다 : ≪孟子≫ 〈盡心 上〉에 "닭이 울면 일어나 부지런히 善을 행하는 사람은 舜임금의 무리이다.〔鷄鳴而起 孳孳爲善者 舜之徒也〕"라고 하였다.

185. 顔子는 中庸을 택하여 善을 얻으면 정성껏 가슴에 간직했으니,[193] 중용은 어떻게 택하는가? 널리 배우고, 또 자세히 묻고, 또 명확히 분변하는 것[194]과 같은 것이 중용을 능히 택하는 방법이다. 비록 그러하나 배우고 묻고 분변하는 것은 또한 어디에 근거해야 중용을 알 수 있는가? 이는 앎을 극진히 하는 데에서 보존된다. 앎을 극진히 하는 것, 이것은 배우는 자가 스스로 노력을 더하는 데에 달려 있다. 대체로 道에 대해 그것을 택하는 것은 智에 달려 있고, 그것을 지키는 것은 仁에 달려 있고, 그것을 결단하는 것은 勇에 달려 있다. 사람이 道에 대해 근심하는 것은 능히 지키지 못하고 능히 결단하지 못하는 것에 있을 뿐이다.

顔子는 擇中庸하여 得善이어든 拳拳하니 中庸은 如何擇이리오 如博學之하고 又審問之하고 又明辨之가 所以能擇中庸也라 雖然이나 學問而辨은 亦何所據라야 乃識中庸이리오 此則存乎致知라 致知者는 此則在學者自加功也라 大凡於道에 擇之則在乎智요 守之則在乎仁이요 斷之則在乎勇이라 人之於道에 只是患은 在不能守요 不能斷이라

186. "반드시 그것에 일삼음이 있다."[195]라는 것은 반드시 일삼는 바가 있음을 말하니, 이것은 敬이다. "기필하지 말라."라는 것은 '기필한다.〔正〕'라는 말이 가볍다. "잊지 말라."라는 것은 敬이다. 그것을 기필하는 것이 심하면 드디어 조장하는 데 이른다.

必有事焉은 謂必有所事니 是敬也라 勿正은 正之爲言이 輕이라 勿忘은 是敬也라 正之之甚이면 遂至於助長이라

---

193) 顔子는……간직했으니 : ≪中庸≫에 "顔回의 사람됨은 中庸을 택하여 하나의 善이라도 얻으면 정성껏 받들어 가슴속에 새겨서 그것을 잃지 않았다.〔回之爲人也 擇乎中庸 得一善則拳拳服膺而弗失之矣〕"라고 하였다.

194) 널리……것 : ≪中庸≫에 "誠은 하늘의 道이고, 자신을 誠하게 하는 것은 사람의 도이다. 誠은 인위적으로 힘쓰지 않아도 저절로 도에 적중하며, 억지로 생각하지 않아도 도를 자득하여 자연스럽게 도에 들어맞는 것이니 聖人의 경지이고, 자신을 誠하게 하는 것은 善을 택하여 그것을 굳게 잡는 것이다. 〈자신을 誠하게 하는 방법은〉 그것을 널리 배우며, 그것을 자세히 질문하며, 그것을 신중히 사유하며, 그것을 명확히 분변하며, 그것을 독실하게 실천하는 것이다.〔誠者 天之道也 誠之者 人之道也 誠者 不勉而中 不思而得 從容中道 聖人也 誠之者 擇善而固執之者也 博學之 審問之 愼思之 明辨之 篤行之〕"라고 한 데서 나왔다.

195) 반드시……있다 : ≪孟子≫ 〈公孫丑 上〉에서 浩然之氣를 기르는 것에 대해 "반드시 그것에 일삼음이 있되 기필하지 말아서 마음에 잊지도 말며 억지로 조장하지도 말라.〔必有事焉而勿正 心勿忘 勿助長也〕"라고 하였다.

187. 사려를 모으고 열어두고 정제하고 연속하기를 종일 바르게 하니, 和叔(邢恕)은 마침내 스스로 터득하였는지 모르겠다.

編闢整續을 終日正하니 和叔은 未知終自得否아

188. 墨子의 글은 모두를 겸해 사랑하는 의미가 크게 있지는 않았으나, 孟子 때에 이르러 그 유파가 점점 멀리 퍼져 이와 같은 차이가 나는 데에 이르렀다. 楊子의 자신만을 위한 설은 또한 義이고, 묵자의 모두를 겸해 사랑하는 설은 仁이다. 생각건대 털끝만큼의 차이가 천 리나 어긋나서, 곧장 아버지를 무시하고 임금을 무시하는 데에 이르렀으니, 이와 같이 심한 것이다.

墨子之書는 未至大有兼愛之意나 及孟子之時하여 其流浸遠하여 乃至若是之差라 楊子爲我도 亦是義요 墨子兼愛는 則是仁이라 惟差之毫釐가 繆以千里하여 直至無父無君하니 如此之甚이라

189. 세상 사람들이 학문을 할 적에 널리 보고 들으며 잘 기억하는 자가 어찌 적겠는가마는, 끝내 禪學으로 들어가지 않는 자가 없다. 그 사이에 나아가 우뚝 서서 의혹되지 않은 자로는 子厚(張載)와 堯夫(邵雍)만 한 이가 없다. 그러나 그 설의 유파는 아마도 선학의 영향을 면하기 어려울 것이다.

世人之學에 博聞强識者가 豈少리오마는 其終無有不入禪學者라 就其間하여 特立不惑은 無如子厚堯夫라 然이나 其說之流는 恐未免此敝라

190. 楊子(楊朱)는 子張에서 나온 듯하고, 墨子(墨翟)은 子夏에서 나온 듯하다. 그 사이에는 過·不及이 있으나, 어찌 師(子張)와 商(子夏)이 聖人의 문하에서 배우지 않은 것이겠는가.

楊子는 似出於子張이요 墨子는 似出於子夏라 其中엔 更有過不及이나 豈是師商不學於聖人之門이리오①

① 어떤 판본에는 '子張'이 '子夏'로 되어 있고, '子夏'가 '子張'으로 되어 있다.
一本, 張作夏, 夏作張.

191. 심신을 단속하라.

約하라①

① 敬이 이것이다.
敬是.

192. 與叔(呂大臨)과 季明(蘇昞)은 보고 들은 것을 알고 사색하는 것에 대해 걱정하였다. 내가 이러한 논의를 매우 기뻐하여 그들을 만났을 때 바로 지극히 중요한 점을 말해주었다. 세상의 배우는 자들은 큰 병폐가 바로 여기에 있다. 만약 그들이 어려움을 극복하고 탐구를 견고히 하면 바야흐로 그 설을 결론지을 수 있을 것이니, 그런 뒤에는 즉시 분명하게 분변해야 한다.

與叔季明은 以知思聞見爲患이라 某甚喜此論하여 邂逅却正語及至要處라 世之學者는 大敝正在此라 若得他折難堅叩면 方能終其說이니 直須要明辨이라

193. 康仲(潘拯)196)이 물었다.

"사람이 배울 적에 차이가 있는 것을 원치 않으나, 제대로 알지 못하기 때문에 마침내 같지 않은 지경으로 흘러가니, 어떻게 마음을 잡아서 지켜야 할지 모르겠습니다."

선생이 말하였다.

"우선 마음을 잡아서 지키는 것을 말할 단계가 아니다. 무슨 일을 잡아서 지킨단 말인가? 모름지기 먼저 해야 할 일은 앎을 지극히 하는 데 있다. 앎을 지극히 하는 것은 앎을 다하는 것이다. 이치를 궁구하여 사물에 이르는 것이 바로 앎을 지극히 하는 것이다."

康仲①이 問호되 人之學에 非願有差나 只爲不知之라 故로 遂流於不同하니 不知如何持守라 先生이 言호되 且未說到持守라 持守甚事오 須先在致知라 致知는 盡知也라 窮理格物이 便是致知라

① 〈康仲은〉 어떤 판본에는 '拯'으로 되어 있다.
一作拯.

196) 康仲 : 潘拯이다. 康仲은 그의 자이며, 關中 사람이다. 張載에게 수학한 듯하다.

194. 禮는 무엇이 중대한가? 時宜가 중대하니,[197] 모름지기 시의를 따라야 한다. 따라야 할 때에는 따르고, 다스려야 할 때에는 다스려야 한다. 그 때가 되어 그 일을 하는 것이 바로 능히 시의를 따르는 것이다. ≪周易≫에 "시의를 따른다는 뜻이 크다."[198]라고 하였는데도 평범하게 사람들은 시의를 따른다고 말하니, 구차하게 부화뇌동하는 것은 단지 휩쓸려 따르는 것이다. 이는 和라고 할 수 없으니, 和는 이미 義에 조화된 것이다. 그러므로 배우는 자는 시의를 알아서 시의에 맞게 道를 드러낼 수 없는 것을 근심하니, 또한 모름지기 두루 넓고 광활하며 깊고 근본이 있어야 바야흐로 道를 드러낼 수 있다.[199]

요즘 사람은 자연히 옛사람과 구별되니, 그 風氣가 그렇게 만든 것이다. 심지어 수명과 외모 같은 것도 모두 다르니, 옛사람은 모두 수명이 1백여 세가 넘었지만 오늘날에 어찌 이런 사람이 있겠는가. 옛사람의 형상이나 冠冕을 쓴 것 등을 보면 요즘 사람 중에 어찌 이런 사람이 있겠는가. 그러므로 籩豆와 簠簋가 자연히 요즘 사람에게 시행될 수 없으니, 時宜가 서로 맞지 않고 時宜가 같지 않기 때문이다. 時宜 위에서 온전히 이치를 궁구할 수 있다. 孟子가 "5백 년 만에 반드시 王者가 나오니, 그 사이에 반드시 세상에 이름난 자가 있다. 시기로 살펴보면 지금이 왕자가 나올 때이다."[200]라고 하였다. 맹자가 이러한 이치의 體用을 묵묵히 안 것이 대략 이와 같았으니, 어찌 재촉하여 왕자를 얻을 수 있겠는가.

堯임금이 백성들에 대해 사특한 이를 바로잡아주고 굽은 자를 곧게 해주며, 도와서 세워주고 도와서 행하게 하였다.[201] 성현들이 그 사이에서 약간의 功用을 보고서 이 몇 가지 단서를 들어 변함없이 오래갈 만한 것을 사람들에게 보여주었다. 殷나라는 夏나라의 禮를 따랐고, 周나라는 은나라의 예를 따랐으니, 줄이고 보탠 바를 알 수 있다.[202] 묵묵히 보고서 터득하는 자는 모름지기 三王의 禮와 문물이 반드시 같지 않다

---

197) 時宜가 중대하니 : ≪禮記≫ 〈禮器〉에 "禮 時爲大"라고 하였다.

198) 시의를……크다 : ≪周易≫ 隨卦 〈彖傳〉에 보인다.

199) 두루……있다 : ≪中庸≫에 "두루 넓고 광활하며 깊고 근본이 있어서 그때그때 그 도를 드러낸다.〔溥博淵泉 而時出之〕"라고 하였는데, 至誠의 道를 말하는 것이다.

200) 5백……때이다 : ≪孟子≫ 〈公孫丑 下〉에 보인다.

201) 堯임금이……하였다 : ≪孟子≫ 〈滕文公 上〉에 "放勳이 말씀하시기를 '노고하는 자는 위로하고, 오려 하는 자는 오게 하고, 사특한 자를 바로잡아주고 굽은 자를 곧게 해주며 도와서 세워주고 도와서 행하게 하여 스스로 本性을 터득하게 하고, 또 이어 진작시켜 은혜를 베풀어라.'라고 하셨다.〔放勳曰 勞之來之 匡之直之 輔之翼之 使自得之 又從而振德之〕"라고 한 데서 나왔다.

는 것을 알아야 한다. 伏羲가 卦를 그리고 堯・舜이 衣裳을 갖추어 입고서 가만히 앉아 천하를 다스린 것부터 주나라 文王이 바야흐로 예를 완비한 것에 이르기까지 단지 時宜에 알맞게 한 것일 뿐이다. 만약 時宜를 따른 것이 아니라면 한 사람의 聖人이 나와서 온갖 일을 모두 하여, 후세 사람들은 할 일이 없을 것이다. 또한 성인의 지혜와 사려가 미치지 못한 것이 아니라, 단지 時宜가 불가했던 것이다.

禮는 孰爲大오 時爲大니 亦須隨時라 當隨則隨하고 當治則治라 當其時에 作其事가 便是能隨時라 隨時之義가 大矣哉라한대 尋常人言隨時하니 苟且和同은 只是流徇耳라 不可謂和니 和는 則已是和於義라 故로 學者는 患在不能識時하여 時出之니 亦須有溥博淵泉이라야 方能出之라 今之人은 自是與古之人別하니 其風氣가 使之라 至如壽考形貌하여도 皆異하니 古人은 皆不減百餘歲나 今에 豈有此人이리오 觀古人形象被冠冕之類어든 今人에 豈有此等人이리오 故로 籩豆簠簋가 自是不可施於今人하니 自時不相稱하고 時不同也일새라 時上儘窮得理라 孟子가 言호되 五百年에 必有王者興하니 其間에 必有名世者라 以其時로 考之면 則可矣라 他嘿識得此體用이 大約是如此하니 豈可催促得他리오 堯之於民에 匡直輔翼하니 聖賢이 於此間에 見些功用하여 舉此數端하여 可以常久者를 示人이라 殷은 因於夏하고 周는 因於殷하니 損益可知라 嘿觀得者는 須知三王之禮與物이 不必同이라 自畫卦垂衣裳으로 至周文方備히 只爲時也라 若不是隨時면 則一聖人出하여 百事皆做了하여 後來者沒事라 又非聖人智慮所不及이요 只是時不可也라

195. 단지 자연으로 돌아갈 뿐이라면[203] 볼 만한 것이 없고, 또한 玩索할 만한 것도 없다.

只歸之自然이면 則無可觀이요 更無可玩賾이라①

① 어떤 판본에는 '之'가 '箇'로 되어 있다.

---

202) 殷나라는……있다 : 子張이 "十世 뒤의 일을 알 수 있습니까?"라고 묻자, 孔子가 말하기를 "殷나라는 夏나라의 禮를 따랐으니 줄이고 보탠 바를 알 수 있고, 周나라는 은나라의 예를 따랐으니 줄이고 보탠 바를 알 수 있으니, 혹시라도 주나라를 계승한 자가 있다면 百世 이후의 일이라도 알 수 있다.〔殷因於夏禮 所損益 可知也 周因於殷禮 所損益 可知也 其或繼周者 雖百世 可知也〕"라고 하였다.(≪論語≫ 〈爲政〉)

203) 단지……뿐이라면 : ≪史記≫ 卷65 〈老子韓非列傳〉에 "太史公이 말하였다. '莊子는 도덕을 흩뜨리고 자유분방하게 의론하였는데, 요지는 또한 자연으로 돌아가는 것이다.〔莊子散道德放論 要亦歸之自然〕"라고 하였다.

〔一〕[204]之作箇.

196. "구름은 龍을 따르며, 바람은 범을 따른다."[205]라고 하였으니, 용은 陰物인지라 용이 나타날 적에는 습기가 증발하듯 저절로 나타난다. 마치 습한 물건이 한낮에 있으면 氣가 절로 나오는 것과 같다. 비록 木石 같은 미물도 陰氣를 느끼면 오히려 氣가 있으니, 용이 구름을 일으키는 것은 괴이할 것이 없다. 범이 가는 곳은 바람이 저절로 일어난다. 용은 짐승일 뿐이다. 茅山 華陽洞에 일찍이 도롱뇽이 뛰어 나왔는데, 그 형상이 매우 사랑스러웠다. 또한 때때로 건조한 곳도 능히 다녔는데, 그 걸음걸이가 범과 같았다. 모산의 도롱뇽은 사람을 물지 않는데, 북쪽 五臺山의 도롱뇽은 사람을 다치게 한다. 또한 일찍이 鐵狗廟 아래에서 도롱뇽 알 하나를 파낸 적이 있다. 나중에 金山寺로 보냈는데, 도롱뇽이 능히 물길을 막아 물이 절 문까지 차올랐는데도 알을 취할 수 없었다. 용에 대해 우리가 알 수 있는 것은 많은 생물들이 또한 본래 신령스럽다는 것이다. 용이 알에서 태어나는 것은 또한 신이한 것이 아니다. 어떤 종류의 용은 반드시 어미의 뱃속에서 태어나기도 한다.

雲從龍하며 風從虎라하니 龍陰物也라 出來엔 則濕氣烝然自出이라 如濕物이 在日中하면 氣亦自出이라 雖木石之微라도 感陰氣면 尙亦有氣하니 則龍之興雲이 不足怪라 虎行處는 則風自生이라 龍은 只是獸라 茅山華陽洞에 曾跳出한대 其狀이 殊可愛라 亦有時乾處能行한대 其行步가 如虎라 茅山者는 則不囓人이나 北五臺者는 則傷人이라 又有曾於鐵狗廟下에 穿得一龍卵이라 後寄於金山寺한대 龍能壅水하여 上寺門이로되 取卵不得이라 龍所以知者는 許大物이 亦自靈也라 龍以卵生者는 亦非神이라 更一等龍은 必須胎生이라

197. 極은 어디를 가도 中이 되지 않음이 없다.

極은 無適而不爲中이라

---

204) 〔一〕: 저본에는 '一'이 없으나, 一萋古本에 의거하여 보충하였다.
205) 구름은……따른다 : ≪周易≫ 乾卦 〈文言傳〉에 보인다.

二程全書 卷17

遺書 伊川先生語 二

明 後學 嘉興 徐必達 校正

己巳年(1089) 겨울에 들은 말씀　己巳冬所聞

1. 선생에게 물었다.

"孔子가 伯夷와 叔齊를 일컬어 '남이 옛날에 저지른 잘못을 염두에 두지 않았다. 이 때문에 원망하는 사람이 드물었다.'라고 한 것[1]은 어째서입니까?"

선생이 말하였다.

"백이와 숙제의 좁은 도량을 가지고 남이 옛날에 저지른 잘못을 염두에 두었다면 세상에 처할 수 없었을 것이다."

問호되 孔子가 稱伯夷叔齊하여 曰 不念舊惡이라 怨是用希라함은 何也잇가 曰 以夷齊之隘로 若念舊惡이면 將不能處世矣라

2. 선생에게 물었다.

"子貢이 '백성에게 은혜를 널리 베풀어 많은 사람을 구제할 수 있으면 仁하다고 할 수 있습니까?'라고 하자, 孔子가 '어찌 仁을 일삼는 데 그치겠는가. 반드시 聖人일 것이다.'라고 하였으니,[2] 仁과 聖을 무엇으로 구별합니까?"

선생이 말하였다.

"이는 자공이 仁을 알지 못한 것이다. 그러므로 추측하고 가설하여 질문한 것이다.

---

1) 孔子가……것 : ≪論語≫ 〈公冶長〉에 보인다.

2) 子貢이……하였으니 : ≪論語≫ 〈雍也〉에 보인다.

오직 聖人이라야 仁을 극진히 할 수 있다. 그러나 仁은 일에 있으니, 그것을 聖이라고 해서는 안 된다."

또 물었다.

"'堯·舜도 오히려 그것을 부족하게 여기셨다.'[3]라고 하였으니, 과연 그러합니까?"

선생이 말하였다.

"진실로 그러하다. 성인도 오직 미치는 바가 멀지 않고 넓지 않은 것을 두려워하셨다. 四海의 안을 다스리는 것이 어찌 四海의 밖까지 아울러 다스리는 것과 같겠는가. 堯 자신이 일찍이 그 점을 부족하게 여긴 것이다. 은혜를 널리 베풀어 많은 사람을 구제하는 일은 중대하다. 그러므로 仁은 그것을 형용하는 데 충분하지 않다."

問호되 子貢이 曰 博施於民而能濟衆이면 可謂仁乎잇가 子曰 何事於仁이리오 必也聖乎인저하니 仁聖을 何以相別하니잇가 曰 此는 子貢未識仁이라 故로 測度(탁)而設問也라 惟聖人이라야 爲能盡仁이라 然이나 仁在事하니 不可以爲聖이라 又問호되 堯舜도 其猶病諸라하니 果乎잇가 曰 誠然也라 聖人도 惟恐所及不遠不廣이라 四海之治也가 孰若兼四海之外亦治乎리오 身嘗以爲病也라 博施濟衆事大라 故로 仁은 不足以名之라

3. 趙景平(趙彦道)[4]이 물었다.

"'孔子께서는 利와 命과 仁을 드물게 말씀하셨다.'[5]라고 하였는데, 이른바 利란 무슨 利입니까?"

선생이 말하였다.

"이 利는 재화의 이익만을 말한 것이 아니다. 무릇 이익을 따지는 마음이 있으면 곧 옳지 않다. 예컨대 어떤 일을 할 적에 모름지기 자신이 편안하고 편리한 점을 찾는 것은 모두 이익을 따지는 마음이다. 聖人은 義를 이로움으로 삼으니, 義로 보아 편안한 것이 곧 이로움이 된다. 예컨대 釋氏의 학문은 모두 이익에 근본하기 때문에 옳지 않다."

趙景平이 問호되 子罕言利與命與仁이라한대 所謂利者는 何利잇가 曰 不獨財利之利라 凡有利

---

3) 堯·舜도……여기셨다 : 上同.

4) 趙景平 : 趙彦道이다. 景平은 그의 자이며, 程頤에게 수학하였다.

5) 孔子께서는……말씀하셨다 : ≪論語≫ 〈子罕〉에 보인다.

心이면 便不可라 如作一事에 須尋自家穩便處는 皆利心也라 聖人은 以義爲利하니 義安處가 便爲利라 如釋氏之學은 皆本於利라 故로 便不是라

4. 趙景平(趙彦道)이 물었다.

"'仁을 실천하다가 죽는 자를 아직 보지 못하였다.'[6]라고 하였는데, '仁을 실천하다가 죽는다.'라는 것은 무엇을 말합니까?"

선생이 말하였다.

"물과 불 속으로 뛰어들었다가 죽는 자는 있지만, 자신의 몸을 희생해 仁을 이룬 자는 없다는 말이다."

趙景平이 問호되 未見蹈仁而死者라한대 何謂蹈仁而死잇가 曰 赴水火而死者는 有矣어니와 殺身成仁者는 未之有也라

6) 仁을……못하였다 : ≪論語≫ 〈衛靈公〉에 孔子가 말하기를 "사람이 仁에 대해서 〈필요함은〉 물과 불보다 심하니, 물과 불은 내가 그것을 밟다가 죽는 자를 보았지만 仁을 실천하다가 죽는 자는 보지 못하였다.〔民之於仁也 甚於水火 水火 吾見蹈而死者矣 未見蹈仁而死者也〕"라고 하였다.

二程全書 卷18

遺書 伊川先生語 三

明 後學 嘉興 徐必達 校正

1. 三王의 법은 각각 한 시대 王者의 法이다. 그러므로 三代의 損益과 文質은 時宜를 따랐다. 孔子가 세운 법은 만세에 통용되는 바꿀 수 없는 법이다. 공자는 다른 곳에서는 또한 자신의 설을 드러내지 않고, 오직 顔回에게 답하기를 "夏나라의 책력을 행하며, 殷나라의 수레를 타며, 周나라의 면류관을 쓰며, 음악은 韶舞를 쓸 것이다."[1]라고 하였다. 이는 四代의 법 중에서 한 가지 法式씩 거론한 것이다. 그 상세한 내용은 비록 알 수 없으나, 공자는 단지 그 큰 법을 보여주어 후세 사람들로 하여금 그 위에서 그 법식을 닦게 한 것이다. 그러나 2천 년 이래로 한 사람도 그것을 안 자가 없다.

三王之法은 各是一王之法이라 故로 三代損益文質은 隨時之宜라 若孔子所立之法은 乃通萬世不易之法이라 孔子는 於佗處엔 亦不見說하고 獨答顔回云 行夏之時하며 乘殷之輅하며 服周之冕하며 樂則韶舞라 此是於四代中에 擧這一箇法式이라 其詳細는 雖不可見이나 而孔子但示其大法하여 使後人으로 就上修之라 二千年來에 亦無一人識者라

2. 義의 정미함은 모름지기 스스로 찾아서 터득해야 한다. 이와 같이 하면 義를 잘 찾은 것이다.

義之精者는 須是自求得之라 如此면 則善求義也라

3. ≪中庸≫을 잘 읽은 자는 단지 이 한 권의 책에서 터득할 뿐이니, 그 道는 종신토록 써도 다하지 않는다.

---

1) 夏나라의……것이다 : ≪論語≫ 〈衛靈公〉에 顔淵이 나라를 다스리는 것을 묻자, 孔子가 대답한 말이다.

善讀中庸者는 只得此一卷書하니 終身用不盡也라

4. 睽卦의 上九爻는 離卦에 속해 있다. 離卦의 덕은 여러 卦에서는 밝음으로 삼지 않음이 없으나, 오직 睽卦에서는 곧 변화하여 惡이 된다. 陽으로서 맨 위에 있으면 거만함이 되고, 剛으로서 맨 위에 있으면 사나움이 되고, 明으로서 맨 위에 있으면 변화하여 살피는 것이 된다. 사나움으로써 하고 살핌으로써 하는 것은 반목하는 것의 極이다. 그러므로 爻辭에 "돼지가 진흙을 진 것과 한 수레에 귀신을 실은 것을 본다."2)라고 하였으니, 모두 자기가 살피는 것이 극진한 것을 자임한 것이다. 그러나 또 효사에 "가서 비를 만나면 길하리라."라고 하였으니, 비를 만나는 것은 반목이 풀리는 것이다. 반목이 풀리는 것에는 두 가지 뜻이 있다. 첫째는 사물이 極에 달하면 반드시 돌아온다. 그러므로 반목이 極에 달하면 반드시 통한다. 만약 반목이 極에 달하여도 통하지 않으면 반목에서 그칠 따름이다. 둘째는 반목을 풀 수 있는 방법은 離卦의 밝음의 공력을 쓰는 것이다.

睽之上九는 離也라 離之爲德은 在諸卦엔 莫不以爲明이나 獨於睽엔 便變爲惡이라 以陽在上이면 則爲亢하고 以剛在上이면 則爲狠하고 以明在上이면 變而爲察이라 以狠以察은 所以爲睽之極也라 故로 曰 見豕負塗와 載鬼一車라하니 皆自任已察之所致라 然이나 往而遇雨면 則吉이라하니 遇雨者는 睽解也라 睽解에 有二義라 一은 是物極이면 則必反이라 故睽極이면 則必通이라 若睽極不通이면 却終於睽而已라 二는 是所以能解睽者는 却是用明之功也라

5. 대저 卦와 爻를 처음 만들 적에 의리가 이미 갖추어졌으니, 곧 聖人이 별도로 의리를 일으켜 그것을 종합하였다. 응당 춘추시대 이전에 이미 義例를 세웠을 것이다. 근래에 이르러서는 글이 일반적인 일과 전혀 달라져서 곧 글에 별도의 意思가 있게 되었으니, 만약 前例에 의거하여 글을 살펴보면 그 뜻이 매우 어긋나게 된다.

大抵卦爻始立에 義既具하니 卽聖人이 別起義以錯綜之라 如春秋已前에 既以立例라 到近後

2) 돼지가……본다 : ≪周易≫ 睽卦 上九爻辭에 "睽孤하여 돼지가 진흙을 진 것과 한 수레에 귀신을 실은 것을 보는 것이다. 먼저 활줄을 당기다가 나중에 활줄을 풀어놓아 적이 아니라 婚媾이니, 가서 비를 만나면 길하리라.〔見豕負塗 載鬼一車 先張之弧 後說之弧 匪寇 婚媾 往遇雨 則吉〕"라고 하였다.

來하얀 書得全別一般事하여 便書得別有意思하니 若依前例觀之면 殊失之也라

6. 선생이 일찍이 말하였다.

"내가 ≪易傳≫을 지금 이미 책으로 완성하였다. 다만 차근차근 수정하느라 일흔이 되어야 그 책을 낼 수 있을 것이다. 韓退之(韓愈)가 일컫기를 '총명함은 예전에 미치지 못하고, 도덕은 날마다 초심을 저버리네.'[3]라고 하였다. 그러나 나는 ≪역전≫에 대해서 이후에도 고친 것이 얼마 없으니, 어찌해야 할지 모르겠다. 그러므로 다시 십 년의 공부를 기약하니, 남들은 나를 어떻게 볼 것인가? ≪春秋≫에 관한 글은 劉絢의 글이 이르기를 기다렸으니, 공력을 쓴 것이 또한 많지 않다. 요즘 사람들이 ≪詩經≫을 해석한 것은 주견이 전혀 없으니, 이에 대해서는 약간의 글이 나오기를 기다린다. ≪中庸≫에 관한 글은 이미 완성하였다.

韓愈

지금 농부가 큰 추위와 무더위와 장마에 깊이 밭 갈고 잘 김매어서 오곡을 파종하면 나는 그 덕택으로 먹고, 지금 百工이 기예로 器用을 만들면 나는 그 덕택으로 쓰고, 갑주를 입은 병사가 갑주를 입고 무기를 들고 나라를 지키면 나는 그 덕택으로 편안하게 지낸다. 이처럼 한가하게 세월만 보내니, 天地 사이의 한 마리 좀이로다. 공적과 은택이 또한 백성에게 미치지 못하고 다른 일도 할 수가 없으니, 오직 聖人이 남기신 글을 보완해 엮어내어 세상에 도움이 있길 바랄 뿐이다."

先生嘗說호되 某於易傳에 今却已自成書라 但逐旋修改하여 期以七十에 其書可出이라 韓退之가 稱호되 聰明은 不及於前時하고 道德은 日負於初心이라 然이나 某於易傳에 後來所改者가 無幾하니 不知如何라 故로 且更期之以十年之功하니 看如何오 春秋之書는 待劉絢文字到하니 却用功亦不多也라 今人解詩는 全無意思하니 此却待出些文字라 中庸書는 却已成이라 今에 農夫가 祁寒暑

3) 총명함은……저버리네 : 韓愈의 〈五箴〉 序文에 보인다.

雨하여 深耕易(이)耨하여 播種五穀이어든 吾得而食之하고 今百工技藝作爲器用이어든 吾得而用之하고 甲冑之士被堅執銳以守土宇어든 吾得而安之라 却如此閑過了日月하니 卽是天地間一蠹也라 功澤이 又不及民하고 別事又做不得하니 惟有補緝聖人遺書하여 庶幾有補爾라①

① 陳長方4)이 姑蘇에서 尹子(尹焞)를 보고서 ≪中庸解≫에 대해 물었다. 尹子가 말하기를 "선생께서는 스스로 마음에 차지 않는다고 여겨서 그것을 불태우셨다."라고 하였다.
陳長方見尹子於姑蘇, 問中庸解. 尹子云 "先生自以爲不滿意, 焚之矣."

7. "앎을 극진히 하는 것은 사물에 이르는 데 달려 있다."5)라고 하였으니, 사물에 이르는 이치는 자신의 몸에서 그것을 살펴서 그 터득함이 더욱 절실한 것만 한 것이 없다.

致知는 在格物이라하니 格物之理는 不若察之於身하여 其得尤切이라

8. 술은 옛사람이 노인을 봉양하고 제사를 지내는 데 쓰던 것인데, 지금은 관청에는 전매법이 있고, 민간에는 買撲6)이 있어 까닭 없이 문득 사람들로 하여금 모여서 술을 마시게 하니, 또한 백성들의 식량을 좀먹게 하는 점이 크다. 백성들의 식량을 부족하게 하고, 백성들의 생업을 나태하게 하며, 형벌을 부르게 하고, 도둑들을 모이게 하는 것이 모두 여기에서 나온다. 만약 酒稅를 적절히 줄이면 백성들의 식량이 또한 조금 충당될 것이 분명하다. 백성들의 식량을 빚어서 술을 만든 후에 사람들에게 마시게 하니, 또한 백성들의 굶주림이나 배부름과는 무관하다. 만약 매박을 없애지 못한다면 諸縣의 도회지와 시골에서 酒稅를 적절히 줄이면 또한 이로움이 적지 않을 것이다.

酒者는 古人養老祭祀之所用인대 今엔 官有搉酤(각고)하고 民有買撲하여 無故輒令人聚飮하니 亦大爲民食之蠹也라 損民食하고 惰民業하며 招刑聚寇가 皆出於此라 如損節得酒課면 民食亦爲小充이 分明이라 民食을 却釀爲水後에 令人飮之하니 又不當饑飽라 若未能絶得買撲이면 若且只諸縣都鄙爲之면 亦利不細라

---

4) 陳長方 : 1108~1148. 자는 齊之, 호는 唯室이며, 福州 長樂 사람이다. 王蘋의 문인으로, 1138년 진사가 되어 江陰軍學教授를 지냈다.

5) 앎을……있다 : ≪大學≫에 보인다.

6) 買撲 : 宋代에 시행한 일종의 조세제도로, 술이나 식초 등에 대해 包商(買撲人)이 관청에 보증금을 내고 세금을 거두는 권리를 위임받아 시행하였다.

9. 사람이 이치를 밝히고자 할 적에 단지 한 가지 사물에 대해서만 그 이치를 밝힐 뿐이라면 또한 일을 성공할 수 없다. 반드시 여러 이치를 종합한 뒤에야 환하게 저절로 깨우치는 점이 있게 된다. 그러나 사물에 대해서 이해하여 터득할 수도 있고, 이해하여 터득하지 못할 수도 있다.

人要明理할새 若止一物上에 明之면 亦未濟事라 須是集衆理하여 然後에 脫然自有悟處라 然이나 於物上에 理會也得이요 不理會也得이라①

① 반드시 배움을 바탕으로 하여 사물에 이르면 이치에 이르지 않을 수 없다.
且須於學上格物, 不可不詣理也.

10. 伯淳이 정사에 임하는 자리에 계실 때를 항상 보면 곧 윗사람과 아랫사람이 메아리처럼 서로 호응하였으며 사람들이 많이 모인 뒤에는 곧 풍속을 이루었다. 풍속을 이루면 사람들을 고무시켜 감동하게 하는 바가 있다. 이 세상에는 단지 하나의 풍속으로 사람들을 감동하게 할 뿐이다.

常見伯淳所在臨政이어든 便上下響應하며 到了人衆後엔 便成風이라 成風이면 則有所鼓動이라 天地間엔 只是一箇風以動之也라

11. 대체로 儒者는 道에 깊이 도달하기를 감히 바랄 것이 아니니다. 우선 마음속에 보존한 것이 바르면 善惡을 분별하고 廉恥를 알게 된다. 이와 같은 사람이 많아지면 또한 점차 좋아질 것이다.

大凡儒者는 未敢望深造於道라 且只得所存正이어든 分別善惡하고 識廉恥라 如此等人多면 亦須漸好라

12. 혹자가 물었다.

"옛날의 道는 이와 같이 밝았으나, 후세의 道는 이와 같이 밝지 않으니, 그 까닭은 어째서입니까?"

선생이 말하였다.

"이는 다른 이유가 없다. 道를 아는 자가 많으면 곧 道가 밝아지고, 道를 아는 자가

적으면 곧 道가 밝아지지 않기 때문이다. 道를 아는 자가 많고 적음은 또한 가르침을 말미암는다. 魯나라를 말해보자면 단지 오늘날의 큰 州 하나에 미칠 뿐이었지만 한 시기에 배출된 大賢이 10여 명이나 되니, 어찌 가르침이 있어 그렇게 된 것이 아니겠는가. 대개 聖人이 이미 나왔기 때문에 많은 賢人이 있게 된 것이다. 후세에는 광대한 天下에 2천 년이나 긴 세월이 지나도록 顔淵·閔子騫 같은 이를 한 사람도 찾아볼 수 없다."

或問호되 古之道는 如是之明이나 後世之道는 如是不明이니 其故는 何也잇가 曰 此는 無他라 知道者多어든 即道明이요 知者少어든 即道不明也일새라 知者多少는 亦由乎教也라 以魯國으로 言之면 止及今之一大州나 然一時間에 所出大賢이 十餘人이니 豈不是有教以致然也리오 蓋是聖人旣出이라 故로 有許多賢者라 以後世天下之大로 經二千年間이나 求如一顔閔者라도 不可得也라

13. 대저 儒者는 正道에 침잠하여 차이가 있는 것을 용납해서는 안 된다. 〈차이가 있으면〉 그 처음에는 매우 미미하나 그 끝에는 구제할 수 없게 되니, 예컨대 師(子張)는 지나치고 商(子夏)은 미치지 못하는 것[7]과 같다. 聖人의 中道와 비교하여 師는 후함에 조금 지나치고 商은 조금 미치지 못한 것이다. 그런데 후하면 점점 모두를 兼愛하는 데에 이르고, 미치지 못하면 곧 자신만을 위하는 데에 이른다. 그 지나침과 미치지 못함이 똑같이 儒者에게서 나왔으나 그 끝에는 마침내 楊朱와 墨翟에 이르렀다. 양주와 묵적 같은 경우 또한 아버지를 무시하고 임금을 무시하는 데에 이르지는 않았으나, 孟子가 그것을 미루어 곧 아버지를 무시하고 임금을 무시하는 데에 이른다고 하였으니, 대개 그 차이가 반드시 이러한 데에 이르기 때문이다.

大抵儒者는 潛心正道하여 不容有差라 其始는 甚微나 其終은 則不可救니 如師也過하고 商也不及이라 於聖人中道에 師는 只是過於厚些요 商은 只是不及些라 然而厚則漸至於兼愛하고 不及則便至於爲我라 其過不及이 同出於儒者나 其末엔 遂至楊墨이라 至如楊墨도 亦未至於無父無君이나 孟子推之하여 便至於此하니 蓋其差必至於是也일새라

---

7) 師는……것 : 子貢이 "師(子張)와 商(子夏)은 누가 낫습니까?"라고 묻자, 孔子가 "師는 지나치고, 商은 미치지 못한다.〔師也過 商也不及〕"라고 하였다. 자공이 "그러면 師가 낫습니까?"라고 묻자, 공자가 "지나친 것은 미치지 못하는 것과 같다.〔過猶不及〕"라고 하였다.(≪論語≫ 〈先進〉)

14. 孟子가 舜과 盜跖을 분별한 것[8]은 단지 義와 利의 사이에 달려 있을 뿐이다. '사이〔間〕'라고 말한 것은 서로 떨어진 거리가 매우 멀지 않아 다투는 바가 털끝만큼뿐임을 말한 것이다. 義와 利는 公과 私일 뿐이다. 義에서 벗어나면 곧 利로써 말하니, 단지 저 計較는 곧 利害가 있기 때문이다. 만약 利害가 없으면 어찌 計較를 하겠는가. 利害를 따지는 것은 천하 사람들의 常情이다. 사람들은 모두 이익을 좇고 해로움을 피할 줄 안다. 聖人은 곧 利害를 논하지 않고 오직 의리상 마땅히 할 것인지 마땅히 하지 말아야 할 것인지를 볼 뿐이니, 그러면 바로 命이 그 가운데 있게 된다.

孟子辨舜跖之分은 只在義(理)〔利〕[9]之間이라 言間者는 謂相去不甚遠하여 所爭毫末爾라 義與利는 只是箇公與私也라 纔出義면 便以利言也니 只那計較는 便是爲有利害라 若無利害면 何用計較리오 利害者는 天下之常情也라 人皆知趨利而避害라 聖人은 則便不論利害하고 惟看義當與不當爲하니 便是命在其中也라

15. 經을 전수하는 것은 어려우니, 예컨대 聖人이 돌아가신 뒤 겨우 1백 년 만에 전함이 이미 잘못되었다. 성인의 학문은 子思와 孟子가 아니었다면 거의 끊어졌을 것이다. 道가 언제 끊어진 적이 있었는가. 단지 사람들이 그 도를 따르지 않았을 뿐이다. 도가 없어진 것이 아니라 幽王과 厲王이 도를 따르지 않은 것이다.

傳經爲難하니 如聖人之後纔百年에 傳之已差라 聖人之學은 若非子思孟子면 則幾乎息矣리라 道何嘗息이리오 只是人不由之라 道非亡也요 幽厲不由也라

16. 사람들이 간혹 近臣, 權貴에게 정해진 禮보다 더 예우할 것을 선생에게 권하자, 선생이 말하였다.

"어찌 예를 극진히 하라고 요구하지 않고 더 예우하기를 요구하는가. 예는 극진하면 그만이니, 어찌 더할 것이 있겠는가."

---

8) 孟子가……것 : ≪孟子≫ 〈盡心 上〉에 "닭이 울면 일어나 부지런히 善을 행하는 사람은 舜임금의 무리이고, 닭이 울면 일어나 부지런히 이익을 추구하는 자는 盜蹠의 무리이니, 순임금과 도척의 분별을 알고자 한다면 다른 것이 없다. 利와 善의 사이이다.〔鷄鳴而起 孳孳爲善者 舜之徒也 鷄鳴而起 孳孳爲利者 蹠之徒也 欲知舜與蹠之分 無他 利與善之間也〕"라고 한 것을 말한다.

9) (理)〔利〕 : 底本에는 '理'로 되어 있으나, 문맥과 一蓑古本에 의거하여 '利'로 바로잡았다.

人이 或勸先生以加禮近貴한대 先生이 曰 何不見責以盡禮하고 而責之以加禮오 禮盡則已니 豈有加也리오

17. 聖人의 말씀은 사람에 따라 변하니, 말에 비록 淺近한 점이 있어도 내포하는 뜻은 모두 극진하다. 예컨대 樊遲는 성인의 문하에서 가장 배움이 얕은 자이지만, 그가 仁을 질문하자 孔子가 "사람을 사랑하는 것이다."라고 하고, 知(智)을 질문하자 공자가 "사람을 아는 것이다."라고 하였으니,10) 이 말을 보면 내포하는 뜻이 극진하지 못한 것이 어디에 있는가. 다른 사람의 말은 천근한 것을 말하면 원대한 것을 빠뜨리고, 원대한 것을 말하면 천근한 것을 알지 못한다. 오직 성인의 말씀은 천근함과 원대함이 모두 극진하다.

聖人之語는 因人而變化하니 語雖有淺近處나 卽却無包含不盡處라 如樊遲는 於聖門에 最是學之淺者나 及其問仁하야 曰愛人이라하고 問知하야 曰知人이라하니 且看此語에 有甚包含不盡處아 他人之語는 語近則遺遠하고 語遠則不知近이라 惟聖人之言은 則遠近皆盡이라

18. 오늘날의 학문을 하는 자들은 山麓을 오르는 것과 같으니, 구불구불한 평지에서는 활보하지 않음이 없다가, 험준한 곳에 이르러서는 곧 느릿느릿 걷는다.

今之爲學者는 如登山麓하니 方其迤邐하야 莫不闊步라가 及到峻處하야 便逡巡이라①

① 어떤 판본에는 '便'자부터 '逡巡' 두 글자까지가 없고, "혹 험준함 때문에 드디어 멈추거나, 혹 험난함 때문에 조금 느려진다. 만일 어려움을 만나도 의지를 더욱 견고히 하고, 자신의 허물을 들으면 고치는 사람이라면 어떠한 먼 곳이라도 이르지 못하겠는가."라고 되어 있다.
一本, 無便止二字, 云 "或以峻而遂止, 或以難而稍緩. 苟能遇難而益堅, 聞過則改, 何遠弗至也?"

19. 선대 제왕의 능침 아래에는 경작하지 않는 땅이 많이 있다. 그 후손을 추대하여 每處에 10頃11)의 토지를 주고 閑官 한 사람을 파견하여 대대로 지키게 하였다. 唐나라

10) 樊遲는……하였으니 : ≪論語≫ 〈顔淵〉에 보인다.

狄仁傑[12]과 顔杲卿[13]의 후손에게도 조정에서 관리 한 명을 보냈는데, 그가 죽자 끊겼다. 그러니 이는 이와 같이 후손을 그곳에 거처하게 하고 또 땅 5~7頃을 주는 것만 못하다.

先代帝王陵寢下에 多有閑田이라 推其後하여 每處에 只消與田十頃하고 與一閑官世守之라 至如唐狄仁傑顔杲卿之後하야도 朝廷與官一人하여 死則却絶하니 不若亦如此處之하고 亦與田五七頃이라

20. 후세에 골육 간에 원수가 되어 분노하여 다투는 경우가 많은데, 그 실상은 재산을 다투는 것이다. 재산을 균등히 배분하게 하고, 宗法을 세워 관청이 법을 시행하면 다투는 바가 없을 것이다.

後世骨肉之間에 多至仇怨忿爭한대 其實은 爲爭財라 使之均布하고 立之宗法하여 官爲法이면 則無所爭이라

21. 후세에는 사람의 도리가 완전히 없어졌으니, 조금 잘못되면 夷狄의 지경으로 들어가고, 크게 잘못되면 禽獸의 지경으로 들어간다.

後世에 人理全廢하니 小失이면 則入於夷狄하고 大失이면 則入於禽獸라[①]

① 人理는 어떤 판본에는 '禮'로 되어 있다.
人理, 一作禮.

22. 대체로 禮는 반드시 意義가 있어야 한다. 禮가 존귀한 것은 그 의의를 존귀하게 여기기 때문이니, 그 의의를 잃고 그 數를 진열하는 것은 祝史[14]의 일이다.[15]

---

11) 10頃 : 1頃은 100畝이므로, 10頃은 곧 1,000畝이다.

12) 狄仁傑 : 630~700. 자는 懷英, 시호는 文惠로, 幷州 太原 사람이다. 汴州判佐・幷州都督府法曹・大理丞・寧州刺史・地官侍郎 등을 지냈고, 則天武后의 통치기에 재상을 지내며 '武周의 治'를 이끌었다. 또 폐위되었던 中宗을 다시 太子로 삼을 것을 건의하여, 이후 唐나라가 계승될 수 있었다.

13) 顔杲卿 : 692~756. 자는 昕, 시호는 忠節로, 琅邪郡 사람이다. 755년 常山太守로 있을 때 安祿山이 난을 일으키자, 사촌아우인 顔眞卿과 함께 의병을 일으켰다. 이듬해 史思明에게 포위되어 사로잡혔는데, 끝까지 안녹산의 회유에 굴복하지 않아 처형되었다.

大凡禮는 必須有意라 禮之所尊은 尊其義也니 失其義하고 陳其數는 祝史之事也라

23. "益卦는 충만히 키워 넉넉하게 할 뿐 작위적으로 베풀지 않는다."16)라고 하였으니, 참으로 이러한 이치가 있어서 그 위에서 채우고 기르는 것을 말한 것이다. '設'은 인위적으로 만들어내는 것이니, 인위적으로 만들어내면 거짓이 된다.

益은 長裕而不設이라하니 謂固有此理而就上充長之라 設은 是撰造也니 撰造면 則爲僞也라

24. 사람들은 간혹 禮官을 한가로운 관직이라고 여긴다. 그러나 내가 생각하건대 예관의 책무는 매우 중대하다. 조정에 하나라도 禮에 어긋남이 있다면 모두 예관이 그 책무를 맡으니, 어찌 한가로운 관직이 될 수 있겠는가.

人은 或以禮官으로 爲閑官이라 某謂컨대 禮官之責이 最大라 朝廷에 一有違禮어든 皆禮官任其責하니 豈得爲閑官이리오

25. 陳平17)은 비록 道를 알지 못했으나, 또한 학문을 알았다. 예컨대 재상의 직분으로서 文帝에게 대답한 것18)은 학문을 알지 못했다면 어찌 이와 같이 말할 수 있었겠는가.

---

14) 祝史 : 나라의 제사 때 祝文을 맡아서 읽던 관원이다.

15) 禮가……일이다 : ≪禮記≫ 〈郊特牲〉에 보인다.

16) 益卦는……않는다 : ≪周易≫ 〈繫辭傳 下〉에 보인다.

17) 陳平 : ?~B.C. 178. 陽武 戶牖 사람으로, 漢나라 개국공신이다. 처음에는 項羽의 휘하에 있었으나, 이후 劉邦을 섬겨 천하를 평정하는 데 공을 세웠다. 相國 曹參이 죽은 후에는 左丞相에 올랐으며, 周勃과 함께 呂氏의 난을 평정한 뒤 文帝를 옹립하였다.

18) 재상의……것 : 漢 文帝가 조회할 적에 우승상 周勃에게 일 년 동안 獄事를 판결한 건수와 錢穀의 出入이 얼마인지 물었는데, 주발이 답하지 못하였다. 이에 다시 좌승상 陳平에게 묻자, 각기 주관하는 관리가 있으니, 옥사의 판결은 廷尉에게 묻고 전곡의 출입은 治粟內史에게 물으면 된다고 하였다. 문제가 "각기 주관하는 자가 있다면 그대가 주관하는 것은 무엇인가?"라고 묻자, 진평이 "무릇 재상이란 위로는 천자를 보좌하여 陰陽을 다스려 四時를 순조롭게 하고, 아래로는 만물을 마땅하게 기르고, 밖으로는 사방 오랑캐와 제후들을 진압하여 어루만지고, 안으로는 백성들을 가까이 하여, 卿大夫로 하여금 각자 그 직책을 맡게 하는 것입니다."라고 하였다.(≪史記≫ 卷56 〈陳丞相世家〉)

陳平은 雖不知道나 亦知學이라 如對文帝以宰相之職은 非知學이면 安能如此리오

26. 曹參은 齊나라를 떠나면서 감옥과 시장의 일을 당부하였다.19) 후세의 위정자가 감옥을 염두에 둔 경우는 있지만, 시장을 잘 다스린 자가 있다는 말은 듣지 못하였다.

曹參은 去齊할새 以獄市로 爲託이라 後之爲政者가 留意於獄者는 則有之矣나 未聞有治市者라

27. 학문은 앎을 극진히 하는 것보다 더 큰 것이 없고, 마음을 기르는 것은 禮義보다 더 큰 것이 없다. 옛사람은 수양하는 것이 많았으니, 聲音으로 그의 귀를 기르고, 舞蹈로써 그의 血脈을 기르는 일과 같은 것들이다. 요즘 사람들은 수양하는 것이 전혀 없고 단지 義理를 기르는 것이 있을 뿐인데, 사람들은 의리를 찾을 줄도 모른다.

學은 莫大於致知하고 養心은 莫大於禮義라 古人은 所養處多하니 若聲音以養其耳하고 舞蹈以養其血脈이라 今人은 都無하고 只有箇義理之養이로되 人又不知求라

28. 혹자가 말하였다.

"사람들은 온화하고 유순하고 너그럽고 느긋해야 함을 알지 못하는 이가 없으나, 일에 임하면 반대로 흉포하고 사나워집니다."

선생이 말하였다.

"이는 의지가 氣를 이기지 못하여 氣가 도리어 그 마음을 움직인 것이다."

或謂호되 人莫不知和柔寬緩이나 然臨事則反至於暴厲라 曰 只是志不勝氣하여 氣反動其心也라

29. 배우는 자가 귀하게 여길 점은 道를 듣는 것이니, 經書를 가지고 묻는 것은 단지

---

19) 曹參은……당부하였다 : 曹參(?~B.C. 190)은 泗水 沛縣 사람으로, 漢나라 개국공신이다. 秦나라 獄吏 출신으로, 劉邦을 도와 천하를 평정하는 데 많은 공을 세웠다. 漢 惠帝 2년에 相國 蕭何가 죽자, 齊나라 승상으로 있던 曹參이 그 후임이 되어 입궐하게 되었다. 조참은 떠나면서 후임 승상에게 "제나라의 감옥과 시장을 부탁하니, 신중히 하여 어지럽히지 마시오."라고 하였다. 후임 승상이 "다스리는 일은 이보다 중대한 것이 없습니까?"라고 하자, 조참이 "그렇지 않소. 무릇 감옥과 시장은 善惡을 아울러 용납하는 곳이니, 지금 그대가 그곳을 어지럽히면 간사한 사람이 어디에서 용납되겠소. 나는 이 때문에 그것을 우선시하는 것이오."라고 하였다.(≪史記≫ 卷54 〈曹相國世家〉)

聞見을 넓힐 따름이다. 그러나 배움을 구하는 자가 반드시 同志 중에 있어야 하는 것은 아니지만, 同志가 아니면 또한 배울 자가 없다.

學者所貴는 聞道니 執經而問은 但廣聞見而已라 然이나 求學者가 不必在同人中이나 非同人이면 又却無學者라

30. 孟子가 "聖하여 남들이 알 수 없는 것을 神이라 한다."[20]라고 하였으니, 聖의 위에 별도로 한 등급의 神人이 있는 것이 아니라, 神이 바로 聖하여 남들이 알 수 없는 것이다.

孟子가 言호되 聖而不可知之謂神이라하니 非是聖上에 別有一等神人이요 神이 卽聖而不可知라①

① 또 "聖의 지극히 신묘함은 남들이 능히 헤아릴 수 없는 것을 말한다."라고 하였다.
又曰 "謂聖之至妙, 人所未能測."

31. ≪禮記≫의 〈儒行〉편은 이 글에는 義理가 전혀 없으니, 후세의 遊說之士가 만든 과장된 설인 듯하다. 孔子가 평소에 한 말씀을 살펴보건대, 이와 같은 것이 있었는가.

儒行之篇은 此書全無義理하니 如後世遊說之士所爲誇大之說이라 觀孔子平日語言컨대 有如是者否아

32. 陳나라 司敗가 "昭公은 禮를 아는 분입니까?"라고 묻자, 孔子가 대답하기를 "예를 아는 분입니다."라고 하였다.[21] 다른 나라 사람이 찾아와 '임금이 예를 아는 분입니까?'

---

20) 聖하여……한다 : 浩生不害가 樂正子는 어떤 사람인지 묻자, 孟子가 善人이며 信人이라고 하였다. 다시 善과 信에 대해 묻자, 맹자가 말하기를 "누구나 하고자 하는 것을 善이라 하고, 善을 자기 몸에 소유하는 것을 信이라 하고, 善을 행하여 가득 채우는 것을 美라 하고, 美가 가득 차서 그 빛이 드러난 것을 大라 하고, 大하면서 자연스럽게 자신을 변화시키는 것을 聖이라 하고, 聖하여 남들이 알 수 없는 것을 神이라 한다. 악정자는 두 가지(善·信)의 중간이요, 네 가지(神·聖·大·美)의 아래이다.〔可欲之謂善 有諸已之謂信 充實之謂美 充實而有光輝之謂大 大而化之之謂聖 聖而不可知之之謂神 樂正子 二之中 四之下也〕"라고 한 데서 나왔다.(≪孟子≫ 〈盡心 下〉)

21) 陳나라……하였다 : 陳나라 司敗가 "〈魯나라〉 昭公은 禮를 아는 분입니까?"라고 묻자, 孔子가 "예를 아는 분입니다."라고 하였다. 공자가 물러가자, 사패가 巫馬期에게 "군자는 偏黨을 하지 않는다고 들었는데, 군자도 편당을 하는가? 노나라 임금이 吳나라에 장가들었으니, 同姓이 된다. 〈그 사실을

라고 물었을 때, '예를 알지 못하신다.'라고 하는 것은 말이 되지 않는다. 예컨대 진나라 사패가 소공이 예를 잃은 일을 하나하나 거론하며 질문하였다면 공자는 답하지 못하는 바가 있어서 좌우를 돌아보며 다른 말을 했을 것이다. 巫馬期가 와서 〈진나라 사패의 말을〉 고했을 때는 답하지 않아도 되는 경우에 해당한다. 그러나 공자가 답을 한 것은 진나라 사패가 반드시 무마기가 돌아와 답변해주기를 기다렸기 때문이다. 그러므로 굳이 답을 한 것이다.

陳司敗가 問昭公知禮乎하니 孔子對曰 知禮라 彼國人이 來問君知禮否할새 不成說不知禮也라 如陳司敗數昭公失禮之事而問之면 則有所不答하여 顧左右而言他라 及巫馬期來告하얀 正合不答이라 然孔子答之者는 以陳司敗必俟其反命이라 故로 須至答也라

33. 혹자가 물었다.

"어떻게 배워야 터득함이 있다고 말할 수 있습니까?"

선생이 말하였다.

"대개 학문은 듣고 안다고 해서 모두 터득함이 되지는 않는다. 터득하는 것은 모름지기 묵묵히 이해하여 마음으로 통하는 것이다. 배우는 자가 터득하는 바가 있고자 한다면 독실하게 하여 생각을 진실하게 하고 이치를 밝게 살펴야 한다. 상등의 지혜를 가진 사람은 빼어나게 영민하여 자연히 구별되지만, 그다음 단계 사람들은 義理로써 함양하여 이치를 터득해야 한다."

或이 問호되 如何學可謂之有得이니잇가 曰 大凡學問은 聞之知之는 皆不爲得이라 得者는 須默識心通이라 學者가 欲有所得이어든 須是篤하여 誠意燭理라 上知는 則穎悟自別이나 其次는 須以義理涵養而得之라

34. 옛날에는 가르침이 있었으나 오늘날에는 가르침이 없다. 그 가르침이 없기 때문에 곧장 사람의 본질을 무너뜨려 이와 같이 아름답지 않게 되었다. 요즘 사람들을 옛사람에 비교해보면 하나의 지극히 나쁜 물건을 가지고 하나의 지극히 아름다운 물건에 비교

숨기기 위해〉 부인을 吳孟子라고 부르니, 노나라 임금이 예를 안다면 누가 예를 알지 못하겠는가." 라고 하였다. 무마기가 이것을 공자에게 고하자, 공자가 "나는 다행이구나. 만일 잘못이 있으면 남들이 반드시 그것을 아는구나."라고 하였다.(≪論語≫ 〈述而〉)

하는 것과 같다.

古有敎나 今無敎라 以其無敎로 直壞得人質하여 如此不美라 今人을 比之古人컨대 如將一至惡物로 比一至美物이라

35. 道에 나아감이 깊어진 뒤에는 비록 평범한 사람이 淺近한 일을 말하는 것을 듣더라도 義理 아닌 것이 없게 된다.

造道深後엔 雖聞常人語言淺近事라도 莫非義理라

36. 옛날에 家에는 塾이 있고 黨에는 庠이 있었다.[22] 그러므로 학교에 들어가지 않는 사람이 없었다. 三老[23]가 里門에 앉아 사람들이 출입할 적에 그 長幼・揖讓의 차서를 살폈다. 오늘날 전해진 詩와 같은 것을 사람들마다 암송하였는데, 그 시어는 禮義에 이르지 않은 말이 없었다. 요즘 사람들은 머리가 하얗게 센 노인이라도 일찍이 시가 있는 것을 알지 못하고, 里俗의 말은 전혀 알아들을 수 없으니, 모두 그 풍습에 얽매인 것이다. 옛날의 풍습으로 어찌 선하지 않을 수 있겠으며, 오늘날의 풍습으로 어찌 악하지 않을 수 있겠는가.

古者에 家有塾하고 黨有庠이라 故로 人未有不入學者라 三老가 坐於里門하여 出入할새 察其長幼揖讓之序라 如今所傳之詩를 人人諷誦한대 莫非止於禮義之言이라 今人雖白首라도 未嘗知有詩하고 至於里俗之言하얀 盡不可聞하니 皆繫其習也라 以古所習으로 安得不善하며 以今所習으로 安得不惡이리오

37. 唐 太宗에 대해 후세 사람들은 그가 영명한 군주인 것만을 알고, 애초 그의 악함이

22) 옛날에……있었다 : ≪禮記≫ 〈學記〉에 "옛날의 가르침은 家에는 塾이 있었으며, 黨에는 庠이 있었으며, 術(遂)에는 序가 있었으며, 수도에는 學(太學)이 있었다.〔古之敎者 家有塾 黨有庠 術有序 國有學〕"라고 하였다. 家는 大夫의 食邑을 말하고, 黨은 500家를 말하고, 術은 100家인 1里가 10개 있는 구역이다.

23) 三老 : 古代에 연로하여 致仕한 사람 가운데 道學이 높은 자를 天子가 父兄의 예로써 우대하여 三老와 五更이라 하였는데, 한 사람이라는 설과 각각 세 사람, 다섯 사람이라는 설이 있다. 이들은 고을의 長老로서 교화를 담당하였다.

형을 죽이고 임금 자리를 취한[24] 데에 이른 것을 아는 사람이 없다. 만약 그의 功業으로써 말하자면 일개 功臣이 되는 것에 불과할 뿐이니, 어찌 태자의 지위를 빼앗을 수 있겠는가. 예컨대 肅宗이 靈武에서 즉위한 일[25]은 분명히 찬탈이다.

唐太宗은 後人只知是英主하고 元不曾有人識其惡이 至如殺兄取位라 若以功業言이면 不過只做得箇功臣이니 豈可奪元良之位리오 至如肅宗卽位靈武는 分明是簒也라

38. 革卦에 "물과 불이 서로를 없앤다.〔水火相息〕"[26]라고 하였으니, 息은 止息이다. 이미 止息의 이치가 있으니, 또한 生息의 이치도 있다. 睽卦에 四德[27]이 보이지 않는 것은 四德을 붙이는 것을 용납하기 않기 때문이다. 睽卦 卦辭에 "작은 일은 吉하다."라고 한 것은 한창 반목할 때에도 오히려 작은 일의 길함을 이룰 수 있다는 것이다. 반목을 끝내는 것을 이루지 못할 뿐, 분명 반목을 구제하는 道는 있다.

革에 言水火相息이라하니 息은 止息也라 旣有止息之理하니 亦有生息之理라 睽卦에 不見四德은 蓋不容著四德이라 繇言小事吉者는 止是方睽之時에도 猶足以致小事之吉이라 不成終睽而已요 須有濟睽之道라①

① 어떤 판본에는 '睽卦' 이하의 내용을 별도로 한 章으로 만들었다.
一本, 睽卦以下, 別爲一章.

39. 文中子(王通)가 말하기를 "옛날의 배우는 자는 道를 모았다."[28]라고 하였다. 도를 알지 못하면 어찌 도를 모을 수 있겠는가.

文中子가 言호되 古之學者는 聚道라 不知道면 如何聚得이리오

---

24) 형을……취한 : 唐 太宗 李世民은 그의 맏형 李建成을 죽이고 부친 高祖에게 양위를 받아 즉위하였다.

25) 肅宗이……일 : 唐 肅宗 李亨은 安祿山의 난이 일어났을 때 부친 玄宗이 蜀으로 몽진하자, 靈武에서 양위 없이 스스로 황제에 올라 난을 진압하였다.

26) 물과……없앤다 : ≪周易≫ 革卦 〈彖傳〉에 보인다.

27) 四德 : 元·亨·利·貞을 말한다. 睽卦에서는 元·亨·利·貞을 말하지 않았다.

28) 옛날의……모았다 : ≪中說≫ 〈周公〉에 "옛날의 옛것을 좋아하는 자는 道를 모으고, 오늘날의 옛것을 좋아하는 자는 재물을 모은다.〔古之好古者聚道 今之好古者聚財〕"라고 하였다.

40. 무릇 정사를 행할 적에는 모름지기 善法을 세워야 한다. 후세 사람들이 그 善法을 變易하는 것은 어찌할 수가 없다. 비록 周公일지라도 또한 법을 세우는 것을 알 따름이니, 후세 사람들이 그것을 바꾸는 것은 어찌할 수가 없다.

凡爲政은 須立善法이라 後人有所變易은 則無可奈何라 雖周公이라도 亦知立法而已니 後人變之는 則無可奈何也라

41. 臨卦에 "八月에 이르면 흉함이 있다."29)라고 하였으니, 八月에 이르면 遯卦가 된다는 것을 말한다.30) 이는 그 剛이 점점 자라나는 때를 당하여 바로 陰이 자라나는 뜻으로 경계한 것이다.

臨에 言八月有凶이라하니 謂至八月是遯也라 當其剛浸長之時하여 便戒以陰長之意라

42. ≪春秋≫에 "紀侯가 영원히 그 나라를 떠났다.〔紀侯大去其國〕"31)라고 하였는데, '영원히〔大〕'라는 것은 책임이 紀나라에 있음을 말한 것이니, 齊나라의 죄가 아니라는 것이다. 齊侯・陳侯・鄭伯이 垂에서 만나 바야흐로 기나라를 정벌할 것을 도모하자, 기후가 마침내 그 나라를 떠났다. 제나라의 군대가 아직 기나라를 정벌하지 않았는데 이미 떠났기 때문에 제나라의 죄가 아닌 것이다.

紀侯大去其國이라한대 大는 名責在紀也니 非齊之罪也라 齊侯陳侯鄭伯遇於垂하여 方謀伐之하니 紀侯遂去其國이라 齊師未加而已去라 故로 非齊之罪也라

43. ≪春秋≫의 글은 하나하나 그 의미가 사람들에게 보여주는 데 있지 않음이 없다.

---

29) 八月에……있다 : ≪周易≫ 臨卦 卦辭에 "크게 형통하고 貞함이 이로우니, 八月에 이르면 흉함이 있으리라.〔元亨利貞 至于八月 有凶〕"라고 하였다. 臨卦는 12월에 해당하는 괘로, 陽이 하나 더 생겨난 괘이다. 陽이 점점 자라 4월이 되면 모두 陽爻가 된다. 그리고 5월에 陰이 하나 생기고, 6월에 陰이 둘로 변한다. 여기서 말하는 8월은 周曆으로, 夏曆으로는 6월이다.

30) 八月에……말한다 : 夏曆으로 11월 冬至에 一陽이 처음 생겨나 復卦가 되는데, 6월에 이르면 二陰이 생겨 遯卦가 된다.

31) 紀侯가……떠났다 : 莊公 3년에 齊나라가 紀國을 없애고자 하였는데, 紀侯의 아우 紀季가 酅邑을 가지고 제나라에 귀순하였다. 장공 4년 여름에 齊侯・陳侯・鄭伯이 垂에서 회합하자, 紀侯가 그 나라를 紀季에게 주고 떠났다.(≪春秋左氏傳≫)

예컨대 토목 공사 같은 것은 크고 작음에 상관없이 기록하지 않은 것이 없으니, 그 의미는 단지 임금이 백성의 힘을 중시하게 하고자 한 것뿐이다.

春秋之文은 莫不一一意在示人이라 如土功之事는 無小大莫不書之하니 其意는 止欲人君重民之力也라

44. ≪春秋≫에 "크게 기우제를 지냈다.〔大雩〕"라고 기록한 것은 기우제는 上帝에게 지내는 것이므로 魯나라가 기우제를 지내서는 안 됨을 나타낸 것이다. 노나라에서 郊제사를 지낸 것을 기록한 것과 같은 의미이다.

書大雩는 雩及上帝라 以見魯不當爲라 與書郊者로 同義라

45. ≪春秋≫에 "魯 莊公이 齊나라를 토벌하여 糾를 제나라로 들여보내려 하였다.〔公伐齊納糾〕"[32]라고 기록하였으니, 糾는 즉위해야 할 인물이 아니기 때문에 '子糾'라고 말하지 않은 것이다. 만약 '子糾'라고 기록했다면 바로 그가 즉위해야 마땅하다는 뜻이다.

書公伐齊納糾하니 糾不當立이라 故로 不言子糾라 若書子糾면 則正了他當得立也라

46. 무릇 ≪周易≫의 卦는 卦才(괘의 재질)에서 그 의미를 터득하는 경우도 있고, 또 兩體(內卦와 外卦)를 들어 곧 그 의미를 터득하는 경우도 있다. 隨卦 卦辭에 "剛이 와서 柔에게 자신을 낮추며, 동하고 기뻐함이 隨이다."[33]라고 하였으니, 이는 卦才에서 隨卦의 의미를 터득한 경우이다. "못 가운데 우레가 있는 것이 隨이다."[34]라고 하였으니, 이는

---

32) 魯……하였다 : ≪春秋左氏傳≫ 莊公 9년 조의 經文에 보인다. 춘추시대 齊 襄公이 無道하여 鮑叔牙가 公子 小白을 받들고서 莒나라로 망명하였다. 無知가 양공을 시해하자 管仲과 召忽이 公子 糾를 받들고서 魯나라로 망명하였다. 노나라에서 공자 규를 제나라로 들여보내 임금으로 세우려 하였는데, 공자 소백이 먼저 제나라로 들어가 즉위하니, 곧 桓公이다. 공자 규는 노나라에서 죽임을 당하였다.

33) 剛이……隨이다 : ≪周易≫ 隨卦 〈彖傳〉에 보인다. 朱熹의 ≪周易本義≫에는 卦變으로 해설하면서 困卦 九二爻가 隨卦 初九爻로 변하고, 噬嗑卦 上九爻가 隨卦 九五爻로 변한 것이므로, 剛이 와서 柔를 따르는 의미라고 풀이하였다.

34) 못……隨이다 : ≪周易≫ 隨卦 〈象傳〉에 보인다. 隨卦의 外卦는 澤을 상징하는 兌卦이고, 內卦는 雷를 상징하는 震卦이다.

象에서 隨卦의 의미를 터득한 경우이다.

凡易卦는 有就卦才而得其義者하고 亦有擧兩體便得其義者라 隨에 剛來而下柔하고 動而說(열)이 隨라하니 此는 是就卦才而得隨之義라 澤中有雷가 隨라하니 此는 是就象上得隨之義也라

47. 宗子의 法이 확립되지 않으면 조정에 世臣이 없게 된다. 宗法은 모름지기 한 두 巨公의 집안에서 법을 세워야 한다. 종법이 확립되면 사람마다 각각 자신이 나온 곳을 알게 된다.

宗子之法이 不立이면 則朝廷無世臣이라 宗法은 須是一二巨公之家立法이라 宗法이 立하면 則人人各知來處라

48. 宗子란 제사의 宗主를 말한다.

宗子者는 謂宗主祭祀也라

49. 禮에 長子는 남의 후사가 될 수 없다. 만약 형제가 없거나, 또는 조부를 잇는 宗統이 끊어지면 또한 마땅히 조부를 이어야 한다. 禮에 비록 이런 것을 말하지 않았더라도 의리에 의거하여 새로 일으킬 수 있다.

禮에 長子不得爲人後라 若無兄弟하고 又繼祖之宗絶이어든 亦當繼祖라 禮雖不言이나 可以義起라

50. 무릇 大宗과 小宗은 모두 廟數에 들어있지 않다.

凡大宗與小宗은 皆不在廟數라

51. "종족을 거둔다."[35]라는 뜻은 서로 더불어 상복을 입고, 제사가 서로 미치는 것일 뿐이다.

---

35) 종족을 거둔다 : ≪禮記≫ 〈大傳〉에 "사람의 道는 친족을 친애하는 것이다. 친족을 친애하기 때문에 조상을 높이고, 조상을 높이기 때문에 종통을 공경하고, 종통을 공경하기 때문에 종족을 거둔다.〔人道 親親也 親親 故尊祖 尊祖 故敬宗 敬宗 故收族〕"라고 하였다.

收族之義는 止爲相與爲服하고 祭祀相及이라

52. 이른바 宗이란 것은 나의 방계 친척과 형제들이 찾아와 나를 떠받듦으로써 宗이라는 이름을 얻는 것이지, 내가 남에게 宗主가 되는 것이 아니다.

所謂宗者는 以己之旁親兄弟來宗於己로 所以得宗之名이니 非己宗於人也라

53. 무릇 小宗은 5世를 법으로 삼아, 제사 지내는 대수가 다하면 친족이 흩어진다. 만약 고조의 아들이 아직 살아있어서 부친을 제사 지내고자 한다면 宗子가 된 자를 만나보아야 한다. 비록 6~7世라도 또한 현재의 종자와 서로 상의한 뒤에 그의 부친을 제사 지내야 한다. 종자에게는 君道가 있다.

凡小宗은 以五世로 爲法하여 親盡이면 則族散이라 若高祖之子尙存하여 欲祭其父면 則見爲宗子者라 雖是六世七世라도 亦須計會今日之宗子하고 然後祭其父라 宗子는 有君道라

54. 제사는 모름지기 남녀의 구분을 달리해야 한다. 생전에 이미 뒤섞여 앉을 수 없었는데, 제사 때 어찌 뒤섞여 앉을 수 있겠는가.

祭祀는 須別男女之分이라 生旣不可雜坐한대 祭豈可雜坐리오

55. 제사는 神主가 아니면 의지할 곳이 없고, 尸童이 아니면 흠향할 수 없다.

祭는 非主면 則無依하고 非尸면 則無享이라

56. 오늘날 冠禮를 행할 적에 만약 옛날의 冠服을 만들어 관례를 한다면 관례를 마친 뒤에 일상에서는 착용하지 않을 것이니, 이는 작위적인 것이 된다. 반드시 지금의 관복을 써야 한다.

今行冠禮할새 若制古服而冠이면 冠了에 只不常著이니 却是僞也라 必須用時之服이라

57. 喪禮는 모름지기 3년을 행하고 祔廟해야 한다. 만약 卒哭[36]하고서 부묘하면 3년 동안 아무런 할 일이 없다. 禮에 졸곡 후에도 여전히 아침저녁으로 곡을 한다고 하였으니, 만약 신주가 침전에 있지 않으면 어디에서 곡을 하겠는가.

喪은 須三年而祔라 若卒哭而祔면 則三年却都無事라 禮에 卒哭猶存朝夕哭이라하니 若無主在寢①이면 哭於何處리오

① 〈主在寢은〉 어떤 판본에는 '祭於殯'으로 되어 있다.
一作祭於殯.

58. 생물 가운데 스스로 天理를 터득함이 있는 것은, 벌과 개미가 그 임금을 지킬 줄 알고 승냥이와 수달이 제사 지낼 줄 아는 것과 같은 경우이다. 禮도 또한 사람의 마음에서 나올 따름이다.

物有自得天理者는 如蜂蟻知衛其君과 豺獺知祭라 禮도 亦出於人情而已라

59. 선조를 제사 지내는 禮는, 유추할 수 없는 선조는 어찌할 수 없지만 알 수 있는 선조는 원근이나 다소에 상관없이 오히려 다 제사 지내는 것이 마땅하다. 선조에게 또 어찌 보답하지 않을 수 있겠으며, 또 어찌 선조가 많은 것을 싫어할 수 있겠는가. 대개 나의 근본은 저 선조에게 있으니, 비록 멀더라도 어찌 보답함이 없을 수 있겠는가.

祭先之禮는 不可得而推者는 無可奈何어니와 其可知者는 無遠近多少하고 猶當盡祭之라 祖엔 又豈可不報며 又豈可厭多리오 蓋根本在彼하니 雖遠이라도 豈得無報리오

60. "宗子는 비록 70세라도 主婦가 없어서는 안 된다."[37]라고 하였는데, 이는 제사를 받드는 경우를 말한다. 그러나 또한 70세라고 말하는 것은 타당하지 않고, '비록 연로하더라도 주부가 없어서는 안 된다.'고 말하면 된다.

---

36) 卒哭 : 三虞祭를 지낸 뒤에 지내는 제사이다.

37) 宗子는……된다 : 《禮記》 〈曾子問〉에 "孔子가 말하였다. '宗子는 비록 70세라도 主婦가 없어서는 안 되나, 종자가 아니면 비록 주부가 없더라도 괜찮다.'〔孔子曰 宗子雖七十 無無主婦 非宗子 雖無主婦可也〕"라고 하였다.

宗子는 雖七十이라도 無無主婦라한대 此는 謂承祭祀也라 然이나 亦不當道七十이요 只道雖老無無主婦면 (使)〔便〕[38)]得이라

61. ≪禮記≫에 "宗子가 만약 성인이 되기 전에 죽더라도"[39)]라고 하였다. 종자는 君道가 있으니, 어찌 미성년자의 상례로 하는 이치가 있겠는가.

禮云 宗子如①爲殤이라 宗子는 有君之道니 豈有殤之理리오

① 〈如는〉 어떤 판본에는 '不'로 되어 있다.
一作不.

62. "喜怒哀樂이 아직 발하지 않은 것을 中이라 한다."[40)]라는 것은 단지 하나의 中의 本體를 말하는 것이다. 희로애락이 발하지 않았는데, 그 속에 무엇이 있겠는가? 단지 中이라고 말할 수 있을 따름이다. 예컨대 乾의 본체는 곧 健이지만, 여러 곳에 분산되어 있으면 모두 健이라고 이름할 수 없다. 그러나 健은 그 가운데 있다. 천하의 事事物物에는 모두 中이 있다. "희로애락이 발하여 모두 절도에 맞는 것을 和라고 한다."라는 것은 和라고 말하면 곧 中하지 않다는 것이 아니라, 和하면 中이 그 가운데 있다는 것을 말한다. 中은 곧 희로애락이 그 가운데 있는 것을 포함한다.

喜怒哀樂未發謂之中이라함은 只是言一箇中①體라 既是喜怒哀樂未發한대 那裏有箇甚麽아 只可謂之中이라 如乾體는 便是健이로되 及分在諸處하얀 不可皆名健이라 然이나 在其中矣라 天下事事物物에 皆有中이라 發而皆中節謂之和라함은 非是謂之和便不中也요 言和則中在其中矣라 中便是含喜怒哀樂在其中矣라

① 〈中은〉 어떤 판본에는 '本'으로 되어 있다.

---

38) (使)〔便〕: 저본에는 '使'로 되어 있으나, 四庫全書本과 中華書局本에 의거하여 '便'으로 바로잡았다.

39) 宗子가……죽더라도 : ≪禮記≫ 〈曾子問〉에 孔子가 말하기를 "宗子가 만약 성인이 되기 전에 죽더라도 庶子는 그 후사가 되지 못한다.〔宗子爲殤而死 庶子弗爲後也〕"라고 하였다.

40) 喜怒哀樂이……한다 : ≪中庸≫에 "喜怒哀樂이 아직 발하지 않은 것을 中이라 하고, 희로애락이 발하여 모두 절도에 맞은 것을 和라고 한다. 中이라는 것은 천하의 큰 근본이고, 和라는 것은 천하의 두루 통하는 도이다.〔喜怒哀樂之未發 謂之中 發而皆中節 謂之和 中也者 天下之大本也 和也者 天下之達道也〕"라고 하였다.

一作本.

63. 예컨대 눈앞의 여러 사람에게 우뚝 서서 홀로 행하게 하는 것은 그렇게 어렵지 않으나 하나의 知見을 갖추게 하는 것은 어렵다. 사람들은 자신의 知見에 갇혀 이치를 꿰뚫어 보지 못한다. 사람들은 힘써 행해야 한다고 말하지만, 또한 淺近한 말일 뿐이다. 사람들이 이미 知見이 있다면 어찌 능히 행하지 못할 것이 있겠는가. 일체의 일이 모두 마땅히 해야 할 일이니, 굳이 자기의 생각을 붙일 필요가 없다. 조금이라도 자기의 생각을 붙이면 곧 사사로운 마음이 있는 것이다. 이 한 점의 意氣가 얼마나 가겠는가.

如眼前諸人에 要特立獨行은 煞不難得이나 只是要一箇知見難이라 人只被這箇知見不通透라 人謂要力行이나 亦只是淺近語라 人旣能①知見이면 豈有不能行이리오 一切事가 皆所當爲니 不必待著意做라 纔著意做면 便是有箇私心이라 這一點意氣가 能得幾時了아

① 〈能은〉 어떤 판본에는 '有'로 되어 있다.
一作有.

64. 지금 사람들이 앎을 극진히 하려 하면 모름지기 物에 이르러야 한다. 物은 事物이라고 말한 뒤에야 그것을 物이라 말하는 것은 아니다. 내 한 몸 안으로부터 만물의 이치에 이르기까지 다만 이해가 많아지면 차례차례 저절로 환히 깨닫는 것이 있게 된다.

今人欲致知어든 須要格物이라 物은 不必謂事物然後謂之物也라 自一身之中으로 至萬物之理히 但理會得多하면 相次自然豁然有覺處라

65. 楊子는 털 하나를 뽑아서 〈천하 사람들을 이롭게 하더라도〉 하지 않았고, 墨子는 자신의 이마를 갈아 발꿈치에 이르더라도 〈천하 사람들을 이롭게 하면〉 그 일을 하였으니, 이는 모두 中을 얻지 못한 것이다. 子莫이 이 중간을 잡았다고 한 경우는, 이 두 설의 중간을 잡으려 하였으나 어떻게 잡는 것인지를 알지 못하였다.[41] 中을 안다면 事事

41) 楊朱는……못하였다 : ≪孟子≫ 〈盡心 上〉에 맹자가 말하기를 "楊子는 자신을 위하는 설을 취하였으니, 털 하나를 뽑아서 천하 사람들을 이롭게 하더라도 하지 않았다. 墨子는 兼愛說을 취하였으니, 자신의 이마를 갈아 발꿈치에 이르더라도 천하 사람들을 이롭게 하면 그 일을 하였다. 子莫은 이 두 사람의 중간을 취하였으니, 중간을 잡는 것이 道에 가까우나, 중간만을 잡고 權道가 없는 것은

物物에 모두 자연히 中이 있어서 사람이 안배할 필요가 없다. 안배를 하면 中하지 않게 된다.

楊子는 拔一毛不爲하고 墨子는 又摩頂放踵爲之하니 此는 皆是不得中이라 至如子莫執中하야 欲執此二者之中이나 不知怎麽執得이라 識得이면 則事事物物上皆天然有箇中在那上하여 不待人安排也라 安排著이면 則不中矣라

66. 알면 반드시 좋아하고, 좋아하면 반드시 추구하고, 추구하면 반드시 얻게 된다. 옛 사람은 이 학문을 종신토록 일삼았다. 과연 급박한 상황과 위급한 때에도 반드시 이렇게 할 수 있다면 어찌 道理를 얻지 못하겠는가.

知之면 必好之하고 好之면 必求之하고 求之면 必得之라 古人은 此箇學을 是終身事라 果能顚沛造次에 必於是하면 豈有不得道理리오

67. "일어섰을 적에는 그것이 눈앞에 있는 것을 본다."[42]라고 하였는데, 본 것은 무엇인가?

立則見其參於前이라한대 所見者는 何事아

68. 顏淵이 仁을 묻자 孔子가 禮로써 말해주었다.[43] 仁과 禮가 과연 다른가?

한쪽을 잡는 것과 같다.〔楊子取爲我 拔一毛而利天下 不爲也 墨子兼愛 摩頂放踵利天下 爲之 子莫執中 執中爲近之 執中無權 猶執一也〕"라고 하였다.

42) 일어섰을……본다 : ≪論語≫ 〈衛靈公〉에 子張이 행함〔行〕에 대해 묻자, 孔子가 말하기를 "말이 진실하고 미더우며 행동이 독실하고 공경스러우면 오랑캐의 나라에서도 그 道를 행할 수 있지만, 말이 진실하고 미덥지 못하며 행실이 독실하고 공경스럽지 못하면 자신이 사는 州里라고 할지라도 도를 행할 수 있겠는가. 일어섰을 적에는 도가 눈앞에 있는 것을 보고, 수레를 탔을 적에는 도가 수레 앞 가로지른 막대기에 의지해 있는 것을 보아야 하니, 그런 뒤에야 도를 행할 수 있다.〔言忠信 行篤敬 雖蠻貊之邦 行矣 言不忠信 行不篤敬 雖州里 行乎哉 立則見其參於前也 在輿則見其倚於衡也 夫然後行〕"라고 한 데서 나왔다.

43) 顏淵이……말해주었다 : ≪論語≫ 〈顏淵〉에 "顏淵이 仁을 묻자, 孔子가 말하였다. '자기의 私欲을 물리쳐 禮로 돌아가는 것이 仁을 행하는 방법이니, 하루라도 사욕을 극복해 예로 돌아가면 천하 사람들이 그의 仁을 허여할 것이다. 仁을 행하는 것은 자기에게 달려 있으니, 남을 통해 하는 것이겠는가.〔克己復禮爲仁 一日克己復禮 天下歸仁焉 爲仁由己 而由人乎哉〕'"라고 하였다.

顔淵問仁하여 而孔子告之以禮라 仁與禮가 果異乎아

69. 기쁨이 즐거움보다 우선한 것은 즐거움이 기쁨을 말미암은 뒤에 얻어지기 때문이다. 그러나 즐거움이 아니라면 또한 군자다움을 말할 수 없다.[44]

說(열)先於樂者는 樂由說而後得일새라 然非樂이면 則亦未足以語君子라

44) 기쁨이……없다 : ≪論語≫ 〈學而〉 首章의 '不亦說乎', '不亦樂乎', '不亦君子乎'를 논한 것이다.

二程全書 卷19

遺書 伊川先生語 四

明 後學 嘉興 徐必達 校正

劉元承[1]이 손수 엮다 劉元承手編

1. 仁을 묻자, 선생이 말하였다.

"이는 여러분이 스스로 사유하기에 달려 있으니, 성현이 仁을 말한 것을 가지고 유형별로 모아 살펴서 仁을 體認해야 한다. 孟子가 '惻隱之心은 仁이다.'[2]라고 하자, 후세 사람들은 마침내 남을 사랑하는 것을 仁이라고 여겼다. 惻隱之心은 본디 남을 사랑하는 것이다. 남을 사랑하는 것은 본디 情이고, 仁은 본디 性이니, 어찌 오로지 남을 사랑하는 것만을 仁이라고 할 수 있겠는가. 맹자가 惻隱之心을 仁이라고 말한 것은 대개 앞에서 이미 '惻隱之心은 仁의 단서이다.'[3]라고 말했기 때문이다. 이미 '仁의 단서'라고 말했으니, 사랑을 바로 仁이라고 말하는 것은 불가하다. 韓退之(韓愈)가 '널리 사랑하는 것을 仁이라 한다.'[4]라고 하였는데, 이는 옳지 않다. 仁者는 참으로 남을 널리 사랑하지만, 바로 널리 사랑하는 것을 仁이라고 하는 것은 옳지 않다."

問仁호되 曰 此는 在諸公自思之니 將聖賢所言仁處하여 類聚觀之하여 體認出來라 孟子曰 惻隱之心은 仁也라하니 後人은 遂以愛爲仁이라 惻隱은 固是愛也라 愛는 自是情이요 仁은 自是性이니 豈可專以愛爲仁이리오 孟子言惻隱爲仁은 蓋爲前已言惻隱之心은 仁之端也라 旣曰仁之端이니 則

---

1) 劉元承 : 劉安節(1068~1116)이다. 元承은 그의 자이며, 永嘉 사람이다. 程頤를 사사하였다. 1100년 진사가 되어 監察御使·知饒州 등을 지냈다.

2) 惻隱之心은 仁이다 : ≪孟子≫ 〈告子 上〉에 보인다.

3) 惻隱之心은……단서이다 : ≪孟子≫ 〈公孫丑 上〉에 보인다.

4) 널리……한다 : 韓愈의 〈原道〉에 보인다.

不可便謂之仁이라 退之言博愛之謂仁이라한대 非也라 仁者는 固博愛나 然便以博愛爲仁은 則不可라

2. 선생에게 또 물었다.

"仁과 聖이 어떻게 다릅니까?"

선생이 말하였다.

"사람들은 孔子가 '어찌 仁을 일삼는 데 그치겠는가. 반드시 聖人일 것이다.'5)라고 말한 것만을 보고서 곧 仁은 작고 聖은 크다고 여기니, 이는 그 의미를 전혀 모르는 것이다. 이 말은 공자가 子貢의 '백성에게 은혜를 널리 베풀어 많은 사람을 구제하는 것'에 대한 질문을 듣고서, 질문한 것이 컸기 때문에 '어찌 仁에 그치겠는가. 반드시 성인일 것이다.'라고 말한 것이다. 대개 仁은 上下를 관통하여 말할 수 있으며, 聖은 그 極處이다. 성인은 人倫의 지극함이다. 倫은 이치이다. 이미 人理의 지극함에 통달하였으니, 다시 더할 것이 있을 수 없다. 예컨대 오늘날 사람이 간혹 한 가지 일이 仁하면 또한 그것을 仁이라고 말할 수 있고, 仁의 道를 극진히 하는 것에 이르러서도 仁이라고 말한다. 이는 上下를 관통하여 말한 것이다. 예컨대 '聖과 仁은 내 어찌 감히 자처할 수 있겠는가.'6)라고 말한 것과 같은 경우, 이는 또한 仁과 聖이 모두 큰 것이다. 대저 仁의 道를 극진히 하는 자는 곧 성인이니, 성인이 아니라면 仁의 道를 극진히 할 수 없다."

선생에게 물었다.

"어떤 사람이 '人道를 극진히 하는 것을 仁이라 하고, 天道를 극진히 하는 것을 聖이라 한다.'라고 말한다면, 이 말은 어떠합니까?"

선생이 말하였다.

"이 말은 참으로 병통이 없지만 의도한 것이 옳지 않다. 어찌 人道를 알면서도 天道를 알지 못하는 자가 있겠는가. 道는 하나이니, 어찌 人道가 별도로 人道이며 天道가 별도로 天道이겠는가. ≪中庸≫에 '자기의 본성을 극진히 하면 능히 남의 본성을 극진히 할

5) 어찌……것이다 : 子貢이 "백성에게 은혜를 널리 베풀어 많은 사람을 구제할 수 있으면 어떠합니까? 仁하다고 할 수 있습니까?"라고 묻자, 孔子가 "어찌 仁을 일삼는 데 그치겠는가. 반드시 聖人일 것이다. 堯·舜도 오히려 부족하게 여기셨다.〔何事於仁 必也聖乎 堯舜 其猶病諸〕"라고 하였다.(≪論語≫ 〈雍也〉)

6) 聖과……있겠는가 : ≪論語≫ 〈述而〉에 孔子가 말하기를 "聖과 仁은 내 어찌 감히 자처할 수 있겠는가. 그러나 그것을 행하기를 싫어하지 않으며, 남을 가르치기를 게을리하지 않는 것은 그렇다고 말할 수 있다.〔若聖與仁 則吾豈敢 抑爲之不厭 誨人不倦 則可謂云爾已矣〕"라고 하였다.

수 있으며, 능히 사람의 본성을 극진히 하면 능히 다른 생물의 본성을 극진히 할 수 있으며, 능히 다른 생물의 본성을 극진히 하면 天地의 化育을 도울 수 있다.'라고 하였으니, 이 말에서 그 점을 알 수 있다. 楊子(揚雄)가 말하기를 '하늘과 땅과 사람의 道에 통달한 것을 儒(儒術)라고 하고, 하늘과 땅의 道에 통달하였으나 사람의 道에 통달하지 못한 것을 伎(伎藝)라고 한다.'[7]라고 하였으니, 이는 또한 道를 알지 못하고서 한 말이다. 어찌 하늘과 땅의 道에 통달하였으면서도 사람의 道에 통달하지 못한 자가 있겠는가. 만약 天文과 地理에 통달한 것을 말할 뿐이라면 비록 이에 능하지 않더라도 儒가 되는 데에 무슨 해로움이 있겠는가. 하늘과 땅과 사람은 단지 하나의 道일 뿐이다. 그중 하나에 통달하면 나머지도 모두 통달한다. 예컨대 후세 사람들이 ≪周易≫을 해석할 적에 乾은 天道이고 坤은 地道라고 말하는 것은 곧 어지러운 말이다. 그 體를 논하자면 하늘은 높고 땅은 낮지만, 그 道를 논한다면 어찌 다름이 있겠는가."

又問호되 仁與聖이 何以異잇고 曰 人只見孔子言何事於仁이리오 必也聖乎인저하고 便謂仁小而聖大라하니 殊不知라 此言은 是孔子見子貢問博施濟衆하고 問得來事大라 故曰 何止於仁이리오 必也聖乎인저하니라 蓋仁은 可以通上下言之요 聖은 則其極也라 聖人은 人倫之至라 倫은 理也라 旣通人理之極하니 更不可以有加라 若今人이 或一事是仁이면 亦可謂之仁하고 至於盡仁道하야도 亦謂之仁이라 此는 通上下言之也라 如曰若聖與仁則吾豈敢은 此는 又却仁與聖俱大也라 大抵盡仁道者는 卽是聖人이니 非聖人이면 則不能盡得仁道라 問曰 人有言호되 盡人道를 謂之仁이요 盡天道를 謂之聖이라하면 此語는 何如잇고 曰 此語는 固無病이나 然措意未是라 安有知人道而不知天道者乎아 道一也니 豈人道自是人道며 天道自是天道리오 中庸에 言호되 盡己之性이면 則能盡人之性이요 能盡人之性이면 則能盡物之性이요 能盡物之性이면 則可以贊天地之化育이라하니 此言可見矣라 楊子曰 通天地人曰儒요 通天地而不通人曰伎라하니 此는 亦不知道之言이라 豈有通天地而不通人者哉아 如止云通天之文與地之理면 雖不能此라도 何害於儒리오 天地人은 只一道也라 纔通其一이면 則餘皆通이라 如後人解易할새 言乾天道坤地道也는 便是亂說이라 論其體면 則天尊地卑나 如論其道면 豈有異哉아

3. 선생에게 물었다.

"'孝悌는 仁을 행하는 근본이다.'[8]라고 하였으니, 이는 孝悌를 말미암아서 仁에 이를

---

7) 하늘과……한다 : ≪法言≫ 〈君子〉에 보인다.

수 있다는 것입니까?"

선생이 말하였다.

"그렇지 않다. 仁을 행하는 것은 孝悌로부터 시작한다는 말이다. 대개 孝悌는 仁의 한 가지 일이니, 仁을 행하는 근본이라고 말하는 것은 괜찮지만, 仁의 근본이라고 말하는 것은 옳지 않다. 대개 仁은 性이고, 孝悌는 用이다. 性 가운데는 仁·義·禮·智 네 가지가 있을 뿐이니, 어찌 孝悌가 있겠는가. 仁은 남을 사랑하는 것을 주로 삼으니, 남을 사랑하는 것 중에 어버이를 사랑하는 것보다 무엇이 더 크겠는가. 그러므로 '孝悌라는 것은 仁을 행하는 근본이다.'라고 한 것이다."

問호되 孝弟는 爲仁之本이라하니 此는 是由孝弟可以至仁否잇가 曰 非也라 謂行仁自孝弟始라 蓋孝弟는 是仁之一事니 謂之行仁之本則可나 謂之是仁之本則不可라 蓋仁은 是性①也요 孝弟는 是用也라 性中엔 只有仁義禮智四者니 幾曾有孝弟來②아 仁은 主於愛하니 愛孰大於愛親고 故曰 孝弟也者는 其爲仁之本歟인저하니라

① 〈性은〉 어떤 판본에는 '本'으로 되어 있다.
一作本.

② 〈幾曾有孝弟來는〉 趙本에는 '幾曾有許多般數來(어찌 허다한 것들이 있겠는가.)'라고 되어 있다.
趙本作幾曾有許多般數來.

管仲

4. 孔子는 일찍이 남을 仁하다고 인정한 적이 없었다. 혹자가 물었다.

"管仲을 일컬으면서 '누가 그의 仁만 하겠는가.'[9]라고 한 것은 어째서입니까?"

선생이 말하였다.

---

8) 孝悌는……근본이다 : ≪論語≫ 〈學而〉에 "孝弟也者 其爲仁之本與"라고 한 것을 가리킨다.

9) 누가……하겠는가 : ≪論語≫ 〈憲問〉에 子路가 "桓公이 公子 糾를 죽이자 召忽은 죽었고 管仲은 죽지 않았으니, 관중은 仁하지 못합니다.〔桓公殺公子糾 召忽死之 管仲不死 曰 未仁乎〕"라고 하자, 孔子가 "환공이 제후들을 규합하면서 무력을 쓰지 않은 것은 관중의 힘이었으니, 누가 그의 仁만 하겠는가. 누가 그의 仁만 하겠는가.〔桓公九合諸侯 不以兵車 管仲之力也 如其仁 如其仁〕"라고 하였다.

"이는 聖人이 그윽한 이치를 천명하고 은미한 이치를 밝힌 道이다. 단지 子路처럼 子糾가 죽을 때 관중이 죽지 않은 것을 가지고 仁하지 않다고 한다면, 이는 관중을 심히 낮추어 본 것이다. 그러므로 공자가 관중은 仁의 功이 있다고 말한 것이다. 이 대목은 성인의 말씀에 抑揚이 있는 곳이니, 스스로 이해하여 깨달아야 한다."

孔子는 未嘗許人以仁이라 或曰 稱管仲호되 如其仁이라하니 何也잇고 曰 此는 聖人闡幽明微之道라 只爲子路以子糾之死에 管仲不死로 爲未仁이면 此는 甚小却管仲이라 故로 孔子言其有仁之功이라 此는 聖人言語抑揚處니 當自理會得이라

5. 선생에게 "남을 이기려 하고, 능력을 자랑하고, 남을 원망하고, 욕심을 부리는 일을 행하지 않으면 仁이라 할 수 있습니까?"[10]라는 구절을 묻자, 선생이 말하였다.

"사람이 남을 이기려 하고, 능력을 자랑하고, 남을 원망하고, 욕심을 부리는 이 네 가지가 없으면 仁한 것이다. 原憲처럼 '행하지 않는다.〔不行〕'라는 한 가지에 집착하게 되면 이런 마음을 갖는 것을 면하지 못하지만 그래도 행하지 않기 때문에 孔子가 '어렵다고 할 수 있다.'라고 말한 것이다. 이는 공자가 의도를 가지고 원헌에게 말한 것이니, 그로 하여금 계발하는 바가 있게 하고자 한 것이다. 그러나 그는 그 의도를 받들지 못하여 다시 묻지 못하였다.

공자 문하의 子貢 같은 이는 바로 성인의 의도를 환히 알았다. 예컨대 '너는 내가 많이 배우고 그것을 기억하는 자라고 여기느냐?'라고 하자, 자공이 대답하기를 '예.'라고 하고 다시 묻기를 '아닙니까?'라고 하자, 공자가 그에게 말하기를 '아니다. 나는 하나의 道로써 모든 것을 꿰뚫는다.'라고 하였다.[11] 그런데 원헌은 자공처럼 질문하지 못했다."

問호되 克伐怨欲을 不行이면 可以爲仁이니잇가하니 曰 人無克伐怨欲四者면 便是仁也라 只爲原憲著一箇不行이면 不免有此心이로되 但不行也라 故로 孔子謂可以爲難이라 此는 孔子著意告原憲處니 欲他有所啓發이라 他承當不得하여 不能再發問也라 孔門如子貢者는 便能曉得聖人意라 且

---

10) 남을……있습니까 : ≪論語≫ 〈憲問〉에 原憲이 "남을 이기려 하고, 능력을 자랑하고, 남을 원망하고, 욕심을 부리는 일을 행하지 않으면 仁이라 할 수 있습니까?〔克伐怨欲 不行焉 可以爲仁矣〕"라고 하자, 孔子가 "그것이 어렵다고 할 수는 있으나, 仁한지는 내 알지 못하겠다.〔可以爲難矣 仁則吾不知也〕"라고 하였다.

11) 예컨대……하였다 : ≪論語≫ 〈衛靈公〉에 보인다.

如曰 女以予爲多學而識之歟아하니 對曰 然하이다하고 便復問曰 非歟잇가하니 孔子告之曰 非也라 予는 一以貫之라하니라 原憲則不能也라

6. 선생에게 물었다.

“仁과 마음〔心〕은 어떻게 다릅니까?”

선생이 말하였다.

“마음은 주재하는 것이고, 仁은 일에 나아가 말한 것이다.”

“이와 같다면 仁은 마음의 用입니까?”

“참으로 그러하다. 그러나 만약 ‘仁은 마음의 用이다.’라고 말하면 옳지 않다. 마음은 비유컨대 신체와 같고 四端은 비유컨대 四肢와 같다. 四肢는 참으로 신체가 쓰는 바이니, 신체 중의 사지라고 말할 수 있다. 그러나 四端은 참으로 마음에 갖추어져 있으나, 그렇다고 바로 마음의 用이라고 말할 수는 없다.”

혹자가 말하였다.

“비유하자면 오곡의 씨앗이 반드시 陽氣를 기다려서 싹을 틔우는 것과 같습니까?”

선생이 말하였다.

“그렇지 않다. 陽氣가 발하는 곳은 情이다. 마음은 비유컨대 곡식의 씨앗과 같으니, 싹을 틔우는 性이 곧 仁이다.”

問호되 仁與心은 何異잇고 曰 心은 是所主處요 仁은 是就事言이라 曰 若是면 則仁은 是心之用否잇가 曰 固是라 若說仁者心之用이면 則不可라 心은 譬如身이요 四端은 如四支라 四支는 固是身所用이니 只可謂身之四支라 四端固具於心이나 然亦未可便謂之心之用이라 或曰 譬如五穀之種이 必待陽氣而生잇가 曰 非是라 陽氣發處는 却是情也라 心譬如穀種이니 生之性이 便是仁也라

7. 선생에게 물었다.

“四端에 信을 말하지 않은 것은 어째서입니까?”

선생이 말하였다.

“性 가운데는 四端이 있을 뿐이니, 信은 없다. 不信이 있기 때문에 ‘信’자가 있는 것이다. 예컨대 지금 동쪽은 그대로 동쪽이고, 서쪽은 그대로 서쪽이니, ‘信’자를 어디에 쓰겠는가. 단지 不信이 있기 때문에 ‘信’자가 있는 것이다.”

또 물었다.

"信은 四端의 사이에 있는 것이 아닙니까?"

선생이 말하였다.

"이와 같이 말해서는 안 된다. 만약 이와 같이 말한다면 단지 '義'자 하나만 말해도 된다.

問호되 四端不及信은 何也잇고 曰 性中엔 只有四端이니 却無信이라 爲有不信이라 故有信字라 且如今東者自東하고 西者自西니 何用信字리오 只爲有不信이라 故有信字라 又問호되 莫在四端之間잇가 曰 不如此說이라 若如此說時면 只說一箇義字亦得이라

8. 선생에게 물었다.

"忠恕는 道를 꿰뚫을 수 있습니까?"

선생이 말하였다.

"忠恕는 참으로 道를 꿰뚫을 수 있다. 다만 子思는 사람들이 깨닫기 어려울까 염려하였다. 그러므로 다시 ≪中庸≫에서 한 등급을 낮추어 말하기를 '忠恕는 道와의 거리가 멀지 않다.'라고 한 것이다. 忠・恕는 단지 體・用일 뿐이니, 모름지기 이해하여 터득해야 한다."

또 물었다.

"'恕'자는 배우는 자가 힘쓸 수 있습니까?"

선생이 말하였다.

"'恕'자는 의미가 매우 크다. 그러나 恕는 홀로 작용할 수 없으니, 모름지기 忠을 얻어서 體로 삼아야 한다. 忠하지 않으면 어떻게 능히 恕하겠는가. 忠・恕 두 글자를 보면 서로 작용하는 점을 저절로 알 것이다. 孔子가 말하기를 '君子의 道가 네 가지인데, 나는 그중 하나도 능하지 못하다.'[12]라고 하였으니, 이런 경우의 '恕'자는 의미가 매우 어렵다. 공자는 '한 마디 말로서 종신토록 행할 만한 것, 그것은 恕일 것이다.'[13]라고 하

12) 君子의……못하다 : ≪中庸≫에 보인다. 네 가지 君子의 道는 자식에게 요구하는 것으로써 아버지를 섬기는 일, 신하에게 요구하는 것으로써 임금을 섬기는 일, 아우에게 요구하는 것으로써 형을 섬기는 일, 벗에게 요구하는 것으로써 먼저 그에게 베푸는 일로, 恕에 대해 말한 것이다.

13) 한……것이다 : ≪論語≫ 〈衛靈公〉에 子貢이 "한 마디 말로서 종신토록 행할 만한 것이 있습니까?〔有一言而可以終身行之者乎〕"라고 묻자, 孔子가 말하기를 "그것은 恕일 것이다. 자기가 원하지 않는

였다.”

問호되 忠恕는 可貫道否잇가 曰 忠恕는 固可以貫道라 但子思恐人難曉라 故로 復於中庸降一等言之하여 曰 忠恕는 違道不遠이라 忠恕는 只是體用이니 須要理會得이라 又問호되 恕字는 學者可用功否잇가 曰 恕字는 甚大라 然이나 恕不可獨用이니 須得忠以爲體라 不忠이면 何以能恕리오 看忠恕兩字면 自見相爲用處라 孔子曰 君子之道四에 丘未能一焉이라하니 恕字는 甚難이라 孔子曰 有一言可以終身行之者는 其恕乎인저

9. 선생에게 물었다.

“사람들 중에 ‘君子는 공경하여 남과 사귀는 데 실수가 없다.〔君子敬而無失與人〕’라는 것을 한 구절로 삼는 자가 있는데,14) 옳습니까?”

선생이 말하였다.

“옳지 못하다. 공경함〔敬〕은 자기를 단속하는 것이고, 공손함〔恭〕은 남을 대하는 것이다. ‘남과 사귈 적에 공손하고 禮가 있다.’라는 것은 남을 대하는 것이 이와 같아야 한다는 말이다. 近世는 인정이 천박하여 서로 기뻐하고 친압하는 것을 서로 사귀는 것이라 여기며, 모남이 없는 것을 서로 기뻐하고 사랑하는 것으로 여기니, 이와 같은 경우는 어찌 오래 가겠는가. 만약 오래 사귀고자 한다면 모름지기 공손하고 공경해야 한다. 君臣과 朋友의 사이에는 모두 공경을 주로 삼아야 한다. ≪周易≫ 比卦 上六爻辭에 ‘친함에 시작이 없으니, 凶하다.’라고 하였고, 〈象傳〉에 ‘친함에 시작이 없음은 끝마칠 바가 없는 것이다.’라고 하였다. 친함에 시작이 있더라도 오히려 끝이 없을까 두려워하는데, 이미 시작이 없으면 어찌 끝이 있을 수 있겠는가. 그러므로 ‘끝마칠 바가 없는 것이다.’라고 한 것이다. 比卦의 道는 모름지기 시작이 있어야 한다.”

혹자가 말하였다.

“‘군자는 담박함으로써 사귐을 완성하고, 소인은 달콤함으로써 사귐을 무너뜨린다.’15)

것을 남에게 베풀지 않는 것이다.〔其恕乎 己所不欲 勿施於人〕”라고 하였다.

14) 사람들……있는데 : ≪論語≫ 〈顔淵〉에 司馬牛가 형제가 없는 것을 근심하자, 子夏가 “君子가 공경하여 실수가 없으며, 남과 사귈 적에 공손하고 禮가 있으면 四海의 안에 있는 사람들이 모두 형제이니, 군자가 어찌 형제가 없음을 근심하겠는가.〔君子敬而無失 與人恭而有禮 四海之內 皆兄弟也 君子何患乎無兄弟也〕”라고 하였는데, 여기서 ‘君子敬而無失’과 ‘與人恭而有禮’의 ‘與人’을 붙여서 한 구절로 본 것이다.

라고 하였습니다."

선생이 말하였다.

"그러하다. 어찌 달콤하면서도 사귐을 무너뜨리지 않는 자가 있겠는가."

問호되 人有以君子敬而無失與人으로 爲一句한대 是否잇가 曰 不可라 敬은 是持己요 恭은 是接人이라 與人恭而有禮는 言接人當如此也라 近世淺薄하여 以相懽狎으로 爲相與하며 以無圭角으로 爲相懽愛하니 如此者는 安能久리오 若要久면 須是恭敬이라 君臣朋友는 皆當以敬爲主也라 比之上六曰 比之无首니 凶이라하고 象曰 比之无首는 无所終也라하니라 比之有首라도 尙懼无終이어늘 旣无首면 安得有終이리오 故曰 无所終也라 比之道는 須當有首라 或曰 君子淡以成하고 小人甘以壞라하니라 曰 是也라 豈有甘而不壞者리오

10. 선생에게 물었다.

"'문을 나서서는 큰 손님을 뵙는 듯이 하며, 백성을 부릴 적에는 큰 제사를 받드는 듯이 한다.'[16]라고 하였는데, 아직 문을 나가지 않았을 때와 아직 백성을 부리지 않았을 때는 어찌해야 합니까?"

선생이 말하였다.

"이때에는 깊이 사색하듯 자세를 엄숙하게 할[17] 때이다. 문을 나갔을 때 그의 공경함이 이와 같다면, 아직 문을 나가지 않았을 때의 마음을 알 수 있다. 또한 밖으로 드러나는 것은 안에서 표출되는 것이다. 백성을 부리고 문을 나가는 것은 일이다. 이 일을 인하여 바야흐로 이 공경함이 있는 것이 아니라, 대개 본래 공경한 것이다. 예컨대 어떤 사람이 남을 정성으로 대하면 사람들이 모두 '정성스러운 사람'이라고 말하는데, 이는 본래 정성스러운 것이지, 남을 대하는 일 때문에 비로소 이러한 정성이 생긴 것이 아니다. 엄숙하게 그의 衣冠을 바르게 하며 그의 시선을 점잖게 하면[18] 그 가운데 저절로

---

15) 군자는……무너뜨린다 : ≪禮記≫ 〈表記〉에 "군자의 사귐은 물과 같고, 소인의 사귐은 단술과 같다. 군자는 담박함으로써 사귐을 완성하고 소인은 달콤함으로써 사귐을 무너뜨린다.〔君子之接如水 小人之接如醴 君子淡以成 小人甘以壞〕"라고 하였다.

16) 문을……한다 : ≪論語≫ 〈顔淵〉에서 仲弓이 仁을 묻자, 孔子가 대답한 말이다.

17) 깊이……할 : ≪禮記≫ 〈曲禮 上〉에 "불경하지 말아서 깊이 사색하듯 자세를 엄숙하게 하며 말을 안정되게 하면 백성을 편안하게 할 수 있다.〔毋不敬 儼若思 安定辭 安民哉〕"라고 한 데서 나왔다.

18) 엄숙하게……하면 : ≪論語≫ 〈堯曰〉에 "君子는 衣冠을 바르게 하며 시선을 점잖게 함으로써 엄숙하여 사람들이 바라보고 두려워한다.〔君子正其衣冠 尊其瞻視 儼然人望而畏之〕"라고 하였다.

공경한 점이 있다. 비록 형상이 없다고 말하더라도 공경을 절로 알 수 있을 것이다."

問호되 出門如見大賓하며 使民如承大祭라하니 方其未出門과 未使民時엔 如何잇고 曰 此는 儼若思之時也라 當出門時에 其敬如此어든 未出門時를 可知也라 且見乎外者는 出乎中者也라 使民出門者는 事也라 非因是事上方有此敬이요 蓋素敬也라 如人接物以誠이면 人皆曰誠人이라하니 蓋是素來誠이요 非因接物而始有此誠也라 儼然正其衣冠하며 尊其瞻視면 其中自有箇敬處라 雖曰無狀이라도 敬自可見이라

11. 선생에게 물었다.

"사람들 중에 敬함으로써 내면을 바르게 하는 데만 오로지 힘쓰고 〈義함으로써〉 외면을 방정하게 하는 데는 힘쓰지 않는 자가 있는데, 어떠합니까?"

선생이 말하였다.

"안에 있는 것은 반드시 밖으로 드러난다. 오직 내면을 바르게 하지 못하는 것을 두려워할 뿐이니, 내면이 바르면 외면은 반드시 방정해진다."

問호되 人有專務敬以直內하고 不務方外한대 何如잇고 曰 有諸中者는 必形諸外라 惟恐不直內니 內直이면 則外必方이라

12. 敬은 사특함을 막는 道이다. 사특함을 막고 그 誠을 보존하는 것[19]이 비록 두 가지 일이지만, 또한 한 가지 일이기도 하다. 사특함을 막으면 誠은 저절로 보존된다. 천하에는 하나의 善과 하나의 惡이 있다. 선을 버리면 곧 이것이 악이고, 악을 버리면 곧 이것이 선이다. 비유하자면 이는 문과 같아서 나가지 않으면 곧 들어오니, 어찌 출입하는 것 외에 다시 별도의 일이 있겠는가.

敬은 是閑邪之道라 閑邪存其誠이 雖是兩事나 然亦只是一事라 閑邪면 則誠自存矣라 天下엔 有一箇善一箇惡이라 去善이어든 卽是惡이요 去惡이어든 卽是善이라 譬如門하여 不出便入하니 豈出入外更別有一事也리오

19) 사특함을……것 : ≪周易≫ 乾卦 〈文言傳〉에 "〈大人은〉 사특함을 막고 그 誠을 보존한다.〔閑邪存其誠〕"라고 하였다.

13. 〈선생에게 물었다.〉

"義는 도리어 일을 인하여 볼 수 있는 것입니까?"

선생이 말하였다.

"아니다. 性 가운데 저절로 있다."

혹자가 말하였다.

"義는 볼 수 있는 형상이 없습니다."

선생이 말하였다.

"있다고 말하면 바로 보인다. 다만 사람들이 스스로 보지 못할 뿐이지, 환히 天地 사이에 있다. 또한 性과 같은 것은 어찌 사물이 있기를 기다린 뒤에야 가리켜 性이라고 하겠는가. 性은 저절로 존재한다. 그대가 본다고 말하는 것은 일이고, 내가 본다고 말하는 것은 이치이다."

義는 還因事而見否잇가 曰 非也라 性中自有라 或曰 無狀可見이라 曰 說有면 便是見이라 但人自不見이요 昭昭然在天地之中也라 且如性은 何須待有物方指爲性이리오 性自在也라 賢所言見者는 事요 某所言見者는 理라①

① 예컨대 "드러내지 않더라도 드러난다."[20]라는 것이 이것이다.
如曰不見(현)而彰, 是也.

14. 사람들은 대부분 내가 사람들로 하여금 과거공부를 익히게 하지 않는다고 말하는데, 내 어찌 사람들로 하여금 과거공부를 익히게 하지 않은 적이 있었겠는가. 사람들이 만약 과거공부를 익히지 않고 급제하기를 바란다면 이는 天理에 책임을 지우고서 人事를 닦지 않는 것이다. 다만 과거공부는 이미 급제할 만하면 그만두어야 하니, 만약 다시 더 올라가 힘을 다하여 반드시 급제할 방도를 구한다면 이는 미혹된 것이다.

人多說某不教人習擧業이라한대 某何嘗不教人習擧業也리오 人若不習擧業而望及第면 却是責天理而不修人事라 但擧業은 既可以及第어든 即已니 若更去上面盡力求必得之道면 是惑也라

15. 어떤 사람이 지방관의 물망에 올랐는데 主簿[21]로 나아가려고 하여 그 까닭을 물으

20) 드러내지……드러난다 : ≪中庸≫의 '不見而章'을 가리킨다.

니, "책임이 尉[22]보다 가볍기 때문입니다."라고 하여, 내가 말하였다.

"도리어 尉의 책임이 가볍다. 尉는 단지 도둑을 잡을 뿐이며, 백성이 도둑이 되지 않게 할 수는 없지만, 主簿는 수령을 보좌하여 한 고을을 다스린다. 백성이 도둑이 되지 않게 하는 것은 主簿의 책임이니, 어찌 책임이 가벼울 수 있겠는가."

혹자가 물었다.

"主簿는 수령을 보좌하는 자인데, 主簿가 하고자 하는 것을 수령이 혹 따르지 않으면 어찌합니까?"

"마땅히 誠意로써 그의 마음을 움직여야 한다. 오늘날 수령과 主簿가 화합하지 않는 것은 단지 사사로운 의도를 다투기 때문이다. 수령은 고을의 長官이니, 만약 父兄을 섬기는 도리로써 수령을 섬겨서 허물은 자기에게 돌리고 잘한 것은 수령에게 돌아가지 않을까 염려하여 이러한 誠意를 쌓는다면 어찌 수령의 마음을 움직이지 못하겠는가."

선생에게 물었다.

"司理[23]에 제수되는 것은 어떠합니까?"

선생이 말하였다.

"매우 좋다. 만약 능히 그 직분에 충실하면 한 고을에 원통한 백성이 없게 할 수 있다."

"幙官[24]이 일을 간언한 것이 사리에 합당하지 않으면 어찌합니까?"

"어쩔 수 없다면 관직에서 물러날 따름이다. 그러나 반드시 일의 크고 작음을 헤아려 일이 물러나는 것보다 중대하면 물러나야 하고, 일이 물러나는 것보다 사소하면 또한 물러나지 않아야 한다. 일이 논쟁하는 것보다 중대하면 논쟁해야 하고, 일이 논쟁하는 것보다 사소하면 논쟁하지 않아야 한다. 요즘 사람들은 관직을 생업으로 여길 뿐이니, 어찌 관직에서 물러날 수 있겠는가."

人注擬差遣하여 欲就主簿者하여 問其故하니 則曰責輕於尉라 某曰 却是尉責輕이라 尉는 只是捕盜요 不能使民不爲盜로되 簿는 佐令以治一邑이라 使民不爲盜는 簿之責也니 豈得爲輕이리오 或問호되 簿佐令者也나 簿所欲爲를 令或不從이어든 奈何잇가 曰 當以誠意로 動之라 今令與簿不和는

---

21) 主簿 : 郡縣에 소속되어 수령을 보좌하며 문서를 관리하는 문관을 가리킨다.

22) 尉 : 郡縣에 소속되어 수령을 보좌하며 범죄자를 잡는 무관을 가리킨다.

23) 司理 : 司理參軍으로, 고을의 獄事를 관장하였다.

24) 幙官 : 幕僚를 말한다. 여기서는 조정에서 임금을 보좌하는 막료를 가리키는 듯하다.

只是爭私意라 令은 是邑之長이니 若能以事父兄之道로 事之하여 過則歸己하고 善則惟恐不歸於令하여 積此誠意면 豈有不動得人이리오 問호되 授司理는 如何잇고 曰 甚善이라 若能充其職이면 可使一郡無冤民也라 幙官言事不合이면 如之何잇고 曰 必不得已면 有去而已라 須權量事之大小하여 事大於去면 則當去하고 事小於去면 亦不須去也라 事大於爭이면 則當爭하고 事小於爭이면 則不須爭也라 今人只被以官爲業하니 如何去得이리오

16. 사람들 중에는 실로 배움이 없으나 기운은 남들을 능가하는 자가 있는데, 그 기운에는 강함과 부드러움이 있다. 그러므로 강하고 맹렬한 자는 기운을 억제해야 하고, 두려워하고 위축되는 자는 기운을 확충해서 길러야 한다. 옛사람이 부드러운 가죽과 팽팽한 활시위를 차고 다니며 경계한 것[25]은 바로 이 때문이다. 그러나 강한 자는 억제하기 쉬우니, 예컨대 子路는 처음에 비록 聖人도 능멸했지만 나중에 배움을 안 뒤에는 곧 그의 강함을 변화시켜 자신의 私欲을 극복하는 것이 매우 쉬웠다. 두려워하고 위축되는 자는 기운이 본래 유약하니, 모름지기 부지런히 힘쓸 바를 찾아야 한다.

人有實無學而氣蓋人者한대 其氣①有剛柔也라 故로 强猛者는 當抑之하고 畏縮者는 當充養之라 古人佩韋絃之戒는 正爲此耳라 然이나 剛者易(이)抑하니 如子路는 初雖聖人亦(彼)〔被〕[26]他陵이나 後來既知學하얀 便却移其剛來하여 克己甚易(이)라 畏縮者는 氣本柔니 須索勉强也라

① 〈氣는〉 어떤 판본에는 '稟'으로 되어 있다.
一作稟.

17. 인물을 품평하는 것은 본래 사람의 재질에 환히 깨달은 점이 있는 것이니, 배워서 터득할 수 없다. 張子厚(張載)는 인물을 잘 분별하였는데, 그의 아우 張天祺(張戩)는 그것을 배웠으나 곧 어긋났다.

藻鑑人物은 自是人才有通悟處니 學不得也라 張子厚善鑑裁한대 其弟天祺는 學之便錯이라

---

25) 옛사람이……것 : 전국시대 魏나라 西門豹는 자신의 성질이 급한 것을 단점으로 여겨 부드러운 가죽을 차고 다니면서 성급함을 고치려 하였고, 춘추시대 晉나라 董安于는 자신의 성질이 느긋한 것을 단점으로 여겨 팽팽한 활시위를 차고 다니면서 느긋함을 고치려 하였다.(≪韓非子≫ 〈觀行〉)

26) (彼)〔被〕 : 底本과 一蓑古本에는 '彼'로 되어 있으나, 中華書局本에 의거하여 '被'로 바로잡았다.

18. 선생에게 물었다.

"배움이 어떠해야 깨달음에 이를 수 있습니까?"

선생이 말하였다.

"앎을 극진히 하는 것〔致知〕보다 더 먼저 할 것이 없다. 능히 앎을 극진히 하면 사유가 나날이 더욱 밝아질 것이니, 오랫동안 그렇게 한 뒤에 깨달음이 있게 된다. 배우고서 깨달음이 없으면 무엇이 이롭겠으며, 또한 어찌 배웠다고 하겠는가. '사유는 지혜를 말하고, 지혜는 성스러움을 낳는다.'[27]라고 하였는데, 사유하면 지혜로워져서 성스러움을 낳는 데에 이르니, 이 또한 하나의 사유이다. 그러므로 '학문에 부지런히 힘을 쓰면 견문이 넓어지고 지혜가 더욱 밝아진다.'[28]라고 한 것이다."

또 물었다.

"앎을 극진히 하는 것과 힘써 행하는 것〔力行〕은 겸하는 것이 아닙니까?"

선생이 말하였다.

"평범한 사람들을 위해 말하자면, 禮가 아니면 행해서는 안 된다는 것을 알면 모름지기 부지런히 힘써야 하지만, 벽을 뚫고 담을 넘는 도둑질을 해서는 안 됨을 아는 것은 부지런히 힘쓸 필요가 없으니, 이는 앎에도 深淺이 있는 것이다. 옛사람이 '이치를 따르는 것을 즐거워하는 이를 君子라고 한다.'[29]라고 말했으니, 만약 부지런히 힘써서 단지 이치를 따르는 것을 알 뿐이라면 이는 즐거워하는 것이 아니다. 즐거움에 이르렀을 적에는 곧 이치를 따르는 것은 즐겁고 이치를 따르지 않는 것은 즐겁지 않으니, 어찌 굳이 이치를 따르지 않고 스스로 부지런히 힘쓰려 하지 않겠는가. 聖人이 인위적으로 힘쓰지 않아도 道에 적중하며, 억지로 생각하지 않아도 자득하는 것[30]과 같은 경우는 이

---

27) 사유는……낳는다 : ≪書經≫ 〈洪範〉에 "두 번째 五事는, 첫 번째는 貌, 두 번째는 言, 세 번째는 視, 네 번째는 聽, 다섯 번째는 思라고 하는 것이다. 貌는 공손함〔恭〕을 말하고, 言은 순종함〔從〕을 말하고, 視는 밝게 봄〔明〕을 말하고, 聽은 밝게 들음〔聰〕을 말하고, 思는 지혜〔睿〕를 말한다. 공손함은 엄정함을 낳고, 순종함은 조리를 낳고, 밝게 봄은 명철함을 낳고, 밝게 들음은 헤아림을 낳고, 지혜는 성스러움을 낳는다.〔二五事 一曰貌 二曰言 三曰視 四曰聽 五曰思 貌曰恭 言曰從 視曰明 聽曰聰 思曰睿 恭作肅 從作乂 明作哲 聰作謀 睿作聖〕"라고 한 데서 나왔다.

28) 학문에……밝아진다 : 董仲舒가 漢 武帝의 策問에 답한 말이다.(≪前漢紀≫ 卷11 孝武2)

29) 이치를……한다 : ≪前漢書≫ 卷56 〈董仲舒傳〉에 "善에 처하는 것을 편안히 여긴 뒤에 이치를 따르는 것을 즐거워하고, 이치를 따르는 것을 즐거워한 뒤에 그를 君子라고 한다.〔安處善 然後樂循理 樂循理 然後謂之君子〕"라고 하였다.

30) 인위적으로……것 : ≪中庸≫에 보인다.

는 또 한 등급 위의 일이다.

問호되 學何以有至覺悟處잇가 曰 莫先致知라 能致知면 則思一日愈明一日하니 久而後有覺也라 學而無覺이면 則何益矣며 又奚學爲리오 思曰睿하며 睿作聖이라한대 纔思便睿하여 以至作聖하니 亦是一箇思라 故曰 勉强學問이면 則聞見博而智益明이라 又問호되 莫致知與力行兼否잇가 曰 爲常人言컨대 纔知得非禮不可爲어든 須用勉强이나 至於知穿窬不可爲하얀 則不待勉强하니 是知亦有深淺也라 古人言樂循理之謂君子하니 若勉强하여 只是知循理면 非是樂也라 纔到樂時엔 便是循理爲樂하고 不循理爲不樂하니 何苦而不循理하고 自不須勉强也아 若夫聖人不勉而中하며 不思而得은 此又上一等事라

19. 선생에게 물었다.

"張旭[31]이 草書를 배울 적에 짐꾼이 공주와 길을 다투는 것과 公孫大娘이 劍舞를 추는 것을 본 뒤에 筆法을 깨달았으니,[32] 마음이 항상 이러한 데 이르기를 사려하여 감발한 것이 아니겠습니까?"

선생이 말하였다.

"그러하다. 필시 사려하여 바야흐로 느끼고 깨달은 점이 있었던 것이다. 만약 사려하지 않았다면 어찌 이와 같은 것을 터득하였겠는가. 그러나 장욱이 서예에 마음을 둔 것은 애석하니, 만약 이 마음을 道로 옮겼다면 어디인들 이르지 못했겠는가."

問호되 張旭이 學草書에 見擔夫與公主爭道와 又公孫大娘舞劒하고 而後悟筆法하니 莫是心常思念至此而感發否잇가 曰 然하다 須是思方有感悟處라 若不思면 怎生得如此리오 然이나 可惜張旭留心於書하니 若移此心於道면 何所不至리오

20. "사유는 지혜를 말한다."[33]라고 하였으니, 사려하기를 오래한 뒤에 지혜가 저절로 생겨난다. 만약 한 가지 일에서 사려하여 터득하지 못하면 또 별도로 한 가지 일을 바

---

31) 張旭 : 675~750? 자는 伯高·季明으로, 吳縣 사람이다. 唐나라 때의 관리이자 서법가이다. 草書에 능하여 草聖으로 불렸다.

32) 張旭이……깨달았으니 : ≪新唐書≫ 〈文藝 中〉에 보인다. 公孫大娘은 唐나라 때 教坊의 기생으로, 劍舞에 뛰어났다.

33) 사유는……말한다 : 230쪽 각주 27번 참조.

꾸어 사려해야지, 오로지 이 한 가지 일만을 사려해서는 안 된다. 대개 사람의 지식이 이 속에 가려지면 억지로 사려하더라도 통하지 못한다.

思曰睿니 思慮久後에 睿自然生이라 若於一事上에 思未得이면 且別換一事하여 思之요 不可專守著這一事라 蓋人之知識이 於這裏蔽著이면 雖强思라도 亦不通也라①

① 어떤 판본에는 이 아래에 "혹자가 물었다. '한 가지 일을 사려할 적에 혹 사려가 넘쳐서 다른 일에 미치는 것은 마음이 전일하지 않기 때문이 아닙니까?' 선생이 말하였다. '마음이 만약 전일하다면 어찌 벗어나 다른 일에 미치겠는가.'"라고 하였다.
一本, 此下云 "或問 '思一事, 或汎及佗事, 莫是心不專否?' 曰 '心若專, 怎生解及別事?'"

21. 배우는 자와 더불어 말하는 것은 마치 취한 사람을 부축하는 것과 같다. 동쪽에서 부축하여 일으키면 서쪽으로 넘어지고, 서쪽에서 부축하여 일으키면 동쪽으로 넘어지니, 끝내 그를 길 한 가운데 바로 서게 할 수 없다.

與學者語는 正如扶醉人이라 東邊扶起어든 却倒向西邊하고 西邊扶起어든 却倒向東邊하니 終不能得佗卓立中途라

22. 옛날에 배우는 것은 한 가지였지만 지금 배우는 것은 세 가지이니, 異端은 여기에 들어있지 않다. 첫째는 文章學이고, 둘째는 訓詁學이고, 셋째는 儒者學이다. 道를 추구하고자 한다면 儒者學을 버리고서는 불가하다.

古之學者는 一이러니 今之學者는 三이니 異端은 不與焉이라 一曰 文章之學이요 二曰 訓詁之學이요 三曰 儒者之學이라 欲趨道인댄 舍儒者之學이어든 不可라

23. 오늘날 배우는 자에게는 세 가지 폐해가 있다. 첫째는 文章에 빠지는 것이고, 둘째는 訓詁에 끌려가는 것이고, 셋째는 異端에 미혹되는 것이다. 만약 이 세 가지 폐해가 없다면 장차 어디로 귀결되겠는가. 반드시 道로 나아갈 것이다.

今之學者는 有三弊라 一은 溺於文章이요 二는 牽於訓詁요 三은 惑於異端이라 苟無此三者면 則將何歸리오 必趨於道矣라

24. 혹자가 말하였다.

"어떤 사람이 저에게 '배우는 자는 道의 큰 근본을 먼저 알아야 하는데, 道의 큰 근본은 어떻게 구해야 합니까?'라고 물어, 저는 그에게 '君臣·父子·夫婦·兄弟·朋友 이 다섯 가지에서 즐거움을 행하면 옳다.'고 말해주었습니다."

선생이 말하였다.

"이 말이 참으로 옳다. 그러나 어떻게 해야 즐거운가? 부지런히 힘써도 즐거울 수 없으니, 모름지기 이치를 알아야 바야흐로 즐거울 수 있다. 옛사람은 힘써 행할 적에 먼저 이치를 알고자 하였다. 행하는 것이 어려울 뿐만 아니라, 이치를 아는 것도 어렵다. ≪書經≫에 '아는 것이 어려운 것이 아니라, 행하는 것이 오직 어렵다.'[34]라고 하였으니, 이 말이 참으로 옳다. 그러나 아는 것 또한 어렵다. 비유하자면 어떤 사람이 수도에 가고자 할 적에 반드시 어느 문으로 나가서 어느 길로 가는지를 안 뒤에 수도로 갈 수 있는 것과 같다. 만약 어디로 가는지를 알지 못하면 비록 가고 싶은 마음이 있더라도 장차 어디로 가겠는가? 예로부터 아름다운 재질로 힘써 행한 자가 없지 않으나 능히 道를 밝힌 자는 드무니, 이로써 아는 것 또한 어렵다는 것을 알 수 있다."

或曰 人問某以學者當先識道之大本한대 道之大本은 如何求아하여 某告之以君臣父子夫婦兄弟朋友於此五者上行樂處면 便是라 曰 此固是라 然怎生地樂이리오 勉强樂不得하니 須是知得了라야 方能樂得이라 故人力行할새 先須要知라 非特行難이요 知亦難也라 書曰 知之非艱이라 行之惟艱이라하니 此固是也라 然知之亦自艱이라 譬如人欲往京師할새 必知是出那門하여 行那路하여 然後可往이라 如不知어든 雖有欲往之心이라도 其將何之리오 自古非無美材能力行者나 然鮮能明道니 以此見知之亦難矣라

25. 선생에게 물었다.

"忠信으로 德을 진전시키는 일〔進德〕[35]은 참으로 부지런히 힘쓸 수 있지만, 앎을 극진히 하는 것〔致知〕은 매우 어렵습니다."

선생이 말하였다.

---

34) 아는……어렵다 : ≪書經≫ 〈商書 說命 中〉에 보인다.

35) 忠信으로……일 : ≪周易≫ 乾卦 〈文言傳〉에 "君子는 德을 진전시키고 業을 닦나니, 忠信은 德을 진전시키는 방법이요, 言辭를 닦아서 誠을 세우는 것은 학업을 닦는 데 처하는 방법이다.〔君子進德修業 忠信 所以進德也 修辭立其誠 所以居業也〕"라고 하였다.

"그대는 誠·敬을 부지런히 힘쓸 수 있다고 여기기 때문에 또한 그렇게 말하는 것이다. 결국은 이치를 알아야 행할 수 있다. 만약 이치를 알지 못하면 堯임금을 엿보고서 그의 行事를 배우는 것일 뿐인데, 요임금처럼 넉넉한 聰明睿智가 없으니 어떻게 요임금처럼 움직이고 주선함이 禮에 맞을 수 있겠는가. 마음속에 있으면 반드시 밖으로 드러나게 마련이니, 덕스러운 용모를 어찌 함부로 배울 수 있겠는가. 그대가 말한 바와 같은 것은 독실하게 믿고 굳게 지키는 것이니, 본래 가지고 있는 것이 아니다.

예컨대 ≪中庸≫의 九經[36]에 修身·尊賢·親親을 차례로 말하였는데, ≪書經≫ 〈堯典〉에는 '능히 큰 德을 밝혀 九族을 친히 하셨다.'라고 하였다. 親親은 본래 尊賢 위에 있는 것인데, 무슨 이유로 아래에 있는가. 이는 모름지기 친족을 친애하는 道를 알아야 바야흐로 그것을 깨달을 수 있다. 앎을 극진히 하지 않고서 바로 생각을 진실하게 하고자 한다면 이것은 등급을 뛰어넘는 것이다.

배우는 자는 참으로 부지런히 힘써야 하지만, 앎을 극진히 하지 않으면 어떻게 행할 수 있겠는가. 또 억지로 힘써 행하는 것이 어찌 오랫동안 유지될 수 있겠는가. 오직 이치를 밝히는 것이 밝으면 자연히 이치를 따르는 것을 즐거워할 것이다. 性은 본래 善하니, 이치를 따라 행하는 것이 바로 이치를 따르는 일이다. 이는 본래 어렵지 않으나, 사람들이 이치를 알지 못하고 곧바로 按排하기 때문에 어렵다고 말하는 것이다.

앎에는 여러 경우가 있으나, 거기에는 深淺이 있다. 예전에 한 사람을 만나보았는데, 그는 일찍이 호랑이에게 부상을 당하여 호랑이를 언급할 적에 정신과 안색이 바로 변하였다. 곁에 있던 몇 사람이 그가 호랑이에 대해 말하는 것을 보았는데, 그들은 호랑이의 사나움이 두려워할 만한 것임을 모르는 것은 아니었지만, 그가 호랑이를 말하면서 두려워하는 기색이 있는 것과는 달랐으니, 대개 그는 호랑이를 진실로 아는 자였다.

배우는 자가 깊이 아는 것도 이와 같다. 예컨대 회와 불고기는 귀공자나 시골 사람이나 모두 그 좋은 맛을 안다. 그러나 귀공자는 그 말을 듣자마자 회와 불고기를 즐기고자 하는 기색이 있지만, 시골 사람은 그렇지 않다. 배우는 자는 모름지기 진실로 알아야 하니, 이를 알게 되면 바로 태연히 행하여 나갈 수 있다. 내가 스무 살에 경전의 뜻

---

36) 九經 : 천하와 국가를 다스리는 데 근본이 되는 아홉 가지 원칙으로, 자신을 닦는 것〔修身〕, 어진 이를 존중하는 것〔尊賢〕, 친족을 친애하는 것〔親親〕, 대신을 공경하는 것〔敬大臣〕, 여러 신하를 체찰하는 것〔體群臣〕, 서민들을 자식처럼 사랑하는 것〔子庶民〕, 여러 공인들을 오게 하는 것〔來百工〕, 멀리 있는 사람을 회유하는 것〔柔遠人〕, 제후들을 품어주는 것〔懷諸侯〕이다.

을 해석한 것은 지금과 다름이 없으나, 오늘날 깨달은 의미를 생각해보면 젊었을 때와는 절로 다르다."

問호되 忠信進德之事는 固可勉強이어니와 然致知는 甚難이라 曰 子以誠敬爲可勉強하여 且恁地說이라 到底須是知了라야 方行得이라 若不知면 只是覰却堯하여 學他行事로되 無堯許多聰明睿知하니 怎生得如他動容周旋中禮리오 有諸中이면 必形諸外니 德容을 安可妄學이리오 如子所言은 是篤信而固守之니 非固有之也라 且如中庸九經에 修身也요 尊賢也요 親親也라한대 堯典에 克明峻德하사 以親九族이라 親親은 本合在尊賢上이어늘 何故却在下오 須是知所以親親之道라야 方得이라 未致知하고 便欲誠意면 是躐等也라 學者는 固當勉強이나 然不致知면 怎生行得이리오 勉強行者가 安能持久리오 除非燭理明이면 自然樂循理라 性本善하니 循理而行이 是順理事라 本亦不難이나 但爲人不知하고 旋安排著하여 便道難也라 知有多少般數나 然有深淺이라 向親見一人한대 曾爲虎所傷하여 因言及虎할새 神色便變이라 傍有數人이 見佗說虎한대 非不知虎之猛可畏나 然不如佗說了有畏懼之色하니 蓋眞知虎者也라 學者深知도 亦如此라 且如膾炙는 貴公子與野人이 莫不皆知其美라 然貴人聞著하고 便有欲嗜膾炙之色이나 野人則不然이라 學者는 須是眞知니 纔知得是면 便泰然行將去也라 某年二十時에 解釋經義는 與今無異나 然思今日覺得意味면 與少時自別이라

26. 믿음에는 두 가지가 있으니, 남을 믿는 경우가 있고 자신을 믿는 경우가 있다. 예컨대 70인의 제자는 仲尼에 대해 그의 가르침을 들으면 곧 종신토록 그것을 지켰다. 그러나 그들이 어찌하여 옳고 어찌하여 그른지를 반드시 안 것은 아니었다. 이는 남의 말을 믿는 것이다. 배우는 자는 모름지기 자신을 믿어야 하니, 자신을 믿으면 아무리 빼앗으려 하여도 빼앗지 못할 것이다.

信有二般하니 有信人者요 有自信者라 如七十子는 於仲尼에 得佗言說이면 便終身守之라 然未必知道這箇怎生是하고 怎生非也라 此는 信於人者也라 學者는 須要自信하니 既自信이면 怎生奪이라도 亦不得이라

27. 혹자가 물었다.

"德을 진전시키고 학업을 닦는 방법은 무엇이 우선입니까?"

선생이 말하였다.

"마음을 바르게 하고 싹트는 생각을 진실하게 하는 것보다 먼저인 것이 없다. 싹트는 생각을 진실하게 하는 것은 앎을 극진히 하는 데에 달려 있으니, 앎을 극진히 하는 것은 사물에 이르는 데에 달려 있다. '格'은 '이른다〔至〕'는 뜻이니, '祖考가 와서 이른다.'[37]라고 할 때의 '格'이다. 무릇 한 가지 사물에는 하나의 이치가 있으니, 모름지기 그 이치를 궁구해야 한다. 이치를 궁구하는 데에는 또한 방법이 많으니, 혹 독서하여 義理를 강명하기도 하고, 혹 古今의 인물을 논하여 그 是非를 변별하기도 하고, 혹 일에 응대하고 외물을 접하면서 그 마땅함에 처하기도 하니, 이 모두가 이치를 궁구하는 것이다."

혹자가 물었다.

"사물에 이르는 것은 사물마다 이르는 것입니까? 아니면 하나의 사물에 이르면 온갖 이치를 모두 알게 되는 것입니까?"

선생이 말하였다.

"어찌 곧바로 모든 이치에 통달할 수 있겠는가. 하나의 사물에 이르러서 바로 온갖 이치를 통달하는 것은 顔子처럼 뛰어난 사람이라도 감히 이와 같이 말하지는 않을 것이다. 모름지기 오늘 한 가지 일에 이르고 내일 다시 한 가지 일에 이르러, 축적하고 익숙히 한 것이 많은 뒤에야 환히 절로 관통하는 곳이 있게 된다."

或問호되 進修之術은 何先이니잇가 曰 莫先於正心誠意라 誠意는 在致知니 致知는 在格物이라 格은 至也니 如祖考來格之格이라 凡一物上에 有一理하니 須是窮致其理라 窮理는 亦多端하니 或讀書하여 講明義理하고 或論古今人物하여 別其是非하고 或應事接物而處其當이니 皆窮理也라 或問호되 格物은 須物物格之잇가 還只格一物而萬理皆知잇가 曰 怎生便會該通이리오 若只格一物에 便通衆理는 雖顔子라도 亦不敢如此道라 須是今日格一件하고 明日又格一件하여 積習既多然後에 脫然自有貫通處라

28. 함양할 적에는 모름지기 敬을 써야 하고, 학문을 진전시키는 것은 앎을 극진히 하는 데 달려 있다.

---

37) 祖考가……이른다 : ≪書經≫ 〈虞書 益稷〉에 夔가 말하기를 "鳴球를 치며 거문고와 비파를 어루만지며 노래를 읊으니, 祖考가 와서 이르시며 虞賓이 자리에 있으면서 여러 제후들과 德으로 사양합니다.〔戛擊鳴球 搏拊琴瑟 以詠 祖考來格 虞賓在位 群后德讓〕"라고 하였다.

涵養은 須用敬이요 進學은 則在致知라

29. 선생에게 물었다.

“사람이 배움에 지향을 두었지만 지혜와 식견이 가려지고 고루하며 역량이 지극하지 못하면 어떻게 해야 합니까?”

선생이 말하였다.

“단지 앎을 극진히 할 따름이다. 만약 앎을 극진히 하면 지혜와 식견이 당연히 점점 밝아질 것이니, 한 가지 일을 끝까지 생각하여 이치에 이르지 못한 사람을 일찍이 본 적이 없다. 지혜와 식견이 밝아지면 역량은 저절로 진전된다.”

선생에게 물었다.

“어떻게 앎을 극진히 합니까?”

선생이 말하였다.

“이치를 밝히는 데 달려 있으니, 혹 前人의 언행을 많이 알아서 아는 것이 많아지면 이치가 밝아진다. 그러나 사람이 온전해지는 것은 부지런히 힘쓰는 데 달려 있다.”

問호되 人有志於學이나 然智識蔽固하며 力量不至면 則如之何잇가 曰 只是致知하라 若致知면 則智識當自漸明하리니 不曾見人有一件事終思不到也라 智識明이면 則力量自進이라 問曰 何以致知잇가 曰 在明理하니 或多識前言往行하여 識之多면 則理明이라 然이나 人全在勉强也라

30. 士가 학문을 하는 것은 농부가 밭을 가는 것과 같다. 농부가 밭을 갈지 않으면 먹을 것이 없고, 먹을 것이 없으면 살 수가 없으니, 士가 학문을 할 적에 하루라도 그만둘 수 있겠는가.

士之於學也는 猶農夫之耕이라 農夫不耕이면 則無所食하고 無所食이면 則不得生이니 士之於學也에 其可一日舍哉아

31. 배우는 자는 다른 사람의 말이 귀에 들어오면 반드시 마음에 새겨서 行事에 드러내야 한다. 만약 다른 사람의 말을 듣고 다른 사람의 일을 말하는 것처럼 할 뿐이라면 자신은 관련되는 바가 없다.

學者는 言入乎耳어든 必須著乎心하여 見(현)乎行事라 如只聽佗人言하고 却似說他人事면 已無所與也라

32. 선생에게 물었다.

"배우는 자가 모름지기 큰 것을 지향해야 하는 것은 어떻습니까?"

선생이 말하였다.

"지향에는 크고 작음이 없다. 첫 번째 일은 다른 사람에게 양보하고 두 번째 일을 할 것이라고 말해서는 안 된다. 이와 같이 말하게 되면 곧 스스로 포기하는 것이니, 비록 仁에 마음을 두고 義를 말미암는 일을 잘하지 못하는 자와 등급이 같지는 않더라도 스스로 작게 여기는 것은 한가지이다. 배움을 말하면 道를 지향으로 삼고, 사람을 말하면 聖人을 지향으로 삼는다. 나는 할 수 없다고 스스로 말하는 자는 자신을 해치는 자이고, 우리 임금은 할 수 없다고 말하는 자는 자기 임금을 해치는 자이다.[38)]"

問호되 學者須志於大는 如何잇가 曰 志無大小라 且莫說道將第一等讓與別人하고 且做第二等이라 才如此說이면 便是自棄니 雖與不能居仁由義者로 差等不同이라도 其自小는 一也라 言學이면 便以道爲志요 言人이면 便以聖爲志라 自謂不能者는 自賊者也요 謂其君不能者는 賊其君者也라

33. 혹자가 물었다.

"사람이 능하지 못함을 부끄러워하는 마음을 가지는 것은 어떻습니까?"

선생이 말하였다.

"사람이 자기가 능하지 못함을 부끄러워하면서 그것을 행하는 것은 괜찮지만, 자기가 능하지 못함을 부끄러워하면서 그것을 감추는 것은 옳지 않다."

선생에게 물었다.

"技藝의 일에 자기가 능하지 못함을 부끄러워하는 것은 어떻습니까?"

---

38) 나는……자이다 : ≪孟子≫ 〈公孫丑 上〉에 "사람이 이 四端을 가지고 있는 것은 四肢를 가지고 있는 것과 같다. 이 四端을 가지고 있으면서도 〈仁義를〉 행할 수 없다고 스스로 말하는 자는 자신을 해치는 자이고, 자기 임금이 〈仁義를〉 행할 수 없는 사람이라고 말하는 자는 자기 임금을 해치는 자이다.〔人之有是四端也 猶其有四體也 有是四端而自謂不能者 自賊者也 謂其君不能者 賊其君者也〕"라고 하였다.

선생이 말하였다.

"기예에 능하지 못함이 어찌 부끄러워할 일이겠는가. 士가 된 자는 마땅히 道를 알아야 하니 자기가 道를 알지 못하는 것이 부끄러워할 만하고, 士가 된 자는 마땅히 널리 배워야 하니 자기가 널리 배우지 못하는 것이 부끄러워할 만하다. 그것을 부끄러워하면 어찌 해야 하는가. 또한 그것을 힘쓸 따름이니, 어찌 남이 능한 것을 시기하고 자기의 능하지 못함을 숨길 수 있겠는가."

或問호되 人有恥不能之心은 如何잇가 曰 人恥其不能而爲之는 可也어니와 恥其不能而揜藏之는 不可也라 問호되 技藝之事에 恥己之不能은 如何잇가 曰 技藝不能이 安足恥리오 爲士者는 當知道니 己不知道가 可恥也요 爲士者는 當博學이니 己不博學이① 可恥也라 恥之면 如何오 亦曰勉之而已니 又安可嫉人之能而諱己之不能也리오

① 어떤 판본에는 '知道' 이하 여기까지의 19자가 없고, 단지 '널리 배우고 지킴이 요약되어야 하니, 자기가 그것에 능하지 못하면〔博學守約 己不能之則〕'이라고 되어 있다.
一本, 無知道已下至此十九字, 但云"博學守約, 己不能之則"

34. 배움은 빨리 성취하려 해도 안 되지만, 그렇다고 게을리해서도 안 된다. 빨리 성취하려는 마음이 있으면 바로 배움이 아니다. 배움은 지극히 광대한 일이니, 어찌 급박한 마음으로 할 수 있겠는가.

學은 欲速不得이나 然亦不可怠라 纔有欲速之心이면 便不是學이라 學은 是至廣大的事니 豈可以迫切之心爲之리오

35. 선생에게 물었다.

"敬은 도리어 의식을 해야 합니까?"

선생이 말하였다.

"그 처음에 어찌 의식을 하지 않을 수 있겠는가. 만약 능히 의식을 하지 않는다면 전혀 아무 일도 없을 것이다."

또 물었다.

"敬은 고요한 것이 아닙니까?"

선생이 말하였다.

"고요하다고 말하면 바로 釋氏의 설로 들어가니, '靜'자를 쓰지 않고 단지 '敬'자를 쓸 따름이다. 조금이라도 '靜'자를 말하면 바로 敬을 잊어버린다. 孟子가 말하기를 '반드시 그 일에 종사함이 있되 기필하지 말아서 마음에 잊지도 말며 억지로 조장하지도 말라.'[39]라고 하였으니, '반드시 그 일에 종사함이 있다.'라는 것은 곧 마음에 잊지 말라는 것이고, '기필하지 말라.'라는 것은 곧 조장하지 말라는 것이다."

問호되 敬은 還用意否잇가 曰 其始에 安得不用意리오 若能不用意면 却是都無事了라 又問호되 敬은 莫是靜否잇가 曰 纔說靜이면 便入於釋氏之說也니 不用靜字요 只用敬字라 纔說著靜字면 便是忘也라 孟子曰 必有事焉而勿正하여 心勿忘하며 勿助長也라하니 必有事焉은 便是心勿忘이요 勿正은 便是勿助長이라

36. 선생에게 물었다.

"지극히 誠한 사람은 물과 불을 밟을 수 있다고 하니, 이런 이치가 있습니까?"

선생이 말하였다.

"그러한 이치가 있다."

"列子가 商丘開의 일[40]을 말하였는데, 그런 일이 있습니까?"

"이는 聖人의 道가 밝아지지 않은 뒤에 莊子와 列子의 무리가 각자 사사로운 지혜를 가지고 지극한 이치를 탐색하고 헤아려서 말한 것이다."

"巫師도 이와 같은 일에 능하니, 진실한 것입니까? 속이는 것입니까?"

---

39) 반드시……말라 : ≪孟子≫ 〈公孫丑 上〉에서 浩然之氣를 기르는 방법에 대해 말한 것이다.

40) 商丘開의 일 : 商丘開는 춘추시대 晉나라의 가난한 농부이다. 당시 진나라의 范氏 집안에 子華라는 아들이 있었는데, 임금의 총애를 받아 권세가 대단하였다. 이에 많은 문객들이 몰려들어 지혜와 힘을 겨루며 밤낮으로 즐겼다. 그의 上客이 교외로 나가 상구개의 집에 머물게 되었는데, 상구개는 자화의 부와 권세가 대단하다는 것을 듣고 그를 찾아가 생활고를 해결하고자 하였다. 그러나 상구개는 보잘것없는 행색 때문에 문객들에게 항상 멸시와 조롱을 당했다. 하루는 높은 누대에서 뛰어내리면 상으로 百金을 주겠다고 하여, 상구개가 그 말을 믿고 뛰어내렸는데 상처가 하나도 없었다. 또 강가로 데려가 물속에 보배로운 구슬이 있으니 헤엄쳐서 가져올 수 있다고 하였는데, 과연 상구개가 물속에서 구슬을 가지고 나왔다. 얼마 뒤 범씨 집안의 창고에 불이 났는데, 창고 속의 비단을 가지고 나오면 상을 주겠다고 하였다. 상구개가 불 속으로 들어가 비단을 가지고 나왔는데 다친 곳이 하나도 없었다. 그제야 문객들은 상구개가 道가 있는 神人인 것을 몰라보고 함부로 대한 것을 사과하며 그 道를 물었다. 그러자 상구개는 자신은 道가 있는 것이 아니라, 상대방의 말을 진실로 믿었을 뿐이라고 말하였다.(≪列子≫ 〈黃帝〉)

"이런 무리는 종종 방술이 있어 항상 남을 속이려는 마음을 품고 있으니, 어떻게 진실하겠는가."

問호되 至誠은 可以蹈水火니 有此理否잇가 曰 有之라 曰 列子言商丘開之事가 有乎잇가 曰 此는 是聖人之道不明後에 莊列之徒가 各以私智로 探測至理而言也라 曰 巫師도 亦能如此하니 誠邪잇가 欺邪잇가 曰 此輩往往有術하여 常懷一箇欺人之心하니 更那裏得誠來아

37. 혹자가 물었다.

"홀로 방 안에 거처하거나 혹은 어두운 곳을 걸어갈 적에 놀라고 두려운 마음이 생기는 경우가 많은 것은 어째서입니까?"

선생이 말하였다.

"이치를 밝힌 것이 밝지 않기 때문이다. 만약 능히 이치를 밝히면 두려워하는 것이 허망하다는 것을 알게 되니, 또한 어찌 두려워하겠는가. 이런 이치를 알면서도 두려워하는 마음을 면치 못하는 사람이 있는 것은 氣가 충만하지 않기 때문이다. 모름지기 함양하기를 오래하면 氣가 충만하여 자연히 외물이 동요할 수 없다. 그러나 두려워하는 마음이 있는 것은 또한 敬이 부족하기 때문이다."

或問호되 獨處一室하고 或行闇中할새 多有驚懼는 何也잇고 曰 只是燭理不明일새라 若能燭理면 則知所懼者妄하니 又何懼焉이리오 有人雖知此나 然不免懼心者는 只是氣不充일새라 須是涵養久면 則氣充하여 自然物動不得이라 然有懼心은 亦是敬不足일새라

38. 선생에게 물었다.

"세상 사람들이 귀신의 일을 말할 적에 귀신이 없다는 것을 알면서도 의혹되고 두려워함이 없을 수 없는 것은 어째서입니까?"

선생이 말하였다.

"이는 단지 스스로 미혹되는 것일 뿐이다."

"어떻게 해야 그 이치를 환히 깨달을 수 있습니까?"

"精과 氣가 생명체가 되고 遊魂이 變이 되는 것과 시작을 근원하여 끝을 돌이켜 구한다는 설[41]을 이해하면 바로 그 이치를 알게 된다. 모름지기 '原'자에 착안하여 공부를 해야 한다."

혹자가 말하였다.

"遊魂이 變이 된다는 것은 變化의 變입니까?"

선생이 말하였다.

"변하고 나면 존재하던 것이 없어지고, 단단하던 것이 썩어 物이 없게 된다. 귀신의 道는 단지 그대에게 말해준 것과 같을 뿐이다. 그렇게 이해하더라도 믿는 것은 이에 불과하니, 모름지기 그 이치를 스스로 터득해야 한다."

혹자가 말하였다.

"어떻게 두려움을 없앨 수 있습니까?"

선생이 말하였다.

"모름지기 氣가 안정되면 자연히 미혹되지 않는다. 氣가 충만하지 않으면 억지로 힘써도 되지 않는다."

問호되 世言鬼神之事할새 雖知其無나 然不能無疑懼는 何也잇고 曰 此는 只是自疑爾라 曰 如何라야 可以曉悟其理잇고 曰 理會得精氣爲物과 遊魂爲變과 與原始要終之說이면 便能知也라 須是於原字上用工夫라 或曰 遊魂爲變은 是變化之變否잇가 曰 既是變이면 則存者亡하고 堅者腐하여 更無物也라 鬼神之道는 只恁說與賢이라 雖會得이라도 亦信不過하니 須是自得也라 或曰 何以得無恐懼잇가 曰 須是氣定이면 自然不惑이라 氣未充이면 要强不得이라①

① 인하여 長老와 함께 산을 유람한 일을 말하였다.
因說與長老游山事.

39. 〈선생에게 물었다.〉

"사람의 말이 빠른 것은 氣가 안정되지 않아서가 아닙니까?"

선생이 말하였다.

"이 또한 익숙히 해야 한다. 익숙히 하여 말이 저절로 느긋해질 때에 이르면 氣質이 변화한다. 배움이 기질이 변화시키는 데에 이르면 바야흐로 功效가 있게 된다. 사람은

---

41) 精과……설 : ≪周易≫ 〈繫辭傳 上〉에 "易은 天地와 같다. 그러므로 天地의 道를 彌綸한다. 우러러보아 天文을 관찰하고 굽어보아 地理를 살핀다. 이 때문에 幽明의 까닭을 안다. 시작을 근원하여 끝을 돌이켜 구한다. 그러므로 死生의 설을 안다. 精과 氣가 物이 되고 游魂이 變이 된다. 그러므로 鬼神의 情狀을 안다.〔易與天地準 故能彌綸天地之道 仰以觀於天文 俯以察於地理 是故知幽明之故 原始反終 故知死生之說 精氣爲物 游魂爲變 是故知鬼神之情狀〕"라고 하였다.

단지 하나의 습관으로 이루어진다. 지금 살펴보건대 儒臣은 유신으로서의 일반적인 기상이 있고, 武臣은 무신으로서의 일반적인 기상이 있고, 貴戚은 귀척으로서의 일반적인 기상이 있다. 이는 태어나면서부터 이와 같은 것이 아니라, 익숙히 하여 그런 것이다. 나는 예전에 일찍이 主上과 太母에게 아뢰어 주상으로 하여금 하루 중에 어진 사대부들을 가까이 하는 시간을 많이 갖고, 환관과 궁인을 가까이 하는 시간을 적게 하여 기질을 함양하고 덕성을 훈도하시게 하고자 하였다."

人語言緊急은 莫是氣不定否잇가 曰 此亦當習이라 習到言語自然緩時면 便是氣質變也라 學至氣質變이면 方是有功이라 人只是一箇習이라 今觀컨대 儒臣自有一般氣象이요 武臣自有一般氣象이요 貴戚自有一般氣象이라 不成生來便如此요 只是習也라 某舊嘗進說於主上及太母하여 欲令上於一日之中에 親賢士大夫之時多하고 親宦官宮人之時少하여 所以涵養氣質하고 薰陶德性이라

40. 혹자가 물었다.

"사람이 간혹 게으른 것은 어찌 志가 확립되지 않아서가 아니겠습니까?"

선생이 말하였다.

"이 氣體와 같은 것은 피로하면 반드시 게을러지지만, 이 志와 같은 것은 어찌 게을러질 수 있겠는가. 사람은 단지 氣가 志를 이기기 때문에 氣의 부림을 당하는 경우가 많다. 예컨대 사람이 젊어서는 용맹하였으나 늙어서는 비겁해지며, 젊어서는 청렴하였으나 늙어서는 탐욕스러워지니, 이는 氣의 부림을 당한 것이다. 志가 氣를 이길 때에는 志가 일정하여 다시 바꿀 수 없다. 예컨대 曾子가 임종할 적에 대자리를 바꾸게 한[42] 즈음에는 그 氣가 미약해진 것을 알 수 있다. 다만 그의 志가 이미 안정되었기 때문에 비록 生死의 중대한 일이라 하더라도 또한 그의 志를 동요시킬 수 없었던 것이다. 대개 한 터럭만큼이라도 氣가 존재하면 志도 여전히 존재한다."

或問호되 人或倦怠는 豈志不立乎잇가 曰 若是氣體는 勞後須倦이나 若是志는 怎生倦得이리오 人只爲氣勝志라 故로 多爲氣所使라 如人少而勇이나 老而怯하며 少而廉이나 老而貪하니 此는 爲氣所

---

42) 曾子가……한 : 曾參이 임종할 때 季孫氏에게서 받은 대자리 위에 누워 있었는데, 그것이 자신의 분수에 맞지 않는다고 여겨 대자리를 바꾸게 하고는 "나는 正道를 얻어 죽으면 그것으로 됐다.〔吾得正而斃焉 斯已矣〕"라고 하였다.(≪禮記≫ 〈檀弓 上〉)

使者也라 若是志勝氣時엔 志旣一定하여 更不可易이라 如曾子易簀之際엔 其氣之微를 可知라 只爲他志已定이라 故로 雖死生許大事라도 亦動他不得이라 蓋有一絲髮氣在면 則志猶在也라

41. 선생에게 물었다.

"사람이 한가로이 거처할 적에 몸은 게으르나 마음이 태만하지 않으면 괜찮습니까?"

선생이 말하였다.

"두 다리를 쭉 뻗고 걸터앉아 있으면서 마음이 태만하지 않은 경우가 어디 있겠는가. 예전 呂與叔(呂大臨)이 6월 중에 緱氏43)로 찾아왔었다. 한가로이 거처하던 중 내가 그를 살펴본 적이 있었는데, 그가 엄숙히 꼿꼿하게 앉아 있는 것을 반드시 보았으니, 마음이 돈독하다고 할 만하였다. 배우는 자는 모름지기 공경해야 한다. 다만 자기 몸을 속박해서는 안 되니, 속박하면 오래하기가 어렵다."

問호되 人之燕居에 形體怠惰나 心不慢이면 可否잇가 曰 安有箕踞而心不慢者리오 昔呂與叔六月中來緱氏(구지)라 閒居中에 某嘗窺之한대 必見其儼然危坐하니 可謂敦篤矣라 學者는 須恭敬이라 但不可令拘迫이나 拘迫이면 則難久矣라①

① 尹子(尹焞)가 말하기를 "일찍이 이 말씀을 직접 들었는데, 곧 劉質夫(劉絢)에게 말한 것이다."라고 하였다.
尹子曰 "嘗親聞此, 乃謂劉質夫也."

42. 〈선생이 말하였다.〉

"예전에 呂與叔(呂大臨)이 일찍이 思慮가 어지러운 것에 대해 물었는데, 내가 '다만 마음에 주재가 없기 때문이니, 만약 敬을 위주로 하면 자연히 사려가 어지럽지 않을 것이다. 비유하자면 물이 담긴 항아리 하나를 물속에 던졌을 적에 항아리 속이 물로 이미 꽉 차면 강과 호수의 물이라도 그 안으로 들어갈 수 없는 것과 같다.'라고 답하였다."

선생에게 말하였다.

"만약 사려가 과연 바른 데에서 나온다면 또한 해로움이 없습니까?"

선생이 말하였다.

---

43) 緱氏 : 지금의 河南省 偃師市 緱氏鎭이다.

"예컨대 종묘에서는 공경함을 주로 하고, 조정에서는 장엄함을 주로 하고, 군대에서는 엄격함을 주로 하는 것, 이런 것들이 그것이다. 그러나 만약 사려가 제때에 발하지 않아 어지러이 절도가 없으면 비록 사려가 바른 데에서 나오더라도 바르지 않게 된다."

昔에 呂與叔嘗問爲思慮紛擾한대 某答以但爲心無主니 若主於敬이면 則自然不紛擾라 譬如以一壺水投於水中할새 壺中旣實이면 雖江湖之水라도 不能入矣라 曰 若思慮果出於正이면 亦無害否잇가 曰 且如在宗廟則主敬하고 朝廷主莊하고 軍旅主嚴이 此是也라 如發不以時하여 紛然無度면 雖正이나 亦邪라

43. 선생에게 물었다.

"游宣德이 말하기를 '사람이 능히 눈에 보이지 않고 귀에 들리지 않는 때에도 경계하고 삼가며 두려워하고 두려워하면[44] 소리도 없고 냄새도 없는 上天의 道[45]에 馴致할 수 있다.'라고 하였는데, 이 설은 어떻습니까?"

선생이 말하였다.

"馴致는 점차 나아가는 것이다. 그러나 이 말은 또한 大綱을 말한 것이니, 참으로 작은 것으로부터 큰 것에 이르는 것이다. 자신을 닦는 것으로부터 性을 극진히 하여 天命에 이를 수 있다. 그러나 그 사이에는 여러 가지가 있으니, 거기에 이르는 바의 道는 어떠해야 하겠는가? 荀子가 말하기를 '士가 되는 것에서 시작하여 聖人이 되는 것에서 마친다.'[46]

荀子

44) 눈에……두려워하면 : ≪中庸≫에 "道라는 것은 잠시도 벗어날 수 없으니, 벗어날 수 있다면 道가 아니다. 그러므로 君子는 보이지 않는 바에서도 경계하고 삼가며, 들리지 않는 바에서도 두려워하고 두려워한다.〔道也者 不可須臾離也 可離 非道也 是故君子戒愼乎其所不睹 恐懼乎其所不聞〕"라고 하였다.

45) 소리도……道 : ≪中庸≫에 "≪詩經≫에 '德은 가볍기가 터럭과 같다.'라고 하였으나 터럭은 오히려 비교할 만한 등급이 있으니, ≪시경≫의 시에 '上天의 일은 소리도 없고 냄새도 없다.'라고 한 데에 이르러야 지극한 것이다.〔詩云 德輶如毛 毛猶有倫 上天之載 無聲無臭 至矣〕"라고 한 데서 나왔다.

라고 하였다. 지금 배우는 자들은 독서할 적에 조금 책을 읽게 되면 곧 聖賢이 되기를 바란다. 그러나 그 사이 성현에 이르는 방법에는 다시 여러 가지가 있다. 순자는 비록 이와 같이 말했지만 도리어 禮義는 거짓이며 性은 선하지 않다고 여겼다. 그 자신은 情·性을 오히려 이해하지 못했으니, 어찌 성인에 이를 수 있었겠는가. 대저 堯임금이 행한 것을 힘써 행하고자 하였지만, 많이 듣고 많이 보는 것으로써 성인이 되기를 취하였으니, 그가 배운 바는 모두 외면의 일이다."

問호되 游宣德이 云호되 人能戒愼恐懼於不覩不聞之時면 則無聲無臭之道에 可以馴致라하니 此說은 如何잇가 曰 馴致는 漸進也라 然이나 此亦大綱說이니 固是自小以致大라 自修身으로 可以至於盡性至命이라 然이나 其間有多少般數하니 其所以至之之道는 當如何리오 荀子曰 始乎爲士하여 終乎爲聖人이라 今人學者는 須讀書할새 纔讀書면 便望爲聖賢이라 然이나 中間至之之方엔 更有多少라 荀子는 雖能如此說이나 却以禮義爲僞하고 性爲不善이라 佗自情性尙理會不得하니 怎生到得聖人이리오 大抵以堯所行者로 欲力行之나 以多聞多見으로 取之하니 其所學者는 皆外也라

44. 선생에게 물었다.

"날마다 수만 마디의 말을 외는 이도 있고, 혹 기예에 절묘한 사람도 있는데, 이는 배울 만한 것입니까?"

선생이 말하였다.

"배울 만한 것이 아니다. 대개 타고난 재주는 억지로 힘쓰기 어려우니, 조금 진보할 뿐이어서 둔한 것을 예리하게 할 수 없다. 오직 理는 진전시킬 수 있다. 학업을 쌓은 것이 오래되어 능히 氣質을 변화시키면 어리석은 자는 반드시 현명해지고 유약한 자는 반드시 강해질 것이다. 대개 大賢 이하는 재주를 논하지만, 大賢 이상은 다시 재주를 논하지 않는다. 聖人은 天地와 德을 합하고 日月과 밝음을 합하니,[47] 6尺의 몸에 기예를 얼마나 가질 수 있겠는가. 사람은 몸이 있으면 반드시 재주가 있으나, 성인은 자신을 잊은 분이니 다시 재주를 논하지 않는다."

---

46) 士가……마친다 : ≪荀子≫ 〈勸學篇〉에 "학문하는 뜻은 士가 되는 것에서 시작하여 聖人이 되는 것에서 마친다.〔其義則始乎爲士 終乎爲聖人〕"라고 하였다.

47) 聖人은……합하니 : ≪周易≫ 乾卦 〈文言傳〉에 "무릇 大人은 天地와 그 德을 합하며, 日月과 그 밝음을 합하며, 四時와 그 질서를 합하며, 귀신과 그 吉凶을 합한다.〔夫大人者 與天地合其德 與日月合其明 與四時合其序 與鬼神合其吉凶〕"라고 하였다.

問호되 人有日誦萬言이요 或妙絶技藝한대 此可學否잇가 曰 不可라 大凡所受之才는 難加勉强이니 止可少進하여 而鈍者不可使利也라 惟理는 可進이라 除是積學旣久하여 能變得氣質이면 則愚必明하고 柔必强이라 蓋大賢以下는 卽論才나 大賢以上은 更不論才라 聖人은 與天地合德하고 日月合明하니 六尺之軀에 能有多少技藝아 人有身이어든 須有才나 聖人은 忘己하니 更不論才也라

45. 선생에게 물었다.

"사람들이 의론할 적에 대부분 자기가 옳다고 여겨서 포용하는 기상이 없는 것은 氣가 화평하지 않아서입니까?"

선생이 말하였다.

"이는 참으로 氣가 화평하지 않아서이며, 또한 도량이 좁아서이다. 사람의 도량은 식견에 따라 늘어나는데, 또한 식견이 높은데도 도량이 늘지 않는 자가 있으니, 이는 식견이 실로 지극하지 못해서이다. 대개 다른 일은 사람들이 모두 억지로 할 수 있지만, 오직 식견과 도량은 억지로 할 수 없다. 요즘 사람 중에는 斗筲[48]만 한 도량도 있고, 釜斛[49]만 한 도량도 있고, 鍾鼎[50]만 한 도량도 있고, 江河만 한 도량도 있다. 江河만 한 도량은 또한 크지만 한계가 있으니, 한계가 있으면 또한 가득 찰 때가 있다. 오직 天地만 한 도량은 가득 참이 없다. 그러므로 聖人은 天地만 한 도량을 가진 분이다. 성인의 도량은 道이고, 평범한 사람의 도량은 타고난 자질이다. 타고난 자질의 도량은 반드시 한계가 있다. 대저 6尺의 몸은 역량이 이와 같을 뿐이니, 비록 가득 차지 않기를 바라지만 그렇게 할 수 없다.

예컨대 한 번 천거되어 역량이 가득 차는 자가 있고, 한 번 관직에 나아가 역량이 가득 차는 자가 있고, 다시 京官이 되어 역량이 가득 차는 자가 있고, 兩府[51]에 들어가 역량이 가득 차는 자가 있으니, 역량이 가득 차는 데에는 비록 先後가 있지만 끝내 가득 차는 것을 면하지는 못한다. 비유하자면 그릇에 물건을 담는 것과 같으니, 처음 채

48) 斗筲 : 斗는 한 말들이의 대그릇이고, 筲는 한 말 두 되들이의 대그릇이다. 도량이 좁고 식견이 천박한 사람을 비유한 말로, ≪論語≫ 〈子路〉에 "斗筲 정도의 사람들을 굳이 따질 것이 뭐가 있겠는가.〔斗筲之人 何足算也〕"라는 말이 나온다.

49) 釜斛 : 釜는 6말 4되들이의 그릇이고, 斛은 10말들이의 그릇으로, 斗筲보다 조금 큰 그릇이다.

50) 鍾鼎 : 鍾은 8斛들이의 그릇이며, 鼎은 큰 솥이다.

51) 兩府 : 中書省과 樞密院이다.

울 때에는 오히려 덮어서 지킬 수 있으나, 더 채우면 반드시 넘친다. 이는 타고난 자질의 도량이 道를 아는 것이 아니기 때문이다.

예전에 王隨는 도량이 매우 커서 仁宗이 飛白書[52]로 '王隨는 덕행이 뛰어나고, 李淑은 문장이 뛰어나다.'라고 쓴 글을 하사하셨다. 당시 덕행으로 칭송받고 명망이 매우 중하여 재상이 되었는데, 어떤 사람이 三路轉運使가 되기를 청하자 왕수가 그를 업신여겨 비속한 말을 내뱉으니, 당시 사람들이 모두 놀라고 이상하게 여겼다. 이는 조정에 들어가 지위가 높아진 뒤에는 곧 마음이 동요한 것이니, 사람의 도량은 이와 같을 뿐이다. 옛사람도 이와 같은 자가 많았다. 예컨대 鄧艾는 三公의 지위에 오르고 나이 일흔 살에 처신하는 것이 매우 좋았는데, 蜀을 함락시켜 功을 세우게 되자 곧 마음이 동요하여 '姜維는 어떠어떠하다.'라고 말하였다.[53] 謝安은 謝玄이 苻堅을 격파했다는 소식을 듣고 손님과 바둑을 둘 적에 승리했다는 보고가 이르러도 기뻐하지 않다가 손님이 돌아가자 너무 기뻐 나막신의 굽을 부러뜨렸으니,[54] 억지로 하는 것은 끝내 이룰 수 없다. 또 예컨대 사람이 크게 취한 뒤에 더욱 공손하고 삼가는 것은 더욱 공손한 마음이 바로 동요한 것이니, 비록 제멋대로 행동하는 것과는 같지 않으나 술에 동요되었다는 점에서는 마찬가지이다. 또 예컨대 귀공자가 지위가 높아질수록 더욱 자신을 낮추고 겸손한 것은 몸을 낮추고 겸손한 마음이 바로 동요한 것이니, 비록 교만한 자와는 같지 않으나 지위에 동요되었다는 점에서는 마찬가지이다. 그러나 오직 道를 아는 자는 도량이 자연히

---

52) 飛白書 : 書體의 하나로, 東漢 때 蔡邕이 鴻都門을 수리하는 일꾼들이 白粉을 쓸어내는 빗자루를 가지고 글자를 쓰는 것을 보고 영감을 얻어 창시했다고 한다. 끊어질 듯 이어질 듯 하는 필획에 속도감 있는 흰 여백이 남아 飛白이라 불렀다. 漢末 魏初에 관청과 궁궐의 題書에 많이 사용되었고, 唐宋 때는 御製碑文에 많이 사용되었다.

53) 姜維는……말하였다 : 姜維(202~264)는 삼국시대 魏나라의 장수로, 蜀나라로 귀순하여 諸葛亮의 휘하에서 활약하였고, 제갈량이 죽은 뒤 촉나라 군대를 통솔하였다. 魏나라 鄧艾가 蜀을 평정하고 成都에 들어가서 자기의 공을 자랑하며 "여러분이 나를 만난 덕분에 오늘이 있게 되었다. 만약 吳漢의 무리를 만났다면 벌써 죽었을 것이다."라고 하였고, 또 "강유도 본래 이 시대의 雄兒라고 할 수 있지만, 나와 만났기 때문에 곤궁해졌다.〔姜維自一時雄兒也 與某相値 故窮耳〕"라고 하자, 識者가 웃었다고 한다.(≪三國志≫ 卷28 〈魏書 鄧艾傳〉)

54) 謝安은……부러뜨렸으니 : 前秦의 苻堅이 백만 대군을 거느리고 쳐들어오자, 東晉의 謝安이 征討大都督이 되어 군사를 지휘하였는데 두려운 기색이 전혀 없었다. 조카 謝玄이 부견의 군대를 격파했다는 소식이 이르렀을 때 사안은 마침 손님과 바둑을 두고 있었는데, 승전보를 읽고도 책상 위에 그대로 두고 전혀 기쁜 기색 없이 그대로 바둑을 두었다. 손님이 묻자 사안은 "아이들이 이미 적을 격파했습니다."라고 느긋하게 답하였다. 그러나 바둑이 끝난 뒤 內室로 돌아가 문지방을 지날 적에는 마음이 너무 기뻐 나막신의 굽이 부러진 줄도 몰랐다.(≪晉書≫ 卷79 〈謝安列傳〉)

커서 억지로 힘쓰지 않아도 저절로 이루어진다. 요즘 사람 중에 소견이 낮은 자가 있는 것은 다름이 아니라, 또한 식견과 도량이 부족하기 때문이다."

問호되 人於議論에 多欲己直하여 無含容之氣는 是氣不平否잇가 曰 固是氣不平이요 亦是量狹이라 人量隨識長한대 亦有人識高而量不長者하니 是識實未至也라 大凡別事엔 人都强得이나 惟識量은 不可强이라 今人은 有斗筲之量하고 有釜斛之量하고 有鍾鼎之量하고 有江河之量이라 江河之量은 亦大矣나 然有涯하니 有涯면 亦有時而滿이라 惟天地之量은 則無滿이라 故로 聖人者는 天地之量也라 聖人之量은 道也요 常人之有量者는 天資也라 天資有量者는 須有限이라 大抵六尺之軀는 力量只如此니 雖欲不滿이나 不可得이라 且如人有得一薦而滿者하고 有得一官而滿者하고 有改京官而滿者하고 有入兩府而滿者니 滿雖有先後나 然卒不免이라 譬如器盛物이니 初滿時엔 尙可以蔽護나 更滿則必出이라 此는 天資之量이 非知道者也일새라 昔에 王隨는 甚有器量하여 仁廟賜飛白書曰 王隨德行이요 李淑文章이라하니라 當時以德行稱하고 名望甚重하여 及爲相한대 有一人求作三路轉運使어늘 王薄之하여 出鄙言하니 當時人皆驚怪라 到這裏하여 位高後엔 便動了니 人之量이 只如此라 古人도 亦有如此者多라 如鄧艾는 位三公하고 年七十에 處得甚好러니 及因下蜀有功하얀 便動了하여 言姜維云云이라 謝安은 聞謝玄破苻堅하고 對客圍棊할새 報至不喜러니 及歸하얀 折屐齒하니 强終不得也라 更如人大醉後에 益恭謹者는 只益恭이 便是動了니 雖與放肆者不同이나 其爲酒所動은 一也라 又如貴公子位益高에 益卑謙은 只卑謙이 便是動了니 雖與驕傲者不同이나 其爲位所動은 一也라 然惟知道者는 量自然宏大하여 不勉强而成이라 今人有所見卑下者는 無佗라 亦是識量不足也일새라

46. 사람이 공정함을 행하는 것을 의식하게 되면 이는 곧 사사로운 마음이다. 예전에 어떤 사람이 選擧를 맡았을 적에 그의 子弟가 磨勘[55]에 관계되면 모두 처리하지 않았으니, 이것은 곧 사사로운 마음이다. 사람들은 대부분 '옛날에는 정직하게 하여 혐의를 얻는 것을 피하지 않았는데, 후세에는 이렇게 할 수 없다.'라고 말하지만, 본래 그런 사람이 없는 것이지, 어찌 그런 때가 없는 것이겠는가.

人纔有意於爲公이면 便是私心이라 昔有人典選할새 其子弟係磨勘이면 皆不爲理하니 此乃是私心이라 人多言호되 古時엔 用直하여 不避嫌得이러니 後世엔 用此不得이라하나 自是無人이니 豈是無

55) 磨勘 : 唐宋 때 관원의 근무 성적을 考課하여 승진시키거나 강등시키던 제도이다.

時리오①

① 인하여 少師가 選擧를 맡았을 때와 明道가 인재를 천거한 일을 말하였다.
因言少師典擧明道薦才事.

47. 聖人은 일을 하는 것이 매우 관대하였다. 요즘 사람들 중에 義理를 알지 못하는 자는 다시 말할 것도 없고, 조금 의리를 아는 사람도 곧 편협해진다. 성인 같은 분은 너그러워 여유가 있다.

聖人作事甚宏裕라 今人不知義理者는 更不須說이요 纔知義理라도 便迫窄이라 若聖人은 則綽綽有餘裕라

48. 선생에게 물었다.

"사물을 관찰하고 자신을 살핀다는 것은 사물을 보는 것을 통해 자기 몸에 돌이켜 구하는 것입니까?"

선생이 말하였다.

"그렇게 말할 필요는 없다. 사물과 나는 하나의 이치이다. 저기에 밝으면 곧 여기에 환하게 되니, 이것이 內外를 합하는 道이다. 그 거대한 이치를 말하면 天地의 높고 두터움에 이르고, 그 사소한 이치를 말하면 한 사물이 그러한 까닭에 이르니, 배우는 자는 이를 모두 이해해야 한다."

또 물었다.

"앎을 극진히 할 적에 먼저 四端에서 구하는 것은 어떻습니까?"

선생이 말하였다.

"性情에서 구하는 것은 참으로 내 몸에 절실한 것이다. 그러나 풀 한 포기 나무 한 그루도 모두 理가 있으니, 모름지기 理를 살펴야 한다."

問호되 觀物察己는 還因見物하여 反求諸身否잇가 曰 不必如此說이라 物我는 一理라 纔明彼어든 卽曉此하니 合內外之道也라 語其大면 至天地之高厚하고 語其小면 至一物之所以然하니 學者는 皆當理會라 又問호되 致知할새 先求之四端은 如何잇고 曰 求之性情은 固是切於身이라 然이나 一草一木도 皆有理하니 須是察이라

49. 사물의 이치를 관찰하고서 자신을 살펴서 능히 이치를 밝히면 어디를 가든 알지 못할 것이 없다. 천하 만물은 모두 이치로써 비추어 볼 수 있다. 사물이 있으면 반드시 법칙이 있으니, 하나의 사물에는 반드시 하나의 이치가 있다.[56)]

觀物理以察己하여 旣能燭理면 則無往而不識이라 天下物은 皆可以理照라 有物이어든 必有則하니 一物엔 須有一理라

50. 이치를 궁구하고, 性을 극진히 하고, 天命에 이르는 것은 단지 한 가지 일일 뿐이다. 이치를 궁구하면 곧 性을 극진히 하고, 性을 극진히 하면 곧 天命에 이른다.

窮理盡性至命은 只是一事라 才窮理면 便盡性하고 才盡性이면 便至命이라

51. 聲·色·臭·味 네 글자는 虛·實이 한가지이다. 모든 물체는 형태가 있으면 반드시 이 네 가지가 있으니, 意言과 象數[57)]도 그러하다.

聲色臭味四字는 虛實一般이라 凡物有形이어든 必有此四者니 意言象數도 亦然이라

52. 사람이 세상을 살면서 일을 보고 의심할 만한 점이 없으면 매우 기쁠 것이다.

爲人處世間할새 得見事無可疑處면 多少快活이라

53. 선생에게 물었다.

"배우는 자가 반드시 동일하지는 않겠지만, 仁·義·忠·信 같은 것들은 단지 그 한 글자에서 뜻을 구하는 것이 가능합니까?"

선생이 말하였다.

"또한 六經 같은 것은 각각 그 궤적이 있지만, 그 道에 나아간 경지는 같다. 仁·義·

---

56) 천하……있다 : 이 부분은 一萋古本 및 中華書局本에는 별도의 단락으로 되어 있다.

57) 意言과 象數 : 《皇極經世書》〈觀物篇〉에 "意言과 象數는 易의 用이다.〔意言象數者 易之用也〕"라고 하였다. 意言은 마음속으로 이해하는 말이고, 象數는 본래 거북점을 象으로써 하고 시초점을 數로써 한다는 데서 나온 말로, 《周易》에서는 사물을 형상한 象과 차례·방위 등을 나타내는 數를 象數라 한다.

忠·信은 一體의 일일 뿐이니, 만약 한 가지 일에서 그 뜻을 터득한다면 그 나머지는 모두 통한다. 그러나 仁이 근본이다."

問호되 學者不必同이나 如仁義忠信之類는 只於一字上求之가 可否잇가 曰 且如六經은 則各自有箇蹊轍이나 及其造道하얀 一也라 仁義忠信은 只是一體事니 若於一事上에 得之면 其佗는 皆通也라 然이나 仁是本이라

54. 선생에게 물었다.

"사람이 배울 적에 어려움을 느끼고서 물러날 의지를 가지는 경우가 있으면, 어찌해야 합니까?"

선생이 말하였다.

"두 가지 경우가 있으니, 사려하는 것이 힘들어 志氣가 게을러지는 경우가 있고, 그 어려움을 꺼려서 중지하는 경우가 있다. 저번에 일찍이 그에 관한 설을 말하였으니, 요즘 사람들이 학문을 하는 것은 山麓을 오르는 것과 같아서 평탄한 곳에서는 활보하지 않음이 없다가, 오르기 어려운 곳에 이르러서는 곧 멈추니, 사람의 마음이 이와 같은 것이다. 산이 높아서 오르기 어려운 것은 일정한 형태가 있어서 실제로 오르기 어렵지만, 聖人의 道는 형상할 수 없어서 실제로 어려운 것이 아닌데도 사람들이 행하지 않는다. 顔子가 말하기를 '〈선생님의 道는〉 우러러볼수록 더욱 높으며, 뚫고 들어갈수록 더욱 견고하다.'[58]라고 하였으니, 이는 성인의 고원함은 실로 미칠 수 없고 성인의 견고함은 실로 뚫고 들어갈 수 없음을 말한 것이 아니다. 이는 단지 비유일 뿐, 그런 일은 없다. 이 말씀의 대의는 오히려 '바라보면 앞에 있다가 홀연히 뒤에 있다.'라는 말에 있다."

또 물었다.

"조금 터득하고서 마침내 안주하는 사람은 어떻습니까?"

선생이 말하였다.

"이는 실로 터득한 바가 없는 것이다. 비유하자면 대롱으로 하늘을 엿보아 북극성의

58) 우러러볼수록……견고하다 : ≪論語≫ 〈子罕〉에 顔淵이 孔子의 道에 대해 탄식하며 "우러러볼수록 더욱 높고, 뚫고 들어갈수록 더욱 견고하며, 바라보면 앞에 있다가 홀연히 뒤에 있다.〔仰之彌高 鑽之彌堅 瞻之在前 忽焉在後〕"라고 하였다.

찬란함을 언뜻 보고 곧 북극성을 보았다고 말하면서 기쁨을 이기지 못하는 것과 같으니, 이는 끝내 터득한 바가 없는 것이다. 만약 큰 지향을 가진 자라면 대롱으로 보고서 터득하였다고 여기지 않을 것이다."

問호되 人之學에 有覺其難而有退志면 則如之何잇가 曰 有兩般이니 有思慮苦而志氣倦怠者하고 有憚其難而止者라 向嘗爲之說하니 今人之學은 如登山麓하여 方其易(이)處하얀 莫不闊步라가 及到難處하얀 便止하니 人情是如此라 山高難登은 是有定形하여 實難登也어니와 聖人之道는 不可形象하여 非實難然也로되 人弗爲耳라 顔子言仰之彌高하며 鑽之彌堅이라하니 此는 非是言聖人高遠實不可及이요 堅固實不可入也라 此는 只是譬喩요 却無事라 大意는 却是在瞻之在前이러니 忽焉在後上이라 又問호되 人少有得而遂安者는 如何잇가 曰 此는 實無所得也라 譬如以管窺天하여 乍見星斗燦爛하고 便謂有所見하며 喜不自勝이니 此는 終無所得이라 若有大志者는 不以管見爲得也라

55. 선생에게 물었다.

"집이 가난하고 어버이가 연로하여 과거에 응시해 벼슬을 구한다면 得失에 대한 얽매임을 면치 못하니, 어떻게 수양해야 이를 면할 수 있습니까?"

선생이 말하였다.

"이는 단지 志가 氣를 이기지 못한 것이다. 만약 志가 氣를 이긴다면 저절로 이러한 얽매임이 없을 것이다. 집이 가난하고 어버이가 연로하면 모름지기 녹봉을 위한 벼슬살이를 해야 한다. 그러나 그것을 얻고 얻지 못함은 天命이 있다."

"자신에게 있어서는 참으로 그렇게 할 수 있지만, 어버이를 위해서는 어찌 한단 말입니까?"

"자신을 위하는 것과 어버이를 위하는 것은 또한 한가지 일일 뿐이다. 만약 벼슬을 얻지 못하더라도 天命을 어찌 하겠는가? 孔子가 말하기를 '天命을 알지 못하면 君子가 될 수 없다.'[59]라고 하였으니, 사람이 만일 天命을 알지 못하면 환란을 보고서는 반드시 피하고 得失을 만나서는 반드시 동요하고 이익을 보고서는 반드시 달려갈 것이니, 어떻게 군자가 되겠는가. 그러나 聖人이 天命을 말한 것은 대개 中人 이상의 사람을 위

59) 天命을……없다 : ≪論語≫ 〈堯曰〉에 孔子가 말하기를 "天命을 알지 못하면 君子가 될 수 없으며, 禮를 알지 못하면 자신을 확립할 길이 없으며, 말을 알지 못하면 남을 알 방법이 없다.〔不知命 無以爲君子也 不知禮 無以立也 不知言 無以知人也〕"라고 하였다.

해서 말한 것이지, 상등의 지혜를 가진 사람을 위해서 말한 것이 아니다. 中人 이상은 得失의 사이에서 의혹되지 않을 수 없다. 그러므로 天命에 관한 말씀이 있은 뒤에야 능히 편안해진다. 상등의 지혜를 가진 사람은 다시 天命을 말하지 않아도 오직 義를 편안히 여긴다. 가령 구하면 그것을 얻을 것이지만 義가 아니면 그것을 구하지 않으니, 이는 天理를 즐거워하는 자의 일이다. 상등의 지혜를 가진 사람은 義를 편안하게 여기고, 中人 이상은 天命을 편안하게 여긴다. 그렇다면 天命을 듣고서도 능히 편안하게 여기지 못하는 자는 매양 하등의 자일 것이다."

問호되 家貧親老하여 應擧求仕어든 不免有得失之累하니 何修라야 可以免此잇고 曰 此는 只是志不勝氣라 若志勝이면 自無此累라 家貧親老면 須用祿仕라 然이나 得之不得은 爲有命이라 曰 在己固可나 爲親奈何잇고 曰 爲己爲親은 也只是一事라 若不得이라도 其如命何오 孔子曰 不知命이면 無以爲君子라하니 人苟不知命이면 見患難必避하고 遇得喪必動하고 見利必趨하니 其何以爲君子리오 然이나 聖人言命은 蓋爲中人以上者設이요 非爲上知者言也라 中人以上은 於得喪之際에 不能不惑이라 故로 有命之說하고 然後能安이라 若上智之人은 更不言命이라도 惟安於義라 借使求則得之나 然非義則不求니 此는 樂天者之事也라 上智之人은 安於義하고 中人以上은 安於命이라 乃若聞命而不能安之者는 又其每下者也라①

① 孟子가 말하기를 "구함에 道가 있고, 얻음에 命이 있다."[60]라고 하였으니, 구함에 비록 道가 있더라도 얻음에 모름지기 天命이 있음을 어찌 하겠는가.
孟子曰 "求之有道, 得之有命." 求之雖有道, 奈何得之須有命.

56. 선생에게 물었다.

"앞 시대의 이른바 隱者라는 사람들은 한 가지 절개를 지키거나 한 가지 행동을 돈독히 하였습니다. 그러나 道를 알았는지는 모르겠습니다."

선생이 말하였다.

"만약 道를 알았다면 한 가지 절개나 한 가지 행동을 지키려 하지 않았을 것이다. 이러한 사람들은 이치에 밝은 자가 드물고, 옛사람의 한 가지 절개나 일을 취하여 오로지

---

60) 구함에……있다 : ≪孟子≫ 〈盡心 上〉에 孟子가 말하기를 "구하면 얻고 버리면 잃으니, 이런 구함은 얻음에 유익함이 있으니, 자신에게 있는 것을 구하기 때문이다. 구함에 道가 있고, 얻음에 命이 있으니, 이런 구함은 얻음에 유익함이 없으니, 밖에 있는 것을 구하기 때문이다.〔求則得之 舍則失之 是求有益於得也 求在我者也 求之有道 得之有命 是求無益於得也 求在外者也〕"라고 하였다.

그것만을 행하는 자가 많다. 맹자는 '堯임금이 입던 옷을 입고, 요임금의 행실을 행한다.'[61]라고 하였으며, 옛사람 중에는 한 사람의 의롭지 못한 이를 죽여[62] 천하를 얻더라도 그런 일을 하지 않는 이가 있었으니,[63] 나 또한 한 사람의 의롭지 못한 이를 죽여 천하를 얻더라도 그런 일을 하지 않겠으며, 옛사람 중에는 고상하게 세상을 피해 숨어 벼슬길에 나아가려 하지 않는 이가 있었으니, 나 또한 고상하게 세상을 피해 숨어 벼슬길에 나아가지 않겠다고 하니, 이러한 것들은 前人이 한 것을 모방하는 것일 뿐이요, 道에 대해 자득함이 적다. 이 때문에 東漢 시대에는 名分과 節義를 숭상하여 죽더라도 후회하지 않는 자가 있었으니, 道를 알지 못한 것이다."

問호되 前世所謂隱者는 或守一節하고 或敦一行이라 然이나 不知케라 有知道否잇가 曰 若知道면 則不肯守一節一行也라 如此等人은 鮮明理요 多取古人一節事專行之라 孟子曰 服堯之服하며 行堯之行이라하고 古人而殺一不義하여 雖得天下라도 不爲하니 則我亦殺一不義하여 雖得天下라도 不爲라하며 古人有高尙隱逸不肯就仕하니 則我亦高尙隱逸不仕라하니 如此等은 則放效前人所爲耳요 於道에 鮮自得也라 是以로 東漢尙名節하여 有雖殺身不悔者하니 只爲不知道也라

57. 선생에게 물었다.

"方外之士 중에는 누가 자기를 만나러 오려 하면 그 사실을 먼저 아는 자가 있다고 하니, 그런 일이 있습니까?"

선생이 말하였다.

"있다. 예전에 嵩山의 董五經[64]을 보니 능히 이와 같았다."

선생에게 물었다.

---

61) 堯임금이……행한다 : ≪孟子≫ 〈告子 下〉에 "그대가 堯임금이 입던 옷을 입으며, 요임금의 말씀을 외우며, 요임금의 행실을 행한다면 요임금일 뿐이다.〔子服堯之服 誦堯之言 行堯之行 是堯而已矣〕"라고 하였다.

62) 한……죽여 : ≪孟子≫에는 '殺一不辜'라고 하였는데, 여기에는 '殺一不義'로 되어 있다.

63) 옛사람……있었으니 : ≪孟子≫ 〈公孫丑 上〉에서 孟子가 伯夷·伊尹과 孔子의 같은 점에 대해 말하기를 "百里 되는 땅을 얻어서 임금 노릇을 하면 모두 제후들에게 조회를 받고 천하를 소유할 수 있을 것이지만, 한 가지 일이라도 不義를 행하며, 한 사람이라도 죄 없는 이를 죽여서 천하를 얻는 일은 모두 하시지 않을 것이니, 이 점은 같다.〔得百里之地而君之 皆能以朝諸侯有天下 行一不義 殺一不辜而得天下 皆不爲也 是則同〕"라고 한 데서 나왔다.

64) 董五經 : 嵩山에 살던 隱者로, 程頤가 그의 명성을 듣고 찾아간 적이 있다.

"어찌하여 그렇게 할 수 있습니까?"

선생이 말하였다.

"마음이 고요해서이니, 마음이 고요한 뒤에는 능히 비추어 본다."

또 물었다.

"聖人도 그렇게 하려 하였습니까?"

선생이 말하였다.

"하필 聖賢을 말하는가. 가령 釋氏 중 조금이라도 道理에 가까운 자라면 곧 그런 짓을 하려 하지 않을 것이다. 승려들도 오히려 하려 하지 않는데, 하물며 성인이 하려 하겠는가."

問호되 方外之士에 有人來看他하여 能先知者니 有諸잇가① 曰 有之라 向見嵩山董五經하니 能如此라 問호되 何以能爾잇가 曰 只是心靜이니 靜而後能照라 又問호되 聖人肯爲否잇가 曰 何必聖賢이리오 使釋氏稍近道理者면 便不肯爲라② 釋子猶不肯爲한대 況聖人乎아

① 인하여 王子眞의 일을 물었다. 陳本의 注에 "伊川이 하루는 嵩山에 들어갔는데, 王佺이 이미 소나무 아래에서 기다리고 있었다. 어떻게 알았냐고 묻자, '작년에 이미 소식이 있었습니다.'라고 하였다. 선생은 1년 전에 일찍이 숭산에 가고자 하였으나 일 때문에 가지 못하였다."라고 하였다.

因問王子眞事. 陳本注云 "伊川一日入嵩山, 王佺已候於松下. 問何以知之, 曰 '去年已有消息來矣.' 蓋先生前一年嘗欲往, 以事而止."

② 釋氏가 항상 말하기를 "암자 안에 앉아서 암자 밖의 일을 보니, 野狐精[65]이 아니겠는가."라고 하였다.

釋氏常言 "庵中坐, 却見庵外事, 莫是野狐精."

58. 선생에게 물었다.

"神仙의 설이 있습니까?"

선생이 말하였다.

"어떠한지 모르겠다. 대낮에 하늘로 날아오른다고 하는 부류는 없으나, 山林에 살면서 형체를 보존하고 기운을 단련하여 나이를 연장하고 수명을 더한다고 하는 경우는 있

---

65) 野狐精 : 불교에서 나온 말로, 여우의 정령을 가리킨다. 여우가 변화하여 사람을 속인다는 뜻에서, 見性悟道했다고 자칭하여 남을 속이는 승려를 비유한 말로 쓰인다.

다. 비유컨대 화로 하나를 바람 속에 두면 바람이 통하기가 쉽지만 밀실에 두면 바람이 통하기가 어려운 것과 같으니, 이러한 이치가 있다."

또 물었다.

"≪楊子(法言)≫에 '聖人은 仙人을 스승으로 삼지 않았으니, 그 방술이 다르기 때문이다.'[66]라고 하였는데, 성인도 이런 일을 할 수 있었습니까?"

선생이 말하였다.

"이는 天地 사이의 한 賊이다. 만약 造化의 기틀을 훔치지 않는다면 어찌 나이를 연장할 수 있겠는가. 만일 성인이 그런 일을 하려 하였다면 周公과 孔子가 그렇게 한 지 오래되었을 것이다."

問호되 神仙之說이 有諸잇가 曰 不知如何라 若說白日飛昇之類則無어니와 若言居山林間하여 保形鍊氣하여 以延年益壽則有之라 譬如一爐火를 置之風中이면 則易(이)過어니와 置之密室이면 則難過하니 有此理也라 又問호되 楊子言聖人不師仙하니 厥術異也라하니 聖人能爲此等事否잇가 曰 此是天地間一賊이라 若非竊造化之機면 安能延年이리오 使聖人肯爲인댄 周孔爲之가 久矣라

59. 선생에게 물었다.

"外物을 미워하는 것은 어떻습니까?"

선생이 말하였다.

"이는 道를 아는 것이 아니다. 외물을 어찌 미워할 수 있겠는가. 釋氏의 학문이 곧 이와 같다. 석씨는 일을 물리치고 이 일은 있어야 하는지 없어야 하는지를 묻지 않으려 한다. 만약 있어야 하는 일이라면 또한 어찌 물리칠 수 있겠으며, 만약 없어야 하는 일이라면 자연히 없어질 것이니, 다시 무엇을 물리칠 것인가? 저 方外者들은 구차하게 靜에 힘써 山林 사이로 자취를 멀리 감추니, 이는 이치가 밝은 사람이 아니다. 세상 사람들이 지금 그들을 고상하게 여기는 것은 미혹된 것이다."

問호되 惡(오)外物은 如何잇가 曰 是不知道者也라 物安可惡리오 釋氏之學이 便如此라 釋氏는 要

---

66) 聖人은……때문이다 : ≪法言≫ 〈君子〉에 "혹자가 말하기를 '聖人은 仙人을 스승으로 삼지 않았으니, 그 방술이 다르기 때문이다. 성인은 천하에 있어서 한 사물의 이치를 더 알지 못하는 것을 부끄러워하나, 선인은 천하에 있어서 하루를 더 살지 못하는 것을 부끄러워한다.〔聖人不師仙 厥術異也 聖人之於天下 恥一物之不知 仙人之於天下 恥一日之不生〕'라고 하자, 楊子가 말하기를 "삶이여! 삶이여! 명칭은 삶이나 실제로는 죽은 것이다.〔生乎生乎 名生而實死也〕"라고 하였다.

屛事하고 不問這事是合有邪合無邪라 若是合有면 又安可屛이며 若是合無면 自然無了니 更屛什麽아 彼方外者는 苟且務靜하여 乃遠迹山林之間하니 蓋非理明者也라 世方以爲高는 惑矣라

60. 불가에는 가정을 벗어나고 세상을 벗어난다는 설이 있다. 가정은 본래 벗어날 수 없는 것이지만, 그들이 자기 아버지를 아버지로 여기지 않고 어머니를 어머니로 여기지 않는 짓을 하여 스스로 달아나기 때문에 참으로 가정을 벗어나는 일이 가능하다. 그러나 세상을 어떻게 벗어날 수 있겠는가. 세상을 벗어난다고 말하면 오직 皇天을 머리에 이지 않고 后土를 발로 밟지 않아야 비로소 가능하다. 그러나 그들 또한 목이 마르면 물을 마시고 배가 고프면 음식을 먹으며, 하늘을 이고 땅을 밟는다.

釋氏有出家出世之說이라 家本不可出이어늘 却爲他不父其父하고 不母其母하여 自逃去하니 固可也라 至於世면 則怎生出得이리오 旣道出世인댄 除是不戴皇天하고 不履后土라야 始得이라 然又却渴飮而饑食하고 戴天而履地라

61. 선생에게 물었다.

"제가 일찍이 ≪華嚴經≫을 읽었는데, 第一의 眞空絶相觀과 第二의 事理無礙觀과 第三의 事事無礙觀[67]은 비유컨대 거울이나 등불 등이 온갖 형상을 포함하여 다함이 없는 것과 같으니, 이 이치는 어떻습니까?"

선생이 말하였다.

"이는 단지 釋氏가 엄폐하려는 것이니, 한 마디 말로써 포괄하면 '온갖 이치는 하나의 이치로 귀결된다.'라는 말에 지나지 않는다."

또 물었다.

"그 설을 논파할 방법을 모르겠습니다."

선생이 말하였다.

"또한 그 설이 옳지 않다고 말할 수 없다. 百家의 諸子들은 저마다 仁을 담론하고 義를 담론하였지만, 그들이 귀의한 곳이 옳지 않았기 때문에 자연히 사사로워진 것이다. 生死를 輪回한다는 설은 석씨의 말이 잘 둘러댄 것이지만, 조금 그들을 궁색하게 하면

---

67) 第一의……事事無礙觀 : ≪華嚴經≫에서 말하는 華嚴法界三觀으로 眞空絶相觀은 理法界, 理事無礙觀은 理事無礙法界, 周遍含容觀은 事事無礙法界라고 한다.

그들은 바로 '우리는 이런 말을 하지 않는다.'라고 하는데, 결국 책에 그런 설이 쓰여 있으니 어디로 달아나겠는가. 또 그들의 淺近한 점을 지적하면 하나의 부적이나 향을 태우면서 '우리에게는 무궁한 福利가 있다.'라고 말하니, 이런 마음을 품고서 어찌 神明을 섬기겠는가."

問호되 某嘗讀華嚴經한대 第一眞空絶相觀과 第二事理無礙觀과 第三事事無礙觀은 譬如鏡燈之類가 包含萬象하여 無有窮盡하니 此理는 如何잇가 曰 只爲釋氏要周遮하니 一言以蔽之면 不過曰萬理歸於一理也라 又問호되 未知所以破佗處라 曰 亦未得道他不是라 百家諸子箇箇談仁談義나 只爲他歸宿處不是하여 只是箇自私라 爲輪回生死는 却爲釋氏之辭善遁이나 纔窮著他면 便道我不爲這箇하되 到了寫在策子上하니 怎生遁이리오 且指他淺近處면 只燒一文香하고 便道我有無窮福利하니 懷却這箇心하고 怎生事神明이리오

62. 釋氏가 成住壞空68)을 말한 것은 道를 알지 못해서이다. 오직 成과 壞만 있고, 住와 空은 없으니, 또한 草木이 처음 생겨나 성장하고 생명이 다하면 곧 시들어 죽는 것과 같다. 그들은 그 설로써 '나무가 생겨나서 생장함이 충분하면 스스로 머문 뒤에 점점 시들어 죽는 것과 같다.'라고 말한다. 천하의 만물 중에 머무름이 있는 것은 없다. 어린아이가 한 번 태어나 하루를 자라면 곧 하루가 줄어드는 것이니, 어찌 일찍이 머물 수 있겠는가. 그러나 氣體가 날마다 점점 장대해지면 자라는 것은 절로 자라고, 줄어드는 것은 절로 줄어들어 서로 간여하지 않는다.

釋氏言成住壞空은 便是不知道라 只有成壞요 無住空이니 且如草木初生旣成하고 生盡便枯壞也라 他以謂如木之生에 生長旣足이어든 却自住하고 然後却漸漸毁壞라 天下之物에 無有住者라 嬰兒一生에 長一日이면 便是減一日이니 何嘗得住리오 然而氣體日漸長大어든 長的自長하고 減的自減하여 自不相干也라

63. 선생에게 釋氏의 理障說69)을 묻자, 선생이 말하였다.

---

68) 成住壞空 : 불교에서 말하는 세계가 변화하는 4단계로, 四大劫이라고도 한다. 세계가 처음 생겨나는 시기를 成劫, 세계가 존재하는 시기를 住劫, 三千世界가 파괴되는 시기를 壞劫, 텅 비어 아무것도 없는 시기를 空劫이라고 하는데, 이 네 단계가 서로 윤회한다고 한다.

69) 理障說 : 사악한 견해 등이 眞知・眞見을 가린다는 설이다. ≪圓覺經≫에 "무엇을 二障이라 하는가?

"석씨에게 이 설이 있으니, '이미 이 이치를 밝히고, 또 이 이치를 잡아서 지키기 때문에 장애가 되는 것이다.'라고 하였다. 이는 '理'자를 잘못 본 것이다. 天下에는 단지 하나의 이치가 있으니, 이 이치를 밝히면 다시 무슨 장애가 있겠는가. 만약 理를 장애라고 여긴다면, 이는 나와 理가 둘이 되는 것이다."

問釋氏理障之說한대 曰 釋氏有此說하니 謂旣明此理하고 而又執持是理라 故로 爲障이라 此는 錯看了理字也라 天下只有一箇理니 旣明此理면 夫復何障이리오 若以理爲障이면 則是己與理爲二라

64. 오늘날 禪學을 배우는 자들은 평소 性命을 고상하게 담론할 적에 말이 세상사에 이르러서는 종종 전혀 사리에 밝지 못한 자가 있으니, 이는 실제로 터득한 바가 없기 때문이다.

今之學禪者는 平居高談性命之際에 至於世事하얀 往往直有都不曉者하니 此只是實無所得也일새라

65. 선생에게 물었다.

"釋氏에게 '하룻밤에 깨달았다.', '말하자마자 깨달았다.'라는 설이 있는 것은 어떻습니까?"

선생이 말하였다.

"하필 浮圖의 설을 말하는가. 孟子가 일찍이 '覺'자를 말하였다. '먼저 안 사람으로 하여금 늦게 아는 사람을 깨우치게 하며, 먼저 깨달은 사람으로 하여금 뒤늦게 깨닫는 사람을 깨우치게 한다.'70)라고 하였으니, 안다는 것은 이 일을 아는 것이고, 깨우친다는 것은 이치를 깨우치는 것이다. 옛사람이 말하기를 '그대와 함께 하룻밤 이야기를 하는

하나는 理障이니 바른 知見을 막는 것이고, 둘은 事障이니 모든 生死를 지속하는 것이다.〔云何二障 一者理障 礙正知見 二者事障 續諸生死〕"라고 하였다.

70) 먼저……한다 : ≪孟子≫ 〈萬章 上〉에 "하늘이 이 사람을 낳은 것은 먼저 안 사람으로 하여금 늦게 아는 사람을 깨우치게 하며, 먼저 깨달은 사람으로 하여금 뒤늦게 깨닫는 사람을 깨우치게 한 것이다. 나는 하늘이 낸 사람 중에 먼저 깨달은 자이니, 내 장차 이 道로써 이 사람들을 깨우치게 할 것이니, 내가 이들을 깨우쳐주지 않으면 누가 하겠는가.〔天之生此民也 使先知覺後知 使先覺覺後覺也 予天民之先覺者也 予將以斯道覺斯民也 非予覺之而誰也〕"라고 한 데서 나왔다.

것이 10년 동안 독서한 것보다 낫다.'라고 하였으니, 만약 말하자마자 곧 깨우친다면 어찌 10년 동안 독서한 것보다 나을 뿐이겠는가."

問호되 釋氏有一宿覺言下覺之說은 如何잇가 曰 何必浮圖리오 孟子嘗言覺字矣라 曰 以先知로 覺後知하며 以先覺으로 覺後覺이라하니 知是知此事요 覺是覺於理라 古人云 共君一夜話가 勝讀十年書라하니 若於言下卽悟면 何啻讀十年書리오

66. 선생에게 물었다.

"明道先生이 '예전에 남을 미혹시키는 설은 그의 혼미함을 이용하였으나, 요즘 남을 끌어들이는 설은 그의 고명함을 인한다.'라고 하였습니다. 이미 고명하다면 또 어찌 미혹되는 것입니까?"

선생이 말하였다.

"지금의 釋氏를 배우는 자들은 대부분 고명한 사람이니, 이른바 '지혜로운 자는 중도에서 지나치다.'71)라는 것이다. 그러나 이른바 고명하다는 것은 ≪中庸≫에서 말한 '고명함을 지극히 한다.'72)라는 것이 아니다. 만약 '지혜로운 자는 중도에서 지나치다.'라는 것이 聖人의 지혜와 같다면 어찌 다시 지나침이 있겠는가."

問호되 明道先生云 昔之惑人也는 乘其迷暗하고 今之入人也는 因其高明이라 旣曰高明한대 又何惑乎잇가 曰 今之學釋氏者는 往往皆高明之人이니 所謂知者過之也라 然所謂高明은 非中庸所謂極高明이라 如知者過之가 若是聖人之知면 豈更有過리오

67. 선생에게 물었다.

"세상의 배우는 자들이 禪學으로 많이 들어가는 것은 어째서입니까?"

선생이 말하였다.

"요즘 사람들은 배우지 않으면 모르겠지만, 만약 배운다면 禪學으로 귀의하지 않는

---

71) 지혜로운……지나치다 : ≪中庸≫에 보인다.

72) 고명함을……한다 : ≪中庸≫에 "그러므로 君子는 德性을 드높이면서 問學을 말미암는다. 그러니 덕성은 광대하게 하기를 극진히 하고서 지식은 정미하게 하기를 극진히 하며, 덕성은 고명하게 하기를 지극히 하고서 지식은 中庸을 말미암으며, 이미 알고 있는 것을 익숙히 하고서 새로운 지식을 알아 나가며, 이미 능히 할 수 있는 것을 돈독히 하고서 아직까지 제대로 삼가지 못한 예를 숭상해 나간다.〔故君子尊德性而道問學 致廣大而盡精微 極高明而道中庸 溫故而知新 敦厚以崇禮〕"라고 하였다.

이가 없다. 그들이 道를 구할 적에 아직 터득한 바가 없고 사색이 곤궁하여, 관대하고 광박한 곳을 언뜻 보고서 그들 마음이 곧 그곳을 편안하게 여기기 때문이다."

"이런 사람은 되돌릴 수 있습니까?"

"깊이 굳어진 자는 되돌리기 어렵다."

問호되 世之學者가 多入於禪은 何也잇고 曰 今人不學則已요 如學焉이어든 未有不歸於禪也라 却爲佗求道할새 未有所得하고 思索旣窮하여 乍見寬廣處하고 其心便安於此라 曰 是可反否잇가 曰 深固者는 難反이라

68. 선생에게 물었다.

"〈西銘〉은 어떻습니까?"

선생이 말하였다.

"이것은 橫渠(張載)의 글 중 순수한 것이다."

"그 설을 확충하여 극진해지면 어떠합니까?"

"聖人의 경지이다."

"횡거는 능히 확충하여 극진히 하였습니까?"

張載

"말에는 여러 가지가 있으니, 德이 있는 말이 있고, 道에 나아가는 말이 있다. 덕이 있는 말은 자기의 일을 말하니, 성인이 성인의 일을 말하는 것과 같다. 도에 나아가는 말은 지혜가 이것을 알기에 충분하니, 賢人이 성인의 일을 말하는 것과 같다. 횡거는 도가 참으로 높고 말이 참으로 순정하니, 孟子 이후의 儒者들 중에 그와 같은 식견을 가진 자는 아무도 없다."

問호되 西銘은 何如잇가 曰 此는 橫渠文之粹者也라 曰 充得盡時엔 如何잇가 曰 聖人也라 橫渠能充盡否잇가 曰 言有多端하니 有有德之言이요 有造道之言이라 有德之言은 說自己事하니 如聖人言聖人事也라 造道之言은 則知足以知此하니 如賢人說聖人事也라 橫渠는 道儘高하고 言儘醇하니 自孟子後儒者에 都無佗見識이라

69. 선생에게 물었다.

"橫渠(張載)의 글은 박절한 곳이 있습니까?"

선생이 말하였다.

"子厚(張載)는 근엄하니, 근엄하게 되면 곧 박절한 기상이 있어 너그러운 기운이 없다. 孟子는 너그러웠으나, 다만 중간에 약간의 英氣가 있었다. 英氣가 있게 되면 곧 圭角이 있으며, 英氣가 심하면 일을 해친다. 顔子 같은 경우는 渾厚하여 이와 같지 않았으니, 안자는 聖人과의 거리가 단지 털끝만큼의 사이였다. 맹자는 大賢이니, 亞聖의 다음이었다."

혹자가 물었다.

"氣象은 어디에서 볼 수 있습니까?"

선생이 말하였다.

"단지 孔子의 말씀73)으로 비교하면 곧 볼 수 있다. 예컨대 얼음과 수정이 빛나지 않는 것은 아니지만, 옥에 비교하면 옥은 자연히 온화하고 윤택하며 함축하는 기상이 있고, 허다한 광채는 없다."

問호되 橫渠之書는 有迫切處否잇가 曰 子厚謹嚴하니 纔謹嚴이면 便有迫切氣象하여 無寬舒之氣라 孟子却寬舒나 只是中間有些英氣라 纔有英氣면 便有圭角이요 英氣甚이면 害事라 如顔子는 便渾厚不同하니 顔子去聖人은 只毫髮之間이라 孟子大賢이니 亞聖之次也라 或問 氣象於甚處見이니잇가 曰 但以孔子之言比之면 便見이라 如氷與水精이 非不光이나 比之玉하면 自是有溫潤含蓄氣象이요 無許多光耀也라

70. 선생에게 물었다.

"邵堯夫(邵雍)는 능히 運數를 미루어 생물의 수명의 長短과 始終을 알았으니, 이러한 이치가 있습니까?"

선생이 말하였다.

"참으로 그러한 점이 있다."

또 물었다.

---

73) 孔子의 말씀 : ≪禮記≫ 〈聘義〉에 "옛날 君子는 玉에 비유했으니, 온화하고 윤택하며 광택이 있는 것이 仁이다.〔夫昔者 君子比德於玉焉 溫潤而澤 仁也〕"라고 하였다.

"혹자가 '사람은 단지 120세의 수명을 얻는다.'라고 말하니, 그러합니까?"

선생이 말하였다.

"참으로 그러하나, 이 또한 대강의 숫자이니 반드시 이와 같지는 않다. '말과 소는 60년을 타고나고, 고양이와 개는 12년을 타고나고, 제비와 참새는 6년을 타고난다.'는 유형에는 또한 過·不及이 있다."

또 물었다.

"形色을 관찰하는 것입니까? 태어난 날짜로 미루어 고찰하는 것입니까?"

선생이 말하였다.

"형색 또한 관찰할 수 있으나, 모름지기 數法에 정밀해야 바야흐로 징험할 수 있다."

問호되 邵堯夫는 能推數하여 見物壽長短始終하니 有此理否잇가 曰 固有之라 又問호되 或言人但壽得一百二十數라하니 是否잇가 曰 固是나 此亦是大綱數니 不必如此라 馬牛得六十①하고 貓犬得十二하고 燕雀得六年之類엔 蓋亦有過不及이라 又問호되 還察形色이니잇가 還以生下日數推考잇가 曰 形色亦可察이나 須精方驗이라

① ≪皇極經世≫를 살펴보니, '三十'이 되어야 한다.
按皇極經世, 當作三十.

71. 邵堯夫(邵雍)의 數法은 李挺之(李之才)에게서 나왔는데, 요부에 이르러서 數를 미루어 바야흐로 이치에 미쳤다.

邵堯夫數法은 出於李挺之한대 至堯夫하여 推數方及理라

72. 邵堯夫(邵雍)는 임종할 적에 농담만 하다가 홀연히 세상을 떠났다. 聖人을 기준으로 보면 또한 옳지 않으니, 의도를 가졌기 때문이다. 그러나 평범한 사람에 비교하면 현격히 다르다. 그의 병이 매우 심할 적에 내가 가서 살펴보고 경계하여 말하기를 "堯夫께서 평생 배운 것은 오늘 무사합니까?"라고 하였는데, 그의 기운이 미약하여 능히 답하지 못하였다. 다음 날 그를 만났는데, 실낱같은 목소리로 크게 답하기를 "그대가 생강이 나무 위에서 난다고 말하면, 나는 또한 그대의 설을 따를 것이네."라고 하였다. 이때 여러 공들이 모두 대청 위에서 뒷일을 의논하였는데, 모두 城中으로 옮겨 장사 지내고자 하였다. 요부가 방에서 그 말을 듣고 사람을 시켜 장남을 불러 말하기를 "나를 성

중으로 옮겨서 장사 지낼 수 없다."라고 하자, 중론이 비로소 정해졌다. 또 여러 공들이 그에게 시끄러울까 염려하여 전부 밖으로 나가 이야기를 하였는데, 그는 모두 들을 수 있었다. 다른 사람의 입장에서 그를 보면 괴이하게 여길 것이지만, 이는 단지 마음이 텅 비어 있고 밝기 때문에 들을 수 있었던 것이다.

선생에게 물었다.

"堯夫가 병들지 않았을 적에는 이와 같지 않았으니, 어째서입니까?"

선생이 말하였다.

"이는 단지 병든 후에 氣가 장차 끊어지려 한 것일 뿐이다. 마음에 염려가 없어 혼매하지 않으면 이와 같이 된다."

또 물었다.

"釋氏는 임종할 적에 또한 죽을 것을 미리 알았으니, 어째서입니까?"

선생이 말하였다.

"단지 하나의 不動心일 뿐이다. 석씨는 평생 이런 일을 배워서 이것을 가지고 한 건의 큰일로 삼았다. 배우는 자는 그를 배울 필요가 없으니, 단지 이치를 밝힘이 밝으면 저절로 그렇게 할 수 있다. 소요부의 일은 그가 자연스레 이와 같았던 것이니, 어찌 일찍이 배운 것이겠는가. 孔子가 말하기를 '삶에 대해 모르면 어찌 죽음을 알겠는가.'[74]라고 하였다. 사람들은 대부분 공자가 子路에게 그 이치를 알려주지 않은 것이라고 말하지만, 이는 곧 그에게 깊이 알려준 것이다. 또 '시작을 근원하여 끝을 돌이켜 구한다. 그러므로 死生의 설을 안다.'[75]라고 하였으니, 사람이 능히 시작을 근원하면 삶의 이치를 알 수 있고, 다시 능히 끝을 돌이켜 구하면 죽음의 이치를 알 수 있다. 만약 이치를 밝히지 못한다면 비록 만 가지로 안배하더라도 일을 이룰 수 없다."

邵堯夫는 臨終時에 只是諧謔이라가 須臾而去라 以聖人으로 觀之면 則亦未是니 蓋猶有意也라 比之常人하면 甚懸絶矣라 他疾甚革할새 某往視之하고 因警之曰 堯夫平日所學은 今日無事否아한대 他氣微不能答이라 次日見之하니 却有聲如絲髮來하여 大答云 你道生姜樹上生이어든 我亦只得依

74) 삶에……알겠는가 : 季路가 鬼神 섬기는 것에 대해 묻자, 孔子가 말하기를 "사람을 제대로 섬기지 못하면 어찌 귀신을 제대로 섬기겠는가.〔未能事人 焉能事鬼〕"라고 하였다. 다시 죽음에 관해 묻자, 공자가 말하기를 "삶에 대해 모르면 어찌 죽음을 알겠는가.〔未知生 焉知死〕"라고 하였다.(≪論語≫ 〈先進〉)

75) 시작을……안다 : ≪周易≫ 〈繫辭傳 上〉에 보인다.

你說이라 是時에 諸公都在廳上議後事한대 各欲遷葬城中[①]이라 佗在房間便聞得하고 令人喚大郎來云 不得遷葬이라하니 衆議始定이라 又諸公恐喧他하여 盡出外說話한대 佗皆聞得[②]이라 以他人으로 觀之면 便以爲怪나 此只是心虛而明이라 故로 聽得이라 問曰 堯夫未病時엔 不如此하니 何也잇가 曰 此只是病後氣將絶이라 心無念慮하여 不昏이면 便如此라 又問호되 釋氏臨終할새 亦先知死하니 何也잇가 曰 只是一箇不動心이라 釋氏는 平生只學這箇事하여 將這箇做一件大事라 學者不必學他니 但燭理明이면 自能之라 只如邵堯夫事는 佗自如此니 亦豈嘗學也리오 孔子曰 未知生인대 焉知死리오 人多言孔子不告子路나 此乃深告之也라 又曰 原始要終이라 故로 知死生之說이라하니 人能原始면 知得生理[③]하고 更能要終이면 知得死理[④]라 若不明得이면 便雖萬般安排著이라도 亦不濟事라

① 堯夫는 이미 스스로 무덤을 만들었다.
堯夫已自爲塋.

② 한 사람이 말하기를 "이러이러한 새 소식이 있습니다."라고 하자, 堯夫가 무슨 일이 있는지 물었다. 이러이러한 일이 있다고 말하자, 요부가 말하기를 "나는 장차 수습되어 幽州로 돌아갈 것이다."라고 하였다.
一人云 "有新報云云" 堯夫問有甚事. 曰有某事, 堯夫曰 "我將爲收拾却幽州也."

③ 〈生理는〉 어떤 판본에는 '所以生'으로 되어 있다.
一作所以生.

④ 〈死理는〉 어떤 판본에는 '所以死'로 되어 있다.
一作所以死.

73. 張子厚(張載)가 禮官을 그만두었는데, 돌아가는 길에 洛陽을 지나 서로 만나보았다. 내가 물었다.

"禮院에 있을 적에 무슨 일을 하였습니까?"

그가 말하였다.

"대부분 禮房의 檢正官에게 빼앗겼으니, 단지 몇 개의 謚號와 龍女의 衣冠을 정했을 뿐입니다."

내가 물었다.

"龍女의 의관을 어떻게 정했습니까?"

그가 말하였다.

"品秩에 의거할 것을 청하였습니다."

"만약 제가 이 일을 맡았다면, 반드시 그렇게 처리하지 않았을 것입니다."

"어떻게 처리하셨겠습니까?"

"저는 마땅히 분별하여 '大河를 막은 것은 天地의 신령스러움과 宗廟의 도움과 社稷의 복록과 관리와 병졸의 공로에 의한 것이니, 물속의 짐승에게 功을 돌려서는 안 됩니다. 龍은 짐승이니, 사람의 의관을 입힐 수 없습니다.'라고 말했을 것입니다."

자후가 옳다고 여겼다.

張子厚가 罷禮官한대 歸過洛陽相見이라 某問云 在禮院할새 有甚職事잇고 曰 多爲禮房檢正所奪하니 只定得數箇諡와 幷龍女衣冠이라 問호되 如何定龍女衣冠고 曰 請依品秩이라 曰 若使某當是事면 必不如此處置라 曰 如之何오 曰 某當辨云 大河之塞은 天地之靈과 宗廟之祐와 社稷之福과 與吏士之功이니 不當歸功水獸라 龍은 獸也니 不可衣人衣冠이라 子厚以爲然이라

74. 선생에게 물었다.

"荊公(王安石)은 임금의 신뢰를 얻었다고 할 수 있습니까?"

선생이 말하였다.

"후세 사람들이 그가 임금의 신뢰를 얻었다고 말하는 것은 괜찮다. 그러나 형공의 지혜와 식견은 또한 저절로 알 수 있다. 예컨대 表文에 '충심은 성상에게 신뢰받기에 부족했기 때문에 일은 반드시 스스로 밝히기를 기다렸고, 지혜는 간사함을 깨뜨리기에 부족했기 때문에 사람들이 그와 더불어 적이 되었다.'라고 하였는데, '지혜가 간사함을 깨뜨리지 못했다.'라는 것은 그렇지 않다. 그러나 만약 군신 간에 깊이 서로를 알았다면 어찌 일마다 분변하고 밝히기를 기다리겠는가. 이 한 가지 일만 거론해도 곧 그 점을 알 수 있다."

"형공이 '성상께서 아시게 하지 말라.'라고 했다는 것은 사실입니까?"

"그가 당시 무슨 일로 인해 이런 말을 하였는지

王安石

를 살펴보아야 한다. 예컨대 이 일을 하는 것이 어떠해야 하는지를 다시 자세히 살펴야 할 경우, 성상께서 그 일을 아시게 하려 하지 않는다. 또 어떤 일을 아뢸 적에 매우 적절하지 않아 다시 어떻게 할 것인지 헤아리고 살펴야 하는 경우, 지금은 우선 성상께서 아시게 하지 말라고 한다. 만약 이런 부류라면 임금을 속이는 것이 되지 않는다. 모든 일은 始末이 보이지 않으면 다시 자세하게 살펴 반복해서 끝까지 미루어 나가야 옳다."

問호되 荊公은 可謂得君乎잇가 曰 後世謂之得君은 可也라 然荊公之智識은 亦自能知得이라 如表云 忠不足以信上이라 故로 事必待於自明하고 智不足以破姦이라 故로 人與之爲敵이라한대 智不破姦은 此則未然이라 若君臣深相知면 何待事事使之辨明也리오 擧此一事면 便可見이라 曰 荊公勿使上知之語는 信乎잇가 曰 須看他當時因甚事說此話라 且如作此事當如何를 更須詳審은 未要令上知之라 又如說一事할새 未甚切當하여 更須如何商量體察은 今且勿令上知라 若此類면 不成是欺君也라 凡事未見始末이면 更切子細하여 反復推究라야 方可라

75. 사람에게 깨어남과 잠듦이 있는 것은 하늘에 낮과 밤이 있는 것과 같다. 陰陽과 動靜은 열리고 닫히는 이치이다. 깨어나고 잠듦은 모름지기 陰陽을 좇아야 비로소 이루어진다.

선생에게 물었다.

"사람이 잠드는 것은 어째서입니까?"

선생이 말하였다.

"사람이 잘 때 血氣가 모두 안으로 모이니, 피가 간으로 돌아가는 유형과 같다."

人之有寤寐는 猶天之有晝夜라 陰陽動靜은 開闔之理也라 如寤寐는 須順陰陽이라야 始得이라 問호되 人之寐는 何也잇가 曰 人寐時에 血氣皆聚於內하니 如血歸肝之類라①

① 요즘 사람 중에 잠을 자지 않는 자는 肝을 많이 손상시킨다.
今人不睡者多損肝.

76. 선생에게 물었다.

"魂과 魄은 무엇입니까?"

선생이 말하였다.

"魂은 陽이고, 魄은 陰이다. 魂氣는 하늘로 돌아가고, 體魄은 땅으로 돌아간다는 것이

이것이다. 道家에서 말하는 三魂七魄[76]의 설은 망령될 뿐이다."

問호되 魂魄은 何也잇가 曰 魂은 只是陽이요 魄은 只是陰이라 魂氣는 歸於天하고 體魄은 歸於地가 是也라 如道家三魂七魄之說은 妄爾라

77. 혹자가 말하였다.

"전하는 기록에, 태곳적에는 소의 머리에 뱀의 몸을 가진 사람이 있었다고 하는데,[77] 이러한 이치는 없지 않습니까?"

선생이 말하였다.

"참으로 그러하다. 이미 그가 사람이라면 어찌 이런 일이 있겠는가? 단지 새의 부리나 혹 소의 머리를 닮은 자가 있었을 따름이니, ≪荀子≫에 그가 말한 것이 있다."[78]

선생에게 물었다.

"태곳적에는 사람이 동물과 함께 살았습니까?"

선생이 말하였다.

"함께 살았다."

"순수한 氣는 사람이 되고, 번잡한 氣는 벌레가 되는 것이 아닙니까?"

"그러하다. 사람은 五行의 빼어난 氣이니, 이는 天地의 청명하고 순수한 기운이 낳은 것이다."

혹자가 말하였다.

"사람이 처음 태어날 적에는 氣로써 생겨난 것입니까?"

선생이 말하였다.

"이는 반드시 이치를 밝혀야 하니, 차근차근 논해야 한다. 예컨대 바다 위에 홀연히 한 모래섬이 드러나면 곧 초목이 생겨난다. 흙이 있어서 초목을 자라게 하는 것은 괴이

76) 三魂七魄 : 三魂은 사람의 체내에 있는 세 가지 精魂으로, 胎光·爽靈·幽精이다. 七魄은 사람의 체내에 있는 일곱 가지 魂魄으로, 尸狗·伏矢·雀陰·呑賊·非毒·除穢·臭肺이다.(≪雲笈七籤≫)

77) 태곳적에는……하는데 : ≪列子≫ 〈黃帝〉에 "庖犧氏·女媧氏·神農氏·夏后氏는 뱀의 몸과 사람의 얼굴, 소의 머리와 호랑이의 코를 하였으니, 이들은 사람의 형상이 아닌 점이 있었지만, 크게 聖한 덕이 있었다.〔庖犧氏女媧氏神農氏夏后氏 蛇身人面 牛首虎鼻 此有非人之狀 而有大聖之德〕"라고 하였다.

78) 荀子에……있다 : ≪荀子≫ 〈非相篇〉에서 여러 역사적 인물들의 기이한 외모에 대해 말한 것을 가리킨다.

할 것이 없다. 이미 초목이 있으면 자연히 금수가 거기에서 생겨난다."

혹자가 말하였다.

"선생의 어록 중에 '바다의 섬 위에 氣로써 태어난 사람이 없으리라는 것을 어찌 알겠는가?'[79]라고 한 것은 어째서입니까?"

선생이 말하였다.

"그러하다. 사람이 사는 곳과 가까운 곳에는 참으로 그런 일이 없다. 모름지기 극도로 먼 곳에 그런 일이 있을 것이나, 또한 알 수 없다."

"지금 天下에는 부모가 없는 사람이 없습니다. 옛날에는 氣로써 태어난 사람이 있었으나, 지금은 氣로써 태어난 사람이 없는 것은 어째서입니까?"

"여기에는 두 가지가 있다. 온전히 氣가 변화하여 태어나는 경우가 있으니, '썩은 풀이 반딧불이 된다.'[80]라는 것이 이것이다. 氣가 변화하는 경우는 변화해야 할 때에 이르러 저절로 변화한다. 또 氣가 변화하여 생겨난 뒤에 種子로 태어나는 경우가 있다. 예컨대 사람의 몸에 새 의복을 착용하여 며칠이 지나면 이가 옷 속에서 생겨나니, 이는 氣가 변화한 것이다. 氣가 이미 변화한 뒤에는 다시 변화하지 않으니, 곧 종자로써 생겨난다. 이러한 이치는 매우 명백하다."

혹자가 물었다.

"宋齊丘[81]의 ≪化書≫에 '감정이 없었는데 변화하여 감정이 있게 된 경우가 있고, 감정이 있었는데 변화하여 감정이 없게 된 경우가 있다. 감정이 없었는데 변화하여 감정이 있게 된 경우는 단풍나무가 변화하여 노인이 된 것과 같은 경우가 이것이다. 감정이 있었는데 변화하여 감정이 없게 된 경우는 남편을 기다리다가 변화하여 돌이 된 것과 같은 경우가 이것이다.'[82]라고 하였으니, 이 말은 어떠합니까?"

---

79) 바다의……알겠는가 : ≪遺書≫ 〈伊川先生語 一〉에 "보인다.

80) 썩은……된다 : ≪禮記≫ 〈月令〉에 "유월에는 썩은 풀이 변하여 반딧불이 된다.〔季夏之月 腐草爲螢〕"라고 하였다.

81) 宋齊丘 : 887~959. 중국 五代 때 廬陵 사람으로, 術數에 밝고 縱橫說을 좋아하였다. 南唐의 건립을 도와 左丞相에 올랐으나 실권은 잡지 못하였다. 권력과 이익을 좋아하였으며, 공을 과시하고 유능한 사람을 꺼렸다.

82) 감정이……이것이다 : ≪化書≫ 卷1 〈道化 老楓〉에 "늙은 단풍나무가 변화하여 신선이 되고, 썩은 보리가 변화하여 나비가 되니, 감정이 없는 것에서 감정이 있는 것으로 변해간 것이다. 어진 여인이 변화하여 비석이 되고 산지렁이가 변화하여 백합이 되니, 감정이 있는 것에서 감정이 없는 것으로 변해간 것이다.〔老楓化爲羽人 朽麥化爲蝴蝶 自無情而之有情也 賢女化爲貞石 山蚯化爲百合 自有情而之無

선생이 말하였다.

"이러한 이치가 없는 것은 아니나, 단풍나무가 노인이 된 것은 형상이 노인과 같다는 것이지, 어찌 곧 변화하여 노인이 되었겠는가? 시냇물 속의 매미가 변화하여 꽃이 되고, 지렁이가 변화하여 백합이 되는 것은 참으로 이러한 이치가 있다. 내가 南中에 있을 적에 다음과 같은 말을 들었다. 돌 캐는 사람이 돌을 캐다가 돌이 무너져 마침내 돌무더기 속에 갇혔는데 다행히 죽지는 않았으나 굶주림이 심하여 石膏를 가져다 먹었다. 몇 년이 지났는지도 모를 때에 다른 사람이 또 돌을 캐러 왔다가 이 사람이 돌무더기 속에 있는 것을 발견하였다. 그를 끌어내자 몸이 굳어지는 것을 점점 느꼈는데, 밖으로 나오자마자 바람에 의해 곧 변화하여 돌이 되었다고 한다. 이는 괴이할 것이 없으니, 대개 이러한 이치가 있다. 망부석이 된 것과 같은 경우는 단지 강가의 산에 사람의 형상을 한 돌이 있는 것일 뿐이다. 지금 천하의 모든 강변에 돌이 서 있는 것을 모두 망부석이라 부른다."

或曰 傳記有言하니 太古之時엔 人有牛首蛇身者하니 莫無此理否잇가 曰 固是라 旣謂之人이면 安有此等事리오 但有人形似鳥喙나 或牛首者耳니 荀子中自說이라 問호되 太古之時엔 人還與物同生否잇가 曰 同이라 莫是純氣爲人하고 繁氣爲蟲否잇가 曰 然하다 人乃五行之秀氣니 此是天地清明純粹氣所生也라 或曰 人初生時엔 還以氣化否잇가 曰 此必燭理하니 當徐論之라 且如海上에 忽露出一沙島면 便有草木生이라 有土而生草木은 不足怪라 旣有草木이면 自然禽獸生焉이라 或曰 先生語錄中云 焉知海島上無氣化之人은 如何잇가 曰 是라 近人處엔 固無라 須是極遠處有나 亦不可知라 曰 今天下엔 未有無父母之人이라 古有氣化나 今無氣化는 何也잇가 曰 有兩般이라 有全是氣化而生者니 若腐草化螢이 是也라 旣是氣化는 到合化時에 自化라 有氣化生之後而種生者라 且如人身上에 著新衣服하여 過幾日이면 便有蟣虱生其間이니 此氣化也라 氣旣化後에 更不化니 便以種生去라 此理甚明이라 或問호되 宋齊丘化書云 有無情而化爲有情者요 有有情而化爲無情者라 無情而化爲有情者는 若楓樹化爲老人이 是也라 有情而化爲無情者는 如望夫化爲石이 是也라하니 此語는 如何잇가 曰 莫無此理나 楓木爲老人은 形如老人也니 豈便變爲老人이리오 川中有蟬化爲花하고 蚯蚓化爲百合[①]은 固有此理라 某在南中時에 聞有採石人이 因採石으로 石陷하여 遂在石中한대 幸不死나 饑甚하여 只取石膏食之라 不知幾年後에 因別人復來採石으로 見此人在石中이라 引之出에 漸覺身硬이러니 纔出에 風便化爲石이라 此無可怪니 蓋有此理也라 若望夫

情也]"라고 하였다. ≪化書≫는 실제로는 南唐의 道士 譚峭의 저서이다.

石은 只是臨江山有石如人形者라 今天下凡江邊有石立者를 皆呼爲望夫石②이라

① 게의 화석〔石蟹〕, 제비 모양의 돌〔石燕〕, 사람 모양의 돌〔石人〕과 같은 부류가 있다.
如石蟹石燕石人之類, 有之.

② 예컨대 馬鞍山과 牛頭山이라고 부르는 경우와 같으니, 세상 어디에서나 동일하다.
如呼馬鞍牛頭之類同, 天下同之.

78. 선생에게 물었다.

"上古 시대에는 사람들이 대부분 장수하였으나, 후세 사람들은 옛사람에 미치지 못하니, 어째서입니까? 氣 때문이 아니겠습니까?"

선생이 말하였다.

"氣는 곧 命이다."

"지금 사람이 옛날 사람만큼 장수하지 않는 것은 氣가 盛衰하는 이치입니까?

"氣가 盛衰하는 운수는 대번에 이해하기는 어렵다. 우선 歷代의 왕조를 들어 말하자면, 二帝와 三王은 홍성한 때가 되고, 후세는 쇠퇴한 때가 된다. 一代를 들어 말하자면, 文王·武王·成王·康王은 홍성한 때가 되고, 幽王·厲王·平王·桓王은 쇠퇴한 때가 된다. 한 사람의 임금을 들어 말하자면, 開元[83]은 홍성한 때가 되고, 天寶[84]는 쇠퇴한 때가 된다. 한 해를 들어 말하자면, 봄·여름은 홍성한 때가 되고, 가을·겨울은 쇠퇴한 때가 된다. 한 달을 들어 말하자면, 上旬은 홍성한 때가 되고, 下旬은 쇠퇴한 때가 된다. 하루를 들어 말하자면, 寅時·卯時는 홍성한 때가 되고, 戌時·亥時는 쇠퇴한 때가 된다. 一時 또한 그러하다. 예컨대 사람이 1백 년을 산다면 50세 이전은 홍성한 때가 되고, 50세 이후는 쇠퇴한 때가 된다.

그러나 쇠퇴하였으나 다시 홍성하는 경우도 있고, 쇠퇴하여 다시는 돌이키지 못하는 경우도 있다. 만약 大運을 거론하여 말하자면, 三王은 五帝의 홍성함만 못하고, 兩漢은 三王의 홍성함만 못하고, 또 그 후세는 漢나라의 홍성함만 못하다. 그 사이에도 많은 盛衰가 있다. 예컨대 三代가 쇠퇴하여 漢나라가 홍성하고, 漢나라가 쇠퇴하여 魏나라가 홍성하였으니, 이는 쇠퇴하였으나 다시 홍성하는 이치이다. 비유하자면 달이 그믐이 되

83) 開元 : 唐나라 玄宗 때의 연호로, 713년에서 741년까지이다.

84) 天寶 : 唐나라 玄宗 때의 연호로, 742년에서 756년까지이다.

면 다시 차오르고, 四時가 갔다가 다시 돌아오는 것과 같다. 만약 天地의 大運을 논하여 그 大體를 들어서 말한다면, 날마다 쇠퇴하여 없어지는 이치가 있다. 예컨대 사람의 백 년 인생에 비록 갓난아이로 겨우 하루를 살았더라도 곧 하루가 줄어드는 것과 같다. 형체는 날마다 절로 자라고 살날은 절로 줄어들지만 서로 해가 되지 않는다."

問호되 上古人多壽로되 後世不及古니 何也잇가 莫是氣否잇가 曰 氣便是命也라 曰 今人不若古人壽는 是盛衰之理歟잇가 曰 盛衰之運은 卒難理會라 且以歷代言之면 二帝三王爲盛이요 後世爲衰라 一代言之면 文武成康爲盛이요 幽厲平桓爲衰라 以一君言之면 開元爲盛이요 天寶爲衰라 以一歲면 則春夏爲盛이요 秋冬爲衰라 以一月이면 則上旬爲盛이요 下旬爲衰라 以一日이면 則寅卯爲盛이요 戌亥爲衰라 一時亦然이라 如人生百年에 五十以前爲盛이요 五十以後爲衰라 然이나 有衰而復盛者요 有衰而不復反者라 若擧大運而言이면 則三王不如五帝之盛하고 兩漢不如三王之盛하고 又其下不如漢之盛이라 至其中間하여도 又有多少盛衰라 如三代衰而漢盛하고 漢衰而魏盛하니 此是衰而復盛之理라 譬如月旣晦則再生하고 四時往復來也라 若論天地之大運하여 擧其大體而言이면 則有日衰削之理라 如人生百年에 雖赤子才生一日이라도 便是減一日也라 形體日自長하고 而數日自減이나 不相害也라

79. 天下에 많은 인재가 있으나, 천하에 道가 밝지 않아 성취하지 못한 것이다. 또 옛날에는 "詩에서 마음을 흥기하며, 禮에서 자세를 확립하며, 樂에서 덕성을 완성한다."[85]라고 하였는데, 요즘 사람들이 어떻게 이 말을 이해할 수 있겠는가. 옛사람에게 詩는 요즘 사람들의 歌曲과 같다. 비록 閭巷의 어린아이일지라도 모두 그 이야기를 익숙히 들어 그 뜻을 알았다. 그러므로 詩에서 마음을 흥기할 수 있었다. 후세에는 老師와 宿儒도 오히려 그 뜻을 능히 알지 못하니, 어찌 배우는 자들을 책망할 수 있겠는가. 이것이 詩에서 마음을 흥기할 수 없는 까닭이다. 古禮가 없어져 人倫이 밝아지지 않아서 집안사람들을 다스리는 일에도 모두 법도가 없으니, 이것이 禮에서 자세를 확립할 수 없는 까닭이다. 옛사람은 歌詠으로써 그들의 性情을 길렀고, 聲音으로써 그들의 귀를 길렀고, 舞蹈로써 그들의 血脈을 기름이 있었는데 지금은 모두 없으니, 이것이 樂에서 덕성을 완성할 수 없는 까닭이다. 옛날에는 재질을 완성하는 것이 쉬웠으나, 지금은 재질을 완성하는 것이 어렵다.

---

85) 詩에서……완성한다 : ≪論語≫ 〈泰伯〉에 보인다.

天下有多少才나 只爲道不明於天下라 故로 不得有所成就라 且古者에 興於詩하며 立於禮하며 成於樂이라한대 如今人怎生會得이리오 古人於詩는 如今人歌曲一般이라 雖閭巷童稚라도 皆習聞其說而曉其義라 故로 能興起於詩라 後世엔 老師宿儒도 尙不能曉其義니 怎生責得學者리오 是不得興於詩也일새라 古禮旣廢하여 人倫不明하여 以至治家하야도 皆無法度하니 是不得立於禮也일새라 古人은 有歌詠以養其性情하고 聲音以養其耳하고 舞蹈以養其血脈이러니 今皆無之하니 是不得成於樂也일새라 古之成材也易(이)나 今之成材也難이라

80. 오늘날의 습속이 이처럼 아름답지 않으나, 사람들이 큰 잘못이나 야박함에 이르지 않은 것은 마음속에 간직한 善을 잊을 수 없기 때문이다. 魏鄭公(魏徵)이 말하기를 "가령 백성들이 야박하여 다시 순박한 데로 돌아가지 못하면 지금 마땅히 귀신이 되고 도깨비가 될 것이다."86)라고 하였으니, 이 말이 매우 옳지만 인륜의 떳떳한 도리가 사람에게 있기 때문에 비록 습속이 매우 악하더라도 善은 또한 줄어들지 않는다.

魏徵

今習俗이 如此不美나 然人却不至大故薄惡者는 只是爲善在人心者를 不可忘也일새라 魏鄭公이 言호되 使民澆漓(요리)하여 不復返朴이면 今當爲鬼爲魅라하니 此言이 甚是나 只爲秉彝在人일새 雖俗甚惡이라도 亦減不得이라

81. 蘇季明(蘇昞)이 물었다.

"中의 道는 '喜怒哀樂이 아직 발하지 않은 것을 中이라고 한다.'87)라는 것과 같습니까?"

선생이 말하였다.

---

86) 가령……것이다 : ≪新唐書≫ 卷97 〈魏徵列傳〉에 보인다.

87) 喜怒哀樂이……한다 : ≪中庸≫에 보인다.

"그렇지 않다. 喜怒哀樂이 아직 발하지 않았다는 것은 中에 있다는 뜻을 말한 것이다. 단지 하나의 '中'자이지만, 쓰임이 같지 않다."

혹자가 말하였다.

"喜怒哀樂이 아직 발하기 전에 中을 구하는 것은 괜찮습니까?"

선생이 말하였다.

"불가하다. 喜怒哀樂이 아직 발하기 전에 中을 구하기를 생각했다면 또한 생각한 것이다. 생각을 하면 이미 발한 것이다. 발하게 되면 和라 말하고, 中이라 말할 수 없다."

또 물었다.

"呂學士(呂大臨)가 말하기를 '마땅히 喜怒哀樂이 아직 발하기 전에 구해야 한다.'라고 하였는데, 이 말을 존신한다면 붙잡을 바가 없을 듯하니, 어떻게 해야 잡을 수 있습니까?"

선생이 말하였다.

"이 말이 어떤 상황에서 나온 것인지를 보아야 한다. 만약 喜怒哀樂이 아직 발하지 않았을 때에 存養한다고 말하면 괜찮지만, 만약 喜怒哀樂이 아직 발하기 전에 中을 구한다고 말하면 불가하다."

또 물었다.

"배우는 자가 喜怒哀樂이 발했을 때에는 참으로 부지런히 힘써 억제해야 하지만, 아직 발하기 전에는 어떻게 공부를 해야 합니까?"

선생이 말하였다.

"喜怒哀樂이 아직 발하지 않았을 때에 다시 어떻게 구하겠는가? 평소에 함양하는 것이 옳다. 함양하는 것이 오래되면 喜怒哀樂이 발하여 저절로 절도에 맞는다."

혹자가 말하였다.

"아직 발하지 않은 中도 있고, 이미 발한 中도 있습니까?"

선생이 말하였다.

"그렇지 않다. 이미 발했을 때에는 곧 和이다. 발하여 절도에 맞은 것은 참으로 中을 얻은 것이다. 다만 中과 和를 나누어서 말했기 때문에 和인 것이다."

蘇季明이 問호되 中之道는 與喜怒哀樂未發謂之中으로 同否잇가 曰 非也라 喜怒哀樂未發은 是言在中之義라 只一箇中字나 但用不同이라 或曰 喜怒哀樂未發之前에 求中은 可否잇가 曰 不可라 既思於喜怒哀樂未發之前求之어든 又却是思也라 既思면 卽是已發[①]이라 纔發이면 便謂之和요

不可謂之中也라 又問호되 呂學士言호되 當求於喜怒哀樂未發之前이라한대 信斯言也인댄 恐無著莫하니 如之何而可잇가 曰 看此語如何地下라 若言存養於喜怒哀樂未發之時면 則可커니와 若言求中於喜怒哀樂未發之前이면 則不可라 又問호되 學者가 於喜怒哀樂發時엔 固當勉强裁抑이어니와 於未發之前엔 當如何用功이니잇가 曰 於喜怒哀樂未發之時에 更怎生求아 只平日涵養이 便是라 涵養久면 則喜怒哀樂이 發自中節이라 或曰 有未發之中이며 有旣發之中이니잇가 曰 非也라 旣發時엔 便是和矣라 發而中節은 固是得中②이라 只爲將中和來分說일새 便是和也라

① 생각과 喜怒哀樂은 한가지이다.
思與喜怒哀樂一般.
② 時中의 부류이다.
時中之類.

82. 季明(蘇昞)이 물었다.

"선생께서 '喜怒哀樂이 아직 발하지 않은 것을 中이라 한다.'라는 것은 中에 있다는 뜻이라고 말씀하셨는데, 무슨 뜻인지 모르겠습니다."

선생이 말하였다.

"喜怒哀樂이 발하지 않으면 곧 中이다."

"中은 형체가 없지 않으니, 단지 道의 題目을 말하는 것입니까?"

"그렇지 않다. 中에 무슨 형체가 있겠는가? 그러나 이미 中이라고 말하면 또한 형상이 있어야 한다."

"中이 되었을 때에는 귀에 들리는 것이 없고 눈에 보이는 것이 없습니까?"

"비록 귀에 들리는 것이 없고 눈에 보이는 것이 없으나, 보고 듣는 이치가 있어야 비로소 알게 된다."

"中은 때에 따라 中한 것입니까?"

"어느 때인들 中하지 않겠는가. 일로써 말하면 때에 따라 中하지만, 道로써 말하면 어느 때인들 中하지 않겠는가."

"참으로 행하는 것이 모두 中합니다. 그러나 喜怒哀樂 네 가지가 아직 발하지 않았을 때를 살펴보면 靜할 적에는 자연히 같은 기상이 있지만, 일을 접했을 때에는 또한 저절로 다르니, 어째서입니까?"

"잘 살펴보는 자는 이와 같지 않으니, 도리어 喜怒哀樂이 이미 발했을 때에 그것을 살

펴본다. 그대는 우선 靜할 때에는 어떠한지 말해보라."

"아무것도 없다고 말하는 것은 불가합니다. 그러나 자연히 지각하는 곳이 있습니다."

"이미 지각이 있으면 動이니, 어찌 靜이라고 말하겠는가? 사람들이 '復卦에서 天地의 마음을 본다.'[88]라는 것을 해설하면서 모두 '지극한 고요함에서 天地의 마음을 볼 수 있다.'라고 말하니, 옳지 않다. 復卦의 맨 아래 한 획은 곧 動이니, 어찌 그것을 靜이라고 말할 수 있겠는가? 예로부터 儒者들이 모두 靜에서 天地의 마음을 볼 수 있다고 말하였으나, 오직 나는 動하여 天地의 마음을 본다고 말한다."

혹자가 말하였다.

"그것은 動에서 靜을 구하는 것이 아닙니까?"

선생이 말하였다.

"참으로 그러하다. 그러나 이는 매우 어렵다. 釋氏는 定을 많이 말했지만, 聖人은 止를 말하였다.[89] 예컨대 사물의 좋은 것은 좋다고 말하고, 사물의 싫은 것은 싫다고 말한다. 사물에 자연히 좋고 싫음이 있는 것이니 나와 무슨 관계가 있겠는가? 만약 나는 定할 뿐이라고 말한다면 다시 할 일이 없다. 그러나 사물의 좋고 싫음은 또한 자연히 그 속에 있으므로 聖人은 止를 말한 것이다. 이른바 止란 예컨대 '〈文王은〉 임금이 되어서는 仁에 머물며, 신하가 되어서는 敬에 머무셨다.'[90]라는 부류가 이것이다. ≪周易≫의 艮卦에서 止의 뜻을 말하기를 '그 그칠 곳에 그치는 것은 제자리에 그치기 때문이다.'[91]라고 하였으니, 그 그칠 곳을 따라 그치는 것을 말한 것이다. 사람들은 대부분 잘 그치지 못한다. 대개 사람은 만물의 이치가 모두 갖추어져 있어, 일을 만나서는 각각 그 마음이 중요하게 여기는 것을 따라 번갈아 나온다. 이 일이 중한 것을 보게 되면 곧 이 일이 나오니, 만약 사물을 각각 사물에 맡겨두면 곧 저절로 나오지 않을 것이다."

혹자가 말하였다.

"선생께서는 喜怒哀樂이 아직 발하기 전을 '動'자로 씁니까? '靜'자로 씁니까?"

---

88) 復卦에서……본다 : ≪周易≫ 復卦 〈彖傳〉에 보인다.

89) 聖人은……말하였다 : ≪大學≫의 '止於至善'을 가리킨다.

90) 임금이……머무셨다 : ≪大學≫에 "〈文王은〉 임금이 되어서는 仁에 머무셨고, 신하가 되어서는 敬에 머무셨고, 자식이 되어서는 孝에 머무셨고, 아버지가 되어서는 慈에 머무셨고, 나라 사람들과 교유할 적에는 信에 머무셨다.〔爲人君 止於仁 爲人臣 止於敬 爲人子 止於孝 爲人父 止於慈 與國人交 止於信〕"라고 하였다.

91) 그……때문이다 : ≪周易≫ 艮卦 〈彖傳〉에 보인다.

선생이 말하였다.

"靜이라고 말하는 것이 옳으나, 靜한 가운데에 사물이 있어야 비로소 알게 되니, 이것이 곧 어려운 점이다. 배우는 자는 우선 敬을 먼저 이해하는 것이 가장 좋으니, 敬을 잘하면 자연히 이것을 알 수 있다."

혹자가 말하였다.

"敬은 어떻게 공부해야 합니까?"

선생이 말하였다.

"한 생각을 주로 하는 것이 가장 좋다."

季明이 말하였다.

"저는 일찍이 思慮가 안정되지 못한 것을 근심하였습니다. 혹 한 가지 일을 사려하여 아직 마치지 않았는데 다른 일이 삼대처럼 또 떠오르니, 어찌해야 합니까?"

선생이 말하였다.

"불가하니, 이는 不誠의 근본이다. 모름지기 사려를 익숙히 해야 하니, 익숙히 하여 능히 전일해질 때 곧 좋아진다. 사려할 때나 일에 응할 때나 모두 전일하기를 구해야 한다."

혹자가 말하였다.

"靜坐할 적에는 눈앞에 지나가는 사물을 봅니까? 보지 않습니까?"

선생이 말하였다.

"일이 어떠한지를 보아야 하니, 만약 제사와 같은 큰일에 면류관 앞에 늘어진 술이 눈을 가리고 면류관 옆에 달린 솜 방울이 귀를 막으면 지나가는 모든 사물이 보이지 않고 들리지 않는다. 일이 없을 때에도 눈은 보아야 하고 귀는 들어야 한다."

혹자가 말하였다.

"敬할 적에는 비록 보고 들을지라도 지나가버려 마음에 머물지 않는 것이 아닙니까?"

선생이 말하였다.

"禮가 아니면 보지도 말며 듣지도 말라고 말하지 않았던가. 勿은 금지하는 말이니, '弗'자를 말하게 되면 바로 옳지 않다."

선생에게 물었다.

"雜說 중에 어린아이의 마음〔赤子之心〕은 이미 발한 것이라고 하였으니, 옳습니까?"

선생이 말하였다.

"어린아이의 마음은 이미 발한 것이지만 道와의 거리가 멀지 않다."
"'大人은 어린아이의 마음을 잃지 않는다.'[92]라는 말은 어떻습니까?"
"純一하여 道에 가까움을 취한 것이다."
"어린아이의 마음과 聖人의 마음은 어떠합니까?"
"성인의 마음은 거울과 같고, 고요한 물과 같다."

季明이 問호되 先生이 說喜怒哀樂未發謂之中은 是在中之義라하신대 不識何意니이다 曰 只喜怒哀樂不發이면 便是中也라 曰 中은 莫無形體니 只是箇言道之題目否잇가 曰 非也라 中有甚形體아 然이나 旣謂之中이면 也須有箇形象이라 曰 當中之時엔 耳無聞하고 目無見否잇가 曰 雖耳無聞하고 目無見이나 然見聞之理在라야 始得이라 曰 中是有時而中否잇가 曰 何時而不中고 以事言之면 則有時而中이어니와 以道言之면 何時而不中고 曰 固是所爲皆中이니이다 然而觀於四者未發之時면 靜時엔 自有一般氣象이나 及至接事時하얀 又自別하니 何也잇가 曰 善觀者는 不如此니 却於喜怒哀樂已發之際에 觀之라 賢且說靜時如何하라 曰 謂之無物則不可라 然이나 自有知覺處라 曰 旣有知覺이면 却是動也니 怎生言靜이리오 人說復其見天地之心하되 皆以謂至靜能見天地之心이라하니 非也라 復之卦下面一畫은 便是動也니 安得謂之靜이리오 自古儒者皆言靜見天地之心이나 唯某言動而見天地之心이라 或曰 莫是於動上求靜否잇가 曰 固是라 然이나 最難이라 釋氏多言定이나 聖人便言止라 且如物之好는 須道是好요 物之惡(오)는 須道是惡라 物自好惡니 關我這裏甚事리오 若說道我只是定이면 更無所爲라 然物之好惡는 亦自在裏라 故로 聖人只言止라 所謂止는 如人君止於仁이요 人臣止於敬之類가 是也라 易之艮에 言止之義曰 艮其止는 止其所也일새라하니 言隨其所止而止之라 人多不能止라 蓋人은 萬物皆備하여 遇事時에 各因其心之所重者하여 更互而出이라 纔見得這事重이면 便有這事出하니 若能物各付物이면 便自不出來也라 或曰 先生은 於喜怒哀樂未發之前에 下動字잇가 下靜字잇가 曰 謂之靜則可나 然靜中에 須有物이라야 始得이니 這裏便①是難處라 學者는 莫若且先理會得敬이니 能敬則自知此矣라 或曰 敬은 何以用功이니잇고 曰 莫若主一이라 季明曰 昞은 嘗患思慮不定이니이다 或思一事未了에 佗事如麻又生하니 如何잇고 曰 不可하니 此不誠之本也라 須是習이니 習能專一時에 便好라 不拘思慮與應事하고 皆要求一이라 或曰 當靜坐時하여 物之過乎前者를 還見이니잇가 不見이니잇가 曰 看事如何니 若是大事如祭祀에 前旒蔽明하고 黈纊充耳면 凡物之過者가 不見不聞也라 若無事時에도 目須見이요 耳須聞이라 或曰 當敬時하얀 雖見聞이라도 莫過焉而不留否잇가 曰 不說道非禮勿視勿聽아 勿者는

---

92) 大人은……않는다 : ≪孟子≫ 〈離婁 下〉에 "大人이란 赤子之心을 잃어버리지 않은 자이다.〔大人者 不失其赤子之心者也〕"라고 하였다.

禁止之辭니 纔說弗字면 便不得也라 問호되 雜說中에 以赤子之心爲已發이라하니 是否잇가 曰 已發而去道未遠也라 曰 大人不失赤子之心은 若何잇가 曰 取其純一近道也라 曰 赤子之心與聖人之心은 若何잇가 曰 聖人之心은 如鏡하고 如止水라

① 〈便은〉 어떤 판본에는 '最'로 되어 있다.
一作最.

83. 선생에게 물었다.

"낮에 하고 싶지 않던 일을 밤에 꿈속에서 많이 보니, 이는 어째서입니까?"

선생이 말하였다.

"이는 마음이 안정되지 않았기 때문이다. 지금 사람이 꿈에서 보는 일이 어찌 하루 사이에 있었던 일뿐이겠는가. 수십 년 전의 일도 있다. 꿈에서 그 일을 보는 것은 단지 마음속에 예전부터 이러한 일이 있었기 때문이니, 평소에 문득 일이 있어 이 일과 서로 감응하거나 혹 氣가 서로 감응하여 꿈으로 나타나는 것이다. 그러므로 비록 낮에 미워하던 것이라 하더라도 때로 꿈에 나타나는 것이다. 비유하자면 물이 바람에 격동하여 물결이 생기는데, 바람이 그치더라도 물결이 오히려 세차게 일어나 그치지 않는 것과 같다. 오랫동안 存養한 사람이라면 자연히 이와 같지 않을 것이니, 聖賢은 이런 꿈을 꾸지 않는다. 단지 조짐이 있으면 곧 꿈에 나타난다. 사람들 중에는 氣가 맑아서 꿈을 꾸지 않는 자도 있고, 氣가 혼탁하여 꿈을 꾸지 않는 자도 있다. 성인이 꿈을 꾸지 않는 것은 氣가 맑기 때문이다. 사람이 몹시 피곤한 경우에도 꿈을 꾸지 않으니, 이는 혼탁한 氣가 가로막아 꿈을 꿀 수 없기 때문이다. 孔子가 周公을 꿈꾼 일[93]은 평범한 사람의 꿈과는 다르다. 사람이 꿈을 꾸는 사이에도 자기 학문의 淺深을 점칠 수 있으니, 만약 꿈속에서 전도된다면 이는 심지가 안정되지 않아 잡아서 보존함이 굳세지 않기 때문이다."

問호되 日中所不欲爲之事를 夜多見於夢하니 此何故也잇가 曰 只是心不定이라 今人所夢見事가 豈特一日之間所有之事리오 亦有數十年前之事라 夢見之者는 只爲心中舊有此事니 平日忽有事與此事相感하고 或氣相感하여 然後發出來라 故로 雖白日所憎惡者라도 亦有時見於夢也라 譬

93) 孔子가……일 : ≪論語≫ 〈述而〉에 孔子가 말하기를 "심하구나. 나의 노쇠함이여. 오래되었다. 내 다시 꿈에서 周公을 만나지 못한 것이.〔甚矣 吾衰也 久矣 吾不復夢見周公〕"라고 한 것을 가리킨다.

如水爲風激而成浪한대 風旣息이나 浪猶洶湧未已也라 若存養久底人이면 自不如此니 聖賢則無這箇夢이라 只有朕兆면 便形於夢也라 人有氣淸無夢者하고 亦有氣昏無夢者라 聖人無夢은 氣淸也일새라 若人困甚時에도 更無夢하니 只是昏氣蔽隔하여 夢不得也일새라 若孔子夢周公之事는 與常人夢別이라 人於夢寐間에 亦可以卜自家所學之淺深이니 如夢寐顚倒면 卽是心志不定하여 操存不固일새라①

① 마치 楊子江의 밤물결과 같다.
如楊子江宿浪.

84. 선생에게 물었다.

"사람의 마음에 얽매여 있는 일은 밤에 꿈에 나타납니다. 마음에 둔 일이 善하면 밤에 꿈에서 그 일을 보는 것은 해로움이 없지 않겠습니까?"

선생이 말하였다.

"비록 선한 일이라도 마음이 또한 움직인 것이다. 무릇 일의 조짐이 꿈속에 들어오는 것은 해가 없으나, 그 외에는 모두 망령되이 움직인 것이다."

혹자가 말하였다.

"孔子가 일찍이 꿈에서 周公을 본 것은 어떠합니까?"

선생이 말하였다.

"이는 聖人이 誠을 보존한 것이다. 성인은 주공의 道를 행하려 하였다. 그러므로 한 번의 꿈에서라도 주공을 잊지 않은 것이다. 노쇠해서는 道가 행해질 수 없을 것을 알았다. 그러므로 다시 꿈에서 주공을 보지 못한 것이다. 그러나 '꿈에서 주공을 보았다.'라는 말이 어찌 밤마다 주공과 이야기를 나누었다는 것이겠는가. 사람의 마음이 비록 안정되기를 구하더라도 그가 사려할 때에는 사려하는 것이 옳다. 요즘 사람들은 모두 마음 내키는 대로 한다."

"마음은 누가 부립니까?"

"마음으로써 마음을 부리는 것은 괜찮지만, 사람의 마음이 자유로우면 곧 달아나버린다."

問호되 人心所繫著之事는 則夜見(현)於夢하니이다 所著事善이면 夜夢見之者는 莫不害否잇가 曰 雖是善事라도 心亦是動이라 凡事有朕兆入夢者는 却無害나 捨此皆是妄動이라 或曰 孔子嘗夢見周公은 當如何잇가 曰 此는 聖人存誠處也라 聖人欲行周公之道라 故로 雖一夢寐라도 不忘周公이라

及既衰하얀 知道之不可行이라 故不復夢也라 然이나 所謂夢見周公이 豈是夜夜與周公語也리오 人心雖要定이나 使佗思時方思라야 乃是라 今人都由心이라 曰 心은 誰使之잇가 曰 以心使心則可커니와 人心自由면 便放去也라

85. "정사라는 것은 蒲蘆[94]와 같다."[95]라고 하였으니, 이는 교화가 쉬움을 말한 것이다. 뽕나무 벌레〔螟蛉〕와 나나니벌〔蜾蠃〕은 본래 두 生物이지만, 氣의 유형이 서로 비슷하다. 그래서 축원을 오래하면 닮을 수 있다. 정사가 사람들에게 원하는 것은 의당 蒲蘆보다 심하다. 그러나 蒲蘆는 두 물체여서 형질이 같지 않지만 오히려 축원하여 변화시킬 수 있다. 일반인과 聖人은 형질에 차이가 없으니, 어찌 배움이 성인의 경지에 이를 수 없겠는가.

政也者는 蒲蘆也라하니 言化之易(이)也라 螟蛉與果蠃는 自是二物이로되 但氣類相似然이라 祝之久면 便能肖라 政之祝人은 宜甚於蒲蘆矣라 然이나 蒲蘆는 二物이라 形質不同이나 尙祝之可化라 人與聖人은 形質無異니 豈學之不可至耶리오

86. "誠은 스스로 성취해야 할 목표이다."[96]라고 하였으니, 이는 至誠으로 어버이를 섬기면 자식의 도리를 이룩하고, 至誠으로 임금을 섬기면 신하의 도리를 이룩하는 것과 같다. "誠하지 않으면 그 物은 없는 것이나 마찬가지이다."라고 하고, "誠은 生物의 처음이자 끝이다."라고 하였으니,[97] 이는 속설의 '철두철미하게 誠하지 않으면 다시 무엇이 있겠는가.'라는 말과 같다.

---

94) 蒲蘆 : 朱熹는 沈括의 설에 따라 부들과 갈대로 보아 속성하는 부들과 갈대처럼 그 효과가 빠르게 나타난다고 해석하였다. 그러나 舊說에서는 蒲蘆를 蜾蠃로 보고 ≪詩經≫ 小雅 〈小宛〉의 "螟蛉有子 蜾蠃負之 敎誨爾子 式穀似之"에 의거하여 나나니벌이 뽕나무 벌레를 데려가서 변화시켜 자기의 아들을 삼는 것에 비유하여, 백성에 대한 정치는 나나니벌이 뽕나무 벌레를 데려다 키우는 것과 같다는 의미로 해석하였다.

95) 정사라는……같다 : ≪中庸≫에 보인다.

96) 誠은……목표이다 : ≪中庸≫에 "誠은 스스로 성취해야 할 목표이고, 道는 스스로 걸어가야 할 길이다.〔誠者 自成也 而道 自道也〕"라고 하였다

97) 誠하지……하였으니 : ≪中庸≫에 "誠은 物의 처음이자 끝이니, 誠하지 못하면 그 物은 없는 것이나 마찬가지이다. 그러므로 군자는 誠을 제일 귀한 것으로 삼는다.〔誠者 物之終始 不誠無物 是故君子誠之爲貴〕"라고 하였다.

"그다음은 한 부분을 극진히 하는 것이다."라고 하였는데, 曲은 치우쳐서 굽은 것을 말하니, 大道가 아니다. "한 부분을 극진히 하면 능히 誠하게 된다."라고 하였으니,[98] 한 가지 일에 나아가 心志를 써서 분산되지 않으면 또한 誠함이 있게 된다. 技藝 같은 것에서도 그 점을 알 수 있으니, 養由基의 활쏘기[99]와 같은 것이다.

"마음이 誠하면 겉으로 나타난다."라고 하였으니, 誠한 뒤에 곧 物이 있는 것이다. 예컨대 "일어섰을 적에는 道가 눈앞에 있는 것을 보고, 수레를 탔을 적에는 道가 수레 앞 가로지른 막대기에 의지해 있는 것을 보아야 한다."[100]라는 것과 "서 있는 바가 우뚝함이 있는 듯하였다."[101]라는 것은 모두 物이 있어서 바야흐로 보았다는 것과 같다. 만일 형체가 없으면 무슨 物을 보겠는가. "겉으로 나타나면 더욱 드러난다."라는 것은 또한 드러나 보이는 것이다. "더욱 드러나면 밝게 빛난다."라는 것은 光輝가 있는 때이다. "밝게 빛나면 남을 감동시킨다."라는 것은 誠이 능히 남을 감동시킨 것이다. 君子는 지나가는 곳의 사람들이 교화되니,[102] 어찌 남을 감동시킨 것이 아니겠는가.

혹자가 말하였다.

"變과 化는 어떻게 다릅니까?"

선생이 말하였다.

---

98) 그……하였으니 : ≪中庸≫에 "그다음은 한 부분을 극진히 하는 것이다. 한 부분을 극진히 하면 능히 誠하게 된다. 마음이 誠하면 그것이 겉으로 나타나고, 겉으로 나타나면 더욱 드러나고, 더욱 드러나면 밝게 빛나고, 밝게 빛나면 남을 감동시키고, 남을 감동시키면 그 사람이 변하고, 그 사람이 변하면 同化되는 것이다. 그러니 오직 천하에 지극히 誠한 분이어야 능히 同化하게 할 수 있다.〔其次致曲 曲能有誠 誠則形 形則著 著則明 明則動 動則變 變則化 唯天下至誠爲能化〕"라고 하였다.

99) 養由基의 활쏘기 : 養由基는 춘추시대 楚나라 대부로, 활쏘기에 매우 뛰어나 1백 보 밖에서 버들잎을 쏘아도 백발백중이었다고 한다.

100) 일어섰을……한다 : ≪論語≫ 〈衛靈公〉에 보인다.

101) 서……듯하였다 : ≪論語≫ 〈子罕〉에 "顔淵이 탄식하며 말하였다. '〈夫子의 道〉는 우러러볼수록 더욱 높고, 뚫고 들어갈수록 더욱 견고하며, 바라보면 앞에 있다가 홀연히 뒤에 있다. 夫子께서는 차근차근 사람을 잘 인도하여 文으로써 나의 지식을 넓혀주고 禮로써 나의 행동을 단속해주셨다. 〈공부를〉 그만두고자 해도 그만둘 수 없어 이미 나의 재주를 다하였더니, 서 있는 바가 우뚝함이 있는 듯하였다. 그래서 그곳으로 가고자 하였지만 말미암을 길이 없었다.〔仰之彌高 鑽之彌堅 瞻之在前 忽焉在後 夫子循循然善誘人 博我以文 約我以禮 欲罷不能 旣竭吾才 如有所立卓爾 雖欲從之 末由也已〕'"라고 한 데서 나왔다.

102) 君子는……교화되니 : ≪孟子≫ 〈盡心 上〉에 "군자는 지나가는 곳은 교화가 되며, 마음이 머무는 곳은 교화가 신묘해진다. 그러므로 上下가 천지와 더불어 함께 흐르니, 어찌 조금의 보탬만 있다고 하겠는가.〔夫君子所過者化 所存者神 上下與天地同流 豈曰小補之哉〕"라고 한 데서 나왔다.

"變은 物이 바야흐로 변하였으나 아직 化하지 않은 것과 같다. 化는 다시 옛 자취가 없는 것이니, 자연스러움을 말한다. 莊子가 變이 化보다 크다고 말한 것은 옳지 않다."

誠者는 自成이라하니 如至誠事親이면 則成人子하고 至誠事君이면 則成人臣이라 不誠이면 無物이라하고 誠者는 物之終始라하니 猶俗說徹頭徹尾不誠이면 更有甚物也라 其次는 致曲이라한대 曲은 偏曲之謂니 非大道也라 曲能有誠이라하니 就一事中用志不分이면 亦能有誠이라 且如技藝上可見하니 養由基射之類가 是也라 誠則形이라하니 誠後에 便有物이라 如立則見其參於前하고 在輿則見其倚於衡이라함과 如有所立卓爾라함은 皆若有物方見이라 如無形이면 是見何物也리오 形則著는 又著見也라 著則明은 是有光輝之時也라 明則動은 誠能動人也라 君子는 所過者化하니 豈非動乎아 或曰 變與化는 何別이니잇가 曰 變은 如物方變而未化라 化則更無舊迹하니 自然之謂也라 莊子言變大於化는 非也라

87. 선생에게 물었다.

"命과 遇는 어떻게 다릅니까?"

선생이 말하였다.

"사람이 때를 만나고 만나지 못함이 곧 命이다."

"長平의 전투에서 40만 명의 사람이 죽었으니,[103] 어찌 命이 동일합니까?"

"이 또한 命이다. 다만 白起를 만나서 곧 命이 이와 같아진 것이다. 하물며 趙나라 군졸은 모두 같은 나라 사람들이었다. 가령 五湖・四海 안의 사람들이 동시에 죽더라도 일반적인 일이다."

또 물었다.

"혹 형벌을 받았는데 왕이 되기도 하며, 혹 재상이 되었는데 굶어 죽기도 하며, 혹 먼저는 귀한 신분이었는데 나중에 천해지기도 하며, 혹 먼저는 천한 신분이었는데 나중에 귀해지기도 하니, 이런 부류는 모두 命입니까?"

선생이 말하였다.

"命 아닌 것이 없으며, 命이라고 한다면 이처럼 같지 않은 경우가 있어도 괴이할 것이

---

103) 長平의……죽었으니 : 秦 昭王 47년에 秦나라 군대와 趙나라 군대가 長平에서 대치하였다. 진나라 장수 白起는 거짓으로 패주하는 척하다가 불시에 조나라 군대를 습격하여 후방을 차단하고 고립시켰다. 이후 조나라 장수 趙括이 전사하고 조나라 병사들은 결국 진나라에 투항했는데, 백기는 후환을 염려하여 40만 명의 병사들을 모두 땅에 파묻어 죽였다.(≪史記≫ 卷73 〈白起列傳〉)

없다."

問호되 命與遇는 何異잇가① 先生曰 人遇不遇가 卽是命也라 曰 長平之戰에 四十萬人死하니 豈命一乎잇가 曰 是亦命也라 只遇著白起하여 便是命當如此라 又況趙卒皆一國之人이라 使是五湖四海之人이 同時而死라도 亦是常事라 又問호되 或當刑而王하고 或爲相而餓死하고 或先貴後賤하고 或先賤後貴하니 此之類는 皆命乎잇가 曰 莫非命也며 旣曰命이면 便有此不同이라도 不足怪也라

① 張橫渠(張載)가 말하기를 "행동이 같은데도 결과가 다른 것은 오히려 命이라 하기 어려우니, 遇라고 하는 것이 옳다."라고 하였다.
張橫渠云 "行同報異, 猶難語命, 語遇可也."

88. 선생에게 물었다.
"사람의 형체에는 限量이 있으니, 마음에도 限量이 있습니까?"
선생이 말하였다.
"마음의 형체를 논한다면 어찌 限量이 없을 수 있겠는가?"
또 물었다.
"마음의 妙用에 限量이 있습니까?"
선생이 말하였다.
"본래 사람에게는 限量이 있다. 유한한 형체와 유한한 氣로 이루어진 사람으로서, 만일 道로써 그것을 소통시키지 않으면 어찌 限量이 없을 수 있겠는가. 孟子가 말하기를 '그 마음을 극진히 하는 자는 그의 性을 안다.'104)라고 하였으니, 마음이 곧 性이다. 그것이 하늘에 있으면 命이 되고, 사람에게 있으면 性이 된다. 그 주재하는 바를 논하면 心이 되나, 그 실제는 하나의 道일 뿐이다. 만일 능히 道로써 그것을 소통시키면 또한 어찌 限量이 있겠는가. 天下에는 다시 性 밖의 물체가 없다. 만약 限量이 있다고 한다면 오직 性 밖에 물체가 있어야 가능할 것이다."

問호되 人之形體有限量하니 心有限量否잇가 曰 論心之形이면 則安得無限量이리오 又問호되 心之妙用에 有限量否잇가 曰 自是人有限量이라 以有限之形과 有限之氣로 苟不通①之以道면 安得無限量이리오 孟子曰 盡其心은 知其性이라하니 心卽性也라 在天爲命이요 在人爲性이라 論其所主

104) 그……안다 : ≪孟子≫ 〈盡心 上〉에 보인다.

爲心이나 其實은 只是一箇道라 苟能通之以道면 又豈有限量이리오 天下에 更無性外之物이라 若云有限量이면 除是性外有物이라야 始得이라

① 〈通은〉 어떤 판본에는 '用'으로 되어 있다.
一作用.

89. 선생에게 물었다.

"마음에는 善惡이 있습니까?"

선생이 말하였다.

"하늘에 있으면 命이 되고, 義에 있으면 理가 되고, 사람에게 있으면 性이 되고, 몸을 주재하면 마음〔心〕이 되는데, 그 실제는 하나이다. 마음은 본래 선한데, 思慮에 발하면 善도 있고 不善도 있다. 이미 발하면 情이라고 해야 옳지, 心이라고 하는 것은 옳지 않다. 비유하자면 물과 같으니, 단지 물이라고 말할 뿐이지만 흘러가 지류가 되어 동쪽으로 흘러가기도 하고 서쪽으로 흘러가기도 하면 그것을 流라고 한다."

問호되 心有善惡否잇가 曰 在天爲命이요 在義爲理요 在人爲性이요 主於身爲心인대 其實은 一也라 心本善이나 發於思慮면 則有善有不善이라 若旣發이면 則可謂之情이니 不可謂之心이라 譬如水하니 只謂之水나 至如流而爲派하여 或行於東하고 或行於西하면 却謂之流也라

90. 선생에게 물었다.

"喜怒는 性에서 나옵니까?"

선생이 말하였다.

"참으로 그러하다. 인식이 생기게 되면 곧 性이 있고, 性이 있으면 곧 情이 있다. 性이 없으면 어찌 情이 있겠는가."

또 물었다.

"喜怒가 밖으로 표출되는 것은 어째서입니까?"

선생이 말하였다.

"밖으로 표출되는 것이 아니다. 외물에 감응하여 안에서 발하는 것이다."

선생에게 물었다.

"性에 喜怒가 있는 것은 물에 물결이 있는 것과 같습니까?"

선생이 말하였다.

"그러하다. 잔잔하여 거울처럼 평온하고 고요한 것이 물의 본성이다. 그런데 모래와 돌을 만나거나 혹 지세가 평평하지 않으면 물살이 빨라지고 격렬해지며, 혹 그 위에 바람이 불면 파도가 세차게 일어난다. 이것이 어찌 물의 본성이겠는가. 사람의 性 중에는 단지 四端이 있을 뿐이니, 또한 어찌 허다하게 不善한 일이 있겠는가. 그러나 물이 없으면 어찌 물결이 있을 수 있으며, 性이 없으면 어찌 情이 있을 수 있겠는가."

問호되 喜怒는 出於性否잇가 曰 固是라 纔有生識이면 便有性하고 有性이면 便有情이라 無性이면 安得情이리오 又問호되 喜怒出於外는 如何잇가 曰 非出於外라 感於外而發於中也라 問호되 性之有喜怒는 猶水之有波否잇가 曰 然하다 湛然平靜如鏡者가 水之性也라 及遇沙石하고 或地勢不平이면 便有湍激하며 或風行其上하면 便爲波濤洶湧이라 此豈水之性也哉리오 人性中에 只有四端이니 又豈有許多不善底事리오 然이나 無水면 安得波浪하며 無性이면 安得情也리오

91. 선생에게 물었다.

"사람의 본성은 본래 밝은데, 무엇 때문에 가려짐이 있습니까?"

선생이 말하였다.

"이는 모름지기 찾아서 이해해야 한다. 孟子가 사람의 본성은 선하다고 한 것이 이것이다. 荀子와 楊子조차도 性을 알지 못했다. 맹자가 여러 儒者 중에서 특출한 까닭은 性을 잘 밝혔기 때문이다. 性은 불선함이 없으니, 불선함이 생기는 것은 재질 때문이다. 性은 곧 理이니, 理는 堯·舜으로부터 길 가는 평범한 사람에 이르기까지 한결같다. 재질은 氣에서 품부받는데, 氣에는 淸濁이 있다. 그 맑은 것을 품부받은 사람은 현명한 사람이 되고, 그 탁한 것을 품부받은 사람은 어리석은 사람이 된다."

또 물었다.

"어리석은 사람은 변할 수 있습니까?"

"변할 수 있다. 孔子가 '上智와 下愚는 변화시킬 수 없다.'[105]라고 하였으나 또한 변화시킬 수 있는 이치가 있다. 오직 자포자기하는 자는 변화시킬 수 없다."

"下愚가 자포자기하는 까닭은 재질 때문입니까?"

"참으로 그러하다. 그러나 그는 변화시킬 수 없다고 말하는 것은 옳지 않다. 性은 똑

---

105) 上智와……없다 : ≪論語≫ 〈陽貨〉에 보인다.

같으니, 어찌 변화시킬 수 없겠는가? 그가 자포자기하여 배움으로 향하려 하지 않기 때문에 변화시킬 수 없는 것이다. 배우려 한다면 또한 변화시킬 수 있는 이치가 있다."

問호되 人性本明한대 因何有蔽잇가 曰 此須索理會也라 孟子言人性善이 是也라 雖荀楊도 亦不知性이라 孟子所以獨出諸儒者는 以能明性也일새라 性無不善하니 而有不善者는 才也일새라 性卽是理니 理則自堯舜으로 至於途人히 一也라 才稟於氣한대 氣有淸濁이라 稟其淸者는 爲賢이요 稟其濁者는 爲愚라 又問호되 愚는 可變否잇가 曰 可라 孔子謂上智與下愚는 不移라하나 然亦有可移之理라 惟自暴自棄者는 則不移也라 曰 下愚所以自暴棄者는 才乎잇가 曰 固是也라 然却道佗不可移는 不得이라 性只一般이니 豈不可移리오 却被他自暴自棄하여 不肯去學이라 故로 移不得이라 使肯學時엔 亦有可移之理라

92. 〈선생이 말하였다.〉

"무릇 文字를 이해할 적에 단지 그 마음을 평이하게 하면 저절로 이치를 알 수 있다. 이치는 단지 사람의 이치이니, 매우 분명하여 한 갈래 평탄한 도로와 같다. ≪詩經≫에 '周道가 숫돌과 같으니, 그 곧음이 화살과 같다.'106)라고 하였으니, 이것을 말한 것이다. 또 ≪周易≫ 隨卦에 '君子가 날이 어두워지려 하면 방안에 들어가 편히 쉰다.〔君子向晦入宴息〕'107)라고 하였는데, 해석하는 자들은 대부분 '道를 따라 힘을 길러 때에 따라 감춘다.〔遵養時晦〕'108)라고 할 때의 '晦'자로 본다."

혹자가 물었다.

"어떤 의미의 '晦'자로 보아야 합니까?"

선생이 말하였다.

"이는 단지 때를 따르는 것 중에서 큰 것이다. 날이 어두워지려 하면 방안에 들어가 편안히 쉬는 것이니, 다시 별도로 무슨 뜻이 있겠는가."

---

106) 周道가……같다 : ≪詩經≫ 〈小雅 大東〉에 보인다.

107) 君子가……쉰다 : ≪周易≫ 隨卦 〈象傳〉에 "못 가운데 우레가 있는 것이 隨이니, 君子가 이것을 보고서 날이 어두워지려 하면 방안에 들어가 편안히 쉰다.〔澤中有雷 隨 君子以 嚮晦入宴息〕"라고 하였다.

108) 道를……감춘다 : ≪詩經≫ 〈周頌 酌〉에 "아! 성대한 王師로, 道를 따라 힘을 길러 때에 따라 감추어, 이에 크게 밝아진 뒤에야, 이에 큰 갑옷을 쓰셨도다.〔於鑠王師 遵養時晦 時純熙矣 是用大介〕"라고 한 데서 나왔다.

혹자가 말하였다.

"聖人의 말씀을 淺近하게 보아서는 안 될 듯합니다."

선생이 말하였다.

"성인의 말씀은 淺近한 곳도 있고, 深遠한 곳도 있다. 예컨대 천근한 곳을 어떻게 억지로 천착하여 심원하게 할 수 있겠는가? 楊子(楊雄)가 말하기를 '성인의 말씀은 심원하기가 하늘과 같고, 賢人의 말씀은 천근하기가 땅과 같다.'[109]라고 하였는데, 나는 그것을 고쳐 '성인의 말씀은 그 심원함이 하늘과 같고, 그 천근함이 땅과 같다.'라고 한다.

凡解文字에 但易(이)其心이면 自見理라 理는 只是人理니 甚分明하여 如一條平坦底道路라 詩曰 周道如砥하니 其直如矢라하니 此之謂也라 且如隨卦에 言君子向晦入宴息이라한대 解者多作遵養時晦之晦라 或問호되 作甚晦字잇가 曰 此只是隨時之大者라 向晦則宴息也니 更別有甚義리오 或曰 聖人之言을 恐不可以淺近看佗니이다 曰 聖人之言은 自有近處하고 自有深遠處라 如近處를 怎生强要鑿敎深遠得이리오 楊子曰 聖人之言은 遠如天하고 賢人之言은 近如地라한대 某與改之曰 聖人之言은 其遠如天하고 其近如地라하니라

93. 배우는 자 중에 글의 뜻에 구애되지 않는 자는 또한 완전히 등을 지고 멀리 가버리며, 글의 뜻을 이해하는 자는 또한 막히고 구애되어 통하지 못한다. 예컨대 子濯孺子가 장수가 된 일[110]은 孟子가 단지 그가 스승을 배반하지 않은 뜻만을 취했을 뿐인데, 사람들은 더 나아가 임금을 섬기는 도리가 어떠한지를 이해하려 한다. 또 예컨대 舜임금이 창고를 수리하고 우물을 판 일에 대해 萬章이 물은 것[111]은 맹자가 단지 그 大意를 답했을 뿐인데, 사람들은 우물을 팔 적에 어떻게 나올 수 있었으며, 창고를 수리할 적에 또 어떻게 지붕에서 내려올 수 있었는지를 이해하려고 한다. 이와 같은 학문은 그저 마음과 힘을 허비할 뿐이다.

學者不泥文義者는 又全背却遠去하고 理會文義者는 又滯泥不通이라 如子濯孺子爲將之事는

---

109) 성인의……같다 : ≪法言≫ 〈五百〉에 보인다.

110) 子濯孺子가……일 : 鄭나라의 子濯孺子가 衛나라를 침략하자 庾公 斯가 그를 추격하였다. 이때 자탁유자가 병이 나서 활을 잡지 못하자, 유공 사가 '나는 尹公 他에게 활쏘기를 배웠고 윤공 타는 자탁유자에게 활쏘기를 배웠으니, 차마 스승의 기술로 스승을 해칠 수는 없다.'고 하며 살촉을 뺀 화살을 쏘고 돌아갔다.(≪孟子≫ 〈離婁 下〉)

111) 舜임금이……것 : ≪孟子≫ 〈萬章 上〉에 보인다.

孟子只取其不背師之意어늘 人須就上面理會事君之道如何也라 又如萬章問舜完廩浚井事는 孟子只答佗大意어늘 人須要理會浚井如何出得來며 完廩又怎生下得來라 若此之學은 徒費心力이라

94. 선생에게 물었다.

"聖人의 經旨는 어떻게 궁구할 수 있습니까?"

선생이 말하였다.

"理와 義를 가지고 미루어 찾는 것이 옳다. 배우는 자는 먼저 ≪論語≫와 ≪孟子≫를 읽어야 하니, ≪논어≫와 ≪맹자≫를 궁구하면 저절로 요약된 곳이 있을 것이다. 이렇게 하여 다른 경서를 보면 크게 힘을 줄일 수 있다. ≪논어≫와 ≪맹자≫는 丈尺이나 權衡과 같으니, 이를 가지고 사물을 헤아리면 자연히 長短과 輕重을 알 수 있다. 나는 일찍이 배우는 자들에게 반드시 ≪논어≫와 ≪맹자≫를 먼저 보아야 한다고 말해주었다. 요즘 사람들이 질문을 잘 하더라도 분명 당시 사람들과 같지는 않을 것이고, 가령 당시 사람들처럼 질문하더라도 聖人의 대답은 이와 같은 데 지나지 않았을 것이다. 요즘 사람들이 ≪논어≫와 ≪맹자≫를 보는 것은 또한 孔子와 孟子를 만나는 것과 같으니, 무엇이 다르겠는가."

問호되 聖人之經旨는 如何能窮得이니잇가 曰 以理義去推索이 可也라 學者先須讀論孟이니 窮得論孟이면 自有箇要約處라 以此觀他經이면 甚省(생)力이라 論孟은 如丈尺權衡相似하니 以此로 去量度事物이면 自然見得長短輕重이라 某嘗語學者호되 必先看論語孟子라하니라 今人雖善問이라도 未必如當時人이요 借使問如當時人이라도 聖人所答은 不過如此라 今人看論孟之書는 亦如見孔孟이니 何異리오

95. ≪孟子≫의 氣를 기르는 것에 대한 한 편[112]은 제군들이 마땅히 침잠하여 완색해야 한다. 반드시 실제로 알아야 氣를 기르는 것이 가능할 것이다. "마음에 잊지도 말며 억지로 조장하지도 말라."[113]라는 것은 氣를 기르는 방법이니, 만일 그 뜻을 알지 못한

112) 氣를……편 : 浩然之氣를 기르는 것에 대해 말한 ≪孟子≫ 〈公孫丑 上〉을 가리킨다.

113) 마음에……말라 : ≪孟子≫ 〈公孫丑 上〉에서 浩然之氣를 기르는 것에 대해 "반드시 그 일에 종사함이 있되 기필하지 말아서 마음에 잊지도 말며 억지로 조장하지도 말라.〔必有事焉而勿正 心勿忘 勿

다면 어떻게 氣를 기르겠는가? 物이 있어야 비로소 기름을 말하니, 物이 없으면 또 무엇을 기르겠는가? 浩然之氣는 하나의 사물을 보아야 한다. 예컨대 顔子가 "서 있는 바가 우뚝함이 있는 듯하였다."114)라고 한 것과 孟子가 "뛰어나갈 듯이 한다."115)라고 한 것에서 그 우뚝하고 뛰어나갈 듯한 것을 분명하게 보아야 한다.

孟子養氣一篇은 諸君宜潛心玩索이라 須是實識得이라야 方可라 勿忘勿助長은 只是養氣之法이니 如不識이면 怎生養이리오 有物이라야 始言養하니 無物이면 又養箇甚麽아 浩然之氣는 須見是一箇物이라 如顔子言如有所立卓爾와 孟子言躍如也에 卓如躍如를 分明見得이라야 方可라

96. "'말에서 터득하지 못하거든 마음에서 구하지 말라.'라는 것은 불가하다."116)라고 하였으니, 이는 사람을 살펴보는 방법이다. 마음의 精微함을 말에서 터득하지 못하는 점이 있더라도 곧 모른다고 말할 수는 없으니, 이것이 告子의 淺近한 점이다.

不得於言이어든 勿求於心은 不可라하니 此는 觀人之法이라 心之精微를 言有不得者라도 不可便謂不知하니 此告子淺近處라

97. "그 의지를 꽉 잡고 또 그 氣를 어지럽히지 말라."117)라고 한 것은 內外를 서로 기

助長也〕"라고 하였다.

114) 서……듯하였다 : ≪論語≫ 〈子罕〉에 "顔淵이 탄식하며 말하였다. '〈夫子의 道〉는 우러러볼수록 더욱 높고, 뚫고 들어갈수록 더욱 견고하며, 바라보면 앞에 있다가 홀연히 뒤에 있다. 夫子께서는 차근차근 사람을 잘 인도하여 文으로써 나의 지식을 넓혀주고 禮로써 나의 행동을 단속해주셨다. 〈공부를〉 그만두고자 해도 그만둘 수 없어 이미 나의 재주를 다하였더니, 서 있는 바가 우뚝함이 있는 듯하였다. 그래서 그곳으로 가고자 하였지만 말미암을 길이 없었다.〔仰之彌高 鑽之彌堅 瞻之在前 忽焉在後 夫子循循然善誘人 博我以文 約我以禮 欲罷不能 旣竭吾才 如有所立卓爾 雖欲從之 末由也已〕'"라고 한 데서 나왔다.

115) 뛰어나갈……한다 : ≪孟子≫ 〈盡心 上〉에 孟子가 "君子는 활을 당기고 쏘지 않은 상태에서 뛰어나갈 듯이 하여 中道를 취해 서 있으면 능한 자는 그것을 보고 그대로 따른다.〔君子引而不發 躍如也 中道而立 能者從之〕"라고 한 데서 나왔다.

116) 말에서……불가하다 : 公孫丑가 孟子의 不動心과 告子의 不動心에 대해 묻자, 맹자가 "告子가 말하기를 '말에서 터득하지 못하거든 마음에서 구하지 말며, 마음에서 터득하지 못하거든 氣에서 구하지 말라.'라고 하였다. '마음에서 터득하지 못하거든 氣에서 구하지 말라.'는 것은 괜찮지만, '말에서 터득하지 못하거든 마음에서 구하지 말라.'는 것은 불가하다. 무릇 心志는 氣의 장수요, 氣는 몸에 꽉 차 있는 것이니, 心志가 지극한 것이고, 氣가 그다음이다. 그러므로 '그 心志를 잘 잡고, 또 그 氣를 어지럽히지 말라.'라고 한 것이다."라고 하였다.(≪孟子≫ 〈公孫丑 上〉)

르는 것이다.

持其志오도 無暴其氣라함은 內外交相養也라

98. "〈浩然之氣는〉 義와 道에 배합한다."118)라는 것은 義理로써 이 氣를 양성하여 義와 道에 합치되는 것을 말한다. 아직 양성하지 않았을 적에는 氣는 그 자체로 氣이고, 義는 그 자체로 義이다. 그러나 浩然之氣를 양성함에 이르러서는 氣와 義가 합치된다. 본래 합치됨을 말할 수 없으니, 호연지기를 아직 기르지 않았을 때 말했기 때문이다. 예컨대 道를 말한다면 하나의 道일 따름이다. 만약 사람의 관점으로 말한다면 사람은 그 자체로 사람이고, 道는 그 자체로 道이지만, 모름지기 사람이 道를 행해야만 비로소 道를 얻을 수 있다.

配義與道는 謂以義理養成此氣하여 合義與道라 方其未養엔 則氣自是氣요 義自是義라 及其養成浩然之氣하얀 則氣與義가 合矣라 本不可言合이니 爲未養時言也일새라 如言道면 則是一箇道都了라 若以人而言이면 則人自是人이요 道自是道로되 須是以人行道라야 始得이라①

① 義를 말하고 또 道를 말한 것은 道는 體이고 義는 用이기 때문이다. 일에서는 義를 말한다.
言義又言道, 道體也, 義用也. 就事上便言義.

99. 北宮黝의 용기는 반드시 행하는 것이며, 孟施舍의 용기는 두려움이 없는 것이다. 子夏의 용기는 본래 알 수 없지만 북궁유를 통해 알 수 있다. 자하는 聖人을 독실하게 믿어 힘써 행하였고, 曾子는 이치에 밝았다.119)

北宮黝之勇은 必行하며 孟施舍는 無懼라 子夏之勇은 本不可知나 却因北宮黝而可見이라 子夏是篤信聖人而力行하며 曾子是明理라

---

117) 그……말라 : ≪孟子≫ 〈公孫丑 上〉에 보인다.

118) 義와……배합한다 : ≪孟子≫ 〈公孫丑 上〉에 "이 浩然之氣는 義와 道에 배합하니, 이것이 없으면 줄어들게 된다.〔其爲氣也 配義與道 無是 餒也〕"라고 하였다.

119) 北宮黝의……밝았다 : 孟子가 孟施舍와 北宮黝의 용기를 평가하며 각각 曾子와 子夏에 비유한 내용이 ≪孟子≫ 〈公孫丑 上〉에 보인다.

100. 선생에게 물었다.

"〈浩然之氣를 기르는 것에〉 반드시 일삼음을 두는 것[120]은 마땅히 敬을 써야 합니까?"

선생이 말하였다.

"敬은 단지 함양하는 한 가지 일일 뿐이다. 반드시 호연지기를 기르는 데 일삼음을 두되, 마땅히 義를 축적해야 한다. 단지 敬을 쓸 줄만 알고 義를 축적할 줄을 모르면 이는 전혀 일삼음이 없는 것이다."

또 물었다.

"義는 이치에 맞는 것이 아닙니까?"

선생이 말하였다.

"이치에 맞는 것은 일에 있고, 義는 마음속에 있다. 만일 義를 주로 하지 않으면 浩然之氣가 어디로부터 생기겠는가. 理는 발하여 밖으로 드러나는 것이다. 또 공경함은 폐백을 아직 받들지 않았을 적에 공경하는 것[121]과 같다. 비록 폐백을 받드는 威儀가 있은 뒤에 밖으로 드러나지만, 반드시 마음속에 이러한 공경함이 있고 나서야 드러나는 것이다. 만약 마음에 공경함이 없으면 어찌 그렇게 할 수 있겠는가? 이른바 德이란 터득하는 것〔得〕이니, 모름지기 자신에게 터득한 뒤에야 그것을 德이라고 한다."

선생에게 물었다.

"敬과 義를 어떻게 구별합니까?"

선생이 말하였다.

"敬은 자기를 지키는 道이고, 義는 옳고 그름이 있음을 아는 것이다. 이치에 순응하여 행하는 것이 義를 행하는 것이다. 만약 하나의 敬만을 지키고, 義를 축적할 줄 모르면 아무런 일삼음도 없는 것이다. 만일 효를 행하려 한다면 하나의 '孝'자만 지켜서는 안 된다. 효를 행하는 도리는 侍奉은 어떻게 해야 하며 겨울에 따뜻하게 해드리고 여름에 시원하게 해드리는 것은 어떻게 해야 하는지를 반드시 안 뒤에라야 효도를 극진히 할 수 있다."

또 물었다.

"義가 일에서만 있는 것은 어째서입니까?"

---

120) 반드시……것 : ≪孟子≫ 〈公孫丑 下〉에 보인다.

121) 공경함은……것 : ≪孟子≫ 〈盡心 上〉에 "공경함은 폐백을 아직 받들지 않았을 적에 이미 있는 것이다.〔恭敬者 幣之未將者也〕"라고 하였다.

선생이 말하였다.

"內外가 한가지 이치이니, 어찌 단지 일에서만 義에 합치되기를 구하겠는가?"

問호되 必有事焉은 當用敬否잇가 曰 敬은 只是涵養一事라 必有事焉이로되 須當集義라 只知用敬하고 不知集義면 却是都無事也라 又問호되 義莫是中理否잇가 曰 中理在事하고 義在心內라 苟不主義면 浩然之氣가 從何而生이리오 理는 只是發而見(현)於外者라 且如恭敬은 幣之未將也恭敬이라 雖因幣帛威儀而後發見(현)於外나 然須心有此恭敬하여 然後著見(현)이라 若心無恭敬이면 何以能爾리오 所謂德者는 得也니 須是得於己然後에 謂之德也라① 問호되 敬義를 何別이니잇가 曰 敬은 只是持己之道요 義는 便知有是有非라 順理而行이 是爲義也라 若只守一箇敬하고 不知集義면 却是都無事也라 且如欲爲孝로되 不成只守著一箇孝字라 須是知所以爲孝之道는 所以侍奉當如何오 溫凊當如何라야 然後能盡孝道也라 又問호되 義只在事上은 如何잇가 曰 內外一理니 豈特事上求合義也리오

① 폐백을 아직 받들지 않았을 적에 이미 공경함이 있는 것이니, 폐백으로 인해 뒤에 공경함이 있는 것은 아니다.
幣之未將之時, 已有恭敬, 非因幣帛而後有恭敬也.

101. 선생에게 물었다.

"사람이 敬함으로써 내면을 바르게 하면 氣가 곧 天地에 꽉 찰 수 있습니까?"

선생이 말하였다.

"氣는 모름지기 기르는 것이니, 義를 축적하여 생겨나는 것이다. 축적하여 모으는 것이 오래되면 바야흐로 浩然한 기상이 생긴다. 사람은 단지 기른 바가 어떠한지를 볼 따름이니, 一分을 기르면 곧 一分이 있고, 二分을 기르면 곧 二分이 있다. 단지 敬만으로 어찌 천지에 꽉 차는 경지에 이를 수 있겠는가? 또한 氣는 그 자체로 氣體이며, 채우는 것은 그 자체로 하나의 일이며 敬은 그 자체로 敬이니, 어떻게 합치될 수 있겠는가? 예컨대 '이 浩然之氣는 義와 道에 배합한다.'122)라고 하였으니, 만약 氣와 義가 때로 각자 구별된다고 한다면 어떻게 氣와 義로 하여금 합치되게 할 수 있겠는가."

問호되 人敬以直內하면 氣便能充塞天地否잇가 曰 氣須是養이니 集義所生이라 積集既久면 方能

122) 이……배합한다 : ≪孟子≫ 〈公孫丑 上〉에 보인다.

生浩然氣象이라 人但看所養如何니 養得一分이면 便有一分하고 養得二分이면 便有二分이라 只將敬으로 安能便到充塞天地處리오 且氣는 自是氣體요 所充은 自是一件事요 敬自是敬이니 怎生便合得이리오 如曰 其爲氣는 配義與道라하니 若說氣與義時自別이면 怎生便能使氣與義合이리오

102. 〈선생에게 물었다.〉

"'性은 서로 비슷하나, 습관에 의해 서로 멀어진다.'[123]라고 하였습니다. 性은 하나인데, 어째서 서로 비슷하다고 말한 것입니까?"

선생이 말하였다.

"이는 단지 氣質之性을 말한 것일 뿐이다. 俗言에 성질이 급하다거나 성질이 느긋하다고 말하는 부류와 같으니, 性에 어찌 급하고 느긋함이 있겠는가? 여기에서 말하는 性이란 '生의 본능을 性이라고 한다.'[124]라는 것이다."

또 물었다.

"'上智와 下愚는 변화시킬 수 없다.'[125]라고 하였는데, 이것은 性을 말한 것입니까?"

선생이 말하였다.

"이것은 재질이다. 모름지기 性과 재질이 구분되는 곳을 이해해야 한다."

또 물었다.

"'中人 이상은 상등의 이치를 말해줄 수 있으나, 中人 이하는 상등의 이치를 말해줄 수 없다.'[126]라고 하였으니, 이것은 재질을 말한 것입니까?"

선생이 말하였다.

"참으로 그러하다. 그러나 이는 大綱을 말한 것이니, 中人 이상은 그에게 상등의 이치에 가까운 이야기를 할 수 있으나, 中人 이하는 그에게 상등의 이치에 가까운 이야기를 할 수 없다는 말이다."

"生의 본능을 性이라고 합니까?"

"무릇 性을 말한 곳은 그가 의도한 것이 어떠한가를 보아야 한다. 예컨대 '사람의 性은 선하다.'라고 말한 것은 性의 본질이고, '생의 본능을 性이라고 한다.'라는 것은 그

---

123) 性은……멀어진다 : ≪論語≫ 〈陽貨〉에 보인다.

124) 生의……한다 : ≪孟子≫ 〈告子 上〉에 보인다.

125) 上智와……없다 : ≪論語≫ 〈陽貨〉에 보인다.

126) 中人……없다 : ≪論語≫ 〈雍也〉에 보인다.

품부받은 바를 논한 것이다. 孔子가 '性은 서로 비슷하다.'라고 말했으나, 만약 그 본질을 논한다면 어찌 서로 비슷하다고 말할 수 있겠는가. 이는 단지 그 품부받은 바를 논한 것이다. 告子가 말한 것은 참으로 옳지만, 孟子가 그에게 물었기 때문에 그의 설이 옳지 않은 것이다."

性相近也나 習相遠也라하니 性은 一也인대 何以言相近이니잇가 曰 此는 只是言氣質之性이라 如俗言性急性緩之類니 性에 安有緩急이리오 此言性者는 生之謂性也라 又問호되 上智下愚不移라하니 是性否잇가 曰 此是才라 須理會得性與才所以分處라 又問호되 中人以上은 可以語上이어니와 中人以下는 不可以語上이라하니 是才否잇가 曰 固是라 然이나 此只是大綱說이니 言中人以上은 可以與之說近上話나 中人以下는 不可以與說近上話也라 生之謂性이니잇가 凡言性處는 須看他立意如何라 且如言人性善은 性之本也요 生之謂性은 論其所稟也라 孔子言性相近이나 若論其本이면 豈可言相近이리오 只論其所稟也라 告子所云은 固是나 爲孟子問佗일새 他說便不是也라

103. 〈선생이 말하였다.〉

"'그 情으로 말하면 善하다고 할 수 있다. 사람이 不善을 하는 것은 재질의 죄가 아니다.'127)라고 하였으니, 이는 사람이 그 마음을 〈不善에〉 빠뜨린 것은 재질에 관련된 일이 아니라는 것을 말한 것이다. 재질은 재료라고 말하는 것과 같으니, 굽은 나무는 수레바퀴가 될 수 있고, 곧은 나무는 마룻대와 들보가 될 수 있다. 만약 그 재질을 부수고 허문다면 어찌 재질에 관련된 일이겠는가. 뒤에 '사람은 모두 네 가지 마음128)을 가지고 있다.'라고 말하지 않았는가."

혹자가 말하였다.

"사람의 재질에는 美惡이 있으니, 어찌 재질의 죄가 아니라고 말할 수 있습니까?"

선생이 말하였다.

"재질에 美惡이 있는 것은 천하의 사람들을 들어서 말한 것이다. 만약 한 사람의 재질을 말한다면 풍년으로 인해 선해지고, 흉년으로 인해 포악해진 것129)과 같으니, 어찌

---

127) 그……아니다 : ≪孟子≫ 〈告子 上〉에 孟子가 말하기를 "그 情으로 말하면 선하다고 할 수 있으니, 이것이 내가 이른바 〈性은〉 선하다는 것이다. 사람이 불선을 하는 것은 타고난 재질의 죄가 아니다.〔乃若其情則可以爲善矣 乃所謂善也 若夫爲不善 非才之罪也〕"라고 하였다.

128) 네……마음 : 惻隱之心, 羞惡之心, 恭敬之心, 是非之心을 가리킨다.

129) 풍년으로……것 : ≪孟子≫ 〈告子 上〉에 孟子가 말하기를 "풍년에는 자제들이 대부분 선해지고,

재질이 본래 그러한 것이겠는가."

乃若其情이면 則可以爲善이라 若夫爲不善은 非才之罪라하니 此는 言人陷溺其心者는 非關才事라 才는 猶言材料니 曲可以爲輪하고 直可以爲梁棟이라 若是毁鑿壞了면 豈關才事리오 下面에 不是說人皆有四者之心아 或曰 人材有美惡(악)하니 豈可言非才之罪잇가 曰 才有美惡者는 是擧天下之言也라 若說一人之才면 如因富歲而賴요 因凶歲而暴니 豈才質之本然邪아

104. 선생에게 물었다.

"'〈마음은〉 놓아두면 달아난다.'130)라고 하였으니, 마음에 달아남이 있는 것은 어째서입니까?"

선생이 말하였다.

"그런 말이 아니다. 이는 마음은 형체가 없어 막 일을 주관할 때 마음이 여기에 있다가 조금만 지나면 곧 보이지 않는다는 것을 말한 것이다. 예컨대 '나가고 들어옴에 일정한 때가 없으며, 그 방향을 알 수 없다.'라고 하였으니, 이 구절 또한 사람들이 잘 이해해야 한다. 마음에 어찌 나가고 들어옴이 있겠는가. 이는 또한 마음을 잡고 놓아버리는 것으로써 말한 것이다. '放心'은 마음이 본래 善한데 不善으로 흘러간 것을 말하니, 이것이 놓아버렸다는 것이다."

問호되 捨則亡이라하니 心有亡은 何也잇가 曰 否라 此只是說心無形體하여 纔主著事時에① 便在這裏라가 纔過了면 便不見이라 如出入無時하며 莫知其鄕이라하니 此句亦須要人理會라 心에 豈有出入이리오 亦以操捨而言也라 放心은 謂心本善이로되 而流於不善이니 是放也라

① 선생은 눈으로 땅을 살폈다.
先生以目視地.

흉년에는 자제들이 대부분 포악해지니, 하늘이 재질을 내림이 이처럼 다른 것이 아니라, 그 마음을 빠뜨리는 것이 그렇게 만드는 것이다.〔富歲子弟多賴 凶歲子弟多暴 非天之降才爾殊也 其所以陷溺其心者然也〕"라고 하였다.

130) 놓아두면 달아난다 : ≪孟子≫ 〈告子 上〉에 "孔子께서 말씀하시기를 '붙잡으면 보존되고 놓아두면 달아나서, 나가고 들어옴에 일정한 때가 없으며, 그 방향을 알 수 없는 것은 오직 사람의 마음을 두고 한 말이다.'라고 하였다.〔孔子曰 操則存 舍則亡 出入無時 莫知其鄕 惟心之謂與〕"라는 데서 나왔다.

105. 선생에게 물었다.

"자기의 마음을 극진히 하는 것을 忠이라 하니, 이는 誠을 극진히 하는 것이 아닙니까?"

선생이 말하였다.

"이미 자기의 마음을 극진히 하였다면 어찌 不誠함이 있겠는가? 자기의 마음을 극진히 하면 어느 것인들 극진하지 않음이 없다. 孟子가 말한 '마음을 극진히 한다.〔盡心〕'[131]라는 것과 같다."

"마음을 극진히 하는 것은 나에게 惻隱·羞惡 등 이와 같은 마음이 있어 이를 능히 극진히 하면 곧 性을 알 수 있다는 것이 아닙니까?"

"하필 이와 같이 헤아리겠는가? 단지 마음을 극진히 할 뿐이니, 헤아리면 곧 극진하지 않은 것이다. 대저 하늘에서 품부받은 것을 性이라 하는데, 주관하는 바는 마음에 있다. 마음을 극진히 하면 곧 性을 알게 되고, 性을 알면 곧 하늘을 알게 된다."

問호되 盡己之謂忠이라하니 莫是盡誠否잇가 既盡己면 安有不誠이리오 盡己면 則無所不盡이라 如孟子所謂盡心이라 曰 盡心은 莫是我有惻隱羞惡如此之心하여 能盡得이면 便能知性否잇가 曰 何必如此數리오 只是盡心便了니 纔數著이면 便不盡①이라 大抵稟於天曰性이로되 而所主在心이라 纔盡心이면 即是知性하고 知性이면 即是知天矣라②

① 예컨대 100을 헤아리는데, 1이 적으면 곧 극진하지 않음이 된다.
如數一百, 少却一, 便爲不盡也.

② 羅本에는 呂與叔(呂大臨)의 질문이라고 되어 있다.
羅本以爲呂與叔問.

106. 선생에게 물었다.

"말을 하는 것은 言語에서 공부를 하는 것이 아닙니까?"

선생이 말하였다.

"모름지기 마음속에서 길러야 자연히 언어가 이치에 순응한다. 요즘 사람들은 익숙한 일은 말하는 것이 분명하지만 생소한 일이면 말하는 것이 어눌하다. 모름지기 함양하는 것이 오래되면 자연스러워진다. 이처럼 언어를 신중히 하여 함부로 말하지 않는 것은

131) 마음을……한다 : ≪孟子≫ 〈盡心 上〉에 孟子가 말하기를 "자기의 마음을 극진히 하는 자는 자기의 본성을 알게 되니, 자기의 본성을 알면 하늘을 알게 된다.〔盡其心者 知其性也 知其性 則知天矣〕"라고 하였다.

도리어 힘을 쏟을 수 있다."

問호되 出辭氣는 莫是於言語上에 用工夫否잇가 曰 須是養乎中이라야 自然言語順理라 今人은 熟底事는 說得便分明이나 若是生事면 便說得蹇澁이라 須是涵養久면 便得自然이라 若是愼言語不妄發은 此却可著力이라

107. 孔子는 사람을 가르칠 적에 〈배우는 자가〉 발분하지 않으면 그 의미를 열어주지 않으며, 답답해하지 않으면 그 표현을 드러내주지 않았다.132) 대개 발분하고 답답해함을 기다리지 않고 그 의미나 표현을 열어주면 스스로 아는 것이 견고하지 못하게 되고, 발분하고 답답해함을 기다린 뒤에 열어주면 앎이 성대하게 된다. 배우는 자는 반드시 깊이 생각하여야 하니, 생각해도 터득하지 못한 뒤에 그를 위해 설명해주는 것이 좋다. 처음 배우는 자에게는 반드시 그를 위해 설명해주어야 하니, 그렇지 않으면 그가 깨우치지 못할 뿐만 아니라, 또한 사람들이 질문하기를 좋아하는 마음도 막아버리게 된다.

孔子教人할새 不憤이어든 不啓하며 不悱어든 不發이라 蓋不待憤悱而發이면 則自知之不固하고 待憤悱而後發이면 則沛然矣라 學者는 須是深思之니 思而不得然後에 爲佗說이 便好라 初學者는 須是且爲佗說이니 不然이면 非獨佗不曉요 亦止人好問之心也라

108. 孔子는 宋나라 桓魋가 자기를 해칠 수 없음을 이미 알았으나,133) 오히려 微服을 입고 송나라를 지나갔다. 舜은 象이 장차 자기를 죽이려 하는 것을 이미 알았으나, 상이 근심하는 것을 또한 근심하고 상이 기뻐하는 것을 또한 기뻐하였다.134) 國祚의 길고 짧음은 본래 命數가 있으니, 임금이 어찌 급급하게 다스림을 구하겠는가? 禹와 稷은

---

132) 孔子는……않았다 : ≪論語≫ 〈述而〉에 孔子가 말하기를 "발분하지 않으면 그 의미를 열어주지 않으며, 답답해하지 않으면 그 표현을 드러내주지 않는다. 한 모서리를 들어 보여주었는데 이것을 가지고 나머지 세 모서리를 반증하지 못하면 다시 가르쳐주지 않는다.〔不憤不啓 不悱不發 擧一隅 不以三隅反 則不復也〕"라고 하였다.

133) 孔子는……알았으나 : 宋나라 桓魋가 孔子를 해치려 하자, 공자가 말하기를 "하늘이 나에게 德을 주었으니, 桓魋 그가 나를 어찌하겠는가.〔天生德於予 桓魋其如予何〕"라고 하였다.(≪論語≫ 〈述而〉)

134) 舜은……기뻐하였다 : ≪孟子≫ 〈萬章 上〉에 萬章이 말하기를 "舜은 象이 장차 자신을 죽이려 한 것을 모르셨습니까?"라고 하자, 孟子가 말하기를 "어찌 알지 못하셨겠는가? 象이 근심하면 또한 근심하시고, 象이 기뻐하면 또한 기뻐하신 것이다."라고 하였다.

微服過宋

굶주리고 물에 빠진 자를 구휼하느라 자기 집 문 앞을 지나가면서도 들어가지 않았으니, 굶주리고 물에 빠져 죽는 자에게 본래 命이 있음을 알지 못한 것이 아니라, 그들을 구휼하는 것이 이와 같이 급했던 것이다. 이 몇 사람의 일은 어떻게 이와 같았는가. 반드시 생각이 "道가 함께 행해지는데도 서로 어그러지지 않는다."135)라는 경지에 이르러야 한다.

孔子는 既知宋桓魋不能害已나 又却微服過宋이라 舜은 既見象之將殺已나 而又象憂亦憂하고 象喜亦喜라 國祚長短은 自有命數니 人君이 何用汲汲求治리오 禹稷救饑溺者하여 過門不入하니 非不知饑溺而死者自有命이나 又却救之如此其急이라 數者之事는 何故如此아 須思量到道竝行而不相悖處라야 可也라①

① 여기에서는 다만 聖人이 命을 알지 못한 것이 아니나, 人事에 극진하지 않을 수 없음을 말하였는데, 이 설은 옳지 않다.
今且說聖人非不知命, 然於人事不得不盡, 此說未是.

---

135) 道가……않는다 : ≪中庸≫에 "〈天地의 道는〉 만물이 다 함께 길러지는데도 서로 해치지 않으며, 道가 함께 행해지는데도 서로 어그러지지 않는다.〔萬物竝育而不相害 道竝行而不相悖〕"라고 하였다.

109. 선생에게 물었다.

"聖人은 天道와 어떻게 다릅니까?"

선생이 말하였다.

"다름이 없다."

"성인은 죽일 수 있습니까?"

"성인은 지혜가 온몸에 두루 미치니, 어찌 죽일 수 있겠는가? 만일 지금 지혜롭고 사려 깊은 사람이 있다면 그를 해치는 것도 할 수 없을 터인데, 하물며 성인을 죽일 수 있겠는가."

"옛날에 瞽瞍가 舜으로 하여금 창고를 고치고 우물을 파게 하였는데,[136] 순은 그가 자기를 죽이려는 것을 알고 달아났습니까?"

"본디 이런 일은 없었다. 이는 萬章이 전해들은 것이니, 孟子는 이 뒤의 일을 알 수 없어서 단지 순의 마음만을 말한 것이다. 예컨대 아래 문장에 '거문고는 나의 것이요, 방패와 창은 나의 것이요, 두 형수는 나의 침상을 다스리게 하겠다.'[137]라고 말하였으니, 堯가 天子가 되었는데 어찌 이런 일이 있었겠는가."

問호되 聖人은 與天道로 何異잇가 曰 無異라 聖人은 可殺否잇가 曰 聖人은 智足以周身하니 安可殺也리오 只如今有智慮人이면 已害他不得이온 況於聖人이리오 曰 昔瞽叟가 使舜으로 完廩浚井하니 舜은 知其欲殺已而逃之乎잇가 曰 本無此事라 此는 是萬章所傳聞이니 孟子更不能理會這下事하여 只且說舜心也라 如下文에 言琴朕이요 干戈朕이요 二嫂는 使治朕棲하리라하니 堯爲天子한대 安有是事리오

110. 선생에게 물었다.

"'하늘이 나에게 몇 년의 수명을 더해주어 50세가 되어서 ≪周易≫을 배운다면 큰 허물이 없을 수 있을 것이다.'[138]라고 하였으니, 모르겠습니다만 聖人이 어찌 ≪주역≫을 배운 뒤에야 비로소 허물이 없을 수 있겠습니까."

선생이 말하였다.

---

136) 옛날에……하였는데 : ≪史記≫ 卷1 〈五帝本紀〉와 ≪孟子≫ 〈萬章 上〉에 보인다.

137) 거문고는……하겠다 : ≪孟子≫ 〈萬章 上〉에 보인다.

138) 하늘이……것이다 : ≪論語≫ 〈述而〉에 보인다.

"先儒들은 孔子가 ≪주역≫을 배운 뒤에 큰 허물이 없을 수 있었다고 여겼는데, 이는 글의 뜻을 대단히 잘못 본 것이다. 성인에게 어찌 일찍이 허물이 있었겠는가. 만일 ≪주역≫을 배운 뒤에야 큰 허물이 없다면 반대로 ≪주역≫을 배우기 전에는 큰 허물이 있었다는 것이다. 이 성인이 만일 일찍이 ≪주역≫을 배우지 않았다면 그가 허물이 없을 수 있음을 무엇으로써 알겠는가. 대개 공자가 살던 시대에는 ≪주역≫을 배우는 자가 지리하여, ≪주역≫의 道가 밝혀지지 않았다. 仲尼는 이미 다른 경서는 修撰하였으나, 오직 ≪주역≫은 아직 발명하지 못하였다. 그러므로 제자들에게 말하기를 '하늘이 나에게 몇 년의 수명을 더해주어 50세가 되어서 ≪주역≫을 배운다면'이라고 말한 것이다. 50세가 된 뒤에 ≪주역≫을 贊述하였으니, ≪주역≫을 배우는 자들은 큰 허물이나 어긋남이 없을 수 있었다. 이른바 ≪주역≫의 道를 찬술하여 ≪八索≫[139]을 물리쳤다는 말과 같은 것이 이것이다."

問호되 加我數年하여 五十以學易이면 可以無大過矣라하니 不知케라 聖人何以因學易後始能無過리잇가 曰 先儒謂孔子學易後可以無大過라하니 此大段失却文意라 聖人何嘗有過리오 如待學易後에 無大過면 却是未學易前에 嘗有大過也라 此聖人如未嘗學易이면 何以知其可以無過리오 蓋孔子時에 學易者支離하여 易道不明이라 仲尼旣修佗經이나 惟易은 未嘗發明이라 故로 謂弟子曰 加我數年하여 五十以學易이라 期之五十하고 然後贊易하니 則學易者는 可以無大過差라 若所謂贊易道而黜八索이 是也라①

① 이에 앞서 ≪周易≫을 배운 자가 매우 많았는데, 그 설에 잘못된 것이 많았다. 聖人이 제자들로 하여금 ≪주역≫의 贊述을 기다린 뒤에 배우게 하였으니, 그 허물이 드물었다. 前此, 學易者甚衆, 其說多過. 聖人使弟子俟其贊而後學之, 其過鮮也.

111. 선생에게 "文으로써 나를 넓혀주고, 禮로써 나를 요약해주셨다."[140]라는 것을 묻자, 선생이 말하였다.

"이는 顔子가 聖人의 가장 절실하고 지당한 부분을 칭송한 것이다. 성인은 남을 가르칠 적에 단지 이와 같이 할 뿐이다. 이미 文으로써 넓혀준 뒤에 禮로써 요약하였으니, 이른바 '널리 배우고 상세히 말함은 장차 돌이켜서 요점을 말하고자 해서이다.'[141]라는

---

139) 八索 : 上古 때 ≪周易≫의 八卦를 해설한 책으로, 그 글은 전하지 않는다.

140) 文으로써……요약해주셨다 : ≪論語≫ 〈子罕〉에 보인다.

것이다. 넓히는 것〔博〕과 요약하는 것〔約〕은 상대가 된다. 성인이 남을 가르치는 것은 단지 이 두 글자일 뿐이다. 넓히는 것은 널리 배우고 많이 알며, 많이 듣고 많이 보는 것을 말한다. 요약하는 것은 그로 하여금 요점을 알게 하는 것이다."

또 물었다.

"'君子가 文을 널리 배우고 禮로써 요약하면 또한 道에서 어긋나지 않을 것이다.'142) 라고 하였으니, 그 뜻이 이와 같습니까?"

선생이 말하였다.

"이는 淺近한 수준에서 말한 것일 뿐이니, 많이 듣고 보아서 禮로써 요약하면 비록 능히 道를 알지는 못하더라도 거의 道에 어긋나지 않을 수 있음을 말한 것이다. 이는 善人과 君子가 옛사람의 언행을 많이 알아서 능히 禮가 아닌 것을 범하지 않음을 말한 것이지, 안자가 공자에게 배운 것을 말한 것이 아니다."

또 물었다.

"이는 小成이 아닙니까?"

선생이 말하였다.

"이는 小成도 아니니, 道를 아는 것과의 거리는 매우 멀다. 예컨대 '많이 듣고서 그중에 선한 것을 택하여 따르며, 많이 보고서 기억해두는 것이 알고서 실천하는 것의 다음이다.'143)라고 하였으니, 보고 듣는 것과 아는 것은 매우 다르다. 이는 단지 듣는 것일 뿐이다."

또 말했다.

"聖人의 道는 그것을 아는 것이 매우 어렵지 않습니까?"

선생이 말하였다.

"성인의 도는 어찌 어렵다거나 쉽다고 말할 수 있겠는가. 성인이 일찍이 쉽다고 말하지 않은 것은 사람의 심지를 교만하게 하기 때문이며, 또한 일찍이 어렵다고 말하지 않은 것은 사람의 진보를 막기 때문이다. 仲尼는 단지 '생각하지 않을지언정 어찌 멂이 있

---

141) 널리……해서이다 : ≪孟子≫ 〈離婁 下〉에 보인다.

142) 君子가……것이다 : ≪論語≫ 〈雍也〉에 보인다.

143) 많이……다음이다 : ≪論語≫ 〈述而〉에 孔子가 말하기를 "알지 못하면서 함부로 행동하는 자가 있느냐? 나는 이러한 일이 없다. 많이 듣고서 그중에 선한 것을 택하여 따르며, 많이 보고서 기억해두는 것이 알고서 실천하는 것의 다음이다.〔蓋有不知而作之者 我無是也 多聞 擇其善者而從之 多見而識之 知之次也〕"라고 하였다.

겠는가.'144)라고 하였으니, 이 말은 지극히 함축된 의사가 있다. 孟子는 '대저 道는 大路와 같으니, 어찌 알기 어렵겠는가.'145)라고 말했는데, 이 '豈'자 하나를 써서 筋骨을 드러내었다. 성인의 말씀은 이와 같지 않다. 예컨대 아래에 '사람들이 구하지 않는 것이 병통일 뿐이니, 그대가 돌아가 구한다면 스승이 많이 있을 것이다.'라고 말하였으니, 이 몇 구절은 말이 매우 좋다. 공자와 맹자의 말에 다른 점이 있는 것은 또한 스스로 인식해야 한다."

問호되 博我以文하시고 約我以禮하시니라 曰 此는 是顔子稱聖人最切當處라 聖人教人할새 只是如此라 既博之以文하고 而後約之以禮하니 所謂博學而詳說之는 將以反說約也라 博與約은 相對라 聖人教人은 只此兩字라 博은 是博學多識하며 多聞多見之謂라 約은 只是使之知要也라 又問호되 君子博學於文이요 約之以禮면 亦可以弗畔矣夫인저라하니 與此로 同乎잇가 曰 這箇只是淺近說이니 言多聞見而約束以禮면 雖未能知道라도 庶幾可以弗畔於道라 此言善人君子多識前言往行而能不犯非禮者爾요 非顔子所以學於孔子之謂也라 又問호되 此莫是小成否잇가 曰 亦未是小成이니 去知道甚遠이라 如曰 多聞하여 擇其善者而從之하며 多見而識之가 知之次也라하니 聞見與知之는 甚異라 此只是聞之者也라 又曰 聖人之道는 知之莫甚難이니잇가 曰 聖人之道는 安可以難易(이)言이리오 聖人未嘗言易는 以驕人之志요 亦未嘗言難은 以阻人之進일새라 仲尼는 但曰 未之思也언정 夫何遠之有리오하니 此言은 極有涵畜意思라 孟子言호되 夫道若大路然하니 豈難知哉리오한대 只下這一箇豈字하여 便露筋骨이라 聖人之言은 不如此라 如下面에 說호되 人病不求耳니 子歸而求之면 有餘師리라하니 這數句却說得好라 孔孟言有異處는 亦須自識得이라

112. 혹자가 물었다.

"孔子가 匡 땅에서 경계하는 마음을 품고 계실 적에 顔淵이 뒤처졌는데, 〈다시 만나고 나서〉 공자가 말하기를 '나는 네가 죽은 줄만 알았다.'라고 하니, 안연이 '선생님이 계시는데, 제가 어찌 감히 죽겠습니까?'라고 하였습니다.146) 그런데 가령 공자가 환난

144) 생각하지……있겠는가 : "唐逮 꽃이여, 바람에 펄럭이는구나. 어찌 그대를 생각하지 않으리오마는 집이 멀기 때문이다.〔唐棣之華 偏其反而 豈不爾思 室是遠而〕"라는 시에 대해 孔子가 말하기를 "생각하지 않을지언정 어찌 멂이 있겠는가.〔未之思也 夫何遠之有〕"라고 하였다.(≪論語≫ 〈子罕〉)

145) 대저……어렵겠는가 : ≪孟子≫ 〈告子 下〉에 孟子가 말하기를 "대저 道는 大路와 같으니, 어찌 알기 어렵겠는가. 사람들이 구하지 않는 것이 병통일 뿐이니, 그대가 돌아가 구한다면 스승이 많이 있을 것이다.〔夫道若大路然 豈難知哉 人病不求耳 子歸而求之 有餘師〕"라고 하였다.

匡人解圍

을 만났다면 안연에게는 죽어도 괜찮은 이치가 있습니까?"

선생이 말하였다.

"죽어도 괜찮은 이치는 없다. 오직 싸우다 죽을 뿐이다. 그러나 싸우다 죽는 것은 顔子의 일이 아니다. 만약 공자가 해를 당했다고 한다면 또한 '감히 죽는다.'라거나 '감히 죽지 않는다.'라는 말을 해서는 안 된다."

또 물었다.

"만약 공자가 해를 당했다면 안자는 죽어야 합니까?"

선생이 말하였다.

"어찌 단지 안자가 공자에 대해서만 그러하겠는가? 만약 두 사람이 함께 가다가 환난을 당한다면 참으로 서로를 위해 죽을 수 있다."

또 물었다.

"어버이가 살아계시면 어찌합니까?"

선생이 말하였다.

---

146) 孔子가……하였습니다 : ≪論語≫ 〈先進〉에 보인다.

"비유하자면 두 사람이 호랑이를 잡을 적에 한 사람이 힘이 빠지면, 다른 한 사람이 함께 가서 힘을 써야 하는 것과 같다. 예컨대 무기를 들고 社稷을 지키다가 위급한 처지가 되면 바로 달아나서 '나에게는 어버이가 계신다.'라고 말하는 것은 대단히 의롭지 못하다. 이때에 어찌 어버이가 살아계시고 살아계시지 않음을 따지겠는가. 다만 가기 전에 '나는 어버이가 살아계시다.'라고 말하고서 갈 수 없으면 그만두어야 하니, 어찌 환난이 닥쳤을 때에 스스로 회피하기를 꾀하겠는가.

또 평범한 사람은 혼자 갈 수 없기 때문에 반드시 짝을 지어서 나간다. 예컨대 어버이가 살아계실 적에 어버이를 위해 봉양을 도모하여 나가야 할 경우라도 짝을 지어서 함께 간다면 환난을 당했을 때 서로를 위해 죽는 도리가 있다. 옛날에 어떤 두 사람이 함께 嵩山에 있었는데, 함께 산을 나와 주점에 가서 술을 마셨다. 한 사람이 크게 취해 땅바닥에 드러누웠는데, 밤이 깊어 돌아갈 수도 없었고 다른 한 사람은 부축할 힘도 없었다. 평소 넓은 들판에 호랑이와 표범과 도적이 있어서 이 사람은 결국 그의 곁에 누워 날이 밝을 때까지 줄곧 그를 지켰으니, 혼자만 돌아가기를 생각하지 않은 것이 아니겠는가. 이는 의리가 마땅히 그러한 것이다.

≪禮記≫에 '어버이가 살아계시면 벗을 위해 죽음을 허락하지 않는다.'147)라고 하였는데, 이 말은 또한 사람이 처신하기에 달려 있다. 대개 어버이가 살아계신데도 벗을 위해 죽는 것을 허락할 수 있는 경우도 있고, 어버이가 살아계시지 않더라도 벗을 위해 죽는 것을 허락할 수 없는 경우도 있다. 벗을 위해 죽는 것을 허락할 수 있는 경우는 두 사람이 함께 길을 가는 부류와 같은 것이 이것이다. 벗을 위해 죽는 것을 허락할 수 없는 경우는 어버이가 살아계시지 않으므로 남을 위해 복수한 전국시대의 遊俠과 같은 것이니, 매우 이치에 맞지 않는다."

或問호되 子畏於匡할새 顔淵後러니 子曰 吾以女爲死矣로라하니 曰 子在어시니 回何敢死리잇가 然設使孔子遇難이어든 顔淵有可死之理否잇가 曰 無可死之理라 除非是鬪死라 然이나 鬪死는 非顔子之事라 若云遇害면 又不當言敢不敢也라 又問호되 使孔子遇害면 顔子死之否乎잇가 曰 豈特顔子之於孔子也리오 若二人同行遇難이면 固可相死也라 又問호되 親在면 則如之何잇가 曰 且譬如二人捕虎할새 一人力盡이면 一人須當同去用力이라 如執干戈衛社稷이라가 到急處면 便逋逃去之하고 言我有親이라하면 是大不義也라 當此時에 豈問有親無親이리오 但當預先謂吾有親하고 不可

---

147) 어버이가……않는다 : ≪禮記≫ 〈曲禮 上〉에 "부모가 생존해 계시면 벗에게 죽음을 허락하지 않고, 사사로운 재물을 두지 않는다.〔父母存 不許友以死 不有私財〕"라고 하였다.

行則止니 豈到臨時에 却自規避也리오 且如常人은 爲不可獨行也하여 須結伴而出이라 至如親在하여 爲親圖養하여 須出去라도 亦須結伴同去면 便有患難相死之道라 昔有二人이 同在嵩山한대 同出就店飮酒라 一人大醉하여 臥在地下한대 夜深歸不得하고 一人又無力扶持라 尋常曠野中에 有虎豹盜賊하여 此人은 遂只在傍하여 直守到曉하니 不成不顧了自歸也아 此義理所當然者也라 禮에 言호되 親在면 不許友以死者라하니 此言亦在人用得이라 蓋有親在可許友以死者요 有親不在不可許友以死者라 可許友以死는 如二人同行之類가 是也라 不可許友以死는 如戰國游俠이 爲親不在하여 乃爲人復讐니 甚非理也라

113. 선생에게 물었다.

"'〈顔回는〉 노여움을 남에게 옮기지 않으며, 같은 잘못을 반복하지 않았다.'148)라고 한 것은 무슨 뜻입니까? ≪語錄≫에 '甲에게 노여운 것을 乙에게 옮기지 않는다.'라는 말이 있는데, 이러한 뜻입니까?"

선생이 말하였다.

"그러하다."

"이와 같이 하는 것은 매우 쉬우니, 어찌 顔氏처럼 되고 나서야 가능하겠습니까?"

"그 말이 상세하지 않아서 제군들이 쉽다고 말하는 것이지, 이것이 가장 어려운 일이 아니겠는가. 무엇을 인하여 노여움을 옮기지 않는지를 이해하여야 한다. 예컨대 舜임금이 四凶149)을 주벌할 적에 노여워할 요인이 四凶에게 있었으니, 순임금이 어찌 노여워하는 일에 관련되겠는가. 대개 이 사람에게 노여울 만한 일이 있기 때문에 노여워한 것이니, 聖人의 마음은 본래 노여움이 없다. 비유하자면 밝은 거울과 같으니, 아름다운 물건이 비칠 적에는 보이는 것이 아름답고, 추악한 물건이 비칠 적에는 보이는 것이 추악하니, 거울에 어찌 일찍이 아름답고 추악함이 있겠는가. 세상 사람들은 참으로 자기 집에서 노여워하고서 시장에 가서 노여워하는 안색을 드러낸다. 또 예컨대 한 사람에게 노여워하고, 다른 사람을 만나 이야기할 적에 노여워하는 기색이 없을 수 있겠는가? 한 사람에게 노여워하고서 다른 사람에게 노여워하지 않는 자가 있다면 이처럼 잘 참은 것이니, 이미 義理를 잘 안 것이다. 성인 같은 분은 외물로 인하여 노여워한 적이 없으니,

148) 노여움을……않았다 : ≪論語≫ 〈雍也〉에 보인다.

149) 四凶 : 舜임금 때의 네 惡人으로, 共工・驩兜・三苗・鯀이다.

이는 매우 어려운 것이 아니겠는가. 君子는 외물을 부리지만, 小人은 외물에 부림을 당한다.[150] 요즘 사람은 기뻐할 만하고 노여워할 만한 일이 있는 것을 보고서 스스로 어느 정도 힘을 써서 그것을 받드니, 이는 또한 수고로운 일이다. 성인의 마음은 고요한 물과 같다."

問호되 不遷怒하며 不貳過라하니 何也잇가 語錄에 有怒甲不遷乙之說하니 是否잇가 曰 是라 曰 若此則甚易(이)니 何待顔氏而後能이니잇고 曰 只彼說得粗了하여 諸君便道易(이)라 此莫是最難고 須是理會得因何不遷怒라 如舜之誅四凶에 怒在四凶하니 舜何與焉이리오 蓋因是人有可怒之事而怒之니 聖人之心은 本無怒也라 譬如明鏡하니 好物來時에 便見是好요 惡(악)物來時에 便見是惡이니 鏡에 何嘗有好惡也리오 世之人은 固有怒於室而色於市라 且如怒一人하고 對那人說話에 能無怒色否아 有能怒一人而不怒別人者면 能忍得如此니 已是煞(쇄)知義理라 若聖人은 因物而未嘗有怒하니 此莫是甚難이리오 君子役物하고 小人役於物이라 今人見有可喜可怒之事하고 自家著一分陪奉他하니 此亦勞矣라 聖人心如止水라

114. 선생에게 물었다.

"顔子는 용감하였습니까?"

선생이 말하였다.

"누가 안자보다 용감하겠는가. 그가 '舜임금은 어떤 분이며, 나는 어떤 사람인가. 큰 일을 하는 자는 또한 순임금과 같아야 한다.'[151]라고 말한 것을 보면, 누가 안자보다 용감하겠는가. 예컨대 '있어도 없는 것처럼 여기고, 가득 차도 텅 빈 것처럼 여기며, 남이 침범해도 따지지 않는다.'[152]라고 한 일과 같은 것은 또한 大勇이라고 할 만하다."

問호되 顔子는 勇乎잇가 曰 孰勇於顔子리오 觀其言曰 舜何人也며 予何人也오 有爲者亦若是어든 孰勇於顔子리오 如有若無하며 實若虛하며 犯而不校之類는 抑可謂大勇者矣라

---

150) 君子는……당한다 : ≪荀子≫ 〈修身篇〉에 보인다.

151) 舜임금은……한다 : ≪孟子≫ 〈滕文公 上〉에 보인다.

152) 있어도……않는다 : ≪論語≫ 〈泰伯〉에 曾子가 말하기를 "능하면서 능하지 못한 이에게 물으며, 학식이 많으면서 적은 이에게 물으며, 있어도 없는 것처럼 여기고, 가득 차도 텅 빈 것처럼 여기며, 남이 침범해도 따지지 않는 것을 옛날 내 벗이 일찍이 이런 일에 종사하였다.〔以能問於不能 以多問於寡 有若無 實若虛 犯而不校 昔者 吾友嘗從事於斯矣〕"라고 하였는데, 여기서 말하는 '벗'은 顔回를 가리킨다.

115. 曾子가 聖人의 道를 전한 것은 바로 성실함과 돈독함 때문이었다. ≪論語≫에 "參은 노둔하다."[153]라고 하였다. 예컨대 성인의 문하에서 子游와 子夏는 言語에 뛰어났고 子貢과 子張은 才辨에 뛰어났던[154] 것처럼 총명한 자가 매우 많았으나, 마침내 성인의 도를 전한 자는 곧 자질이 노둔한 사람이었다. 사람은 단지 성실함이 필요할 뿐이니, 성인이 忠信을 말한 곳[155]이 매우 많다. 증자는 孔子가 살아계실 적에 매우 어렸으나, 이후 배운 것은 헤아릴 수 없다. 또한 증자가 임종 시에 대자리를 바꾸라고 한 일[156]은 大賢 이상이 아니면 할 수 없는 것이다. 증자 이후에 子思가 있었으니, 이런 점을 알 수 있다.

曾子傳聖人道①는 只是一箇誠篤이라 語曰 參也魯라 如聖人之門에 子游子夏之言語와 子貢子張之才辨하여 聰明者甚多나 卒傳聖人之道者는 乃質魯之人이라 人只要一箇誠實이니 聖人說忠信處甚多라 曾子는 孔子在時에 甚少나 後來所學은 不可測이라 且易簀之事는 非大賢以上作不得이라 曾子之後에 有子思하니 便可見이라

---

153) 參은 노둔하다 : ≪論語≫ 〈先進〉에 보인다.

154) 子游와……뛰어났던 : ≪論語≫ 〈先進〉에 孔子가 말하기를 "陳나라와 蔡나라에서 나를 따르던 자들이 모두 문하에 있지 않구나. 덕행에 뛰어난 자는 顔淵·閔子騫·冉伯牛·仲弓이었고, 言語에 뛰어난 자는 宰我·子貢이었고, 政事에 뛰어난 자는 冉有·季路였고, 文學에 뛰어난 자는 子游·子夏였다."라고 하였다.

155) 성인이……곳 : ≪論語≫ 〈學而〉에서 孔子가 "君子가 중후하지 않으면 위엄이 없으니, 학문을 하더라도 견고하지 않다. 忠信을 위주로 하며, 자기와 지향이 같지 않은 자를 벗하지 말며, 허물이 있으면 고치기를 꺼리지 말아야 한다.〔君子不重則不威 學則不固 主忠信 無友不如己者 過則勿憚改〕"라고 하였고, 〈公冶長〉에서 공자가 "열 집이 모여 사는 고을에도 반드시 나만큼 忠信한 사람이 있겠지만, 나만큼 배우기를 좋아하는 사람은 없을 것이다.〔十室之邑 必有忠信如丘者焉 不如丘之好學也〕"라고 하였고, 〈述而〉에서 "공자는 네 가지로 가르쳤으니, 文·行·忠·信이다.〔子以四敎 文行忠信〕"라고 하였고, 〈子罕〉에서 공자가 "忠信을 위주로 하며, 자기와 지향이 같지 않은 자를 벗하지 말며, 허물이 있으면 고치기를 꺼리지 말아야 한다.〔主忠信 毋友不如己者 過則勿憚改〕"라고 하였고, 〈顔淵〉에서 子張이 德을 높이고 의혹을 분별하는 것을 묻자 공자가 "忠信을 주로 하며 義로 옮겨가는 것이 德을 높이는 것이다. 그를 사랑할 때에는 그가 살기를 바라고, 그를 미워할 때에는 그가 죽기를 바란다. 이미 살기를 바라고서 또 죽기를 바라는 것, 이것이 미혹된 것이다.〔主忠信 徙義 崇德也 愛之欲其生 惡之欲其死 旣欲其生 又欲其死 是惑也〕"라고 하였고, 〈衛靈公〉에서 子張이 行을 묻자 공자가 "말이 진실하고 미더우며 행동이 독실하고 공경스러우면 오랑캐의 나라에서도 그 道를 행할 수 있지만, 말이 진실하고 미덥지 못하며 행실이 독실하고 공경스럽지 못하면 자신이 사는 州里라고 할지라도 道를 행할 수 있겠는가?〔言忠信 行篤敬 雖蠻貊之邦 行矣 言不忠信 行不篤敬 雖州里行乎哉〕"라고 하였다.

156) 임종……일 : 曾參이 임종할 때 季孫氏에게서 받은 대자리 위에 누워 있었는데, 그것이 자신의 분수에 맞지 않는다고 여겨 대자리를 바꾸게 하였다.(≪禮記≫ 〈檀弓 上〉)

聖門四科

① 〈道는〉 어떤 판본에는 '學'으로 되어 있다.
一作學.

116. 〈선생에게 물었다.〉

"曾子가 어버이의 상을 치를 적에 물과 장도 입에 대지 않은 것이 7일이었다고 하니,[157] 禮에 맞게 하지 않은 것은 어째서입니까?"

선생이 말하였다.

"증자는 禮를 후하게 하는 데에 지나친 것이다. 聖人의 크고 중도에 맞는 도는 賢者의 경우 반드시 숙여서 중도에 나아가게 하고, 불초한 자의 경우 반드시 발돋움하여 중도에 미치게 하였으니, 증자의 지나침과 같은 것은 후하게 하는 데에 지나친 것이다. 衆

157) 曾子가……하니 : ≪禮記≫ 〈檀弓 上〉에 曾子가 子思에게 이르기를 "伋아, 내가 어버이의 상을 치를 적에 물과 장을 입에 대지 않은 것이 7일이었다.〔伋 吾執親之喪也 水漿不入於口者七日〕"라고 하였다. 子思가 말하기를 "先王이 禮를 제정할 적에 지나친 자는 숙여서 중도에 나아가게 하고, 이르지 못한 자는 발돋움하여 중도에 미치게 하였습니다. 그러므로 君子가 어버이의 상을 치를 적에 물과 장을 입에 대지 않는 것이 3일이 지난 뒤에 지팡이를 잡고 일어날 수 있었습니다.〔先王之制禮也 過之者俯而就之 不至焉者跂而及之 故君子之執親之喪也 水漿不入於口者三日 杖而後能起〕"라고 하였다.

人 같은 경우는 반드시 禮法을 따라야 하지만, 大賢 이상의 사람은 그가 어떠했는지를 봐야 하니 예법으로 구속할 수는 없다. 또한 社稷을 지키는 것은 國君의 직무이지만 太王은 사직을 버리고 떠나갔으며,158) 宗廟를 지키는 것은 天子의 직무이지만 堯와 舜은 천하를 남에게 주었다. 이 세 聖賢과 같다면 해로움이 없으나, 다른 사람은 불가하다. 그러나 성인이 남을 가르치는 방법은 대저 그로 하여금 예법을 따르게 할 따름이다."

曾子執親之喪에 水漿不入口者七日이라하니 不合禮은 何也잇고 曰 曾子者는 過於厚者也라 聖人大中之道는 賢者必俯而就하고 不肖者必跂而及이니 若曾子之過는 過於厚者也라 若衆人은 必當就禮法이나 自大賢以上은 則看佗如何니 不可以禮法拘也라 且守社稷者는 國君之職也나 太王則委而去之하며 守宗廟者는 天子之職也나 堯舜則以天下與人이라 如三聖賢이면 則無害나 佗人은 便不可라 然이나 聖人所以敎人之道는 大抵使之循禮法而已라

117. "金으로 소리 내어 시작하고 玉으로 그 소리를 거두어들인다."159)라고 하였으니, 이는 孟子가 배우는 자를 위해 終始의 의미를 말한 것이다. 음악의 연주는 金을 연주하는 것으로 시작하고 玉聲으로 음악을 마친다. ≪詩經≫에 "우리 玉磬의 소리에 의지한다."160)라는 것이 이것이다. 앎을 극진히 하는 것에서 시작하는 것은 智의 일이고, 아는 것을 실천하여 그 지극한 경지에 이르는 것은 聖의 일이다. ≪周易≫에 "이를 바를 알아 그곳에 이르고, 마칠 바를 알아 그것을 마친다."161)라고 한 것이 이것이다.

金聲而玉振之라하니 此는 孟子爲學者言終始之義也라 樂之作은 始以金奏하고 而以玉聲終之라 詩曰 依我磬聲이 是也라 始於致知는 智之事也요 行所知而至其極은 聖之事也라 易曰 知至

158) 太王은……떠나갔으며 : 太王 古公亶父가 邠 땅에 거주할 적에 狄人이 쳐들어오자, 백성을 위해 邠을 버리고 岐山 아래로 가서 거주한 것을 말한다.(≪孟子≫ 〈梁惠王 下〉)

159) 金으로……거두어들인다 : ≪孟子≫ 〈萬章 下〉에 "孔子를 集大成이라 하니, 집대성이란 金으로 소리 내어 시작하고 玉으로 그 소리를 거두어들이는 것이다. 金으로 소리를 울리는 것은 條理를 시작함이요, 玉으로 거둔다는 것은 條理를 마침이니, 條理를 시작하는 것은 智의 일이요, 條理를 마치는 것은 聖의 일이다.〔孔子之謂集大成 集大成也者 金聲而玉振之也 金聲也者 始條理也 玉振之也者 終條理也 始條理者 智之事也 終條理者 聖之事也〕"라고 한 데서 나왔다.

160) 우리……의지한다 : ≪詩經≫ 〈商頌 那〉에 보인다.

161) 이를……마친다 : ≪周易≫ 乾卦 〈文言傳〉 九三에 "이를 바를 알아 그곳에 이르므로 더불어 기미를 알 수 있고, 마칠 바를 알아 그것을 마치므로 더불어 義를 보존할 수 있다.〔知至至之 可與幾也 知終終之 可與存義也〕"라고 하였다.

至之하고 知終終之가 是也라

118. "오직 聖人인 뒤에야 형체와 용모대로 실천할 수 있다."162)라는 것은 성인이 人道를 극진히 한 것을 말한다. 사람은 天地의 바른 기운을 얻어서 태어나 萬物과 같지 않다. 그러니 이미 사람이 되었다면 사람의 도리를 극진히 해야 한다. 衆人은 이것을 가지고 있으나 알지 못하고, 賢人은 그것을 실천하되 극진하지 못하니, 능히 형체와 용모대로 실천하는 이는 성인뿐이다.

惟聖人然後에 踐形이라함은 言聖人盡得人道也라 人得天地之正氣而生하여 與萬物不同이라 旣爲人인댄 須盡得人理라 衆人은 有之而不知하고 賢人은 踐之而未盡하니 能踐形者는 惟聖人也라

119. "편안하게 하는 道로써 백성을 부린다."163)라는 것은 본래 백성들을 편안하게 하고자 함을 말한다. 그러므로 백성들이 비록 수고로우나 원망하지 않는다. "살려주는 道로써 백성을 죽인다."라는 것은 본래 백성들을 살리고자 함을 말한다. 또한 예컨대 물과 불에서 구제하는 것은 그들을 살릴 방법을 구하는 것이니, 혹 불에 타고 물에 빠져서 죽는 자가 있기도 하지만 그들은 도리어 죽더라도 원망하지 않는다.

佚道使民은 謂本欲佚之也라 故로 雖勞而不怨이라 生道殺民은 謂本欲生之也라 且如救水火는 是求所以生之也니 或有焚溺而死者로되 却雖死라도 不怨이라

120. 仁言은 仁厚한 말로 백성에게 말하는 것을 뜻한다. 仁聲은 仁聞과 같으니, 명성이 남을 감동시키기에 충분함을 말한다.164) 여기에서 仁德이 밝게 드러나는 것을 더욱 알게 된다.

---

162) 오직……있다 : ≪孟子≫ 〈盡心 上〉에 孟子가 말하기를 "형체와 용모는 타고난 天性이니, 오직 聖人인 뒤에야 형체와 용모대로 실천할 수 있다.[形色 天性也 惟聖人然後 可以踐形]"라고 하였다.

163) 편안하게……부린다 : ≪孟子≫ 〈盡心 上〉에 孟子가 말하기를 "편안하게 하는 道로써 백성을 부리면 비록 수고로우나 백성들이 원망하지 않으며, 살려주는 道로써 백성을 죽이면 비록 죽더라도 죽이는 자를 원망하지 않는다.[以佚道使民 雖勞不怨 以生道殺民 雖死不怨殺者]"라고 하였다.

164) 仁言은……말한다 : ≪孟子≫ 〈盡心 上〉에 孟子가 말하기를 "仁言은 仁聲이 사람들 마음속에 깊이 들어가는 것만 못하다.[仁言不如仁聲之入人深也]"라고 한 데서 나온 말이다.

仁言은 謂以仁厚之言으로 加於民이라 仁聲은 如仁聞이니 謂風聲足以感動人也라 此尤見仁德之昭著也라

121. "그것을 행하면서도 그 이치를 밝게 알지 못하며, 그 일에 익숙하면서도 그 이치를 살피지 못한다."165)라는 것을 묻자, 선생이 말하였다.

"이는 大道가 이와 같은데 사람이 그것을 행하면서도 알지 못하는 것을 말한 것이다. '그것을 행하면서도 그 이치를 밝게 알지 못한다.'라는 것은 사람이 그것을 행하면서도 그 이치를 밝게 깨우치지 못한 것을 말한다. '그 일에 익숙하면서도 그 이치를 살피지 못한다.'라는 것은 사람이 그 일에 익숙하면서도 그 이치를 살피지 못하는 것을 말한다."

"선생께서 비록 孔子 문하의 제자라 하더라도 또한 이런 병통이 있다고 말씀하신 것은 어째서입니까?"

"衆人이 그 일에 익숙하면서도 그 이치를 살피지 못하는 경우는 배고프면 음식을 먹고 목이 마르면 물을 마시는 등의 일이니, 그것을 행하면서도 스스로 그 이치를 알지 못하는 것이다. 이는 공자 문하의 제자들이 聖人의 교화를 직접 듣고서 善으로 들어갔지만 스스로 그 이치를 알지 못한 것과 같다. '衆'166)은 많다는 뜻이다."

問行之而不著하며 習矣而不察하니 曰 此言大道如此로되 而人由之不知也라 行之而不著는 謂人行之而不明曉也라 習矣而不察은 謂人習之而不省察也라 曰 先生有言하니 雖孔門弟子라도 亦有此病은 何也잇가 曰 在衆人에 習而不察者는 只是饑食渴飮之類니 由之而不自知也라 如孔門弟子가 却是聞聖人之化하여 入於善이나 而不自知也라 衆者는 言衆多也라

122. 선생에게 물었다.

"'언뜻 보면 취할 만하나 자세히 보면 취하지 말아야 한다.'167)라고 하였으니, 天下에

---

165) 그것을……못한다 : ≪孟子≫ 〈盡心 上〉에 孟子가 말하기를 "그것을 행하면서도 그 이치를 밝게 알지 못하며, 그 일에 익숙하면서도 그 이치를 살피지 못한다. 그러므로 종신토록 행하면서도 그 道를 알지 못하는 자가 많은 것이다.〔行之而不著焉 習矣而不察焉 終身由之而不知其道者 衆也〕"라고 하였다.

166) 衆 : ≪孟子≫ 〈盡心 上〉에서 孟子가 말한 '終身由之而不知其道者 衆也'의 '衆'을 말한다. 趙岐는 '衆'을 보통 사람〔衆庶之人〕의 의미로 보았다.

두 가지 모두 가능한 일이 있습니까?"

선생이 말하였다.

"그런 일이 있다. 예컨대 벗이 보내준 음식은 취할 만한 것이다. 그러나 자기가 스스로 충족할 수 있는 것은 취하지 말아야 한다. 그런 것을 조금이라도 취하면 청렴함을 상한다."

"취하여 청렴함을 상하는 것은 참으로 옳지 않습니다. 그러나 주어서 은혜를 상하는 것이 어찌 해가 됩니까?"

"이는 은혜에 해로움이 있다. 언뜻 보면 줄 만하나 자세히 보면 주지 말아야 한다. 만약 남에게 줄 적에 재물이 혹 넉넉하지 않으면 마땅히 주어야 할 사람에게 그 재물을 줄 수가 없다. 또 널리 은혜를 베풀어 많은 사람을 구제하는 것은 참으로 聖人이 하고자 하는 것이다.[168] 그러나 50세가 되어야 비단옷을 입고 70세가 되어야 육고기를 먹으니,[169] 가령 40세에 비단옷을 입고 50세에 육고기를 먹는다면 어찌 더 좋지 않겠는가. 그러나 그들에게 다 줄 여력이 되지 않으니, 마땅히 비단옷을 입고 육고기를 먹어야 하는 사람에게도 부족하기 때문이다. 이것이 은혜를 상하는 까닭이다."

問호되 可以取며 可以無取라하니 天下有兩可之事乎잇가 曰 有之라 如朋友之饋는 是可取也라 然己自可足은 是不可取也라 纔取之면 便傷廉矣라 曰 取傷廉은 固不可어니와 然與傷惠가 何害잇가 曰 是有害於惠也라 可以與나 然却可以不與라 若與之時에 財或不贍이면 却於合當與者에 無可與之라 且博施濟衆은 固聖人所欲이라 然이나 却五十者라야 方衣帛하고 七十者라야 方食肉하니 如使四十者衣帛하고 五十者食肉이 豈不更好아 然이나 力不可以給이니 合當衣帛食肉者도 便不足

167) 언뜻……한다 : ≪孟子≫ 〈離婁 下〉에 孟子가 말하기를 "언뜻 보면 취할 만하나 자세히 보면 취하지 말아야 할 경우에 취하면 청렴함을 상하며, 언뜻 보면 줄 만하나 자세히 보면 주지 말아야 할 경우에 주면 은혜를 상하며, 언뜻 보면 죽을 만하나 자세히 보면 죽지 말아야 할 경우에 죽으면 용맹함을 상한다.〔可以取 可以無取 取傷廉 可以與 可以無與 與傷惠 可以死 可以無死 死傷勇〕"라고 한 데서 나왔다.

168) 널리……것이다 : 子貢이 "백성에게 은혜를 널리 베풀어 많은 사람을 구제할 수 있으면 어떠합니까? 仁하다고 할 수 있습니까?"라고 묻자, 孔子가 "어찌 仁을 일삼는 데 그치겠는가. 반드시 聖人일 것이다. 堯·舜도 오히려 부족하게 여기셨다.〔何事於仁 必也聖乎 堯舜 其猶病諸〕"라고 하였다.(≪論語≫ 〈雍也〉)

169) 50세가……먹으니 : ≪孟子≫ 〈公孫丑 上〉에 "5畝의 집터에 뽕나무를 심으면 50세가 된 이들이 비단옷을 입을 수 있고, 닭·돼지·개·큰 돼지를 기르면서 새끼 칠 때를 놓치지 않으면 70세가 된 이들이 고기를 먹을 수 있다.〔五畝之宅 樹之以桑 五十者可以衣帛矣 鷄豚狗彘之畜 無失其時 七十者可以食肉矣〕"라고 하였다.

也일새라 此所以傷惠라

123. "사람은 하지 않는 것이 있은 뒤에야 큰일을 할 수 있다."[170]라는 것을 묻자, 선생이 말하였다.

"이는 단지 선택하는 사람이 자기가 할 수 있는 것과 할 수 없는 것을 능히 선택함이 있을 뿐이다. 하지 않는 바가 있으면 큰일을 할 수 있지만, 만약 하지 않는 바가 없다면 어찌 능히 큰일을 하겠는가."

問人有不爲然後에 可以有爲하니 曰 此는 只是有所擇之人能擇其可爲不可爲也라 纔有所不爲면 便可以有爲어니와 若無所不爲면 豈能有爲邪아

124. 선생에게 물었다.

"'禮가 아닌 禮와 義가 아닌 義'[171]는 무엇을 말하는 것입니까?"

선생이 말하였다.

"공손함은 본래 禮가 되나, 지나치게 공손함은 禮가 아닌 禮이다. 물건을 남에게 주는 것은 義가 되나, 지나치게 주는 것은 義가 아닌 義이다."

"이러한 일을 어찌 大人만은 하지 않는 것입니까?"

"지나치게 공손하고 지나치게 주는 것은 小人의 일이니, 婦人의 仁[172]이라고 말하는 것과 같다. 이는 단지 그가 小人처럼 되는 것이니, 大人이 어찌 이와 같이 하려 하겠는가."

問호되 非禮之禮와 非義之義는 何謂也잇가 曰 恭本爲禮나 過恭은 是非禮之禮也라 以物與人爲義나 過予는 是非義之義也라 曰 此事를 何止大人不爲잇가 曰 過恭過予는 是細人之事니 猶言婦

---

170) 사람은……있다 : ≪孟子≫ 〈離婁 下〉에 보인다.

171) 禮가……義 : ≪孟子≫ 〈離婁 下〉에 孟子가 말하기를 "禮가 아닌 禮와 義가 아닌 義를 大人은 하지 않는다.〔非禮之禮 非義之義 大人弗爲〕"라고 하였다.

172) 婦人의 仁 : 사소한 은혜만 베푸는 일시적인 인정을 말한다. 韓信이 劉邦에게 項羽의 사람됨을 평하면서 "項王은 사람을 만나면 공경하고 자애로우며 말이 부드럽습니다. 누가 병에 걸리면 눈물을 흘리며 음식을 나누어 줍니다. 그러나 자기가 부리는 사람이 공을 세워서 봉작해야 할 경우에는 그 印綬가 닳도록 차마 주지를 못하니, 이것이 이른바 婦人의 仁이라고 하는 것입니다."라고 하였다. (≪史記≫ 卷92 〈淮陰侯列傳〉)

人之仁也라 只爲佗小了니 大人豈肯如此리오

125. 선생에게 물었다.

"天民[173])과 天吏[174])와 大人[175])은 무엇으로써 구별합니까?"

선생이 말하였다.

"天道에 순응하여 道를 행하는 자는 天民이고, 天道에 순응하여 정사를 행하는 자는 天吏이고, 大人은 그 두 사람의 위에 있는 자이다. 孟子가 말하기를 '美가 가득 차서 그 빛이 드러난 것을 大라 한다.'라고 하였으니, 聖人이 어찌 天民과 天吏가 되지 못하겠는가? 文王과 伊尹 같은 분이 그런 사람이다. '大하면서 자연스럽게 자신을 변화시키는 것을 聖이라 하고, 聖하여 남들이 알 수 없는 것을 神이라 한다.'라고 하였으니, 성인 위에 별도로 한 등급의 神人이 있는 것이 아니라, 단지 성인에게 남들이 알 수 없는 점이 있는 것이 곧 神이다.[176]) 化[177])는 變化의 化와 같다. 만약 성인의 경지에 이르면 다시 차등이 없다."

혹자가 말하였다.

"堯임금 · 舜임금 · 禹임금 · 湯임금 · 文王 · 武王은 어떠합니까?"

선생이 말하였다.

"孔子가 일찍이 堯임금과 舜임금을 논하였으니, '오직 하늘이 위대한데 堯임금이 그것을 본받으셨다.'[178])라고 하였다. 이와 같은 일은 매우 커서 오직 堯임금과 舜임금만이

---

173) 天民 : 天理를 온전히 하고 극진히 하여 그 道가 천하에 행할 수 있게 된 뒤에 행하는 사람으로, 聖人의 경지에 이르렀으나 지위가 없는 자이다.(≪孟子≫ 〈盡心 上〉)

174) 天吏 : 天命을 받들어 행하는 자로, 천하에 대적할 사람이 없는 자이다.(≪孟子≫ 〈公孫丑 上〉)

175) 大人 : 자기를 바르게 하여 남들이 바르게 되는 사람으로, 德이 성대하여 上下가 교화되는 자이다.(≪孟子≫ 〈盡心 上〉)

176) 孟子가……神이다 : 浩生不害가 樂正子는 어떤 사람인지 묻자, 孟子가 善人이며 信人이라고 하였다. 다시 善과 信에 대해 묻자, 맹자가 말하기를 "누구나 하고자 하는 것을 善이라 하고, 善을 자기 몸에 소유하는 것을 信이라 하고, 善을 행하여 가득 채우는 것을 美라 하고, 美가 가득 차서 그 빛이 드러난 것을 大라 하고, 大하면서 자연스럽게 자신을 변화시키는 것을 聖이라 하고, 聖하여 남들이 알 수 없는 것을 神이라 한다. 악정자는 두 가지(善 · 信)의 중간이요, 네 가지(神 · 聖 · 大 · 美)의 아래이다.〔可欲之謂善 有諸己之謂信 充實之謂美 充實而有光輝之謂大 大而化之之謂聖 聖而不可知之之謂神 樂正子 二之中 四之下也〕"라고 하였다.(≪孟子≫ 〈盡心 下〉)

177) 化 : '大而化之之謂聖'의 '化'를 말한다.

178) 오직……본받으셨다 : ≪孟子≫ 〈滕文公 上〉에 "孔子가 말씀하셨다. '위대하다, 堯의 임금 노릇 하

그렇다고 일컬을 수 있다. 湯임금과 武王 같은 분은 비록 일이 같지 않지만 성인인지 성인이 아닌지는 알지 못하겠다."

혹자가 말하였다.

"湯임금과 武王의 마음으로 그것을 구할 수 있습니까?"

선생이 말하였다.

"그들의 마음을 살펴보면, '한 가지라도 不義를 행하며, 한 사람이라도 무고한 사람을 죽여서 비록 천하를 얻을지라도 이들은 그런 일을 하지 않을 것이다.'179)라고 한 것과 같다. 이러한 일은 大賢 이상의 사람이라야 할 수 있다. 그분들이 만약 성인이 아니라면 또한 亞聖이라는 등급의 사람일 것이다. 文王 같은 분은 분명히 큰 성인이다. 禹임금은 또한 분명히 湯임금이나 武王과 같지만, 舜임금이 禹가 자랑하지 않고 과시하지 않음을 칭찬한 것180)과 孔子가 '흠잡을 것이 없다.'181)라고 말한 일을 살펴보면 또한 별도로 하나의 기상이 있다. 대저 태어나면서부터 이치를 아는 것과 배워서 이치를 아는 것은 그 성공에 이르러서는 동일하다."

問호되 天民과 天吏와 大人은 何以別이니잇고 曰 順天行道者는 天民也요 順天爲政者는 天吏也요 大人者는 又在二者之上이라 孟子曰 充實而有光輝之謂大라하니 聖人이 豈不爲天民天吏아 如文王伊尹이 是也라 大而化之之謂聖이요 聖而不可知之之謂神이라하니 非是聖人上別有一等神人이요 但聖人有不可知處가 便是神也라 化는 與變化之化로 同이라 若到聖人이면 更無差等也라

심이여! 오직 하늘이 위대하거늘 요임금이 그것을 본받으셨으니, 넓고 넓어서 백성들이 능히 형용할 수가 없도다.〔大哉 堯之爲君 惟天爲大 唯堯則之 蕩蕩乎民無能名焉〕'"라고 하였다.

179) 한……것이다 : ≪孟子≫ 〈公孫丑 上〉에서 孟子가 伯夷・伊尹과 孔子의 같은 점에 대해 말하기를 "百里 되는 땅을 얻어서 임금 노릇을 하면 모두 제후들에게 조회를 받고 천하를 소유할 수 있을 것이지만, 한 가지 일이라도 不義를 행하며, 한 사람이라도 죄 없는 이를 죽여서 천하를 얻는 일은 모두 하시지 않을 것이니, 이 점은 같다.〔得百里之地而君之 皆能以朝諸侯有天下 行一不義 殺一不辜而得天下 皆不爲也 是則同〕"라고 한 데서 나왔다.

180) 舜임금이……것 : ≪書經≫ 〈大禹謨〉에 舜임금이 禹가 홍수를 다스린 것을 칭찬하며 "네가 자랑하지 않으나 천하에 너와 더불어 능함을 다툴 자가 없으며, 네가 과시하지 않으나 천하에 너와 더불어 공을 다툴 자가 없으니, 내 너의 덕을 성대하여 여기며 너의 아름다운 공적을 가상하게 여기노라.〔汝惟不矜 天下莫與汝爭能 汝惟不伐 天下莫與汝爭功 予懋乃德 嘉乃丕績〕"라고 한 데서 나왔다.

181) 흠잡을……없다 : ≪論語≫ 〈泰伯〉에 孔子가 말하기를 "禹임금은 내가 흠잡을 것이 없다. 음식을 간소하게 드시면서도 귀신에게 효를 지극히 하시며, 의복을 검소하게 하시면서도 제례복은 아름다움을 지극히 하시며, 궁실은 낮게 지었으면서도 治水에는 힘을 다하셨으니, 우임금은 내가 흠잡을 것이 없으시다.〔禹 吾無間然矣 非飮食而致孝乎鬼神 惡衣服而致美乎黻冕 卑宮室而盡力乎溝洫 禹 吾無間然矣〕"라고 하였다.

或曰 堯舜禹湯文武는 如何잇고 曰 孔子嘗論堯舜矣니 如曰 惟天이 爲大어늘 惟堯則之하시니라 如此等事는 甚大하여 惟堯舜이 可稱也라 若湯武는 雖是事不同이나 不知是聖人不是聖人이라 或曰 可以湯武之心求之否잇가 曰 觀其心이면 如行一不義하며 殺一不辜하여 雖得天下라도 不爲라 此等事는 大賢以上人이라야 方①爲得이라 若非聖人이면 亦是亞聖一等人也라 若文王은 則分明是大聖人也라 禹는 又分明如湯武이어니와 觀舜稱其不矜不伐과 與孔子言無間然之事어든 又却別有一箇氣象이라 大抵生而知之와 與學而知之는 及其成功하얀 一也라

① 〈方은〉 어떤 판본에는 '言'으로 되어 있다.
一作言.

126. 蘇季明(蘇昞)이 물었다.

"舜임금이 '양쪽의 극단을 잡았다.'[182]라고 한 구절의 注[183]에 '過·不及의 양쪽 극단이다.'라고 하였으니, 맞습니까?"

선생이 말하였다.

"그러하다."

"이미 지나치거나 미치지 못했는데, 또한 어떻게 그것을 잡습니까?"

"執은 오늘날 이른바 '잡아서 행할 수 없게 한다.'는 말과 같다. 순임금이 過와 不及을 잡아서 백성들이 〈過와 不及을〉 행할 수 없게 하고, 그 中道를 써서 백성들이 그 中道를 행하게 한 것이다."

또 물었다.

"이 '執'자는 '湯임금은 中道를 잡았다.'[184]라고 할 때의 '執'자와 비교하여 어떠합니까?"

선생이 말하였다.

---

182) 양쪽의……잡았다 : ≪中庸≫에 "孔子가 말하였다. '舜임금은 크게 지혜로운 분이셨도다. 순임금은 남에게 묻기를 좋아하고 일상 가까이에 있는 말을 살피기를 좋아하시되 남의 악을 숨겨주고 남의 선을 드러내었으며, 양쪽의 극단적인 주장을 잡아서 백성에게 그 中道를 쓰셨다. 그것이 순임금이 되신 이유이다.〔舜其大知也與 舜好問而好察邇言 隱惡而揚善 執其兩端 用其中於民 其所以爲舜乎〕'"라고 한 데서 나왔다.

183) 注 : 鄭玄의 注를 말한다.

184) 湯임금은……잡았다 : ≪孟子≫ 〈離婁 下〉에 孟子가 말하기를 "湯임금은 中道를 잡으시며, 어진 이를 등용하되 부류를 따지지 않으셨다.〔湯執中 立賢無方〕"라고 하였다.

"執은 똑같은 執일 뿐이다. 순임금이 양쪽 극단을 잡은 것은 잡고서 쓰지 않은 것이고, 탕임금이 中道를 잡아 잃지 않은 것은 장차 그것을 쓰려 한 것이다. 子莫이 中을 잡은 것[185]은 자막이 楊朱와 墨翟의 過・不及을 보고, 드디어 過・不及 두 가지 사이에서 중간을 잡은 것이니, 자신의 이마를 갈아 발꿈치에 이르더라도 천하 사람들을 이롭게 해야 할 때가 있고, 털 하나를 뽑아서 천하 사람들을 이롭게 하더라도 하지 않아야 할 때가 있는 것을 알지 못한 것이다. 중간을 잡고서 變通하지 않으면 하나를 잡은 것과 다름이 없다."

蘇季明이 問호되 舜이 執其兩端의 注에 以爲過不及之兩端이라하니 是乎잇가 曰 是라 曰 旣過不及이어늘 又何執乎잇가 曰 執은 猶今之所謂執持使不得行也라 舜이 執持過不及하여 使民不得行하고 而用其中하여 使民行之也라 又問호되 此執은 與湯執中으로 何如하니잇고 曰 執은 是一箇執이라 舜執兩端은 是執持而不用이요 湯執中而不失은 將以用之也라 若子莫執中은 却是子莫見楊墨過不及하여 遂於過不及二者之間執之니 却不知有當摩頂放踵利天下時요 有當拔一毛利天下不爲時라 執中而不通變이면 與執一로 無異라

127. 季明(蘇昞)이 물었다.

"'君子로서 그때그때 中道에 맞게 한다.'[186]라는 것은 時宜를 따르는 것이 아닙니까?"

선생이 말하였다.

"그러하다. '中'자는 가장 알기 어려우니, 모름지기 묵묵히 이해하여 마음으로 통해야 한다. 한번 말해보자면, 하나의 대청은 중앙이 中이 되고, 한 집안은 대청의 가운데가 中이 아니라 堂이 中이 되며, 한 나라를 말하자면 堂이 中이 아니라 國中이 中이 되니, 이러한 유형을 미루어보면 그 의미를 알 수 있다. 만일 초겨울이라면 얇은 가죽옷이 中이 되지만, 한겨울에 초겨울의 얇은 가죽옷을 입는다면 中이 아니다. 또한 세 번 자기

185) 子莫이……것 : ≪孟子≫ 〈盡心 上〉에 맹자가 말하기를 "楊子는 자신을 위하는 설을 취하였으니, 털 하나를 뽑아서 천하 사람들을 이롭게 하더라도 하지 않았다. 墨子는 兼愛說을 취하였으니, 자신의 이마를 갈아 발꿈치에 이르더라도 천하 사람들을 이롭게 하면 그 일을 하였다. 子莫은 이 두 사람의 중간을 취하였으니, 중간을 잡는 것이 道에 가까우나, 중간만을 잡고 權道가 없는 것은 하나를 잡는 것과 같다.〔楊子取爲我 拔一毛而利天下 不爲也 墨子兼愛 摩頂放踵 利天下 爲之 子莫執中 執中爲近之 執中無權 猶執一也〕"라고 하였다.

186) 君子로서……한다 : ≪中庸≫에 "君子가 中庸을 행하는 것은 군자로서 그때그때 中道에 맞게 하는 것이다.〔君子之中庸也 君子而時中〕"라고 하였다.

집 문 앞을 지나가면서도 들어가지 않는 것은 禹임금과 稷의 세상에서는 中이 되지만, 〈顔回처럼〉 누추한 마을에 사는 일과 같은 것은 그 시대에는 中이 아니다. 누추한 마을에 사는 것은 顔子의 시대에는 中이 되지만, 세 번 자기 집 문 앞을 지나가면서도 들어가지 않는 일 같은 것은 그 시대에는 中이 아니다."

혹자가 말하였다.

"남녀가 직접 물건을 주고받지 않는[187] 것들이 모두 그러합니까?"

선생이 말하였다.

"그러하다. 남녀가 직접 물건을 주고받지 않은 것이 中이나, 喪祭에서는 이와 같지 않다."

季明이 問호되 君子時中은 莫是隨時否잇가 曰 是也라 中字最難識이니 須是默識心通이라 且試言컨대 一廳則中央爲中이요 一家則廳中非中而堂爲中이요 言一國이면 則堂非中而國之中爲中이니 推此類면 可見矣라 且如初寒時면 則薄裘爲中이나 如在盛寒而用初寒之裘면 則非中也라 更如三過其門不入은 在禹稷之世爲中이나 若居陋巷은 則不中矣라 居陋巷은 在顔子之時爲中이나 若三過其門不入은 則非中也라 或曰 男女不授受之類가 皆然이니잇가 曰 是也라 男女不授受는 中也나 在喪祭엔 則不如此矣라

128. 혹자가 물었다.

"堯임금·舜임금·湯임금·武王은 事迹이 비록 같지 않지만, 그 心德에도 차이가 있습니까?"

선생이 말하였다.

"차이가 없다."

"孟子가 말하기를 '堯임금과 舜임금은 본성대로 하신 분이고, 湯임금과 武王은 몸소 실천하신 분이다.'[188]라고 하였으니, 湯임금과 武王은 어찌 본성대로 하지 않았습니까?"

"堯임금과 舜임금은 태어나면서부터 이치를 아신 분이고, 湯임금과 武王은 배워서 이

---

187) 남녀가……않는 : ≪禮記≫ 〈坊記〉에 "남녀는 물건을 주고받기를 직접 하지 않는다.〔男女授受不親〕"라고 하였다.

188) 堯임금과……분이다 : ≪孟子≫ 〈盡心 上〉에 孟子가 말하기를 "堯·舜은 본성대로 하신 분이고, 湯·武는 몸소 실천하신 분이다.〔堯舜 性之也 湯武 身之也〕"라고 하였다.

치를 아신 분이지만, 그분들이 공을 이룩한 경지에 이르러서는 동일하다. '몸소 실천했다.〔身之〕'라는 것은 몸소 그것을 실천했다는 것이고, '회복했다.〔反之〕'[189]라는 것은 바른 데로 돌아갔다는 말이다."

問호되 堯舜湯武는 事迹雖不同이나 其心德有間否잇가 曰 無間이라 曰 孟子言호되 堯舜은 性之요 湯武는 身之라하니 湯武는 豈不性之邪잇가 曰 堯舜은 生知하고 湯武는 學而知之나 及其成功하얀 一也라 身之는 身履之也요 反之는 言歸於正也라

129. 혹자가 물었다.

"〈宰我가 孔子에 대해〉 '선생님은 堯·舜보다 현명하시다.'[190]라고 하였는데, 그것이 사실입니까?"

선생이 말하였다.

"堯·舜보다 어찌 현명할 수 있겠는가? 단지 공자의 門人들이 공자의 道를 추존하여 仲尼가 만세에 법을 드리웠다고 생각하였기 때문에 그처럼 말한 것이다. 그러나 세 사람이 聖人을 논한 것[191]은 모두 성인을 잘 일컬은 것이 아니다. 顔子 같은 이는 이와 같이 말하지 않았으니, 단지 '우러러볼수록 더욱 높고, 뚫고 들어갈수록 더욱 견고하다.'[192]라고 말했을 뿐이다. 이후 曾子 같은 이는 성인의 기상을 잘 형용하여 '孔子께서는 온화하면서도 엄숙하시며, 위엄이 있으면서도 사납지 않으시며, 공손하면서도 편안하셨다.'[193]라고 하였다. 또 〈鄕黨〉 한 편은 성인의 행동과 용모, 처분과 조치를 형용한 것이 매우 좋으니, 배우는 자로 하여금 완연히 성인을 만나보는 것과 같게 한다."

或問호되 夫子賢於堯舜이라하니 信諸잇가 曰 堯舜에 豈可賢也리오 但門人推尊夫子之道하여 以

---

189) 회복했다 : ≪孟子≫ 〈盡心 上〉에 孟子가 말하기를 "堯·舜은 본성대로 하셨고, 湯·武는 본성을 회복하셨다.〔堯舜 性者也 湯武 反之也〕"라고 한 데서 나왔다.

190) 선생님은……현명하시다 : ≪孟子≫ 〈公孫丑 上〉에 "宰我가 말하였다. '내가 夫子를 관찰하건대 堯·舜보다 훨씬 현명하시다.〔宰我曰 以予觀於夫子 賢於堯舜 遠矣〕'"라고 하였다.

191) 세……것 : 세 사람은 宰我, 子貢, 有若이다. ≪孟子≫ 〈公孫丑 上〉에서 孟子가 그들이 孔子에 대해 논한 것을 거론하였는데, 재아는 공자가 堯·舜보다 훨씬 현명하다고 하였고, 자공은 사람이 태어난 이래로 공자 같은 분은 없다고 하였고, 유약은 사람이 태어난 이래로 공자보다 훌륭한 분은 없다고 하였다.

192) 우러러볼수록……견고하다 : ≪論語≫ 〈子罕〉에 보인다.

193) 孔子께서는……편안하셨다 : ≪論語≫ 〈述而〉에 보인다.

謂仲尼垂法萬世라 故云爾라 然이나 三子之論聖人은 皆非善稱聖人者라 如顔子는 便不如此道하니 但言仰之彌高하며 鑽之彌堅而已라 後來如曾子는 善形容聖人氣象하여 曰 子는 溫而厲하시며 威而不猛하시며 恭而安이러시다 又鄕黨一篇은 形容得聖人動容注措가 甚好니 使學者로 宛如見聖人이라

130. 물을 보는 데에는 방법이 있으니, 반드시 그 여울을 보아야 한다. 여울은 물살이 급한 곳이니, 그곳에서 근원의 무궁함을 본다. 요즘 사람들은 파도를 여울에 대비하지만 이는 잘못이다. 아래 문장에 "해와 달은 밝은 빛이 있으니, 빛을 용납하는 곳은 반드시 비춘다."194)라고 하였으니, 빛을 용납하는 곳은 비추지 않음이 없음을 말한 것이다. 그러므로 해와 달의 밝은 빛이 무궁함을 아는 것이다.

觀水有術하니 必觀其瀾이라 瀾은 湍急處니 於此에 便見源之無窮이라 今人은 以波對瀾하니 非也라 下文에 日月有明하니 容光必照라하니 以言其容光無不照라 故로 知日月之明無窮也라

131. 선생에게 물었다.

"孟子가 말하기를 '사람이 禽獸와 다른 점이 매우 적은데, 보통 사람들은 그것을 버리고 君子는 그것을 보존한다.'195)라고 하였습니다. 그러나 사람과 금수는 현격하게 다르니, 맹자가 이렇게 말한 것은 단지 '그것을 버린다.', '그것을 보존한다.'라는 것에 다른 점이 있기 때문이 아닙니까?"

선생이 말하였다.

"참으로 그러하다. 사람은 天理를 가지고 있을 뿐이니, 능히 天理를 보존하지 못하면 어떤 사람이 되겠는가? 泰山의 孫明復(孫復)196)의 시에 '사람도 세상의 한 생물일 뿐이

---

194) 해와……비춘다 : ≪孟子≫ 〈盡心 上〉에 孟子가 말하기를 "孔子께서 東山에 올라 魯나라를 작게 여겼고, 太山에 올라 천하를 작게 여기셨다. 그러므로 바다를 본 자에게는 큰물이 되기가 어렵고, 聖人의 문하에서 배운 자에게는 훌륭한 말이 되기가 어렵다. 물을 보는 데에는 방법이 있으니, 반드시 그 여울을 보아야 한다. 해와 달은 밝은 빛이 있으니, 빛을 용납하는 곳은 반드시 비춘다. 흐르는 물의 속성은 웅덩이를 채우지 않으면 흘러가지 않는다. 君子가 道에 지향을 둔 경우도 내면에 가득 차 겉으로 드러나 文章을 이루지 않으면 통달하지 못한다.〔孔子登東山而小魯 登太山而小天下 故觀於海者 難爲水 遊於聖人之門者 難爲言 觀水有術 必觀其瀾 日月有明 容光必照焉 流水之爲物也 不盈科不行 君子之志於道也 不成章不達〕"라고 한 데서 나왔다.

195) 사람이……보존한다 : ≪孟子≫ 〈離婁 下〉에 보인다.

니, 굶주리면 먹고 목마르면 마시느라 정신 없네. 만약 道義로 그 배를 채우지 않는다면, 수염과 눈썹을 게을리 놀리는 금수와 무엇이 다르랴?'197)라고 하였다. 윗부분은 사람과 만물이 모두 天地에서 태어나는 意思를 말하였고, 아래의 두 구는 그대가 말한 바와 같다."

혹자가 말하였다.

"退之(韓愈)의 〈雜說〉에 이르기를 '사람 중에 외모가 마치 소의 머리, 뱀의 형체, 새의 부리 같지만 마음은 그와 같지 않은 자가 있다면, 사람이 아니라고 말할 수 있겠는가. 곧 얼굴이 윤기 나고 불그스름한 자가 있는데, 그 외모는 사람이지만 그 마음은 금수라면, 또한 어찌 그를 사람이라고 말할 수 있겠는가.'198)라고 하였으니, 이 의미는 어떠합니까?"

선생이 말하였다.

"내가 그 글을 다 기억하지는 못하나, 사람은 다만 하나의 天理를 보존해야 한다."

問호되 孟子曰 人之所以異於禽獸者幾希하니 庶民은 去之하고 君子는 存之라 且人與禽獸는 甚懸絶矣니 孟子言此者는 莫是只在去之存之上有不同處잇가 曰 固是라 人只有箇天理니 却不能存得이어든 更做甚人也리오 泰山孫明復이 有詩云 人亦天地一物爾니 饑食渴飮無休時라 若非道義充其腹이면 何異鳥獸安鬚眉리오하니라 上面은 說人與萬物皆生於天地意思하고 下面二句는 如此라 或曰 退之雜說에 有云 人有貌如牛首蛇形鳥喙而心不同焉이면 可謂之非人乎아 卽有顔如渥丹者한대 其貌則人이요 其心則禽獸면 又惡(오)可謂之人也리오하니 此意如何잇가 曰 某不盡記其文이나 然人只要存一箇天理라

---

196) 孫明復 : 孫復(992~1057)이다. 자는 明復, 호는 泰山・富春이며, 平陽 사람이다. 北宋 초기 泰山에 은거하여 ≪春秋≫를 연구한 학자로 후대 胡安國에게 큰 영향을 끼쳤다. 胡瑗・石介와 함께 宋代 理學을 열었다. 천거로 國子監直講 등을 지냈으며, 저술로 ≪春秋尊王發微≫가 있다.

197) 사람도……다르랴 : 孫復의 〈論學〉에 보이는데, 원문은 "人亦其間一物爾 餓食渴飮無休時 苟非道義充其腹 何異鳥獸安鬚眉"로 되어 있다.

198) 사람……있겠는가 : ≪昌黎集≫ 〈雜說〉에 "옛날의 聖人은 그 머리가 소 같은 자도 있었고, 그 형체가 뱀 같은 자도 있었고, 그 입이 새 같은 자도 있었고, 그 외모가 도깨비 같은 자도 있었다. 그들은 모두 외모가 비슷하였으나 마음은 그와 같지 않았으니, 그들을 사람이 아니라고 말할 수 있겠는가. 곧 평평한 어깨와 고운 살결에 얼굴은 윤기가 나고 불그스름하여 아름다우면서도 성질이 사나운 사람이 있다. 그 외모는 사람이지만 그 마음은 금수라면 또 어찌 그를 사람이라고 말할 수 있겠는가.〔昔之聖者 其首有若牛者 其形有若蛇者 其喙有若鳥者 其貌有若蒙倛者 彼皆貌似而心不同焉 可謂之非人耶 卽有平脅曼膚 顔如渥丹 美而狠者 其貌則人 其心則禽獸 又惡可謂之人也〕"라고 하였다.

132. 선생에게 물었다.

“자신을 지키는 것은 어떠해야 합니까?”

선생이 말하였다.

“자신을 지키는 것은 지킴의 근본이다. 이미 자신을 지킬 수 없는데, 다시 무슨 道義를 말하겠는가.”

“命을 말하는 사람은 대부분 자신을 지키지 못하니, 이는 어째서입니까?”

“바로 命을 알지 못해서이다. 孟子가 말하기를 ‘命을 아는 자는 위험한 담장 아래에 서지 않는다.’199)라고 하였다.”

혹자가 말하였다.

“命을 말하지 않는 자는 또한 감히 큰일을 하려 하지 않습니다.”

선생이 말하였다.

“감히 하려 하지 않을 뿐만 아니라, 또한 많은 두려움이 있다. 그러나 이 두 경우는 모두 命을 알지 못하는 것이다.”

問호되 守身은 如何잇가 日 守身은 守之本이라 旣不能守身한대 更說甚道義아 日 人說命者는 多不守身하니 何也잇고 日 便是不知命일새라 孟子日 知命者는 不立巖墻之下라 或日 不說命者는 又不敢有爲니이다 日 非特不敢爲요 又有多少畏恐이라 然이나 二者는 皆不知命也라

133. 인위적으로 하지 않았는데도 그렇게 되며, 불러들이지 않았는데도 이르는 것은 바로 天理이다.200) 司馬遷은 사사로운 생각으로 망령되이 天道를 엿보고서 伯夷를 논하기를 “天道는 친함이 없지만 항상 선한 사람과 함께 한다. 백이 같은 사람은 선한 사람이라고 할 수 있지 않은가.”201)라고 하였다. 天道처럼 큰 것을 어찌 한 사람의 행적을 가지고 망령되이 생각하고 엿보아 헤아릴 수 있겠는가. 예컨대 ‘顔淵은 어찌하여 일찍 죽었으며, 盜跖은 어찌하여 오래 살았는가.’202)라고 한 것은 모두 한 사람을 지목하

---

199) 命을……않는다 : ≪孟子≫ 〈盡心 上〉에 보인다.

200) 인위적으로……天理이다 : ≪孟子≫ 〈萬章 上〉에 “인위적으로 하지 않았는데도 그렇게 되는 것은 天이요, 불러들이지 않았는데도 이르러 오는 것은 命이다.〔莫之爲而爲者 天也 莫之致而至者 命也〕”라고 하였다.

201) 天道는……않은가 : ≪史記≫ 卷61 〈伯夷列傳〉에 보인다. ‘天道無親 常與善人’은 ≪道德經≫을 인용한 것이다.

여 天理를 헤아린 것이니, 이는 天理를 안 것이 아니다.

莫之爲而爲하며 莫之致而致는 便是天理라 司馬遷은 以私意로 妄窺天道하고 而論伯夷曰 天道無親이나 常與善人이라 若伯夷者는 可謂善人非邪아 天道之大를 安可以一人之故로 妄意窺測이리오 如曰 顔何爲而殀하며 跖何爲而壽오함은 皆指一人計較天理니 非知天也라

134. 선생에게 물었다.

"'옥에 갇혀서 죽는 것은 正命이 아니다.'[203]라고 하였지만, 이 또한 命입니까?"

선생이 말하였다.

"聖人은 단지 사람들에게 순응하여 그 正命을 받아들이는 것을 가르쳤을 뿐, 命을 말하지 않았다."

혹자가 말하였다.

"옥에 갇혀서 죽는 것은 命이 아닙니까?"

선생이 말하였다.

"孟子는 스스로 '命 아님이 없다.'라고 하였다. 그러나 성인은 이것이 命이라고 말하지 않았다."

問호되 桎梏而死者는 非正命也라하나 然亦是命否잇가 曰 聖人은 只教人順受其正이니 不說命이라 或曰 桎梏死者는 非命乎잇가 曰 孟子自說了莫非命也라 然이나 聖人不說是命이라

135. "故는 順利를 근본으로 삼는다."[204]라고 하였으니, 故는 본래 이와 같은 것이다. 순리대로 하지 않으면 곧 性을 해친다. 利는 단지 順利일 뿐이다. 天下는 단지 하나의 利일 뿐이니, ≪孟子≫와 ≪周易≫에서 말한 것이 동일하다. 단지 후세 사람들이 利를

---

202) 顔淵은……살았는가 : ≪史記≫ 卷61 〈伯夷列傳〉에 보인다.

203) 옥에……아니다 : ≪孟子≫ 〈盡心 上〉에 孟子가 말하기를 "命 아님이 없으니, 그 正命을 순응하여 받아야 한다. 이런 까닭에 命을 아는 자는 위험한 담장 아래에 서지 않는다. 그 道를 다하고 죽는 것은 正命이요, 옥에 갇혀서 죽는 것은 正命이 아니다.〔莫非命也 順受其正 是故知命者不立乎巖墻之下 盡其道而死者 正命也 桎梏死者 非正命也〕"라고 하였다.

204) 故는……삼는다 : 故는 이미 그러한 자취를 말하고, 利는 자연의 형세를 말한다. ≪孟子≫ 〈離婁 下〉에 맹자가 말하기를 "천하 사람들이 性을 말함은 이미 그러한 자취일 뿐이니, 이미 그러한 자취는 순리를 근본으로 삼는다.〔天下之言性也 則故而已矣 故者以利爲本〕"라고 하였다.

좇아 곧 폐해가 있게 되었다. 그러므로 맹자가 뿌리를 뽑고 근원을 막아 없애 利를 말하는 것을 기꺼워하지 않았다. 맹자를 믿지 않는 자는 利를 비난하는 것은 부당하다고 말하였으니, 李遘[205]가 그런 사람이다. 맹자를 믿는 자는 단지 利를 가까이할 수 없다고만 말한다. 사람은 利가 없으면 살 수 없으니, 어찌 利가 없을 수 있겠는가? 의자에 비유하자면, 사람이 의자에 앉으면 편안한 것이 利이다. 그러나 만일 편안함을 추구하는 것을 그치지 않으면 또한 이불을 요구하여 따뜻함을 추구하고, 나아가 하지 않는 것이 없게 된다. 그런 뒤에 임금에게서 빼앗고 아버지에게서 빼앗으니, 이것이 바로 利를 좇는 폐해이다. 利는 똑같은 利이지만 단지 사람이 쓰는 것에 따라 달라진다.

故者는 以利爲本이라하니 故는 是本如此也라 纔不利면 便害性이라 利는 只是順이라 天下는 只是一箇利니 孟子與周易에 所言一般이라 只爲後人趨著利하여 便有弊라 故로 孟子拔本塞源하여 不肯言利라 其不信孟子者는 却道不合非利하니 李遘가 是也라 其信者는 又直道不得近利라 人無利면 只是生不得이니 安得無利리오 且譬如椅子컨대 人坐此便安이 是利也라 如求安不已면 又要褥子하여 以求溫暖하고 無所不爲라 然後에 奪之於君하고 奪之於父니 此其趨利之弊也라 利는 只是一箇利로되 只爲人用得別이라

136. 바둑은 작은 기예이지만 마음을 오로지 하고 心志를 지극히 하지 않으면 오히려 터득할 수 없다.[206] 그런데 하물며 道를 배우면서 느긋하게 하면 어찌 터득할 수 있겠는가. 仲尼가 말하기를 "내 일찍이 종일토록 밥을 먹지 않으며 밤새도록 잠을 자지 않고 사색하였는데 유익함이 없었다. 사색만 하는 것은 배우는 것만 못하다."[207]라고 하였고, 또 "아침에 道를 들으면 저녁에 죽어도 괜찮다."[208]라고 하였다. 聖人에게 무슨 일이 있었기에 이처럼 절박하게 死地에 이른 듯이 말하였는지 모르겠다. 글의 뜻은 이해

---

205) 李遘 : 李覯(1009~1059)이다. 자는 泰伯, 호는 盱江이며, 建昌 南城 사람이다. 范仲淹에게 수학하였다. 盱江書院을 건립하자 배우는 사람이 수백 명에 이르렀다. 범중엄의 천거로 太學助教가 되었으며 太學說書를 지냈다. 義를 중시하고 利를 경시하였다고 하여 孟子의 사상을 논박하였으며, 불교와 도교도 극력 배척하였다.

206) 바둑은……없다 : ≪孟子≫ 〈告子 上〉에 "지금 바둑을 두는 기예는 작은 기예이지만, 마음을 오로지 하고 心志를 지극히 하지 않으면 터득하지 못한다.〔今夫奕之爲數 小數也 不專心致志 則不得也〕"라고 하였다.

207) 내……못하다 : ≪論語≫ 〈衛靈公〉에 보인다.

208) 아침에……괜찮다 : ≪論語≫ 〈里仁〉에 보인다.

하기가 어렵지 않으나, 이와 같이 말한 까닭이 무엇인지를 찾아야 비로소 터득할 수 있다. 성인은 참으로 태어나면서부터 이치를 아는 분이지만 오히려 이와 같이 말하였으니, 그것은 사람을 가르치려는 까닭이다. 배움은 미치지 못할 듯이 하면서도 오히려 잃을까 염려하여야 하니,[209] 우선 내일을 기다린다고 말하면 안 된다.

博弈은 小數나 不專心致志면 猶不可得이라 況學道而悠悠면 安可得也리오 仲尼가 言호되 吾嘗終日不食하고 終夜不寢하여 以思하니 無益이라 不如學也라하고 又曰 朝聞道면 夕死라도 可矣라 不知라 聖人有甚事來하여 迫切了底死地如此아 文意는 不難會나 須是求其所以如此何故라야 始得이라 聖人은 固是生知나 猶如此說하니 所以教人也일새라 學如不及이요 猶恐失之니 纔說姑待來日이면 便不可也라

137. 〈선생에게 물었다.〉

"'孔子께서 한가로이 계실 적에 申申한 듯이 하시고 夭夭한 듯이 하셨다.'[210]라고 하였는데, 그것이 어떠한 것입니까?"

선생이 말하였다.

"申申은 화락한 가운데 中正한 기상이 있는 것이고, 夭夭는 편안하고 여유로운 기상이니, 이는 모두 제자가 聖人을 잘 형용한 부분이다. '申申'이라는 글자로서는 다 설명할 수 없기 때문에 다시 '夭夭'라는 글자를 붙인 것이다. 요즘 사람들은 게으르고 방자하지 않으면 반드시 지나치게 엄숙하니, 엄숙할 때에는 이 네 글자를 붙일 수 없고, 방자할 때에도 이 네 글자를 붙일 수 없다. 오직 성인만이 저절로 中和한 기상이 있다."

子之燕居에 申申夭夭라하니 如何잇가 曰 申申은 是和樂中有中正氣象이요 夭夭는 是舒泰氣象이니 此皆弟子善形容聖人處也라 爲申申字說不盡이라 故更著夭夭字라 今人은 不怠惰放肆어든 必太嚴厲하니 嚴厲時엔 則著此四字不得이요 放肆時도 亦著此四字不得이라 除非是聖人이 便自有中和之氣라

138. 선생에게 물었다.

---

209) 배움은……하니 : ≪論語≫ 〈泰伯〉에 보인다.
210) 孔子께서……하셨다 : ≪論語≫ 〈述而〉에 보인다.

"'사람의 도리에 힘쓰고, 귀신을 공경하되 멀리한다.'[211]라고 하였는데, 이것이 어찌 하여 지혜로움이 되는 것입니까?"

선생이 말하였다.

"단지 이 두 구절은 지혜를 설명한 것이 또한 극진하다. 사람들이 대부분 귀신을 공경하는 것은 미혹되어서이고, 귀신을 멀리하는 것은 또한 능히 공경하지 못해서이다. 능히 공경하고 능히 멀리한다면 지혜롭다고 말할 수 있다."

또 물었다.

"귀신의 道를 안 뒤에 능히 공경하고 능히 멀리하는 것이 아닙니까?"

선생이 말하였다.

"또한 이처럼 심원한 부분은 말하지 않았고 우선 大綱을 말했으니, 마땅히 공경하여 미혹되지 않아야 한다."

선생에게 물었다.

"요즘 사람들이 부처를 받드는 것은 미혹된 것이 아닙니까?"

선생이 말하였다.

"그러하다. 부처를 공경하는 자는 분명 미혹된 것이고, 공경하지 않는 자는 그저 맹랑하여 믿지 않는 것이다."

또 물었다.

"부처는 공경해야 합니까?"

선생이 말하였다.

"부처 또한 오랑캐 중의 현명하고 지혜로운 자이니, 어찌 업신여길 수 있겠는가. 陰陽·卜筮·擇日과 같은 일에 대해 요즘 사람들 중 믿는 자는 분명 미혹된 것이고, 믿지 않는 자는 또한 맹랑하여 믿지 않는 것이다. 예컨대 길을 나설 적에 太白星[212]을 꺼리는 유형과 같으니, 태백성이 서쪽에 있으면 서쪽으로 갈 수 없다. 그러나 어떤 사람들이 동쪽에 살고 있다면 모두 서쪽으로 갈 수 없는 것은 아니지 않은가. 또 첫날에는 꺼

---

211) 사람의……멀리한다 : ≪論語≫ 〈雍也〉에서 樊遲가 지혜로움을 묻자, 孔子가 말하기를 "사람의 도리에 힘쓰고, 귀신을 공경하되 멀리하면 지혜롭다 할 만하다.〔務民之義 敬鬼神而遠之 可謂知矣〕"라고 하였다.

212) 太白星 : 金星으로, 啓明星·長庚星이라고도 한다. 금성은 일 년 중 한동안은 초저녁 무렵 서쪽 하늘에서 가장 먼저 나타나고, 또 다른 때는 동쪽 하늘에서 아침 늦게까지 보인다. 옛날에는 兵亂을 상징하는 별로 여겼으며, 특히 이 별이 낮에 나타나는 것을 흉한 조짐으로 여겼다.

렸으나 다음 날에는 곧 꺼리지 않으니, 다음 날 태백성을 마주치지 않는 것이 아니지 않은가. 만일 태백성이 한 사람을 위해 그렇게 하는 것이라면 귀신 또한 수고로울 것이다. 대저 사람들이 우연히 맞아떨어진 것을 많이 기록한 것이다."

問호되 務民之義요 敬鬼神而遠之라하니 何以爲知잇가 曰 只此兩句는 說知亦盡이라 且人多敬鬼神者는 只是惑이요 遠者는 又不能敬이라 能敬能遠이면 可謂知矣라 又問호되 莫是知鬼神之道然後에 能敬能遠否잇가 曰 亦未說到如此深遠處하고 且大綱說이니 當敬不惑也라 問호되 今人奉佛은 莫是惑否잇가 曰 是也라 敬佛者는 必惑이요 不敬者는 只是孟浪不信이라 又問호되 佛은 當敬否잇가 曰 佛亦是胡人之賢智者니 安可慢也리오 至如陰陽卜筮擇日之事하여 今人信者는 必惑이요 不信者는 亦是孟浪不信이라 如出行忌太白之類니 太白在西면 不可西行이라 有人在東方居면 不成都不得西行아 又却初行日忌나 次日便不忌니 次日不成不衝太白也아 如使太白爲一人爲之면 則鬼神亦勞矣①라 大抵人多記其偶中耳라

① 길을 갈 적에 바람과 비를 만나는 것과 같으니, 무릇 길을 가는 자는 모두 바람과 비를 만난다.
如行遇風雨之類, 則凡在行者, 皆遇之也.

139. 선생에게 물었다.

"伯夷가 남이 옛날에 저지른 잘못을 염두에 두지 않은 것[213]은 어째서입니까?"

선생이 말하였다.

"이는 청렴한 자의 도량이다. 백이의 청렴함은 만약 그가 하는 바를 미루어나가다가 세상에 용납되지 않으면 반드시 돌을 끌어안고 강물에 빠져야 끝날 것이다. 그러나 그는 남이 옛날에 저지른 잘못을 염두에 두지 않았기 때문에 기상이 매우 크고 넉넉하였다. 이는 聖人이 백이를 깊이 아신 부분이다."

선생에게 물었다.

"백이는 말고삐를 잡고서 武王에게 간언하였고, 의리를 지켜 周나라의 곡식을 먹지 않았다고 하니,[214] 그러한 일이 있었습니까?"

---

213) 伯夷가……것 : ≪論語≫ 〈公冶長〉에 孔子가 말하기를 "伯夷와 叔齊는 남이 옛날에 저지른 잘못을 염두에 두지 않았다. 이 때문에 원망하는 사람이 드물었다.〔伯夷叔齊 不念舊惡 怨是用希〕"라고 하였다.

214) 백이는……하니 : 武王이 文王의 위패를 받들고 殷 紂王을 정벌하려 하자, 伯夷와 叔齊가 말고삐

伯夷

선생이 말하였다.

"말고삐를 잡고서 간언한 일은 알 수 없지만, 무왕을 비난한 것은 진실로 그러한 일이 있었으니, 이것이 바로 그의 편협한 부분이다. 임금이 존귀하고 신하가 비천함은 天下의 常理이다. 백이는 常理를 지킬 줄 알았으나, 聖人이 變通하는 것은 알지 못했기 때문에 편협해진 것이다. 그가 주나라의 곡식을 먹지 않은 것은 단지 주나라의 祿을 먹지 않은 것이지, 굶주리면서 먹지 않은 것은 아니다. ≪史記≫에 실린 간언하는 말은 모두 사실이 아니다. 무왕이 商나라를 정벌하여 즉위한 지 이미 11년이 되었는데, 어찌 '아버지가 죽었는데 장례를 치르지 않았다.'라고 말할 수 있겠는가."

問호되 伯夷不念舊惡은 何也잇가 曰 此는 清者之量이라 伯夷之清은 若推其所爲라가 須不容於世어든 必負石赴河라야 乃已라 然이나 却爲他不念舊惡하여 氣象甚宏裕라 此는 聖人深知伯夷處라

問호되 伯夷叩馬諫武王하고 義不食周粟이라하니 有諸잇가 曰 叩馬는 則不可知나 非武王은 誠有之也니 只此便是佗隘處라 君尊臣卑는 天下之常理也라 伯夷知守常理나 而不知聖人之變이라 故로 隘라 不食周粟은 只是不食其祿이요 非餓而不食也라 至如史記所載諫詞하야 皆非也라 武王伐商即位가 已十一①年矣니 安得父死不葬之語리오

① 〈一은〉 어떤 판본에는 '二'로 되어 있다.
一作二.

를 잡고 간하기를 "부친이 돌아가셨는데 장례를 치르지 않고 바로 전쟁을 일으키니, 효성스럽다고 말할 수 있겠습니까? 신하된 자로서 임금을 시해하려 하니, 仁하다고 말할 수 있겠습니까?〔父死不葬 爰及干戈 可謂孝乎 以臣弑君 可謂仁乎〕"라고 하였다. 좌우의 사람들이 그들을 죽이려 하자, 太公이 "이들은 義人이다."라고 하며 보내주었다. 그 후 무왕이 은나라의 난을 평정한 뒤 천하 사람들이 주나라를 宗主로 삼았으나, 백이와 숙제는 그것을 부끄럽게 여겼다. 의리를 지켜 주나라 곡식을 먹지 않고 首陽山에 은거하여 고사리를 캐어서 먹다가 굶어 죽었다.(≪史記≫ 卷61 〈伯夷列傳〉)

140. 선생에게 물었다.

"'남의 나라를 정벌할 적에는 仁한 사람에게 묻지 않는다.'[215]라고 하였으니, 어째서입니까?"

선생이 말하였다.

"어떤 상황에서 남의 나라를 정벌하는 것인지 모르겠다. 예컨대 武王이 紂를 정벌할 적에는 모두 仁한 사람들이었다. 만약 柳下惠의 시대였다면 정벌이 불가하다. 당시 제후들은 토지 때문에 백성들을 참혹하게 죽였으니, 모두 의롭지 않은 정벌이었다. 그러니 의당 仁한 사람은 차마 말할 수 없었을 것이다."

問호되 伐國에 不問仁人이라하니 如何잇가 曰 不知怎生地伐國이라 如武王伐紂엔 都是仁人이라 如柳下惠之時면 則不可라 當時諸侯는 以土地之故로 糜爛其民하니 皆不義之伐이라 宜仁人不忍言也라

141. 선생에게 물었다.

"宋 襄公이 아직 戰列을 갖추지 못한 적에게 진격을 명하는 북을 치지 않은 것[216]은 어째서입니까?"

---

215) 남의……않는다 : 董仲舒가 江都의 재상이 되어 易王을 섬겼는데, 역왕이 "越王 句踐이 그의 大夫 泄庸·文種·范蠡와 함께 吳나라 정벌을 도모하여 멸망시켰다. 孔子는 殷나라에 세 仁者가 있다고 일컬었는데, 과인 또한 越나라에 세 仁者가 있다고 생각한다."라고 하자, 동중서가 "신이 듣건대 옛날에 魯나라 임금이 柳下惠에게 묻기를 '나는 齊나라를 정벌하려 하는데 어떠한가?'라고 하자, 유하혜가 '불가합니다.'라고 말하고 돌아와 근심스런 표정으로 '내가 듣자하니 남의 나라를 정벌할 적에는 仁한 사람에게 묻지 않는다고 하였는데, 이 말이 어찌하여 나에게 이르렀는가!'라고 하였습니다. 유하혜는 단지 질문을 들었을 뿐인데도 오히려 부끄러워하였는데, 하물며 속임수를 써서 오나라를 정벌한 것을 말해 무엇 하겠습니까? 이것을 가지고 말해보자면 월나라에는 본래 한 사람의 仁者도 없었던 것입니다."라고 하였다.(≪漢書≫ 卷56 〈董仲舒傳〉)

216) 宋……것 : 魯 僖公 22년(B.C. 638) 겨울 11월 己巳朔에 楚나라와 宋나라가 泓水에서 전쟁을 하였다. 송나라는 戰列을 이미 갖추었고 초나라 군대는 아직 강을 건너지 못했는데, 大司馬 固가 적이 강을 건너기 전에 공격하자고 간언하자 宋 襄公이 불가하다고 하였다. 초나라 군대가 강을 건넜으나 아직 戰列을 갖추지 못했을 때 다시 공격하자고 간언하자 양공이 불가하다고 하였다. 마침내 초나라의 戰列이 갖추어진 뒤에 공격하였는데, 송나라가 대패하였다. 나라 사람들이 모두 양공을 원망하자, 양공이 말하기를 "君子는 상처 입은 자를 거듭 찌르지 않고, 머리가 희끗희끗한 자를 포로로 잡지 않는다. 옛날의 전쟁에는 험한 지형을 이용해 적을 공격하지 않았으니, 과인이 비록 亡國의 후손이지만 戰列을 갖추지 못한 적에게 진격을 명하는 북을 치지 않았노라."라고 하였다.(≪春秋左氏傳≫)

선생이 말하였다.

"이는 어리석기 때문이다. 이미 다른 나라와 싸우고 있는데, 도리어 아직 戰列을 갖추지 못한 적에게 진격을 명하는 북을 치지 않고 반드시 戰列을 갖추기를 기다렸으니, 무엇을 도모한 것인가?"

問호되 宋襄公이 不鼓不成列은 如何잇가 曰 此는 愚也일새라 旣與他戰이어늘 又却不鼓不成列하고 必待成列하니 圖箇甚고

142. 선생에게 물었다.

"羊祜와 陸抗의 일[217]은 어떠합니까?"

선생이 말하였다.

"비단을 보내 벼를 보상한 일[218]과 같은 것은 매우 좋으나, 육항이 양호가 보낸 약을 마신 것은 옳지 못하다. 양호가 비록 남을 독살할 사람은 아니나, 양쪽 군대가 서로 대치하고 있으니 적장이 보내준 약은 애초에 마셔서는 안 된다."

問호되 羊祜陸抗之事는 如何잇가 曰 如送絹償禾之事는 甚好나 至抗飮祜藥하얀 則不可라 羊祜雖不是酖人底人이나 然兩軍相向하니 其所餉藥은 自不當飮이라

143. 선생에게 물었다.

"군사를 쓸 적에 적이 방비하지 아니할 때에 엄습하고 적이 생각하지 못할 때에 출격하는 일을 王者의 군대가 이와 같이 하도록 해야 합니까?"

선생이 말하였다.

"참으로 그러하다. 군사를 쓰는 것은 모름지기 승리를 바라는 것이니, 패배를 바라는 것이 아니지 않은가? 이미 승리를 바란다면 모름지기 적을 이길 수 있는 방도를 알아야 한다. 다만 湯임금과 武王의 군사는 스스로 이처럼 번거로이 하지 않았으니, '우리 군대

217) 羊祜와……일 : 羊祜는 삼국시대 晉나라 장수이고, 陸抗은 삼국시대 吳나라 장수이다. 당시 서로 국경에서 대치하고 있었지만 使命이 서로 통하였다. 육항이 병이 들자 양호가 약을 보내주었는데, 육항은 의심 없이 그것을 복용하였다. 많은 사람들이 육항을 말리자, 육항은 "양호가 어찌 남을 독살하는 자이겠는가?"라고 하였다.(≪晉書≫ 卷34 〈羊祜列傳〉)

218) 비단을……일 : 羊祜가 출병하여 吳나라 경내를 지나갈 적에 곡식을 베어 군량으로 삼고는 침범한 수량을 모두 계산하여 비단을 보내 보상해주었다.(≪晉書≫ 卷34 〈羊祜列傳〉)

에게 대적하는 자가 없었다.'[219]라는 말에서 절로 알 수 있다. 그러나 탕임금 또한 일찍이 陑로부터 올라왔으니,[220] 陑 또한 지름길이었다. 또 예컨대 양쪽의 군대가 서로 대치할 적에는 반드시 공격할 만한 지형을 골라서 공격해야 하니, 오른쪽이 견고하면 왼쪽을 공격하고, 왼쪽이 견고하면 오른쪽을 공격한다. 나는 계책을 쓰지 않겠다고 말할 것이 아니지 않은가. 또 예를 들어 漢나라와 楚나라가 이미 鴻溝를 경계로 영토를 나누자고 약속하고서 다시 초나라를 습격한 것[221]은 옳지 못하지만, 韓信이 모래주머니로 물을 막은 것[222]과 같은 일들은 무슨 해가 되겠는가? 적의 군대가 많아 아군이 대적할 바가 아닌지라 물을 터뜨려 적군의 절반이 강을 건널 수 없게 한 것은 이처럼 본래 합당하니, 어찌 해서는 안 되는 점이 있겠는가."

또 물었다.

"간첩의 일은 어떠합니까?"

선생이 말하였다.

"이것은 옳지 못하다."

問호되 用兵할새 掩其不備하고 出其不意之事를 使王者之師로 當如此否잇가 曰 固是라 用兵은 須要勝이니 不成要敗아 旣要勝이어든 須識所以勝之之道라 但湯武之兵은 自不煩如此하니 罔有敵于我師에 自可見이라 然이나 湯亦嘗升自陑(이)하니 陑亦間道라 且如兩軍相向할새 必擇地可攻處攻之니 右實則攻左하고 左實則攻右라 不成道我不用計也아 且如漢楚旣約分鴻溝한대 乃復還襲

---

219) 우리……없었다 : ≪書經≫ 〈周書 武成〉에 보인다.

220) 탕임금……올라왔으니 : ≪書經≫ 〈湯誓〉 序文에 "伊尹이 湯을 도와 桀을 정벌할 적에 〈탕이〉 陑로부터 올라와 드디어 鳴條의 들판에서 걸과 싸우고, 〈湯誓〉를 지었다.〔伊尹相湯伐桀 升自陑 遂與桀戰于鳴條之野 作湯誓〕"라고 하였다.

221) 漢나라와……것 : 漢나라 4년 項羽와 漢王이 廣武에서 수개월간 대치하였는데, 한나라 군대는 식량이 풍부하고, 항우의 군사들은 지치고 군량이 떨어진 상태였다. 한왕이 사람을 보내 항우에게 잡혀 있던 太公을 풀어 달라고 요청하였는데, 항우는 천하를 둘로 나누어 鴻溝 서쪽을 한나라 영토로 하고, 홍구 동쪽을 초나라 영토로 하기를 약조하면 그를 풀어주겠다고 하였다. 약조를 마친 뒤 돌아가려 할 적에 張良과 陳平이 초나라 군사가 지치고 굶주린 틈을 타서 공격할 것을 권하였고, 한왕이 그 말을 따랐다. 이 일로 인해 항우는 몰락하게 되었다.(≪史記≫ 卷7 〈項羽本紀〉)

222) 韓信이……것 : 漢나라와 楚나라가 서로 싸울 적에 濰水를 사이에 두고 진을 쳤는데, 韓信이 밤중에 사람들을 시켜 1만여 개의 모래주머니를 만들어 유수의 상류를 막게 하였다. 그리고는 군사를 이끌고 유수를 반쯤 건너가 초나라 장군 龍且와 싸우다가 거짓으로 지는 체하고 달아났다. 용저가 한신을 뒤쫓아 유수를 건널 때 사람을 시켜 모래주머니로 쌓은 둑을 터뜨리자 물이 크게 쏟아져 내렸고, 이때를 틈타 용저를 죽이고 초나라 병졸들을 모두 사로잡았다.(≪史記≫ 卷92 〈淮陰侯列傳〉)

之니 此則不可로되 如韓信囊沙壅水之類는 何害리오 他師衆하여 非我敵이라 決水하여 使他一半으로 不得渡는 自合如此니 有甚不得處리오 又問호되 間諜之事는 如何잇가 曰 這箇는 不可也라

144. 선생에게 물었다.

"冉子가 子華를 위해 곡식을 주기를 청하자 적게 주었고, 原思가 공자의 家臣이 되자 많이 주었습니다.223) 그 의도는 무엇입니까?"

선생이 말하였다.

"原思는 家臣이 되었으니, 가신은 반드시 녹봉을 받는다. 녹봉은 본래 정해진 수량이 있으므로 사양할 수 없다. 子華는 齊나라에 심부름을 갔으니, 스승이 제자를 심부름 보낼 적에 곡식을 주기를 청하는 것은 온당치 않다. 염자가 자화를 위해 곡식을 주기를 청한 것은 자연히 옳지 않다. 그러므로 聖人이 그에게 적게 준 것이고, 염자가 그 뜻을 이해하지 못하고 또 더 주기를 청하니, 다시 그에게 또 적게 준 것이다. 성인은 너그럽게 그것을 용납하여 그의 청을 바로 거절하려 하지 않았지만, 염자는 끝내 깨닫지 못하였다."

問호되 冉子爲子華請粟할새 而與之少하고 原思爲之宰하얀 則與之多라 其意如何잇가 曰 原思爲宰하니 宰必受祿이라 祿自有常數라 故로 不得而辭라 子華使(시)於齊하니 師使弟子할새 不當有所請이라 冉子請之는 自不是라 故로 聖人與之少요 佗理會不得하고 又請益하니 再與之亦少라 聖人寬容하여 不欲直拒佗나 冉子終不喩也라

145. 선생에게 물었다.

"孔子가 漆雕開에게 벼슬을 하도록 권하자, 그가 답하기를 '저는 벼슬하는 것을 아직 자신할 수 없습니다.'라고 하였으니,224) 칠조개는 아직 벼슬할 수 없다고 여겼는데 공

---

223) 冉子가……주었습니다 : 子華가 齊나라에 심부름을 가자, 冉子가 그의 어머니를 위해 곡식을 줄 것을 요청하자, 孔子가 1釜(6斗 4升)를 주라고 하였다. 더 줄 것을 요청하자, 공자가 1庾(16斗)를 주라고 하였는데, 염자가 5秉(80斛)을 주었다. 이에 孔子가 말하기를 "赤(子華)이 제나라에 갈 적에 살진 말을 타고 가벼운 가죽옷을 입었다. 내가 들으니 '君子는 급박한 자를 도와주고 부유한 자에게 부를 보태주지 않는다.' 하였다."라고 하였다. 原思가 공자의 家臣이 되었는데, 그에게 곡식 900을 주자, 그가 사양하였다. 이에 공자가 말하기를 "사양하지 말고 너의 이웃과 마을 및 향당 사람들에게 주거라."라고 하였다.(≪論語≫ 〈雍也〉)

자가 그에게 벼슬을 하도록 권한 것은 어째서입니까?"

선생이 말하였다.

"그가 이 한 마디 말을 한 것에 의거해보면 절로 벼슬하기에 충분한 점이 있으며, 아울러 공자가 그는 벼슬할 만하다고 말한 것은 반드시 사실일 것이다. 예컨대 仲由는 지향이 千乘의 나라를 다스리고자 하였으나 공자는 단지 '그 나라 軍政을 다스리게 할 수 있다.'라고 하였고, 冉求는 작은 나라를 다스리고자 하였으나 공자는 단지 '宰가 되게 할 수 있다.'라고 말한[225] 것들은 仲由·冉求의 무리의 재능이 어찌 단지 이와 같아서이겠는가? 聖人이 이처럼 말한 것은 곧 여유 있게 그들의 재능을 말한 것이다."

問호되 子使漆雕開仕한대 對曰 吾斯之未能信이로소이다하니 漆雕開未可仕한대 孔子使之仕는 何也잇가 曰 據佗說這一句言語면 自是仕有餘하며 兼孔子道可以仕는 必是實也라 如由也는 志欲爲千乘之國이나 孔子止曰 可使治其賦라하고 求也는 欲爲小邦이나 孔子止曰 可使爲之宰之類는 由求之徒가 豈止如此리오 聖人如此言은 便是優爲之也라

146. 선생에게 물었다.

"〈孔子가〉 '나는 다행이구나. 만일 잘못이 있으면 남들이 반드시 그것을 아는구나.'[226]라고 하였는데, 注에 '임금의 惡을 숨긴 것이다.'라고 하였으니,[227] 그러합니까?"

---

224) 孔子가……하였으니 : ≪論語≫ 〈公冶長〉에 보인다.

225) 예컨대……말한 : 孔子가 제자들의 포부를 묻자 子路는 "千乘의 제후국이 대국 사이에서 속박을 받아 전란이 일어나고 기근이 들었을 경우에 제가 그 나라를 다스리면 3년 만에 백성들을 용맹하게 할 수 있고, 의리로 향하게 할 수 있습니다."라고 하였고, 冉有는 "사방 6~70리, 혹은 5~60리쯤 되는 나라를 다스릴 경우, 3년 만에 백성들을 풍족하게 할 수 있으며 그 禮樂은 君子를 기다리겠습니다."라고 하였다.(≪論語≫ 〈先進〉) 孟武伯이 孔子에게 子路가 仁한지 묻자, 공자가 말하기를 "由는 千乘의 나라에 그 軍政을 다스리게 할 수는 있지만, 그가 仁한지는 알지 못하겠다."라고 하였다. 冉有는 어떠한지 묻자, 공자가 말하기를 "求는 千室의 고을과 百乘의 집안에 宰가 되게 할 수는 있지만, 그가 仁한지는 알지 못하겠다."라고 하였다.(≪論語≫ 〈公冶長〉)

226) 나는……아는구나 : 陳나라 司敗가 "〈魯나라〉 昭公은 禮를 아는 분입니까?"라고 묻자, 孔子가 "예를 아는 분입니다."라고 하였다. 공자가 물러가자, 사패가 巫馬期에게 "군자는 偏黨을 하지 않는다고 들었는데, 군자도 편당을 하는가? 노나라 임금이 吳나라에 장가들었으니, 同姓이 된다. 〈그 사실을 숨기기 위해〉 부인을 吳孟子라고 부르니, 노나라 임금이 예를 안다면 누가 예를 알지 못하겠는가?"라고 하였다. 무마기가 이것을 공자에게 고하자, 공자가 "나는 다행이구나. 만일 잘못이 있으면 남들이 반드시 그것을 아는구나."라고 하였다.(≪論語≫ 〈述而〉)

227) 注에……하였으니 : 注는 十三經注疏의 注를 가리키는 듯한데, 지금 전하는 ≪論語注疏≫의 注에는 孔安國의 注에 '諱國惡'이라고만 하였다. 아마 이를 이와 같이 해석한 듯하다.

선생이 말하였다.

"그러하다."

"공자는 어찌하여 허물을 자기에게 돌렸습니까?"

선생이 말하였다.

"허물을 자기에게 돌린 것이 아니다. 이 일은 陳나라 司敗가 巫馬期로 하여금 昭公이 同姓 제후의 딸에게 장가든 일을 가지고 공자에게 가서 이 일이 禮를 안 것인지 禮를 알지 못한 것인지를 묻게 하려 한 것이니, 모름지기 그가 돌아와 공자의 말을 일러주기를 기다린 것이다. 聖人은 단지 말하지 않은 한 가지 문제가 있을 따름이니, '나는 임금의 惡을 숨긴 것이다.'라고 말하는 것도 옳지 않으며, 또 '同姓 제후의 딸에게 장가든 것이 禮가 된다.'라고 말할 수 있는 것도 아니니, 그 또한 옳지 않다. 그러니 단지 '나는 다행이구나. 만일 잘못이 있으면 남들이 반드시 그것을 아는구나.'라고 말할 수 있었을 뿐이다."

問호되 丘也幸이로다 苟有過어든 人必知之온여한대 注言諱君之惡이라하니 是否잇가 曰 是라 何以歸過於己잇가 曰 非是歸過於己라 此事는 却是陳司敗欲使巫馬期以娶同姓之事로 去問是知禮不知禮니 却須要回報言語也라 聖人은 只有一箇不言而已니 若說道我爲諱君之惡은 不可也요 又不成却以娶同姓爲禮니 亦不可也라 只可道丘也幸이로다 苟有過어든 人必知之라

147. 선생에게 물었다.

"'길을 갈 적에 徑으로 다니지 않았다.'228)라고 하였으니, 徑은 지름길입니까?"

선생이 말하였다.

"정당하지 않은 곳일 뿐이니, 예컨대 남의 밭두둑을 밟는 것과 같다. 반드시 지름길로 다니지 않아야 하는 것은 아니다. 옛날에 어떤 사람이 장사를 지내고 돌아올 적에 자기도 모르게 하인에게 이끌려 다른 길로 돌아갔다. 몇 리를 가서야 옳은 길이 아니라는 것을 깨닫고 돌아와 큰 길로 나아가려 하였으니, 이런 것은 이치에 맞는 것이 아니다. 만약 지름길이 왕래하는 데 편하다면 그곳으로 다니는 것이 어찌 해롭겠는가."

---

228) 길을……않았다 : 子游가 武城의 邑宰가 되었을 때 孔子가 人物을 얻었는지 묻자, 자유가 말하기를 "澹臺滅明이라는 자가 있는데, 길을 다닐 적에 지름길로 다니지 않으며, 공적인 일이 아니면 일찍이 제 방에 온 적에 없습니다."라고 한 데서 나왔다.(≪論語≫ 〈雍也〉)

問호되 行不由徑이라하니 徑은 是小路否잇가 曰 只是不正當處니 如履田疇之類라 不必不由小路라 昔有一人因送葬回할새 不覺被僕者引自他道歸라 行數里하여 方覺不是하고 却須要回就大路上하니 若此非中理라 若使小路便於往來면 由之何害리오

148. 선생에게 물었다.

"옛사람은 어찌하여 묘소를 보수하지 않았습니까?"[229]

선생이 말하였다.

"묘소를 보수하지 않은 까닭은 처음 묘소를 만들 때에 반드시 지극히 견고하게 만들고자 한 것이다. 그러므로 〈묘소를 만들 적에는〉 반드시 정성스럽고 반드시 공경히 해야 한다. 만약 정성스럽고 공경히 하지 않는다면 어찌 오래갈 수 있겠는가."

"孔子가 묘소를 만든 것은 어찌 이와 같이 빨리 무너졌습니까?"

"공자의 잘못이 아니다. 공자는 먼저 돌아와 虞祭를 준비하느라 제자들로 하여금 묘소를 만들게 하였는데, 제자들의 정성과 공경이 지극하지 못하여 비가 오자마자 묘소가 무너졌으니, 그들이 묘소를 만든 것이 견고하지 못했음을 알 수 있다. 그러나 보수하는 것이 또한 어찌 해롭겠는가. 聖人이 '묘소는 보수하지 않는다.'라고 말한 것은 제자들을 깊이 꾸짖은 것이다."

問호되 古者는 何以不修墓잇가 曰 所以不修墓者는 欲初爲墓時에 必使至堅固라 故須必誠必敬이라 若不誠敬이면 安能至久아 曰 孔子爲墓는 何以速崩如此邪잇가 曰 非孔子也라 孔子先反修虞事하여 使弟子治之한대 弟子誠敬不至하여 纔雨而墓崩하니 其爲之不堅固를 可知라 然이나 修之亦何害리오 聖人言不修者는 所以深責弟子也라

149. 선생에게 물었다.

"'선배들이 禮樂에 대해 한 것을 野人이라 하고, 후배들이 禮樂에 대해 한 것을 君子라고 한다.'[230]라고 하였으니, 孔子는 어찌하여 군자를 따르지 않고 야인을 따랐

229) 옛사람은……않았습니까 : 孔子가 防 땅에 부모를 合葬하고 돌아왔는데, 비가 쏟아져 제자들이 봉분을 다시 쌓고 돌아와 그 일을 아뢰자, 공자가 눈물을 흘리면서 "내가 듣건대 옛사람은 〈처음에 견고하게 쌓아〉 묘소를 보수하지 않는다고 하였다.〔吾聞之 古不修墓〕"라고 하였다.(≪禮記≫ 〈檀弓 上〉)

습니까?"

선생이 말하였다.

"제군들이 이 점을 세심히 생각해 보아라."

"先儒의 설에 '文을 바꾸어 質을 따른다.'는 설이 있으니, 그러합니까?"

"참으로 그러하다. 그러나 군자와 야인은 당시의 관점에 의거하여 군자와 야인이라 일컬은 것이다. 당시에 야인이라 일컬은 자는 文과 質이 서로 알맞은 자를 말하며, 당시에 군자라 일컬은 자는 文에 지나친 자이다. 이 때문에 공자는 후배를 따르지 않고 선배를 따른 것이다. 대개 당시 文의 폐단이 매우 심했기 때문에 仲尼가 그것을 구제하고자 그렇게 말한 것이다."

問호되 先進이 於禮樂에 野人也요 後進이 於禮樂에 君子也라하니 孔子何以不從君子而從野人이니잇가 曰 請諸君細思之하라 曰 先儒有變文從質之說하니 是否잇가 曰 固是라 然이나 君子野人者는 據當時謂之君子野人也라 當時謂之野人은 是言文質相稱者也며 當時謂之君子는 則過乎文者也라 是以로 不從後進而從先進也라 蓋當時文弊已甚이라 故로 仲尼欲救之云爾라

150. "나는 남이 나에게 가하기를 바라지 않는 것을 나 또한 남에게 가함이 없고자 한다."[231)]라고 하였으니, ≪中庸≫에 "자기에게 베풀어서 원하지 않는 것을 또한 남에게 베풀지 말라."라는 것이 바로 이 두 구절을 풀이한 것이다. 그러나 이 두 구절은 실천하기가 매우 어렵다. 그러므로 孔子가 "賜야, 그것은 네가 할 수 있는 일이 아니다."라고 한 것이다.

我不欲人之加諸我也를 吾亦欲無加諸人하노이다하니 中庸曰 施諸己而不願을 亦勿施於人이 正解此兩句라 然이나 此兩句는 甚難行이라 故로 孔子曰 賜也아 非爾所及也니라

---

230) 선배들이……한다 : ≪論語≫ 〈先進〉에 孔子가 말하기를 "선배들이 禮樂에 대하여 한 것을 요즘 사람들은 野人이라고 하고, 후배들이 禮樂에 대하여 한 것을 요즘 사람들은 君子라고 한다. 만약 禮樂을 쓴다면 나는 선배를 따르겠다.〔先進於禮樂 野人也 後進於禮樂 君子也 如用之則吾從先進〕"라고 하였다.

231) 나는……한다 : ≪論語≫ 〈公冶長〉에 子貢이 "저는 남이 저에게 가하기를 바라지 않는 것을 저 또한 남에게 가함이 없고자 합니다."라고 하자, 孔子가 말하기를 "賜야, 그것은 네가 할 수 있는 일이 아니다."라고 하였다.

151. 선생에게 물었다.

"정직함을 바탕으로 하고 義를 좋아하며, 남의 말을 살피고 남의 얼굴빛을 관찰하여 남에게 자신을 낮추기를 생각하는 것232)을 어찌하여 達이라고 합니까?"

선생이 말하였다.

"이것이 바로 達이다. 義를 좋아하고 남에게 자신을 낮추는 것만으로도 이미 達한 것이다. 사람이 남에게 자신을 낮추지 않는 까닭은 達하지 않았기 때문이다. 達하면 환히 통달한다. '남의 말을 살피고 남의 얼굴빛을 관찰한다.'라는 것이 환히 통달한 것이 아니고 무엇이겠는가."

또 물었다.

"子張이 達을 질문한 것은 어째서입니까?"

선생이 말하였다.

"자장의 생각은 남들이 알아주는 것을 達이라고 여겼다. 達하게 되면 남들이 저절로 알아주니, 이것은 다시 이해할 필요가 없다. 자장의 생각은 오로지 남들이 알아주는 것에 있었다. 그러므로 孔子가 그것을 통렬히 억제하여, 또 '聞이란 얼굴빛은 仁한 척하나 행실은 어긋나며, 仁者로 자처하면서 의심하지 않는다.'라고 한 것이다. 배우는 자는 모름지기 실질에 힘써야 하니, 명예를 가까이 하지 않아야 옳다. 명예를 가까이 하려는 생각이 있으면 큰 근본을 이미 잃게 되니, 다시 무슨 일을 배우겠는가? 명예를 위해 배운다면 이는 허위이다.

요즘 배우는 자들은 대체로 명예를 위한다. 명예를 위하고 이익을 위하는 것은 清濁이 비록 같지 않지만 그 이롭고자 하는 마음은 한가지이다. 지금 市井과 閭巷의 사람들은 도리어 명예를 위하지 않는다. 명예를 위해 배우는 자가 명예에만 지향을 두면 충분하지만, 그 마음은 오히려 남들이 알아주지 않을까 염려한다. 韓退之(韓愈)가 마침 그런 말을 하였으니, '내면이 충족되지 않은 자는 남들이 알아주는 것을 조급해 하니, 내면이

---

232) 정직함을……것 : 子張이 達에 대해 물어 孔子가 그의 생각을 묻자, 자장은 "나라에 있어도 반드시 소문이 나며, 집안에 있어도 반드시 소문이 나는 것〔在邦必聞 在家必聞〕"이라고 답하였다. 이에 공자가 "이는 聞이지 達이 아니다. 達이란 정직함을 바탕으로 하고 義를 좋아하며, 남의 말을 살피고 남의 얼굴빛을 관찰하여 남에게 자신을 낮추기를 생각하니, 나라에 있어도 반드시 達하며, 집안에 있어도 반드시 達한다. 聞이란 얼굴빛은 仁한 척하나 행실은 어긋나며, 仁者로 자처하면서 의심하지 않으니, 나라에 있어도 반드시 소문이 나며, 집안에 있어도 반드시 소문이 난다.〔是聞也 非達也 夫達也者 質直而好義 察言而觀色 慮以下人 在邦必達 在家必達 夫聞也者 色取仁而行違 居之不疑 在邦必聞 在家必聞〕"라고 하였다.(≪論語≫ 〈顏淵〉)

성대하게 차서 여유가 있으면 그 소문이 사방으로 퍼질 것이다.'[233]라고 하였다. 대저 명예를 위하는 자는 내면이 충족되지 않았을 뿐이니, 내면이 충족된 자는 자연히 명예에 마음이 없다. 예컨대 공자가 '종신토록 이름이 일컬어지지 않는 것을 싫어한다.'[234]라고 하였으니, 이 한 구절을 사람들은 대부분 잘못 이해한다. 이는 君子는 오직 일컬을 만한 善이 없는 것을 근심하여 마땅히 善을 행하는 데 급급해야 함을 말한 것이지, 사람들로 하여금 명예를 추구하게 한 것이 아니다."

問호되 質直而好義하며 察言而觀色하여 慮以下人을 何以爲達이니잇고 曰 此正是達也라 只好義與下人이 已是達了라 人所以不下人者는 只爲不達이라 達則只是明達이라 察言而觀色이 非明達而何리오 又問호되 子張之問達은 如何잇가 曰 子張之意는 以人知爲達이라 纔達이면 則人自知矣니 此更不須理會라 子張之意는 專在人知라 故로 孔子痛抑之하여 又曰 夫聞也者는 色取仁而行違요 居之不疑也라 學者는 須是務實이니 不要近名이라야 方是라 有意近名이면 則大本已失이니 更學何事리오 爲名而學이면 則是僞也라 今之學者는 大抵爲名이라 爲名與爲利는 淸濁雖不同이나 然其利心은 則一也라 今市井閭巷之人은 却不爲名이라 爲名而學者는 志於名而足矣나 然其心은 猶恐人之不知라 韓退之가 直是會道言語하니 曰 內不足者는 急於人知하니 沛然有餘면 厥聞四馳라하니라 大抵爲名者는 只是內不足이니 內足者는 自是無意於名이라 如孔子言疾沒世而名不稱이라하니 此一句를 人多錯理會라 此는 只是言君子惟患無善之可稱하여 當汲汲爲善이요 非是使人求名也라

152. 선생에게 물었다.

"'나라에 있어도 원망함이 없으며, 집안에 있어도 원망함이 없을 것이다.'[235]라고 하였으니, 원망이 자기에게 있는 것인지, 남에게 있는 것인지 모르겠습니다."

선생이 말하였다.

"자기에게 있는 것이다."

---

233) 내면이……것이다 : 韓愈의 〈知名箴〉에 보인다.

234) 종신토록……싫어한다 : ≪論語≫ 〈衛靈公〉에 孔子가 말하기를 "君子는 종신토록 이름이 일컬어지지 않는 것을 싫어한다.〔君子疾沒世而名不稱焉〕"라고 하였다.

235) 나라에……것이다 : ≪論語≫ 〈顔淵〉에서 仲弓이 仁을 묻자, 孔子가 "문을 나서서는 큰 손님을 뵙는 듯이 하며, 백성을 부릴 적에는 큰 제사를 받드는 듯이 하며, 자신이 원하지 않는 것을 남에게 베풀지 말아야 하니, 〈이렇게 하면〉 나라에 있어도 원망함이 없으며, 집안에 있어도 원망함이 없을 것이다.〔出門如見大賓 使民如承大祭 己所不欲 勿施於人 在邦無怨 在家無怨〕"라고 한 데서 나왔다.

"이미 자기에게 있다면 舜은 어째서 원망함이 있었습니까?[236]"

"원망은 같은 원망이지만, 그것을 쓴 곳이 같지 않다. 舜은 스스로 원망한 것이니, 만일 순이 원망하지 않았다면 도리어 옳지 않다. 학문은 모름지기 통달해야 하니, 터득하지 못하면 이처럼 집착하여 구애된다. 예컨대 '仁者는 근심하지 않는다.'[237]라고 말하고, 또 '易을 지은 자는 憂患이 있었을 것이다.'[238]라고 하였으니, 모름지기 쓰는 곳이 각각 다름을 알아야 한다. 天下에는 하나의 '憂'자가 있고, 하나의 '怨'자가 있을 뿐이다. 이미 이 두 글자가 있는데, 聖人이 어찌 그러함이 없을 수 있겠는가? 王通의 말은 매우 좋으나, 단지 후세 사람들이 견강부회하여 어지럽게 되었다. 예컨대 魏徵이 묻기를 '聖人도 근심이 있는가?'라고 하자, 왕통이 말하기를 '천하 사람들이 모두 근심하니, 나만 홀로 근심이 없을 수 있겠는가?'라고 하고, 의심에 대해 묻자 '천하 사람들이 모두 의심하니, 나만 홀로 의심이 없을 수 있겠는가.'라고 하고서, 董常에게는 말하기를 '天道를 즐거워하고 天命을 아니 내 어찌 근심하겠으며, 이치를 궁구하고 본성을 극진히 하니 내 어찌 의심하겠는가.'라고 하였다. 이처럼 뜻이 서로 해치지 않으며 말이 매우 좋은데, 그다음의 몇 구절[239]에서 마음과 행적이 나누어짐을 말한 것은 곧 옳지 않다. 이는 모두 후세 사람들이 견강부회하여 군더더기가 되었기 때문이다."

問호되 在邦無怨하며 在家無怨이라하니 不知케라 怨은 在己잇가 在人이니잇가 曰 在己라 曰 既在己어든 舜은 何以有怨이니잇가 曰 怨은 只是一箇怨이나 但其用處不同이라 舜自是怨이니 如舜不怨이면 却不是也라 學은 須是通이니 不得이면 如此執泥라 如言仁者不憂하고 又却言作易者는 其有憂患이라하니 須要知用處各別也라 天下엔 只有一箇憂字하고 一箇怨字라 既有此二字한대 聖人이

---

236) 舜은……있었습니까 : 萬章이 "순임금이 밭에 가서 하늘을 부르며 우셨으니, 어찌하여 우신 것입니까?"라고 묻자, 孟子가 "원망하고 사모하신 것이다.〔怨慕也〕"라고 하였다. 만장이 "부모가 사랑하시면 기뻐하고 잊지 말며, 부모가 미워하시면 더욱 노력하고 원망하지 않아야 하는데, 순임금은 원망했습니까?"라고 묻자, 맹자는 순임금이 온 세상 사람들이 바라는 바를 모두 얻었지만 오직 부모에게 받아들여지지 못했기 때문에 근심한 것이라고 말하였다.(≪孟子≫ 〈萬章 上〉)

237) 仁者는……않는다 : ≪論語≫ 〈子罕〉, 〈憲問〉에 보인다.

238) 易을……것이다 : ≪周易≫ 〈繫辭傳 下〉에 "易이 일어난 때는 中古일 것이다. 易을 지은 자는 憂患이 있었을 것이다.〔易之興也 其於中古乎 作易者 其有憂患乎〕"라고 하였다.

239) 그다음의……구절 : 文中子(王通)가 근심과 의심에 대해 魏徵과 董常에게 다르게 말하자, 동상이 "위징에게 말씀한 것과 다르니, 선생은 또한 두 말씀을 한 것입니까?〔非告徵也 子亦二言乎〕"라고 물었다. 그러자 문중자는 "위징이 질문한 것은 행적이고, 내가 너에게 알려준 것은 마음이다. 마음과 행적이 나누어진 지가 오래되었다.〔徵所問者 迹也 吾告汝者 心也 心迹之判 久矣〕"라고 하였다.(≪中說≫ 〈問易篇〉)

安得無之리오 如王通之言은 甚好나 但爲後人附會亂却이라 如魏徵이 問호되 聖人有憂乎아하니 曰 天下皆憂하니 吾獨得無憂리오하고 問疑호되 曰 天下皆疑하니 吾獨得無疑리오하고 謂董常曰 樂天知命하니 吾何憂리오 窮理盡性하니 吾何疑리오하니라 如此自不相害하고 說得極好어늘 至下面數句言心迹之判하야 便不是라 此皆後人附會하여 適所以爲贅也라

153. 선생에게 물었다.

"'백성은 이치를 따르게 할 수는 있어도 알게 할 수는 없다.'[240]라고 하였으니, 聖人이 이치를 알게 하지 않은 것입니까? 백성이 스스로 이치를 알 수 없는 것입니까?"

선생이 말하였다.

"백성이 이치를 아는 것을 성인이 바라지 않은 것이 아니다. 대개 성인이 가르침을 베풀 적에 집집마다 깨우쳐주어 집집마다 봉할 만한 인재가 있기를[241] 바라지 않는 것은 아니다. 대개 성인은 단지 천하 사람들이 그것을 따르게 할 수 있을 뿐이니, 어찌 능히 사람마다 모두 알게 할 수 있겠는가? 이는 성인도 할 수 없는 것이다. 그러므로 그 이치를 '알게 할 수는 없다.'라고 한 것이다. 만약 '성인은 백성들로 하여금 이치를 알게 하지 않는다.'라고 말한다면, 이것이 어찌 성인의 마음이겠는가. 이는 후세 사람들이 朝三暮四하는 술수이다. 나는 일찍이 謝景溫[242]과 이 한 구절을 이야기하였는데, 그는 조삼모사하는 술수도 없을 수 없으므로 성인도 때때로 그렇게 하였다고 쟁론하였으니, 이는 대단히 義理가 없다. 성인이 人情에 순응한 점을 말한다면 또한 그런 일이 있지만, 어찌 조삼모사하는 술수를 쓰는 일이 있겠는가."

問호되 民은 可使由之요 不可使知之라하니 是聖人不使知之耶잇가 是民自不可知也잇가 曰 聖人非不欲民知之也라 蓋聖人設敎할새 非不欲家喩戶曉하여 比屋皆可封也라 蓋聖人은 但能使天下由之耳니 安能使人人盡知之리오 此是聖人不能이라 故曰 不可使知之라 若曰聖人不使民知면 豈

---

240) 백성은……없다 : ≪論語≫ 〈泰伯〉에 보인다.

241) 집집마다……있기를 : 교화가 널리 미쳐 집집마다 봉할 수 있을 만큼 인재가 많다는 뜻으로, ≪漢書≫ 〈王莽傳〉에 "요순 시대에는 집집마다 다 봉할 만한 인재가 있었다.〔唐虞之時 可比屋而封〕"라고 하였고, ≪論衡≫ 〈率性傳〉에는 "요·순의 백성은 집집마다 봉할 만하였고, 桀·紂의 백성은 집집마다 죽일 만하였다.〔堯舜之民 可比屋而封 桀紂之民 可比屋而誅〕"라고 하였다.

242) 謝景溫 : 1021~1098. 자는 師直이다. 1049년 진사가 되었고, 轉運使·六部尙書 등을 역임하였다. 王安石과 사이가 좋아 그의 여동생을 왕안석의 아우에게 시집보내 姻戚이 되었고, 왕안석의 變法을 지지하였다.

聖人之心이리오 是後世朝三暮四之術也라 某嘗與謝景溫으로 說此一句한대 他爭道朝三暮四之術도 亦不可無니 聖人亦時有之라하니 此는 大故無義理라 說聖人順人情處어든 亦有之나 豈有爲朝三暮四之術哉리오①

① '謝景溫'은 어떤 판본에는 '趙景平'243)으로 되어 있다.
謝景溫, 一作趙景平.

154. 정사가 성취됨의 더디고 빠름을 묻자, 선생이 말하였다.

"仲尼가 일찍이 그 점을 말하였으니, '만일 나를 등용하는 자가 있다면 1년만 하더라도 괜찮아질 것이니, 3년이면 성취함이 있을 것이다.'244)라고 하였다. 중니가 성취함이 있을 것이라고 말한 것은 대개 치적을 이룩하는 공업을 세워서 堯·舜의 시대와 같게 하려는 것이니, 이것을 일러 '성취함이 있을 것이다.'라고 한 것이다. 이는 聖人의 일이니, 다른 사람이 미칠 수 없다. 나는 일찍이 후세에 정치를 논하는 자는 모두 이치에 맞지 않는다고 말하였다. 漢나라 丞相 公孫弘은 '3년이면 교화되니, 신 弘은 오히려 그것을 더디다고 생각합니다.'라고 하였고, 唐나라 李石은 '10년 동안 치적을 재촉하는 것은 너무 급박합니다.'라고 하였으니, 이 두 사람은 모두 경솔하게 말한 것이다. 성인의 말씀은 저절로 次序가 있으니, 이른바 '1년만 하더라도 괜찮아질 것이다.'라는 것은 紀綱이 베풀어짐을 말하고, '3년이면 성취함이 있을 것이다.'라는 것은 치적이 이루어진 것이다. 성인의 일은 후세 사람들이 감히 이와 같기를 바랄 수 없으나, 二帝의 정치는 오직 성인이라야 할 수 있고, 三王 이하의 사업은 大賢이라야 할 수 있다."

또 물었다.

"孔子가 '나를 등용하는 자가 있다면 3년이면 성취함이 있을 것이다.'라고 말하고, 王者에 대해 말할 적에는 '반드시 한 세대가 지난 뒤에야 仁해질 것이다.'245)라고 하였으니, 어째서입니까?"

선생이 말하였다.

"이른바 仁이란 풍속이 바뀌어 백성들이 仁에 귀의하는 것이다. 天下가 변화할 때에

243) 趙景平 : 趙彦道로, 景平은 그의 자이다. 程頤에게 수학하였다.

244) 만일……것이다 : ≪論語≫ 〈子路〉에 보인다.

245) 반드시……것이다 : ≪論語≫ 〈子路〉에 孔子가 말하기를 "만일 王者가 있더라도 반드시 한 세대가 지난 뒤에야 仁해질 것이다.〔如有王者 必世而後仁〕"라고 하였다.

仁이 축적되어 오래 지속되지 않으면 어떻게 그것을 이룩할 수 있겠는가. '반드시 한 세대가 지나야'라고 말한 것은 이치가 그러한 것이다. '성취함이 있다.'라는 것은 법도와 기강에 이루어짐이 있어 교화가 행해지는 것을 말한다. 만약 백성이 仁해지기를 바란다면, 반드시 한 세대가 지나지 않으면 어찌 가능하겠는가."

問爲政遲速하니 曰 仲尼嘗言之矣니 苟有用我者면 期月而已라도 可也니 三年이면 有成이라하니라 仲尼言有成者는 蓋欲立致治之功業하여 如堯舜之時니 夫是之謂有成이라 此는 聖人之事니 佗人不可及이라 某嘗言後世之論治者는 皆不中理라 漢公孫丞相이 言호되 三年而化니 臣弘尚切遲之니이다하고 唐李石이 謂호되 十年責治太迫이라하니 此二者는 皆率爾而言이라 聖人之言은 自有次序하니 所謂期月而已可也者는 謂紀綱布也요 三年有成은 治功成也라 聖人之事는 後世雖不敢望如此라 然이나 二帝之治는 惟聖人能之하고 三王以下事業은 大賢可爲也라 又問호되 孔子言用我者면 三年有成이라하고 言王者엔 則曰必世而後仁이라하니 何也잇고 曰 所謂仁者는 風移俗易하여 民歸於仁이라 天下變化之時에 此非積久면 何以能致리오 其曰必世는 理之然也라 有成者는 謂法度紀綱有成而化行也라 如欲民仁이어든 非必世면 安可리오

155. 선생에게 물었다.

"'大하면 교만하지 않고, 化하면 인색하지 않다.'246)라고 하였는데, 이 말은 어떠합니까?"

선생이 말하였다.

"만약 '大하면서 자연스럽게 변화시킨다.'247)라는 것으로 이 말을 풀이한다면 옳지 않다. 그러나 '大하면 교만하지 않다.'라는 이 구절에는 의미가 있으니, 小하면 곧 교만하다는 것이다. '化하면 인색하지 않다.'의 化는 대단히 고원하여 '인색하지 않다.'라는 것으로 말하기에는 충분하지 않다. 교만함〔驕〕과 인색함〔吝〕 두 글자는 서로 상대가 되

---

246) 大하면……않다 : ≪正蒙≫ 〈神化〉에 보인다.

247) 大하면서……변화시킨다 : 浩生不害가 樂正子는 어떤 사람인지 묻자, 孟子가 善人이며 信人이라고 하였다. 다시 善과 信에 대해 묻자, 맹자가 말하기를 "누구나 하고자 하는 것을 善이라 하고, 善을 자기 몸에 소유하는 것을 信이라 하고, 善을 행하여 가득 채우는 것을 美라 하고, 美가 가득 차서 그 빛이 드러난 것을 대라 하고, 대하면서 자연스럽게 자신을 변화시키는 것을 聖이라 하고, 聖하여 남들이 알 수 없는 것을 神이라 한다. 악정자는 두 가지(善·信)의 중간이요, 네 가지(神·聖·大·美)의 아래이다.〔可欲之謂善 有諸己之謂信 充實之謂美 充實而有光輝之謂大 大而化之之謂聖 聖而不可知之之謂神 樂正子 二之中 四之下也〕"라고 한 데서 나왔다.(≪孟子≫ 〈盡心 下〉)

니, 교만함은 氣가 가득 찬 것이고, 인색함은 氣가 부족한 것이다."

"吝은 어떠하면 吝입니까?"

"吝은 吝嗇함이다. 또 '嗇'자를 보면 吝과 嗇은 한가지 일임을 알 수 있다. 또 사람이 만약 인색하면 재물에서도 부족하고 일에서도 부족하니, 온갖 일이 모두 부족하여 반드시 결핍된 기색이 있다."

"'周公 같은 아름다운 재주를 가지고서도 교만하고 인색하다면 그 나머지는 볼 것도 없다.'248)라고 하였으니, 이는 교만함과 인색함의 불가함을 심히 말한 것이 아닙니까?"

"그러하다. 만약 周公의 德을 말한다면 인색하고 교만하다는 말을 해서는 안 된다. 이는 비록 재주가 주공과 같더라도 교만하고 인색하다면 또한 불가하다는 것을 말한다."

問호되 大則不驕하고 化則不吝이라하니 此語는 何如잇가 曰 若以大而化之로 解此면 則未是라 然이나 大則不驕此句엔 却有意思하니 只爲小便驕也라 化則不吝의 化는 煞高하니 不吝은 未足以言之라 驕與吝兩字는 正相對니 驕是氣盈이요 吝是氣歉이라 曰 吝은 何如則是잇가 曰 吝은 是吝嗇也라 且於嗇上看이면 便見得吝嗇止是一事라 且人若吝時엔 於財上에도 亦不足이요 於事上에도 亦不足하니 凡百事가 皆不足하여 必有歉歉之色也라 曰 有周公之才之美오도 使驕且吝이면 其餘는 不足觀也已라하니 此는 莫是甚言驕吝之不可否잇가 曰 是也라 若言周公之德이면 則不可下吝驕字라 此는 言雖才如周公이라도 驕吝이면 亦不可也라

156. 〈선생에게 물었다.〉

"仲尼는 周나라가 쇠퇴한 때를 만나 수레를 타고 천하를 두루 돌아다녔는데, 顏子는 어째서 벼슬하지 않았습니까?"

선생이 말하였다.

"이는 중니가 道를 자임했기 때문이다. 만약 孔子가 그 道를 행할 수 있었다면 안자는 벼슬하지 않아도 괜찮다. 그러나 공자가 이미 이 자임을 감당하였으니, 안자는 문을 닫고 학문을 할 수 있었던 것이다."

---

248) 周公……없다 : ≪論語≫ 〈泰伯〉에 보인다.

仲尼當周衰하여 轍環天下한대 顔子는 何以不仕잇가 曰 此는 仲尼之任也일새라 使孔子得行其道면 顔子는 不仕라도 可矣라 然이나 孔子旣當此任하니 則顔子足可閉戶爲學也라

157. 孟子가 聖人에게 功이 있는 것은 다 말할 수 없다. 예컨대 仲尼는 단지 하나의 '仁'자만을 말했으나 맹자는 입을 열면 곧 仁義를 말했으며, 중니는 단지 하나의 志만을 말했으나 맹자는 허다하게 養氣를 말하였다. 이 두 글자만 해도 그 공이 매우 많다.

孟子有功於聖人은 不可言이라 如仲尼는 只說一箇仁字①나 孟子는 開口便說仁義하며 仲尼는 只說一箇志나 孟子는 便說許多養氣出來라 只此二字는 其功이 甚多라

① 사람의 道를 세운 것을 仁과 義라고 한다.[249]
立人之道曰仁與義.

158. 道를 알지 못하는 자는 술에 취한 사람과 같다. 한창 술에 취했을 때에는 못하는 짓이 없다가 술이 깨게 되면 부끄러워하지 않는 자가 없다. 학문을 알지 못하는 사람은 스스로를 평가하기를 결점이 없다고 여기지만, 학문을 안 뒤에 전에 내가 행한 것을 돌이켜 생각하게 되면 놀라고 또 두려워한다.

未知道者는 如醉人이라 方其醉時하야 無所不至라가 及至醒也하야 莫不愧恥라 人之未知學者는 自視以爲無缺이로되 及旣知學하여 反思前日所爲하야 則駭且懼矣라

159. 聖人의 六經은 모두 부득이하여 지은 것이다. 쟁기와 따비, 질그릇과 주물 같은 것은 하나라도 만들어지지 않았다면 生民의 器用이 시원찮았을 것이다. 후세의 말은 없어도 부족하지 않고 있어도 한갓 군더더기가 되니, 비록 말이 많더라도 무엇이 이롭겠는가. 성인의 말씀은 비록 간략하지만 포함하는 뜻이 극진하지 않은 것이 없다.

---

249) 사람의……한다 : ≪周易≫ 〈說卦傳〉에 "하늘의 道를 세운 것을 陰과 陽이라 하고, 땅의 道를 세운 것을 柔와 剛이라 하고, 사람의 道를 세운 것을 仁과 義라고 하니, 三才를 겸하여 두 차례 하였기 때문에 易이 여섯 획을 그어 卦를 이루었다.〔立天之道曰陰與陽 立地之道曰柔與剛 立人之道曰仁與義 兼三才而兩之 故易六畫而成卦〕"라고 하였다.

聖人六經은 皆不得已而作이라 如耒耜陶冶는 一不制면 則生人之用熄이라 後世之言은 無之라도 不爲缺하며 有之라도 徒爲贅니 雖多라도 何益也리오 聖人言은 雖約이나 無有包含不盡處라

160. 말은 간략함을 귀하게 여기니, 말이 많을수록 道에 반드시 밝지는 못한다. 杜元凱(杜預)가 이런 말을 하였으니, "말이 고상하면 그 맛이 심원하고, 文辭가 간략하면 그 뜻이 은미하다."250)라고 하였다. 대개 언어는 함축하여 남은 의미가 있어야 하니, 이른바 '글은 말을 다 표현하지 못하며, 말은 생각을 다 표현하지 못한다.'251)라는 것이다.

言貴簡이니 言愈多면 於道에 未必明이라 杜元凱却有此語云 言高則旨遠하고 辭約則義微라 大率言語는 須是含畜而有餘意하니 所謂書不盡言하며 言不盡意也라

161. ≪中庸≫이라는 책은 그 의미가 무궁하니, 끝까지 찾아서 완미해야 한다.

中庸之書는 其味無窮하니 極索玩味하라

162. 선생에게 물었다.

"坎卦의 六四爻辭에 '한 동이의 술과 두 그릇의 밥을 질그릇에 담고, 임금의 마음을 묶어두는 진언을 하되 통한 곳으로부터 한다.'252)라는 것은 무슨 뜻입니까?"

선생이 말하였다.

"坎은 험한 때이다. 이는 大臣이 험난함에 처하는 법을 聖人이 논한 것이다. '한 동이의 술과 두 그릇의 밥을 질그릇에 담는다.'라는 것은 '험난한 때를 당하여 다시 무엇을 쓸 수 있는가? 至誠을 쓰지 않음이 없다.'라는 말이다. '임금의 마음을 묶어두는 진언을 하되 통한 곳으로부터 한다.'라는 것은 임금에게 마음을 묶어두는 진언을 하고자 할 적

---

250) 말이……은미하다 : 杜預의 〈春秋左氏傳序〉에 보인다.

251) 글은……못한다 : ≪周易≫ 〈繫辭傳 上〉에 보인다.

252) 한……한다 : ≪周易≫ 坎卦 六四爻辭에 "한 동이의 술과 두 그릇의 밥을 질그릇에 담고, 임금의 마음을 묶어두는 진언을 하되 통한 곳으로부터 하면 끝내 잘못이 없을 것이다.〔樽酒簋貳 用缶 納約自牖 終无咎〕"라고 하였다.

에는 마땅히 밝은 곳으로부터 해야 함을 말한다. 牖는 열려 밝은 곳이다. 임금의 마음을 열어서 깨우치고자 할 적에 만약 임금의 가려진 곳에서 한다면 어디를 말미암아 받아들이겠는가.

예컨대 漢 高祖가 太子를 바꾸려 할 적에 다른 사람들은 모두 嫡庶를 구분할 것을 간쟁하였다.[253] 嫡庶의 구분을 고조가 어찌 분명히 알지 못했겠는가. 일부러 옳지 않다는 것을 알면서도 그것을 범한 것이다. 이는 바로 고조의 가려진 곳이니, 다시 어찌 깨우칠 수 있겠는가. 오직 留侯(張良)는 四皓를 불러들였으니, 이는 바로 고조의 밝은 곳이다. 대개 고조가 匹夫의 신분에서 천하를 소유하게 된 것은 모두 豪傑의 힘이었다. 그러므로 그들을 꺼린 것이다. 유후가 四皓로 하여금 태자를 보필하게 하니, 고조는 천하 호걸들의 마음이 惠帝에게 돌아갔다는 것을 알았다. 그러므로 다시 태자를 바꾸지 않았다.

옛날 秦나라가 趙나라를 칠 적에 齊나라에서는 長安君을 인질로 삼으려 하였는데, 太后는 불가하다고 하였다. 左師 觸龍이 뵙기를 청하여 아뢰어, 드디어 장안군을 인질로 삼았다.[254] 태후는 자식을 사랑할 줄만 알고, 利害를 살피지 않았다. 그러므로 좌사가 자식을 사랑하는 利害로써 그녀를 깨우쳐준 것이다."

問호되 坎之六四에 樽酒와 簋貳를 用缶하고 納約自牖라함은 何義也잇고 曰 坎은 險之時也라 此是聖人論大臣處險難之法이라 樽酒簋貳用缶는 謂當險難之時하여 更用甚得이리오 無非是用至誠也라 納約自牖는 言欲納約於君할새 當自明處라 牖者는 開明之處也라 欲開悟於君할새 若於君所蔽處면 何由入得이리오 如漢高帝欲易太子할새 他人皆爭以嫡庶之分이라 夫嫡庶之分을 高祖豈不知得分明이리오 直知不是了犯之라 此正是高祖所蔽處니 更豈能曉之리오 獨留侯는 招致四皓하니

---

253) 漢……간쟁하였다 : 漢 高祖 劉邦이 처음에 呂后의 아들 劉盈을 태자로 삼았는데, 戚夫人을 사랑하여 그 소생 劉如意를 태자로 삼으려 하였다. 여후가 張良에게 도움을 요청하자, 장량은 황제가 존경하던 商山의 四皓(東園公·綺里季·夏黃公·甪里先生)를 초빙하여 태자를 보필하게 하였다. 叔孫通 등 대신들이 죽을 각오로 간하며 태자를 보위하려 애썼지만 황제는 듣는 척하면서 내심 태자를 바꾸려 하였다. 그러나 四皓가 태자를 따르는 것을 보고서 마침내 그 마음을 거두었다.(≪史記≫ 卷55 〈留侯世家〉)

254) 秦나라가……삼았다 : 趙나라 孝成王 원년에 秦나라가 조나라를 공격하여 齊나라에 구원을 요청하자 長安君을 인질로 요구하였다. 장안군은 당시 섭정을 하던 太后가 가장 사랑하던 아들이었다. 대신들의 간언에도 태후가 응하지 않자, 左師 觸龍이 진정으로 자식을 위한다면 당장의 안위보다 먼 훗날을 계획해야 한다고 설득하여 마침내 장안군을 인질로 보내 구원병을 얻었다.(≪史記≫ 卷43 〈趙世家〉)

此正高祖所明處라 蓋高祖自匹夫有天下는 皆豪傑之力이라 故로 憚之라 留侯가 以四皓輔太子하니 高祖知天下豪傑歸心於惠帝라 故로 更不易也라 昔秦伐(魏)〔趙〕[255]할새 欲以長安君爲質한대 太后不可라 左師觸龍請見云云하여 遂以長安君爲質焉이라 夫太后只知愛子요 更不察利害라 故로 左師가 以愛子之利害로 開悟之也라

163. ≪周易≫ 八卦의 지위는 원래 사람으로 비유한 설이 있지 않았다. 先儒들은 乾은 西北에 자리하고, 坤은 西南에 자리한다고 여겼다. 그러나 乾·坤이 六子[256]에게 맡기고 無爲의 지위에서 자처하면, 이는 대단히 義理가 없다. 風·雷·山·澤의 類는 곧 天地의 작용이니, 어찌 天地 밖에 별도로 六子가 있겠는가. 예컨대 사람이 여섯 명의 자식을 낳으면 각각 일을 맡겨두고서 부모는 절로 한가할 수 있는가. 천지 사이에 風·雷가 있는 것은 사람의 몸에 耳目과 手足이 있는 것과 같으니, 이는 곧 사람의 작용이다. 어찌 手足과 耳目은 모두 작용하지만 몸은 하는 일이 없다고 말할 수 있겠는가? 토끼 파는 자를 본 일이 있어 다음과 같이 설명해본다.

"聖人이 河圖와 洛書를 보고 八卦를 그렸다. 그러나 어찌 반드시 하도와 낙서일 필요가 있겠는가. 이 토끼만 보아도 八卦를 그릴 수 있으니, 數는 곧 이 가운데에서 일으킬 수 있다. 옛 성인은 단지 神物이 지극히 드러난 것을 취했을 뿐이다. 樹木 같은 것에서도 數를 볼 수 있다. 토끼는 어째서 꼬리가 없으며, 피는 있는데 지방이 없는가. 이는 陰物이기 때문이다. 대저 陽物은 꼬리가 긴데, 陽이 왕성한 자는 꼬리가 더욱 길다. 꿩과 같은 것은 陽이 성대한 동물이다. 그러므로 꼬리가 지극히 길고 또 그 몸은 무늬가 선명하다. 지금 수레를 모는 자는 대부분 수레 위에 새의 꼬리털을 세워서 비가 오는지 날이 개는지를 살핀다. 만일 장차 비가 오려 하면 꼬리 끝이 아래를 향해 드리워지고, 날이 개면 똑바로 선다."

易八卦之位는 元不曾有人說이라 先儒以謂乾位西北하고 坤位西南이라 然이나 乾坤任六子하고 而自處於無爲之地면 此大故無義理라 風雷山澤之類는 便是天地之用이니 豈天地外別有六子리오 如人生六子면 則有各任以事하고 而父母自閑이리오 風雷之類於天地間은 如人身之有耳目手

---

255) (魏)〔趙〕: 底本에는 '魏'로 되어 있으나, ≪史記≫ 〈趙世家〉에 의거하여 '趙'로 바로잡았다.

256) 六子: 八卦 가운데 乾卦(父)와 坤卦(母)를 제외한 震卦(長男)·巽卦(長女)·坎卦(中男)·離卦(中女)·艮卦(小男)·兌卦(小女)를 가리킨다.

足이니 便是人之用也라 豈可謂手足耳目皆用이나 而身無爲乎리오 因見賣兎者하여 曰 聖人見河圖洛書而畫八卦라 然이나 何必圖書오 只看此兎라도 亦可作八卦니 數便此中可起라 古聖人은 只取神物之至著者耳라 只如樹木도 亦可見數라 兎는 何以無尾며 有血無脂아 只是爲陰物일새라 大抵陽物尾長한대 陽盛者는 尾愈長이라 如雉는 是盛陽之物이라 故로 尾極長하고 又其身文明이라 今之行車者는 多植尾於車上하여 以候雨晴이라 如天將雨면 則尾先垂向下하고 纔晴이면 便直立이라

164. 혹자가 물었다.

"劉牧[257]이 말하기를 '上經[258]은 形器 이상의 일을 말하고, 下經은 形器 이하의 일을 말하였다.'라고 하였습니다."

선생이 말하였다.

"옳지 않다. 上經에 '구름과 우레가 屯이다.'[259]라고 하였으니, 구름과 우레에 어찌 형체가 없겠는가."

"유목이 또한 '上經은 天地가 만물을 낳는 것이고, 下經은 男女가 만물을 낳는 것이다.'라고 말했습니다."

"天地 가운데에는 단지 하나의 낳음〔生〕이 있을 뿐이다. 사람이 男女에게서 태어나는 것은 곧 天地가 낳은 것이니, 어찌 다르다고 할 수 있겠는가."

"유목이 또한 '乾·坤은 男·女로 비유되는 坎·離와 함께 생겨난다.'라고 말했습니다."

"옳지 않다. 비유하자면 父母가 男女를 낳는 것과 같으니, 어찌 男女와 父母가 함께 태어난단 말인가. 乾·坤이 있고 나서 바야흐로 세 번 구하여 六子를 얻는다.[260] 만약

257) 劉牧 : 1011~1064. 자는 先之·牧之이며, 호는 長民으로, 衢州 西安 사람이다. 孫復과 范仲淹에게 수학하였다. 진사시에 합격한 뒤 범중엄의 천거로 兗州觀察推官이 되었으며, 大理寺丞·太常博士 등을 지냈다. 象數學의 한 지류인 圖書學派를 개창하였다. 저술로 ≪易數鉤隱圖≫·≪易解≫·≪卦德通論≫·≪先儒遺論九事≫ 등이 있다.

258) 上經 : ≪周易≫의 전반부로, 乾卦부터 離卦까지이다.

259) 구름과……屯이다 : ≪周易≫ 屯卦 〈象傳〉에 "구름과 우레가 屯이니, 君子가 이로써 經綸한다.〔雲雷 屯 君子以經綸〕"라고 하였다.

260) 乾·坤이……얻는다 : ≪周易≫ 〈說卦傳〉에 "乾은 하늘이므로 父라 일컫고, 坤은 땅이므로 母라 일컫고, 震은 첫 번째로 구하여 男을 얻었으므로 長男이라 이르고, 巽은 첫 번째로 구하여 女를 얻었으므로 長女라 이르고, 坎은 두 번째로 구하여 男을 얻었으므로 中男이라 이르고, 離는 두 번째로 구하여 女를 얻었으므로 中女라 이르고, 艮은 세 번째로 구하여 男을 얻었으므로 少男이라 이르고, 兌는 세 번째로 구하여 女를 얻었으므로 少女라 이른다.〔乾天也 故稱乎父 坤地也 故稱乎母 震一索而得

'乾・坤이 생겨날 적에 六子가 생겨나는 이치가 함께 있다.'라고 한다면 이러한 이치는 있겠지만, 乾・坤・坎・離가 함께 생겨난다고 말한다면 어찌 이런 일이 있겠는가. 함께 생겨났다면 어찌 六子라고 말하겠는가."

或問호되 劉牧이 言호되 上經은 言形器以上事요 下經은 言形器以下事라하니이다 日 非也라 上經에 言雲雷屯이라하니 雲雷에 豈無形耶아 日 牧이 又謂호되 上經은 是天地生萬物이요 下經은 是男女生萬物이라하니이다 日 天地中은 只是一箇生이라 人之生於男女는 卽是天地之生이니 安得爲異리오 日 牧이 又謂호되 乾坤은 與坎離男女로 同生이라하니이다 日 非也라 譬如父母生男女니 豈男女與父母同生이리오 旣有乾坤하여 方三索而得六子라 若日乾坤生時에 六子生理가 同有면 則有此理어니와 謂乾坤坎離同生이면 豈有此事리오 旣是同生이면 則何言六子耶아

165. 혹자가 말하였다.

"모든 生物이 태어날 적에는 각각 氣가 勝한 곳을 따라 태어납니다."

선생이 말하였다.

"무엇 때문에 그렇다고 생각하는가?"

"예컨대 나무가 생장할 적에 뿌리가 장대해지면 뿌리는 도리어 뻗어 나갈 곳이 없는 것과 같습니다."

"이는 이기는〔克〕 것이다."

"이기면 土가 변화하여 木이 됩니다."

"그것은 변화한 것이 아니라 이긴 것이다. 五行에 대해 옛사람의 설은 '王(旺)'자를 번갈아 말하면서 극진히 하였으니, 이는 盛衰의 자연스러운 이치이다. 사람들은 대부분 五行에 土가 없으면 안 되니, 木이 土를 얻어야 火를 낳을 수 있고, 火가 土를 얻어야 金을 낳을 수 있기 때문에 土는 사계절에 붙어 왕성하다고 말한다. 그러나 나는 그렇지 않다고 생각한다. 木은 火를 낳고, 火는 土를 낳고, 土는 金을 낳고, 金은 水를 낳고, 水는 木을 낳으니, 이는 번갈아 盛하는 것일 뿐이다."

或曰 凡物之生엔 各隨氣勝處化니이다 日 何以見고 日 如木之生에 根旣長大면 根却無處去니이다 日 克也라 日 旣剋이면 則是土化爲木矣니이다 日 不是化요 只是克이라 五行에 只古人說迭王字說

男 故謂之長男 巽一索而得女 故謂之長女 坎再索而得男 故謂之中男 離再索而得女 故謂之中女 艮三索而得男 故謂之少男 兌三索而得女 故謂之少女〕"라고 한 데서 나왔다.

盡了니 只是箇盛衰自然之理也라 人多言五行無土不得이니 木得土라야 方能生火하고 火得土라야 方能生金이라 故로 土寄王於四時라 某以爲不然이라 木生火하고 火生土하고 土生金하고 金生水하고 水生木하니 只是迭盛也라

166. 선생에게 물었다.

"劉牧이 坎·離는 바른 性을 얻었고, 艮·巽은 치우친 性을 얻었다고 하였으니, 어떠합니까?"

선생이 말하였다.

"옳지 않다. 그는 方位에 의거하여 이와 같이 말한 것이다. 中位에 거처하여 中氣를 얻었다고 말한다면 그 나머지는 어찌 中氣를 얻지 못하겠는가."

혹자가 말하였다.

"五行은 하나의 氣입니다."

선생이 말하였다.

"남들은 一物이라고 여기지만, 나는 五物이라고 말한다. 이미 五行이라고 하였으니, 어찌 五物이 아니겠는가. 五物이 갖추어진 뒤에 능히 만물을 낳는다. 또 五常은 누가 그것이 하나의 道임을 모르겠는가마는 이미 五常이라고 하였으니, 어찌 뒤섞어 하나로 할 수 있겠는가."

問호되 劉牧이 以坎離得正性이요 艮巽得偏性이라하니 如何잇가 曰 非也라 佗據方位하여 如此說이라 如居中位하여 便言得中氣면 其餘는 豈不得中氣也아 或曰 五行是一氣니이다 曰 人以爲一物이나 某道是五物이라 旣謂之五行이니 豈不是五物也아 五物備然後能生이라 且如五常은 誰不知是一箇道리오마는 旣謂之五常이니 安得混而爲一也리오

167. 선생에게 물었다.

"劉牧이 ≪周易≫의 下經 四卦[261]는 서로 감응한다고 하였으니, 이 설은 어떠합니까?"

선생이 말하였다.

"어떻게 감응한단 말인가. 만약 서로 감응하는 것을 논한다면 어찌 유독 四卦뿐이겠

261) 下經 四卦 : ≪周易≫ 下經 첫머리의 咸卦·恒卦·晉卦·明夷卦를 가리키는 듯하다. 澤山咸卦를 뒤집으면 雷風恒卦가 되고, 火地晉卦를 뒤집으면 地火明夷卦가 된다.

는가. 예컨대 上經의 屯卦·蒙卦·師卦·比卦도 모두 서로 감응할 것이다. 卦의 순서에는 모두 義理가 있으니, 상반된 것도 있고 상생하는 것도 있어 爻가 변하면 의리도 변한다."

"유목이 '兩卦가 서로 비교되니, 上經은 二陰과 二陽이 서로 감응하며, 下經은 四陽과 四陰이 서로 감응한다.'라고 말했으니, 그러합니까?"

"八卦가 이미 서로 감응하여 重卦에 미친다. 단지 二象이 서로 감응함을 취하여 의리를 삼으니, 어찌 또 卦畫에서 서로 감응하겠는가. ≪주역≫은 모름지기 묵묵히 이해하고 마음으로 통해야 하니, 이와 같이 문구의 뜻만을 궁구한다면 한갓 힘을 허비할 뿐이다."

問호되 劉牧이 以下經四卦相交라하니 如何잇가 曰 怎生地交리오 若論相交면 豈特四卦리오 如屯蒙師比도 皆是相交①라 卦之序는 皆有義理니 有相反者하고 有相生者하여 爻變則義變也라② 劉牧이 言호되 兩卦相比니 上經은 二陰二陽相交요 下經은 四陽四陰相交라하니 是否잇가 曰 八卦已相交了하여 及重卦라 只取二象相交爲義니 豈又於卦畫相交也리오 易은 須是默識心通이니 只如此窮文義하면 徒費力이라

① 한 번 엎어지고, 한 번 넘어진다.
一顚一倒.

② 아래에 오는 卦는 의리로 일으킨 듯하다. 그러나 또한 爻로써 보아야 하니, 爻가 변하면 의미도 변한다.
下來却似義起. 然亦是以爻也, 爻變則義變.

168. 선생에게 물었다.

"'은밀한 것보다 더 잘 나타나는 것이 없으며, 미세한 것보다 더 잘 드러나는 것이 없다.'262)라고 하였으니, 어째서입니까?"

선생이 말하였다.

"사람은 귀로 듣고 눈으로 본 것만으로 잘 나타나고 잘 드러난다고 여기고, 보고 듣지 못한 것은 은밀하고 미세하다고 여긴다. 그러나 이치가 오히려 잘 드러나는 것을 모른다. 예컨대 옛사람이 거문고를 연주하면서 사마귀가 매미를 잡는 것을 보면, 그 연주

262) 은밀한……없다 : ≪中庸≫에 보인다.

를 듣는 자는 살기를 띤 소리가 있다고 여겼다. 殺意는 마음속에 있지만 남이 그의 거문고 소리를 듣고 그의 마음을 알았으니, 어찌 드러난 것이 아니겠는가? 사람이 불선한 마음이 있는데도 '남들은 알지 못한다.'라고 스스로 말한다. 그러나 天地의 이치는 매우 잘 드러나니 속일 수가 없다."

"楊震의 四知[263] 같은 것도 그런 것입니까?"

"또한 그러하다. 그러나 만약 남과 나를 말한다면 참으로 구분할 수 있지만, 만약 天地를 말한다면 하나의 앎일 뿐이다. 또 水災와 旱災 같은 것도 그렇게 된 까닭이 있어 포학한 정사에 감응하는 것과 같으니, 이는 사람들이 함께 본 것이 참으로 그러한 것이다. 그러나 사람이 불선한 마음을 가진 것이 많이 쌓인 경우에도 天地의 氣를 족히 움직일 수 있다. 예컨대 疾疫의 氣도 이와 같다. 일이 눈앞에 이르러 볼 수 있게 된 뒤에야 나타나게 된다고 말해서는 안 된다. 예컨대 堯・舜의 백성은 어째서 仁하고 장수하였으며, 桀・紂의 백성은 어째서 비루하고 요절하였는가? 仁하면 곧 장수하고, 비루하면 곧 요절한다. 장수하고 요절함은 善惡의 氣가 그렇게 한 것이다. 仁은 선한 氣이니, 감응하는 바도 선하다. 그러니 선한 氣가 낳은 것이 어찌 장수하지 않을 수 있겠는가. 비루함은 악한 氣이니, 감응하는 바도 악하다. 그러니 악한 氣가 낳은 것이 어찌 요절하지 않을 수 있겠는가."

問호되 莫見(현)乎隱이며 莫顯乎微라하니 何也잇가 曰 人只以耳目所見聞者로 爲顯見(현)이요 所不見聞者는 爲隱微라 然이나 不知理却甚顯也라 且如昔人彈琴할새 見螳蜋捕蟬이어든 而聞者以爲有殺聲이라 殺在心이나 而人聞其琴而知之하니 豈非顯乎아 人有不善이로되 自謂人不知之라 然이나 天地之理甚著니 不可欺也라 曰 如楊震四知도 然否잇가 曰 亦是라 然而若說人與我면 固分得이나 若說天地면 只是一箇知也라 且如水旱도 亦有所致하여 如暴虐之政所感하니 此는 人所共見者가 固是也라 然이나 人有不善之心積之多者도 亦足以動天地之氣라 如疾疫之氣도 亦如此라 不可道事至目前可見然後에 爲見也라 更如堯舜之民은 何故仁壽며 桀紂之民은 何故鄙夭아 纔仁便壽하고 纔鄙便夭라 壽夭는 乃是善惡之氣所致라 仁則善氣也니 所感者亦善이라 善氣所生이 安

---

263) 楊震의 四知 : 後漢 때 楊震이 일찍이 東萊太守로 부임하던 도중 昌邑에 이르렀을 때, 이전에 양진이 茂才로 천거한 昌邑令 王密이 밤중에 찾아와 황금 10근을 바쳤다. 양진이 말하기를 "그대의 벗인 나는 그대를 아는데, 그대는 나를 알지 못하는 것은 무슨 까닭인가?"라고 하니, 왕밀이 말하기를 "밤이라 아무도 알 자가 없습니다."라고 하였다. 양진이 말하기를 "하늘이 알고 귀신이 알고 내가 알고 그대가 아니, 어찌 알 자가 없다고 하는가.〔天知神知我知子知 何謂無知〕"라고 하며 그를 물리쳤다.(≪後漢書≫ 卷54 〈楊震列傳〉)

得不壽리오 鄙則惡氣也니 所感者亦惡이라 惡氣所生이 安得不夭리오

169. 선생에게 물었다.

"'天地를 섬기는 것이 밝고 분명하면 神明이 드러난다.'264)라고 하였습니다."

선생이 말하였다.

"天地를 섬기는 의리와 天地를 섬기는 정성이 밝고 분명하게 환히 드러나면 神明이 저절로 드러난다."

선생에게 물었다.

"神明이 감응하여 이르는 것입니까?"

선생이 말하였다.

"감응하여 이르는 것은 참으로 그 속에 있다. 孝悌가 지극하면 神明에 통한다. 神明과 孝悌는 두 가지 일이 아니니, 孝悌가 곧 神明의 이치이다."

또 물었다.

"王祥의 효성에 감응한 일265)은 神明에 통한 것입니까?"

선생이 말하였다.

"이 또한 神明에 통한 한 가지 일이다. 이 神明이 감응하여 이른 것은 곧 왕상의 정성에서 온 것이지, 왕상은 여기에서 효도하였는데 잉어는 저기에서 온 것이 아니다."

問호되 天地明察하면 神明彰矣라하니이다 曰 事天地之義와 事天地之誠이 旣明察昭著면 則神明自彰矣라 問호되 神明感格否잇가 曰 感格은 固在其中矣라 孝弟之至면 通於神明이라 神明孝弟는 不是兩般事니 只孝弟가 便是神明之理라 又問호되 王祥孝感事는 是通神明否잇가 曰 此亦是通神明一事라 此感格은 便是王祥誠中來요 非王祥孝於此而物來於彼也라

---

264) 天地를……드러난다 : ≪孝經≫ 〈感應〉에 "옛날 밝은 임금은 아버지 섬기는 것이 효성스러워 하늘을 섬기는 데 밝았고, 어머니를 섬기는 것이 효성스러워 땅을 섬기는 데 분명하였고, 어른과 어린이 사이에 차례가 있었기 때문에 위아래가 잘 다스려졌다. 天地를 섬기는 것이 밝고 분명하면 神明이 드러난다.〔昔者 明王事父孝 故事天明 事母孝 故事地察 長幼順 故上下治 天地明察 神明彰矣〕"라고 하였다.

265) 王祥의……일 : 西晉 때 王祥은 어려서부터 효성이 지극하였다. 그의 계모가 한겨울에 생선을 먹고 싶어 하자, 얼어붙은 강가에 나가 옷을 벗고 얼음을 깨고 들어가 물고기를 잡으려고 하였다. 그러자 갑자기 얼음이 저절로 깨지면서 잉어 두 마리가 튀어나왔다고 한다.(≪晉書≫ 卷33 〈王祥傳〉)

170. 선생에게 물었다.

"〈明道先生의〉 行狀에 '性을 극진히 하여 命에 이른 것[266]은 반드시 孝悌에 근본하였다.'라고 하였으니, 알지 못하겠습니다. 孝悌가 어떻게 性을 극진히 하여 命에 이르게 할 수 있습니까?"

선생이 말하였다.

"후세 사람들은 곧 性命을 가지고 별도의 한 가지 일로 만들어 말한다. 性命과 孝悌는 한 계통의 일일 뿐이니, 孝悌에 나아가면 곧 性을 극진히 하여 天命에 이를 수 있다. 물 뿌리고 비질하고 응대하고 대답하는 일 같은 것도 性을 극진히 하여 天命에 이르는 것과 같은 계통의 일이다. 이는 本末도 없고 精粗도 없는 것인데, 후세의 性命을 말하는 자가 별도로 하나의 고원한 설로 만들었다. 그러므로 내가 孝悌를 거론한 것이니, 이는 사람에게 절실하고 가까운 것으로 말한 것이다. 그러나 오늘날 孝悌하는 사람이 없지 않으나 능히 性을 극진히 하여 天命에 이르지 못하는 것은 그것을 따르면서도 그 이치를 알지 못하기 때문이다."

問호되 行狀云 盡性至命은 必本於孝弟라하니 不識케이다 孝弟何以能盡性至命也잇가 曰 後人은 便將性命하여 別作一般事說了라 性命孝弟는 只是一統底事니 就孝弟中이면 便可盡性至命이라 至如灑掃應對도 與盡性至命으로 亦是一統底事라 無有本末하고 無有精粗어늘 却被後來人言性命者別作一般高遠說이라 故로 擧孝弟니 是於人切近者言之라 然이나 今時에 非無孝弟之人이로되 而不能盡性至命者는 由之而不知也라

171. 선생에게 물었다.

"'神明을 궁구하여 造化를 아는 것은 禮樂에 통달함을 말미암는다.'[267]라고 하였으니, 무슨 뜻입니까?"

선생이 말하였다.

"이 구절은 스스로 體認해야 한다. 사람들은 종종 禮樂이 무너진 것을 보면 곧 禮樂이

---

266) 性을……것 : ≪周易≫ 〈說卦傳〉의 "이치를 궁구하고 性을 극진히 하여 命에 이른다.〔窮理盡性 以至於命〕"라는 말에서 나온 것이다.

267) 神明을……말미암는다 : 程頤가 지은 〈明道先生行狀〉에 나오는 말이다. 程頤는 程顥를 평하여 "性을 극진히 하여 命에 이르는 것은 반드시 孝悌에 근본하며, 神明을 궁구하여 造化를 아는 것은 禮樂에 통달함을 말미암는 것을 알았다.〔知盡性至命 必本於孝悌 窮神知化 由通於禮樂〕"라고 하였다.

없어졌다고 말한다. 그러나 禮樂은 일찍이 없어진 적이 없다는 것을 알지 못한 것이다. 예컨대 國家가 하루라도 존재하면 반드시 하루만큼의 禮樂이 있으니, 이는 上下와 尊卑의 구별이 있기 때문이다. 오직 禮樂이 완전히 없어진 뒤에야 국가도 비로소 망한다. 비록 도적은 지극히 不道한 짓을 하는 자이지만 또한 禮樂이 있다. 대개 반드시 우두머리와 부하가 있어서 서로 명령을 듣고 따라야만 도적질을 할 수 있다. 그렇지 않으면 반란이 일어나 기강이 없어서 하루도 서로 모여 도적질을 할 수 없다. 禮樂은 어느 곳이든 없는 곳이 없으니, 배우는 자는 반드시 알아야 한다."

선생에게 물었다.

"'이승에는 禮樂이 있고, 저승에는 鬼神이 있다.'[268]라는 것은 무슨 뜻입니까?"

선생이 말하였다.

"鬼神은 하나의 造化일 뿐이다. '하늘은 높고 땅은 낮으니 乾・坤이 정해졌다.'[269]라고 하며, '우레로써 그들을 고동시키며, 바람과 비로써 그들을 적셔준다.'[270]라고 한 것이 이것이다."

問호되 窮神知化는 由通於禮樂이라하니 何也잇가 曰 此句는 須自家體認①이라 人往往見禮壞樂崩이면 便謂禮樂亡이라 然이나 不知禮樂未嘗亡也라 如國家一日存時에 尙有一日之禮樂이니 蓋由有上下尊卑之別也라 除是禮樂亡盡然後에 國家始亡이라 雖盜賊은 至所爲不道者나 然亦有禮樂이라 蓋必有總屬하여 必相聽順이라야 乃能爲盜라 不然이면 則叛亂無統하여 不能一日相聚而爲盜也라 禮樂은 無處無之니 學者는 要須識得이라 問호되 明則有禮樂하고 幽則有鬼神은 何也잇가 曰 鬼神은 只是一箇造化라 天尊地卑하니 乾坤定矣라하고 鼓之以雷霆하며 潤之以風雨가 是也라

① 〈體認은〉 어떤 판본에는 '玩索'으로 되어 있다.
一作玩索.

172. 〈선생에게 물었다.〉

"'「이것이 禮이다, 이것이 禮이다.」라고 하지만, 禮가 어찌 玉帛을 받드는 것을 말하는 것이겠는가? 「이것이 樂이다, 이것이 樂이다.」라고 하지만, 樂이 어찌 鍾鼓를 연주

---

268) 이승에는……있다 : ≪禮記≫ 〈樂記〉에 보인다.
269) 하늘은……정해졌다 : ≪周易≫ 〈繫辭傳 上〉에 보인다.
270) 우레로써……적셔준다 : 上同.

하는 것을 말하는 것이겠는가?'271)라고 한 것은 무슨 뜻입니까?"

〈선생이 말하였다.〉

"이는 참으로 禮와 樂이 있는 것이지, 〈禮와 樂이〉 玉帛과 鍾鼓에 달려 있지 않다는 말이다. 先儒 중 이를 해석한 자는 대부분 '윗사람을 편안하게 하고 아랫사람을 다스리는 데는 禮보다 좋은 것이 없고, 풍속을 변화시키는 데는 樂보다 좋은 것이 없다.'272)라는 말을 인용하였으니, 이는 참으로 禮·樂의 큰 효용이다. 그러나 근본을 미루어 말하면, 禮는 하나의 차례(序)이고, 樂은 하나의 조화(和)이다. 오직 이 두 글자(序와 和)가 많은 의리를 함축한다."

또 물었다.

"禮는 天地의 차례가 아니며, 樂은 天地의 조화가 아닙니까?"

선생이 말하였다.

"참으로 옳다. 천하에는 一物도 禮·樂이 없는 것이 없다. 만약 두 개의 의자를 두었다고 할 때 조금이라도 바르게 놓이지 않으면 차례가 없어지고, 차례가 없으면 어그러지고, 어그러지면 조화롭지 못하다."

또 물었다.

"이와 같다면 禮와 樂은 한 가지 일일 뿐입니까?"

선생이 말하였다.

"그렇지 않다. 天地와 陰陽의 경우 그 형세의 高下는 심히 서로 배치되지만, 반드시 서로 필요로 하여 작용을 한다. 陰이 있으면 陽이 있고, 陽이 있으면 陰이 있다. 一이 있으면 二가 있고, 一과 二가 있으면 一과 二의 사이가 있어 곧 三이 되니, 그 뒤로는 끝이 없다. 老子 또한 '三이 만물을 낳는다.'273)라고 말했다. 이는 '낳고 낳음을 易이라 한다.'274)라는 것이니, 이치가 자연히 이와 같다. '하늘의 命은, 아! 심원하여 그치지

---

271) 이것이……것이겠는가 : ≪論語≫ 〈陽貨〉에 보인다.

272) 윗사람을……없다 : ≪孝經≫ 〈廣要道〉에 "백성에게 친애함을 가르치는 데는 孝보다 좋은 것이 없고, 백성에게 예의와 순종을 가르치는 데는 悌보다 좋은 것이 없고, 풍속을 변화시키는 데는 樂보다 좋은 것이 없고, 윗사람을 편안하게 하고 아랫사람을 다스리는 데는 禮보다 좋은 것이 없다.〔教民親愛 莫善於孝 教民禮順 莫善於悌 移風易俗 莫善於樂 安上治民 莫善於禮〕"라고 하였다.

273) 三이……낳는다 : ≪道德經≫에 "道가 一을 낳고, 一이 二를 낳고, 二가 三을 낳고, 三이 만물을 낳는다.〔道生一 一生二 二生三 三生萬物〕"라고 하였다.

274) 낳고……한다 : ≪周易≫ 〈繫辭傳 上〉에 보인다.

않네.'275)라고 하였으니, 자연히 이치가 저절로 서로 이어져 그치지 않는 것이지, 인위적으로 그렇게 하는 것이 아니다. 만일 인위적으로 할 수 있다면 비록 백만 가지로 안배하더라도 또한 그칠 때가 있을 것이다. 인위적으로 함이 없기 때문에 그치지 않는다. ≪中庸≫에 '인위적으로 드러내지 않아도 저절로 드러나며, 인위적으로 움직이지 않아도 저절로 변화하며, 인위적으로 하는 일이 없더라도 저절로 완성된다. 天地의 道는 한 마디로 다할 수 있다.'라고 하였다. 釋氏가 千章萬句로 끝이 없는 이야기를 허다하게 하더라도 또한 이 세 구절에서 벗어날 수 없을 것이다. 聖人은 요점을 말하기 때문에 포함하는 뜻이 무궁무진하지만, 석씨는 공허하게 허튼 말을 두루 하니, 말만 많을 뿐이다."

禮云禮云이나 玉帛云乎哉아 樂云樂云이나 鍾鼓云乎哉아 此固有禮樂이요 不在玉帛鍾鼓라 先儒解者는 多引安上治下는 莫善於禮요 移風易俗은 莫善於樂하니 此固是禮樂之大用也라 然이나 推本而言이면 禮只是一箇序요 樂只是一箇和라 只此兩字가 含蓄多少義理라 又問호되 禮는 莫是天地之序이며 樂은 莫是天地之和잇가 曰 固是라 天下無一物無禮樂이라 且置兩隻椅子할새 纔不正이면 便是無序하고 無序便乖하고 乖便不和라 又問호되 如此면 則禮樂却只是一事잇가 曰 不然이라 如天地陰陽은 其勢高下甚相背나 然必相須而爲用也라 有陰便有陽하고 有陽便有陰이라 有一便有二하고 纔有一二면 便有一二之間하여 便是三이니 已往更無窮이라 老子亦言호되 三生萬物이라 此是生生之謂易이니 理自然如此라 維天之命이 於(오)穆不已라하니 自是理自相續不已요 非是人爲之라 如使可爲면 雖使百萬般安排라도 也須有息時라 只爲無爲라 故로 不息이라 中庸에 言호되 不見而彰하며 不動而變하며 無爲而成이라 天地之道는 可一言而盡也라 使釋氏千章萬句로 說得許大無限說話라도 亦不能逃此三句라 只爲聖人說得要라 故로 包含無盡이나 釋氏는 空周遮說爾니 只是許多라

173. 선생에게 물었다.

"'그 지극한 경지에 이르러서는 聖人도 능히 행할 수 없는 바가 있다.'276)라고 하였으

275) 하늘의……않네 : ≪詩經≫ 〈周頌 維天之命〉에 보인다.

276) 그……있다 : ≪中庸≫에 "匹夫匹婦의 어리석음으로도 참여하여 그 道를 알 수 있지만, 그 도의 지극한 경지에 이르러서는 聖人일지라도 그 도를 알지 못하는 바가 있다. 匹夫匹婦의 不肖함으로도 능히 그 도를 행할 수 있지만, 그 도의 지극한 경지에 이르러서는 성인일지라도 그 도를 능히 행할 수 없는 바가 있다.〔夫婦之愚 可以與知焉 及其至也 雖聖人亦有所不知焉 夫婦之不肖 可以能行焉 及其至也

니, 모르겠습니다. 성인인데도 어떻게 행할 수 없고 알 수 없는 것이 있습니까?"

선생이 말하였다.

"天下의 이치에 대해 성인이 어찌 극진하지 못함이 있겠는가. 이는 일에 대해 두루 알지 못하는 것과 두루 행할 수 없는 점이 있는 것이다. 자세하고 곡진한 것으로 보자면 農圃나 百工의 일과 같은 것을 孔子가 또한 어찌 능히 알았겠는가."

혹자가 말하였다.

"'及其至也'의 '至'는 極을 말한 것인데, 어찌하여 일을 말하십니까?"

선생이 말하였다.

"참으로 그러하다. 極至의 至는 至微·至細의 至와 같다. 앞 문장에서 '匹夫匹婦의 어리석음으로도 참여하여 그 道를 알 수 있다.'[277]라고 하였다. 어리석은 이는 아는 것이 없는 사람인데도 오히려 또한 알 수 있으니, 사소한 일과 같은 것을 어찌 성인이 모두 능히 행하기를 요구할 수 있겠는가. 성인도 참으로 능히 행할 수 없는 바가 있다."

問호되 及其至也하얀 聖人도 有所不能이라하니 不知케이다 聖人亦何有不能不知也잇가 曰 天下之理에 聖人豈有不盡者리오 蓋於事有所不徧知不徧能也라 至纖悉委曲處하얀 如農圃百工之事를 孔子亦豈能知哉리오 或曰 至之言極也어늘 何以言事잇가 曰 固是라 極至之至는 如至微至細라 上文에 言夫婦之愚로도 可以與知라 愚는 無知者也나 猶且能之하니 乃若微細之事를 豈可責聖人盡能이리오 聖人도 固有所不能也라

174. "君子의 道는 費하면서도 隱하다."[278]라고 하였는데, 費는 일상생활을 하는 곳이다.

君子之道는 費而隱이라하니 費는 日用處라

175. "그때그때 조처하는 것이 마땅하다."[279]라는 것은 時宜에 따른다는 뜻을 말한 것

雖聖人亦有所不能焉]"라고 하였다.

277) 匹夫匹婦의……있다 : 上同.

278) 君子의……隱하다 : ≪中庸≫에 보인다.

279) 그때그때……마땅하다 : ≪中庸≫에 보인다.

이니, "넓고 광활하며 깊고 근본이 있어서 그때그때 그 도를 드러낸다."[280]라는 말과 같다.

時措之宜는 言隨時之義니 若溥博淵泉而時出之라

176. "天下에 왕도정치를 하는 데에는 세 가지 중요한 것이 있다."[281]라고 한 것은 三王[282]이 중요하게 여긴 일을 말한다. '이보다 앞에 있는 것〔上焉者〕'은 三王 이전이니, 三皇[283]은 이미 먼 옛날의 일이기 때문에 증명할 것이 없다. '이보다 뒤에 있는 것〔下焉者〕'은 三王의 道가 아니니, 諸侯와 覇者의 일 같은 것이므로 백성이 존숭하지 않는다.

王天下有三重은 言三王所重之事라 上焉者는 三王以上이니 三皇은 已遠之事라 故로 無證이라 下焉者는 非三王之道니 如諸侯覇者之事라 故로 民不尊이라

177. '사유는 지혜를 말하고, 지혜는 성스러움을 낳는다.'[284]라고 하였다. 사유를 지극히 하는 것은 우물을 파는 것과 같아서 처음에서 흙탕물이 나오다가 오랜 뒤에는 점차 맑은 물이 솟아나오니, 사람이 사려할 적에도 처음에는 모두 혼탁하다가 오래되면 저절로 명쾌해진다.

思曰睿하며 睿作聖이라 致思는 如掘井하여 初有渾水라가 久後엔 稍引動得淸者出來하니 人思慮도 始皆溷濁이라가 久自明快라

---

280) 넓고……드러낸다 : ≪中庸≫에 보인다.

281) 天下에……있다 : ≪中庸≫에 "천하에 왕도정치를 하는 데에는 세 가지 중요한 것이 있으니, 그것을 행하는 자는 허물을 적게 할 것이다. 이보다 앞에 있는 것은 비록 좋더라도 징험할 수 없으니, 징험할 수 없으므로 사람들이 믿지 않고, 믿지 않으므로 백성이 따르지 않는다. 이보다 뒤에 있는 것은 비록 좋지만 존귀하지 않으니, 존귀하지 않으므로 사람들이 믿지 않고, 믿지 않으므로 백성이 따르지 않는다.〔王天下有三重焉 其寡過矣乎 上焉者雖善無徵 無徵不信 不信民弗從 下焉者雖善不尊 不尊不信 不信民弗從〕"라고 하였다. 이 구절의 '下焉者'를 朱熹는 '聖人으로서 아랫자리에 있는 사람〔聖人在下〕'으로 보았다.

282) 三王 : 夏나라 禹임금, 商나라 湯임금, 周나라 文王·武王을 가리킨다.

283) 三皇 : 伏羲·神農·黃帝를 가리킨다.

284) 사유는……낳는다 : ≪書經≫ 〈洪範〉에 보인다.

178. 선생에게 물었다.

"召公은 어째서 周公을 의심하였습니까?"

선생이 말하였다.

"소공이 어찌 일찍이 주공을 의심하였겠는가."

"≪書經≫에 '소공이 기뻐하지 않았다.'[285]라고 일컬은 것은 어째서입니까?"

"〈君奭〉 한 편을 살펴보라. 주공이 일찍이 소공이 자신을 의심하였다고 말했던가? 古今의 사람들은 ≪서경≫이 어떤 책인지 알지 못한다. ≪서경≫에서 '소공은 太保가 되고, 주공은 太師가 되어 成王을 도와 左右가 되었다. 소공이 기뻐하지 않아 주공이 〈군석〉을 지었다.'라고 분명히 말하였으니, 이상은 孔子의 설이다. 또한 소공이 처음 조정에 들어가 太保가 되었을 때 주공과 반열을 나란히 하였으니, 그 마음이 편안하지 않았기 때문에 기뻐하지 않은 것이다. 단지 이 한 편을 보면 모두 주공이 소공을 만류하는 의도이니, 어찌 소공처럼 현명한 사람이 주공의 마음을 알지 못함이 있었겠는가.

≪詩經≫에 '조정의 신하들이 〈주공을〉 알아주지 않는 것을 周나라 大夫가 풍자한 것이다.'[286]라고 말하였으니, 어찌 유독 주나라 대부뿐이겠는가? 당시 사람들은 비록 매우 어리석은 자라 하더라도 또한 주공을 알았으니, 조정의 신하들이 주공을 알아주지 않음을 풍자한 것은 成王을 위해서였다. 성왕은 지극히 평범한 자질을 지녔으니, 예컨대 하늘에서 크게 천둥과 번개가 치고 바람이 불자 金縢의 글을 열었다.[287] 성왕이 아무 일도 없는데 금등의 글을 열었다면 무슨 소용이 있겠는가. 대개 두 公이 성왕을 인도하여 이와 같이 한 것[288]은 성왕이 주공의 마음을 깨닫기를 바란 것이다. 근래의 사

---

285) 소공이……않았다 : ≪書經≫ 〈周書 君奭〉 序에 "召公은 太保가 되고, 周公은 太師가 되어 成王을 도와 左右가 되었다. 召公이 기뻐하지 않아 周公이 〈君奭〉을 지었다.〔召公爲保 周公爲師 相成王爲左右 召公不說 周公作君奭〕"라고 하였다.

286) 조정의……것이다 : ≪詩經≫ 〈豳風 伐柯〉, 〈豳風 九罭〉의 小序에 "周公을 찬미한 시이니, 周나라 大夫가 조정의 신하들이 그를 알아주지 않는 것을 풍자한 것이다.〔美周公也 周大夫刺朝廷之不知〕"라고 하였다.

287) 하늘에서……열었다 : 武王이 병이 났을 때 周公은 무왕 대신 자신이 죽게 해달라고 太王・王季・文王에게 빌고 그 결과를 점쳤는데, 점괘가 길하여 무왕의 병이 나았다. 이때의 祝文을 쇠로 묶은 궤에 넣어두니, 이것이 金縢의 글이다. 成王이 즉위한 뒤 주공이 유언비어로 인해 성왕의 의심을 받았는데, 가을에 천둥과 번개가 쳐서 벼가 쓰러지고 큰 나무가 뽑히는 변고가 있자 金縢의 글을 열어 변고를 점치려 하다가 주공의 축문을 보고서 그 진심을 알게 되었다.(≪書經≫ 〈周書 金縢〉)

288) 두……것 : 太公과 召公이 成王으로 하여금 金縢의 글을 열어보게 한 것을 말한다.

람이 또한 이를 잘못 보고서 그의 시에 '荀子의 글은 오히려 孟子를 비난하였고, 소공의 마음은 주공을 기뻐하지 않았네.'289)라고 하였으니, 매우 잘못되었다."

問호되 召公은 何以疑周公이니잇가 曰 召公이 何嘗疑周公이리오 曰 書稱召公不說(열)은 何也잇가 請觀君奭一篇하라 周公이 曾道召公疑他來否아 古今人은 不知書之甚이라 書中에 分明說호되 召公爲保하고 周公爲師하여 相成王爲左右라 召公不說하여 周公作君奭이라하니 此已上은 是孔子說也라 且召公이 初陞爲太保할새 與周公竝列하니 其心不安이라 故로 不說爾라 但看此一篇이면 盡是周公留召公之意니 豈有召公之賢而不知周公者乎아 詩中에 言周大夫刺朝廷之不知라하니 豈特周大夫아 當時之人은 雖甚愚者라도 亦知周公이니 刺朝廷之不知者는 爲成王爾라 成王은 煞是中才니 如天大雷電以風하여 而啓金縢之書라 成王無事而啓金縢之書면 作甚이리오 蓋二公道之如此는 欲成王悟周公爾라 近人亦錯看하고 却其詩에 云호되 荀子書猶非孟子요 召公心未說周公이라하니 甚非也라

179. 또 물었다.

"金縢의 글은 周公이 成王을 깨우치려 한 것이 아닙니까? 어찌하여 기도한 뒤에 그 글을 金縢에 감추었습니까?"

선생이 말하였다.

"근세의 祝文은 불사르기도 하고 파묻기도 하지만, 필시 옛사람은 불사르거나 파묻는 禮가 없었을 것이다. 그 일을 공경히 하고자 하였기 때문에 金縢에 간직한 것이다."

"그렇다면 주공은 命을 알지 못했습니까?"

"주공의 誠心은 단지 형의 병을 대신하고자 함이 있었을 뿐이거늘, 다시 어찌 命을 묻는가?"

又問호되 金縢之書는 非周公欲以悟成王乎잇가 何旣禱之後에 藏其文於金縢也잇가 曰 近世祝文은 或焚或埋나 必是古人未有焚埋之禮라 欲敬其事라 故로 藏之金縢也라 然則周公不知命乎잇가 曰 周公誠心은 只有欲代其兄이어늘 更豈問命耶아

---

289) 荀子의……않았네 : 曾鞏의 〈聖賢〉에 보인다.

180. 혹자가 물었다.

"'周公이 洛邑을 경영하였다면 成王이 천도했을 것이다. 혹자는 平王이 洛邑으로 동천한 것을 말하니 옳지 않다. 주공이 비록 聖人이지만 수백 년 후에 犬戎의 禍가 있으리라는 것을 어찌 미리 알았겠는가.'라고 말하는 자가 있는데, 이 설은 그러합니까?"

선생이 말하였다.

"≪詩經≫에 '王이 鎬京에 거주하였으나, 장차 스스로 즐거워할 수 없었다.'290)라고 하였으니, 어찌 다시 의심하랴. 주공은 단지 犬戎이 鎬京과 서로 가깝기 때문에 훗날 반드시 근심이 있으리라는 것을 알았다. 그러므로 洛邑을 경영한 것이다."

或問호되 人有謂周公營洛이면 則成王旣遷矣라 或言平王東遷하니 非也라 周公雖聖이나 其能逆知數百載下有犬戎之禍乎아한대 是說은 然否잇가 曰 詩中에 自言호되 王居鎬京호되 將不能以自樂이라하니 何更疑也아 周公은 只是爲犬戎與鎬京相逼하여 知其後必有患이라 故로 營洛也라

181. 선생에게 물었다.

"高宗은 꿈에서 傅說을 얻었고,291) 文王은 점괘에서 太公을 얻었습니다.292) 옛날의 聖賢은 서로 만난 경우가 많은데, 어찌하여 꿈이나 점괘에 다 드러나지 않았습니까?"

선생이 말하였다.

"이는 賢人을 얻는 것 중의 한 가지 일이니, 어찌 반드시 모두 그러하겠는가. 대개 고종의 至誠은 어진 재상을 얻을 것을 생각하여 자나 깨나 잊지 않았다. 그러므로 조

290) 王이……없었다 : ≪詩經≫ 〈小雅 魚藻〉 小序에 "〈魚藻〉는 幽王을 풍자한 것이다. 만물이 그 본성을 잃어, 王이 鎬京에 거주하나, 장차 스스로 즐거워할 수 없었다. 그러므로 君子는 옛날의 武王을 생각한 것이다.〔魚藻 刺幽王也 言萬物失其性 王居鎬京 將不能以自樂 故君子思古之武王焉〕"라고 하였다. 鎬京은 西周의 도읍이다.

291) 高宗은……얻었고 : 武丁이 꿈에서 聖人을 만났는데, 이름이 說이라고 하였다. 이에 傅險에서 노역 중이던 열을 찾아내어 만나보자 과연 성인이었다. 그를 재상으로 삼으니 殷나라가 크게 다스려졌다. 부험이라는 지명을 따서 姓을 삼아 傅說이라고 불렀다.(≪史記≫ 卷3 〈殷本紀〉)

292) 文王은……얻었습니다 : 周 西伯(文王)이 사냥을 나가려 할 적에 점을 쳤는데, 점괘에 "잡을 것은 龍도 아니고, 이무기도 아니고, 호랑이도 아니고, 곰도 아니다. 잡을 것은 霸王의 보필이다."라고 하였다. 이에 서백이 사냥을 나갔는데 과연 渭水 북쪽에서 太公을 만났다. 그와 이야기를 나누고서 크게 기뻐하여 그를 太公望이라고 부르고 師로 삼았다.(≪史記≫ 卷32 〈齊太公世家〉)

짐이 꿈에 먼저 보인 것이다. 예컨대 평범한 사람도 꿈속에서 어떤 일을 먼저 보는 경우가 많으니, 또한 괴이할 것이 없다. 卜筮의 경우에도 그러하다. 지금 어떤 사람이 誠心을 품고 점괘를 구할 적에 기도하면 곧 감응함이 있으니, 이는 이치가 항상 그러한 것이다."

또 물었다.

"고종이 꿈에서 가서 부열을 구한 것입니까? 부열이 고종의 꿈속으로 들어온 것입니까?"

선생이 말하였다.

"고종은 단지 현인을 얻기를 생각했을 뿐이니, 만일 현인이 있으면 저절로 그에 응하여 느낀다. 이 사람이 가는 것도 아니고, 저 사람이 오는 것도 아니다. 비유하자면 여기에 거울이 걸려 있어 물체가 있으면 반드시 비치는 것과 같으니, 거울이 가서 물체를 비추는 것도 아니고, 물체가 거울로 들어오는 것도 아니다. 대저 사람의 마음은 허령하고 밝아서 좋은 징조는 반드시 먼저 알고, 좋지 않은 징조도 반드시 먼저 안다. 느끼는 바가 있으면 반드시 응하는 바가 있는 것이 자연스러운 이치이다."

또 물었다.

"혹자가 '고종은 부열을, 문왕은 태공을 이미 평소 알고 있었으나, 여러 신하들이 미더워하지 않을까 염려하였기 때문에 꿈과 점괘에 의탁하여 그들을 신성시한 것이다.'라고 하였습니다."

선생이 말하였다.

"이는 속이는 설이니, 성인이 어찌 남을 속이겠는가."

問호되 高宗은 得傅說(열)於夢하고 文王은 得太公於卜이라 古之聖賢은 相遇多矣어늘 何不盡形於夢卜乎잇가 曰 此是得賢之一事니 豈必盡然이리오 蓋高宗至誠은 思得賢相하여 寤寐不忘이라 故로 朕兆先見於夢이라 如常人도 夢寐間에 事有先見者多矣니 亦不足怪라 至於卜筮하여도 亦然이라 今有人懷誠心求卜할새 有禱輒應하니 此는 理之常然이라 又問호되 高宗이 夢往求傅說耶잇가 傅說이 來入高宗夢耶잇가 曰 高宗은 只是思得賢人하니 如有賢人이면 自然應他感이라 亦非此往이요 亦非彼來라 譬如懸鏡於此하여 有物必照니 非鏡往照物이요 亦非物來入鏡也라 大抵人心虛明하여 善則必先知之하고 不善必先知之라 有所感必有所應이 自然之理也라 又問호되 或言高宗於傅說에 文王於太公에 蓋已素知之矣나 恐群臣未信이라 故로 託夢卜以神之라하니이다 曰 此僞也니 聖人이 豈僞乎아

182. 선생에게 물었다.

"舜임금은 瞽叟와 象을 능히 교화시켜 간악한 데에 이르지 않게 하였는데, 어째서 商均(舜의 아들)을 교화시킬 수 없었습니까?"

선생이 말하였다.

"이른바 '간악한 데에 이르지 않았다.'[293]라는 것은 단지 그들로 하여금 자신을 해치지 않으며 大惡에 이르지 않게 한 것이다. 상균 같은 경우는 그렇지 않다. 순임금이 천하를 남에게 물려줄 적에 자기와 같은 이를 얻고자 하였다. 상균은 자기와 같을 수 있는 자가 아니었지만, 또한 大惡을 행한 적도 없었다. 대저 五帝는 천하를 公物로 여겼다. 그러므로 천하에서 가장 현명한 한 사람을 택해 그에게 물려주었다. 三王은 천하를 집안으로 여겨 마침내 아들에게 물려주었다. 그 지극한 이치를 논하자면, 천하를 다스리는 자는 마땅히 천하에서 가장 현명한 한 사람을 얻어 뭇사람의 위에 세워야 하니, 이것이 지극히 공정한 법이다. 후세에는 인재를 얻기가 어려웠고 쟁탈이 일어났다. 그러므로 아들에게 물려준 것이다. 아들에게 물려주는 것은 비록 사사로운 것이지만 또한 천하의 공정한 법도이다. 다만 법을 지키는 자가 사사로운 마음을 가졌을 뿐이다."

問호되 舜能化瞽象하여 使不格姦이어늘 何爲不能化商均이니잇가 曰 所謂不格姦者는 但能使之不害己與不至大惡也라 若商均則不然이라 舜以天下受人할새 欲得如己者라 商均은 非能如己爾나 亦未嘗有大惡이라 大抵五帝는 官天下라 故로 擇一人賢於天下者而授之라 三王은 家天下하여 遂以與子라 論其至理컨대 治天下者는 當得天下最賢者一人하여 加諸衆人之上이니 則是至公之法이라 後世엔 旣難得人而爭奪興이라 故로 以與子라 與子는 雖是私나 亦天下之公法이라 但守法者有私心耳라

183. 선생에게 물었다.

"四凶[294]을 堯임금은 주벌하지 않았으나 舜임금은 주벌하였으니, 어째서입니까?"

선생이 말하였다.

---

293) 간악한……않았다 : ≪書經≫ 〈虞書 堯典〉에 帝堯가 舜에 대해 묻자, 四岳이 말하기를 "소경의 아들이니, 아버지는 완악하고 어머니는 어리석으며 象은 오만한데도 능히 孝로써 화합하여 점점 다스려 간악한 데에 이르지 않게 하였습니다.〔瞽子 父頑母嚚 象傲 克諧以孝 烝烝乂 不格姦〕"라고 하였다.

294) 四凶 : 舜임금 때의 네 惡人으로, 共工·驩兜·三苗·鯀이다.

"四凶은 모두 큰 인재였다. 요임금이 재위할 때에는 일찍이 악행을 저지른 적이 없었으니, 요임금이 어찌 그들을 주벌할 수 있었겠는가. 순임금을 그들의 윗자리에 올리자 그들은 비로소 불평한 마음을 가지고 그들의 악행을 드러내었다. 그러므로 순임금이 그들을 주벌한 것이다."

"요임금은 四凶을 알지 못했습니까?"

"오직 요임금만이 그들을 알았다."

"그 악함을 알면서도 물리치지 않은 것은 어째서입니까?"

"요임금이 재위할 때에는 그들이 악행을 저지르지 않았을 뿐만 아니라, 또한 그들에게 의지하여 用事를 하였다."

四凶服罪圖

問호되 四凶을 堯不誅나 而舜誅之하니 何也잇고 曰 四凶은 皆大才也라 在堯之時엔 未嘗爲惡이니 堯安得而誅之리오 及擧舜加其上하얀 然後始有不平之心而肆其惡이라 故로 舜誅之耳라 曰 堯는 不知四凶乎아 曰 惟堯知之라 知其惡而不去는 何也잇고 曰 在堯之時엔 非特不爲惡이요 亦賴以爲用이라

184. "大麓에 들어가게 하였다.〔納於大麓〕"295)라고 하였으니, 麓은 산기슭이다. 온갖

295) 大麓에……하였다 : ≪書經≫ 〈虞書 舜典〉에 堯임금이 舜에게 직책을 맡긴 것을 말하니, "五典을 삼가 아름답게 하라 하니 五典이 능히 순하게 행해지며, 百揆에 들어가게 하니 百揆가 제때에 행해

물건이 모여들기 때문에 '麓'자에는 萬機를 크게 기록한다는 의미가 있다. 司馬遷이 '舜을 산기슭에 들어가게 하였다.〔納舜于山麓〕'라고 한 것[296]과 같다면, 어찌 사람을 시험하면서 산기슭에 들어가게 하는 경우가 있겠는가. 이는 단지 舜을 두루 시험한 것일 뿐이다.

納於大麓이라하니 麓은 足也라 百物所聚라 故로 麓有大錄萬機之意라 若司馬遷謂納舜于山麓이면 豈有試人而納于山麓耶아 此只是歷試舜也라

185. 放勳은 堯임금의 號가 아니다. 이는 대개 史官이 요임금의 道를 칭송한 것이니, 三皇 이상은 신묘한 道로 교화를 베풀어 말하지 않아도 교화되었고, 요임금에 이르러 바야흐로 事功에 드러났다고 생각한 것이다. 후세 사람들이 放勳으로 요임금의 호를 삼았기 때문에 ≪孟子≫를 기록한 자가 드디어 '堯曰'을 '放勳曰'이라고 한 것이다.[297] 만약 요임금을 '放勳'으로 불렀다면 皐陶는 마땅히 '允迪'으로 불러야 한다.[298] 그리고 禹임금은 '文命'이라고 해야 하니, 그렇다면 아래에 '四海에 펼쳤다.〔敷於四海〕'라고 말한 것은 무슨 뜻이 있겠는가?[299]

放勳은 非堯號라 蓋史稱堯之道也니 謂三皇而上은 以神道設教하여 不言而化하고 至堯하여 方見於事功也라 後人以放勳爲堯號라 故로 記孟子者가 遂以堯曰로 爲放勳曰也라 若以堯號放

지며, 四門에서 빈객을 응접하게 하니 四門이 화목하며, 大麓에 들어가게 하니 烈風과 雷雨에도 혼미하지 않았다.〔愼徽五典 五典克從 納于百揆 百揆時敍 賓于四門 四門穆穆 納于大麓 烈風雷雨弗迷〕"라고 하였다.

296) 司馬遷이……것 : ≪史記≫ 卷1 〈五帝本紀〉의 '堯本紀'에는 "堯使舜入山林川澤 暴風雷雨 舜行不迷"라고 하였고, '舜本紀'에는 "舜入于大麓 烈風雷雨 不迷"라고 하였다.

297) 孟子를……것이다 : ≪孟子≫ 〈滕文公 上〉에 "放勳이 말씀하시기를 '노고하는 자는 위로하고, 오려 하는 자는 오게 하고, 사특한 자를 바로잡아주고 굽은 자를 곧게 해주며 도와서 세워주고 도와서 행하게 하여 스스로 本性을 터득하게 하고, 또 이어 진작시켜 은혜를 베풀어라.'라고 하셨다.〔放勳曰 勞之來之 匡之直之 輔之翼之 使自得之 又從而振德之〕"라는 구절의 '放勳曰'을 가리킨다.

298) 만약……한다 : 만약 ≪書經≫ 〈虞書 堯典〉에 "曰若稽古帝堯 曰 放勳"이라 하여 '放勳'을 堯임금의 호로 삼았다면, 〈虞書 皐陶謨〉에 "曰若稽古皐陶 曰 允迪厥德"이라 하였으니 '允迪'을 皐陶의 호로 삼아야 논리상 합당하다는 말이다.

299) 禹임금은……있겠는가 : ≪書經≫ 〈虞書 大禹謨〉에 "曰若稽古大禹 曰 文命敷于四海 祗承于帝"라고 하였는데, 만약 '文命'을 禹임금의 호로 삼는다면 아래의 '사해에 펼쳤다.〔敷于四海〕'라는 것은 구체적으로 무슨 일인지 알 수 없게 된다는 말이다.

勳이면 則皐陶當號允迪하고 禹曰文命이니 下言敷於四海는 有甚義리오

186. 선생에게 물었다.

"≪詩經≫은 어떻게 배워야 합니까?"

선생이 말하였다.

"大序에 있는 말을 탐구하라. ≪시경≫의 大序는 분명히 聖人이 이 글을 지어 배우는 자들을 가르친 것인데, 후세 사람들은 종종 이것이 성인이 지은 글임을 알지 못한다. 仲尼 이후로는 ≪시경≫을 이해한 사람이 더는 없었다. 예컨대 '后妃의 德'[300]이라고 한 것을 모두 文王의 后妃라고 생각한다. 문왕은 제후였는데, 어찌 후비가 있었겠는가. 또 '淑女를 얻어서 君子의 짝이 된 것을 즐거워한 시이니, 근심이 어진 이를 등용하는 데 있어서 여색에 빠지지 않은 것이다.'[301]라고 한 것을 후비의 덕이 이와 같았다고 생각한다. '짝한다〔配〕'는 것은 오직 후비에게만 일컬을 수 있으니, 후비가 스스로 짝하였는데, 다시 어찌 따로 淑女를 구하여 짝하겠는가. 여색에 빠지는 것은 남자의 일이니, 후비가 어찌 여색에 빠지는 것을 알겠는가. 이는 깨우치기 어려운 것이 아니니, 단지 大序를 여러 번 보면 알 수 있다."

혹자가 말하였다.

"〈關雎〉는 后妃의 덕이 마땅히 이와 같아야 한다는 것입니까? '淑女를 얻은 것을 즐거워한다.'라고 한 것 등은 〈관저〉를 지은 시인의 마음입니까?"

선생이 말하였다.

"그러하다. 大序에 '이 때문에 〈관저〉는 淑女를 얻어서 君子의 짝이 된 것을 즐거워한 시이니, 근심이 어진 이를 등용하는 데 있어서 여색에 빠지지 않은 것이다. 窈窕淑女를 서글퍼하고 어진 인재를 생각하여 善을 해치려는 마음이 없으니, 이것이 〈관저〉의 뜻이다.'라고 하였으니, '이 때문에〔是以〕'라는 말을 썼다면 자신의 意思가 있는 것이다."

---

300) 后妃의 德 : ≪詩經≫ 〈周南 關雎〉 小序에 "〈關雎〉는 后妃의 德을 읊은 것이요, 風化의 시초이니, 천하를 風動하고 夫婦를 바로잡는다. 그러므로 이 시를 鄕人에게도 쓰고, 邦國에도 쓴 것이다.〔關雎 后妃之德也 風之始也 所以風天下而正夫婦也 故用之鄕人焉 用之邦國焉〕"라고 하였다.

301) 淑女를……것이다 : ≪詩經≫ 〈周南 關雎〉 小序에 "〈關雎〉는 淑女를 얻어서 君子의 짝이 된 것을 즐거워한 시이니, 근심이 어진 이를 등용하는 데 있어서 여색에 빠지지 않은 것이다. 窈窕淑女를 서글퍼하고 어진 인재를 생각하여 善을 해치려는 마음이 없다. 이것이 〈관저〉의 뜻이다.〔關雎 樂得淑女 以配君子 憂在進賢 不淫其色 哀窈窕 思賢才 而無傷善之心焉 是關雎之義也〕"라고 하였다.

“예컨대 ‘또한 마땅히 군자를 보좌한다.’302)라는 것과 ‘친정에 돌아가 부모님께 문안을 올릴 수 있다.’303)라는 것과 ‘능히 아랫사람들에게 미쳤다.’304)라고 말한 것들은 모두 그 덕이 마땅히 이와 같아야 한다는 말입니까?”

“그러하다.”

선생에게 물었다.

“≪시경≫의 小序는 누가 지었습니까?”

선생이 말하였다.

“大序를 보면 곧 알 수 있을 것이다.”

“國史가 지은 것이 아닙니까?”

“大序에 분명히 ‘國史가 得失의 자취를 밝혔다.’라고 하였다. 대개 국사는 采詩官에게서 시를 얻었기 때문에 그 득실의 자취를 알았다. 국사가 아니라면 무엇으로써 그가 찬미하고 풍자할 사람임을 알겠는가. 당시에 小序가 없었다면 비록 聖人이라 하더라도 분별할 수 없었을 것이다.”

“성인은 시를 산삭할 적에 일찍이 小序를 산삭하여 고쳤습니까?”

“의리에 해로운 부분이 있으면 또한 산삭하여 고쳤다. 지금의 詩序는 매우 뒤섞여 어지러우니, 후세 사람들이 덧붙인 것이 있다.”

“〈관저〉 시는 누가 지은 것입니까?”

“周公이 지은 것이다. 주공이 이 시를 지어 천하 사람들을 風敎하였다. 그러므로 ‘이 시를 鄕人에게도 쓰고, 邦國에도 쓴 것이다.’305)라고 하고, ‘윗사람이 風으로 아랫사람을 교화하고, 아랫사람이 風으로 윗사람을 풍자한다.’306)라고 한 것이다. 대개 天子로

---

302) 또한……보좌한다 : ≪詩經≫ 〈周南 卷耳〉 小序에 “〈卷耳〉는 后妃의 지향을 읊은 것이니, 또한 마땅히 君子를 보좌하여 賢者를 찾고 관직을 살펴 신하들의 수고로움을 알아야 한다.〔卷耳 后妃之志也 又當輔佐君子 求賢審官 知臣下之勤勞〕”라고 하였다.

303) 친정에……있다 : ≪詩經≫ 〈周南 葛覃〉 小序에 “〈葛覃〉은 后妃의 근본을 읊은 것이니, 후비가 친정에 있을 적에는 지향이 女工의 일에 있어 몸소 검소하고 節用하여 빤 옷을 입고 師傅를 존경하면 친정에 돌아가 부모님께 문안을 올려 婦道로써 천하를 교화할 수 있다.〔葛覃 后妃之本也 后妃在父母家 則志在於女功之事 躬儉節用 服澣濯之衣 尊敬師傅 則可以歸安父母 化天下以婦道也〕”라고 하였다.

304) 능히……미쳤다 : ≪詩經≫ 〈周南 樛木〉 小序에 “〈樛木〉은 后妃의 恩德이 아랫사람에게 미친 것을 읊은 것이니, 은덕이 아랫사람들에게 미쳐 질투하는 마음이 없음을 말한 것이다.〔樛木 后妃逮下也 言能逮下而無嫉妬之心焉〕”라고 한 데서 나왔다.

305) 이……것이다 : ≪詩經≫ 〈周南 關雎〉 小序에 보인다.

부터 庶人에 이르기까지 집안을 바르게 하는 道가 마땅히 이와 같아야 한다. 二南의 시는 대부분 주공이 지은 것이다. 예컨대 小雅 〈六月〉에서 차례지은 시[307]도 주공이 지은 것이다."

"후세 사람들은 대부분 二南은 文王이 지은 시라고 말하니, 아마도 그중에 문왕의 일이 있기 때문일 것입니다."

"그렇지 않다. 그중에 문왕의 시를 붙인 것은 '옛사람 중에 그런 일을 행한 사람이 있으니 문왕이 바로 그런 분이다.'라고 말하는 것과 같다."

問호되 詩는 如何學이니잇가 曰 只在大序中求하라 詩之大序는 分明是聖人作此以教學者인대 後人往往不知是聖人作이라 自仲尼後①로 更無人理會得詩라 如言后妃之德을 皆以爲文王之后妃라 文王은 諸侯也니 豈有后妃리오 又如樂得淑女하여 以配君子니 憂在進賢하여 不淫其色이라함을 以爲后妃之德如此라 配는 惟后妃라야 可稱하니 后妃自是配了한대 更何別求淑女以爲配리오 淫其色은 乃男子事니 后妃怎生會淫其色이리오 此不難曉니 但將大序看數遍이면 則可見矣라 或曰 關雎는 是后妃之德이 當如此否잇가 樂得淑女之類는 是作關雎詩人之意否잇가 曰 是也라 大序에 言호되 是以로 關雎는 樂得淑女하여 以配君子니 憂在進賢하여 不淫其色이라 哀窈窕하고 思賢才하여 而無傷善之心焉하니 是關雎之義也라하니 只著箇是以字면 便自有意思라 曰 如言又當輔佐君子와 則可以歸安父母와 言能逮下之類는 皆爲其德當如此否잇가 曰 是也라 問호되 詩小序는 何人作잇고 曰 但看大序면 即可見矣리라 曰 莫是國史作否잇가 曰 序中에 分明言國史明乎得失之迹이라 蓋國史는 得詩於採詩之官이라 故로 知其得失之迹이라 如非國史면 則何以知其所美所刺之人이리오 使當時無小序면 雖聖人이라도 亦辨不得이라 曰 聖人은 刪詩時에 曾刪改小序否잇가 曰 有害義理處면 也須刪改라 今之詩序는 却煞錯亂하니 有後人附之者라 曰 關雎之詩는 是何人所作이니잇가 曰 周公이 作이라 周公은 作此以風教天下라 故로 曰用之鄉人焉하고 用之邦國焉이라하고 上以風化下하고 下以風刺上이라 蓋自天子로 至於庶人히 正家之道當如此也라 二南之詩는 多是周公所作이라 如小雅六月所序之詩도 亦是周公作이라 後人은 多言二南爲文王之詩니 蓋其中有文王事也일새라 曰 非也라 附文王詩於中者는 猶言古人有行之者니 文王이 是也라

① 〈仲尼後는〉 어떤 판본에는 '漢以來'라고 되어 있다.
一作漢以來.

---

306) 윗사람이……풍자한다 : ≪詩經≫ 大序에 보인다.

307) 六月……시 : ≪詩經≫ 〈小雅 六月〉 小序에서 거론한 22편의 시로, 小雅 〈鹿鳴〉에서 〈菁菁者莪〉까지이다. 이 시들이 폐지되면 없어질 것들에 대해 차례대로 말하였다.

187. 선생에게 물었다.

"'〈關雎〉는 즐거우면서도 지나치지 않고, 슬프면서도 상심하지 않는다.'308)라고 하였으니, 무슨 말입니까?"

선생이 말하였다.

"대개 즐거움은 반드시 지나치는 데에서 잘못되고, 슬픔은 반드시 상심하는 데에서 잘못되니, 지나치고 상심하면 사특한 데로 들어간다. 〈관저〉는 禮義에 이르러 그쳤다. 그러므로 '窈窕淑女를 서글퍼하고 어진 인재를 생각한다.'라는 것과 같다. 요조숙녀를 슬퍼한다고 말한 것은 그리움이 매우 간절해진 것이다. 평범한 사람으로 말하자면 곧장 사특한 데로 들어가서야 비로소 깨닫지만, 〈관저〉는 禮義에 이르러 그쳤기 때문에 상심하는 데에 이르지 않은 것이니, 그가 그리워한 것도 평범한 사람이 그리워한 것과는 다르다."

問호되 關雎는 樂而不淫하고 哀而不傷이라하니 何謂也잇고 曰 大凡樂必失之淫하고 哀必失之傷하니 淫傷이면 則入於邪矣라 若關雎는 則止乎禮義라 故로 如哀窈窕하고 思賢才라 言哀之는 則思之甚切이라 以常人으로 言之면 直入於邪라야 始得이나 然關雎는 却止乎禮義라 故로 不至乎傷이니 則其思也는 其亦異乎常人之思也矣라

188. 唐棣309)는 지금의 郁李이다. 이를 보면 詩人이 형제간의 우애를 일으킨 의도를 알 수 있다.

唐棣는 乃今郁李라 看此면 便可以見詩人興兄弟之意라

189. "도끼자루를 잡고 도끼자루를 벰이여, 그 법칙이 멀리 있지 않네."310)라고 하였는데, 사람들은 오히려 멀다고 여긴다. 君子의 道는 몸에 근본하고 마음에서 발하니, 어찌 멀리 있겠는가.

執柯伐柯여 其則(칙)不遠이라하거늘 人猶以爲遠이라 君子之道는 本諸身하고 發諸心하니 豈遠乎

308) 關雎는……않는다 : ≪論語≫ 〈八佾〉에서 孔子가 〈關雎〉에 대해 한 말이다.

309) 唐棣 : ≪詩經≫ 〈召南 何彼襛矣〉에 보이는 '唐棣'를 가리키는 듯하다.

310) 도끼자루를……않네 : ≪詩經≫ 〈豳風 伐柯〉에 보인다. 원문은 "伐柯伐柯 其則不遠"이다.

哉리오

190. 선생에게 물었다.

“≪周禮≫에 원수를 갚는 일[311]이 있는 것은 어째서입니까?”

선생이 말하였다.

“이는 세상을 다스리는 일은 아니나 인정상 면하지 못하는 점이 있기 때문이다. 예컨대 어버이가 남에게 살해당하는 것을 그의 자식이 목격하여 관청에 알릴 새도 없이 마침내 원수를 따라가 죽였다면, 이는 원수를 갚고 의리에 마땅한 것이니 죄가 없다고 할 수 있다. 그러나 그의 어버이가 이미 남에게 살해당했는데 관청에 알리지 않고 그가 스스로 도모하여 원수를 죽인다면, 이는 그가 제멋대로 사람을 죽인 죄를 바로잡는 것이 옳다.”

선생에게 물었다.

“원수를 피하는 방법은 어떠합니까?”

선생이 말하였다.

“이는 죄를 용서하여 처벌을 면하게 하면 곧 원수를 피하게 하는 것이다.”

問호되 周禮에 有復讐事는 何也잇고 曰 此非治世事나 然人情有不免者일새라 如親被人殺할새 其子見之하여 不及告官하고 遂逐殺之어든 此는 復讐而義者니 可以無罪라 其親旣被人殺한대 不自訴官하고 而他自謀殺之어든 此則正其專殺之罪가 可也라 問호되 避讐之法은 如何잇고 曰 此因赦罪而獲免이면 便使之避也라

191. 선생에게 물었다.

---

311) 원수를……일 : ≪周禮≫ 〈地官 調人〉에 “무릇 화합시키는 것이 어려우니, 아버지의 원수는 四海 밖으로 피하게 하며, 형제의 원수는 천 리 밖으로 피하게 하며, 사촌형제의 원수는 같은 나라에 살지 않게 한다. 임금의 원수는 아버지의 원수처럼 여기고, 스승의 원수는 형제의 원수처럼 여기고, 주인과 벗의 원수는 사촌형제의 원수처럼 여긴다. 피하지 않으면 調人에게 瑞節을 주어 그를 잡는다. 무릇 사람을 죽이고서 도리어 그 자제까지 죽이는 자는 邦國으로 하여금 서로 그를 원수로 삼게 한다. 무릇 사람을 죽였으나 의리상 마땅한 자는 같은 나라에 살지 않으나 원수로 삼지 말게 하니, 원수로 여기면 죽이기 때문이다.〔凡和難 父之讐 辟諸海外 兄弟之讐 辟諸千里之外 從父兄弟之讐 不同國 君之讐眂父 師長之讐眂兄弟 主友之讐眂從父兄弟 弗辟則與之瑞節而以執之 凡殺人有反殺者 使邦國交讐之 凡殺人而義者 不同國 令勿讐 讐之則死〕”라고 하였다.

"≪周禮≫에 착오와 흠결이 있습니까?"

선생이 말하였다.

"매우 많다. 그러나 周公이 至治를 이룩한 큰 법이 또한 그 가운데 있으니, 모름지기 道를 아는 자가 그것을 보면 옳고 그름을 결단할 수 있을 것이다."

또 물었다.

"司盟이 萬民 중에 미덥지 못한 자와 맹서한 것이 있으니,[312] 治世에도 이런 일이 있습니까?"

선생이 말하였다.

"성대하게 다스려지던 시대에는 참으로 이런 일이 없었다. 그러나 人情에 또한 이런 일이 있으니, 위정자는 人情에 따라 그것을 쓴다."

問호되 周禮之書에 有訛缺否잇가 曰 甚多라 周公致治之大法이 亦在其中하니 須知道者觀之면 可決是非也라 又問호되 司盟有詛萬民之不信者하니 治世亦有此乎잇가 曰 盛治之世엔 固無此事라 然이나 人情亦有此事니 爲政者는 因人情而用之라

192. 선생에게 물었다.

"엄한 아버지는 하늘에 짝하니, 周公이 그런 사람이라고 일컬었습니다.[313] 어찌하여 武王을 일컫지 않았습니까?"

선생이 말하였다.

"대저 周나라의 制禮作樂은 모두 주공이 한 것이다. 그러므로 禮를 말하는 자는 반드시 그 공을 주공에게 돌린다."

問호되 嚴父配天하니 稱周公其人이라 何不稱武王이니잇가 曰 大抵周家制作은 皆周公爲之라 故로 言禮者는 必歸之周公焉이라

---

312) 司盟이……있으니 : ≪周禮≫ 〈秋官 司盟〉에 보인다.

313) 엄한……일컬었습니다 : ≪孝經≫ 〈聖治〉에 "天地의 性은 사람이 귀하고, 사람의 행실은 孝보다 큰 것이 없다. 孝는 엄한 아버지보다 더 큰 것이 없고, 엄한 아버지는 하늘에 짝하는 것보다 더 큰 것이 없으니, 周公이 그 사람이다.〔天地之性 人爲貴 人之行莫大於孝 孝莫大於嚴父 嚴父莫大於配天 則周公其人也〕"라고 하였다.

193. 〈선생에게 물었다.〉

"趙盾이 임금을 시해한 일을 聖人이 '趙穿이 임금을 시해하였다.'라고 쓰지 않은 것[314]은 어째서입니까?"

선생이 말하였다.

"이는 ≪春秋≫의 大義이다. 조천이 직접 그 임금을 시해한 것을 누구인들 알지 못하겠는가. 그러나 조돈의 죄는 ≪춘추≫에 그렇게 쓰지 않으면 다시는 아는 사람이 없을 것이다. 仲尼가 말하기를 '애석하다! 국경을 넘었다면 죄를 면할 수 있었을 것이다.'라고 하였으니,[315] 이 말은 사람들이 이해해야 한다. 만약 국경을 나갔다가 돌아왔더라도 적을 토벌하지 않았다면 죄를 면할 수 없지만, 국경을 나가 마침내 돌아오지 않았다면 죄를 면할 수 있다."

趙盾(돈)弑君之事를 聖人不書趙穿은 何也잇가 曰 此는 春秋大義也라 趙穿手弑其君을 人誰不知리오 若盾之罪는 非春秋書之면 更無人知也라 仲尼曰 惜哉라 越境乃免이라하니 此語要人會得이라 若出境而反이라도 又不討賊也면 則不免이나 除出境遂不反이면 乃可免也라

194. ≪春秋≫에 "紀侯가 영원히 그 나라를 떠났다.〔紀侯大去其國〕"[316]라고 한 것은 "梁나라가 망했다."[317]라는 것과 "鄭나라가 그 군대를 버렸다."[318]라는 것과 "齊나라 군대

---

314) 趙盾이……것 : ≪春秋左氏傳≫ 宣公 2年 經文에 "秋九月乙丑 晉趙盾弑其君夷皐"라고 한 것을 가리킨다. 趙盾의 조카인 趙穿이 晉나라 靈公을 시해하였는데, 조돈이 국경을 나가기 전에 그 소식을 듣고 돌아왔다. 太史가 "조돈이 그 임금을 시해하였다."라고 기록하고 조정 신하들에게 보이자, 조돈이 그렇지 않다고 항변하였다. 이에 태사가 "그대는 正卿이 되어 도망가되 국경을 넘지 않았고 돌아와서는 역적을 토벌하지 않았으니, 임금을 시해한 자는 그대가 아니고 누구이겠는가."라고 하자, 조돈이 그 말을 인정하였다.

315) 仲尼가……하였으니 : 孔子는 이 일에 대해 "董狐는 옛날의 훌륭한 史官이었기 때문에 法에 의거해 直筆을 숨기지 않았으며, 趙宣子는 옛날의 훌륭한 大夫였기 때문에 史官의 書法을 위해 임금을 시해했다는 惡名을 받아들였다. 애석하다! 宣子가 만약 국경을 넘었다면 이런 惡名을 면할 수 있었을 것이다.〔董狐 古之良史也 書法不隱 趙宣子 古之良大夫也 爲法受惡 惜也 越竟乃免〕"라고 하였다.(≪春秋左氏傳≫ 宣公 2年)

316) 紀侯가……떠났다 : 莊公 3년에 齊나라가 紀國을 없애고자 하였는데, 紀侯의 아우 紀季가 酅邑을 가지고 제나라에 귀순하였다. 장공 4년 여름에 齊侯·陳侯·鄭伯이 垂에서 회합하자, 紀侯가 그 나라를 紀季에게 주고 떠났다.(≪春秋左氏傳≫)

317) 梁나라가 망했다 : ≪春秋左氏傳≫ 僖公 19년 조에 보인다.

318) 鄭나라가……버렸다 : ≪春秋左氏傳≫ 閔公 2년 조에 보인다.

가 遂나라에서 다 죽었다."319)라는 것과 "郭이 망하였다."320)라는 것과 같은 부류이다. 郭의 일은 실로 분명하지 않지만, 위의 네 가지는 한 종류의 일이다. 나라의 임금은 社稷을 지켜 비록 죽더라도 사직을 지켜야 옳다. 齊侯와 衛侯가 바야흐로 垂에서 만나자 紀侯가 마침내 그 나라를 떠나갔으니, 어찌 제나라의 죄이겠는가. 그러므로 聖人이 '제나라가 紀나라를 멸망시켰다.'라고 말하지 않은 것은 紀侯가 경솔하게 사직을 떠난 것을 죄준 것이다.

紀侯大去其國은 如梁亡과 鄭棄其師와 齊師殲于遂와 郭亡之類라 郭事는 實不明이나 如上四者는 是一類事也라 國君은 守社稷하여 雖死라도 守之라야 可也라 齊侯衛侯가 方遇於垂하여 紀侯가 遂去其國하니 豈齊之罪哉리오 故로 聖人不言齊滅之者는 罪紀侯輕去社稷也라①

① 紀侯는 존귀한 명칭이다.
紀侯, 大名也.

195. 王通321)에 대해 묻자, 선생이 말하였다.

"덕을 숨긴 군자이다. 당시 약간의 말을 남겼는데, 후세에 사람들이 그 글을 견강부회하였으니, 온전한 글이라 말할 수 없다. 만약 그 글의 정수를 논한다면 荀子와 楊子가 미칠 바가 아닐 것이다. ≪續經≫ 같은 부류는 모두 그의 저작이 아니다."

問王通하니 曰 隱德君子也라 當時有些言語한대 後來被人傳會하니 不可謂全書라 若論其粹處면 殆非荀楊所及也라 若續經之類는 皆非其作이라

196. 楊雄의 거취는 볼 만한 것이 없다. 예컨대 "明哲함이 빛나고 빛나, 두루 비추어 끝이 없네."322)라고 말했으니, 이는 먼저 알 수 없었음을 매우 후회하고 한스러워한 것이다. "뜻밖의 재앙에 순종하여, 하늘의 명을 보존하네."323)라는 것은 단지 몸을 보전하

319) 齊나라……죽었다 : ≪春秋左氏傳≫ 莊公 17년 조에 보인다.

320) 郭이 망하였다 : ≪春秋左氏傳≫ 莊公 24년 조에 보이는데, 원문은 '郭公'으로 되어 있다.

321) 王通 : 중국 隋나라 때의 학자로, 자는 仲淹, 시호는 文中子이다. 조정에 〈太平十二策〉을 올렸으나 쓰이지 않자 물러나 河水와 汾水 사이에서 살며 후학을 양성하였다. 房玄齡·杜如晦·魏徵·李靖 등이 모두 그의 문하에서 나왔다. 저술로 ≪中說≫이 있다.

322) 明哲함이……없네 : ≪法言≫ 〈問明〉에 보인다.

고자 한 것이다. 聖人과 같이 먼저 알았다면 반드시 이런 지경에 이르지는 않았을 것이다. 반드시 어찌할 수 없다면 天命을 또한 어찌 보존할 수 있겠는가?

선생에게 물었다.

"≪太玄經≫을 지은 것은 어떠합니까?"

선생이 말하였다.

"이는 또한 군더더기 말이다. 굳이 玄을 찬술하고자 하였으나, 이는 ≪周易≫을 밝히는 것만 못하다. 邵堯夫(邵雍)의 數는 玄과 비슷하나 같지 않다. 數는 한 가지일 뿐이니, 다만 사람들이 어떻게 그것을 쓰는지 볼 뿐이다. 十玄을 짓더라도 괜찮은데, 하물며 一玄을 지은 데 있어서이랴."

楊雄去就는 不足觀이라 如言明哲煌煌하여 旁燭無彊이라하니 此甚悔恨不能先知라 遜于不虞하여 以保天命은 則是只欲全身也라 若聖人先知면 必不至於此라 必不可奈何면 天命亦何足保耶아 問호되 太玄之作은 如何잇가 曰 是亦贅矣라 必欲撰玄이나 不如明易이라 邵堯夫之數는 似玄而不同이라 數는 只是一般①이니 但看人如何用之라 雖作十玄이라도 亦可이온 況一玄乎아

① 〈數只是一般은〉 어떤 판본에는 '數無窮(數는 무궁하다.)'이라고 되어 있다.
一作數無窮.

197. 荀卿은 재주가 뛰어났으나 허물이 많았다. 楊雄은 재주가 부족했으나 허물은 적었다. 韓子(韓愈)가 그들을 '大醇'[324]이라 일컬은 것은 옳지 않다. 이 두 사람과 같은 경우는 '大駁'이라 할 것이다. 그러나 韓子는 사람을 책망할 적에 매우 너그러웠다.

荀卿은 才高나 其過多요 楊雄은 才短이나 其過少라 韓子稱其大醇은 非也라 若二子는 可謂大駁矣라 然이나 韓子는 責人에 甚恕라

198. 韓退之(韓愈)가 伯夷를 칭송한 것[325]은 매우 좋다. 그러나 단지 백이의 介潔한 점을 말했을 뿐이다. 백이의 마음을 알고자 한다면 聖人이라야 가능하니, ≪論語≫에 "남

323) 뜻밖의……보존하네 : 上同.

324) 大醇 : 韓愈의 〈讀荀〉에 "孟子는 순수하고 순수한 자이며, 荀子와 楊子는 크게는 순수하나 약간 흠이 있다.〔孟氏醇乎醇者也 荀與楊大醇而小疵〕"라고 한 데서 나왔다.

325) 韓退之가……것 : 韓愈의 〈伯夷頌〉을 말한다.

이 옛날에 저지른 잘못을 염두에 두지 않았다. 이 때문에 원망하는 사람이 드물었다."[326] 라고 하였다. 이는 백이의 마음을 매우 잘 말한 것이다.

韓退之頌伯夷는 甚好라 然이나 只說得伯夷介處라 要知伯夷之心이어든 須是聖人이니 語曰 不念舊惡이라 怨是用希라하니 此는 甚說得伯夷心也라

199. 선생에게 물었다.

"韓退之(韓愈)의 〈讀墨子〉 편은 어떠합니까?"

선생이 말하였다.

"이 편은 의미가 또한 매우 좋다. 다만 말이 근엄하지 않아 옳지 못한 점이 있다. 또 孟子가 '墨子는 그 형의 아들을 친애하는 것이 이웃집 아들을 친애하는 것과 같았다.'[327]라고 말했는데, 묵자의 글 중에 어찌 일찍이 이러한 말이 있었는가? 단지 맹자가 뿌리를 뽑고 근원을 막아 없앤 것이니, 그 유파가 반드시 이런 지경에 이를 것을 안 것이다. 대개 儒者가 道를 배울 적에 털끝만큼 차이가 나면 천 리나 어긋난다. 楊朱는 본래 義를 배웠고, 墨子는 본래 仁을 배웠다. 다만 배운 바가 조금 치우쳤기 때문에 그 유파가 드디어 아버지를 무시하고 임금을 무시하는 데에 이르렀다. 맹자는 그 근본을 바로잡고자 하였기 때문에 그것을 미루어 이러한 지경에 이른다고 하였다.

退之가 남의 善을 즐거이 취하고자 한 마음은 忠恕라고 할 만하다. 그러나 가르침을 지킬 적에 근엄해야 함을 알지 못했기 때문에 그 본지를 잃은 것이다. 그가 '孔子가 尙同[328]하고 兼愛한 것은 묵자와 같다.'[329]고 말한 것은 매우 옳지 않다. 후세의 학자들은 또한 楊子와 墨子에 미치지 못한다. 양자와 묵자는 본래 仁義를 배웠는데, 후세 사람들은 仁義를 배우지 않는다. 양자와 묵자의 허물은 맹자에게 지적되었는데, 후세 사람들은 지적하는 이가 없기 때문에 그 허물을 알지 못한다."

問호되 退之讀墨篇은 如何잇가 曰 此篇은 意亦甚好라 但言不謹嚴하여 便有不是處라 且孟子言

326) 남이……드물었다 : 孔子가 말하기를 "伯夷와 叔齊는 남이 옛날에 저지른 잘못을 염두에 두지 않았다. 이 때문에 원망하는 사람이 드물었다.〔伯夷叔齊 不念舊惡 怨是用希〕"라고 하였다.(≪論語≫ 〈公冶長〉)

327) 墨子는……같았다 : ≪孟子≫ 〈滕文公 上〉에 보인다.

328) 尙同 : 賢者를 천거하여 天下를 함께하는 것을 말한다.

329) 孔子가……같다 : 韓愈의 〈讀墨子〉에 보인다.

墨子愛其兄之子가 猶隣之子라한대 墨子書中에 何嘗有如此等言이리오 但孟子拔本塞源이니 知其流必至於此라 大凡儒者學道에 差之毫釐면 繆以千里라 楊朱는 本是學義요 墨子는 本是學仁이라 但所學者稍偏이라 故로 其流가 遂至於無父無君이라 孟子는 欲正其本이라 故로 推至此라 退之樂取人善之心은 可謂忠恕라 然이나 持敎不知謹嚴이라 故로 失之라 至若言孔子尙同兼愛는 與墨子同은 則甚不可也라 後之學者는 又不及楊墨이라 楊墨은 本學仁義로되 後人은 乃不學仁義라 但楊墨之過는 被孟子指出인대 後人無人指出이라 故로 不見其過也라

200. 韓退之(韓愈)가 〈羑里操〉[330]를 지어 "臣의 죄는 마땅히 죽어야 하거늘, 天王께서는 聖明하시다."라고 하였으니, 文王의 마음을 말하여 드러낸 것이다. 이는 문왕의 지극히 덕스러운 부분이다.

韓退之作羑里操云 臣罪當誅兮여 天王聖明이라하니 道得文王心出來라 此는 文王至德處也라

201. 韓退之(韓愈)가 만년에 지은 글에는 터득한 바가 매우 많다. 학문은 본래 德을 닦는 것이니, 덕이 있은 뒤에야 훌륭한 말이 있다. 退之는 도리어 거꾸로 배웠으니, 문장을 배우는 것을 통해 날마다 이르지 못한 바를 구해서 드디어 터득한 바가 있었다. 예컨대 '孟子가 죽은 뒤에 그 전함을 얻지 못했다.'[331]라고 하였으니, 이 말은 前人을 답습한 것이 아니고, 또한 허공을 뚫어 만들어 낸 것도 아닌 듯하다. 반드시 깨달은 바가 있으니, 만약 깨달은 바가 없다면 전한 바가 무슨 일인지 말할 줄 몰랐을 것이다.

退之晩來爲文엔 所得處甚多라 學은 本是修德이니 有德然後有言이라 退之는 却倒學了니 因學文하여 日求所未至하여 遂有所得이라 如曰 軻之死에 不得其傳이라하니 似此言語는 非是蹈襲前人이요 又非鑿空撰得出이라 必有所見이니 若無所見이면 不知言所傳者何事라①

① 〈原性〉 등의 글은 모두 젊었을 때 지은 것이다.
原性等文, 皆少時作.

---

330) 羑里操 : 韓愈의 〈拘幽操〉를 가리킨다. 참소로 인해 羑里의 감옥에 갇힌 文王의 심정을 읊은 것이다.

331) 孟子가……못했다 : 韓愈의 〈原道〉에 "〈儒家의 道는〉 孟子가 죽은 뒤에 그 전함을 얻지 못했으니, 荀子와 楊子가 이 도를 택하였으나 정밀하지 못하였고, 도에 대해서 말하였으나 상세하지 못하였다.〔軻之死不得其傳焉 荀與揚也 擇焉而不精 語焉而不詳〕"라고 하였다.

202. 韓退之(韓愈)는 참으로 명예를 좋아하는 가운데에 있다.

退之는 正在好名中이라

203. 韓退之(韓愈)가 "漢나라 儒者들은 천 군데의 종기와 백 군데의 구멍을 보충하고 꿰맸다."332)라고 하였다. 그러나 한나라 유자들이 무너뜨린 바가 적지 않으니, 이는 어찌 보충할 수 있겠는가.

退之言호되 漢儒補綴千瘡百孔이라 漢儒所壞者不少니 安能補也리오

204. 무릇 史書를 읽을 적에는 事跡을 기억해야 할 뿐만 아니라, 모름지기 治亂·安危·興廢·存亡의 이치를 알아야 한다. 만일 〈高帝紀〉 한 편을 읽는다면 곧 漢나라 4백 년간의 終始와 治亂이 마땅히 어떠해야 했는가를 알아야 하니, 이 또한 배움이다.

凡讀史할새 不徒要記事跡이요 須要識治亂安危興廢存亡之理라 且如讀高帝一紀면 便須識得漢家四百年終始治亂當如何니 是亦學也라

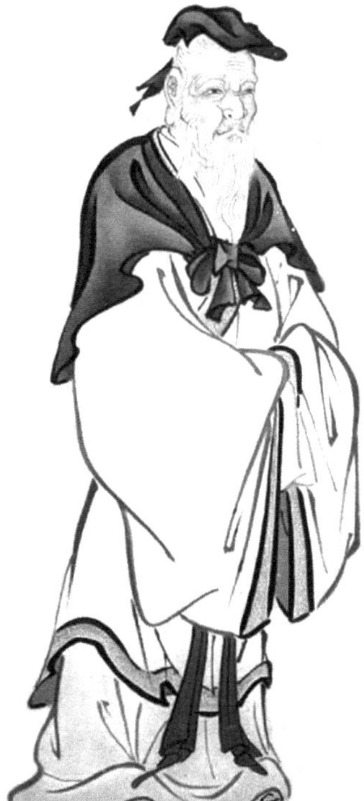

董仲舒

205. 선생에게 물었다.

"漢나라 儒者 중에 심지어 머리가 하얗게 세도록 하나의 경전도 통달하지 못한 자가 있었던 것은 어째서입니까?"

선생이 말하였다.

"漢나라의 經術을 어디에 쓰겠는가. 단지 章句와 訓

332) 漢나라……꿰맸다 : 韓愈의 〈與孟尙書書〉에 "〈儒家의 道는〉 漢나라 이래로 여러 儒者들이 조금씩 고치고 꿰매었으나, 백 군데의 구멍과 천 군데의 종기가 이내 어지러워지고 이내 유실되어, 그 위태로움이 마치 한 올의 머리카락으로 1천 鈞의 물건을 끄는 것과 같아 겨우 이어오면서 점점 미약해져 소멸될 지경에 이르렀습니다.〔漢氏以來 群儒區區修補 百孔千瘡 隨亂隨失 其危如一髮引千鈞 綿綿延延 寖以微滅〕"라고 하였다.

詁를 일삼았을 뿐이다. 예컨대 '堯典' 두 글자를 해석하여 3만여 자에 이른 것은 요점을 알지 못한 것이다. 東漢의 유자들은 또한 말할 것도 없으니, 동한의 士人들은 名分과 節義를 숭상하여 이치를 밝히지 않았기 때문이다. 만약 이치를 밝혔다면 모두 大賢이 되었을 것이다. 漢나라 이래로 오직 세 사람만이 儒者의 기상에 가까웠으니, 大毛公·董仲舒·楊雄이다. 本朝의 經術은 매우 성대하지만, 근래 2~30년 동안은 의론이 전일하여 사람들로 하여금 사유를 지극히 하지 못하게 한다."

問호되 漢儒至有白首不能通一經者는 何也잇가 曰 漢之經術을 安用이리오 只是以章句訓詁爲事라 且如解堯典二字하여 至三萬餘言은 是不知要也라 東漢은 則又不足道也니 東漢士人은 尙名節하여 只爲不明理라 若使明理면 却皆是大賢也라 自漢以來로 惟有三人近儒者氣象이니 大毛公董仲舒楊雄이라 本朝經術은 最盛이나 只近二三十年來議論專一하여 使人更不致思라

206. 선생에게 물었다.

"陳平은 呂氏들을 제후로 세울 적에 어째서 힘을 다해 간하지 않았습니까?"333)

선생이 말하였다.

"王陵은 그 점을 쟁론하였다가 따르지 않자 마침내 떠나갔다. 만일 진평이 다시 간쟁하였다면 呂氏의 노여움을 격동시키지 않을 수 없었을 것이다. 또 漢 高祖와 여러 신하들은 힘으로써 서로 겨루어 힘이 강한 자가 윗자리에 있었으니, 至誠으로 고조의 신하가 되기를 기꺼이 바란 것이 아니다. 呂氏들을 제후로 삼을 적에 그에게 죽음으로써 절개를 지킬 것을 요구했다면 그가 어찌 죽으려 했겠는가."

問호되 陳平當王諸呂時에 何不極諫이니잇가 曰 王陵은 爭之라가 不從하여 乃引去라 如陳平復諍이면 未必不激呂氏之怒矣라 且高祖與群臣은 只是以力相勝하여 力强者居上이니 非至誠樂願爲之臣也라 如王諸呂時에 責他死節이면 他豈肯死리오

---

333) 陳平은……않았습니까 : 漢 惠帝가 죽은 뒤 실권을 잡은 呂太后가 呂氏들을 왕으로 세우고자 하여 당시 우승상 王陵에게 묻자, "高帝께서 白馬를 죽여 맹세하기를 '劉氏가 아닌데도 왕이 되면 천하가 그를 죽일 것이다.'라고 하였습니다. 지금 여씨를 왕으로 세우는 것은 약속을 어기는 것입니다."라고 하였다. 여태후가 다시 陳平과 周勃에게 묻자, "고제께서 천하를 평정했을 때 子弟들을 왕으로 세웠습니다. 지금 태후께서 천자를 대신하여 정사를 다스리시니, 여씨 형제들을 왕으로 세우는 것이 불가할 이유가 없습니다."라고 하였다. 이에 여후가 왕릉을 太傅로 삼아 우승상의 권한을 빼앗고 진평을 우승상으로 삼았다.(≪史記≫ 卷9 〈呂太后本紀〉)

207. 周勃이 北軍에 들어가 묻기를 "劉氏를 위하는 자는 왼쪽 어깨를 드러내고, 呂氏를 위하는 자는 오른쪽 어깨를 드러내라."라고 하였으니,[334] 이미 군사들이 유씨를 위할 줄 알았다면 또 어찌 굳이 물었단 말인가. 만약 알지 못하고서 물었다면 설혹 오른쪽 어깨를 드러낸다고 하여 마땅히 어찌한단 말인가. 자신이 장수인데 사졸에게 물었으니, 어찌 그릇되지 않은가. 呂氏들을 주벌할 적에 陳平이 그를 위해 도모하지 않았다면 또한 이길 수 없었을 것이다. 그가 覇橋에 이른 文帝를 맞이하면서 "한가로울 때 말씀드리기를 청합니다."라고 하였으니,[335] 이 어찌 한가로울 때를 청할 시기인가. 승상을 그만두고 封國으로 갔을 때 河東의 수령이 고을을 순행하여 絳縣에 이를 때마다 반드시 家人들에게 갑옷을 입고 무기를 들게 하고서 만났으니,[336] 이는 무엇을 하고자 함이었는가. 주발은 지극히 무능한 사람이라고 할 수 있다.

周勃이 入北軍하여 問曰 爲劉氏左袒하고 爲呂氏右袒하라하니 旣知爲劉氏면 又何必問이리오 若不知而問이면 設或右袒을 當如之何리오 已爲將이어늘 乃問士卒하니 豈不謬哉아 當誅諸呂時에 非陳平爲之謀어든 亦不克成이라 及迎文帝至覇橋하여 曰 願請間이라하니 此豈請間時邪아 至於罷相就國하얀 每河東守行縣至絳에 必合家人被甲執兵而見하니 此欲何爲오 可謂至無能之人矣라

208. 〈선생이 말하였다.〉

---

334) 周勃이……하였으니 : 呂太后가 죽은 뒤 呂氏들을 숙청하기 위해 太尉 周勃이 北軍에 들어가 "呂氏를 위하는 자는 오른쪽 어깨를 드러내고, 劉氏를 위하는 자는 왼쪽 어깨를 드러내라."라고 하니, 군사들이 모두 왼쪽 어깨를 드러내 유씨를 따르고자 하였다. 당시 北軍과 南軍은 모두 여씨가 장악하고 있어 주발이 북군에 들어갈 수 없었는데, 황제의 칙명이라고 속여 印綬를 전해 받고 북군에 들어간 것이다.(≪史記≫ 卷9 〈呂太后本紀〉)

335) 覇橋에……하였으니 : 呂氏들을 숙청한 뒤, 高帝의 생존한 아들 중 가장 연장자인 代王 劉恒(文帝)을 옹립하였다. 대왕이 中渭橋에 이르자 周勃이 앞으로 나와 "한가로울 때 말씀드리기를 청합니다."라고 하자, 中尉 宋昌이 "말할 것이 공적인 것이면 공개적으로 하십시오. 말할 것이 사적인 것이라면 왕께서는 사적인 것을 듣지 않으십니다."라고 하였다. 이에 주발이 무릎을 꿇고 천자의 옥새와 부절을 바쳤다.(≪史記≫ 卷10 〈孝文本紀〉)

336) 승상을……만났으니 : 文帝 즉위 후 周勃은 우승상이 되었고 황금 5천 근을 하사받았으며 식읍이 1만 호가 되었다. 한 달 뒤 어떤 사람이 주발에게 "그대는 呂氏들을 주멸하고 代王을 세워 위세가 천하를 진동시킵니다. 그리고 그대는 후한 포상을 받았고 존귀한 지위에 있으며 총애도 얻었습니다. 오래가다가는 화가 당신에게 미칠 것입니다."라고 하였다. 주발은 두려워하며 스스로 위태롭다고 여겨 사직을 청했다. 이후 封地인 絳縣으로 돌아간 주발은 河東 郡守와 郡尉가 현을 순시하다가 강현에 이르면 그때마다 죽임을 당할까 두려워 항상 갑옷을 입고 家人들에게도 무기를 들고 그들을 만나라고 명령하였다.(≪史記≫ 卷57 〈絳侯周勃世家〉)

"王介甫(王安石)가 張良에 대해 읊은 시[337]는 매우 좋으니, '漢나라 왕업의 존망이 그의 사려에 달려 있었으나, 留侯는 이런 때에 늘 침착하였네.'라고 하였다. 사람들은 漢高祖가 장량을 이용하였다고 말하는데 옳지 않다. 장량이 한 고조를 이용한 것이다. 秦나라가 韓나라를 멸망시키자, 장량은 韓나라를 위해 원수[338]를 갚았다. 그러므로 고조를 보내 關中으로 들어가게 한 것이며, 진나라를 멸망시켰기 때문에 사직하고 떠나간 것이다. 고조가 의로운 군대를 일으켜 項王을 주벌하게 되자 고조의 기세가 천하를 평정할 만하였다. 그러므로 장량이 그를 도운 것이다. 장량이 어찌 고조의 신하가 되기를 원했겠는가. 자신의 세력이 없었기 때문이다. 천하가 평정된 뒤에는 赤松子[339]를 따라 노닐었으니, 여기에서 그가 고조의 신하가 되기를 원치 않았음을 알 수 있다. 장량은 재주와 식견이 참으로 높았으니, 鴻溝를 나누어 국경을 삼기로 약속하고서 漢王에게 맹약을 배반하고 항우를 추격할 것을 권유한 일[340]과 같은 것은 다른 방도가 없었기 때문이다."

혹자가 물었다.

"장량은 쇠몽둥이로 秦王을 때려죽이려 하였으니,[341] 그 계책은 너무 허술한 것이 아닙니까?"

선생이 말하였다.

"임금의 원수를 갚으려는 마음이 조급했던 것이다. 가령 당시 철퇴로 그를 때려죽일

---

337) 張良에……시 : 王安石의 〈張良〉을 말한다.

338) 원수 : 張良은 韓나라 사람으로, 조부 姬開地는 昭侯・宣惠王・襄哀王의 재상을 지냈고, 부친 姬平은 釐王・悼惠王의 재상을 지냈다. 도혜왕 23년에 부친이 죽고, 20년 뒤에 秦나라가 韓나라를 멸망시켰다.

339) 赤松子 : 전설 속의 신선이다. 神農氏 때의 雨師로, 水晶을 복용하며 불 속에 들어가도 타지 않았으며, 崑崙山에 이르러 늘 西王母의 石室에 머물렀다고 한다.

340) 鴻溝를……일 : 漢나라 4년 項羽와 漢王이 廣武에서 수개월간 대치하였는데, 韓나라 군대는 식량이 풍부하고, 항우의 군사들은 지치고 군량이 떨어진 상태였다. 한왕이 사람을 보내 항우에게 잡혀 있던 太公을 풀어 달라고 요청하였는데, 항우는 천하를 둘로 나누어 鴻溝 서쪽을 한나라 영토로 하고, 홍구 동쪽을 초나라 영토로 하기를 약조하면 그를 풀어주겠다고 하였다. 약조를 마친 뒤 돌아가려 할 적에 張良과 陳平이 초나라 군사가 지치고 굶주린 틈을 타서 공격할 것을 권하였고, 한왕이 그 말을 따랐다. 이 일로 인해 항우는 몰락하게 되었다.(≪史記≫ 卷7 〈項羽本紀〉)

341) 장량은……하였으니 : 장량은 力士와 함께 120근의 쇠몽둥이를 만들어 진 시황제가 동쪽을 순수할 때를 노려 습격하였다. 그러나 잘못하여 뒤따르는 수레를 내리쳐 실패하였고, 이후 진 시황제를 피해 이름을 바꾸고 下邳로 달아나 숨었다.(≪史記≫ 卷55 〈留侯世家〉)

수 있었다면 또한 충분한 것이니, 어느 겨를에 스스로 계책을 세웠겠는가."

王介甫詠張良詩는 最好하니 曰 漢業存亡俯仰中이나 留侯當此每從容이라 人言高祖用張良한대 非也라 張良用高祖爾라 秦滅韓하여 張良爲韓報仇라 故로 送高祖入關이며 既滅秦矣라 故로 辭去라 及高祖興義師하여 誅項王하얀 則高祖之勢가 可以平天下라 故로 張良助之라 良이 豈願爲高祖臣哉리오 無其勢也일새라 及天下既平하얀 乃從赤松子遊하니 是不願爲其臣을 可知矣라 張良은 才識儘高니 若鴻溝既分하고 而勸漢王背約追之는 則無行也일새라 或問호되 張良이 欲以鐵鎚擊殺秦王하니 其計不已疎乎아 曰 欲報君仇之急이라 使當時若得以鐵槌擊殺之면 亦足矣니 何暇自爲謀耶아

209. 〈선생에게 물었다.〉

"王通이 말하기를 '諸葛亮이 죽지 않았다면 禮樂은 흥성했을 것이다.'342)라고 하였으니, 사실입니까?"

선생이 말하였다.

"제갈량은 왕을 보좌할 만한 재주에 가까웠으나, 禮樂이 흥성했을지 흥성하지 않았을지는 알 수 없다."

諸葛亮

선생에게 물었다.

"제갈량은 과연 왕을 보좌할 만한 재주인데, 어찌하여 궁벽하게 일개 蜀나라만 지키고 천하에서 큰일을 할 수 없었습니까?"

선생이 말하였다.

"孔明이 본디 '이듬해에는 魏나라를 취하고자 하며, 몇 년 뒤에는 천하를 안정시키리라.'라고 말했는데 그것을 이루지 못하고 죽었으니, 天命이다. 내가 일찍이 孫覺343)에

---

342) 諸葛亮이……것이다 : ≪中說≫ 〈王道篇〉에 "使諸葛亮而無死 禮樂其有興乎"라고 하였다.

343) 孫覺 : 1028~1090. 자는 莘老이며, 高郵 사람이다. 胡瑗을 사사하였고, 1049년 진사가 되었다. 右正言・知諫院・知審官院・太常少卿・秘書少監・御史中丞 등을 지냈다. ≪周易≫을 좋아하였고, ≪春秋≫에 정밀하였다.

게 말하기를 '諸葛武侯는 儒者의 기상이 있습니다.'라고 하였는데, 손각이 말하기를 '그렇지 않습니다. 聖賢은 한 가지라도 不義를 행하며, 한 사람이라도 무고한 사람을 죽여서 비록 천하를 얻을지라도 그것을 하지 않습니다.[344] 그런데 무후는 구차하게 한 나라를 보전하면서 얼마나 많은 사람을 죽였는지 모릅니다.'라고 하였다. 나는 그에게 말하기를 '한 가지라도 不義를 행하며 한 사람이라도 무고한 사람을 죽여 자신의 한 몸을 이롭게 하는 것은 옳지 않으나, 만약 천하 사람들의 힘으로써 천하 사람들의 적을 죽인다면 살육하는 것이 비록 많더라도 무엇이 문제이겠습니까. 陳恒이 자기 임금을 시해하자, 孔子가 그를 토벌하기를 청하였습니다. 진항을 토벌할 적에 한 사람도 죽이지 않으리라고 공자가 어찌 보장할 수 있었겠습니까. 대개 천하 사람들의 적을 주벌할 때에는 돌아볼 수 없는 바가 있습니다.'라고 하였다."

"三國이 일어났을 때 누가 바른 명분을 가졌습니까?"

"蜀나라의 지향은 漢나라 왕실을 부흥하는 데 있었으니, 촉나라가 바른 명분을 얻었다."

王通이 言호되 諸葛無死어든 禮樂其有興이라하니 信乎잇가 曰 諸葛은 近王佐才나 禮樂興不興은 則未可知라 問曰 亮果王佐才나 何爲僻守一蜀하여 而不能有爲於天下잇가 曰 孔明固言호되 明年欲取魏요 幾年定天下라한대 其不及而死하니 則命也라 某嘗謂孫覺曰 諸葛武侯는 有儒者氣象이라 孫覺曰 不然이라 聖賢은 行一不義하며 殺一不辜하여 雖得天下라도 不爲라 武侯는 區區保完一國호되 不知殺了多少人耶아 某謂之曰 行一不義하며 殺一不辜하여 以利一己는 則不可나 若以天下之力으로 誅天下之賊이면 殺戮雖多라도 亦何害리오 陳恒弑君하니 孔子請討라 孔子豈保得討陳恒時不殺一人邪아 蓋誅天下之賊은 則有所不得顧爾라 曰 三國之興에 孰爲正이니잇가 曰 蜀志는 在興復漢室이니 則正也라

210. 漢 文帝가 薄昭[345]를 죽인 것에 대해, 李德裕[346]는 그를 죽인 것이 마땅하지 않

---

344) 한……않습니다 : ≪孟子≫ 〈公孫丑 上〉에 보인다.

345) 薄昭 : 漢 文帝의 외숙이며, 薄太后의 동생이다. 文帝를 옹립하여 軹侯에 봉해졌다. 황제의 사신을 살해하여, 문제의 압력을 받고 자결하였다.

346) 李德裕 : 787~849. 자는 文饒이며, 趙郡 사람으로, 唐나라 때의 재상이다. 음서로 출사하였으나 문필에 뛰어나 翰林學士·中書舍人 등을 역임하였다. 經學과 禮法을 중시하였고, 藩鎭을 억압하고 외적을 격퇴하여 중앙집권체제의 강화에 힘썼다.

다고 여겼고, 溫公(司馬光)은 그를 죽인 것이 마땅하다고 여겼다. 이 설들은 모두 옳지 않다. 史書에 의거해보건대 박소가 사신을 죽인 까닭이 보이지 않으니, 모름지기 事勢의 輕重을 헤아려 논해야 한다. 당시 박소가 죄가 있어 漢나라 사신이 그를 다스리려 하자 사신을 죽인 것인지, 아니면 박소가 한나라 사신과 술을 마시다가 분노하여 사신을 죽이게 된 것인지 모르겠다. 한 문제가 박소를 죽여 태후가 편안하지 않으면 어찌할 것인가. 박소를 죽인 뒤에 태후가 음식을 먹지 않고 죽으면 어찌 할 것인가. 만약 한 문제가 박소의 죄를 다스리게 하였는데 박소가 사신을 죽였다면 태후는 비록 음식을 먹지 않더라도 죄를 면할 수 없을 것이다. 그의 어떤 죄는 가볍고 어떤 죄는 무거운지를 헤아린 뒤에 그를 죽이는 것이 마땅하고 마땅하지 않음을 논해야 한다. 일을 논하는 것은 모름지기 權道를 써야 한다. 古今에 '權'자를 대부분 잘못 쓰니, 權道라고 말하는 것이 모두 속임수나 권모술수이다. 잘 모르겠지만 權道는 단지 經道가 미치지 못하는 것이란 말인가. 경중을 헤아려 義에 합당하게 하여, 義에 합치되면 곧 經道이다. 요즘 사람들은 權道는 經道가 아니라고 말하지만, 權道는 곧 經道이다. 權은 저울추이니 경중을 저울질한다. 孔子가 말하기를 "더불어 설 수는 있어도 더불어 權道를 행할 수는 없다."347)라고 하였다.

漢文帝殺薄昭를 李德裕以爲殺之不當하고 溫公以爲殺之當이라 說皆未是라 據史컨대 不見他所以殺之之故니 須是權事勢輕重論之라 不知라 當時薄昭有罪하여 漢使人治之니 因殺漢使也아 還是薄昭與漢使飮酒라가 因忿怒而致殺之也아 漢文帝殺薄昭하여 而太后不安이면 奈何오 旣殺之에 太后不食而死면 奈何오 若漢治其罪而殺漢使면 太后雖不食이라도 不可免也라 須權佗那箇輕那箇重하고 然後에 論他殺得當與不當也라 論事는 須著用權이라 古今多錯用權字하니 纔說權이면 便是變詐或權術이라 不知라 權은 只是經所不及者아 權量輕重하여 使之合義하여 纔合義면 便是經也라 今人說權不是經이나 便是經也라 權은 只是稱錘니 稱量輕重이라 孔子曰 可與立이라도 未可與權이라

211. 선생에게 물었다.

---

347) 더불어……없다 : ≪論語≫ 〈子罕〉에 孔子가 말하기를 "더불어 함께 배울 수는 있어도 더불어 道에 나아갈 수는 없고, 더불어 道에 나아갈 수는 있어도 더불어 道에 설 수는 없고, 더불어 道에 설 수는 있어도 더불어 權道를 행할 수는 없다.〔可與共學 未可與適道 可與適道 未可與立 可與立 未可與權〕"라고 하였다.

"第五倫이 자기 자식의 병과 조카의 병을 보는 것이 똑같지 않자 사사로움이 있었다고 스스로 말했으니,348) 어떻습니까?"

선생이 말하였다.

"편안하게 자고 편안하게 자지 못한 것뿐만이 아니라, 일어나지 않은 것과 열 번 일어난 것이 곧 사사로움이다. 父子간의 사랑은 본래 공정한 것이지만, 조금이라도 마음을 두면 바로 사사로움이 된다."

또 물었다.

"자기 자식과 형의 자식을 볼 적에 차이가 있습니까?"

선생이 말하였다.

"聖人이 法을 세울 적에 '형제의 자식은 자기 자식과 같이 여긴다.'349)라고 하였으니, 이는 형제의 자식 보기를 자기 자식처럼 여기게 하고자 한 것이다."

또 물었다.

"天性은 본래 輕重이 있으니, 차이가 있는 듯합니다."

선생이 말하였다.

"다만 요즘 사람들이 私心으로 보기 때문이다. 孔子가 말하기를 '父子의 道는 天性이다.'350)라고 하였으니, 이는 단지 孝에 관하여 말한 것이다. 그러므로 父子의 도는 天性이라고 말한 것이다. 君臣·兄弟·賓主·朋友 같은 부류도 어찌 天性이 아니겠는가? 다만 요즘 사람들이 사소하게 보아 그 근본이 말미암아 나온 바를 미루어 보지 않기 때문이다. 자기 자식과 형의 자식이 차이나는 것이 얼마나 되겠는가? 이들은 똑같이 나의 아버지에게서 나온 자들이다. 단지 형제는 형체를 달리하기 때문에 형제를 手足이라고 하는 것이다. 사람들은 대부분 형체를 달리하는 것 때문에 자기 자식을 친애하기를 형제의 자식과 달리 하니, 매우 옳지 않다."

---

348) 第五倫이……말했으니 : 혹자가 第五倫에게 "公도 사사로움이 있습니까?"라고 묻자, 제오륜이 답하기를 "내 형의 아들이 일찍이 병이 들었을 적에는 내가 하룻밤에 열 번을 일어났으나 물러나 편안히 잠을 잤고, 내 자식이 병이 들었을 적에는 비록 살펴보지는 않았으나 밤새도록 잠을 자지 못하였으니, 이와 같은 것을 어찌 사사로움이 없다고 말할 수 있겠는가?"라고 하였다.(≪後漢書≫ 卷71 〈第五倫列傳〉)

349) 형제의……여긴다 : ≪禮記≫ 〈檀弓 上〉에 "喪服은 형제의 자식은 자신의 자식과 같이 입는다.〔喪服 兄弟之子 猶子也〕"라고 하였다.

350) 父子의……天性이다 : ≪孝經≫ 〈聖治〉에 보인다.

또 물었다.

"孔子는 公冶長이 南容에게 미치지 못하므로 형의 자식을 남용에게 시집보내고 자기 자식을 공야장에게 시집보냈으니,351) 이는 어째서입니까?"

선생이 말하였다.

"이 또한 자기의 私心으로 성인을 본 것이다. 무릇 사람들이 혐의를 피하는 것은 모두 내면의 덕이 부족하기 때문이다. 성인은 지극히 공정하니, 어찌 다시 혐의를 피하겠는가. 무릇 딸을 시집보내는 것은 반드시 그녀의 재질을 헤아려 짝을 구하는 것이다. 혹 형의 자식이 그다지 훌륭하지 못하면 반드시 서로 어울리는 자를 가려서 짝을 삼고, 자기 자식이 훌륭하면 반드시 재질이 훌륭한 자를 가려서 짝을 삼으니, 어찌 다시 혐의를 피하겠는가. 공자의 일과 같은 경우는 혹 나이가 서로 비슷하지 않거나, 혹 시집보낼 때의 先後가 있어서인 듯한데, 모두 알 수 없다. 공자가 혐의를 피했다고 여기는 것은 크게 옳지 않다. 혐의를 피하는 일은 賢者도 하지 않는데 하물며 성인이 하겠는가."

問호되 第五倫이 視其子之疾與兄子之疾이 不同하여 自謂之私라하니 如何잇가 曰 不特安寢與不安寢하고 只是不起與十起가 便是私也라 父子之愛는 本是公이나 才著些心做면 便是私也라 又問호되 視己子與兄子에 有間否잇가 曰 聖人이 立法할새 曰 兄弟之子는 猶子也라하니 是欲視之猶子也라 又問호되 天性은 自有輕重하니 疑若有間然이니이다 曰 只爲今人이 以私心看了라 孔子曰 父子之道는 天性也라하니 此只就孝上說이라 故로 言父子天性이라 若君臣兄弟賓主朋友之類도 亦豈不是天性이리오 只爲今人小看하여 却不推其本所由來故爾라 已之子與兄之子가 所爭幾何오 是同出於父者也라 只爲兄弟異形이라 故로 以兄弟爲手足이라 人多以異形故로 親已之子를 異於兄弟之子하니 甚不是也라 又問호되 孔子以公冶長不及南容이라 故로 以兄之子妻南容하고 以已之子妻公冶長하니 何也잇고 曰 此亦以已之私心으로 看聖人也라 凡人避嫌者는 皆內不足也라 聖人自是至公하니 何更避嫌이리오 凡嫁女는 必量其才而求配라 或兄之子不甚美면 必擇其相稱者하여 爲之配요 已之子美면 必擇其才美者하여 爲之配니 豈更避嫌耶리오 若孔子事는 或是年不相若이나 或時有先後로되 皆不可知라 以孔子爲避嫌은 則大不是라 如避嫌事는 雖賢者도 且不爲어늘 況聖人乎아

212. ≪黃帝內經素問≫이라는 책은 전국시대 말기에 나온 것이니, 기상을 알 수 있다.

---

351) 孔子는……시집보냈으니 : ≪論語≫ 〈公冶長〉에 보인다.

三皇五帝의 典墳[352]과는 문장이 절로 구별되니, 그 六氣五運[353]을 논한 부분은 매우 淺近하다. 二十四氣를 가지고 名目을 바꾼다면 곧 천백 가지를 만들더라도 가능할 것이다.

素問書는 出於戰國之末하니 氣象可見이라 若是三皇五帝典墳으로 文章自別하니 其氣運處는 絶淺近이라 如將二十四氣移換名目이면 便做千百樣亦得이라

213. ≪陰符經≫은 商나라 말기가 아니면 周나라 말기의 사람이 만든 것이다. 先王의 시대에는 聖道가 밝아서 사람들이 감히 異說을 만들지 않았다. 주나라의 道가 후대에 쇠퇴하자 道가 천하에 밝혀지지 않아서 재주 있고 지혜로운 士人들이 매우 많았으나 道가 추향할 바를 알지 못했다. 그러므로 각자 사사로운 지혜를 가지고 天地를 엿보고 헤아려 천지의 기틀을 훔쳤으니, 분명히 큰 도적이다. 그러므로 이 사사로운 지혜를 써서 천하를 어지럽혔다. 그러므로 "하늘에 五賊이 있으니, 그것을 본 자는 창성할 것이다."[354]라는 등의 말을 하였으니, 어찌 천지를 훔친 것이 아니겠는가.

陰符經은 非商末則周末人爲之라 若是先王之時엔 聖道旣明하여 人不敢爲異說이라 及周室下衰하얀 道不明於天下하여 才智之士甚衆이나 旣不知道所趨向이라 故로 各自以私智로 窺測天地하여 盜竊天地之機하니 分明是大盜라 故로 用此以簧鼓天下라 故로 云호되 天有五賊이니 見之者昌云云하니 豈非盜天地乎아

214. 선생에게 물었다.

"老子의 글은 어떠합니까?"

선생이 말하였다.

"노자의 글은 마치 얼음과 숯처럼 그 말이 서로 들어맞지 않는 곳이 있다. 처음의 의도는 道의 지극히 현묘한 점을 말하려 하였으나, 나중에는 도리어 권모술수를 행하는 데로 들어갔다. 그리하여 노자 이후에 申不害와 韓非子가 있게 되었는데, 신불해와 한

---

352) 典墳 : 三墳五典의 약칭으로, 三墳은 三皇의 글이고 五典은 五帝의 글이다.

353) 六氣五運 : 六氣는 寒·熱·燥·濕·風·火를 말하고, 五運은 金·木·水·火·土 五行의 운행을 말한다.(≪黃帝內經素問≫ 〈至眞要大論〉)

354) 하늘에……것이다 : ≪陰符經≫ 〈上經〉에 보인다.

비자를 보면 노자의 道와 현격히 다르다. 그렇지만 그 근원은 노자에게서 나왔다. 蘇秦과 張儀는 道를 취한 것이 더욱 멀다. 처음에 소진과 장의는 鬼谷子에게 배웠는데, 그 방술은 어떻게 될 것인지 미리 헤아린 뒤에 연합하거나 대적하며, 연합하고 대적하는 것이 발동한 뒤에 갈고리와 칼[355]을 쓰고, 그 단서를 찾아낸 뒤에 칼을 씌워 제압하는 것이다. 그들의 학문이 완성되어 귀곡자를 떠날 적에 귀곡자가 그들을 시험하였는데, 도리어 장의의 말에 동요되었다. 그러나 그들의 학문은 매우 道와 가깝지 않아 사람들이 심하게 의혹되지는 않았다. 孟子 때 이미 그대로 두었으니 논할 것도 없다."

老子

問호되 老子書는 若何잇가 曰 老子書는 其言自不相入處하여 如氷炭이라 其初意欲談道之極玄妙處나 後來却入做權詐者上去①라 然老子之後에 有申韓한대 看申韓이면 與老子道甚懸絶이라 然이나 其原은 乃自老子來라 蘇秦張儀는 則更是取道遠이라 初秦儀學於鬼谷한대 其術은 先揣摩其如何然後捭(벽)闔하고 捭闔既動然後用鉤鉗하고 鉤其端然後鉗制之라 其學既成하여 辭鬼谷去할새 鬼谷試之한대 爲張儀說所動②이라 然이나 其學甚不近道하여 人不甚惑之라 孟子時已有置而不足論也라

① "장차 취하고자 하면 반드시 주어야 한다."[356]와 같은 부류이다.
如將欲取之必固與之之類.
② 암자 속에 들어가 설득하여 나오게 한 일과 같다.
如入庵中說令出之.

---

355) 칼 : 죄인의 목에 씌우는 형틀을 말한다.

356) 장차……한다 : ≪道德經≫에 "거두려면 반드시 펼쳐야 하고, 약하게 하려면 반드시 강하게 해야 하고, 폐하게 하려면 반드시 흥하게 하여야 하고, 빼앗으려면 반드시 주어야 하니, 이를 일러 微明이라 한다.〔將欲歙之 必固張之 將欲弱之 必固强之 將欲廢之 必固興之 將欲奪之 必固與之 是謂微明〕"라고 하였다.

215. 선생에게 물었다.

"세상 사람들이 전하기를 '成王이 어려서 周公이 섭정하였다.'라고 하며, 荀卿이 또한 '천하의 圖籍[357]을 행하고 천하의 일을 결단하였다.'[358]라고 하였으니, 주공은 과연 천자의 지위에 올라 천자의 일을 행했습니까?"

선생이 말하였다.

"그렇지 않다. 주공은 冢宰의 지위에 있었으니, 百官들이 자기의 일을 총괄하여 총재에게 명령을 들었을 뿐이다. 어찌 천자의 지위에 오를 수 있겠는가."

또 물었다.

"'임금이 죽으면 백관들이 총재에게 명령을 듣기를 3년 동안 한다.'[359]라고 하였는데, 주공이 7년에 이른 것은 어째서입니까?"

선생이 말하였다.

"3년은 嗣王이 상을 치르는 기간을 말한다. 7년은 성왕이 어렸기 때문이다."

또 물었다.

"주공의 제사에 천자의 禮樂을 하사한 것은 마땅합니까?"

선생이 말하였다.

"처음으로 주공의 법도를 어지럽힌 것이 이 예악을 하사한 일이다. 신하가 어찌 천자의 예악을 쓸 수 있겠는가. 성왕이 하사하고 伯禽[360]이 받은 것은 모두 허물이 없을 수 없다. ≪禮記≫에 '魯나라가 郊제사를 지낸 것은 禮가 아니니, 주공의 道가 쇠미해졌구나!'[361]라고 하였으니, 聖人이 일찍이 그것을 꾸짖은 것이다. 해설하는 자가 '주공은 신하로서 능히 할 수 없는 功業이 있어서 신하가 쓸 수 없는 예악을 하사한 것이다.'라고 말한 것은 망령된 것이다. 신하에게 어찌 능히 할 수 없는 공업이 있겠는가. 설령 주공

---

357) 圖籍 : 地圖와 戶籍으로, 국가의 강토와 인민을 뜻한다. 또한 이를 행하는 국가의 권력을 의미하기도 한다.

358) 천하의……결단하였다 : ≪荀子≫ 〈儒效篇〉에 보인다.

359) 임금이……한다 : ≪論語≫ 〈憲問〉에 子張이 ≪書經≫의 "高宗이 諒陰에서 3년 동안 말하지 않았다.〔高宗 諒陰三年不言〕"라는 것에 대해 묻자, 孔子가 "하필 고종뿐이겠는가. 옛사람이 모두 그러하였으니, 임금이 죽으면 百官들이 자기의 일을 총괄하여 冢宰에게 명령을 듣기를 3년 동안 하였다.〔何必高宗 古之人皆然 君薨 百官總己 以聽於冢宰三年〕"라고 하였다.

360) 伯禽 : 周公의 아들이다.

361) 魯나라가……쇠미해졌구나 : ≪禮記≫ 〈禮運〉에 "魯나라가 郊제사와 禘제사를 지낸 것은 禮가 아니니, 周公의 道가 쇠미해졌구나.〔魯之郊禘 非禮也 周公其衰矣〕"라고 하였다.

보다 더 큰 공업이 있더라도 이는 신하가 마땅히 해야 할 바이다. 신하로서 마땅히 하지 않으면 그 누가 하겠는가. 孟子가 '어버이를 섬기는 것은 曾子처럼 하는 것이 괜찮다.'[362]라고 말한 것을 어찌 보지 못했는가. 증자의 효성이 또한 크나, 맹자는 '괜찮다.' 라고만 말했다. 대개 자식이 아버지를 섬길 적에 그 효성이 증자보다 뛰어나더라도 결국 이는 부모가 계셔야 할 수 있는 것이니, 어찌 분수 밖의 일이겠는가. 증자와 같은 이도 겨우 책임을 면할 수 있었을 뿐이다.

신하가 임금에 대한 것은 자식이 아버지에 대한 것과 같다. 신하가 공업을 세울 수 있는 것은 임금의 백성이기 때문이고, 임금의 권세와 지위가 있기 때문이다. 가령 공업이 주공보다 크더라도 또한 임금의 백성으로서 만들어 낸 것이고, 임금의 권세와 지위로써 만들어 낸 것인데, 신하로서 능히 할 수 없는 것이라고 말하는 것이 옳겠는가. 신하로 하여금 功을 믿고서 불만스런 마음을 품게 하려는 자는 반드시 이런 말을 할 것이다.

예컨대 唐 高祖가 平陽公主[363]의 장례 때에 북을 치고 피리를 불게 한 것은 괜찮다. 대개 전쟁에 나가 싸우는 일은 실로 婦人이 할 수 있는 것이 아니다. 그러므로 부인이 쓸 수 없는 예악을 하사한 것이다. 唐 太宗 같은 자는 도리어 이를 알지 못했다. 태종은 아버지를 도와 천하를 평정하였으니, 그 공을 논하자면 한 사람의 功臣에 지나지 않는다. 그러니 어찌 태자의 지위를 빼앗을 수 있겠는가. 태자는 공신과 서로 침범하지 않으니, 당나라의 기강이 태종으로부터 어지러워졌다. 당나라가 끝날 때까지 三綱이 없었던 것은 태종으로부터 시작되었다. 李光弼과 郭子儀[364]의 무리를 의론하는 자들은 신하로서 능히 할 수 없는 공업이 있다고 말하지만, 옳지 않다."

問호되 世傳에 成王이 幼하여 周公이 攝政이라하고 荀卿이 亦曰 履天下之籍하고 聽天下之斷이라하니 周公은 果踐天子之位하여 行天子之事乎잇가 曰 非也라 周公은 位冢宰니 百官總己以聽之而已라 安得踐天子之位리오 又問호되 君薨이어든 百官聽於冢宰者三年爾라한대 周公至於七年은 何也잇고 曰 三年은 謂嗣王居憂之時也라 七年은 爲成王幼故也라 又問호되 賜周公以天子之禮樂은 當否잇가 曰 始亂周公之法度者가 是賜也라 人臣安得用天子之禮樂哉리오 成王之賜와 伯禽之受가 皆不能無過①라 記曰 魯郊는 非禮也니 其周公之衰乎인저하니 聖人嘗譏之矣라 說者가 乃云호되 周公

---

362) 어버이를……괜찮다 : ≪孟子≫ 〈離婁 上〉에 보인다.

363) 平陽公主 : 唐 高祖 李淵의 딸로, 군사를 거느리고 隋 煬帝를 물리치는 데 크게 공헌하였다.

364) 李光弼과 郭子儀 : 唐나라 때의 장수들로, 安祿山의 난을 평정하는 데 큰 공을 세웠다.

有人臣不能爲之功業하여 因賜以人臣所不得用之禮樂은 則妄也라 人臣에 豈有不能爲之功業哉리오 借使功業有大於周公이라도 亦是人臣所當爲爾라 人臣而不當爲면 其誰爲之리오 豈不見孟子言事親若曾子可也아 曾子之孝亦大矣나 孟子纔言可也라 蓋曰 子之事父할새 其孝가 雖過於曾子라도 畢竟是以父母之身做出來니 豈是分外事리오 若曾子者도 僅可以免責爾라 臣之於君은 猶子之於父也라 臣之能立功業者는 以君之人民也요 以君之勢位也일새라 假如功業大於周公이라도 亦是以君之人民勢位做出來인대 而謂人臣所不能爲가 可乎아 使人臣恃功而懷怏怏之心者는 必此言矣라 若唐高祖가 賜平陽公主葬以鼓吹는 則可하다 蓋征戰之事는 實非婦人之所能爲也라 故로 賜以婦人所不得用之禮樂이라 若太宗은 却不知此라 太宗은 佐父平天下하니 論其功이면 不過做得一功臣이니 豈可奪元良之位리오 太子之與功臣은 自不相干이어니 唐之紀綱이 自太宗으로 亂之라 終唐之世에 無三綱者는 自太宗으로 始也라 李光弼郭子儀之徒를 議者謂有人臣不能爲之功이나 非也라

① 〈過는〉 어떤 판본에는 '罪'로 되어 있다.
一作罪.

216. 秦나라는 포학함을 행하고 詩書를 불태워서 망하였다. 漢나라가 일어났을 때 그 폐단을 거울로 삼아 반드시 德을 관대하게 하고 經術에 밝은 士人을 존숭하였다. 그러므로 儒者들이 많았다. 유자들이 많았기 때문에 聖人의 학문을 알지 못하더라도 經典을 으뜸으로 여기고 옛것을 본받아 義理를 아는 자가 많았다. 그러므로 王莽의 난에 절의를 지킨 士人들이 많았다. 世祖가 이어서 즉위하여 名分과 節義를 숭상하지 않을 수 없었기 때문에 東漢의 士人들은 名分과 節義를 중시하였다. 그들은 名分과 節義를 알았으나 禮로써 그것을 절제할 줄 몰라서 마침내 고통스럽게 節義를 지키는 지경에 이르렀다. 그러므로 당시 名分과 節義를 중시한 士人 중에는 죽음을 보기를 시장에 가는 것처럼 일상적으로 여기는 자들이 있었다.

고통스럽게 節義를 지키는 지경이 이미 극에 달했기 때문에 魏・晉의 士人들은 변화하여 방탕하게 되어서 허황한 것을 숭상하고 禮法을 무시하였다. 예법이 없어지자 夷狄과 다름이 없었다. 그러므로 五胡가 中華를 어지럽혔다. 夷狄의 난이 심해지면 반드시 영웅이 나와서 그것을 평정한다. 그러므로 隋・唐이 천하를 통일한 것이다. 수나라는 천하를 소유했다고 말할 수 없으니, 단지 夷狄을 몰아냈을 뿐이다.

당나라는 천하를 소유하였으니, 貞觀・開元 연간 같은 경우는 잘 다스렸다고 일컫지

만 또한 夷狄의 풍습이 남아 있어 三綱이 바르지 않고 父子·君臣·夫婦의 강령이 없었다. 그 근원은 太宗에게서 시작되었다. 그러므로 그 후세의 子弟들은 모두 부릴 수 없었다. 玄宗이 肅宗을 부리자 숙종이 곧 찬탈하였고, 숙종이 永王 李璘을 부리자 영왕이 곧 반역하였다.365) 임금은 임금답지 못하고 신하는 신하답지 못하였기 때문에 藩鎭은 복종하지 않고 權臣들이 함부로 날뛰었으니, 점차 쇠퇴하여 五代의 난이 일어났다. 한나라의 정치는 당나라보다 나았으니, 한나라는 큰 기강이 반듯했고 당나라는 세세한 조목이 거행되었다. 本朝는 큰 기강은 매우 바르지만 세세한 조목이 다 거행되지는 못하고 있다.

秦以暴虐焚詩書而亡이라 漢興에 鑑其弊하여 必尙寬德崇經術之士라 故로 儒者多라 儒者多하여 雖未知聖人之學이라도 然宗經師古하며 識義理者衆이라 故로 王莽之亂에 多守節之士라 世祖繼起하여 不得不褒尙名節이라 故로 東漢之士多名節이라 知名節而不知節之以禮하여 遂至於苦節이라 故로 當時名節之士에 有視死如歸者라 苦節旣極이라 故로 魏晉之士變而爲曠蕩하여 尙浮虛而亡禮法이라 禮法旣亡하니 與夷狄無異라 故로 五胡亂華라 夷狄之亂已甚이면 必有英雄出而平之라 故로 隋唐混一天下라 隋不可謂有天下니 第能驅除爾라 唐有天下하니 如貞觀開元間은 雖號治平이나 然亦有夷狄之風하여 三綱不正하고 無父子君臣夫婦라 其原은 始於太宗也라 故로 其後世子弟는 皆不可使라 玄宗纔使肅宗하니 便簒하고 肅宗纔使永王璘하니 便反이라 君不君이요 臣不臣이라 故로 藩鎭不賓하고 權臣跋扈하니 陵夷有五代之亂이라 漢之治는 過於唐하니 漢大綱正이요 唐萬目擧라 本朝大綱甚正이나 然萬目亦未盡擧라①

① '十世 뒤의 일을 알 수 있습니까?'라고 질문한 것366)을 인하여 드디어 이 여러 단서를 미루어 나갔다.
因問十世可知, 遂推此數端.

217. "홍수가 하늘까지 넘쳤다."367)라고 하였는데, 堯임금 때에도 대홍수가 그렇게 많

365) 玄宗이……반역하였다 : 唐 肅宗 李亨은 安祿山의 난이 일어났을 때 부친 玄宗의 양위 없이 스스로 황제에 올랐고, 숙종의 아우인 永王 李璘은 숙종의 명을 거역하고 반란을 일으켜 처형되었다.

366) 十世……것 : 子張이 "十世 뒤의 일을 알 수 있습니까?"라고 묻자, 孔子가 말하기를 "殷나라는 夏나라의 禮를 따랐으니 줄이고 보탠 바를 알 수 있고, 周나라는 은나라의 예를 따랐으니 줄이고 보탠 바를 알 수 있으니, 혹시라도 주나라를 계승한 자가 있다면 百世 이후의 일이라도 알 수 있다.〔殷因於夏禮 所損益可知也 周因於殷禮 所損益可知也 其或繼周者 雖百世可知也〕"라고 하였다.(≪論語≫ 〈爲政〉)

지 않았으니 다시 생각해보아야 한다. 漢 武帝가 禹임금과 湯임금 때의 홍수와 가뭄은 그 재앙이 무엇 때문인지 묻자, 公孫弘이 답하기를 "요임금이 홍수를 만나 禹로 하여금 그것을 다스리게 하였습니다. 우임금 때에 홍수가 있었는지는 듣지 못했습니다."라고 하고서 그 연유를 답하지 않았다.[368] 공손홍은 대단히 간사한 사람이다.

洪水滔天이라한대 堯時亦無許多大洪水니 宜更思之라 漢武帝가 問禹湯水旱은 厥咎何由하니 公孫弘이 對호되 堯遭洪水하여 使禹治之요 不聞禹之有水也니이다하고 更不答其所由라 公孫弘은 大是姦人이라

218. 선생에게 물었다.

"東海 태수가 孝婦를 죽이자 가뭄이 들었으니,[369] 어찌 나라 사람들이 그녀의 일을 원통하게 여겨서 그렇게 된 것이 아니겠습니까?"

선생이 말하였다.

"나라 사람들이 원통하게 여긴 것은 참으로 옳다. 그러나 한 사람의 생각도 충분히 天地를 감동시킬 수 있으니, 효부를 죽인 것이 가뭄을 불러 올 수 없다고 말해서는 안 된다."

혹자가 말하였다.

"시누이를 죽이자 비가 내렸으니, 이는 여러 사람들의 원한이 풀린 것입니까?"

선생이 말하였다.

"참으로 여러 사람의 원한이 풀린 것이다. 그러나 효부의 원통함도 풀린 것이다. 그 사람은 비록 죽었으나 원통하게 여기는 생각은 그대로 남아 있으니, 시누이를 죽인 것이 며느리의 원통함을 풀어 비를 내리게 할 수 없다고 말해서는 안 된다."

---

367) 홍수가……넘쳤다 : ≪書經≫ 〈虞書 益稷〉에 보인다.

368) 漢……않았다 : ≪漢書≫ 卷58 〈公孫弘傳〉에 보인다.

369) 東海……들었으니 : 漢나라 때 東海에 사는 孝婦가 있었는데, 젊어서 과부가 되어 자식을 잃고 시어머니를 모시고 살았다. 시어머니는 며느리를 개가시키려 하였는데, 며느리는 개가하려 하지 않았다. 시어머니는 자기 때문에 며느리가 개가하지 않는다고 여겨 스스로 목을 매어 죽었다. 시누이가 '며느리가 우리 어머니를 죽였다'고 관청에 고하여, 태수가 마침내 효부를 죽였다. 그 후 3년 동안 가뭄이 들었는데, 후임 태수가 부임하여 효부의 집에 제사를 지내고 묘소에 표시하니 곧 큰 비가 내렸다.(≪漢書≫ 卷71 〈于定國傳〉)

問호되 東海殺孝婦而旱하니 豈國人冤之所致邪잇가 曰 國人冤은 固是라 然이나 一人之意도 自足以感動得天地니 不可道殺孝婦不能致旱也라 或曰 殺姑而雨하니 是衆人怨釋否잇가 曰 固是衆人冤釋이라 然이나 孝婦冤亦釋也라 其人雖亡이나 然冤之之意는 自在하니 不可道殺姑不能釋婦冤而致雨也라

219. 선생에게 물었다.

"사람에게 불선함이 있으면 벼락을 맞아 죽으니, 이는 사람이 불선한 마음을 품고 있다 벼락 치는 소리를 듣고 두려워 떨다가 죽는 것이 아닙니까?"

선생이 말하였다.

"그렇지 않다. 이는 우레가 그를 떨게 한 것이다."

"만일 우레가 그를 떨게 한 것이라면 그렇게 만든 것이 있습니까?"

"그렇지 않다. 사람이 악행을 저지를 적에는 惡氣가 있으니, 天地의 惡氣와 서로 부딪쳐서 마침내 벼락을 맞아 죽는 것이다. 벼락〔霹靂〕은 天地의 怒氣이다. 예컨대 사람이 노여워하는 것은 참으로 바른 이치가 있으나, 노할 적에 반드시 그 때문에 악행을 저지른다. 이 노여움은 또한 惡氣이니, 怒氣와 惡氣는 서로 감응하기 때문이다. 예를 들어 요즘 사람들은 메밀과 보리를 심을 적에 본래 밭두둑을 만든다. 서리가 내릴 적에는 보리를 죽이는데, 간혹 한 두둑 너머에 있는 보리 중에는 죽지 않은 것이 있으나, 어찌 이 곳에는 서리가 내리지 않았겠는가? 대개 氣는 서로 합하는 곳으로 나아간다."

"우레가 친 곳에 반드시 불이 나는 것은 어째서입니까?"

"우레는 스스로 불을 가지고 있다. 나무를 뚫어 불을 얻는 것과 같으니, 만일 나무 가운데 불이 있다면 어찌 나무를 태우지 않겠는가? 대개 動이 극에 달하면 陽이 생기는 것은 자연스러운 이치이다. 굳이 나무뿐만이 아니라 두 개의 돌을 서로 부딪치면 또한 불이 나온다. 오직 쇠는 불이 없으나, 오랫동안 두드리면 반드시 뜨거워진다. 이 또한 陽이 생기는 것이다."

問호되 人有不善이면 霹靂震死하니 莫是人懷不善之心하여 聞霹靂震懼而死否잇가 曰 不然이라 是雷震之也라 如是雷震之면 還有使之者否잇가 曰 不然이라 人之作惡에 有惡氣하니 與天地之惡氣로 相擊搏하여 遂以震死라 霹靂은 天地之怒氣也라 如人之怒는 固自有正이나 然怒時에 必爲之作惡이라 是怒亦惡氣也니 怒氣與惡氣는 相感故爾라 且如今人種蕎麥할새 自有畦隴이라 霜降時엔

殺麥한대 或隔一畦麥有不殺者나 豈是此處無霜이리오 蓋氣就相合處去也라 曰 雷所擊處必有火는 何也잇고 曰 雷自有火라 如鑽木取火니 如使木中有火면 豈不燒了木이리오 蓋是動極則陽生은 自然之理라 不必木이요 只如兩石相戞이면 亦有火出이라 惟鐵無火나 然戞之久必熱이라 此亦是陽生也라

220. 나무를 뚫어 불을 얻지만, 사람들이 불은 나무에서 생긴다고 말하는 것은 옳지 않다. 두 나무가 서로 부딪쳐서 힘을 쓰는 것이 극에 달하면 陽이 생긴다. 지금 돌을 서로 비비면 곧 불이 나온다. 나무뿐만이 아니라 대개 天地 사이에 陰陽이 없는 것은 一物도 없다.

鑽木取火나 人謂火生於木은 非也라 兩木相戞하여 用力極則陽生이라 今以石相軋이면 便有火出이라 非特木也요 蓋天地間에 無一物無陰陽이라

221. 나무에 빗방울이 얼어붙는 것[370]은 위는 따뜻하고 아래는 차갑기 때문이고, 서리가 내렸으나 풀을 죽이지 않는 것[371]은 위는 차갑고 아래는 따뜻하기 때문이다.

雨木氷은 上溫而下冷이요 隕霜不殺草는 上冷而下溫이라

222. 자연적으로 불이 난 것을 災라고 하며, 사람이 불을 낸 것을 火라고 하는데[372] 사람이 불을 내서 해가 된 것도 災라고 한다.

天火曰災요 人火曰火라한대 人火爲害者도 亦曰災라

223. 선생에게 물었다.

"해와 달은 정해진 형체가 있습니까? 아니면 저절로 氣가 흩어졌다가 따로 모여드는 것입니까?"

---

370) 나무에……것 : ≪春秋左氏傳≫ 成公 16년 조에 보인다.

371) 서리가……것 : ≪春秋左氏傳≫ 僖公 33년 조에 보인다.

372) 자연적으로……하는데 : ≪春秋左氏傳≫ 宣公 16년 조에 "人火曰火 天火曰災"라고 하였다.

선생이 말하였다.

"이 이치는 매우 알기 어렵지만 그 極을 궁구하면 이 두 가지 설은 하나로 귀결된다."

선생에게 물었다.

"달은 정해진 魄이 있으나 해는 달보다 멀리 있어 달이 햇빛을 받습니다. 사람들이 본 것을 가지고 차고 기욺이 있다고 여기는 것이니, 그러합니까?"

선생이 말하였다.

"해와 달은 마찬가지이니, 어찌 해가 달보다 높은 이치가 있겠는가. 달에 만약 차고 기욺이 없으면 무엇으로써 한 해를 이루겠는가. 대개 달은 一分이 빛나면 魄이 一分만큼 이지러진다."

問호되 日月有定形이니잇가 還自氣散이요 別自聚否잇가 曰 此理는 甚難曉나 究其極이면 則此二說은 歸于一也라 問호되 月有定魄이나 而日遠于月하여 月受日光이라 以人所見爲有盈虧하니 然否잇가 曰 日月은 一也니 豈有日高于月之理리오 月若無盈虧면 何以成歲아 蓋月一分光이면 則是魄虧一分也라

224. 서리와 이슬은 같지 않다. 서리는 쇠의 기운이며, 별과 달의 기운이다. 이슬도 별과 달의 기운이다. 어떤 기운에 감응하면 곧 이슬이 되고, 어떤 기운에 감응하면 곧 서리가 되는지를 보라. 예컨대 이슬이 맺혀 서리가 된다고 말한 것은 옳지 않다.

霜與露는 不同이라 霜은 金氣요 星月之氣라 露亦星月之氣라 看感得甚氣卽爲露요 甚氣卽爲霜하라 如言露結爲霜은 非也라

225. 우박은 陰과 陽이 서로 부딪친 氣이니, 요사한 기운이다. 聖人이 윗자리에 있을 때는 우박이 없었고, 비록 있어도 재해가 되지 않았다.[373] 비록 재해가 되지 않더라도 요사한 기운은 그대로 있다.

雹(박)은 是陰陽相搏之氣니 乃是沴(려)氣라 聖人在上엔 無雹이요 雖有라도 不爲災라 雖不爲災라도 沴氣는 自在라

---

373) 聖人이……않았다 : ≪春秋左氏傳≫ 昭公 4년 조에 보인다.

226. 선생에게 물었다.

"〈孔子가〉 '봉황새가 오지 않으며, 河水에서 河圖가 나오지 않는다.'[374]라고 하였으니, 상서로운 징조를 알리는 일이 과연 있는지 모르겠습니다."

선생이 말하였다.

"있다. 국가가 흥성하려 할 때에 반드시 상서로운 조짐이 있으며,[375] 사람에게 기쁜 일이 있으면 기색이 낯빛에 드러난다. 聖人이 상서로운 조짐을 귀하게 여기지 않은 것은 대개 재해와 이변을 인하여 德을 닦으면 손해가 없으나, 상서로운 조짐을 인하여 자만하면 해로움이 있기 때문이다."

선생에게 물었다.

"五代 때 상서로운 조짐이 많았던 것은 어째서입니까?"

선생이 말하였다.

"또한 이러한 이치가 있다. 비유하자면 한겨울에 한 송이 꽃을 피워내는 것과 같다. 조화로운 기운이 상서로움을 부르고 어그러진 기운이 괴이함을 부르는 것과 서로 비슷하니, 이는 떳떳한 이치이다. 그러나 제때에 맞게 나오지 않으면 이는 괴이한 것이다. 예컨대 기린은 태평하고 조화로운 기운이 낳은 것이다. 그러나 후세에 기린으로 수레를 몰게 한 자가 있었으니, 이는 괴이한 것이다. 비유하자면 물속의 생물이 육지에서 생겨나고 육지의 생물이 물속에서 생겨나는 것과 같으니, 어찌 괴이한 일이 아니겠는가."

또 물었다.

"漢 文帝 때에는 재해와 이변이 많았고 漢 宣帝 때에는 상서로운 일이 많았으니, 어째서입니까?"

선생이 말하였다.

"또 비유하자면 小人이 不義를 많이 행하여도 사람들이 말하지 않다가, 君子에 대해서는 한 가지 일도 일어나지도 않았는데 의론이 일어나는 것과 같으니, 이는 같은 이치이다. 지극히 하얀 것은 더러워지기 쉬우니, 이것도 같은 이치이다. ≪詩經≫에서 幽王의 大惡은 小惡이 되고 宣王의 小惡은 大惡이 되니, 이것도 같은 이치이다."

---

374) 봉황새가……않는다 : ≪論語≫ 〈子罕〉에 孔子가 말하기를 "봉황새가 오지 않으며, 河水에서 河圖가 나오지 않으니, 나도 이제 끝이구나.〔鳳鳥不至 河不出圖 吾已矣夫〕"라고 하였다.

375) 국가가……있으며 : ≪中庸≫에 "국가가 흥성하려 할 때에 반드시 상서로운 조짐이 있으며, 국가가 쇠망하려 할 때에 반드시 요사스런 조짐이 있다.〔國家將興 必有禎祥 國家將亡 必有妖孼〕"라고 하였다.

또 물었다.

"日蝕에 常數가 있는데, 어찌하여 治世에는 적게 일어나고 亂世에는 많이 일어납니까? 어찌 人事 때문이 아니겠습니까?"

선생이 말하였다.

"이것을 이해하여 지극한 곳에 이르면 이치를 밝히는 것이 대단히 밝아질 것이다. 하늘과 사람의 관계는 매우 은미하니, 더욱 사색하여야 한다."

"天數와 人事 중에 어느 쪽이 우세한지 보는 것이 아닙니까?"

"천수와 인사는 비슷하다. 그러나 쉽게 말할 수 없다."

또 물었다.

"물고기가 왕의 배에 뛰어들고 불덩이가 왕의 지붕을 덮었다가 흘러가서 까마귀가 되었다고 하니,[376] 그런 일이 있었습니까?"

선생이 말하였다.

"물고기와 불덩이는 내 알지 못하겠지만 조짐이 먼저 감응하는 경우는 또한 있다."

問호되 鳳鳥不至하며 河不出圖라하니 不知케라 符瑞之事가 果有之否잇가 曰 有之라 國家將興에 必有禎祥하며 人有喜事에 氣見(현)面目이라 聖人不貴祥瑞者는 蓋因災異而修德이면 則無損이나 因祥瑞而自恃면 則有害也일새라 問호되 五代에 多祥瑞는 何也잇고 曰 亦有此理라 譬如盛冬時에 發出一朶花라 相似和氣致祥하고 乖氣致異니 此常理也라 然이나 出不以時면 則是異也라 如麟은 是太平和氣所生이라 然이나 後世에 有以麟駕車者니 却是怪也라 譬如水中物이 生于陸하고 陸中物이 生于水니 豈非異乎아 又問호되 漢文에 多災異하고 漢宣에 多祥瑞하니 何也잇고 曰 且譬如小人多行不義나 人却不說이라가 至君子하얀 未有一事로되 便生議論이니 此是一理也라 至白者는 易(이)汚하니 此是一理也라 詩中에 幽王大惡이 爲小惡하고 宣王小惡이 爲(人)〔大〕[377]惡하니 此是一理也라 又問호되 日食에 有常數한대 何治世少而亂世多잇가 豈(大)〔人〕[378]事乎잇가 曰 理會此하여 到極處면 煞燭理明也라 天人之際는 甚微하니 宜更思索이라 曰 莫是天數人事에 看那邊勝否잇가 曰 似之라 然이나 未易(이)言也라 又問호되 魚躍于王舟하고 火覆於王屋하고 流爲烏라하니 有

---

376) 물고기가……하니 : 武王이 정벌을 나갔을 때 강을 건너는데 중류쯤에서 흰 물고기가 왕의 배 안으로 튀어 올라, 무왕이 몸을 굽혀 물고기를 잡아 제사를 지냈다. 강을 건너자 불덩이가 하늘에서 아래도 떨어지더니 왕의 지붕에 이르자 흘러가 까마귀로 변했다고 한다.(≪史記≫ 卷4 〈周本紀〉)

377) (人)〔大〕: 底本에는 '人'으로 되어 있으나, 문맥과 一簣古本에 의거하여 '大'로 바로잡았다.

378) (大)〔人〕: 底本에는 '大'로 되어 있으나, 문맥과 一簣古本에 의거하여 '人'으로 바로잡았다.

之否잇가 曰 魚與火는 則不可知나 若兆朕之先應은 亦有之라

227. 선생에게 물었다.

"10월을 어째서 陽月이라고 합니까?"

선생이 말하였다.

"10월을 陽月이라고 하는 것은 陽이 다하면 陽이 없을까 의심해서일 것이다. 그러므로 陽月이라고 부르는 것이다. 그러나 어느 때인들 陽이 없겠는가. 해에 빛이 있는 것과 같은 유형이다. 대개 陰陽의 氣는 항상 존재하여 옮겨가지 않는 것이 있고, 소멸하고 생장하여 다함이 없는 것이 있다."

問호되 十月을 何以謂之陽月이니잇가 曰 十月을 謂之陽月者는 陽盡이면 恐疑於無陽也라 故로 謂之陽月也라 然이나 何時無陽이리오 如日有光之類라 蓋陰陽之氣는 有常存而不移者요 有消長而無窮者라

228. 선생에게 물었다.

"글을 짓는 것은 道를 해칩니까?"

선생이 말하였다.

"도를 해친다. 무릇 글을 짓는 것은 생각을 전일하게 하지 않으면 솜씨가 훌륭하지 않다. 만약 생각을 전일하게 하면 지향이 여기에 국한되니, 또한 어찌 天地와 더불어 그 광대함을 함께하겠는가. ≪書經≫에 '외물에 마음을 뺏기면 지향을 잃는다.'[379]라고 하였으니, 글을 짓는 것도 외물에 마음을 뺏기는 것이다. 呂與叔(呂大臨)이 지은 시에 '학문이 元凱(杜預)와 같으면 癖을 이루고, 문장이 司馬相如와 같으면 광대와 같아지네. 홀로 孔子 문하에 서서 한 가지 일도 없으니, 다만 顔回를 본받아 心齋[380]를 얻으려 하

---

379) 외물에……잃는다 : ≪書經≫ 〈旅獒〉에 "사람을 하찮게 여기면 德을 잃고, 외물에 마음을 뺏기면 지향을 잃는다.〔玩人喪德 玩物喪志〕"라고 하였다.

380) 心齋 : 잡념을 제거하여 心境을 虛靜하고 純一하게 하는 것을 말한다. ≪莊子≫ 〈人間世〉에 "顔回가 '감히 心齋에 대해 여쭙니다.'하고 하니, 孔子가 '만약 의지를 전일하게 하면 귀로 듣지 않고 마음으로 들으며, 마음으로 듣지 않고 氣로 듣게 된다. 귀는 듣는 데 그치고, 마음은 부합하는 데 그치지만, 氣란 텅 비어 사물을 기다린다. 오직 道는 虛에 응집하니, 虛가 心齋이다.'라고 하였다."라고 하였다.

네.'[381]라고 하였는데, 이 시가 매우 좋다. 옛날의 배우는 자들은 오직 性情을 기르는 데 힘쓰고 그 나머지는 배우지 않았다. 지금 글을 짓는 자들은 오로지 章句에 힘써 남의 이목을 기쁘게 한다. 남을 기쁘게 하는 데 힘쓴다면 광대가 아니고 무엇이겠는가."

"옛날에 글 짓는 것을 배웠습니까?"

"사람들이 六經을 보고서 聖人도 글을 지었다고 생각하니, 이는 聖人 또한 마음속에 온축된 것을 펼쳐내어 저절로 문장이 이루어진 것을 모르는 것이다. 이른바 '德이 있는 사람은 반드시 훌륭한 말이 있다.'[382]라는 것이다."

"子游와 子夏를 文學으로 일컫는 것[383]은 어째서입니까?"

"자유와 자하가 또한 어찌 일찍이 붓을 잡고 詞章을 짓는 것을 배웠겠는가. 또한 '天文을 관찰하여 四時의 변화를 살피며, 人文을 관찰하여 천하 사람들을 교화해 공을 이룩한다.'[384]라는 말과 같은 것이니, 이 어찌 詞章의 글을 말하는 것이겠는가."

問호되 作文은 害道否잇가 曰 害也라 凡爲文은 不專意면 則不工이라 若專意면 則志局於此니 又安能與天地로 同其大也리오 書云 玩物이면 喪志라하니 爲文도 亦玩物也라 呂與叔이 有詩云호되 學如元凱方成癖하고 文似相如始類俳라 獨立孔門無一事하니 只輸①顏氏得心齋라한대 此詩가 甚好라 古之學者는 惟務養情性하고 其佗는 則不學이라 今爲文者는 專務章句하여 悅人耳目이라 旣務悅人이면 非俳優而何리오 曰 古者에 學爲文否잇가 曰 人見六經하고 便以爲聖人亦作文하니 不知聖人亦②攄發胸中所蘊하여 自成文耳③라 所謂有德者는 必有言也라 曰 游夏稱文學은 何也잇가 曰 游夏가 亦何嘗秉筆學爲詞章也리오 且如觀乎天文하여 以察時變하며 觀乎人文하여 以化成天下니 此豈詞章之文也리오

① 〈只輸은〉 어떤 판본에는 '惟傳'으로 되어 있다.
一作惟傳.
② 〈亦은〉 어떤 판본에는 '只'로 되어 있다.
一作只.
③ 〈耳는〉 어떤 판본에는 '章'으로 되어 있다.

381) 학문이……하네 : 呂大臨의 〈送劉戶曹〉이다.

382) 德이……있다 : ≪論語≫ 〈憲問〉에 孔子가 말하기를 "德이 있는 자는 반드시 훌륭한 말이 있지만, 훌륭한 말을 하는 자가 반드시 덕이 있지는 않다. 仁者는 반드시 용기가 있지만, 용기 있는 자가 반드시 仁이 있지는 않다.〔有德者必有言 有言者不必有德 仁者必有勇 勇者不必有仁〕"라고 하였다.

383) 子游와……것 : ≪論語≫ 〈先進〉에 보인다.

384) 天文을……이룩한다 : ≪周易≫ 賁卦 〈彖傳〉에 보인다.

一作章.

229. 혹자가 물었다.

"詩는 배울 수 있습니까?"

선생이 말하였다.

"시를 배우고 난 뒤에는 모름지기 공부를 해야 시인의 품격에 합치된다. 공부를 하였다면 무슨 문제가 되겠는가. 옛사람의 시에 '다섯 글자를 읊조리느라 일생의 마음을 모두 써버렸네.'[385]라고 하였으며, 또 '애석하구나, 일생의 마음을 쓴 것이 다섯 글자 위에 있네.'라고 하였으니, 이 말이 매우 마땅하다."

선생이 일찍이 이런 말을 하였다.

"王子眞(王筌)[386]이 일찍이 약을 보내왔는데, 내가 그에게 보답할 것이 없었다. 나는 평소 시를 짓지 않으니, 또한 금지하여 짓지 않은 것이 아니라 단지 이런 한가한 말을 하고 싶지 않았기 때문이다. 또 지금 시에 능한 자로는 杜甫만 한 이가 없다고 말하는데, 예컨대 '꽃을 파고드는 나비는 깊고 깊게 보이고, 수면에 점을 찍는 잠자리는 느릿느릿 나네.'[387]라고 하였으니, 이처럼 한가한 말을 뱉어내어 무엇을 하겠는가. 나는 이 때문에 평상시 시를 짓지 않는다. 지금 왕자진에게 부쳐 사례하는 시에 '지극한 정성은 조화와 통하고 약은 신령과 통하니, 멀리서 약을 보내 쇠약한 늙은이의 병든 몸을 구제하네. 나에게도 丹藥이 있으니 그대는 믿으려나. 제때에 쓸 줄 알면 이 백성들을 장수하게 하리.'[388]라고 하였다. 자진이 배운 것은 단지 홀로 자신을 善하게 하는 것이다. 그는 비록 지극히 정성스럽고 개결한 행실이 있으나 대체로 길이 살고 오래도록 보는 방술[389]을 할 뿐이니, 자신의 한 몸을 구제하는 데 그쳤다. 이 때문에 이런 시구를 지은 것이다."

---

385) 다섯……써버렸네 : 方干의 〈貽錢塘縣路明府〉에 보인다.

386) 王子眞 : 王筌으로, 子眞은 자이다. 宋나라 때의 道士이다.

387) 꽃을……나네 : 杜甫의 〈曲江二道〉에 보인다.

388) 지극한……하리 : 程頤의 〈謝王佺期寄藥〉이다.

389) 길이……방술 : ≪道德經≫에 "나라의 어머니가 있으면 장구할 수 있으니, 이를 뿌리를 깊이 하고 꼭지를 단단하게 하여 길이 살아 오래도록 보는 道라고 한다.〔有國之母 可以長久 是謂深根固蔕 長生久視之道〕"라고 한 데서 나왔다.

或問호되 詩可學否잇가 曰 既學時어든 須是用功이라야 方合詩人格이라 既用功이면 甚妨事리오 古人詩云호되 吟成五箇字하여 用破一生心이라하고 又謂호되 可惜一生心이 用在五字上이라하니 此言이 甚當이라 先生이 嘗說호되 王子眞이 曾寄藥來한대 某無以答他라 某素不作詩나 亦非是禁止不作이요 但不欲爲此閑言語라 且如今言能詩는 無如杜甫라 如云호되 穿花蛺蝶深深見이요 點水蜻蜓款款飛라하니 如此閑言語를 道出做甚이리오 某所以不常作詩라 今寄謝王子眞詩에 云호되 至誠通化藥通神하니 遠寄衰翁濟病身이라 我亦有丹君信否아 用時還解壽斯民이라 子眞所學은 只是獨善이라 雖至誠潔行이나 然大抵只是爲長生久視之術이니 止濟一身이라 因有是句라

230. 선생에게 물었다.

"선생께서 일찍이 六禮를 찬정하셨는데, 지금 완성되었습니까?"

선생이 말하였다.

"예전에 이 책을 이미 칠 할이나 찬정하였는데, 이후에 부름을 받아 조정에 들어갔다. 조정에 있으면 마땅히 조정의 일을 행해야 하니, 사적인 책을 만들 수 없었다. 얼마 뒤 喪을 당하고 또 몇 년 동안 병을 앓다가 지금에야 비로소 특별한 일이 없으니 한두 해면 완성할 수 있을 것이다."

"五經解가 있다고 들었으니, 이미 완성되었습니까?"

"오직 ≪周易≫만 직접 찬수하였고, 諸經은 關中의 여러 공들이 나누어 가지고 가서 나의 설을 가지고 찬수하였다. 禮의 名數는 陝西의 여러 공들이 刪定하여 이미 呂與叔(呂大臨)에게 보냈는데, 여숙이 지금 죽었으니 그 책이 어디에 있는지 모르겠다. 그러나 찬정한 것은 단지 禮의 名數뿐이니, 禮에 관한 글은 또한 내가 직접 짓지 않으면 안 된다. ≪禮記≫의 글은 또한 刪定이 아직 끝나지 않았으니, 대개 그 가운데 聖人의 格言이 있고, 또 俗儒의 잘못된 설도 있기 때문이다. 잘못된 설은 본래 격언에 섞일 수 없다. 단지 학자들이 능히 분별하지 못하기 때문에 珠玉이 진흙이나 모래에 섞여 있는 것과 같다. 진흙이나 모래가 어찌 珠玉과 섞일 수 있겠는가. 다만 식별하는 사람이 없기 때문이니, 어느 것이 진흙과 모래이고, 어느 것이 珠玉인지 알지 못한다. 성인의 문장은 절로 심오하여 글 짓는 것을 배운 자의 문장과는 같지 않다. 〈繫辭傳〉과 같은 글은 후세 사람들이 결코 배워서 얻을 수 없다. 비유하자면 化工이 만물을 만들어내는 것과 같다. 또 예컨대 한 가지의 꽃을 만들어내는 경우, 자르고 다듬어서 만드는 자도 있고, 그림을 그려서 만드는 자도 있다. 볼 때에는 서로 비슷한 것 같으나, 化工이 만들어낸 꽃

이 본래 한결같이 生意가 있는 것과는 끝내 같지 않다.”

問호되 先生이 曾定六禮하니 今已成未잇가 曰 舊日에 作此가 已及七分이어늘 後來被召하여 入朝라 既在朝廷이면 則當行之朝廷이니 不當爲私書라 既而遭憂하고 又疾病數年이라가 今始無事하니 更一二年이면 可成也라 曰 聞有五經解하니 已成否잇가 曰 惟易은 須親撰하고 諸經은 則關中諸公이 分去하여 以某說로 撰成之라 禮之名數는 陝西諸公이 删定하여 已送與呂與叔한대 與叔이 今死矣니 不知其書安在也라 然이나 所定은 只禮之名數니 若禮之文은 亦非親作이면 不可也라 禮記之文은 亦删定未了니 蓋其中에 有聖人格言하고 亦有俗儒乖謬之說일새라 乖謬之說은 本不能混格言이라 只爲學者不能辨別하여 如珠玉之在泥沙라 泥沙가 豈能混珠玉이리오 只爲無人識이니 則不知孰爲泥沙요 孰爲珠玉也라 聖人文章은 自深하여 與學爲文者로 不同이라 如繫辭之文은 後人이 決學不得이라 譬之化工生物이라 且如生出一枝花는 或有剪裁爲之者하고 或有繪畫爲之者라 看時에 雖似相類나 然終不若化工所生이 自有一般生意라

231. 冠婚喪祭는 禮 중의 큰 것인데 요즘 사람들은 모두 중요한 일로 여기지 않는다. 내가 예전에 六禮를 수찬하였는데, 완성되려 할 적에 조정의 부름을 받아 마침내 그만두었다. 지금 한두 해만 더 하면 완성할 수 있을 것이다. 집안사람들이 대부분 河北의 옛 습속을 사모하여 禮를 갑자기 바꿀 수 없었다. 그러나 대체로 점차 義理를 알게 하여 한두 해 뒤에 책이 완성되면 모두 법도대로 할 수 있을 것이다.

매월 초하루에 반드시 薦新[390]하고, 사계절의 제사는 仲月에 지낸다. 時祭 외에 三祭가 더 있으니, 冬至에는 始祖에게 제사 지내고, 立春에는 先祖에게 제사 지내고, 季秋에는 돌아가신 아버지에게 제사 지낸다. 그 외에는 제사 지내지 않는다. 동지는 陽의 시작이고, 입춘은 만물을 낳는 시작이고, 계추는 만물을 완성하는 시작이다.

시조를 제사 지낼 적에는 신주 없이 祝文을 쓰고, 妣를 사당 안에 배향하여 正位에서 제향한다. 선조를 제사 지낼 적에도 신주가 없다. 선조는 始祖 이하 高祖 이상이니, 한 사람이 아니다. 그러므로 두 개의 신위를 세운다. 평상시 제사는 고조 이하에서 그친다. 旁親 중에 후사가 있는 자는 스스로 제사 지내고, 후사가 없는 자는 別位에서 제사 지낸다. 무릇 배향은 단지 正妻 한 사람으로 하니, 예컨대 諸侯가 元妃를 配位로 하는 것이 이것이다. 혹 제사를 받드는 사람이 재취부인의 소생이면 그 생모를 배향한다.

---

390) 薦新 : 매달 새로 나는 物膳을 종묘나 사당에 올리는 것을 말한다.

忌日에는 반드시 신주를 옮겨 正寢에 모시고 나와서 제사 지낸다. 이는 대체로 사당 중앙은 높은 분이 계시는 곳이니, 또한 같은 방에서 홀로 제향하는 것을 곤란해 하기 때문이다. 집에는 반드시 사당이 있어야 하며, 사당 안에서는 신위를 달리하며, 사당에는 반드시 신주가 있어야 한다. 그 대략은 이와 같다.

또 승냥이와 수달 같은 짐승도 모두 근본에 보답할 줄 아는데, 지금의 사대부 집안은 대부분 이를 소홀히 하여, 살아 있을 적에 봉양하는 것을 후하게 하면서도 돌아가신 선조의 제사는 박하게 하니, 매우 옳지 않다. 무릇 죽은 사람을 섬기는 이치는 산 사람을 봉양하는 것보다 더 후하게 해야 한다. 새로운 음식을 맛볼 적에는 반드시 사당에 올려 제향한 뒤에야 먹을 수 있다. 民家에서 능히 이런 몇 가지 일을 보존하면 비록 어린 자라도 점차 禮義를 알게 할 수 있을 것이다. 무릇 생물 가운데 어머니만 알고 아버지를 모르는 것은 길짐승이 이것이고, 아버지만 알고 조부를 모르는 것은 날짐승이 이것이다. 오직 사람은 능히 조상을 아니, 만약 제사에 엄격하지 않으면 거의 鳥獸와 다름이 없을 것이다.

冠婚喪祭는 禮之大者어늘 今人은 都不以爲事라 某가 舊嘗修六禮[1]한대 將就後에 被召하여 遂罷라 今更一二年이면 可成이라 家間이 多戀河北舊俗하여 未能遽更易이라 然이나 大率漸使知義理하여 一二年에 書成이면 可皆如法[2]이라 每月朔에 必薦新[3]하고 四時祭는 用仲月[4]이라 時祭之外에 更有三祭니 冬至엔 祭始祖[5]하고 立春엔 祭先祖하고 季秋엔 祭禰라 他則不祭라 冬至는 陽之始也요 立春者는 生物之始[6]也요 季秋者는 成物之始[7]也라 祭始祖엔 無主用祝하고 以妣로 配於廟中하여 正位事之[8]라 祭先祖에도 亦無主라 先祖者는 自始祖而下요 高祖而上이니 非一人也라 故로 設二位[9]라 常祭는 止於高祖而下[10]라 旁親有後者는 自爲祭요 無後者는 祭之別位[11]라 凡配는 止以正妻一人이니 如諸侯用元妃가 是也라 或奉祀之人이 是再娶所生者어든 卽以所生母로 配[12]라 忌日엔 必遷主하여 出祭於正寢[13]이라 蓋廟中尊者所據니 又同室難以獨享也[14]라 家必有廟[15]요 廟中異位[16]요 廟必有主[17]라 其大略은 如此라 且如豺獺도 皆知報本이어늘 今士大夫家多忽此하여 厚於奉養而薄於祖先하니 甚不可也라 凡事死之理는 當厚於奉生者라 至於嘗新하얀 必薦하고 享後라야 方可[18]라 人家能存得此等事數件이면 雖幼者라도 漸可使知禮義라 凡物에 知母而不知父는 走獸가 是也요 知父而不知祖는 飛鳥가 是也라 惟人은 則能知祖니 若不嚴於祭祀면 殆與鳥獸로 無異矣라

① 冠禮・婚禮・喪禮・祭禮・鄕飮酒禮・士相見禮이다.
冠婚喪祭鄕相見.

② 禮는 마땅함을 따르고, 일은 풍속을 따른다. 크게 義理를 해침이 있는 것은 마땅히 없애

야 한다.

禮從宜, 事從俗. 有大故害義理者, 須當去.

③ 仲春에 앵두를 올리는 것과 같은 부류이다.

如仲春薦含桃之類.

④ 仲月에 제사를 지내는 것은 만물이 이루어지기 때문이다. 옛날 천자와 제후가 孟月에 제사 지낸 것은 시작하는 때이기 때문이다.

用仲月, 物成也. 古者天子諸侯於孟月者, 爲首時也.

⑤ 맨 처음 후손을 낳은 조상이다.

厥初生民之祖.

⑥ 〈始는〉 어떤 판본에는 '初'로 되어 있다.

一作初.

⑦ 〈始는〉 어떤 판본에는 '時'로 되어 있다.

一作時.

⑧ 제사 지낼 때 신위가 하나인 것은 夫婦를 함께 제향하기 때문이다.

祭只一位者, 夫婦同享也.

⑨ 祖와 妣는 신위를 달리한다. 〈設二位는〉 어떤 판본에는 '二位'라고 되어 있다. 장소를 달리하는 것은 시아버지와 며느리를 함께 제향하지 않는 것이다.

祖妣異位, 一云二位. 異所者, 舅婦不同享也.

⑩ 아버지로부터 미루어나가 3代에 이르러 그치는 것은 人情을 따르는 것이다.

自父而推, 至於三而止者, 緣人情也.

⑪ 叔父·伯父의 후사가 되는 것이다. 요절한 경우에도 각각 제사 지낸다.

爲叔伯父之後也. 如殤, 亦各祭.

⑫ 장례의 경우에도 오직 元妃만 穴을 함께한다. 후세에 혹 재취부인도 모두 穴을 함께하여 장사 지내니, 禮經을 매우 더럽힌 것이다. 다만 좌우에 附葬하는 것은 괜찮다.

如葬, 亦惟元妃同穴. 後世或再娶皆同穴而葬, 甚瀆禮經. 但於左右附葬, 可也.

⑬ 지금의 正寢은 正堂이다.

今正寢, 正堂也.

⑭ 正寢에서 사모하는 마음을 극진히 할 수 있다.

於正寢, 可以盡思慕之意.

⑮ 옛날에 庶人은 침소에서 제사 지내고, 士大夫는 사당에서 제사 지냈다. 서인은 사당이 없으므로, 影堂을 세울 수 있다.

古者, 庶人祭於寢, 士大夫祭於廟. 庶人無廟, 可立影堂.

⑯ 祖가 가운데 있고, 좌우는 昭·穆으로 순서를 정한다. 모든 부부는 서로 짝을 이루어 신위를 만들고, 시아버지와 며느리는 자리를 같이하지 않는다.

祖居中, 左右以昭穆次序. 皆夫婦自相配爲位, 舅婦不同坐也.

⑰ 이미 祧遷하였으면 마땅히 장사 지낸 곳에 묻어야 한다. 만일 제사를 받드는 사람의 高祖 이상이면 곧 祧遷해야 한다.

既祧, 當埋於所葬處. 如奉祀人之高祖而上, 卽當祧也.

⑱ 薦新을 자주하면 더럽히는 것이니, 반드시 초하룻날 고하는 것을 따라 올려야 마땅하다.

薦數(삭)則瀆, 必因告朔而薦, 乃合宜.

232. 선생에게 물었다.

"祭酒는 몇 번 올려야 합니까?"

선생이 말하였다.

"집안에서 평상시에는 세 번 올리지만, 祭法에는 아홉 번 올린다고 하였다."

또 물었다.

"이미 올린 술은 어떻게 처리합니까?"

선생이 말하였다.

"옛날에는 술을 부어 神을 강림하게 하였기 때문에 띠풀로 술을 걸렀다. 陰陽·有無의 사이에서 神을 구한다고 생각하였기 때문에 술은 반드시 땅에 부었다. 만약 奠酒[391]라고 말한다면 신위를 안치한 것이 여기에 있는 것이다. 요즘 사람들은 땅에 술을 따라버리니, 매우 옳지 않다. 이미 술을 올렸으면 치우는 것이 옳다."

問호되 祭酒는 用幾奠이니잇가 曰 家中尋常엔 用三奠이나 祭法中엔 却用九奠①이라 又問호되 既奠之酒는 何以置之잇가 曰 古者에 灌以降神이라 故로 以茅縮酌이라 謂求神於陰陽有無之間이라 故로 酒必灌於地라 若謂奠酒면 則安置在此라 今人은 以澆在地上하니 甚非也라 既獻이면 則徹去가 可也②라

① 禮에는 九獻이 있고, 樂에는 九奏가 있기 때문이다.

以禮有九獻, 樂有九奏也.

② 〈이미 올린 술은〉 다른 그릇에 따른다.

傾在他器.

---

391) 奠酒 : 일반적으로 술을 땅에 부어 降神하는 것을 말하지만, 伊川은 신주를 모시고서 술을 따라 올리는 것으로 보았다.

233. 혹자가 물었다.

"지금 성묘하는 禮는 어디에 근거합니까?"

선생이 말하였다.

"이 禮는 옛날에는 없었다. 단지 습속을 따른 것이지만, 義理를 해치지 않는다. 옛사람은 참으로 성실하고 질박하였다. 장례는 단지 體魄을 매장하는 것이고, 神은 반드시 사당으로 돌아간다. 장례를 치르고 나면 나무 神主를 모시고, 几筵[392]을 치우면 신주를 사당에 안치한다. 그러므로 옛사람은 오로지 사당에서 제사를 지내는 데 정성을 쏟았다. 지금은 또 성묘하는 禮를 행하는데, 다만 사계절에 지내는 제사보다 간소하게 한다."

或問호되 今拜掃之禮는 何據잇가 曰 此禮는 古無라 但緣習俗이나 然不害義理라 古人은 直是誠質①이라 葬은 只是藏體魄이요 而神은 則必歸於廟라 既葬이면 則設木主하고 既除几筵이면 則木主安於廟라 故로 古人은 惟專精祀於廟라 今亦用拜掃之禮로되 但簡於四時之祭也라

① 專一함이다.
專一也.

234. 〈선생에게 물었다.〉

"나무 神主는 반드시 밤나무 목재를 쓰는 것은 어째서입니까?"

선생이 말하였다.

"周나라가 밤나무 목재를 썼으니, 이는 땅에서 나는 나무 중에 견고한 것을 취한 것이다. 지금 밤나무 목재를 쓰는 것은 주나라의 제도를 따른 것이다. 만약 주위에 밤나무가 없으면 또한 반드시 밤나무 목재를 쓸 필요는 없다. 다만 견고한 나무를 취하는 것이 옳다."

木主必以栗은 何也잇가 曰 周用栗하니 土所產之木에 取其堅也라 今用栗은 從周制也라 若四方無栗이면 亦不必用이라 但取其木之堅者가 可也라

235. 무릇 제사에는 반드시 致齋[393]한다. "齋戒하는 기간에 고인의 거처를 생각하고,

---

392) 几筵 : 죽은 이의 혼백이나 신주를 모신 상을 말한다.

고인이 웃고 말씀하시던 것을 생각하는 것"394)은 효자가 평소에 어버이를 생각하는 마음이지, 재계가 아니다. 재계는 생각함이 있어서는 안 되니, 생각함이 있으면 재계가 아니다. "재계한 지 3일이 되면 반드시 그 재계하는 신을 보게 된다."라고 하였으니, 이는 聖人의 말씀이 아니다. 재계는 담담하게 純一해야 바야흐로 귀신과 접할 수 있다. 그러나 귀신을 잘 섬기면 이미 남보다 한 등급 위에 있는 사람이다.

凡祭엔 必致齊라 齊之日에 思其居處하고 思其笑語는 此孝子平日思親之心이요 非齊也라 齊는 不容有思니 有思면 則非齊라 齊三日에 必見其所爲齊者라하니 此는 非聖人之語라 齊者는 湛然純一이라야 方能與鬼神接이라 然能事鬼神이면 已是上一等人이라

236. 옛날에는 남자를 제사 지낼 때는 남자 시동을 쓰고, 여자를 제사 지낼 때는 여자 시동을 썼다. 周나라 이래로 여자는 시동으로 삼을 만한 자가 없었기 때문에 여자 시동이 없어졌다. 후세에는 드디어 시동이 없으니, 시동이 될 만한 이는 또한 평범한 사람이 아니다.

古者엔 男爲男尸요 女爲女尸라 自周以來로 女無可以爲尸者라 故로 無女尸라 後世엔 遂無尸하니 能爲尸者는 亦非尋常人이라

237. 지금은 宗子法이 없다. 그러므로 조정에 世臣이 없다. 만약 宗子法을 세우면 사람들이 조상을 높이고 근본을 소중하게 여기는 것을 알 것이다. 사람들이 근본을 소중하게 여기면 조정의 위세가 저절로 높아질 것이다. 옛날에는 子弟들이 父兄을 따랐는데, 지금은 父兄이 子弟들을 따르니, 근본을 알지 못하기 때문이다. 예컨대 漢 高祖가 沛邑을 함락시키려 할 적에 단지 帛書를 沛邑의 父老들에게 주었을 뿐인데, 父老들이 곧 子弟들을 이끌고 고조를 따랐다.395) 또 司馬相如가 蜀 땅에 사신 갔을 적에 글을 보내 父

393) 致齋 : 祭官이 제사 3일 전부터 심신을 청결히 하고 부정한 일을 멀리하는 재계를 말한다.

394) 齋戒하는……것 : ≪禮記≫ 〈祭義〉에 "안으로 致齋를 하고 밖으로 散齊를 해서, 제사 지내는 날에 고인의 거처를 생각하고, 고인이 웃고 말씀하시던 것을 생각하고, 고인의 지향과 생각을 생각하고, 고인이 즐거워하던 것을 생각하고, 고인이 즐기던 것을 생각하여 재계한 지 3일이 되면 곧 비로소 재계하는 신을 보게 된다.〔致齊於內 散齊於外 齊之日 思其居處 思其笑語 思其志意 思其所樂 思其所嗜 齊三日 乃見其所爲齊者〕"라고 하였다.

395) 漢……따랐다 : 沛縣의 현령이 陳勝에게 호응하여 秦나라를 배반하려고 하자, 蕭何와 曹參이 현령

老들을 책망한 뒤에야 자제들이 모두 그의 명령을 듣고 따랐다.[396] 이는 尊卑·上下와 같은 분별이 있은 뒤에 순종하여 어지럽지 않게 된 것이다. 만약 법으로 그들을 다스리지 않았다면 어찌 가능했겠는가.

또한 宗子法을 세우는 것도 곧 天理이다. 비유하자면 나무는 반드시 뿌리로부터 곧게 올라간 한 줄기가 있고 또 반드시 곁가지가 있는 것과 같으며, 비유하자면 물은 비록 멀리 흘러가나 반드시 바른 근원이 있고 또 반드시 갈라진 물줄기가 있는 것과 같으니, 이것이 자연의 형세이다. 그러나 또한 곁가지가 자라 줄기가 된 것도 있다. 그러므로 "옛날에 天子가 나라를 세워주면 諸侯는 宗을 빼앗는다."[397]라고 한 것이다.

今無宗子法이라 故로 朝廷無世臣이라 若立宗子法이면 則人知尊祖重本이라 人旣重本이면 則朝廷之勢自尊이라 古者엔 子弟從父兄이러니 今엔 父兄從子弟①하니 由不知本也라 且如漢高祖欲下沛時에 只是以帛書로 與沛父老한대 其父老가 便能率子弟從之라 又如相如使蜀에 亦遺書責父老然後에 子弟皆聽其命而從之라 只有一箇尊卑上下之分然後에 順從而不亂也라 若無法以聯屬之면 安可리오 且立宗子法이 亦是天理라 譬如木은 必從根直上一幹②이요 亦必有旁枝하고 又如水는 雖遠이나 必有正源이요 亦必有分派處니 自然之勢也라 然又有旁枝達而爲幹者라 故曰 古者天子建國이면 諸侯奪宗云이라

① 子弟가 강한 것이다.
子弟爲強.

② 大宗과 같다.
如大宗.

에게 "진나라 관리인 그대가 진나라를 배반하면 子弟들이 따르지 않을까 염려되니, 도망쳐 밖에 있는 자들을 모두 불러서 무리를 위협하면 따르지 않을 수 없을 것입니다."라고 하였다. 현령이 마침내 劉邦을 불렀는데, 유방의 무리는 이미 수십 수백 명에 이르렀다. 현령이 후회하여 성문을 닫자, 유방은 비단에 글을 써서 성 위로 쏘아 패현의 父老들을 설득하였다. 이에 부로들이 마침내 자제들을 이끌고 가서 현령을 죽이고 성문을 열어 유방을 맞이하였다.(≪史記≫ 卷8 〈高祖本紀〉)

396) 司馬相如가……따랐다 : 漢 武帝가 唐蒙으로 하여금 변방의 夷狄을 평정하고 길을 개통하게 하였는데, 당몽이 巴·蜀의 吏卒들을 징발하고 가혹한 군법을 시행하여 백성들이 크게 두려워하였다. 이에 촉 땅 출신인 司馬相如를 사신으로 보냈고, 사마상여는 글을 지어 변방과 통하는 것에 부정적인 장로들을 설득하고 민심을 진정시켰다.(≪史記≫ 卷117 〈司馬相如列傳〉)

397) 옛날에……빼앗는다 : 제후가 천자의 명을 받아 처음 나라를 세우게 되면 적장자의 宗을 빼앗아 자신이 宗이 된다는 말이다.

238. 무릇 宗을 말하는 경우는 제사를 위주로 한 것이니, 사람들이 이 사람을 宗으로 삼아 제사 지내는 것을 말한다. "別子는 祖가 된다."398)라고 하였는데, 위로는 감히 諸侯를 宗으로 삼을 수 없기 때문에 제사를 지내지 않으며, 아래로도 그를 宗으로 삼을 사람이 없으니, 이 경우는 宗이 없더라도 그를 宗으로 세우지 않는다. 別子의 嫡子는 祖를 계승하여 大宗이 되니, 이 경우는 大宗만 있고 小宗이 없다. 別子의 諸子는 別子를 제사 지내는데, 別子가 비록 祖라도 諸子의 아버지이다. 아버지를 계승하는 자는 小宗이 되니, 이 경우는 小宗만 있고 大宗이 없다. 小宗만 있고 大宗이 없다는 이 구절은 지극히 이해하기 어렵다. 본래 大宗의 祖인데, 別子의 諸子가 그를 일컬어 도리어 禰라고 한다.

凡言宗者는 以祭祀爲主니 言人宗於此而祭祀也라 別子爲祖라한대 上不敢宗諸侯라 故로 不祭요 下亦無人宗之니 此無宗亦莫之宗也라 別子之嫡子는 卽繼祖爲大宗이니 此有大宗無小宗也라 別子之諸子는 祭其別子한대 別子雖是祖나 然是諸子之禰라 繼禰者는 爲小宗하니 此有小宗而無大宗也라 有小宗而無大宗은 此句極難理會라 蓋本是大宗之祖나 別子之諸子稱之하여 却是禰也라

239. 요즘 사람들은 대부분 형제간의 우애를 알지 못한다. 예컨대 여염의 일반인도 한 가지 음식을 얻으면 반드시 먼저 부모에게 드시게 하니, 이는 어째서인가? 부모의 입을 자기의 입보다 소중하게 여기기 때문이다. 옷 한 벌을 얻으면 반드시 먼저 부모에게 입히니, 이는 어째서인가? 부모의 몸을 자기의 몸보다 소중하게 여기기 때문이다. 개와 말에 대해서도 그러하다. 부모의 개와 말을 대하는 것을 반드시 자기의 개와 말을 대하는 것보다 각별하게 하는데 유독 부모의 자식을 사랑하는 것은 자기의 자식을 사랑하는 것보다 가벼이 여기며, 심한 경우는 원수나 적처럼 여긴다. 온 세상이 모두 이와 같으니, 미혹된 것이 심하다.

今人은 多不知兄弟之愛라 且如閭閻小人도 得一食이어든 必先以食(사)父母하니 夫何故아 以父母之口로 重於己之口也일새라 得一衣어든 必先以衣父母하니 夫何故아 以父母之體로 重於己之體也일새라 至於犬馬하여도 亦然이라 待父母之犬馬를 必異乎己之犬馬也어늘 獨愛父母之子는 却輕

---

398) 別子는……된다 : ≪禮記≫ 〈喪服小記〉에 "別子는 祖가 되고, 別子를 계승한 자는 大宗이 되고, 그 아버지를 계승한 자는 小宗이 된다.〔別子爲祖 繼別爲大宗 繼禰爲小宗〕"라고 하였다. 別子는 고대의 宗法 제도에서 諸侯의 嫡長子 이외의 아들을 가리킨다.

於己之子하며 甚者는 至若讐敵이라 擧世皆如此하니 惑之甚矣라

240. 伯·叔은 아버지의 형제로, 伯은 아버지보다 연장자이고 叔은 아버지보다 어리다. 요즘 사람들은 伯父와 叔父를 伯叔이라고 부르니, 대단히 義理가 없다. 伯父·叔父라고 부르는 것은 그분들을 섬기는 禮가 아버지와 같음을 말한다.

伯叔은 父之兄弟니 伯是長이요 叔是少라 今人은 乃呼伯父叔父爲伯叔하니 大無義理라 呼爲伯父叔父者는 言事之之禮가 與父로 同也라

241. 혹자가 말하였다.

"禮를 극진히 하여 형을 섬기더라도 형의 환심을 얻지 못하면 어찌해야 합니까?"

선생이 말하였다.

"단지 공경하고 효도하여 至誠을 극진히 해야 하니, 자기의 주장을 펼치려 하지 않는 것이 옳다."

"아우를 대하는 방법은 어떠해야 합니까?"

"우애의 도리를 극진히 할 따름이다."

或曰 事兄盡禮라도 不得兄之懽心이어든 奈何잇가 曰 但當起敬起孝하여 盡至誠이니 不求伸己가 可也라 曰 接弟之道는 如何잇가 曰 盡友愛之道而已라

242. 선생에게 물었다.

"아내는 내쫓을 수 있습니까?"

선생이 말하였다.

"아내가 어질지 않으면 내쫓는 것이 무슨 문제가 되겠는가. 子思 같은 이도 일찍이 아내를 내쫓았다. 지금 世俗에서는 아내를 내쫓는 것을 醜行이라고 여겨 마침내 감히 내쫓지 않으나, 옛사람은 이와 같지 않았다. 아내가 不善함이 있으면 마땅히 내쫓아야 한다. 그러나 요즘 사람들은 이 일을 하나의 큰일로 여기기 때문에 속으로 감추고 참아 감히 드러내지 않는다. 간혹 惡行을 감추는 경우도 있으니, 그녀가 몰래 惡行을 품고 있다가 방자해져서 不善함을 키우게 되면, 어찌 해로운 일이 아니겠는가. 사람은 修身하여 집안사람들에게 모범을 보이는 것이 가장 시급하니, 수신하면 집안사람들에게 모

범을 보이게 된다."

또 물었다.

"옛사람이 아내를 내쫓은 경우에 시어머니 앞에서 개를 꾸짖거나399) 나물을 찔 적에 제대로 익히지 않은400) 일이 있으니, 또한 심한 악행이 없는데도 대번에 내쫓은 것은 어째서입니까?"

선생이 말하였다.

"이는 옛사람의 忠厚한 道이다. 옛사람은 교제를 끊을 적에 나쁜 말을 하지 않았으니, 君子는 큰 악행 때문에 자기 아내를 내쫓는 것을 차마 하지 못하여 사소한 죄목으로 내쫓은 것이다. 이로써 그 忠厚함이 지극하다는 것을 알 수 있다. 또 어버이 앞에서 개를 꾸짖는 것은 또한 무슨 큰 잘못이 있겠는가. 단지 그녀에게 평소 내쫓을 만한 이유가 있었는데, 이 한 가지 일을 구실로 내쫓은 것이다."

혹자가 말하였다.

"그 사람은 이런 사소한 일 때문에 내쫓겼으니, 어찌 할 말이 없겠습니까? 아울러 다른 사람이 옳고 그름을 알아주지 못하는 점은 어찌합니까?"

선생이 말하였다.

"그 사람은 반드시 스스로 그의 죄를 알 것이다. 다만 스스로 다스려 바로잡는 것이 옳으니, 어찌 굳이 다른 사람이 알아주기를 더 구하겠는가. 그러나 식견이 있는 자는 마땅히 스스로 알아야 한다. 만일 반드시 자기 아내의 불선함을 드러내어 다른 사람이 알게 되기를 기다린다면 이 또한 淺丈夫일 따름이다. 군자는 이와 같이 하지 않는다. 대개 사람이 말을 할 적에 대부분 남은 바르지 않고 나는 바르기를 바라지만, 군자다운 이는 자연히 포용하는 마음이 있다."

혹자가 말하였다.

"옛말에 '아내를 내쫓아도 시집갈 수 있게 하고, 벗과 절교하여도 사귈 수 있게 한다.'라는 말이 있으니, 이러한 뜻입니까?"

선생이 말하였다.

---

399) 시어머니……꾸짖거나 : 後漢 때 鮑永은 지극한 효자였는데, 그의 아내가 계모 앞에서 개를 꾸짖는 것을 보고는 곧장 쫓아냈다고 한다.(≪後漢書≫ 卷29 〈鮑永列傳〉)

400) 나물을……않은 : 曾參은 부모를 봉양할 적에 아내가 나물을 제대로 익히지 않은 것을 보고는 쫓아냈다고 한다.(≪孔子家語≫ 〈七十二弟子解〉)

"그러하다."

問호되 妻可出乎잇가 曰 妻不賢이어든 出之何害리오 如子思도 亦嘗出妻라 今世俗은 乃以出妻爲醜行하여 遂不敢爲나 古人은 不如此라 妻有不善이면 便當出也라 只爲今人將此로 作一件大事하여 隱忍不敢發이라 或有隱惡하니 爲其陰持之하여 以至縱恣하여 養成不善하면 豈不害事리오 人修身刑家가 最急이니 纔修身이면 便到刑家上也라 又問호되 古人出妻에 有以對姑叱狗하고 藜蒸不熟者하니 亦無甚惡而遽出之는 何也잇가 曰 此는 古人忠厚之道也라 古之人은 絶交할새 不出惡聲이니 君子는 不忍以大惡出其妻하여 而以微罪로 去之라 以此見其忠厚之至也라 且如叱狗於親前者는 亦有甚大故不是處리오 只爲他平日有故어늘 因此一事出之爾라 或曰 彼以此細故로 見逐하니 安能無辭이니잇가 兼他人不知是與不是는 則如之何잇가 曰 彼必自知其罪라 但自己理直이可矣니 何必更求他人知리오 然이나 有識者는 當自知之也라 如必待彰暴其妻之不善하여 使他人知之면 是亦淺丈夫而已라 君子는 不如此라 大凡人說話할새 多欲令彼曲我直이로되 若君子는 自有一箇含容意思라 或曰 古語有之하니 出妻라도 令其可嫁하며 絶友라도 令其可交라하니 乃此意否잇가 曰 是也라

243. 선생에게 물었다.

"士가 아직 벼슬하지 않았는데 혼례를 치를 적에 命服[401]을 입는 것이 禮입니까?"

선생이 말하였다.

"혼인은 중요한 禮이다. 그 禮를 중하게 여기는 자는 마땅히 그 옷을 성대하게 차려입어야 한다. 하물며 옛날에도 이런 일이 있었고, 지금의 법률도 임시로 빌려 입는 것을 허락한다."

"命服이 없으면서도 그것을 입는 것은 허위인 듯합니다."

"그렇지 않다. 지금의 命服은 옛날 下士의 복식이다. 옛날에는 그 덕이 있으면 벼슬하였으니, 士는 아직 벼슬하지 않은 자이지만 그것을 입는 것이 마땅하다. 농부와 장사꾼의 경우에는 옳지 않으니, 士類가 아니기 때문이다."

혹자가 말하였다.

"반드시 命服을 입지 않아도 괜찮습니까?"

선생이 말하였다.

---

401) 命服 : 官服으로, 一命부터 九命까지 각각 그 命數에 따른 구분이 있다.

“그 옷을 입을 수 없으면 마음이 기쁠 수 없으니, 지금 입을 수 있어서 입는다면 무엇이 해롭겠는가. 시기를 넘겨서까지 입는 것은 옳지 않다.”

問호되 士未仕而昏에 用命服은 禮乎잇가 曰 昏姻은 重禮라 重其禮者는 當盛其服이라 況古亦有是①하고 今律도 亦許假借라 曰 無此服而服之는 恐僞이니이다 曰 不然이라 今之命服은 乃古之下士之服이라 古者에 有其德則仕니 士는 未仕者也나 服之其宜也라 若農商은 則不可니 非其類也일새라 或曰 不必用이라도 可否잇가 曰 不得이어든 不可以爲悅이니 今得用而用之가 何害리오 過期는 非也라

① 士가 墨車를 타는402) 유형이다.
士乘墨車之類.

244. “婚禮에 음악을 쓰지 않는 것은 幽陰의 의미이기 때문이다.”403)라고 하였으니, 이 설은 옳지 않다. 혼례가 어찌 幽陰인가. 다만 옛사람은 이 大禮를 중하게 여겨, 그 일을 엄숙하게 해서 음악을 쓰지 않은 것이다. “혼례를 축하하지 않는 것은 사람의 次序가 바뀌기 때문이다.”라고 하였으니, 이 설은 옳다. 신부는 날이 새면 시부모를 뵙고 며느리가 되며, 3일 뒤에 잔치를 베풀면 禮가 끝난다. 잔치는 밤까지 이어서 하지 않는 것이 禮이다.

昏禮에 不用樂은 幽陰之義라하니 此說은 非是라 昏禮가 豈是幽陰이리오 但古人重此大禮하여 嚴肅其事하여 不用樂也라 昏禮에 不賀는 人之序也라하니 此說은 却是라 婦質明而見舅姑하여 成婦也하며 三日而後宴樂하면 禮畢也라 宴不以夜는 禮也라

245. 선생에게 물었다.
“신하가 임금에게 절할 적에 반드시 堂下에서 절하는데, 자식이 부모에게 절할 적에

---

402) 士가……타는 : 墨車는 까맣게 옻칠을 한 장식이 없는 수레로, 大夫가 타는 것이다. 士는 본래 棧車를 타야 하지만 혼례를 중하게 여겨 신랑이 묵거를 타는 것을 허용하였다.

403) 婚禮에……때문이다 : ≪禮記≫ 〈郊特牲〉에 “婚禮에 음악을 쓰지 않는 것은 幽陰의 의미이기 때문이니, 음악은 陽氣이다. 혼례를 축하하지 않는 것은 사람의 次序가 바뀌기 때문이다.〔昏禮不用樂 幽陰之義也 樂 陽氣也 昏禮不賀 人之序也〕”라고 하였다. 孔穎達은 幽陰에 대해 신부로 하여금 陰靜의 의미를 깊이 생각하여 婦道를 닦게 하고자 한 것이라고 풀이하였다.

는 어떻게 합니까?"

선생이 대답하였다.

"임금과 신하는 의리로 투합한 사이지만, 貴賤이 있기 때문에 堂下에서 절을 한다. 부모와 자식은 은혜를 위주로 하여, 尊卑는 있으나 貴賤이 없기 때문에 堂上에서 절을 한다. 며느리는 시부모와 또한 의리로써 만나는 관계이니, 貴賤이 있기 때문에 堂下에서 절하는 것이 禮이다."

問호되 臣拜君할새 必於堂下어늘 子拜父母는 如之何잇가 對曰 君臣은 以義合이나 有貴賤이라 故로 拜於堂下라 父子는 主恩하여 有尊卑나 無貴賤이라 故로 拜於堂上이라 若婦는 於舅姑에 亦是義合이니 有貴賤이라 故로 拜於堂下가 禮也라

246. 선생에게 물었다.

"嫂叔(형수와 시동생, 제수와 시숙) 사이에는 옛날에 服이 없었는데 지금은 服이 있으니, 어째서입니까?"

선생이 말하였다.

"≪禮記≫에 '미루어서 멀리한 것이다.'404)라고 하였는데, 이 설은 옳지 않다. 嫂叔 사이에는 혐의를 멀리한다고 하지만, 姑嫂(시누이와 올케) 사이에 무슨 혐의가 있겠는가. 옛날에 服이 없었던 까닭은 단지 所屬이 없기 때문이다. 지금 위에는 父・母가 있고, 아래에는 子・婦가 있다. 叔父・伯父는 아버지의 등속이다. 그러므로 叔母・伯母의 服은 叔父・伯父와 같다. 형제의 아들은 아들의 등속이다. 그러므로 형제의 며느리의 服은 형제의 아들과 같다. 형제는 나의 등속이지만 妻道로써 그의 아내를 형제의 등속으로 소속시키기는 어렵다. 이것이 옛날에 嫂叔 사이에 服이 없었던 까닭이다. 오늘날 형수와 시동생 사이에 服이 있는 것은 또한 괜찮다. 어찌 함께 살던 친한 사이인데 服이 없을 수 있겠는가."

또 물었다.

"이미 함께 살던 친한 사이인데도 옛날에는 服이 없었으니, 어찌 형제의 아내가 죽었

---

404) 미루어서……것이다 : ≪禮記≫ 〈檀弓 上〉에 "喪服에 형제의 자식에 대한 복을 내 자식과 같이 입는 것은 대개 끌어서 나아가게 한 것이요, 嫂叔 간에 服이 없는 것은 미루어서 멀리한 것이다.〔喪服兄弟之子猶子也 蓋引而進之也 嫂叔之無服也 蓋推而遠之也〕"라고 하였다.

는데 자신은 무심히 아무 일도 없을 수 있었습니까?"

선생이 말하였다.

"옛날에 비록 服은 없었지만 슬퍼하는 마음은 절로 있었다. 또한 이웃이나 마을 사람이 상을 당했을 때에도 오히려 방아를 찧으면서 장단을 맞추지도 않고 길거리에서 노래하지도 않으며405) 포복하여 달려가 구원하였는데,406) 하물며 至親인 경우야 말할 나위가 있겠는가."

問호되 嫂叔古無服이어늘 今有之하니 何也잇가 曰 禮記曰 推而遠之也라한대 此說은 不是라 嫂與叔은 且遠嫌이라하나 姑與嫂에 何嫌之有리오 古之所以無服者는 只爲無屬①이라 今上有父有母하고 下有子有婦라 叔父伯父는 父之屬也라 故로 叔母伯母之服은 與叔父伯父로 同이라 兄弟之子는 子之屬也라 故로 兄弟之子之婦服은 與兄弟之子로 同이라 若兄弟는 則己之屬也나 難以妻道屬其妻라 此古者所以無服②이라 今之有服亦是라 豈有同居之親而無服者리오 又問호되 旣是同居之親이어늘 古却無服하니 豈有兄弟之妻死而己恝然無事乎잇가 曰 古者雖無服이나 若哀戚之心이 自在라 且如隣里之喪에도 尙舂不相하고 不巷歌하고 匍匐救之이온 況至親乎아

① 그 남편이 父道에 속하는 자이면 아내는 모두 母道이고, 그 남편이 子道에 속하는 자이면 아내는 모두 婦道이다.
其夫屬乎父道者, 妻皆母道也, 其夫屬乎子道者, 妻皆婦道也.

② 義理로써 미루어 행하지 않는다.
以義理推不行也.

247. 服制는 正服이 있고, 義服이 있고, 從服이 있고, 報服이 있다. 옛날에 며느리는 시부모의 상을 1년 동안 치렀으나 지금은 3년 동안 치르니, 의리에는 또한 마땅하나 명분이 바르지 않다. 이 또한 從服이라고 한다. 報服은 고모의 아들이 외삼촌의 아들을 위해 복을 입는 것과 같은 경우가 이것이다. 異姓의 복은 한 등급 미룰 수 있으니, 만약

---

405) 이웃이나……않으며 : ≪禮記≫ 〈曲禮 上〉과 〈檀弓 上〉에 "이웃집이 喪을 당하면 방아를 찧으면서 장단을 맞추지 않고, 마을에 빈소가 있으면 길거리에서 노래하지 않는다.〔隣有喪 舂不相 里有殯 不巷歌〕"라고 하였다.

406) 포복하여……구원하였는데 : ≪詩經≫ 〈邶風 谷風〉에 "모든 사람이 喪事가 있을 적에는 포복하여 달려가 구원하였다.〔凡民有喪 匍匐救之〕"라고 하였고, ≪禮記≫ 〈孔子閒居〉에 "'모든 사람이 喪을 당하면 포복하여 달려가 구원하였다.'라는 것은 服을 입지 않는 喪이다.〔凡民有喪 匍匐救之 無服之喪也〕"라고 하였다.

어머니를 위해 미루면 외삼촌에 미쳐 그치고, 만약 고모를 위해 미루면 그녀의 아들에 미칠 수 있다. 그러므로 외삼촌의 아들은 복이 없지만 이미 고모의 아들과 함께 복을 입었다면 고모의 아들은 모름지기 그에 보답해야 한다. 그러므로 고모의 아들과 외삼촌의 아들은 그 服制가 같다.

服은 有正하고 有義하고 有從하고 有報라 古者에 婦喪舅姑以期한대 今以三年하니 於義亦可나 但名未正이라 此亦謂之從服[①]이라 報服은 若姑之子가 爲舅之子服이 是也라 異姓之服은 只推得一重이니 若爲母而推면 則及舅而止요 若爲姑而推면 則可以及其子라 故로 舅之子는 無服이나 却爲旣與姑之子爲服이면 姑之子須當報之也라 故姑之子와 舅之子는 其服同이라

① 남편을 따르는 것이다. 대개 남편과 几筵을 함께 받들어 자기 혼자 服이 없어서는 안 된다.
從夫也. 蓋與夫同奉几筵, 而已不可獨無服.

248. 8세에 죽은 것이 下殤이고, 14세 이전에 죽은 것이 中殤이고, 19세 이전에 죽은 것이 上殤이고, 7세 이전에 죽은 것이 無服之殤이다. 無服之殤은 제사를 지내지 않는다. 下殤의 제사는 부모가 주관하며, 부모가 죽으면 끝난다. 中殤의 제사는 형제가 주관하며, 형제가 죽으면 끝난다. 上殤의 제사는 형제의 자식이 주관하며, 형제의 자식이 죽으면 끝난다. 성인이 되었는데 후사가 없이 죽은 경우는 형제의 손자가 주관하며, 또한 그가 죽으면 끝난다. 무릇 이는 모두 의리에 따라 일으킨 것이다.

八歲爲下殤이요 十四爲中殤이요 十九爲上殤이요 七歲以下爲無服之殤이라 無服之殤은 更不祭라 下殤之祭는 父母主之하며 終父母之身이라 中殤之祭는 兄弟主之하며 終兄弟之身이라 上殤之祭는 兄弟之子主之하며 終兄弟之子之身이라 若成人而無後者는 兄弟之孫主之하며 亦終其身이라 凡此는 皆以義起也라

249. 선생에게 물었다.

"여자가 시집간 뒤에 친정 부모를 위해 3년 동안 喪服을 입는 것은 괜찮습니까?"

선생이 말하였다.

"불가하다. 이미 남편의 집안으로 시집가면 시부모를 섬기니, 어찌 자기의 사사로움을 펼칠 수 있겠는가."

問호되 女旣嫁而爲父母服三年은 可乎잇가 曰 不可라 旣歸夫家어든 事佗舅姑하니 安得伸己之私리오

250. 선생에게 물었다.

"자식이 어버이를 섬길 적에 醫術을 배우는 것은 어떻습니까?"

선생이 말하였다.

"매우 중요한 일이다. 지금 璞玉이 여기에 있다면 반드시 玉人에게 다듬게 할 것이다. 대개 百工의 일은 한 사람이 겸하게 할 수 없기 때문에 玉人에게 다듬게 하는 것이다. 그런데 만약 진귀한 보물이 있다면 모름지기 친히 보고서 반드시 남에게 맡기려 하지 않고 스스로 다듬으려 할 것이다. 요즘 사람들은 부모의 질병을 보면 곧 의사의 손에 맡겨버리니, 어찌 일을 그르치지 않겠는가. 반드시 醫藥의 도리를 알아서 병은 어떻고 약은 어떠해야 하는지를 구별해야 한다. 그러므로 의사에게 맡길 수 있다."

혹자가 말하였다.

"저는 아직 의술에 지극하지 않아 혹 치우친 견해로 통달하지 못하여 단지 일을 그르칠 만하니, 어찌합니까?"

선생이 말하였다.

"예컨대 圖畫를 아는 자는 반드시 畫工처럼 잘 그리지는 못하지만, 그는 그림이 빼어난지 졸렬한지 식별할 수 있다. 만일 자신이 의술을 배워두면 의사에게 이치를 설명하게 하여 스스로 이해할 수 있고, 혹 자기에게 소견이 있으면 또한 의사와 상의할 수 있다."

問호되 人子事親할새 學醫는 如何잇가 曰 最是大事라 今有璞玉於此어든 必使玉人彫琢之라 蓋百工之事는 不可使一人兼之라 故로 使玉人彫琢之也라 若更有珍寶物이면 須是自看하여 却必不肯任其自爲也라 今人視父母疾이어든 乃一任醫者之手하니 豈不害事리오 必須識醫藥之道理하여 別病是如何오 藥當如何라 故로 可任醫者也라 或曰 己未能盡醫者之術하여 或偏見不到하여 適足害事하니 奈何잇가 曰 且如識圖畫人은 未必畫得如畫工이나 然他却識別得工拙이라 如自己曾學이면 令醫者說道理하여 便自見得하고 或己有所見이어든 亦可說與他商量이라[①]

① 陳本은 여기에서 그치니, 이하 여덟 단락은 다른 판본에서 증보한 것이다.
陳本止此, 以下八段, 別本所增.

251. 上古 시대에 伏羲·堯·舜으로부터 夏나라, 商나라를 거쳐 周나라에 이르기까지 문화가 문채 나기도 하고 질박하기도 하였는데, 앞 시대의 문화를 수용하면서 줄이기도 하고 보태기도 하여 그 변화가 극에 달했고, 그 법도가 상세해졌다. 이에 孔子가 그 마땅한 점을 참작하여 百代의 王들이 법도로 삼을 中道의 제도를 만들었으니, 이것이 바로 공자가 ≪春秋≫를 지은 까닭이다. 孫明復(孫復)은 "王道가 없어져서 ≪춘추≫를 지은 것이다."407)라고 주장하였지만, 또한 옳지 않다. 단지 顔淵이 나라를 다스리는 것을 묻자, 聖人이 "夏나라의 책력을 행하며, 殷나라의 수레를 타며, 周나라의 면류관을 쓰며, 음악은 韶舞를 쓸 것이다."라고 대답하였으니,408) 이는 대저 성인이 道를 펼 수 없었기 때문에 옛일을 고찰하여 지금의 일을 징험하고, 百代의 왕들이 법도로 삼을 중도의 제도를 참작해 취하여 義理로써 결단한 것이다.

上古之時에 自伏羲堯舜으로 歷夏商하여 以至於周히 或文或質한대 因襲損益하여 其變旣極하고 其法旣詳이라 於是에 孔子參酌其宜하여 以爲百王法度之中制하니 此其所以春秋作也라 孫明復은 主以無王而作이나 亦非是라 但顔淵問爲邦할새 聖人對之以行夏之時하며 乘殷之輅하며 服周之冕하며 樂則韶舞라하니 則是大抵聖人以道不得用이라 故로 考古驗今하고 參取百王之中制하여 斷之以義也라

252. 禘제사는 魯나라가 天子의 큰 제사를 참람하게 지낸 것이다. 降神酒를 따르는 것〔灌〕은 제사의 시작이다. 노나라가 천자의 제사를 참람하게 지냈기 때문에 孔子가 降神酒를 따르는 것 이후로는 보고 싶어 하지 않은 것이다.409)

禘者는 魯僭天子之大祭也라 灌者는 祭之始也라 以其僭王之祭라 故로 自灌以往은 不欲觀之라

---

407) 王道가……것이다 : 孫復은 ≪春秋尊王發微≫ 隱公 元年 조에서 "孔子가 ≪春秋≫를 지은 것은 천하에 王道가 없기 때문에 지은 것이니, 隱公을 위해서 지은 것이 아니다.〔孔子之作春秋也 以天下無王而作也 非爲隱公而作也〕"라고 하였다.

408) 顔淵이……대답하였으니 : ≪論語≫ 〈衛靈公〉에 顔淵이 나라를 다스리는 것을 묻자, 孔子가 말하기를 "夏나라의 책력을 행하며, 殷나라의 수레를 타며, 周나라의 면류관을 쓰며, 음악은 韶舞를 쓸 것이요, 鄭나라 음악을 추방하고 말 잘하는 사람을 멀리해야 하니, 정나라 음악은 음탕하고 말 잘하는 사람은 위태롭기 때문이다.〔行夏之時 乘殷之輅 服周之冕 樂則韶舞 放鄭聲 遠佞人 鄭聲 淫 佞人 殆〕"라고 하였다.

409) 降神酒를……것이다 : ≪論語≫ 〈八佾〉에 孔子가 말하기를 "禘제사는 降神酒를 따르는 것 이후로는 내 보고 싶지 않다.〔禘自旣灌而往者 吾不欲觀之矣〕"라고 하였다.

253. 무릇 책을 볼 적에 서로 비슷하다고 그 뜻에 구애되어서는 안 된다. 그렇게 보지 않으면 글자마다 서로 생경해지니, 그 文勢와 위아래의 의미를 보아야 한다. 예컨대 "善을 행하여 자신에게 가득 채우는 것을 美라 한다."410)라는 문구의 '美'는 ≪詩經≫의 '美'411)와 같지 않다.

凡觀書에 不可以相類泥其義라 不爾면 則字字相梗이니 當觀其文勢上下之意라 如充實之謂美는 與詩之美로 不同이라

254. 배우는 자들이 후대에는 대부분 ≪莊子≫를 탐독하였다. 禮를 신중히 행하는 자가 통달하지 못하면 ≪장자≫를 보고자 하니, 심하게 고착되고 구속되면 하나의 호방한 설을 찾아 자유로워지려 하기 때문이다. 비유하자면 여기에 어떤 사람이 있는데, 오랫동안 곤궁하게 속박당하면 하나의 빠져나갈 곳을 찾으려는 것과 같다. 예컨대 東漢 말기에 節行을 숭상하였는데, 節行을 숭상한 것이 너무 심해져 東晉의 방탕함이 있게 되었으니, 그 형세가 반드시 그러한 것이다.

學者가 後來多耽莊子라 若謹禮者不透면 則是佗須看莊子하니 爲佗極有膠固纏縛이면 則須求一放曠之說以自適일새라 譬之컨대 有人於此한대 久困纏縛이면 則須覓一箇出身處라 如東漢之末에 尙節行한대 尙節行太甚하여 須有東晉放曠이니 其勢必然이라

255. 冬至에 雲物을 기록하는 것은 또한 이러한 이치가 있으니, ≪周禮≫에서 요사스런 기운을 관찰하는412) 뜻과 같다. 옛날의 太史에 이러한 직분이 있었으니 반드시 이런 일이 있었을 것이다. 그러나 또 太史의 직분에 관한 글은 周公이 일일이 보았는지 보지 않았는지 모르겠다. 다만 義理를 심하게 해치는 부분은 반드시 없애야 할 것이다. 오늘날 靈臺413)에 관한 글은 십중팔구는 없애야 시행할 수 있다. 지금의 曆法은 매우 좋다.

---

410) 善을……한다 : ≪孟子≫ 〈盡心 下〉에 보인다.

411) 詩經의 美 : ≪詩經≫ 國風 〈周南 關雎〉의 小序에 "교화가 풍속을 바꾼 것을 찬미한 것이다.〔美教化移風俗〕"라고 한 것을 가리키는 듯하다.

412) 周禮에서……관찰하는 : ≪周禮≫ 〈春官 保章氏〉에 保章氏는 12歲의 相으로써 천하의 요사스러움과 상서로움을 관찰한다고 한 것을 가리킨다.

413) 靈臺 : 고대 제왕이 天文星象과 妖祥災異를 관측하기 위해 쌓은 대이다.

그 나머지 금기하는 글로, 葬埋와 昏嫁[414] 같은 부류는 극히 해로움이 있다.

冬至에 書雲은 亦有此理니 如周禮觀祲之義라 古太史에 旣有此職하니 必有此事라 又如太史書는 不知周公一一曾與不曾看過하고 但甚害義理는 則必去之矣라 如今靈臺之書는 須十去八九라야 乃可行也라 今歷法은 甚好라 其佗禁忌之書로 如葬埋昏嫁之類는 極有害라

256. ≪論語≫에는 질문이 같지만 대답이 다른 것이 지극히 많으니, 혹 그 사람의 재질과 성정을 따라 답하기도 하고, 혹 그 사람이 질문한 의사를 보고서 그가 도달한 경지에 말이 미치기도 하였다.

論語엔 問同而答異者가 至多하니 或因人材性하고 或觀人之所問意思하여 而言及所到地位라

257. "고명하게 하기를 지극히 하고서 中庸을 말미암는다."[415]라고 하였으니, 〈지극히 聖스러운 사람은〉 백성의 極이 되기 때문이다. 極이라는 것은 중도에 맞으면서도 능히 고명한 것이다.

極高明하고 道中庸이라하니 所以爲民極이라 極之爲物은 中而能高者也라

258. 君子가 내면에 德이 가득 차 겉으로 드러나 文章을 이루지 않으면 道에 통달하지 못한다.[416] ≪周易≫에 "아름다움이 그 가운데 있어서 四肢에 通暢한다."[417]라고 하였으니, 내면에 덕이 가득 차 겉으로 드러나 文章을 이룬 것을 말한다.

君子가 不成章이면 不達이라 易에 曰 美在其中하여 暢於四肢라하니 成章之謂也라

---

414) 葬埋와 昏嫁 : ≪周禮≫ 〈地官 媒氏〉에 "생시에는 부부가 아니었으나 죽은 뒤에 합장하여 부부가 되게 하는 것을 금하고, 성년이 되기 전에 죽은 여자를 시집보내 합장하게 하는 것을 금한다.〔禁遷葬者與嫁殤者〕"라고 하였다.

415) 고명하게……말미암는다 : ≪中庸≫에 보인다.

416) 君子가……못한다 : ≪孟子≫ 〈盡心 上〉에 "흐르는 물의 속성은 웅덩이를 채우지 않으면 흘러가지 않는다. 君子가 道에 지향을 둔 경우도 덕이 내면에 가득 차 겉으로 드러나 文章을 이루지 않으면 통달하지 못한다.〔流水之爲物也 不盈科不行 君子之志於道也 不成章不達〕"라고 하였다.

417) 아름다움이……通暢한다 : ≪周易≫ 坤卦 〈文言傳〉에 보인다.

내가 吉州[418] 永豐의 主簿로 벼슬살이를 하다가 檄文에 따라 臨川[419]에 이르렀다. 劉元承(劉安節)의 아들인 縣丞 劉諴을 만나서 그 부친이 伊川先生의 설을 기록한 것을 묻자, 元承이 손수 엮은 것을 보여주었다. 나는 엎드려 읽고 우러러 감탄하고서 베낄 수 있도록 부탁하고서 돌아왔다.

予가 官吉之永豐簿라가 沿檄하여 至臨川이라 見劉元承之子縣丞諴하여 問其父所錄伊川先生說하니 蒙示以元承手編이라 伏讀歎仰하고 因乞傳以歸라

建炎 元年(1127) 10월 그믐날에 菴山의 陳淵[420]이 삼가 쓰다.

建炎元年十月晦日에 菴山陳淵이 謹書라

418) 吉州 : 지금의 江西省 吉安市이다.

419) 臨川 : 지금의 江西省 撫州市이다.

420) 陳淵 : ?~1145. 초명은 漸, 자는 幾叟·知默, 호는 默堂이다. 陳瓘의 종손이며, 楊時의 사위이다. 처음 二程의 문하에서 수학하였고, 뒤에는 양시에게 배웠다. 胡安國의 천거로 감찰어사 등을 지냈다.

〔附 錄〕

1. ≪二程全書 2≫ 圖版目錄

21)〈王安石〉, 上官周(淸) 畫, ≪晩笑堂竹莊畫傳≫ / 267

22)〈魏徵〉, 田琦(朝鮮) 畫, ≪萬古際會圖像≫ / 274

23)〈微服過宋〉, 未詳, ≪孔子聖蹟圖≫ / 300

24)〈匡人解圍〉, 未詳, ≪孔子聖蹟圖≫ / 305

25)〈聖門四科〉, 未詳, ≪孔子聖蹟圖≫ / 310

26)〈伯夷〉, 顧沅(淸) 撰, ≪古聖賢像傳略≫ / 330

27)〈四凶服罪圖〉, 孫家鼐(淸) 撰, ≪欽定書經圖說≫ / 367

28)〈董仲舒〉, 狩野常信(日本) 畫, ≪賢哲肖像≫ / 380

29)〈諸葛亮〉, 田琦(朝鮮) 畫, ≪萬古際會圖像≫ / 384

30)〈老子〉, 田琦(朝鮮) 畫, ≪萬古際會圖像≫ / 390

2. ≪二程全書≫ 解題

QR코드를 스캔하면 ≪二程全書≫ 解題를 보실 수 있습니다.

• 집필 : 최석기(경상대학교 한문학과 교수)

3. ≪二程全書≫ 總目次

QR코드를 스캔하면 ≪二程全書≫ 總目次를 보실 수 있습니다.

4. 二程 年譜

QR코드를 스캔하면 程顥와 程頤의 年譜를 보실 수 있습니다.

責任飜譯

崔錫起

강원도 원주시 지정면에서 출생
성균관대학교 한문교육과 졸업
성균관대학교 대학원 한문학과 문학박사
민족문화추진회 국역연수원 연수부 및 상임연구원 졸업
민족문화추진회 국역실 전문위원
한국경학학회 회장
경상대학교 인문대학 한문학과 교수(現)
한국고전번역원 부설 고전번역교육원 밀양분원 강사(現)

論著 및 譯書

論著 ≪星湖 李瀷의 學問精神과 詩經學≫, ≪韓國經學家 事典≫,
≪조선시대 大學圖說≫(공저) 등
譯書 ≪大學≫, ≪中庸≫, ≪王夫之의 대학 읽기≫, ≪星湖 詩經疾書≫,
≪南冥集≫(공역), ≪王夫之의 중용 읽기≫(공역), ≪유교경전과 경학≫(공역) 등

共同飜譯

姜導顯

경남 함양군 함양읍에서 출생
경상대학교 한문학과 졸업
경상대학교 대학원 한문학과 박사과정 수료
경상대학교 경남문화연구원 인문한국(HK) 연구보조원
한국고전번역원 권역별 거점연구소 협동번역사업 연구보조원

論著 및 譯書

論著 ≪조선시대 大學圖說≫
譯書 ≪선인들의 지리산 유람록≫(공역), ≪남명 조식의 문인들≫(공역),
≪19세기 경상우도 학자들≫(공역), ≪澗松集≫(공역), ≪謙齋集≫(공역)

東洋古典譯註叢書 114

譯註 二程全書 2　　　　정가 42,000원

2019년 07월 30일 초판 발행
2024년 01월 10일 초판 4쇄

著　　者 程 顥·程 頤
責任飜譯 崔錫起
共同飜譯 姜導顯
常任原文校閱 吳圭根
潤文校訂 朴勝珠 金曉東 田炳秀
編　　輯 東洋古典飜譯編輯委員會
發 行 人 郭成文
發 行 處 社團法人 傳統文化硏究會

등록 : 1989. 7. 3. 제1-936호
서울시 종로구 삼일대로 428 낙원빌딩 411호
전화 : (02)762-8401　전송 : (02)747-0083
전자우편 : juntong@juntong.or.kr
홈페이지 : juntong.or.kr
사이버書堂 : cyberseodang.or.kr
온라인서점 : book.cyberseodang.or.kr

인쇄처 : 한국법령정보주식회사(02-462-3860)
총　판 : 한국출판협동조합(070-7119-1750)

ISBN 979-11-5794-229-9 94820
　　978-89-85395-71-7(세트)

※ 이 책은 2019년도 교육부 고전문헌 국역지원사업 지원비에 의해 초판(비매품) 간행.

전통문화연구회 도서목록

新編 基礎漢文教材·漢文讀解捷徑

新編 四字小學·推句 고전교육연구실 編譯 11,000원
新編 啓蒙篇·童蒙先習 고전교육연구실 編譯 11,000원
新編 明心寶鑑 李祉坤·元周用 譯註 15,000원
新編 擊蒙要訣 咸賢贊 譯註 12,000원
新編 註解千字文 李忠九 譯註 13,000원
新編 原文으로 읽는 故事成語 元周用 編譯 15,000원
新編 唐音註解選 權卿相 譯註 22,000원
漢文독해 기본패턴 고전교육연구실 著 15,000원
四書독해첩경 고전교육연구실 著 20,000원
한문독해첩경 文學篇 朴相水 李和春 李祉坤 元周用 著 15,000원
한문독해첩경 史學篇 朴相水 李和春 李祉坤 元周用 著 15,000원
한문독해첩경 哲學篇 朴相水 李和春 李祉坤 元周用 著 15,000원

東洋古典國譯叢書

大學·中庸集註 -개정증보판 成百曉 譯註 10,000원
論語集註 -개정증보판 成百曉 譯註 27,000원
孟子集註 -개정증보판 成百曉 譯註 30,000원
詩經集傳 上·下 成百曉 譯註 各 35,000원
書經集傳 上·下 成百曉 譯註 各 35,000원
周易傳義 上·下 成百曉 譯註 各 40,000원
小學集註 成百曉 譯註 30,000원
古文眞寶 後集 成百曉 譯註 32,000원

五書五經讀本

論語集註 上·下 鄭太鉉 譯註 各 25,000원
孟子集註 上·下 田炳秀·金東柱 譯註 各 30,000원
大學·中庸集註 李光虎·田炳秀 譯註 15,000원
小學集註 上·下 李忠九 外 譯註 各 25,000원
詩經集傳 上·中·下 朴小東 譯註 各 30,000원
書經集傳 上·中·下 金東柱 譯註 各 30,000원
周易傳義 元·亨·利·貞 崔英辰 外 譯註 各 30,000원
詳說古文眞寶大全後集 上·下 李相夏 外 譯註 各 32,000원
春秋左氏傳 上·中·下 許鎬九 外 譯註 各 36,000원~38,000원
禮記 上·中·下 成百曉 外 譯註 各 30,000원

東洋古典譯註叢書

〈經部〉

十三經注疏
周易正義 1~4 成百曉·申相厚 譯註 各 30,000원~40,000원
尙書正義 1~7 金東柱 譯註 各 25,000원~36,000원
毛詩正義 1~8 朴小東 外 譯註 各 32,000원~37,000원
禮記正義 1~3, 中庸·大學 李光虎 外 譯註 各 20,000원~30,000원
論語注疏 1~3 鄭太鉉·李聖敏 譯註 各 25,000원~40,000원
孟子注疏 1~4 崔彩基·梁基正 譯註 各 29,000원~30,000원
孝經注疏 鄭太鉉·姜珉廷 譯註 35,000원
周禮注疏 1~4 金容天·朴禮慶 譯註 各 27,000원~34,000원
春秋左傳正義 1~2 許鎬九 外 譯註 各 27,000원~32,000원
春秋公羊傳注疏 1 宋基采 外 譯註 37,000원
春秋左氏傳 1~8 鄭太鉉 譯註 各 18,000원~35,000원
禮記集說大全 1~6 辛承云 外 譯註 各 25,000원~40,000원
東萊博議 1~5 鄭太鉉·金炳愛 譯註 各 25,000원~35,000원
韓詩外傳 1~2 許敬震 外 譯註 各 29,000원~33,000원
說文解字注 1~5 李忠九 外 譯註 各 32,000원~38,000원

〈史部〉

思政殿訓義 資治通鑑綱目 1~23 辛承云 外 譯註 各 18,000원~35,000원
通鑑節要 1~9 成百曉 譯註 各 18,000원~40,000원
唐陸宣公奏議 1~2 沈慶昊·金愚政 譯註 各 35,000원~45,000원
貞觀政要集論 1~4 李忠九 外 譯註 各 25,000원~32,000원
列女傳補注 1~2 崔秉準·孔勤植 譯註 各 30,000원~38,000원
歷代君鑑 1~4 洪起殷·全百燦 譯註 各 32,000원~35,000원

〈子部〉

孔子家語 1~2 許敬震 外 譯註 各 35,000원/36,000원
管子 1~4 李錫明·金帝蘭 譯註 各 30,000원~32,000원
近思錄集解 1~3 成百曉 譯註 各 25,000원/35,000원
老子道德經注 金是天 譯註 30,000원
大學衍義 1~5 辛承云 外 譯註 各 26,000원~30,000원
墨子閒詁 1~6 李相夏 外 譯註 各 32,000원~38,000원
說苑 1~2 許鎬九 譯註 各 25,000원
世說新語補 1~5 金鎭玉 外 譯註 各 29,000원~40,000원
荀子集解 1~7 宋基采 譯註 各 25,000원~38,000원
心經附註 成百曉 譯註 35,000원
顔氏家訓 1~2 鄭在書·盧暻熙 譯註 各 22,000원/25,000원
揚子法言 1 朴勝珠 譯註 24,000원
列子鬳齋口義 崔秉準·孔勤植·權憲俊 共譯 34,000원
二程全書 1~6 崔錫起·姜導顯 譯註 各 30,000원~38,000원
莊子 1~4 安炳周·田好根 共譯 各 25,000원~30,000원
政經·牧民心鑑 洪起殷·全百燦 譯註 27,000원
韓非子集解 1~5 許鎬九 外 譯註 各 32,000원~38,000원
武經七書直解
孫武子直解·吳子直解 成百曉·李蘭洙 譯註 35,000원
六韜直解·三略直解 成百曉·李鍾德 譯註 26,000원
尉繚子直解·李衛公問對直解 成百曉·李蘭洙 譯註 26,000원
司馬法直解 成百曉·李蘭洙 譯註 26,000원

〈集部〉

古文眞寶 前集 成百曉 譯註 30,000원
唐詩三百首 1~3 宋載卲 外 譯註 各 25,000원~36,000원
唐宋八大家文抄 韓愈 1~3 鄭太鉉 譯註 各 22,000원/28,000원
〃 歐陽脩 1~7 李相夏 譯註 各 25,000원~35,000원
〃 王安石 1~2 申用浩·許鎬九 共譯 各 20,000원/25,000원
〃 蘇洵 李章佑 外 譯註 25,000원
〃 蘇軾 1~5 成百曉 譯註 各 22,000원
〃 蘇轍 1~3 金東柱 譯註 各 20,000원~22,000원
〃 曾鞏 宋基采 譯註 25,000원
〃 柳宗元 1~2 宋基采 譯註 各 22,000원
明淸八大家文鈔 1 歸有光·方苞 李相夏 外 譯註 35,000원
〃 2 劉大櫆·姚鼐 李相夏 外 譯註 35,000원
〃 3 梅曾亮·曾國藩 李相夏 外 譯註 38,000원
〃 4 張裕釗·吳汝綸 李相夏 外 譯註 근간

東洋古典新譯

당시선 송재소·최경렬·김영죽 편역 22,000원
손자병법 성백효 역주 14,000원
장자 안병주·전호근·김형석 역주 13,000원
고문진보 후집 신용호 번역 28,000원
노자도덕경 김시천 역주 15,000원
고문진보 전집 上·下 신용호 번역 각 22,000원
신식 비문척독 박상수 번역 25,000원
안씨가훈 김창진 번역 근간

동양문화총서

동양사상 해설과 원전 정규훈 外 저 22,000원
화합의 길 《중용》 읽기 금장태 저 20,000원
호설과 시장 신용호 저 20,000원
어느 노학자의 젊은 시절 -《고문진보》選譯 심재기 저 22,000원

문화문고

경전으로 본 세계종교 그리스도교 이정배 편저 10,000원
〃 도교 이강수 편역 10,000원
〃 천도교 윤석산·홍성엽 편저 10,000원
〃 힌두교 길희성 편역 10,000원
〃 유교 이기동 편저 10,000원
〃 불교 김용표 편저 10,000원
〃 이슬람 김영경 편역 10,000원
논어·대학·중용 / 맹자 조수익·박승주 공역 각 10,000원
소학 박승주·조수익 공역 10,000원
십구사략 1~2 정광호 저 각 12,000원
무경칠서 손자병법·오자병법 성백효 역 10,000원
〃 육도·삼략 성백효 역 10,000원
〃 사마법·울료자·이위공문대 성백효 역 10,000원
당시선 송재소·최경렬·김영죽 편역 10,000원
한문문법 이상진 저 10,000원
한자한문전통교재 조수익·이성민 공역 10,000원
士小節 선비 집안의 작은 예절 이동희 편역 12,000원
儒學이란 무엇인가 이동희 저 10,000원
동아시아의 유교와 전통문화 이동희 저 13,000원
현대인, 동양고전에서 길을 찾다 이동희 저 10,000원
100자에 담긴 한자문화 이야기 김경수 저 12,000원
우리 설화 1~2 김동주 편역 각 10,000원
대한민국 국무총리 이재원 저 10,000원
백운거사 이규보의 문학인생 신용호 저 14,000원